中国工程院战略研究与咨询项目
"食品产业高质量发展的战略研究"项目组

食品产业高质量发展战略研究

任发政 孙宝国 黄 和等 编著

科学出版社
北 京

内 容 简 介

本书基于中国工程院战略研究与咨询项目"食品产业高质量发展的战略研究"的研究成果，针对我国食品产业协同创新能力薄弱、核心技术自主创新能力不足、绿色制造及综合利用亟待加强的问题，梳理粮食、油脂、畜产品、果蔬等传统食品产业的现状，分析食品产业问题并剖析深层次原因，调研并整理国际上先进的食品产业体系和先进管理经验，提出传统食品产业高质量发展战略规划，构建创新驱动转型的传统食品产业新业态；并基于此提出未来新兴产业的发展路径，发展功能基料、特医食品等营养健康新产品，创新微生物酶工程等生物制造、绿色制造新技术，突破国外壁垒，最终为食品产业的高质量发展提供咨询意见，以推动食品产业的全面提升和高质量发展。

本书适用于粮食、油脂、畜产等传统食品产业及营养健康、特医食品、生物制造等未来食品产业相关从业人员。

图书在版编目（CIP）数据

食品产业高质量发展战略研究/任发政等编著. —北京：科学出版社，2024.3

中国工程院战略研究与咨询项目

ISBN 978-7-03-078327-1

Ⅰ. ①食⋯　Ⅱ. ①任⋯　Ⅲ. ①食品工业-产业发展-研究-中国　Ⅳ. ①F426.82

中国国家版本馆 CIP 数据核字（2024）第 061720 号

责任编辑：贾　超 / 责任校对：杜子昂
责任印制：赵　博 / 封面设计：东方人华

科学出版社 出版
北京东黄城根北街 16 号
邮政编码：100717
http://www.sciencep.com

固安县铭成印刷有限公司印刷
科学出版社发行　各地新华书店经销
*

2024 年 3 月第 一 版　开本：720×1000　1/16
2025 年 9 月第三次印刷　印张：31 3/4
字数：640 000
定价：198.00 元
（如有印装质量问题，我社负责调换）

编写委员会

主　　编：任发政　孙宝国　黄　和
副 主 编：王兴国　赵谋明　张名位　刘东红
　　　　　廖小军　江正强　姜毓君　徐宝才
　　　　　谭　斌　黄继红　白艳红　王书军
编　　委（按姓氏拼音排序）：
　　　　　毕艳兰　常巧英　陈　冲　陈　翰
　　　　　陈　娟　陈树兴　方　冰　高海娜
　　　　　关二旗　郭　杰　郭慧媛　郭佳悦
　　　　　何晶晶　胡元森　李秀娟　李依璇
　　　　　林　敏　刘　光　刘　龙　刘　蓉
　　　　　刘思源　刘晓雪　倪永升　聂少平
　　　　　仇　菊　申月敏　石文标　孙佳增
　　　　　孙金沅　孙尚德　孙哞涛　孙亚楠
　　　　　王　剑　王　然　王惠惠　王丽娟
　　　　　王鹏杰　王晓玉　王心彤　温　馨
　　　　　吴建民　杨毅杰　詹　菁　张　昊
　　　　　张　华　张力圩　张书胜　张伟博
　　　　　张玉玉　赵　亮　赵国萍　赵仁勇
　　　　　朱银华

各章节主要执笔人

第一章　粮食产业
谭　斌，国家粮食和物资储备局科学研究院，首席研究员
赵仁勇，河南工业大学，教授、科技处处长
关二旗，河南工业大学，教授
蒋洪新，河南工业大学，特聘教授
刘　翀，河南工业大学，副教授
田双起，河南工业大学，副教授
刘　洁，河南工业大学，副教授
牛永武，河南工业大学，副教授
王新伟，河南工业大学，副教授
郭　嘉，河南工业大学，讲师
洪　静，河南工业大学，讲师
柳泽华，河南工业大学，讲师
黄泽华，河南工业大学，讲师
任传顺，河南工业大学，讲师
尚加英，河南工业大学，讲师

第二章　油脂产业
王兴国，江南大学，教授、中国粮油学会油脂分会常务副会长
毕艳兰，河南工业大学，教授
孙尚德，河南工业大学，教授
刘华敏，河南工业大学，副教授
马宇翔，河南工业大学，副教授
金青哲，江南大学，教授
常　明，江南大学，教授

刘睿杰，江南大学，教授
张　晖，江南大学，教授
张丽霞，河南省农业科学院，副研究员
陈小威，河南工业大学，副教授
孙　聪，河南工业大学，讲师
李　军，河南工业大学，讲师
张　浩，河南工业大学，讲师
张林尚，河南工业大学，讲师
孟鹏程，河南工业大学，讲师
秦　召，河南工业大学，讲师
尹文婷，河南工业大学，讲师
宋范范，河南工业大学，讲师

第三章　肉制品产业

白艳红，郑州轻工业大学，教授
栗俊广，郑州轻工业大学，副教授
李　可，郑州轻工业大学，副教授
陈　博，郑州轻工业大学，讲师
望运滔，郑州轻工业大学，副教授
杜曼婷，郑州轻工业大学，讲师
王　昱，郑州轻工业大学，讲师

第四章　乳品产业

宋昆冈，中国乳制品工业协会，理事长
陈树兴，中原食品实验室，教授
易华西，中国海洋大学，教授
王鹏杰，中国农业大学，副教授
陈　翰，中国农业大学，副教授
王晓楠，中原食品实验室

第五章　果蔬产业

廖小军，中国农业大学，教授
詹丽娟，河南农业大学，教授

温　馨，中国农业大学，副教授
李　茉，中国农业大学，副教授
彭　郁，中国农业大学，博士后

第六章　香料香精、调味品产业
屈凌波，郑州大学，教授
张玉玉，北京工商大学，教授
张书胜，郑州大学，教授
鲁吉珂，郑州大学，教授
孙世豪，郑州大学，研究员
毛　健，郑州大学，副研究员
柴国璧，郑州大学，副研究员
张文芬，郑州大学，副教授
杨　冉，郑州大学，教授
张家恒，郑州大学，直聘副研究员
孙金沅，北京工商大学，研究员
孙啸涛，北京工商大学，副研究员
蒲丹丹，北京工商大学，讲师
梁　莉，北京工商大学，讲师
周雪巍，北京工商大学，博士后
张莉莉，北京工商大学，博士后
顾雨香，北京工商大学，博士后

第七章　方便面及速冻方便食品产业
王书军，天津科技大学，教授、食品营养与安全国家重点实验室常务副主任
张　华，郑州轻工业大学，教授
闫溢哲，郑州轻工业大学，副教授
王宏伟，郑州轻工业大学，副教授
王晋伟，天津科技大学，助理研究员

第八章　预制菜产业
徐宝才，合肥工业大学，教授
倪永升，合肥工业大学，副教授

周　凯，合肥工业大学，讲师
徐斐然，合肥工业大学，讲师
许玉娟，合肥工业大学，讲师

第九章　食品微生物酶产业

江正强，中国农业大学，教授
胡元森，河南工业大学，教授
丁长河，河南工业大学，教授
杨绍青，中国农业大学，教授
孙忠科，河南工业大学，教授
李延啸，中国农业大学，副教授
伊艳杰，河南工业大学，副教授
刘伯业，河南工业大学，副教授
雷　阳，河南工业大学，讲师
王楠楠，河南工业大学，讲师

第十章　营养健康食品产业

黄继红，河南大学，教授
聂少平，南昌大学，教授
郭慧媛，中国农业大学，教授
侯银臣，河南牧业经济学院，副教授
张康逸，河南省农业科学院，研究员
王璐阳，河南大学，讲师
张莘莘，郑州大学，副教授
廖爱美，河南工业大学，教授
潘　龙，河南工业大学，讲师
张芯蕊，河南大学，讲师
程永霞，河南农业大学，讲师

第十一章　婴幼儿配方食品产业

姜毓君，东北农业大学，教授
张　微，东北农业大学，副研究员
满朝新，东北农业大学，教授

杨鑫焱，东北农业大学，副教授
张　宇，东北农业大学，讲师
赵倩玉，东北农业大学，讲师

第十二章　特殊医学用途配方食品产业

张名位，广东省农业科学院，研究员
刘　光，广东省农业科学院蚕业与农产品加工研究所，副研究员
王智明，广东省农业科学院蚕业与农产品加工研究所，博士
贾栩超，广东省农业科学院蚕业与农产品加工研究所，副研究员
魏振承，广东省农业科学院蚕业与农产品加工研究所，研究员

前　言

食品工业是我国制造业中的第一大产业，作为第一产业和第三产业融合的纽带，在国民经济中发挥重要支柱作用。2023年，我国规模以上食品工业企业40000余家，实现营业收入9.0万亿元，利润总额6168亿元，营业收入利润率为6.8%，利润总额占全部工业比重8.0%。作为国民经济的重要支柱产业，食品工业的发展直接关系到国家经济的稳定增长。然而，由于市场竞争的加剧、消费者需求的升级，以及全球贸易壁垒的增加，导致我国食品产业正面临着增幅变缓、效益降低的产业现状，这一现象不仅给企业的生存和发展带来了压力，也对整个行业的未来发展带来了严峻挑战。因此，食品产业必须以技术创新为主导，扩大核心技术竞争优势，突破原料、加工及市场营销方面的"卡脖子"问题，以市场需求为导向，打破国外垄断，加强食品加工制造技术的研发和创新，提高生产效率和产品质量，实现食品产业的转型升级。

2022年全国两会期间，习近平总书记在参加政协农业界、社会福利和社会保障界委员联组会时强调，"要树立大食物观，从更好满足人民美好生活需要出发，掌握人民群众食物结构变化趋势，在确保粮食供给的同时，保障肉类、蔬菜、水果、水产品等各类食物有效供给，缺了哪样也不行"，提出中国人的饭碗牢牢握在中国人手中。随着国际形势的转变，我国食品产业面临诸多挑战，包括农业资源缺乏、食品原料不足、关键技术欠缺、装备依赖进口等，因此，严格落实"大食物观"的重大举措，将以主食为主的食品结构调整为与大食物（副食）共发展的结构，将食品安全转化为"防范主粮卡脖子"的食物安全，重视碳中和的农业可持续发展，以营养需求为导向，实现食物高质量、稳定的供应。

党的十九大（2017年10月）根据生产力发展客观存在的新问题，作出"我国社会主要矛盾已经转化为人民日益增长的美好生活需要和不平衡不充分的发展之间的矛盾"的重大判断。随着我国改革开放的不断深入，经济社会发展取得巨大成就，我国已经进入全面建成小康社会的新时期。然而，工业化、城镇化、人口老龄化，以及疾病谱、生态环境及生活方式的不断变化，造成营养代谢相关的慢性非传染性疾病患病率在我国呈现"井喷式"上升，居民营养健康问题突出。《"健康中国2030"规划纲要》发出了建设健康中国的号召，《国民营养计划（2017—2030年）》特别提出要"发展食物营养健康产业"，由此可见，深化食品营养健康产业供给侧改革，建立以内循环为主的营养健康产业是食品产业转型的趋势。此外，《中共中央关于制定国民经济和社会发展第十四个五年规划和二〇三五年远景目标的建议》指出"创新能力不适应高质量发展要求"（2020年），国务院《2030年前碳达峰行动方案》（2021年10月）、工信部《"十四五"工业绿色发展规划》（2021年11月）等更是对食品产业提出了绿色发展的要求，习近平总书记在党的二十大会议中指出"高质量发展是全面建设社会主义现代化国家的首要任务"（2022年）。因此，食品产业必须立足科技创新，实现基础研究、智能制造、绿色低碳、营养健康水平的全面提高，全方位、多维度优化食品产业链，推动食品产业的高质量发展。

针对我国食品科技发展愿景和重大战略需求，未来食品行业要紧跟消费趋势，从食品产业的"原料""工艺""装备"三大要素出发，梳理制约高质量发展的瓶颈问题和需求，以科技创新为重要发力点，增加优质原料和专用原料的供给，实现精深加工与适度加工并举，强化食品营养与健康功能的基础研究，突破营养因子活性保持、靶向递送等关键技术，加强智能制造装备的创制，从而改善现有产品的性能和品质，拓展产品的应用领域，推动食品产业升级和转型发展，以满足人民群众对美好生活的需要和对营养健康的需求。因此，本书依托"中国工程院战略研究与咨询项目——食品产业高质量发展的战略研究"，围绕我国食品产业协同创新能力薄弱、核心技术自主创新能力不足、绿色制造综合利用亟待加强的问题，组织了粮食、油脂、肉品、乳品、果蔬、香精香料调味品等传统食品产业及方便食品、预制菜、微生物酶工程、营养健康食品、特医食品等未来新兴食品产业的专家、学者，利用中英文数据库文献资料检索的方法调研食品产业的现状和发展趋势，通过对双汇、众品、中粮、雀巢、恒瑞淀粉、好想你、中大恒源等40余家企业的实地调研明确企业的真实需求和问题，并邀请营养健康领域的专家成立评估小组，针对各细分产业的现状梳理、问题分析、经验借鉴以及未来发展规划的建议进行咨询，最终基于产业现状及问题剖析深层次原因，参照国际上先进的食品产业体系和先进管理经验，提出食品产业高质量发展的战略规划。此外，同样提出交叉型复合人才培育的重要性，要求全面衔接贯通教育、技术、人才，建立全产业链科技创新体系，发展新质生产力，培育行业科技创新型人才，这样才能更好地引领食品产业的全面提升和高质量发展，助力社会主义现代化强国建设。

本书按照产业领域划分章节，针对不同领域的现状提出特征性问题，并分别提出绿色发展建议，最后在个性中找共性，对于共性关键问题提出整体建议，从而为食品产业的高质量发展提供借鉴参考。本书尽量确保支撑数据的权威性和时效性，绝大部分数据采用国内外官方数据，仍有部分数据尚无法实现更新，请广大读者谅解。同时，本书编写过程中，受到中国工程院各级领导、各位院士、各领域专家、学者及各产业学会、协会、企业的大力支持，在此表示衷心的感谢。

目　录

第一章　粮食产业 … 1
　第一节　研究背景 … 1
　第二节　粮食产业现状与发展趋势 … 2
　　一、全球粮食加工现状与发展趋势 … 2
　　二、我国粮食加工现状与发展趋势 … 25
　第三节　粮食产业存在问题 … 73
　　一、优质专用品种缺乏 … 73
　　二、加工技术水平较低 … 74
　　三、副产物综合利用水平低 … 75
　　四、技术标准制订落后 … 76
　第四节　粮食产业高质量发展建议 … 76
　　一、选育优质专用品种 … 76
　　二、提升专用原料关键生产加工技术 … 77
　　三、加强副产物综合利用研究和开发 … 78
　　四、健全产品标准体系 … 78
　参考文献 … 79

第二章　油脂产业 … 81
　第一节　研究背景 … 81
　第二节　食用植物油产业现状与发展趋势 … 82
　　一、全球食用植物油现状与发展趋势 … 82
　　二、我国食用植物油现状与发展趋势 … 100
　第三节　食用植物油产业存在问题 … 129
　　一、优良油料种质资源缺乏 … 129
　　二、能源消耗与"三废"问题突出，生产线运行成本高 … 129
　　三、食用植物油油料加工技术和水平差异巨大 … 130
　　四、全酶法生物炼制仍无法进行工业化应用 … 130

五、食用植物油深加工产品及副产物高值化转化能力不足⋯⋯⋯130
　　六、国际间标准不统一，掺假问题突出⋯⋯⋯⋯⋯⋯⋯⋯⋯⋯130
　第四节　食用植物油产业高质量发展战略性建议⋯⋯⋯⋯⋯⋯⋯⋯131
　　一、广辟油源⋯⋯⋯⋯⋯⋯⋯⋯⋯⋯⋯⋯⋯⋯⋯⋯⋯⋯⋯⋯131
　　二、落实绿色加工与"节能降耗"措施⋯⋯⋯⋯⋯⋯⋯⋯⋯⋯131
　　三、推广精准适度加工技术应用⋯⋯⋯⋯⋯⋯⋯⋯⋯⋯⋯⋯131
　　四、助推产业转型升级⋯⋯⋯⋯⋯⋯⋯⋯⋯⋯⋯⋯⋯⋯⋯⋯132
　　五、重视资源综合利用⋯⋯⋯⋯⋯⋯⋯⋯⋯⋯⋯⋯⋯⋯⋯⋯132
　　六、构建广泛性标准⋯⋯⋯⋯⋯⋯⋯⋯⋯⋯⋯⋯⋯⋯⋯⋯⋯133
　参考文献⋯⋯⋯⋯⋯⋯⋯⋯⋯⋯⋯⋯⋯⋯⋯⋯⋯⋯⋯⋯⋯⋯⋯133

第三章　肉制品产业⋯⋯⋯⋯⋯⋯⋯⋯⋯⋯⋯⋯⋯⋯⋯⋯⋯⋯⋯⋯136
　第一节　研究背景⋯⋯⋯⋯⋯⋯⋯⋯⋯⋯⋯⋯⋯⋯⋯⋯⋯⋯⋯⋯136
　第二节　肉制品产业现状与发展趋势⋯⋯⋯⋯⋯⋯⋯⋯⋯⋯⋯⋯137
　　一、全球肉制品现状与发展趋势⋯⋯⋯⋯⋯⋯⋯⋯⋯⋯⋯⋯137
　　二、我国肉制品现状与发展趋势⋯⋯⋯⋯⋯⋯⋯⋯⋯⋯⋯⋯142
　第三节　肉制品产业存在的问题⋯⋯⋯⋯⋯⋯⋯⋯⋯⋯⋯⋯⋯⋯157
　　一、肉制品加工技术及装备落后，关键技术壁垒亟待突破⋯⋯157
　　二、肉类产品品质不稳定，保质保鲜技术创新性不足⋯⋯⋯⋯158
　　三、配套服务体系不完善，肉制品安全保障水平有待提升⋯⋯159
　第四节　肉制品产业高质量发展建议⋯⋯⋯⋯⋯⋯⋯⋯⋯⋯⋯⋯160
　　一、推动科技创新，助力产业升级⋯⋯⋯⋯⋯⋯⋯⋯⋯⋯⋯161
　　二、优化布局，助力产业健康发展⋯⋯⋯⋯⋯⋯⋯⋯⋯⋯⋯163
　　三、加快产业链及供应链的绿色低碳转型⋯⋯⋯⋯⋯⋯⋯⋯169
　参考文献⋯⋯⋯⋯⋯⋯⋯⋯⋯⋯⋯⋯⋯⋯⋯⋯⋯⋯⋯⋯⋯⋯⋯169

第四章　乳品产业⋯⋯⋯⋯⋯⋯⋯⋯⋯⋯⋯⋯⋯⋯⋯⋯⋯⋯⋯⋯⋯172
　第一节　研究背景⋯⋯⋯⋯⋯⋯⋯⋯⋯⋯⋯⋯⋯⋯⋯⋯⋯⋯⋯⋯172
　第二节　乳制品加工产业现状与发展趋势⋯⋯⋯⋯⋯⋯⋯⋯⋯⋯173
　　一、全球乳制品产业现状与发展趋势⋯⋯⋯⋯⋯⋯⋯⋯⋯⋯173
　　二、我国乳制品产业现状与发展趋势⋯⋯⋯⋯⋯⋯⋯⋯⋯⋯186
　第三节　乳制品产业存在问题⋯⋯⋯⋯⋯⋯⋯⋯⋯⋯⋯⋯⋯⋯⋯192
　　一、规模化养殖程度低⋯⋯⋯⋯⋯⋯⋯⋯⋯⋯⋯⋯⋯⋯⋯⋯192
　　二、乳制品生产与消费格局分布不均⋯⋯⋯⋯⋯⋯⋯⋯⋯⋯192
　　三、乳制品产品结构不均衡⋯⋯⋯⋯⋯⋯⋯⋯⋯⋯⋯⋯⋯⋯192
　　四、国产技术装备水平不足⋯⋯⋯⋯⋯⋯⋯⋯⋯⋯⋯⋯⋯⋯192

五、节能减排水平较低 193
　第四节　乳制品产业高质量发展建议 193
　　一、推进产业化经营 194
　　二、合理布局乳制品产业 194
　　三、大力发展新型乳制品 194
　　四、加强自主创新力度 194
　　五、提高节能减排力度 195
　　六、提升自动化和信息化水平 196
　参考文献 196

第五章　果蔬产业 198
　第一节　研究背景 198
　第二节　果蔬产业现状 198
　　一、全球果蔬加工现状 198
　　二、我国果蔬加工现状 212
　第三节　果蔬产业存在问题 228
　　一、缺乏专用品种，规模化、机械化、标准化程度低 228
　　二、加工新技术缺乏，硬件设备水平低 229
　　三、采后商品化处理水平、冷链物流技术水平低 230
　　四、加工产业布局不合理，产业链完整性有待加强 231
　　五、加工副产物综合利用率低，废水污染环境 232
　　六、龙头企业缺乏，产品品牌建设不足，网络营销不成熟 233
　第四节　果蔬产业高质量发展建议 233
　　一、培育新品种，推广果蔬种植和生产标准化 234
　　二、推进技术科研转型和设备升级 235
　　三、创制符合需求的可溯源创新产品，加强网络销售力度 236
　　四、加大精深加工占比，加强副产物的利用，开发高附加值产品 236
　　五、加强国内国际合作，发展龙头企业，建设知名品牌 238
　　六、结合旅游行业，强化景区化建设 239
　参考文献 239

第六章　香料香精、调味品产业 244
　第一节　研究背景 244
　第二节　香精香料、调味品产业现状与发展趋势 244
　　一、全球香精香料、调味品产业现状与发展趋势 244
　　二、我国香精香料、调味品加工现状与发展趋势 254
　第三节　香料香精、调味品产业存在的问题 268

一、香料香精、调味品产业结构不合理 ………………………………… 268
　　二、香料香精、调味品产业技术创新能力不足 ………………………… 272
　　三、香料香精、调味品加工产业品牌建设理念落后 …………………… 274
　　四、香料香精、调味品产业法规标准不完善 …………………………… 280
　第四节　香料香精、调味品产业高质量发展建议 ………………………… 284
　　一、调整产业结构 ………………………………………………………… 284
　　二、坚持创新驱动产业发展 ……………………………………………… 285
　　三、推动绿色制造产业发展 ……………………………………………… 285
　　四、加强国家品牌建设，突出民族特色 ………………………………… 286
　　五、出台国家扶持政策 …………………………………………………… 286
　　六、重视标准建设和质量监管 …………………………………………… 286
　参考文献 ……………………………………………………………………… 287

第七章　方便面及速冻方便食品产业 …………………………………… 293
　第一节　研究背景 …………………………………………………………… 293
　第二节　方便面及速冻方便食品产业现状与发展趋势 …………………… 294
　　一、全球方便面及速冻方便食品产业现状与发展趋势 ………………… 294
　　二、我国方便面及速冻方便食品产业现状与发展趋势 ………………… 297
　第三节　方便面及速冻方便食品产业存在的问题 ………………………… 307
　　一、原辅料质量不稳定，无法保障食品安全 …………………………… 307
　　二、对"食品添加剂"存在刻板印象，消费者购买存在顾虑 ………… 307
　　三、食品营养单一，长期食用存在健康隐患 …………………………… 307
　　四、产品感官特性急需增强，加工工艺有待突破 ……………………… 308
　　五、产品"方便性"不足，即食属性亟待增强 ………………………… 308
　第四节　方便面及速冻方便食品产业高质量发展建议 …………………… 308
　　一、生产标准化食品原辅料 ……………………………………………… 308
　　二、使用"天然"食品添加剂 …………………………………………… 309
　　三、实现向营养与功能并济的产品方向转型 …………………………… 309
　　四、提升工艺科技创新水平 ……………………………………………… 309
　　五、开发多元化产品 ……………………………………………………… 309
　参考文献 ……………………………………………………………………… 310

第八章　预制菜产业 ………………………………………………………… 311
　第一节　研究背景 …………………………………………………………… 311
　第二节　预制菜产业现状与发展趋势 ……………………………………… 314
　　一、全球预制菜产业现状与发展趋势 …………………………………… 314
　　二、我国预制菜产业现状与发展趋势 …………………………………… 328
　第三节　预制菜产业存在的问题 …………………………………………… 329

一、新鲜度难维持 329
　　二、营养易流失 330
　　三、标准不统一，安全监管难 330
　　四、销售渠道窄 331
　　五、产品创新度低 331
　　六、产品适应群体少 331
　第四节 预制菜产业高质量发展建议 331
　　一、革新加工技术 331
　　二、升级预制菜营养功能 332
　　三、加强标准化 332
　　四、打造预制菜品牌效应 333
　　五、丰富多样性 333
　　六、强化中华传统饮食元素 333
　参考文献 334

第九章 食品微生物酶产业 335
　第一节 研究背景 335
　第二节 食品微生物酶产业现状与发展趋势 337
　　一、全球食品微生物酶产业现状与发展趋势 337
　　二、我国食品微生物酶产业现状与发展趋势 354
　第三节 食品微生物酶产业存在的问题 368
　　一、基础研究不足，产品结构不合理 368
　　二、菌种选育创新缺乏，知识产权保护不足 370
　　三、发酵工艺自动化水平有待加强 371
　　四、生产装备自动化、规模化、标准化程度低 374
　　五、高端人才匮乏，产学研协作不紧密 376
　第四节 食品微生物酶产业高质量绿色发展建议 379
　　一、加强研究端技术创新 379
　　二、提高微生物酶性能 380
　　三、优化微生物酶发酵工艺 381
　　四、升级微生物酶发酵配套设备 381
　　五、加速微生物酶发酵全产业链的构建 383
　参考文献 386

第十章 营养健康食品产业 387
　第一节 研究背景 387
　第二节 营养健康食品产业现状与发展趋势 389

一、全球营养健康食品产业现状与发展趋势·················389
　　　二、我国营养健康食品产业现状与发展趋势·················394
　第三节　营养健康食品产业存在的问题·························398
　　　一、基础科学人才与研究缺乏·····························398
　　　二、需求与产业发展滞后·································401
　　　三、产业发展政策与标准体系缺失·························403
　第四节　营养健康食品产业高质量发展建议·····················404
　　　一、加强营养健康食品的基础科学研究·····················404
　　　二、加速推动营养健康食品需求与产业发展·················406
　　　三、加快营养健康食品产业技术发展与革新·················407
　　　四、完善产业发展政策制定与标准体系建设·················409
　参考文献···410

第十一章　婴幼儿配方食品产业·······························412
　第一节　研究背景···412
　第二节　婴幼儿配方食品产业现状与发展趋势···················415
　　　一、全球婴幼儿配方食品产业现状与发展趋势···············415
　　　二、我国婴幼儿配方食品产业现状与发展趋势···············422
　第三节　婴幼儿配方食品产业存在的问题·······················440
　　　一、存在多种"卡脖子"问题·····························440
　　　二、缺乏代表性母乳研究数据·····························441
　　　三、过度依赖国外设备···································442
　　　四、缺乏完善的标准法规·································442
　第四节　婴幼儿配方食品产业高质量发展建议···················443
　　　一、推动原辅料国产化···································443
　　　二、深入开展国内母乳相关研究···························444
　　　三、创新并普及生产设备国有化···························445
　　　四、完善创新服务及监管体系·····························446
　　　五、产能利用率不断提高·································447
　参考文献···447

第十二章　特殊医学用途配方食品产业·························450
　第一节　研究背景···450
　第二节　特医食品产业现状与发展趋势·························452
　　　一、全球特医食品产业现状与发展趋势·····················452
　　　二、我国特医食品产业现状与发展趋势·····················468

第三节　特医食品产业存在的问题 ·················· 477
　　一、产品市场准入管理法规体系"双轨"运行 ············ 477
　　二、缺乏标准法规体系 ························ 478
　　三、缺乏科技装备支撑 ························ 481
　　四、长期依赖进口核心原料/配料 ·················· 481
　　五、缺乏自主化和特色化产品 ···················· 482
　　六、缺乏完整产业链 ························· 482
第四节　特医食品产业高质量发展建议 ·················· 483
　　一、完善不同疾病产品的营养标准 ·················· 483
　　二、建立健全标准体系 ························ 483
　　三、突破关键加工技术与核心装备 ·················· 484
　　四、研发特医食品专用原/配料与核心基质 ·············· 484
　　五、创制适合国人饮食习惯和肠胃特点的产品 ············ 484
　　六、完善产业链布局，打造产业创新联盟和技术创新平台 ······ 485
参考文献 ······································ 485

第一章 粮食产业

第一节 研究背景

近几年,小麦加工业受新冠疫情、粮食价格波动及市场低迷的影响,整体运行平淡,以小麦粉为主的初级加工业运营效益欠佳,以挂面为代表的小麦食品制造业则在高质量发展、消费升级、渠道创新等多动能驱动下,产业提质增效成效初显。企业规模化程度、产品结构及创新发展能力在不断提升。随着小麦加工技术的提高,变性淀粉、淀粉糖、淀粉发酵制品、小麦蛋白制品等精深加工产品不断丰富,产业链条和用途不断拓展,附加值和经济效益明显提高。小麦作为全国约40%的人的口粮,加工业上游连接农业生产,下游连接消费,对小麦产业的高质量发展起着非常重要的作用。

玉米是重要的粮食作物和饲料作物,生产潜力大、经济效益高,具有食用、饲用和多种工业用途,在保障粮食安全方面具有重要战略地位。2016年以来,连续8年的中央一号文件对玉米种植、生产、加工利用等多个方面制定了新的政策措施,促使我国近年来的玉米播种面积和产量总体呈稳定增长态势。目前,我国是全球第二大玉米主产国,已形成了涵盖玉米种植、生产、加工、流通,玉米及其加工产品消费几大环节的完整产业链,玉米深加工产能巨大,是拉动玉米消费的重要动力。

稻谷作为世界上最重要的谷物之一,其加工学科的发展,在确保口粮绝对安全、提升人民生活水平、满足人民对美好生活的向往、全面建成小康社会中具有不可替代的重要地位。目前,我国的稻谷脱壳碾米技术已处于世界前列,在"稻米适度加工技术体系""稻米精准加工技术体系""稻米柔性加工技术装备体系""内源营养米加工技术体系""专用米加工技术体系"等稻米产后减损增效加工技术和装备体系方面取得了重大突破。

基于此,本报告结合我国粮食生产及消费现状,从加工产业现状角度,系统分析粮食加工产业存在的突出问题,提出粮食加工产业高质量发展建议,为实现"粮食大国"向"粮食强国"转变提供强有力的科技支撑,并引领粮食加工产业新方向。

第二节 粮食产业现状与发展趋势

一、全球粮食加工现状与发展趋势

(一)全球粮食原料生产、贸易、消费现状

1. 全球粮食生产现状

1)全球小麦生产现状

据联合国粮农组织(FAO)2022年12月发布的报告,预期全球小麦产量有所上升,供求关系基本平衡。如表1-1所示,2022年的全球小麦产量为7.81亿吨,较2021年的产量上涨约0.4%。欧盟小麦产量全球第一,为1.39亿吨,占比17.85%;中国小麦产量位居全球第二,占比17.59%;印度小麦产量位居全球第三,占比14.08%。

表1-1 2017—2022年世界谷物与小麦供求情况(资料来源:联合国粮农组织)

	2017年	2018年	2019年	2020年	2021年	2022年	
	产量(亿吨)						2022年比2021年增长(%)
谷物	26.95	26.45	27.14	27.77	28.13	27.56	-2.03
小麦	7.62	7.31	7.60	7.75	7.78	7.81	0.39
	消费量(亿吨)						
谷物	26.59	26.86	27.10	27.58	27.98	27.77	-0.75
小麦	7.39	7.50	7.48	7.62	7.73	7.75	0.26
	贸易量(亿吨)						
谷物	4.23	4.12	4.39	4.80	4.81	4.72	-1.87
小麦	1.78	1.69	1.84	1.90	1.96	1.94	-1.02
	库存量(亿吨)						
谷物	8.59	8.32	8.28	8.38	8.58	8.39	-2.21
小麦	2.89	2.74	2.84	2.92	2.93	3.00	2.39

2)全球玉米生产现状

玉米是世界上种植最广泛的作物之一,170余个国家和地区均有种植。玉米是全球产量最高的粮食作物,也是最主要的饲用谷物。

玉米以南北半球分为两个生长期。北半球的播种期在4~5月份,南美(巴西、

阿根廷）大概在 9～11 月。南美（巴西、阿根廷）玉米的收获期是每年的 3～5 月，而地处北半球的美国、中国的玉米收获期是 9～10 月份。由于南美（巴西、阿根廷）玉米产量相对较少，玉米集中供应还是在 9～10 月份，主要由北半球的美国和中国供应。

2022 年，全球玉米产量比上年减少 5.60%，玉米消费也小幅下降，主要是饲用玉米止涨下调，工业消费相对稳定，略有减少（图 1-1）。

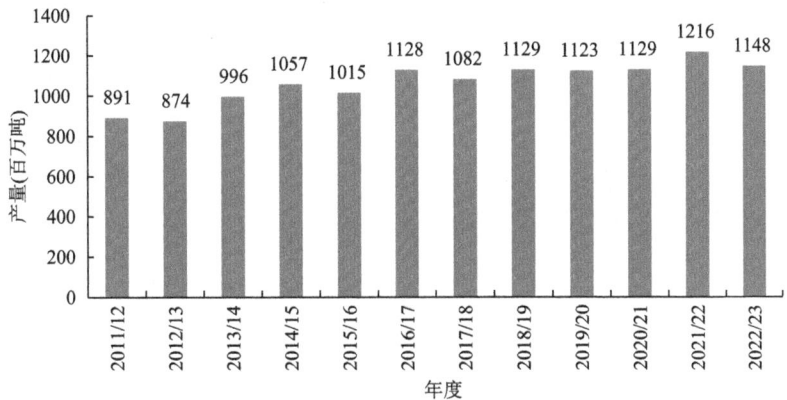

图 1-1　2011—2022 年全球玉米产量变化情况（资料来源：美国农业部）

美国、中国、巴西、阿根廷是玉米产量最高的 4 个国家，合计占 2022 年全球玉米产量的 68.93%。如图 1-2 所示，美国是最大的玉米生产国，2022 年的玉米产量为 3.49 亿吨，同比下降 8.92%，占全球总产量的 30.39%。中国是第二大玉米主产国，2022 年的玉米产量为 2.77 亿吨，占 24.16%。

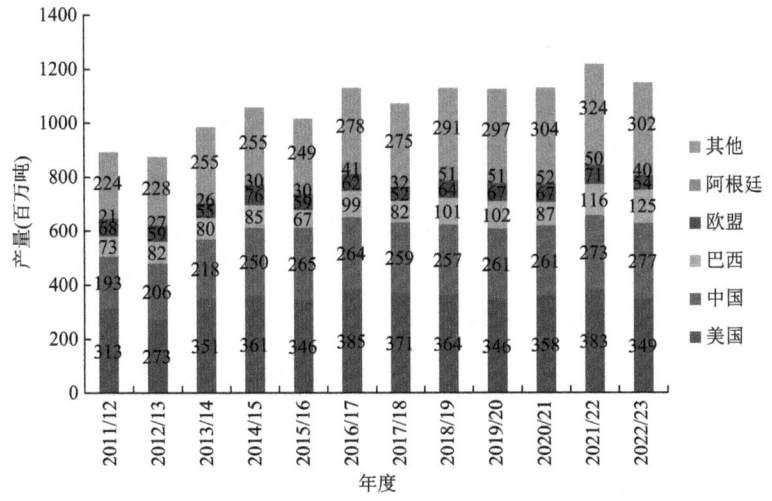

图 1-2　2011—2022 年全球玉米主要产区产量分布（资料来源：美国农业部）

3）全球稻米生产现状

2002年以来，全球大米产量总体呈增加趋势，仅在个别年份产量小幅下降（图1-3）。根据美国农业部（USDA）数据，2022年度，全球大米产量5.15亿吨。中国产量最高，占全球总产量的29%；其次是印度，占25%；印度尼西亚、孟加拉国的大米产量分别占7%；越南的大米产量占5%。中国的大米主要产自东北、东部、东南部地区。印度是全球第二大的大米生产国，印度的大米主要产自东部地区。近年来，印度大米产量持续增加，产量能够满足自身消费需求，基本不进口大米。

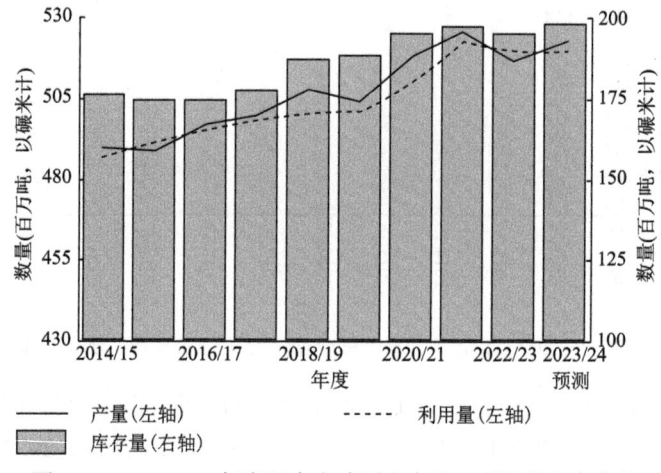

图1-3　2014/2015年度以来全球稻米产量、利用量和库存量
（资料来源：FAO粮食展望市场综述，2023年6月）

2. 全球粮食贸易现状

1）全球小麦贸易现状

自2020年疫情全球蔓延以来，小麦全球贸易量连续3年不断创历史新高，2022/2023年度全球小麦进口量超过2.1亿吨，比疫情前的2019/2020年度增加2205万吨，主要原因是全球小麦进口国政府和民间预防性储备增加。2020/2021年度，全球小麦、面粉及制品进口量接近2亿吨。其中，如表1-2所示，埃及以12.149×10^{6}吨排名第一，占总进口量超过6%；其次为中国，进口量占比为5.34%；印度尼西亚排名第三，进口量占比超过5%。

表1-2　全球主要国家和地区小麦近几年进口量变化（资料来源：中华粮网）

国家和地区	2019/20	2020/21	2021/22	2022/23
中国	5.376	10.618	9.568	14.000

续表

国家和地区	2019/20	2020/21	2021/22	2022/23
埃及	12.811	12.149	11.256	11.000
印度尼西亚	10.586	9.995	11.229	9.500
土耳其	11.087	8.051	9.555	11.000
阿尔及利亚	7.145	7.680	8.286	8.500
墨西哥	4.879	5.191	4.726	6.500
欧盟	5.551	5.390	4.629	11.500
菲律宾	7.065	6.105	6.886	6.200
尼日利亚	5.338	6.586	6.187	5.000
孟加拉国	6.800	7.200	6.340	5.000
巴西	7.063	6.359	6.582	5.100
日本	5.683	5.493	5.605	5.700
墨西哥	5.080	4.724	5.326	5.000
沙特阿拉伯	3.668	2.773	3.052	5.100
韩国	3.941	3.889	5.099	4.600
越南	3.570	3.900	4.527	4.500
伊朗	2.500	2.200	8.000	4.500
也门	3.744	4.096	3.457	3.800
阿富汗	3.000	3.400	3.600	3.600
美国	2.836	2.687	2.706	3.400
乌兹别克斯坦	2.608	3.546	3.318	4.000
伊拉克	2.242	2.175	2.576	3.700
巴基斯坦	1.000	3.617	2.210	2.600
肯尼亚	2.500	2.092	2.042	2.400
苏丹	2.684	2.064	2.381	2.600
叙利亚	1.100	1.700	1.900	2.300
其他	60.640	60.551	60.037	57.795

注：单位，百万吨

2020/2021 年度，俄罗斯小麦、面粉及制品出口量为 39.100×10^6 吨，占比接近 20%；其次为欧盟，出口量为 29.736×10^6 吨，占比接近 15%；第三为加拿大，出口量占比接近 14%（表 1-3）。

表 1-3　全球主要国家和地区小麦近几年出口量变化（资料来源：中华粮网）

国家和地区	2019/20	2020/21	2021/22	2022/23
俄罗斯	34.485	39.100	33.000	44.500
欧盟	39.788	29.736	31.998	34.500
加拿大	22.987	27.722	14.990	26.000
澳大利亚	10.118	19.720	25.958	32.500
美国	26.392	26.636	21.501	21.500
阿根廷	13.608	9.597	17.651	4.800
乌克兰	21.016	16.851	18.844	16.000
哈萨克斯坦	6.888	8.128	8.455	10.000
土耳其	6.633	6.571	6.646	7.000
巴西	408.000	911.000	3.105	2.800
英国	1.529	473.000	869.000	1.800
其他	11249.000	14.168	22.398	12.144
全球总计	195.101	199.613	205.415	213.544

注：单位，百万吨。

2）全球玉米贸易现状

玉米贸易活跃，2022/23 年度全球玉米平均贸易规模约 1.75 亿吨，占当年玉米总产量的 15.22%。

玉米出口量高度集中。排名前四的国家是美国、巴西、阿根廷和乌克兰，预计 2022/23 年度四国出口量之和占全球玉米出口总量的 84.99%（图 1-4）。

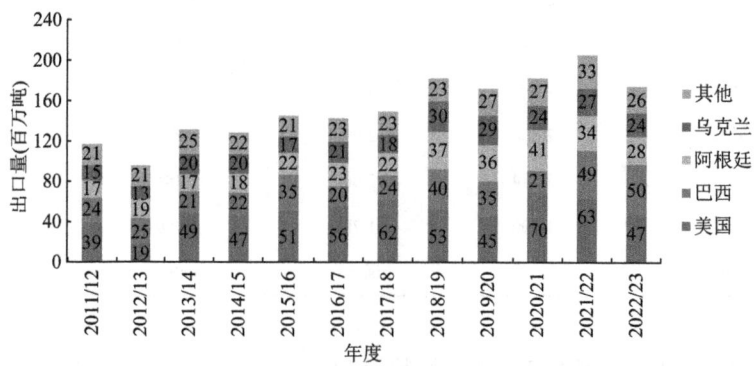

图 1-4　2011—2022 年全球主要国家玉米出口量变化（资料来源：美国农业部）

由于巴西玉米种植面积大幅提高,加上获准出口至中国,估计 2022/23 年度巴西将成为玉米第一大出口国,出口量将达到 5000 万吨,约占全球出口总量的 28.62%;美国玉米出口量大幅下降 1578 万吨至 4699 万吨,约占 26.90%;阿根廷及乌克兰分别占比 16.03% 和 13.45%。

玉米进口集中度远低于出口。如图 1-5 所示,欧盟、墨西哥、日本和埃及一直是玉米最主要的进口国家或地区。2022/23 年度它们的进口量分别为 2350 万吨、1720 万吨、1500 万吨和 900 万吨,占全球玉米进口总量的 37.08%。其中,日本和墨西哥的进口玉米主要来自美国,这两国也是美国玉米最主要的两大出口目的国。

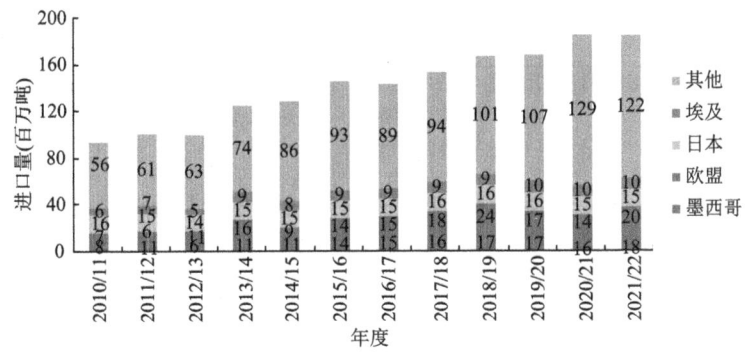

图 1-5　2011—2022 年全球主要国家或地区玉米进口量变化（资料来源：美国农业部）

3）全球稻米贸易现状

自 2012 年以来,印度一直是全球最大的稻米出口国。目前每年出口的稻米量超过了其他三个最大出口国的合并出口量。如表 1-4 所示,印度的稻米出口在 2020 年增加了近 49%,然后在 2021 年再增加 46%,超过了 2100 万吨。其后的稻米出口国有泰国、越南、巴基斯坦、美国、中国、缅甸和柬埔寨,它们占全球稻米贸易的 90% 以上。柬埔寨在 2009 年开始增加出口,中国在 2017 年大幅增加出口,并在 2018 年重返主要出口国之列。相反,美国的稻米出口在 2018 年下降了 17%,并且仍然低于以前的水平,部分原因是南美供应商在几个拉丁美洲市场上的激烈竞争,以及美国供应总体上紧张。泰国的出口在 2019 年和 2020 年大幅下降,之后尽管有所扩张,但仍然远低于以前的水平。巴基斯坦的出口自 2012 年以来一直在 400 万吨左右徘徊。

表 1-4　2017 年至 2023 年选定国家或地区的大米贸易（以碾米计）出口量[1,2]

国家或地区	2017 年	2018 年	2019 年	2020 年	2021 年	2022 年	2023 年（预测）
印度	1257	1179	981	1458	2124	2212	2250

续表

国家或地区	2017年	2018年	2019年	2020年	2021年	2022年	2023年（预测）
泰国	1166	1121	757	572	628	768	820
越南	649	659	658	617	627	705	680
巴基斯坦	365	391	455	393	393	453	380
缅甸	335	275	270	230	190	237	240
中国	117	206	272	227	241	217	220
美国	335	277	314	286	292	218	200
柬埔寨	115	130	135	135	185	170	160
巴西	59	125	95	124	78	145	110

注：单位，万吨。数据来源于美国农业部（USDA）。综合使用美国农业部数据的经济研究服务、外国农业服务、生产供应和分配（PS&D）以及报告《粮食：世界市场与贸易（Grain Circular）》等部分的数据。[1] 所提到的数据或信息截至2023年3月8日；[2] 不包括欧盟内部贸易。

在稻米进口方面，撒哈拉以南非洲是最大的稻米进口地区，略高于亚洲的总进口量，占全球进口的31%以上（表1-5）。中东仍然是一个巨大的进口市场，占该地区稻米消费的70%以上。东南亚也是一个重要的进口市场，但在大多数年份内没有长期扩张，主要依赖大部分年份的丰收。菲律宾是东南亚最大的稻米进口国，也是全球第二大进口国，目前每年进口超过300万吨。过去十年，中国作为全球最大的稻米进口国，不断增加稻米进口量，2017年达到590万吨，2022年仍超过500万吨。南亚是亚洲最小的稻米进口地区，尽管孟加拉国的进口在产量不足时可能会迅速增加，正如2017年和2018年天气影响了丰收，以及2021年收成不佳后所发生的情况。自2012年以来，南美洲的稻米进口仅略有增加，主要原因是消费增长有限，产量保持稳定。目前，北美和欧盟都在进口创纪录数量的稻米，尽管与亚洲和撒哈拉以南非洲相比，这两个地区的人均稻米消费较低。这两个地区都是亚洲芳香品种的大市场，这些特色稻米价格较高，占全球稻米贸易的份额不断增加。

表1-5 2017年至2023年选定国家或地区的大米贸易（以碾米计）进口量[1,2]

国家或地区	2017年	2018年	2019年	2020年	2021年	2022年	2023年（预测）
中国	590	450	280	320	492	616	550
菲律宾	120	250	290	245	295	375	360
欧盟[2]	159	163	180	200	186	252	265
尼日利亚	250	210	180	180	210	240	230

续表

国家或地区	2017年	2018年	2019年	2020年	2021年	2022年	2023年（预测）
伊拉克	116	124	126	97	132	212	160
科特迪瓦	135	150	135	110	145	156	150
美国	79	92	98	121	98	132	138
沙特阿拉伯	120	129	143	161	120	130	130
伊朗	140	125	140	111	88	125	120
马来西亚	90	80	100	122	116	124	120
尼泊尔	56	71	62	98	126	83	110
塞内加尔	110	110	100	105	125	150	110
南非	105	107	94	100	100	103	110
越南	50	50	50	40	180	150	110

注：单位，万吨。数据来源于美国农业部（USDA）。综合使用美国农业部数据的经济研究服务、外国农业服务、生产供应和分配（PS&D）以及《粮食：世界市场与贸易（Grain Circular）》等部分的数据。[1] 所提到的数据或信息截至2023年3月8日；[2] 不包括欧盟内部贸易。

全球稻谷市场的基本行情如表1-6所示，自2018年以来全球稻谷年产量稳定保持在500百万吨以上，市场供应量自2020年以来保持在700百万吨以上。在全球稻谷贸易中，2023年的一个值得关注的事件是印度政府于2023年7月20日下令禁止将除蒸谷米和印度香米之外的大米出口。考虑到印度是全球最大的大米出口国，占全球大米出口的40%，销售至140多个国家，这一举措引起了全球关注。此外，阿联酋和俄罗斯也随后宣布了大米出口禁令。这些禁令可能会导致全球大米市场供应紧张、价格上涨，甚至可能加剧全球粮食危机的预期，并引发大米国际贸易格局的调整。然而，对于我国来说，由于稻谷生产连年丰收，大米常年自给自足，因此预计这一禁令对国内大米市场的影响将非常有限。

表1-6 全球稻谷市场基本行情

年度	产量[1]（百万吨）	供应[2]（百万吨）	利用（百万吨）	贸易[3]（百万吨）	年末库存[4]（百万吨）	全球库存利用率（%）	主要出口国的库存消耗比率[5]（%）
2014/15	490.4	663.5	486.5	45.0	175.6	35.8	24.6
2015/16	489.0	664.6	490.9	41.3	173.6	35.1	19.7
2016/17	497.1	670.6	495.1	48.4	174.2	35.0	18.8
2017/18	499.9	674.1	497.9	48.5	177.3	35.4	18.1
2018/19	508.1	685.4	501.0	44.3	187.0	37.3	22.6
2019/20	503.6	690.5	501.1	45.8	187.8	36.8	26.1

续表

年度	产量[1]（百万吨）	供应[2]（百万吨）	利用（百万吨）	贸易[3]（百万吨）	年末库存[4]（百万吨）	全球库存利用率（%）	主要出口国的库存消耗比率[5]（%）
2020/21	518.0	705.8	509.9	52.1	195.0	37.3	28.5
2021/22	526.0	720.9	522.7	55.9	197.0	37.8	28.7
2022/23	517.6	714.5	520.4	53.0	195.1	37.5	29.5
2023/24	523.7	718.8	520.0	56.4	198.5	37.9	30.5

注：[1]产量数据指的是第一年的日历年。稻谷产量以糙米计量；[2]产量加上年初库存；[3]贸易数据是基于小麦和粗粮的7月/6月市场销售季节，以及稻谷的1月/12月市场销售季节（第二年）的出口数据；[4]由于各个国家市场年度的不同，这个数字可能不等于供应和利用之间的差值；[5]主要稻谷出口国包括印度、巴基斯坦、泰国、美国和越南；消耗量定义为某一季度的国内利用量加上出口。（数据来源：FAO，数据更新至2023年7月）

经历了2022年大部分时间的上涨后，由于亚洲买家需求旺盛以及一些供应国在2022/23年度的生产中断，国际稻米价格在2023年仍然保持上涨趋势。联合国粮农组织稻米价格指数反映了这一趋势，如图1-6所示。2023年6月平均为126.2点，较上月下降1.2%，但较去年同期仍上涨了13.9%。2023年6月，各类稻米品种的价格趋势各异。需求低迷导致香米、糯米和粳米的出口报价下跌，但籼米出口价格则波动不定。例如，巴基斯坦大力促进出口销售，导致其籼米报价下降，但美国长粒米价格基本保持稳定，受到交易活动减缓的影响。与此同时，印度的出口价格上涨，原因包括政府公共采购、秋季作物种植工作的滞后，以及有报道称印度与印度尼西亚达成了一项100万吨的印度稻米出口协议。亚洲买家的采购兴趣也支撑了泰国的价格，同时，尽管越南的出口需求整体低迷，但供应紧张导致其25%碎米价格上涨。

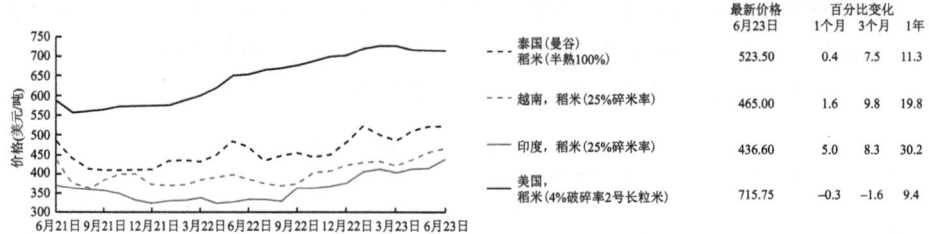

图1-6　FAO数据国际稻米价格走势（数据更新至2023年6月23日）

自2022年6月以来，国内稻谷价格相对稳定，一直在2.01～2.04间徘徊。而国际价格波动更大，在1.69～2.05之间。2023年上半年，国内与国际稻谷价格的差距缩小（表1-7）。

表1-7 2022—2023年稻谷国内价格及国际价格走势

时间	国内价格（元/斤）	国际价格（元/斤）	国际比国内高（%）
2022/06	2.01	1.83	−0.90
2022/07	2.04	1.69	−17.20
2022/08	2.02	1.72	−14.90
2022/09	2.02	1.78	−11.90
2022/10	2.03	1.80	−11.30
2022/11	2.04	1.83	−10.30
2022/12	2.04	1.90	−6.90
2023/01	2.04	2.01	−1.50
2023/02	2.04	1.92	−5.90
2023/03	2.04	1.88	−7.80
2023/04	2.04	1.96	−3.90
2023/05	2.04	2.00	−2.00
2023/06	2.02	2.05	1.50

（数据来源：中商产业研究院《中国稻米市场前景及投资机会研究报告》）

3. 全球粮食消费现状

1）全球小麦消费现状

2020/21年度，中国以1.5亿吨消费量排名第一，其次为欧盟，消费量为1.05亿吨，印度、俄罗斯、美国分列第三至五位（图1-7）。

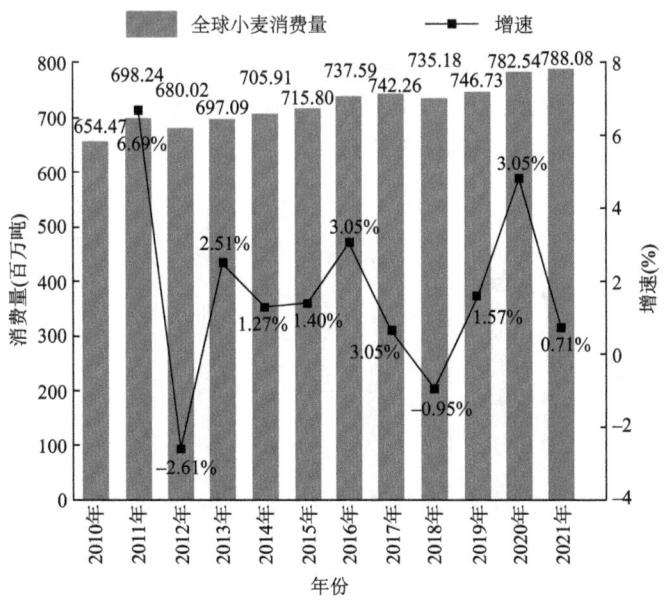

图1-7 2010—2021年全球小麦消费量情况（资料来源：USDA、智研咨询整理）

2022年，受俄乌两国冲突的影响，全球小麦供应链严重受损，国际粮价大幅上涨，全球粮食供需形势明显紧张。2022年6月，国际谷物理事会（IGC）发布预测报告：预计2022/23年度全球小麦产量7.69亿吨，消费量预计7.79亿吨，供需市场存在明显缺口。

2) 全球玉米消费现状

近十年，全球玉米消费量增长迅速，如图1-8所示。从2012/13年度的8.74亿吨增长至2022/23年度的11.57亿吨，累计增幅32.37%，年均增长速度2.94%，略高于同期产量增速。2022/23年度，全球玉米消费量比上年减少2.15%。

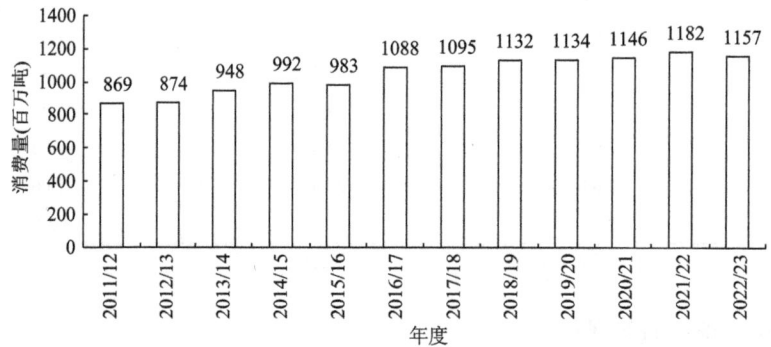

图1-8　2011—2022年全球玉米消费量变化（资料来源：美国农业部）

全球玉米消费集中度同样较高，如图1-9所示。美国和中国是全球最大的两个玉米消费，2022/23年度美国和中国的玉米消费量分别为3.04亿吨和2.97亿吨，两国玉米消费量之和占全球消费总量的51.96%。其中，近十多年中国玉米需求量的年均增速为4.41%，高于同期美国的1.42%。此外，欧盟、巴西和墨西哥的玉米消费量也相对较大，2022/23年度将分别达到7810万吨、7300万吨和4420万吨，占全球的6.75%、6.31%和3.82%。

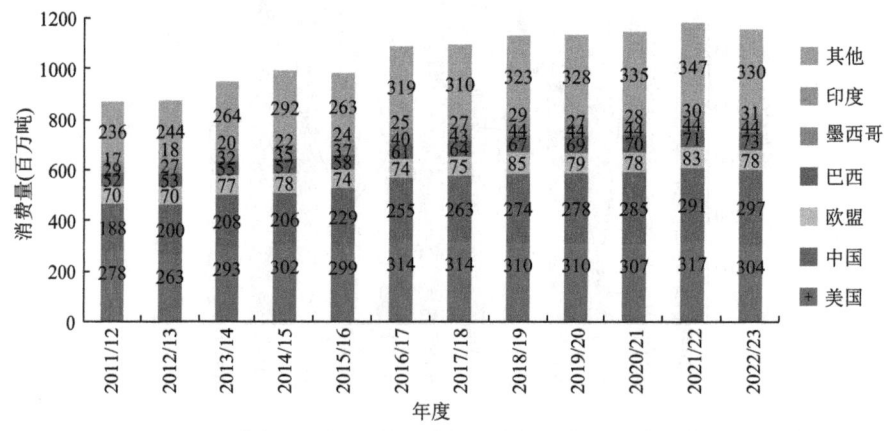

图1-9　2011—2022年全球玉米分国别/地区消费量变化（资料来源：美国农业部）

玉米消费需求主要包括饲用、工业用、食用、种用及其他。如图1-10所示，饲料消费是玉米最大的消费去向，近年来一直呈刚性增长。2022/23年度饲用玉米消费量7.27亿吨，比上年减少2.99%，约占全球玉米消费总量的62.86%，近十年来饲用需求的年复合增速为3.20%。中国和美国是全球饲用玉米消费规模最大的两个国家，合计占全球饲用玉米消费的48.14%左右。

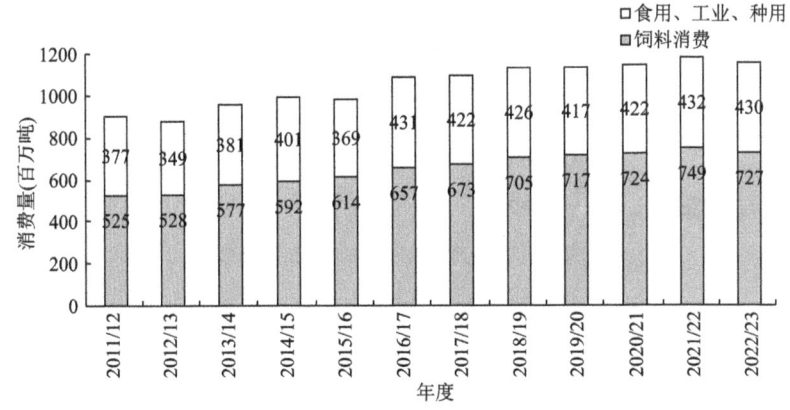

图1-10 2011—2022年全球玉米分类别消费量变化（资料来源：美国农业部）

2022/23年度工业、食用和种用消费量比上年略减少0.68%。工业、食用和种用消费占全球玉米消费总量的比重维持在36.85%。美国是全球玉米工业消费规模最大的国家，2022/23年度工业消费全球占比约为39.56%。

3）全球稻米消费现状

全球大米消耗量整体呈现出稳定增长的趋势，仅在2004年、2014/15年、2017年大米消费量出现下降。根据USDA数据，2022年度全球大米消费量519.22百万吨。大米主产国也是大米的主要消费国。其中，中国消费量最高，占全球总产量的30%；其次是印度，占21%；印度尼西亚、孟加拉国的大米消费量分别占7%；越南的大米消费量占4%，近年来消费量持续增加。而印度尼西亚作为大米的主要消费国之一，近五年来大米消费量持续减少。五大大米消费国的消费总量，自2018年度的335百万吨，持续增加至2022年度的357.5百万吨，累计增幅7%。

（二）全球粮食加工产业关键原配料制造、加工技术现状

1. 全球小麦加工产业关键原配料制造、加工技术现状

1）全球小麦加工产业现状

小麦加工主要分为初加工、深加工和副产物综合利用三大领域（图1-11）。小麦初加工主要是将小麦碾磨制粉，加工消费量年均约占全球小麦总产量的85%～90%；此外，少量小麦被用于湿法加工成小麦淀粉和谷朊粉等，小麦淀粉

和谷朊粉可进一步通过发酵、酶解、挤出蒸煮等现代食品加工技术转化为变性淀粉、淀粉糖及组织化植物蛋白等深加工产品；综合利用主要包括小麦加工副产物麸皮、次粉、麦胚等的加工利用。

图1-11 全球小麦主要加工利用途径

目前，发达国家和地区小麦初加工产业集中度高，如美国23家制粉公司（140家制粉厂）日加工小麦量790万吨，约占全美总产量的92%；日本名列前四位的大型制粉公司小麦粉总产量占全国小麦粉总产量约70%，仅日清一家公司小麦粉产量就占日本国内整个小麦粉总产量的35%。

小麦变性淀粉主要生产地区包括美国、欧洲国家和澳大利亚等。据市场研究公司Mordor Intelligence报告，2019年全球小麦变性淀粉市场规模约为16.05亿美元，预计到2025年将达到20.82亿美元，复合年增长率为4.1%。2019年全球小麦淀粉糖市场规模为52.07亿美元，预计到2025年将达到66.94亿美元，复合年增长率为3.8%。

全球谷朊粉主要厂商有Manildra Group、河南天冠集团、山东渠风食品科技、MGP Ingredients和CropEnergies等，前五大厂商共占有超过30%的市场份额。2020年全球谷朊粉市场容量为153.11亿元。谷朊粉有一部分作为组织蛋白或植物基人造肉的重要原料使用。目前，小麦组织蛋白主要生产地区是欧洲和北美，其中欧洲市场占据了小麦组织蛋白市场的50%以上。

小麦在加工成面粉的过程中，只有73%～77%的小麦加工成了面粉，其余23%～27%以副产物形式存在，根据原粮和制粉工艺的差异，大约产生15%～20%的麸皮、3%～7%的次粉和0.2%～1%的小麦胚芽，每年全球产生15000万吨麸皮、0.3900万吨次粉和400万吨胚芽。

目前，超过90%的麸皮和次粉被用于饲料生产，仅有不足10%用于食品加工，以及少量用于制造高附加值工业产品，例如生物燃料和生物吸附材料。全球小麦麸皮市场规模约为200亿美元，主要分布在北美、欧洲与亚太地区。

小麦胚芽广泛用于食品和饲料行业、营养补品行业、化妆品行业和制药行业等。日本 1975 年便以"益寿"牌小麦胚油胶丸推向市场；美国安利公司生产的"小麦胚芽油营养胶囊"（商标名"纽崔莱"）在国际市场具有较高的认可度；匈牙利利用面包酵母发酵小麦胚芽，开发一种癌症辅助治疗营养食品（商标名"Avemar"、中文名"维麦康"）。根据 Future Market Insights (FMI)预计，2023年全球小麦胚芽市场价值将同比增长 6%，达到 46.314 亿美元。

2）全球小麦加工技术现状

国际上专用小麦粉生产发展水平很高，专用小麦粉产量占小麦粉总产量的 95%以上，且专用粉的使用已经覆盖几乎所有食品种类，比如蛋挞粉、炸鸡粉等。在美国市面售卖的专用粉的种类超过百种，在北欧地区及日本，专用粉有将近 70 种，国内外专用粉的概念有所不同，国外专用粉特指超市供给家庭使用的含有膨松剂、糖、酵母等必要成分的预混合粉（比如蛋糕粉和面包粉），与国内的馒头自发粉、油条自发粉类似。随着食品市场的需求变化，专用粉的市场份额不断扩大。同时，欧美国家比较广泛和深入的研究主要针对意大利通心粉和细条实心粉；日本在白盐面条、乌冬面、方便面的加工工艺、食用品质、加工机械、专用小麦粉等方面进行了大量的、标准化的研究，具有一定的优势；而我国虽然在小麦加工业也取得了长足进步，市售面包、面条的专用粉已渐渐增多，但专用粉产量占小麦粉总产量仍然不高，拥有巨大的发展空间。

国际的面制主食技术发展较为成熟，例如面条产品支撑着日本快餐业的半壁江山，其中生鲜面的销量稳居第一，面条的韧性、弹性、光滑性、密度和透明度较好，具有高度自动化、智能化和连续化的食品机械和装备制造业，使得其食感不仅远胜于普通的机械制面，而且也已超过了一般手工制作的面条；欧美国家对于面包等烘焙食品的年人均消费水平较高，其中工业化的烘焙食品占主导地位，占据市场份额的 78%，且烘焙品种很多，有早点小面包、蛋糕等传统食品蛋糕，以慕思蛋糕、乳酪蛋糕和重油蛋糕为主。

3）全球小麦深加工技术现状

小麦深加工行业作为食品工业中的重要组成部分，近年来取得了较快的发展。小麦变性淀粉主要应用于食品工业中。当前小麦变性淀粉行业正不断进行技术研发，提供更加健康、天然的替代品，以满足市场对可持续和功能性产品的需求。小麦淀粉糖是小麦淀粉通过发酵、酶解等生物技术转化的精深加工产品，附加值高，广泛应用于食品、饮料、药品、工业等领域。其中，食品和饮料是小麦淀粉糖最重要的应用领域，占据了全球总量的 55%以上。小麦蛋白可进一步加工为人造肉、组织化蛋白等。近年来，随着对小麦植物肉的研究逐渐深入，其口感体验有所改善，但仍无法与传统肉食相比，拟真程度是行业最大的壁垒。国外的挤出装备已经能够实现在组织化植物蛋白和高水分素肉生产之间进行快速的切换。

4）小麦副产物综合利用技术现状

不耐储存、保质期较短是制约小麦加工副产物及其制品发展的主要因素之一，目前采用的稳定化技术可分为物理法、化学法、生物法等。由于化学法易产生有机溶剂残留，且不符合绿色食品生产标准，已逐渐被淘汰。超微粉碎、挤压膨化、发酵技术等可改善麸皮、胚芽等副产物适口性差的缺点，并降低其对面团结构的负面影响。最近，中国科学院和俄罗斯科学院联合开发了旋风涡流微纳米分离技术，攻克了小麦糊粉层工业化纯物理分离的技术难题，促进了糊粉层的工业化生产，及其在健康食品领域的应用。

2. 全球玉米加工产业关键原配料制造、加工技术现状

目前，全球玉米产量近12亿吨，应用于玉米深加工的占20%。其中，美国的玉米经济实力最强，技术最先进，已制造出3500种以上的产品，并以此为根底形成了兴隆的玉米深加工业。美国玉米深加工产品，由20世纪的淀粉、葡萄糖、饲料、玉米油，到21世纪的变性淀粉、淀粉糖和燃料酒精，尤其是作为玉米深加工的两大主导产品淀粉糖和燃料酒精，成为推动美国玉米深加工产业发展的主要动力。

日本少产玉米，主要从国外进口玉米，年进口量达1800万吨，其中70%用于饲料，30%用于深加工。日本淀粉消费量约为300万吨/年，原料主要是玉米。日本淀粉的应用领域主要是淀粉糖、纸及纸板、食用三个方面，占总量的85%。淀粉糖消费量200万吨，其中果葡糖浆占60%，其次是各类传统的麦芽糖浆、葡萄糖浆（占36%）。日本是谷氨酸和赖氨酸的重要生产国家之一，味之素的工厂遍布越南、泰国、巴西等多个国家。

欧盟玉米深加工产业规模不大，但高度集中，以淀粉糖和变性淀粉等淀粉衍生物为主导产品，主要应用于食品工业（最主要的是烘焙、饮料、乳制品和食品加工，约占55%）和纸行业、化学及发酵产品等其他非食品产品的诸多领域。

放眼全球，近60年来玉米生产都呈增长态势，全球玉米加工产业都面临转型升级阶段。首先是传统加工技术逐渐被低成本生物技术取代，其次是加工组织集中化、集团化。玉米加工产业链不断延长，以欧美为代表的现代型封闭长产业链可以实现玉米资源多次被开发利用，欧美玉米深加工产品已经发展到四千余种，并且应用领域更宽。预计至2025年全球玉米深加工量将会达到7000万吨。

3. 全球稻米加工产业关键原配料制造、加工技术现状

1）稻米初加工

最佳的稻米采后加工方式取决于水稻品种和地区。稻谷的干燥过程对碾磨特性产生重要影响。碾磨过程可以采用不同的方法来实现，包括一步碾磨、两步碾磨和多阶段碾磨工艺。同时，现代加工厂在碾磨阶段利用免淘洗工艺综合利用副产品，提高了米饭的食味，并减少了资源浪费。

在最先进的加工厂中，正如包括美国在内的发达国家研究发现，大米在碾磨阶段经历了一个如图1-12所示的多方面的过程。与国内及日本等的加工工艺相比，其亮点在于加工过程中副产物的综合利用一体化，将小碎米及米糠集中处理，统一用作酿酒用米，不仅可以得到营养成分含量较高的健康米酒，还可以提高稻谷产品利用率，大大节约粮食资源，减少资源浪费。

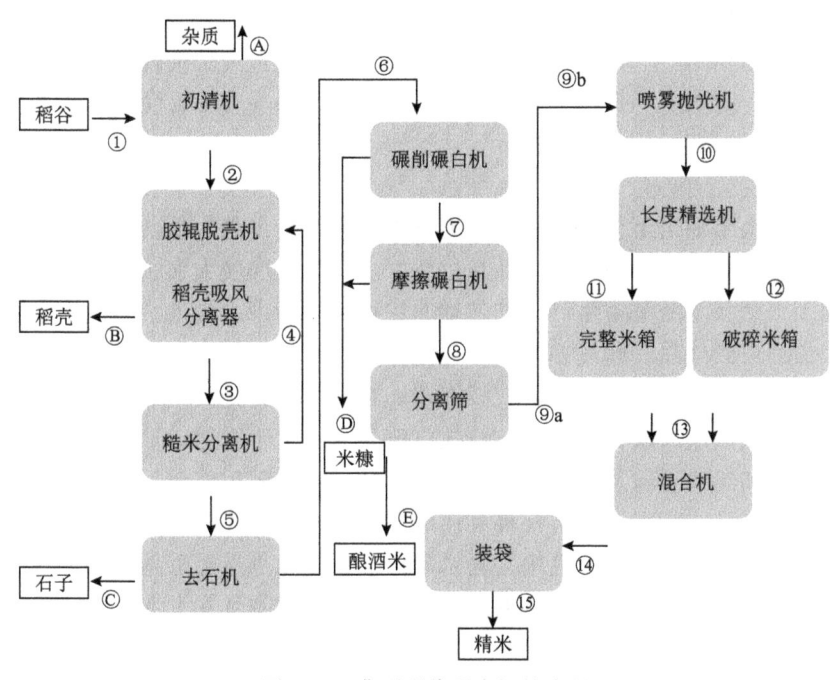

图 1-12　典型现代碾米机的流程

在不同的国家，稻谷的品种不同，大米加工的工艺和设备等方面也不尽相同，最终的产品品质也存在一定的差异。大多数消费者更喜欢精制的白米，胚乳上只剩下很少的糠皮，甚至没有糠皮，看上去白净透亮，但营养价值较低。通常，在大米加工过程中会碾磨去除掉糙米重量的10%左右。大多数发展中国家的碾减率限制在7%~8%，在印度被限制在糙米重量的4%。另有报道称，消费者的喜好因地区而异。例如，日本人喜欢精磨的具有糯性的大米，但美国人更喜欢半精磨的长粒米甚至于糙米，而印度次大陆的人们更喜欢精磨的蒸谷米。水稻品种对稻米的食味品质、加工适宜性和价格也都有显著影响。所以，根据当地消费者的不同需求，不同国家的大米加工工艺流程会有所不同，市场上的大米产品也各具特色。

（1）日本

日本大米加工业的发展水平较高，正朝着更加现代化的方向发展。其大米加工工艺区别于其他国家的一个亮点，是免淘洗工艺的设置。从精米仓运出来的米并没有全部被输送至最终的选别工程，一部分会被输送到免洗米加工工序，该过程主要是利用木薯淀粉等物质一起加热以除去米粒表面的细小糠粉，从而达到米粒清洁的目的。和湿式工艺相比，此工艺不需要设置排水处理设备，成本低、出米率高，不破坏大米的亚糊粉层（日本称之为好吃层），所以所得的免淘米产品又称美味美白精米。一方面，免淘米加工技术使得煮饭更加简便化，提高了米饭食味，也在一定程度上控制了大米营养素的流失；另一方面，免淘米工艺的开发也带动了大米深加工技术的发展。

（2）印度

印度的大米加工工艺虽然在不断地发展，但水平仍然较低。由于印度民众普遍认为蒸谷米的营养价值较高，而且口感好。因此，印度大多采用蒸谷法来进行稻谷加工。蒸谷米的基本生产工艺包括原粮稻谷的清理、浸泡、蒸煮和干燥几个阶段，最终得到成品。印度多采用水泥池作为浸泡稻谷的容器；而现代化的蒸谷米厂多采用罐柱式浸泡器和平转式浸泡器。在印度，会把浸泡后的稻谷取出后置于铁锅内，锅内用一块钻有小孔的铁板将锅分隔为上下两层。铁板上层放稻谷，下层盛水，加热烧煮后蒸气透过谷层加热 0.5~2 h，随后将稻谷倒在晒场上进行晾晒干燥。另外，印度开发了一种利用木聚糖酶和纤维素酶对大米进行高选择性抛光的新工艺，在该酶解工艺中，糙米是由生物催化剂选择性地抛光的。与机械碾磨不同的是，通过酶处理工艺可获得整精米率更高的营养大米。

（3）泰国

泰国的稻米加工工艺流程与国内无明显差异。

这些不同国家和地区的加工工艺流程反映了水稻的多样性以及不同国家在加工过程中的偏好和技术水平。这种差异也导致了最终大米产品的多样性，以满足不同市场和消费者的需求。总的来说，稻米的加工是一个复杂的过程，涉及多个环节和技术选择，以确保最终产品的品质和营养价值。最佳的加工方式需要考虑水稻品种、地理条件以及当地市场的需求，以实现最佳的加工效果。这也是稻米加工领域持续研究和改进的重要方向之一。

2）稻谷深加工和副产物利用

稻谷生产主要分布在工业基础相对薄弱的后发展地区，经济发达地区仅有日本、美国南部地区、意大利有一定的产业基础，规模相对较小。国际上，日本的稻米深加工链条是个典范，以米糠为原料的深加工产品达数十个，见图1-13。传统稻谷加工产业链短，产品单一、加工工艺简单，稻谷加工主要以生产普通白米为主导，副产品包括碎米、米糠、米糠、稻壳，副产品的综合利用率严重不足。

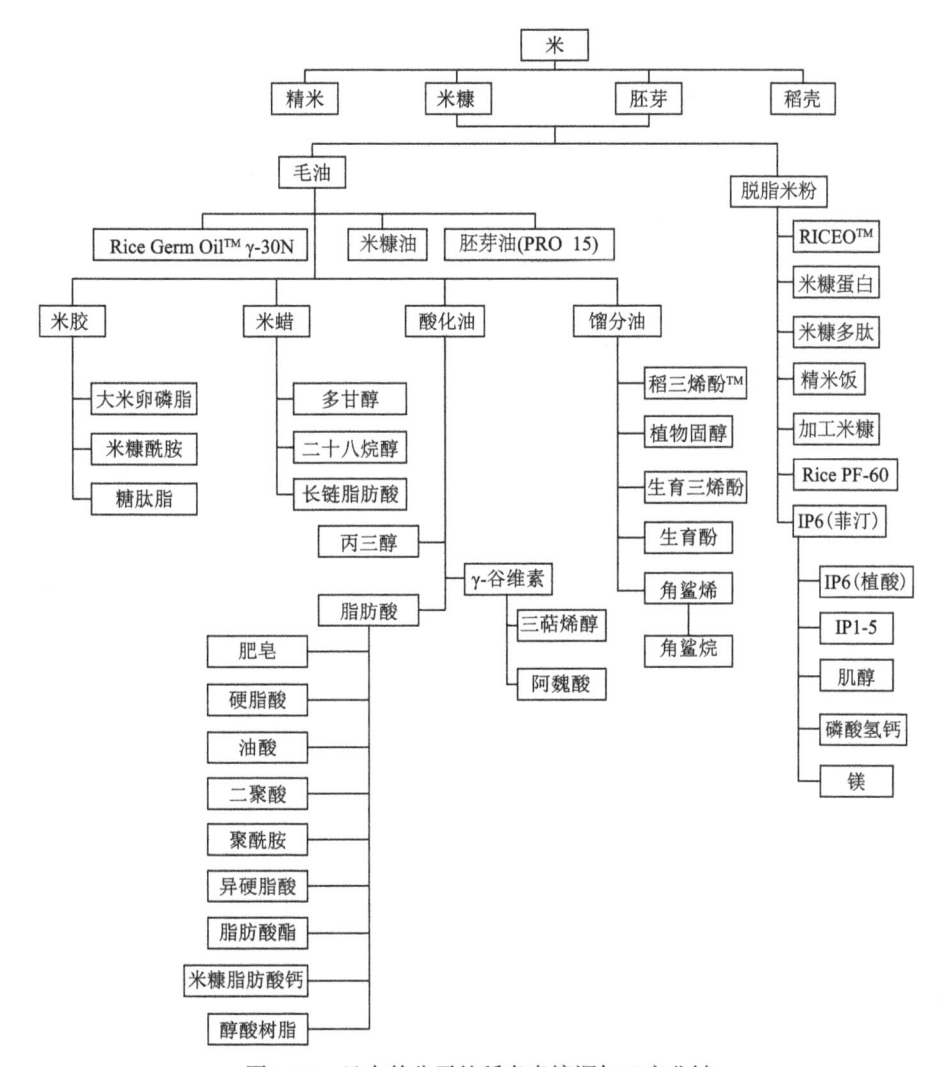

图 1-13　日本某公司的稻米米糠深加工产业链

近年来，我国扩大对外开放，经济发展迅速，内外经济融合发展。中国巨大市场规模推动大加工业发展，大米由普通白米生产拓展到留胚米、免淘洗米；副产品综合利用，实现稻壳的资源利用；碎米二次加工成米粉与米线、大米淀粉及淀粉糖、酒类及其他酿造产品生产；米糠提取胚芽油、植物蛋白、维生素等产品；大米二次加工方面，方便米饭将会成为产业发展的重要方向。

3）全球稻谷加工产业品质控制技术现状

现代稻谷加工厂通常配备了计算机控制系统，监控和调整生产过程，以确保一致的产品质量。日本的 SATAKE Corporation 开发的 REACH 系统是一种模块化的大米加工系统，可以在一个综合模块中完成从收集稻谷到包装的所有步骤，适合小规模的大米厂商。REACH 系统可以提供智能投资、高效率和超快项目完成三大优势，以及可定制的选项。REACH 系统可通过一个简单的触摸面板，优化加工操作和产品输出。REACH 系统的规划和安装时间可缩短 25%，只需要 2~3 周的现场安装时间，而传统工厂则需要 3~4 个月。还可以利用 SATAKE Corporation 的云系统，远程监控水稻工厂的运营。

总部位于印度新德里的 Gofrugal Technologies Private Limited，是一家提供云端和移动 ERP 解决方案给零售、餐饮和分销业务的数字化公司，它的稻谷工厂管理软件可以帮助稻谷加工业者提高效率、质量和利润。它可以自动化、优化和监控稻谷加工的整个业务流程，从购买原料、碾米到销售，节省成本，提高利润和质量，同时还可以在多个地点管理库存和发票。

（三）全球粮食加工产业装备、标准法规现状

1. 全球粮食加工产业装备现状

1）全球小麦加工产业装备现状

发达国家小麦初级加工产业已发生深刻变化，技术装备更新换代更为频繁，加工制造智能低碳趋势更加明显，产品市场日新月异。发达国家依靠科技支撑，向高品质、高技术、智能化和低碳化方向不断发展，并不断推出优质化、多样化和个性化的创新产品。生物技术、信息化技术、柔性制造等新技术的应用，成为发达国家产业发展的创新驱动引擎，这为我国小麦初级加工产业的发展提供了宝贵经验。日本的面条类制品的装备和标准化体系建设处于全球领先水平。日本具有高度自动化、智能化和连续化的食品机械和装备制造业，使面条工业化程度高于其他国家。日本沙迪克株式会社是全球最大面条设备制造商，重点产品为面制品生产线（冷冻面、冷藏面、湿法方便面、鲜生面、半干面、挂面等）。日本近年来在营养健康高品质面条制品、冷冻鲜熟面等新型制品方面开展了一系列产品开发和研究，对于面条制品分类和品质有较为完善的标准体系。

美国和日本淀粉糖工业走在世界前沿。美国的淀粉糖生产采用膜过滤取代传统的真空转鼓过滤机和板框压滤机，还利用基因工程来改造微生物酶的结构。日本拥有世界领先淀粉糖的研发技术和先进的生产设备。我国通过对自动控制系统的优化，实现了制糖工艺控制精准化。国内小麦蛋白加工基础设备快速发展，但在产品稳定性、自动化程度等方面仍与国外同类产品存在较大差距。国外的挤出装备已经实现组织化植物蛋白和高水分素肉生产之间进行快速的切换，并且可以通过自清洁装置避免切换植物蛋白产品时可能引起的污染风险。

挤压机除了用于组织化蛋白生产，也是副产物利用的关键装备。近年来，全球小麦副产物加工装备市场一直保持着迅猛的发展态势。例如，根据贝哲思信息

的报告，2022年食品挤压机的市场规模约为485亿美元，预计在2028年达到620亿美元，平均增速4.28%。根据Market Watch的预测，超临界CO_2萃取装备的市场规模也将在2028年达到数百万美元。目前国际上针对小麦加工副产物综合利用的标准主要集中在食用麸皮和饲用麸皮、小麦胚芽、小麦胚芽油、全麦粉和全麦面包等初加工产品上，深加工产品标准、检验检测方法标准、基础标准、管理标准均不足。

2）全球玉米加工产业装备现状

玉米深加工技术大致可分为两类：一是湿法加工，主产品有淀粉、乙醇和高果糖浆，而副产品有玉米油、玉米蛋白饲料、谷朊粉和二氧化碳；二是干法加工，主产品为乙醇（饮用乙醇和燃料乙醇），副产品为酒糟蛋白饲料（DDGS）和二氧化碳。

（1）湿法加工技术及相关产业设备

湿法加工尽管有产品附加值较高、产品种类较多，因而能根据市场供求情况而及时调整生产计划等优点，但流程相当复杂，建厂的投资费用颇高，玉米的浸渍时间很长，水的处理量大（通常以蒸发器浓缩），因而耗能较多。

湿法加工技术的新趋势主要涉及加酶湿法加工和膜分离技术的应用。玉米浸渍过程的耗资量（投资和能耗）高达湿法加工过程的1/5。其原因是：现有的浸渍时间长达30 h；浸渍时又需加入二氧化硫，这为后序工段带来麻烦。已对湿法加工方法提出多种改进方案，其中有前景者首推加酶湿法加工法：玉米粒用水进行短暂浸泡以使胚芽完全水合而变软，在紧接着的玉米粗磨阶段胚芽不会断裂。玉米粗浆加酶培养，以后的流程与传统方法相同。此法消除了酶渗透进入胚乳的扩散障碍，并与蛋白质发生反应，故浸渍时间仅为传统方法的30%甚至更短。加酶湿法加工的优点为：浸渍时间短，故投资小，耗能低；用水量大大减少；酶可反复使用。加酶湿法加工的主要问题是酶价太高。但随着生物技术的进展，酶价问题将在几年内解决，因而加酶湿法加工技术的工业化亦已不再是遥不可及的事情。

在传统湿法加工中，玉米浸渍水的分离和利用存在较大问题：浸渍水在蒸发器浓缩，浓缩物经干燥并入玉米蛋白饲料（价格低廉的副产品）；大量水蒸发的耗能极大；浸渍水所含的长链蛋白质和糖常常会污染蒸发器，故维修费用颇高。

膜分离技术的应用，为浸渍水的分离和利用打开了新的途径。浸渍水的膜分离一般遵循两种路线：第一，用无机膜分离浸渍水。截留物包含长链蛋白质，干燥后并入谷朊粉（价格为玉米蛋白饲料四倍的副产品）。透过液在蒸发器浓缩，在此很少发生污染。透过液亦可经消毒而直接进入发酵工段。第二，浸渍水在进入蒸发器前，先用反渗透膜除去57%的水，由此大大降低蒸发所需的能耗。蒸发浓缩物经干燥后并入玉米蛋白饲料。在传统湿法加工中，谷蛋白的浓缩采用离心机，从而导致谷蛋白的大量流失。

（2）干法加工技术及相关产业设备

非洲大部分地区及拉丁美洲的居民多以玉米干法加工的产品为主食；在欧洲和非洲，很多的啤酒厂用玉米糁作为糖浆原料；美国是世界上最早发展燃料酒精的国家，其中大部分都采用干法。国外的玉米干法加工厂大都采用世界著名粮机制造商生产的脱胚机及相关辅助设备，以下简单介绍一些具有代表性的设备与工艺。

瑞士布勒公司最早开发的脱胚机为 MHXG 型，该脱机有 A、B 两种型号，其中 A 型为脱皮机，B 型为破糁脱胚机，随后又推出了新的 MHX 型。MHXK 型与 MHXG 型结构上有很大不同，它集脱皮与破糁脱胚于一体，对应这两种脱胚机的工艺是玉米联产工艺：玉米清理后，经水汽调节，润玉米，二次着水，脱皮脱胚，分级，提胚，研磨，筛理等，提胚主要通过重力式提胚机，还有一部分使用高方筛。这种工艺能够同时生产出多种粒径的产品，副产品需要烘干。目前布勒公司又推出了最新的玉米脱胚机 MHXL，该机与以往的脱胚机无论是外观还是内部结构都有明显不同，与其相应的工艺最大的特点是副产品无需干燥，部分产品无需二次着水，无需蒸汽调质。布勒公司的提胚机，集重力式提胚机与清粉机的功能于一体，主要用于生产高质量的玉米粉产品，如用作啤酒糖浆的玉米粉（要求脂肪含量与纤维素含量都小于 1%）。

意大利奥克里姆公司是最早研究玉米干法加工技术的公司，其设备与技术是世界一流的。奥克里姆公司的脱胚机为 DGC 型锥形脱胚机、DGF 型撞击脱胚机和 DGS 型星形脱胚机。因采用的工艺路线是玉米加工全过程，该公司开发了许多新的后续设备，如新型的烘干机、辊式压片机等。

日本佐竹公司推出的 VBF 型玉米脱胚机是立式的，配合新型的 SHD 着水调质机和 KB 型抛光机，能生产出高质量的玉米产品。干法加工装置的投资小，但副产品的价值低。干法加工早期的主要产品是饮用酒，但目前干法加工的重点已转向燃料乙醇的生产。燃料乙醇因受汽油制约价格远较饮用酒为低，以至于很难抵消原料费用（约占生产成本的 60%）和生产过程的费用。此类企业若无政府对燃料乙醇生产的津贴和税收优惠，则很难生存下去。

世界上燃料乙醇的生产主要使用干法加工技术。但是，自 20 世纪 90 年代以来，鉴于如下的各种原因干法加工技术已裹足不前，从而影响到燃料乙醇规划的实施。原料成本约占总成本的 60%，但干法加工的业者却无力控制原料价格。随着加工技术的改进，每吨产品的能耗已经降得很低，似乎已无进一步改进的余地。高附加值副产品的开发和被市场接纳被认为是干法加工的唯一出路，但这一过程（特别是功能性食品）常常是既费时，又代价昂贵的痛苦过程。

3）全球稻米初加工产业装备现状

（1）稻谷清理设备

风力清理是一种利用风力来分离稻谷中不同重量和密度的物质的技术，如米糠、尘土、轻质杂质等。风力清理设备通常由风机、风管、气室、分离筛等组成，可以根据不同类型和水分的稻谷调节风力大小和方向，以达到最佳清理效果。风力清理技术具有节能省电、无噪声、无粉尘等优点，是一种环保和经济的清理方式。例如，美国的 Fractionating Aspirator 系列就是一种利用风力来清理稻谷中米糠和其他轻质杂质的设备。

波兰的 Screen grain cleaners DSC 是一种利用振动筛来清理稻谷中杂质和石头的设备，具有结构简单、操作方便、清理效果好等特点。美国的 Carter Day International, Inc.是一家拥有百年历史的农业机械制造商，其 Precision Sizer 系列是一种利用精密筛网来筛分稻谷中不同大小粒子的设备，具有精度高、产量大、维护简单等特点。该设备可以根据不同规格和要求更换筛网，以满足不同客户的需求。

（2）砻谷设备

国外大型砻谷机制造商通常使用悬臂气动滚筒拧紧来调节砻谷机辊之间的间隙。例如，布勒公司在框架上安装了驱动电机和可移动滚轮，以围绕支撑轴旋转。在框架重量和电机重量的同时作用下，将改变活动辊的松度和松紧度，实现辊子之间压力控制与进料系统控制的同步实现。单皮带传动是国外砻谷机的主流。以左竹和布勒为代表，采用这种传输方式可以很好地节省成本。

（3）碾米及抛光设备

新型的碾米机采用了高环保的尾气处理设施、高效能、PLC 自动控制、符合食品卫生法要求的新材料新工艺制作碾米耐磨件、延长大米保质期的抛光技术及真空包装技术、系统集成成套技术等，提高了稻谷加工行业的水平和竞争力。例如，佐竹 VTA 系列立式砂辊碾米机采用垂直砂辊结构，可实现高效、低损耗的碾米过程，适用于各种原料和成品要求，具有结构紧凑、操作简便、维护方便等特点。布勒立式碾米机，可在加工中对大米进行轻柔碾皮。该设备运用从上到下的垂直研磨原理，并且其冷却空气吸风有助于防止大米断裂，同时保持高产量。

（4）分选设备

日本安西制作所开发了一种使用发光二极管作为传感器光源的大米分拣机。与荧光光源相比，功耗为五分之一，分拣精度也提高。Orange Sorting Machines (India) Private Limited 是印度一家专业生产稻谷加工设备的公司，该公司将人工智能和机器学习内置入色选机种来分选不同品质的米粒，具有智能化、高效率、低损耗等特点。

（5）包装设备

Bühler Group 提供了一系列的大米包装机，如重量式、体积式和光电式的，具有灵活、节能、环保和智能等特点；比如 Maia MWPG 系列包装机是一种利用重量传感器和气动控制来自动称重和装袋颗粒物料的设备，具有准确性高、速度快、适应性强等特点。All-Fill Inc.是一家美国的包装设备的制造商，它提供了多种规格的大米包装机，如立式、水平式和旋转式的。它的大米包装机具有简单、稳定、易维护和高效等特点。Satake Corporation（佐竹株式会社）提供了多种类型的大米包装机，如自动化、半自动化和手动化，具有高速、高精度、高可靠性和低噪声等特点。

2. 全球粮食加工产业标准法规现状

1）全球小麦加工产业标准法规现状

目前以欧美为代表的发达国家，小麦加工业标准化程度较高，体现为：①小麦粉专用化、标准化及自动化程度高；②面制品（主要是烘焙类制品、冷冻面团）加工自动化程度高；③小麦淀粉及面筋蛋白加工技术与装备的标准化与自动化程度高。从全球范围来看，营养、安全、绿色、高品质等成为粮食及主食加工的主流与方向。美国早在20世纪70年代就建立了粮食的营养卫生和安全的标准体系，规定了粮食类食品的各种营养成分和卫生安全标准。

在欧美和日本，变性淀粉受到严格的食品安全监管和标准要求，而发展中国家的变性淀粉相关标准和法规需要不断改进，并逐步与国际标准对齐。美国的淀粉糖标准相对齐全，而我国须对原有的淀粉糖生产工艺和生产标准进行更新。

2）全球玉米加工产业标准法规现状

《玉米 规格》（ISO 19942—2018）和《谷物及制品中赭曲霉毒素A含量的测定——免疫亲和柱净化高效液相色谱法》（ISO 15141—2018）两项国际标准，经国际标准化组织（ISO）批准，于2018年7月正式发布。《玉米 规格》是粮食领域重要的产品标准，规定了国际贸易中玉米的最低质量要求。该标准在充分考虑进口国和出口国利益的基础上，统一了玉米质量指标的术语定义和检测方法，并参照中国玉米标准设定了水分和杂质含量要求。赭曲霉毒素A（OTA）是一种常见的毒性较强的真菌毒素，它对谷物的污染是全世界广泛关注的食品安全问题。ISO原有的OTA测定方法标准技术落后、灵敏度低、适用范围窄，难以满足各国谷物中OTA限量对检测的要求。此次修订的OTA测定方法国际标准，采用了更为先进的免疫亲和净化技术，并使用国产免疫亲和柱完成了国际协同验证实验，获得满意的重复性和再现性数据。

玉米在全球范围内的贸易往来也受到诸多法规约束，如《农业协议》《技术性贸易壁垒协议》《实施动植物卫生检验检疫措施协议》等。除普通玉米标准外，美国还有许多玉米相关产品的标准如《罐装甜玉米等级标准》《青玉米标准》《罐装奶油状玉米等级标准》《整籽粒便装玉米等级标准》《整籽粒速冻玉米等级标准》《整穗速冻玉米等级标准》等国家标准。全面详细地规定了每一产品的分等级质量要求。另外对玉米及玉米产品制定了严格的安全和卫生标准，如玉米、玉米食品和饲料中黄曲霉毒素含量标准；玉米、玉米食品和饲料中镰孢菌毒素含量标准；仓储玉米用的杀虫剂限量标准；玉米田用的除草剂和杀虫剂限量标准；玉米淀粉及其衍生产品中化学物质残留标准；玉米油（非氢化）中化学物质残留标准；玉米深加工产品中化学物质残留标准等。

3）全球稻米加工产业标准法规现状

（1）标准差异

各国标准之间存在差异，这可能导致国际贸易时的摩擦和不一致性。建议各国在国际大米标准的制定过程中加强协调，争取更多的一致性。

（2）检测方法

当前，大多数国家仍然主要采用感官检验方法，这在一定程度上受主观因素影响。建议引入更多的仪器检测方法，提高检验结果的客观性和准确性。

（3）食品安全

食品安全一直是全球大米产业的重要问题。建议各国继续加强对大米的农药残留、重金属含量等方面的监管，确保大米产品的安全性。

（4）市场需求

随着人们对健康饮食的重视，市场需求正在发生变化。建议各国制定更多专用米标准，满足人们对高营养、特色大米产品的需求。

总而言之，全球稻谷加工产业标准法规在国际大米贸易、食品安全和消费者需求等方面起着重要作用。然而，标准之间的差异和不足仍然存在，需要各国加强协调和合作，不断完善标准体系，以推动全球大米产业的健康发展。同时，引入更多仪器检测方法、制定专用米标准和关注食品安全问题也是未来的发展方向。

二、我国粮食加工现状与发展趋势

（一）我国粮食原料生产、贸易、消费现状

1. 我国粮食生产现状

1）我国小麦生产现状

国家统计局、国家粮油信息中心统计数据（图1-14）显示，2020—2021年度全国小麦产量1.369亿吨，较2019—2020年度增加260万吨，增长率约2%；2020—2021年度全国小麦粉产量8891.67万吨，较2019—2020年度增加459.98万吨，同比增长5.5%。整体来看，我国小麦与小麦粉供应较为充足，总体供需平衡，为市场稳定奠定了良好基础。

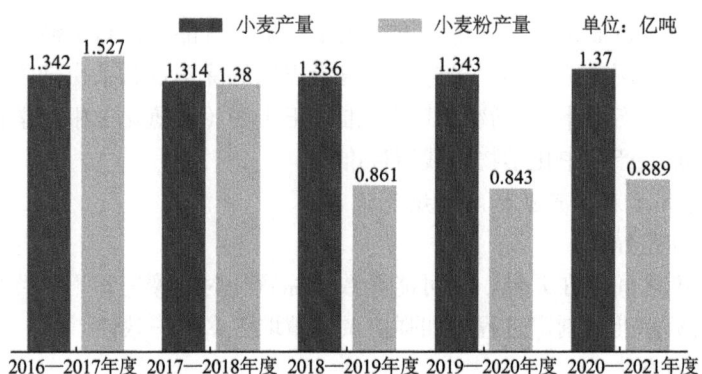

图 1-14 中国小麦与小麦粉产量统计

如图 1-15 所示，2021 年我国小麦的总体消费量约 14880 万吨，其中，制粉消费 8800 万吨，占小麦总体消费量比例 59%。饲用消费约 4500 万吨，由于小麦大量替代玉米被用作饲料主粮，致使小麦饲用消费量大幅增长，占比为 30%。小麦工业消费和种用量分别为 970 万吨和 610 万吨，占比分别为 7% 和 4%。

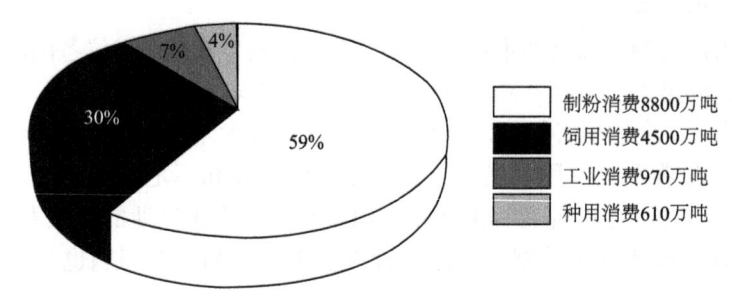

图 1-15 中国小麦消费比例构成

2）我国玉米生产现状

我国玉米在各地区的种植分布不均衡，主要集中在东北、华北和西南地区，大致形成一个从东北到西南的斜长形玉米种植带。种植面积较大的省份主要有黑龙江、吉林、河北、山东、河南、内蒙古、辽宁等，占到全国总播种面积的 66% 左右。经多年的规划与调整，目前我国玉米主产区主要有以下六大区域。

北方春播玉米主产区：包括东北三省、内蒙古、宁夏及河北、山西、陕西、甘肃的一部分地区。一年一熟，旱地为主，面积 8000 万亩左右，占全国玉米面积的 26.67%。

黄淮海平原夏播玉米主产区：包括山东与河南全部，河北、山西中南部，陕西中部，江苏、安徽北部。一年两熟，水浇地与旱地并重，面积 13000 万亩左右，占全国玉米面积的 43.4%。

西南山地玉米主产区：以四川、云南、贵州全部，湖南与陕西南部及广西西部丘陵地为主。一年一熟、二熟、三熟并存，水旱田交错，面积6000万亩左右，占全国玉米面积的20%。

南方丘陵玉米主产区：包括广东、江西、福建、浙江、上海、台湾、海南全部，广西、湖南、湖北东部及江苏、安徽南部。水田旱地并举，一年三熟，玉米有春、秋、冬播，面积1500万亩左右，占全国玉米面积的5%。

西北灌溉玉米主产区：包括新疆全部和甘肃河西走廊。一年一熟或二熟，水浇地为主，面积1300万亩左右，占全国玉米面积的4%。

青藏高原玉米主产区：包括青海、西藏全部。一年一熟，旱地春播单作，面积300万亩左右，占全国玉米面积的1%。

近年来，我国玉米播种面积总体呈稳定增长态势（图1-16）。2021年受玉米价格高涨因素影响，农户种植热情高涨，种植面积较上年有所增长。据初步计算，2021年中国玉米种植面积达4332万公顷，同比增长206万公顷，增长近5%。2022年全国玉米种植面积低于上年，全国玉米种植面积小幅降至4307万公顷，比上年的4332万公顷下降25万公顷，降幅0.6%。

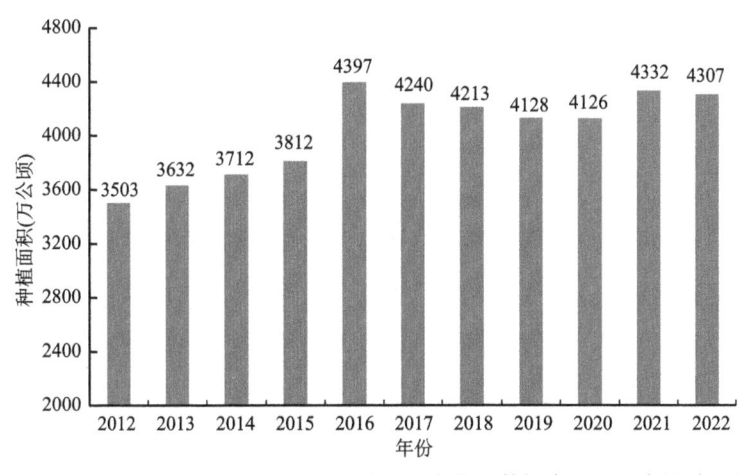

图1-16 2012—2022年我国玉米种植面积变化（数据来源：国家统计局）

玉米产量随着种植面积的变化而变化。根据图1-17，2021年中国玉米种植面积增长5%，而玉米产量为2.726亿吨，同比增长4.6%。2022年我国玉米产量小幅增产，达到2.772亿吨，比上年产量增加465万吨，增幅1.7%。

根据图1-18的统计数据，我国玉米单位面积产量稳步提高，自2017年以来单位面积产量超过6000千克/公顷。2022年东北、华北玉米主产区天气状况整体较好，除了播种阶段东北部分区域气温偏低导致播种延迟以及辽宁、吉林部分地区遭遇涝灾以外，大部分时间水热配合较好，灾害天气少于上年。全国玉米单产达到6436千克/公顷，高于去年约2.3%。华北黄淮增幅较大，东北地区整体与去年持平。

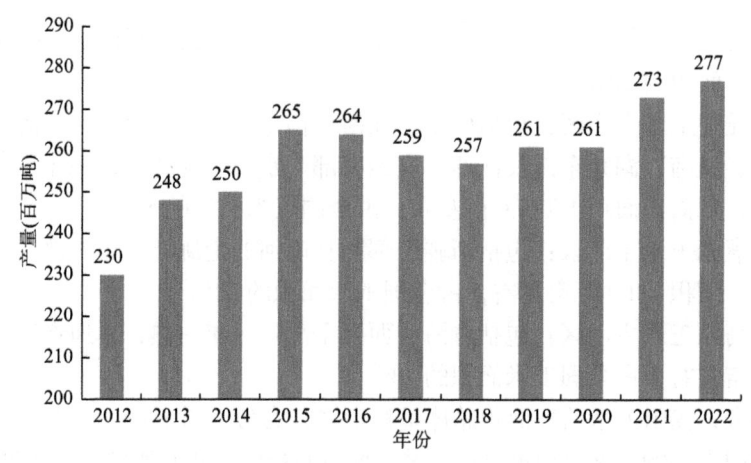

图 1-17　2012—2022 年我国玉米产量变化（数据来源：国家统计局）

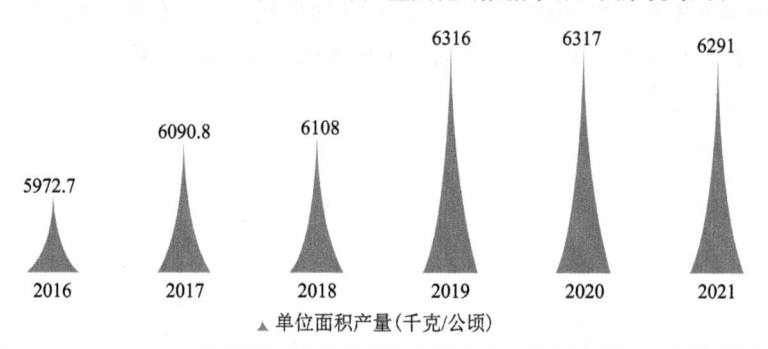

图 1-18　2016—2021 年我国玉米单位面积产量变化（数据来源：国家统计局）

3）我国稻米生产现状

我国水稻生产相对稳定播种面积在 3000 公顷左右，单产在 7000 千克/公顷，产量在 2.1 亿吨左右水平。

2022 年全国稻谷种植面积达到 2945.0 万公顷，较 2021 年减少了 471.15 千公顷，同比减少了 1.60%。全国稻谷总产量 20849.5 万吨，较 2021 年减少了 435.24 万吨，同比减少了 2.09%，单产为 7079.6 千克/公顷，较 2021 年减少了 33.98 千克/公顷，同比减少了 0.48%。根据图 1-19 的统计结果，2021 年全国稻谷种植面积达到 2992.1 万公顷，比上年减少 16.3 万公顷，降幅为 0.54%；全国稻谷总产量 21284.4 万吨，较上年增产 98.6 万吨，增幅 0.49%；单产为 7114 千克/公顷的历史最高水平。

我国近年来的稻谷种植结构发生了明显的变化，如表 1-8 所示。按照种植季节来看，2021 年全国早稻播种面积为 473.4 万公顷，为历史最低水平，较上年减少 0.35%，较 2011 年减少 17.67%；总产量为 2801.7 万吨，较上年增长 2.65%，较 2011 年下降 14.47%；单产为 5918 千克/公顷，较上年增长 3.01%，较 2011 年增长 3.88%。

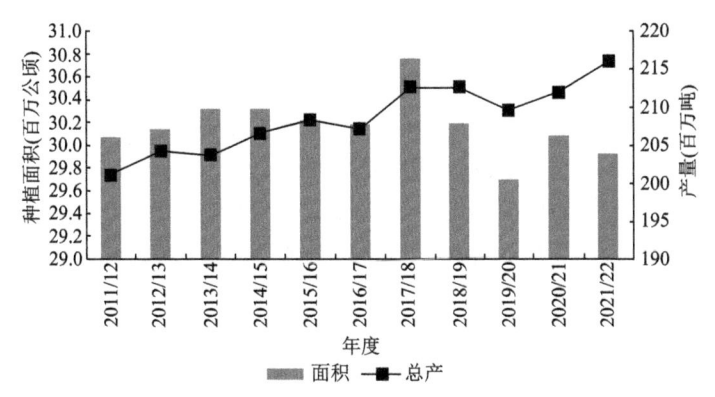

图 1-19　2010—2021 年中国稻谷种植面积及产量变化

表 1-8　2017—2021 年中国水稻种植分季节/分品类生产分布（面积、单产、总产的单位分别为万公顷、千克/公顷、万吨，数据来源：国家统计局、艾格综合监测）

品种	项目	2017/18	2018/19	2019/20	2020/21	2021/22
全部	面积	3074.7	3019.1	2969.4	3008.4	2992.1
	单产	6917	7043	7059	7042	7213
	总产	21267.9	21264.0	20961.4	21185.8	21581.2
早稻	总面积	514.2	479.1	445.0	475.1	473.4
	总产	2987.2	2859.1	2626.6	2729.2	2801.7
	单产	5810	5967	5902	5745	5918
中稻	总面积	2002.8	2007.9	2026.9	2015.6	2009.7
	总产	14957.4	15212.5	15326.2	15350.0	15609.7
	单产	7468	7577	7561	7616	7767
晚稻	总面积	557.8	532.1	497.4	517.8	509.0
	总产	3323.3	3192.4	3008.6	3106.5	3169.9
	单产	5958	6000	6048	6000	6228
粳稻	总面积	989.7	984.8	974.1	980.3	976.4
	总产	7358.6	7312.9	7285.4	7482.7	7623.5
	单产	7435	7426	7479	7633	7807
籼稻	总面积	2085.0	2034.3	1995.3	2028.1	2015.7
	总产	13909.2	13951.1	13676.0	13703.1	13957.8
	单产	6671	6858	6854	6756	6925

中稻（一季度）面积 2009.7 万公顷，为历史高位水平，较上年减少 0.29%，较 2011 年增长 11.00%；总产量为 15609.7 万吨，较上年增长 1.69%，较 2011 年增长 17.29%；单产为 7767 千克/公顷，较上年增长 1.98%，较 2011 年增长 5.64%。

双季晚稻 509.0 万公顷，为历史次低水平，较上年减少 1.70%，较 2011 年下降 18.00%；总产量为 3169.9 万吨，较上年增长 2.04%，较 2011 年下降 9.86%；单产为 6228 千克/公顷，较上年增长 3.80%，较 2011 年增长 9.93%。

早稻和晚稻因为单产水平较低，种植收益较差，2015 年以来农户种植利润为负值，严重影响双季稻的生产。

根据 BOBAB 的调查和测算，2021 年全国籼稻播种面积 2015.7 万公顷，为历史次低水平，较上年减少 0.62%，较 2011 年下降 4.72%；总产量为 13957.8 万吨，较上年增长 1.86%，较 2011 年增长 2.28%；单产为 6925 千克/公顷，较上年增长 2.50%，较 2011 年增长 7.35%。

全国粳稻面积 976.4 万公顷，较上年减少 0.39%，较 2011 年增长 9.62%；总产量为 7623.5 万吨，较上年增长 1.88%，较 2011 年增长 18.06%；单产为 7807 千克/公顷，较上年增长 2.28%，较 2011 年增长 7.70%。

粳稻单产明显高于其他粮食作物的单产，带来粳稻面积和产量的增长。最近两年粳稻价格低于南方籼稻价格，北方粳稻种植收益低于玉米收益，使得粳稻生产受到影响。

从生产区域看，长江流域中下游、淮河流域的水稻种植面积产量均超过 52.0%；河南省信阳、南阳水稻种植属于这个地区；其中淮河流域有较多粳稻播种，信阳地区有较多的糯稻种植。其次，东北地区的松嫩江平原、三江平原及辽河流域为第二位水稻种植区，面积占 17.98%，产量占 19.44%，基本全部为粳稻种植；华南地区面积接近 15%，为双季籼稻生产区；西南地区云贵川渝面积占比接近 13%，为一季度稻种植区。具体各生产区域的面积如表 1-9 所示。

表 1-9　2019—2021 中国水稻种植分地区分布（面积、单产、总产的单位为万公顷、千克/公顷、万吨，数据来源：国家统计局）

年度	2019/20			2020/21			2021/22		
项目	面积	单产	总产	面积	单产	总产	面积	单产	总产
东北									
黑龙江	381.3	6986	2663.5	387.2	7480	2896.2	386.7	7534	2913.7
辽宁	50.7	8574	434.8	52.0	8580	446.5	52.1	8156	424.6
吉林	84.0	7820	657.2	83.7	7949	665.4	83.7	8177	684.7

续表

年度	2019/20			2020/21			2021/22		
项目	面积	单产	总产	面积	单产	总产	面积	单产	总产
华东									
江苏	218.4	8971	1959.6	220.3	8924	1965.7	221.9	8943	1984.6
浙江	62.8	7363	462.0	63.6	7312	465.1	63.3	7407	469.1
安徽	250.9	6496	1630.0	251.2	6212	1560.5	251.2	6331	1590.4
华中									
湖北	228.7	8209	1877.2	228.1	8174	1864.3	227.3	8288	1883.6
湖南	385.5	6774	2611.4	399.4	6608	2638.9	397.1	6757	2683.1
江西	334.6	6121	2048.3	345.1	5944	2051.2	341.9	6066	2074.0
华南									
广东	179.4	5994	1075.1	183.4	5994	1099.6	182.8	6044	1104.5
广西	171.3	5791	991.9	176.0	5760	1013.8	175.7	5794	1017.9
福建	59.9	6488	388.8	60.2	6511	391.8	59.9	6560	393.2
西南									
重庆	65.5	7434	487.0	65.7	7443	489.2	65.9	7482	493.0
四川	187.0	7860	1469.8	186.6	7905	1475.3	187.5	7965	1493.4
云南	84.2	6346	534.0	81.9	6410	524.9	75.4	6526	492.0
其他	225.2	7419	1670.8	224.0	7311	1637.5	219.7	7204	1582.7
全国	2969.4	7059	20961.4	3008.4	7042	21185.8	2992.1	7114	21284.4

具体分省区来看，湖南、黑龙江、江西三省面积在 300.0 万公顷以上，分别为 397.1 万公顷、386.7 万公顷和 341.9 万公顷，产量分别为 2693.1 万吨、2913.7 万吨和 2074.0 万吨；其次，安徽、湖北和江苏的播种面积在 200.0 万公顷以上，分别为 251.2 万公顷、227.3 万公顷和 221.9 万公顷，产量在 1500 万吨以上，1590.4 万吨、1883.6 万吨和 1938.1 万吨。这些主产省湖南、江西、湖北、安徽双季和杂交籼稻占比较高，单产较低，黑龙江和江苏一季粳稻占比较大，单产水平明显高于籼稻产区四省。

我国水稻产业最大问题在于生产环节试验田和大田生产不能有效对接，每年各地试验基地单产不断冲击最高，全国总产却停滞不前，严重影响农民收入增长和大米加工产业竞争力。

2. 我国粮食贸易现状

1）我国小麦贸易现状

中国是全球小麦重要的进口国之一。2021 年中国小麦进口数量达 977 万吨，较 2020 年增加了 139 万吨；2022 年中国小麦进口数量为 996 万吨。2021 年中国小麦出口数量为 0.43 万吨，较 2020 年增加了 0.43 万吨；2022 年中国小麦出口数量为 0.58 万吨。随着小麦净进口的不断增加，国际市场对国内小麦产业的影响不断加深。具体的统计数据如图 1-20 所示。

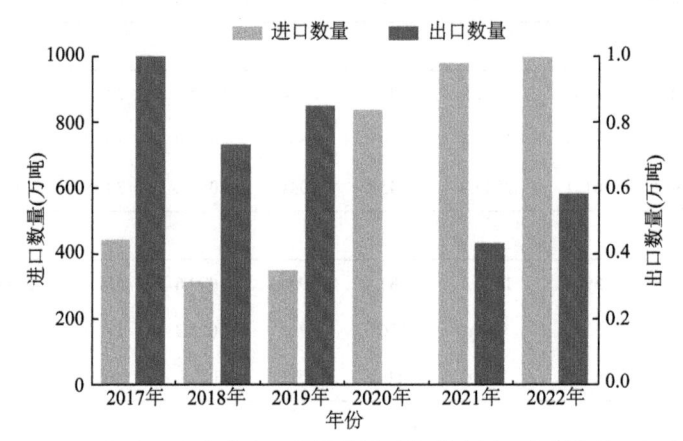

图 1-20　2017—2022 年中国小麦进出口数量统计（资料来源：中国海关、智研咨询整理）

从进口来源国来看，2022 年中国主要从澳大利亚、加拿大、法国进口小麦，进口金额分别为 210096 万美元、79040.6 万美元、60823.4 万美元。从出口目的地来看，2022 年中国小麦主要出口至埃塞俄比亚和厄立特里亚，出口金额分别为 86.9 万美元和 68.3 万美元。具体的统计数据如图 1-21 所示。

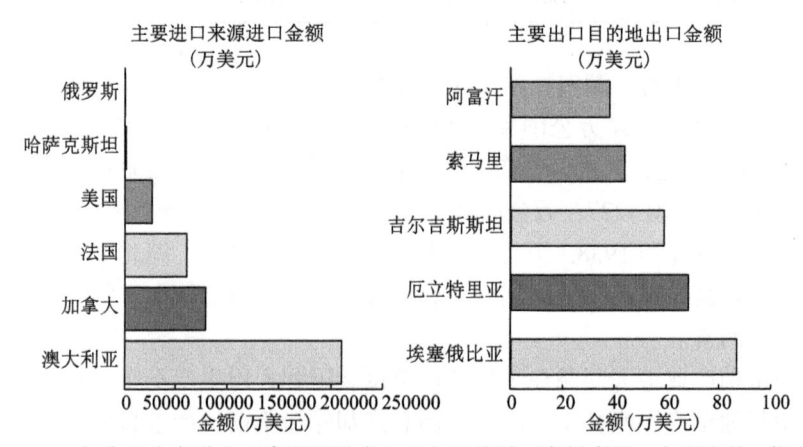

图 1-21　2022 年中国小麦进出口来源国及出口目的地统计（资料来源：中国海关、智研咨询报告《2022 年中国小麦市场供需现状及进出口贸易分析》）

2）我国玉米贸易现状

随着人民生活水平的提高，我国的玉米消费出现大幅上涨，进口数量明显大于出口数量，是全球玉米重要的进口国之一。一方面由于饲料消费增长，另一方面是国内深加工消费增长，导致国产玉米无法满足需求。

根据图 1-22 的进出口数据，2021 年中国玉米进口数量达 2835 万吨，较 2020 年增加了 1705.58 万吨，2022 年中国玉米进口数量为 2062 万吨；2021 年出口数量为 0.42 万吨，较 2020 年减少了 7.85 万吨，2022 年中国玉米出口数量为 0.11 万吨。随着玉米净进口的不断增加，国际市场对国内玉米产业的影响不断加深。

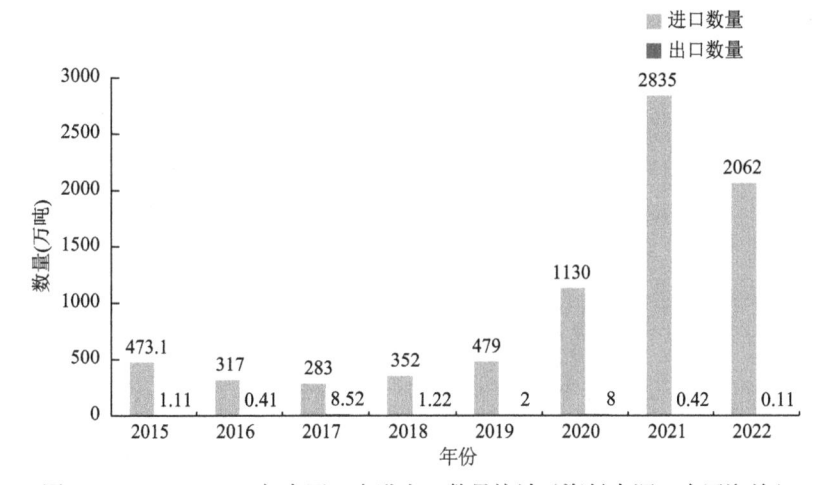

图 1-22　2015—2022 年中国玉米进出口数量统计（资料来源：中国海关）

从进出口金额来看，如图 1-23 所示，2021 年中国玉米进口金额达 800500 万

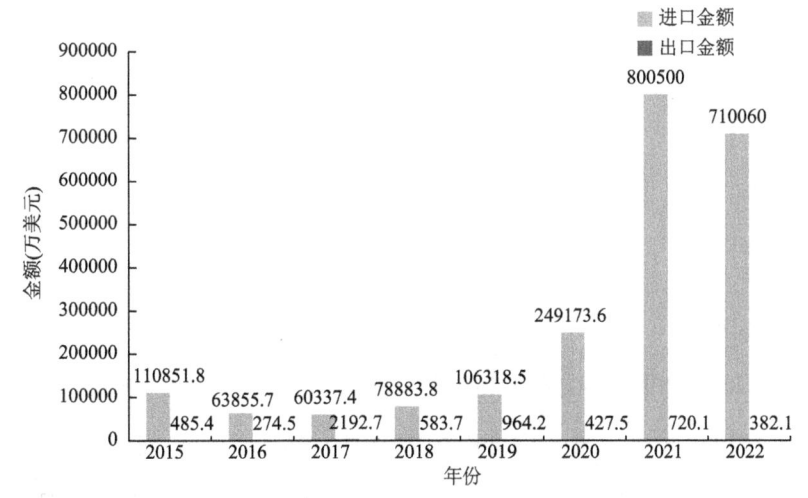

图 1-23　2015—2022 年中国玉米进出口金额统计（资料来源：中国海关）

美元，较 2020 年增加了 551326.4 万美元，2022 年中国玉米进口金额为 710060 万美元；2021 年中国玉米出口金额为 720.1 万美元，较 2020 年增加了 292.6 万美元，2022 年中国玉米出口金额为 382.1 万美元。

从图 1-24 的进出口均价来看，中国玉米出口均价明显高于进口均价，2022 年中国玉米进口均价为 344.35 美元/吨，出口均价为 3473.64 美元/吨。

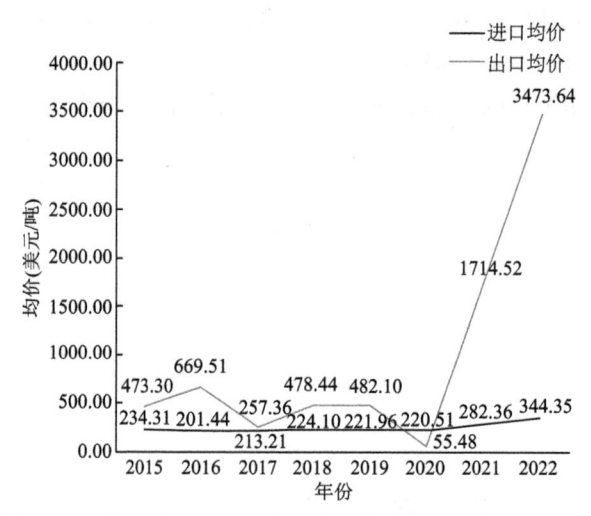

图 1-24　2015—2022 年中国玉米进出口均价走势统计（资料来源：中国海关）

从进口来源国来看，根据图 1-25 的统计数据，2022 年中国主要从美国、乌克兰、缅甸进口玉米，进口金额分别为 528403.6 万美元、164973.4 万美元、6555.6 万美元。从出口目的地来看，2022 年中国玉米主要出口至越南和安哥拉，出口金额分别为 303.7 万美元和 54.6 万美元。

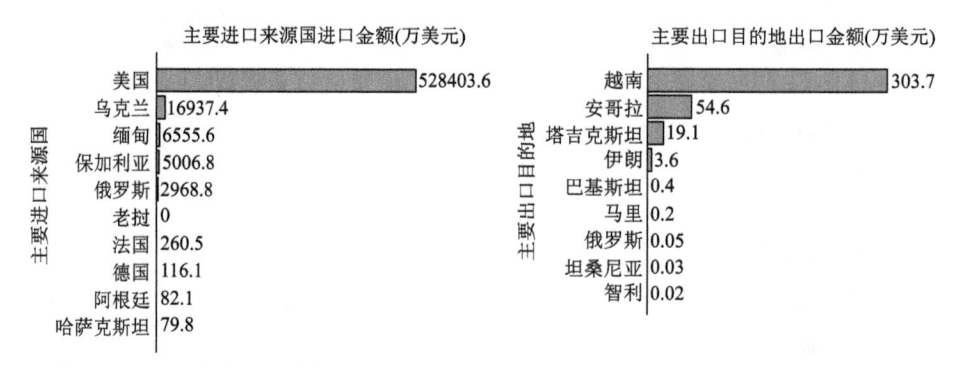

图 1-25　2022 年中国玉米主要进口来源国及出口目的地统计（资料来源：中国海关）

2020 年以来我国玉米平均价格走势如图 1-26 所示。从国内来看，2022 年全国玉米价格整体震荡上行。3 月份俄乌冲突爆发，整体推高了全球谷物现货价格。国内玉米供给偏紧，再加上种植成本不断提升，为玉米市场价格提供了有力支撑。

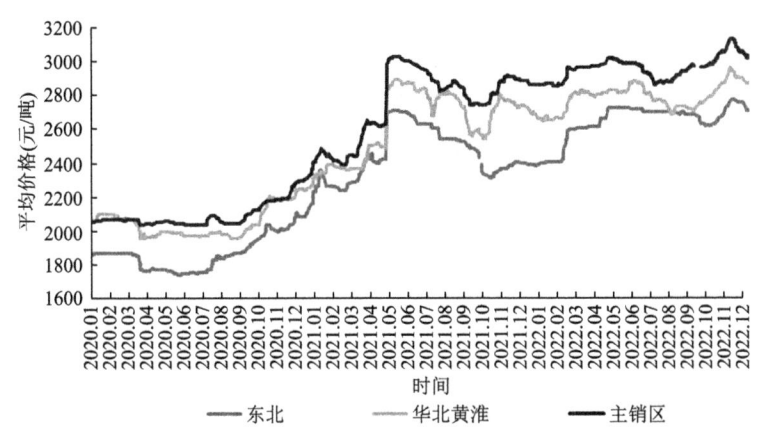

图 1-26　2020—2022 年我国玉米主产区、主销区及全国平均价格变化
（数据来源：艾格农业数据库）

3）我国稻米贸易现状

随着中国经济的发展，中国稻谷需求量有所降低，进口量不断减少，出口量逐年增加。2021 年中国稻谷需求量达 21282.89 万吨，较 2022 年增加了 96.49 万吨，同比增长 0.45%，2022 年中国稻谷的需求量仅有 20847.6 万吨，较 2021 年减少了 435.29 万吨，同比减少了 2.09%，未来随着中国种植技术的发展，中国稻谷的需求量将逐渐趋于稳定甚至缓慢降低。

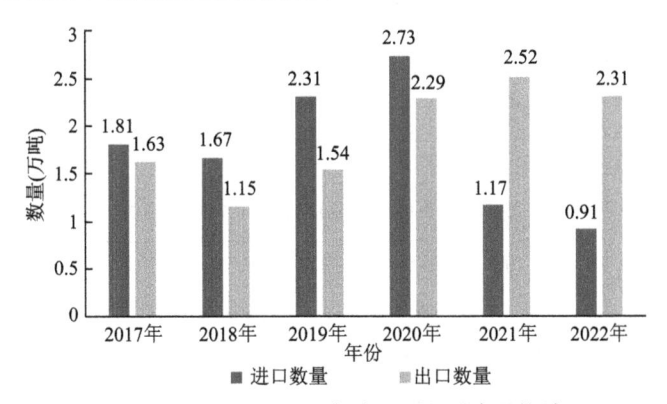

图 1-27　2017—2022 年中国稻谷需求量统计

中国稻谷的进口数量与出口数量相差不大，是全球稻谷重要的出口国之一。根据图 1-27 的进出口统计情况，2021 年中国稻谷进口数量达 1.17 万吨，较 2020 年减少了 1.56 万吨，2022 年中国稻谷进口数量为 0.91 万吨，2021 年中国稻谷

出口数量为 2.52 万吨，较 2020 年增加了 0.23 万吨，2022 年中国稻谷出口数量为 2.31 万吨。随着稻谷净出口的不断增加，国际市场对国内稻谷产业的影响逐渐减小。

从进出口金额来看，如图 1-28 所示，2021 年中国稻谷进口金额达 5063.72 万美元，较 2020 年减少了 5958.08 万美元，2022 年中国稻谷进口金额为 3740.53 万美元；2021 年中国稻谷出口金额为 95104.02 万美元，较 2020 年增加了 12410.02 万美元，2022 年中国稻谷出口金额为 88325.9 万美元。

图 1-28 2017—2022 年中国稻谷进出口金额统计（资料来源：中国海关）

从进出口均价来看，如图 1-29 所示，中国稻谷的出口均价明显高于进口均价，2022 年中国稻谷进口均价为 4110.47 美元/吨，出口均价为 38236.32 美元/吨。

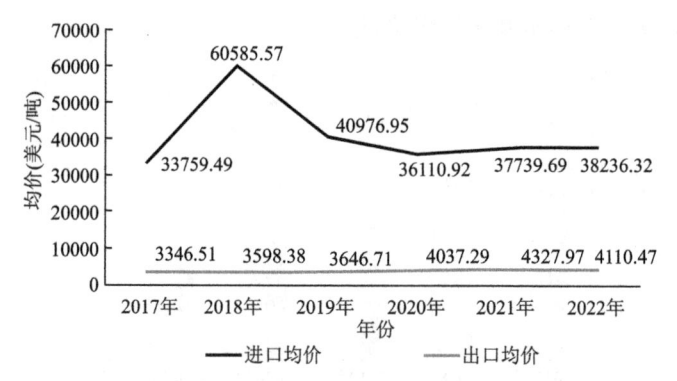

图 1-29 2017—2022 年中国稻谷进出口均价走势图（资料来源：中国海关）

分省市来看，根据图 1-30 的统计结果，2022 年云南省稻谷进口金额为 373.7 万美元，远超其他省市的进口金额，全国排名第一。2022 年安徽省稻谷出口金额为 3453.4 万美元，全国排名第一；湖南省稻谷出口金额为 2226.8 万美元，全国排名第二；福建省稻谷出口金额为 1041.7 万美元，全国排名第三。

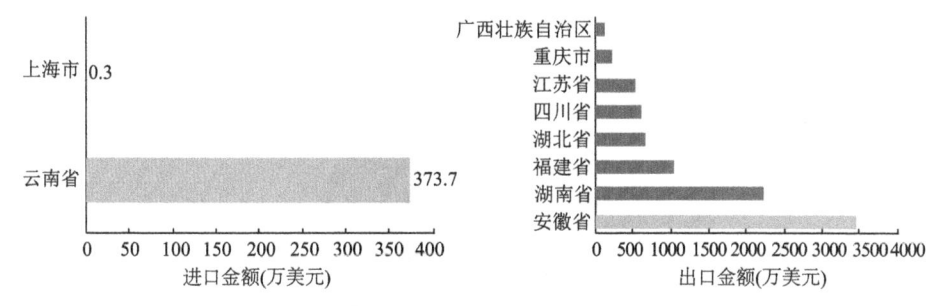

图 1-30　2022 年中国部分省市稻谷进出口情况（资料来源：中国海关）

从进口来源国来看，2022 年中国主要从缅甸、老挝、日本进口稻谷，进口金额分别为 367.6 万美元、6.1 万美元、0.3 万美元。从出口目的地来看，2022 年中国稻谷主要出口至巴基斯坦和菲律宾，出口金额分别为 4556.7 万美元和 2503.9 万美元。具体的统计数据如图 1-31 所示。

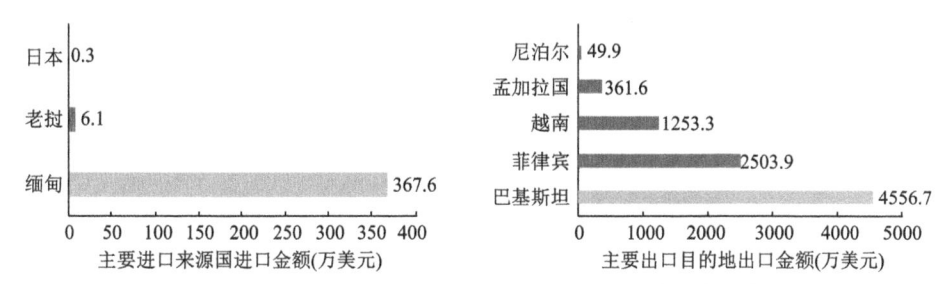

图 1-31　2022 年中国稻谷主要进口来源国及出口与目的地统计（资料来源：中国海关）

3. 我国粮食消费现状

1）我国小麦消费现状

我国是全球最大的小麦消费国，市场消费主要包括制粉、饲用、工业、种用等方面。2021 年我国小麦的总体消费量约 14880 万吨，同比增加 2320 万吨，增幅 18.5%。如图 1-32，制粉消费 8800 万吨，增幅 1.1%，占小麦总体消费量比例 59%。饲用消费约 4500 万吨，增幅约 95.7%（由于小麦大量替代玉米被用作饲料，致使小麦饲用消费量大幅增长），占比为 30%。小麦工业消费和种用量分别为 970 万吨和 610 万吨，同比各略增 10 万吨，占比分别为 7% 和 4%。

近些年，随着消费者对面粉产品、主食产品需求的提升，再加上政策引导以及小麦加工产业链整合等一系列因素影响下，近五年来我国小麦加工市场规模从 2017 年的 2126 亿元增长至 2021 年的 3001 亿元，增长了 875 亿元，增幅为 41.15%，年均复合增长率约 9%。2017 年以来的小麦加工行业市场发展趋势如图 1-33 所示，其中，2021 年较 2020 年增长了 248 亿元，增长率为 8.99%。

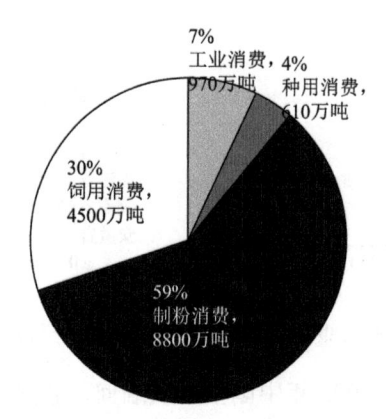

图 1-32　2021 年中国小麦消费结构占比情况（数据来源：江苏省粮食和物资储备局）

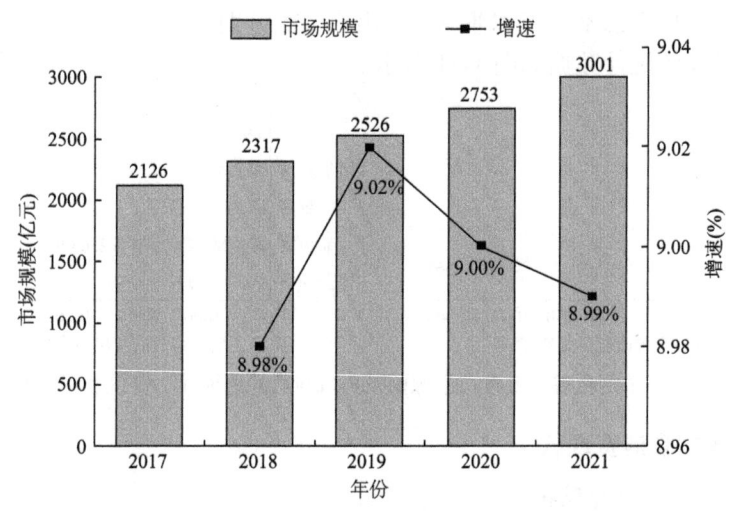

图 1-33　中国小麦加工行业市场规模及变化趋势（数据来源：粮油加工业"十三五"发展规划和 2022 年中国小麦产业数据分析报告）

小麦深加工产业可以有效增加产品附加值，是小麦产业链最重要的一环之一，可以有效完善小麦产业的产业结构。小麦主流深加工产品有酒精、胚芽油、麦芽糖、小麦白蛋白制品等。目前来看，我国小麦主要以初加工产品为主，深加工产业尚存在极大的市场空白，发展潜力巨大。

2）我国玉米消费现状

玉米是重要的粮、经、饲兼用作物，市场消费主要包括饲用、深加工、食用、种用及其他消费等方面。一般而言，玉米食用、种用及其他消费年度间数量变化不大，可不作深入分析。在我国，饲料消费是玉米消费的主力军，占总消费的 60% 以上，其次为深加工消费，占 30% 左右，具体的玉米加工产业链如 1-34 所示。

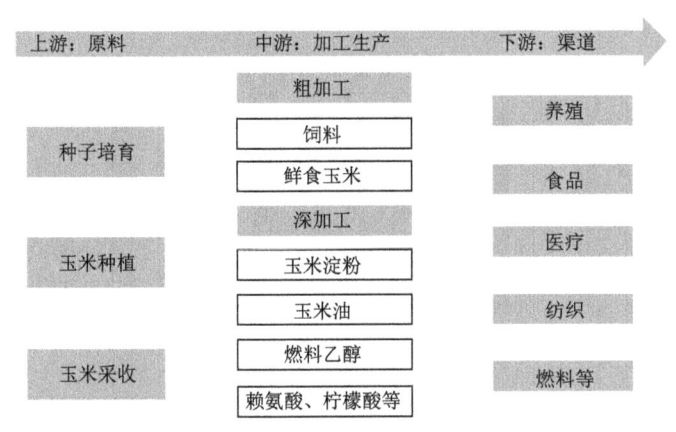

图 1-34 玉米加工产业链图

图 1-35 的统计结果显示，2021 年中国玉米需求总量继续增加，达到 3.1 亿吨，比上年增加 1218 万吨，增幅约 4%。结合图 1-36 的玉米消费用途占比，饲用玉米消费为 2.1 亿吨，比上年增加 1500 万吨，增幅 8%；加工消费减少 300 万吨至 8500 万吨，降幅 3%；食用、种用及其他玉米消费基本持平，大致维持在 1700 万吨左右。

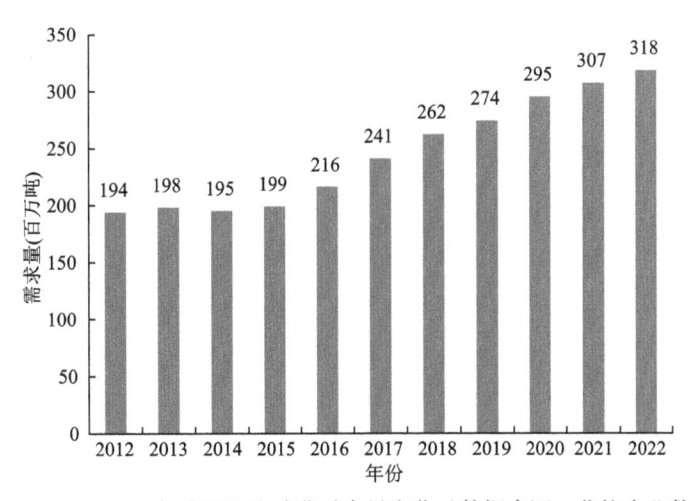

图 1-35　2012—2022 年我国玉米消费需求量变化（数据来源：艾格农业数据库）

2022 年全国玉米价格整体震荡上行，国内玉米供给偏紧，玉米消费增速放缓。其中，玉米饲用消费小幅增加；玉米淀粉、酒精等深加工企业开工率低于上年，玉米深加工消费基本持稳；食用、种用消费变化不大。因此，2022 年玉米消费总量小幅增至 3.18 亿吨左右，比上年增加约 3%。2010—2021 年我国玉米消费用途占比如图 1-36 所示。

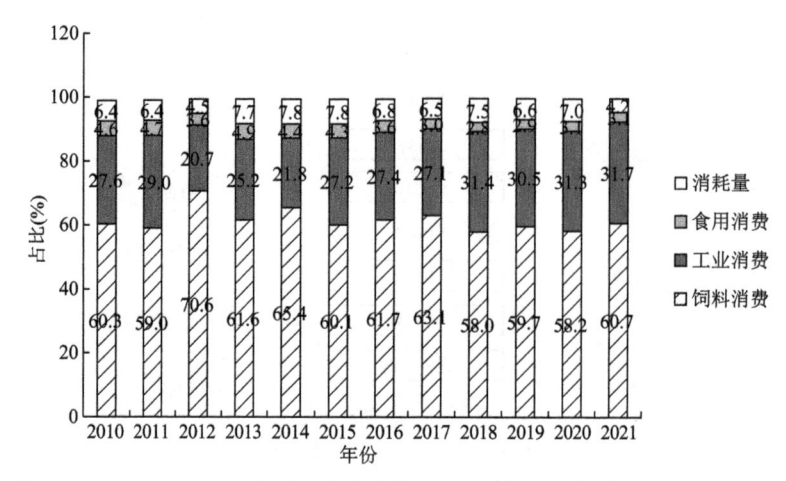

图 1-36　2010—2021 年我国玉米消费用途占比统计（数据来源：观研天下）

多年以来，我国饲用玉米占据玉米消费的一半以上，具体饲用玉米消费量如图 1-37 所示。2022 年，国内饲料消费稳中略升，饲用玉米消费预计达到 2.2 亿吨，比上年增加约 4.8%。

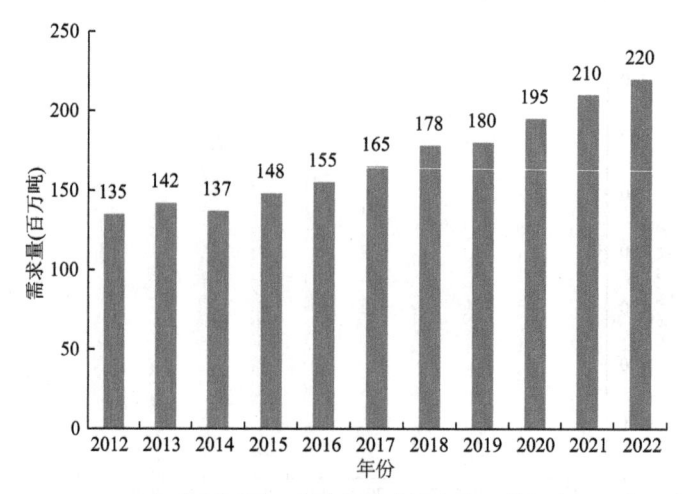

图 1-37　2012—2022 年我国饲用玉米消费需求量变化（数据来源：农业农村部）

整体来看，淀粉和酒精是玉米深加工的主要产品，其余为玉米油、赖氨酸等产品。主要深加工的产品占比如图 1-38 所示。从产业结构来看，2021 年我国玉米深加工产业中最大的需求来自于玉米淀粉及淀粉糖生产，占比约 55%；酒精占 26%、味精占 7%、赖氨酸占 7%、柠檬酸占 3%、其他占 2%。总的来看，2022 年我国玉米加工消费量与上年相比变化不大，基本维持在 8400 万～8500 万吨，如图 1-39 所示。

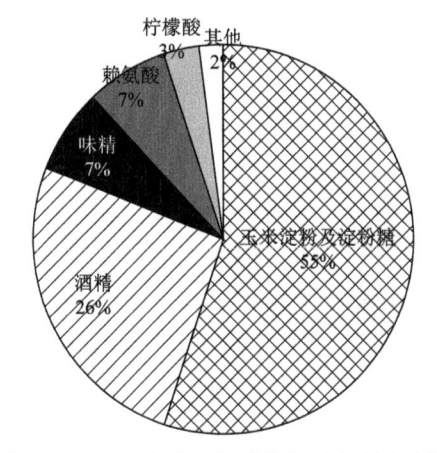

图 1-38 2021 年我国玉米深加工产品分布图

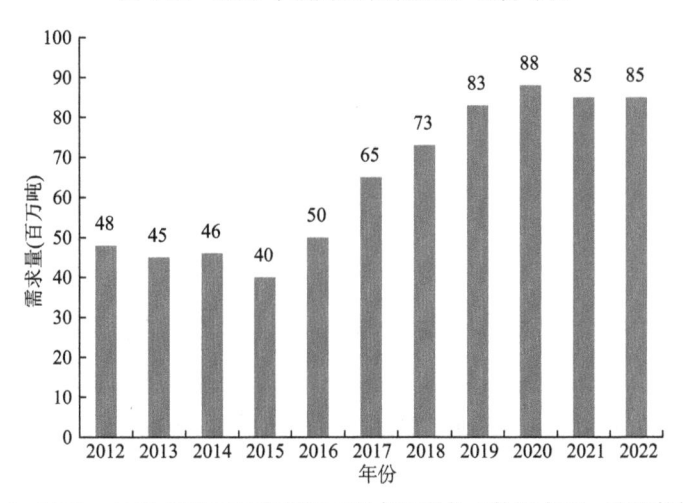

图 1-39 2012—2022 年我国玉米深加工需求量变化（数据来源：艾格数据库）

从地理区域来看，国内基本形成 5 大玉米加工产业集群，淀粉及变性淀粉产业集群和淀粉糖以及多元醇产业集群主要在山东、河北以及东北，化工醇、多元醇产业集群在山东、吉林和安徽，燃料乙醇产业集群在黑龙江、吉林、安徽和河南，氨基酸产业集群在山东、东北和西北。

2022 年淀粉、酒精等主要玉米深加工品种行业开工率整体低于上年，部分小品种行业开工率回升，但玉米消费总量与上年相差不大。

近年来玉米淀粉加工效益的走势如图 1-40 所示，2022 年淀粉企业年均加工效益略亏，为-17 元/吨。2022 年主产区淀粉企业开工率低于 2019—2021 年（图 1-41），主产区淀粉企业年均开工率 55.0%，比上年下降 4.2 个百分点。

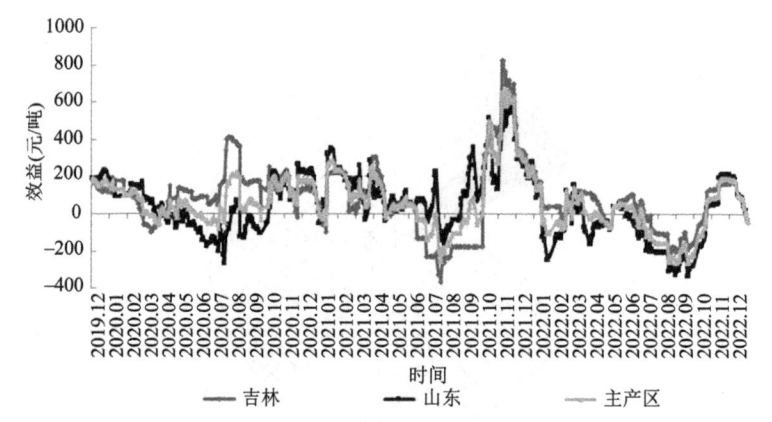

图 1-40　2019—2022 年我国玉米淀粉加工效益变化（数据来源：艾格数据库）

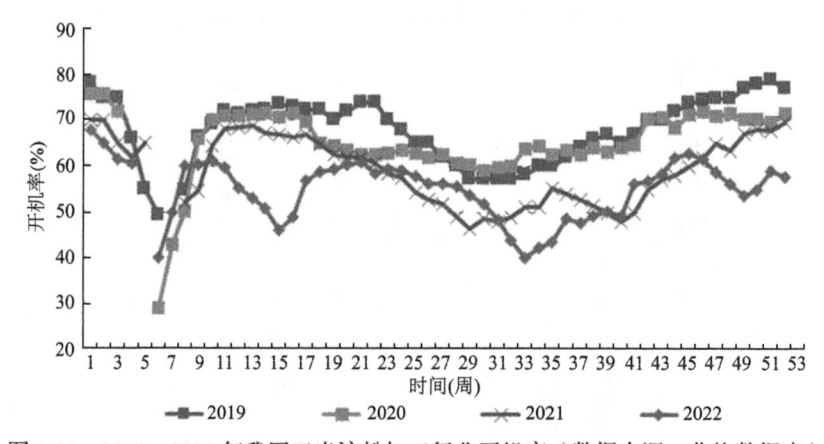

图 1-41　2019—2022 年我国玉米淀粉加工行业开机率（数据来源：艾格数据库）

酒精企业 2022 年加工效益改善，如图 1-42 所示，主产区企业年均盈利 156 元/吨。

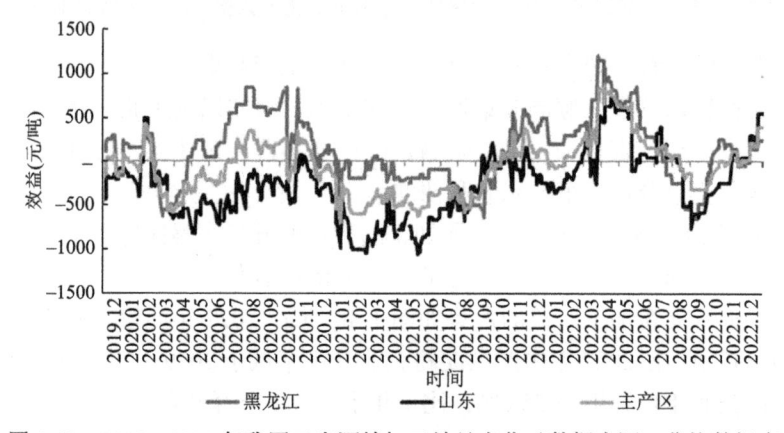

图 1-42　2019—2022 年我国玉米酒精加工效益变化（数据来源：艾格数据库）

从图 1-43 统计的酒精企业的开工率来看，酒精企业平均开工率 53.4%，比上年略降 1.4 个百分点。

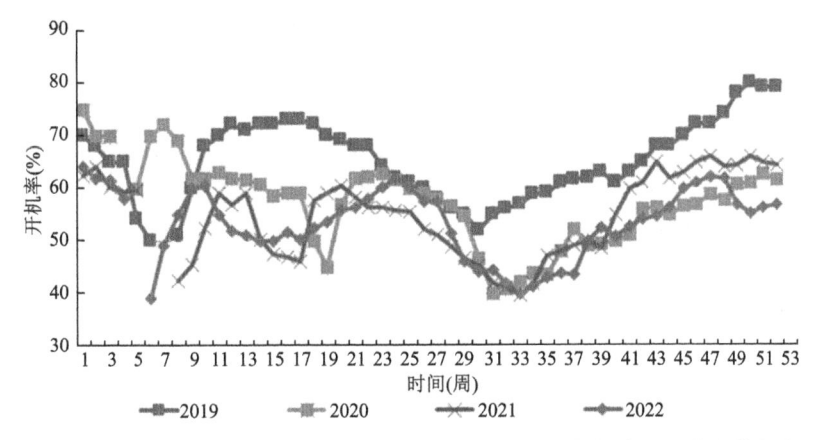

图 1-43　2019—2022 年我国玉米酒精加工行业开机率（数据来源：艾格数据库）

3）我国稻米消费现状

随着人民生活水平持续提高，主食消费量保持下降趋势，稻谷年度食用消费量稳中略降。在稻谷去库存的背景下，部分不宜食用稻谷进入饲料和工业消费领域，饲用、工业年度消费量增加。根据图 1-44 国家粮油信息中心发布的数据，2019/20 年度国内稻谷总消费为 19410 万吨，较上年度增加 80 万吨，增幅 0.41%，同期稻谷产量为 2.10 亿吨，2019 年度全国稻谷结余 1401 万吨。2020/21 年中国稻谷消费量约 2.08 亿吨，同比增加 951 万吨。2021/22 年度，我国稻谷消费量达到 2.09 亿吨，供需结余 550 万吨。

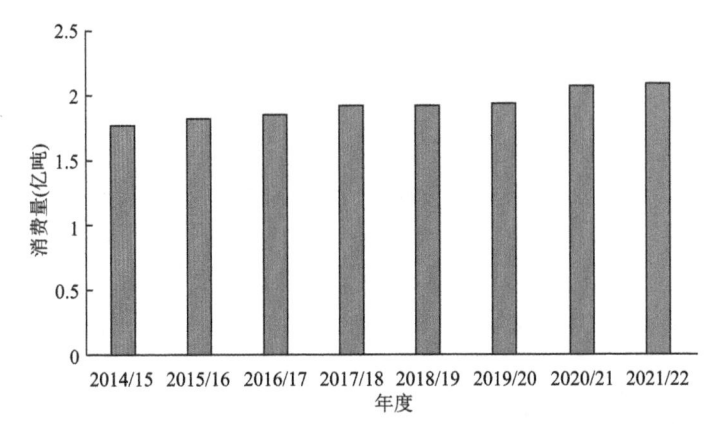

图 1-44　2014—2022 年中国稻谷消费量（资料来源：国家粮油信息中心、前瞻产业研究院）

2021/22 年度中国稻谷消费量 2.272 亿吨（2.09 亿吨，供需结余 550 万吨），比上年下降 0.76%。结合表 1-10 我国稻谷供需数据和图 1-45 我国稻谷作物年度需求量变化，2021/22 年度中国大米进口增长，出口减少，碾米消费减少。碾米消费 1.950 亿吨，较上年减少 0.87%，减少 171 万吨；饲料消费和工业消费有所增长，分别达到 1318 万吨和 747 万吨的历史新高，稻谷价格下滑和玉米价格上涨，稻谷玉米的比价关系带来新的饲料工业消费增长。

表 1-10　近年来中国稻谷的供求平衡与安全状况

项目	2017/18	2018/19	2019/20	2020/21	2021/22
面积（万公顷）	3074.7	3019.1	2969.4	3008.4	2992.1
单产（千克/公顷）	6917	7043	7059	7042	7213
期初库存（万吨）	8052.6	8755.5	9746.1	9719.2	8633.2
产量（万吨）	21267.9	21264.0	20961.4	21185.8	21581.2
国内供给（万吨）	29320.5	30019.5	30707.4	30905.0	30214.4
进口（万吨）	539.5	388.2	372.1	624.2	875.7
总供给（万吨）	29860.0	30407.8	31079.5	31529.2	31090.1
碾米消费（万吨）	18642.9	17883.7	18576.3	19666.8	19496.0
大米（万吨）	12677.2	12160.9	12631.9	13373.4	13257.3
糠粞和碎米（万吨）	1864.3	1788.4	1857.6	1966.7	1949.6
饲料（万吨）	822.4	904.6	859.4	1251.7	1318.0
工业消费（万吨）	620.4	651.4	618.8	711.6	747.2
种子（万吨）	142.1	142.2	142.4	146.8	150.3
浪费（万吨）	671.9	684.2	777.0	788.2	699.5
国内消费（万吨）	20899.6	20266.1	20973.9	22565.2	22411.1
出口（万吨）	204.9	395.6	386.4	330.9	310.3
总消费（万吨）	21104.5	20661.7	21360.3	22896.1	22721.3
期末库存（万吨）	8755.5	9746.1	9719.2	8633.2	8368.8
安全系数	41.89%	48.09%	46.34%	38.26%	37.34%
年度价格（元/吨）	2753	2541	2511	2806	2765

近年来我国大米的消费量总体呈上升趋势，行业消费量及增长情况如图 1-46 所示。2021/22 年度，中国大米总消费量为 1.5634 亿吨，较上年度增加约 600 万吨，增幅 4%。2022/23 年度，预计中国大米消费量同比下滑 0.2%，达到 1.5610 亿吨。

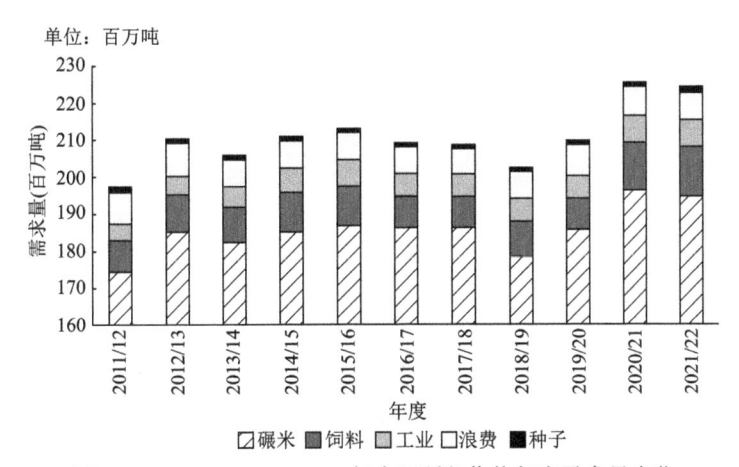

图 1-45　2011/12—2021/22 年中国稻谷作物年度需求量变化

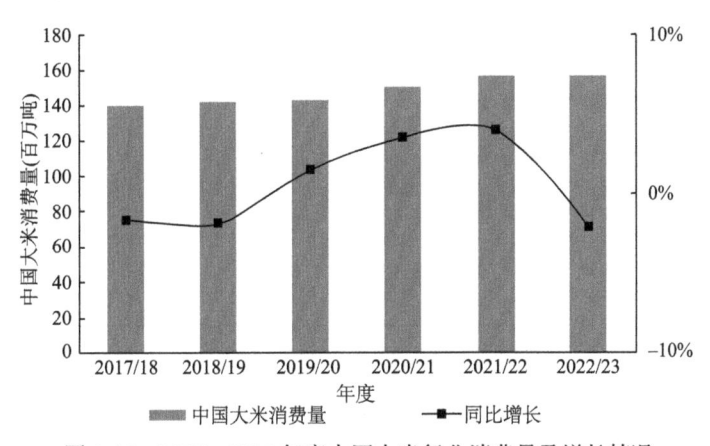

图 1-46　2017—2022 年度中国大米行业消费量及增长情况

2021—2022 年，中国大米市场价格呈现先走低后走高，目前维持在较高位的水平。2021 年以来，大米市场价格持续滑落，从 2021 年 3 月的 2934 元/吨下降至 2021 年底的 2696 元/吨，降幅达到 8%。2022 年以来，市场价格总体较为平稳，进入 2022 年底中晚稻价格稍有抬升。具体大米价格的变化趋势如图 1-47 所示。

2021/22 年度的中国大米产量为 1.4899 亿吨，比 2020/21 年度的 1.4830 亿吨，增加 70 万吨，增幅为 0.47%。同期消费类为 1.5634 亿吨，略高于自有产量。

如图 1-48 所展示的预测数据，根据《中国农业展望报告（2022—2031）》，未来随着居民食物消费不断升级，稻谷消费呈稳中略降趋势，至 2030 年消费量总体将保持在约 2.1 亿吨；其中口粮消费继续下降，但占稻谷消费比重保持在 69% 以上，饲用消费将随着畜牧业发展及饲料成本价格变化呈先减后增趋势。受益于播种面积小幅增加以及粮食单产的提高，未来中国稻谷供求关系总体处于宽松态势。

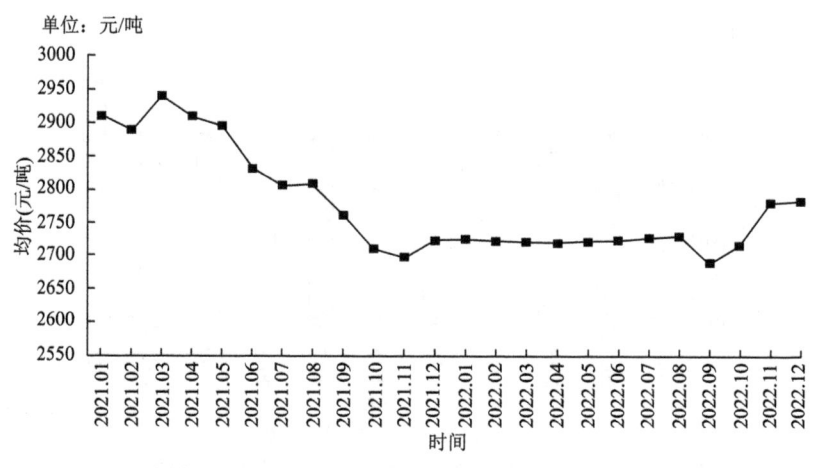

图 1-47　2021—2022 年中国中晚稻市场均价变动（资料来源：农业农村部，前瞻产业研究院）

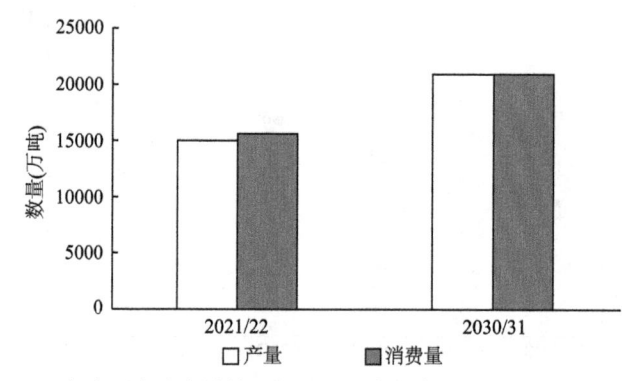

图 1-48　2021—2031 年中国大米产销情况与预测（资料来源：农业农村部，前瞻产业研究院）

（二）我国粮食加工产业关键原配料制造、加工技术现状

1. 我国小麦加工产业关键原配料制造、加工技术现状

我国小麦加工企业主要分布在小麦主产地黄淮麦区和经济发达区域东南沿海。从区域分布来看，山东、广东和河南是我国小麦加工企业的主要聚集地，其次是江苏、河北和安徽，上述区域小麦产量约占全国总产量的 75%，小麦加工产能合计占比近 80%，这说明我国小麦加工产能区域集中度较高。从中国小麦粉加工"50 强"企业区域分布具体数据来看，山东省小麦粉加工"50 强"企业最多，占全国数量的 20%；其次是广东省和河南省，分别占全国数量的 14%、12%。据 2022 年 10 月中国粮食行业协会发布的《2021 年度粮油加工企业"50 强""10 强"名单》，中国小麦粉加工"50 强"企业主要分布在河南、山东、安徽、广东、江苏、陕西等地区（表 1-11）。

表1-11 2021年度小麦粉加工"50强"企业名单

位次	企业名称	位次	企业名称
1	五得利面粉集团有限公司	26	想念食品股份有限公司
2	益海嘉里金龙鱼粮油食品股份有限公司	27	广东新粮实业有限公司面粉厂
3	中粮粮谷控股有限公司	28	宝鸡祥和面粉有限责任公司
4	金沙河集团有限公司	29	江苏省淮安新丰面粉有限公司
5	蛇口南顺面粉有限公司	30	潍坊风筝面粉有限责任公司
6	发达面粉集团股份有限公司	31	宁夏塞北雪面粉有限公司
7	东莞穗丰粮食集团有限公司	32	青岛维良食品有限公司
8	陕西陕富面业有限责任公司	33	河南志情面业有限公司
9	山东利生食品集团有限公司	34	河南粮食投资集团有限公司
10	今麦郎食品有限公司	35	广东金禾面粉有限公司
11	滨州中裕食品有限公司	36	固安县参花面粉有限公司
12	陕西西瑞（集团）有限责任公司	37	河南天香面业有限公司
13	甘肃红太阳面业集团有限责任公司	38	上海福新面粉有限公司
14	江苏三零面粉有限公司	39	深圳市深粮控股股份有限公司
15	安徽正宇面粉有限公司	40	菏泽华瑞面业有限公司
16	山东半球面粉有限公司	41	安徽皖王面粉集团有限公司
17	新疆盛康宏鑫（集团）有限公司	42	湖北三杰粮油食品集团有限公司
18	北京古船食品有限公司	43	安徽金鸽面业股份有限公司
19	天津利金粮油股份有限公司	44	安徽省天麒面业科技股份有限公司
20	山东半球面粉有限公司	45	北大荒丰缘集团有限公司
21	广州岭南穗粮谷物股份有限公司	46	河南枣花面业有限公司
22	广东白燕粮油实业有限公司	47	山东梨花面业有限公司
23	山东天邦粮油有限公司	48	安徽皖雪食品股份有限公司
24	陕西老牛面粉有限公司	49	丹阳市同乐面粉有限公司
25	江苏省银河面粉有限公司	50	西安爱菊粮油工业集团有限公司

资料来源：中国粮食行业协会

我国的小麦与主食加工业与发达国家相比起步晚，在小麦加工领域的科研基础研究相对薄弱、原始创新少。国内研究较多停留在现有原料辅以配方改良、工艺改进阶段，缺乏从基础研究层面阐明品质及食用特性形成机制等解决共性关键问题的理论体系。小麦的化学成分和品质的关系还没有取得实质性突破，不能针对性地解决由内源性酶、脂肪、微生物以及水分活度等因素诱导的各种代谢劣变反应，尚没有通过主要组分的构效关系和交互作用来调控粮食制品的品质特性。专用小麦粉还有很大发展空间。

1）小麦主食产品加工现状

主食的工业化、产业化是粮食产业的一个重要支柱，是粮食产业链的延伸和完善。每年全国的小麦产量为0.9亿~1.1亿吨，居世界第一位，其中馒头、面条、水饺等传统面制主食消耗占小麦总产量的70%左右，馒头消费占面制食品总量的30%以上。据有关方面统计，主食及相关产品有2000多亿元的市场潜力。中国主食行业的发展相对较慢，虽然主食的社会化水平已相当高，但距离工业化、规模化、规范化尚远；80%的面制食品是作坊式、家庭式手工加工，产量小、设备、工艺简陋；馒头等面制食品保质期短，复热加工后口感下降等问题尚未很好地解决；面制食品的原料特性、专用添加剂及配料、工艺与配方等缺乏系统的科学研究，产品品质不稳定，与西方面包、饼干等焙烤食品的生产和科学研究相比有一定的差距。

2）小麦深加工技术现状

我国啤酒糖浆、麦芽糖浆和结晶葡萄糖产量增长较快，已成为小麦深加工发展的重要方向之一。国内小麦精深加工企业产能不大，相对较集中，河南汉永集团和河南飞天生物科技股份有限公司年加工小麦分别为60万吨和25万吨，淀粉糖是其主要产品，其中2023年河南飞天3万吨结晶葡糖项目即将投产。另外，黑龙江益海嘉里（富裕）生物科技有限公司年加工小麦25万吨，深加工产品为淀粉糖和食用酒精。

小麦变性淀粉产品系列化程度不够，应用技术开发力度跟不上。目前，我国的淀粉糖设备基本已全部实现国产化，淀粉糖产量逐年扩大。但是小型淀粉糖生产企业大多生产设备陈旧，工艺未改进等。味精的生产需要蒸汽和电力，产生大量的废水。近几年，国内小麦蛋白加工的基础设备快速发展，但在产品稳定性、自动化程度等方面仍与国外同类产品存在较大差距。

3）小麦加工副产物综合利用技术现状

近几年，我国的小麦产量均维持在1.3亿吨左右，小麦消耗量在1.2亿~1.3亿吨，约产生加工副产物3000万吨，然而这些副产物绝大部分仅作为饲料被低值利用。

小麦麸皮的传统利用途径，主要用于酿造和饲料行业，占85%以上。例如麸皮煮熟后作为饲料，吸收率可从30%提高至40%，而采用挤压膨化技术可使吸收率提高至99%。胚芽的初级加工是经过干燥熟化后，作为早餐代餐等食品销售。由于小麦麸皮中含有丰富的特殊营养成分和生物活性物质，少量麦麸（10%）被用于提取膳食纤维、植酸、阿魏酸、低聚木糖和植酸酶等营养强化剂，固态发酵制备酒、醋、酱油、味精等，以及生物炼制转化合成维生素E、丙酮和丁醇等。小麦次粉粗蛋白含量较高，营养价值高，但难于形成高质量面筋，常用于动物饲料的加工，我国目前只有少量用于食品加工。此外，小麦胚芽提取率较低，大多混合在麸皮和次粉中作为饲料使用，造成资源的严重浪费。先进的制粉工艺可提高胚芽提取率至1%，但提取出的胚芽多数仍以麦胚片和脱脂麦胚粉等形式出售，仅有15%用于生产小麦胚芽油、麦胚蛋白饮料、麦胚凝集素等高附加值产品。

2. 我国玉米加工产业关键原配料制造、加工技术现状

在玉米深加工产业的转型升级激励下，我国玉米深加工利用的途径也在不断丰富。据不完全统计，现阶段我国利用玉米提炼、加工而成的产品超过200种，但很多新产品的技术普及范围不理想，传统深加工的形式和产品仍占据主流地位。

依据加工工艺中的耗水情况，玉米加工一般分为干法和湿法加工两种主要方式。其中，干法加工对设备的要求低，可以在很大程度上减少企业的投入成本，减少经济负担，但副产品价值低，导致加工成本高。湿法加工获得产品具有附加价值较高、产品种类多的优点，并且可以根据市场供求情况及时调整生产计划，提高玉米加工企业的收入。但是，湿法加工工艺流程相对复杂，设备及厂房的投资费用高，在生产的过程中，玉米需要浸渍时间很长，水的处理量大，所以耗能大。目前，我国玉米加工企业常利用干法加工生产玉米饲料、玉米粉、玉米糁、玉米面等产品，而湿法加工常用于生产玉米淀粉、酒精等产品。

近几年，我国大型玉米加工设备的技术水平越来越高，从原来的湿法加工演变成今天的干法加工，由脱皮系统、破碎系统、分离系统、风网除尘等四大系统组成。脱皮系统采用合金辊筒脱皮，当物料由料斗进入到脱皮室后，在推进器的旋转推送下向出口行进，在脱皮室内由于工作室容积的逐渐缩小以及机件阻力的影响，米粒之间的密度随之增大，机内挤压和摩擦的作用增强，辊筒不断地翻拨和推进，机件之间摩擦和剥离作用，因而使米粒做到脱净。脱净后的玉米仁进入破碎系统，在牵引式离合破碎装置的破碎及牵引推进下，物料在破碎过程中行进，进入分离系统通过自动分离，得到玉米面、玉米大糁和玉米小糁，并通过风网除尘系统清洁除尘，得到的产品口感好、色泽光艳。

玉米干法加工已经摆脱了以前湿法加工的繁琐程序，厂家不用通过加水才能生产，这个方法简单方便又快捷，大大提高了工作效率，减少了人力的支配，而且具有投资少、能耗低、产品丰富、副产物集中、易于加工等优势，玉米加工设备的研制生产为粮食加工行业市场开辟了一条更广泛、更开阔的道路。

1）玉米深加工现状

从玉米加工产品端来看，畜禽饲料是玉米深加工占比最大的产品形式，对于玉米的充分利用和价值转化作用明显，饲料加工后的产品对于保障我国畜牧业发展意义重大。现阶段玉米加工生产的饲料产品主要分为两类，分别为玉米麸质饲料和玉米蛋白饲料。麸质饲料的生产加工技术路线为：玉米→浸泡→破碎→胚芽分离→纤维分离→纤维清洗→纤维脱水→纤维干燥→饲料包装。蛋白饲料的生产加工技术路线为：玉米→浸泡→破碎→胚芽分离→纤维分离→蛋白分离→蛋白浓缩→蛋白脱水→蛋白干燥→饲料包装。

淀粉加工是玉米深加工的一个重要方面，近年来，我国玉米淀粉的产量呈现5%～10%的年度增长态势。淀粉加工主体技术路线为：玉米→浸泡→破碎→胚芽分离→纤维分离→蛋白分离→淀粉洗涤与脱水→淀粉干燥→包装。现阶段的玉米淀粉加工利用机械化生产线实施，所生产的玉米淀粉不仅用于食品类供给，还成为医药、造纸等行业的重要原材料。

目前，我国玉米加工相关产业主要集中在淀粉生产。2020年，我国淀粉生产3389万吨，占全球产量的28.3%，其中，玉米淀粉生产3232万吨，占国内淀粉生产总量的99%。玉米淀粉进口1.4万吨、出口1.5万吨，进出口基本持平。我国淀粉、淀粉糖和糖醇产品规模和技术已经达到世界领先水平，其中木糖醇、山梨醇产量为世界第一，甘露醇产量也位于世界前列，为糖醇生产大国。但我国淀粉加工企业只是在国内有一定的加工规模优势，国际化布局和品牌扩张能力弱。我国淀粉加工企业在特种淀粉糖的研发方面比较滞后且研发能力弱，生产果糖的葡萄糖异构酶尚属"卡脖子"技术，掌握在诺维信、杰能科等国外公司手中。在特种淀粉原料方面，蜡质玉米淀粉已经广泛应用，但国内企业和育种家暂时还未能开发出黏度更高更稳定的蜡质玉米淀粉。

总的来看，以玉米为原料，通过物理、化学、生物学等方式能够实现玉米的深度加工和多途径利用。随着深加工产业的快速发展，我国玉米加工技术得到快速更新，但技术研发需要持续投入，国内龙头企业需要以领先的生产技术为依托，进行业务拓展，不断提升自身的国际影响力。

2）玉米加工副产品利用

经过多年发展，玉米已经成为我国粮食加工中链条最长、产品最多的加工品种，具体的产品类型和增值幅度如表1-12所示。依据加工产业链和价值链的延伸程度，玉米加工产品分为多个层级，其中淀粉类产品（含淀粉糖）约占加工产品的55%，酒精类产品约占30%，赖氨酸、柠檬酸、味精等其他产品约占15%。

表1-12 玉米加工产品分类

产品级别	初级产品	中级产品	高级产品	更高级产品
产品	淀粉 玉米主食 麸质饲料 蛋白饲料 玉米油等	酒精 DDGS 赖氨酸 柠檬酸 醋酸乙酯 乳酸、聚乳酸 甜味剂等	甘油 乙烯及衍生物 糖化酶等	聚赖氨酸 结冷胶等
增值比例	1～2倍	3～10倍	10～20倍	20倍以上

在众多加工产品中，淀粉类（含淀粉糖）和酒精类产品仍然是玉米深加工业的主要产品，味精、柠檬酸等其他产品企业开工率和扩能量级均无法与玉米淀粉生产相提并论，且多数以玉米淀粉为原料继续进行加工，总体产量处于相对稳定状态。因此，玉米加工副产物资源情况与玉米淀粉加工产量规模具有一致性。

总体来看，我国的玉米深加工企业主要分布在玉米主产区，即东北三省和华北黄淮等地区。从各省的玉米实际加工量来看，山东和吉林所占比例最高，合计占全国的 45%左右，但加工产能和平均开工率在各个年度也有变化。玉米深加工生产各种主产品的同时会产出多种多样的加工副产物，按照玉米加工利用途径比例而言，副产物主要来源于玉米淀粉和玉米工业酒精的生产。玉米淀粉生产工艺流程一般为湿法加工，工艺流程如图 1-49 所示，主要副产物有玉米浆、玉米胚芽、玉米皮和玉米蛋白粉等。玉米酒精发酵分为玉米籽粒全粉碎直接发酵和玉米淀粉酒精发酵，主要副产物有干玉米酒糟。依据玉米加工副产物的种类、化学组成及相关特性，不同副产物的综合利用途径差异明显。

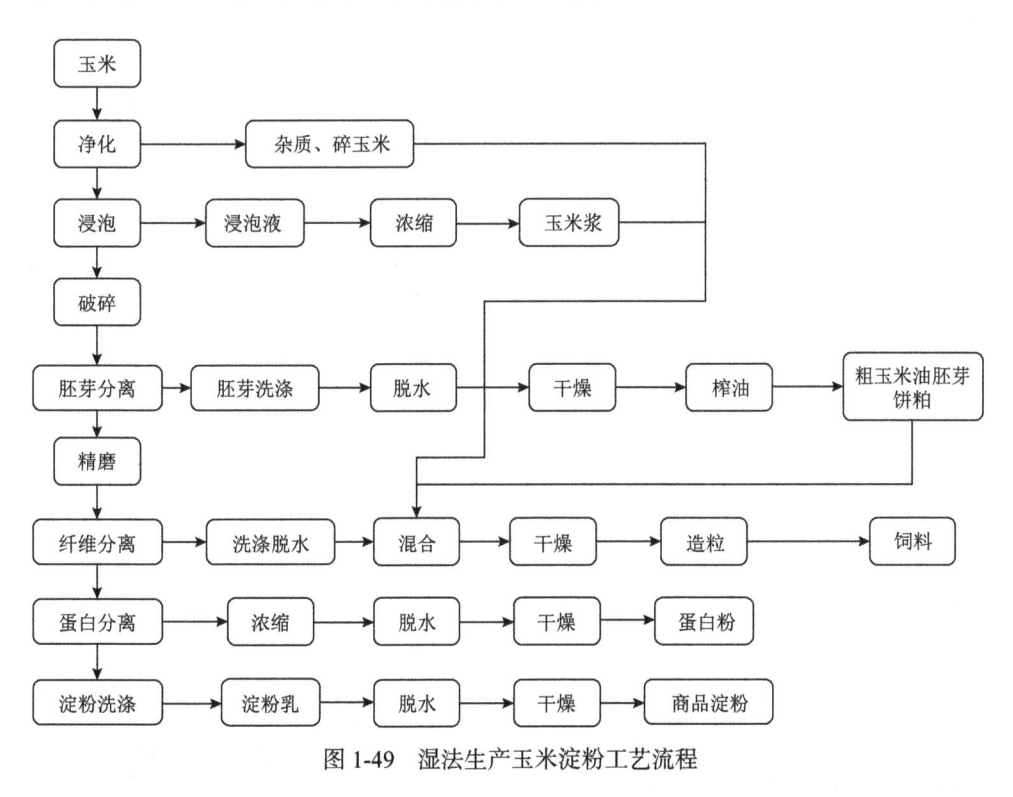

图 1-49 湿法生产玉米淀粉工艺流程

玉米浆是玉米淀粉加工的主要副产物之一。生产玉米淀粉过程中，需要先把玉米进行净化，再用水浸泡，然后脱水，再经 0.20%～0.25%的亚硫酸溶液浸泡

60~70 h，浸泡过程中玉米的结构和组织会遭到严重的破坏，细胞浆、细胞液和细胞结构都会进入到浸泡液中，产生玉米浸泡液（干物质含量为 7%~9%），经浓缩后得到玉米浆。目前，高校科研院所和企业针对玉米浆或玉米浸泡液的综合利用研究开发了多种方法，主要有分离提取植酸钙（也称菲汀）、作为原料发酵生产乳酸、蛋白酶、单细胞功能饲料蛋白、氨基酸、杀虫剂等各种产品。

玉米皮（又称玉米纤维），指玉米籽粒的表皮部分，是玉米淀粉加工的副产物，我国每年玉米加工得到的玉米皮都在 2000 万吨以上。湿法生产淀粉中获得的玉米皮一般占玉米质量的 14%~20%，其中淀粉含量在 20%以上，纤维素和半纤维素含量较为丰富，分别在 37%和 11%左右，蛋白质含量在 12%左右，灰分占 1.3%，剩余的其他微量成分。与米糠、麸皮相比，玉米皮膳食纤维含量高，其中半纤维素含量也较高。玉米皮中含有的玉米膳食纤维（Corn Dietary Fiber, CDF），是一种理想的食用纤维源。长期以来，玉米皮主要用于饲料生产，没有被充分利用，造成较大的资源浪费；若能进行深加工，将会提高玉米的经济效益和社会效益。

玉米蛋白粉含有多种营养物质，各物质的含量约为：蛋白质 65%、淀粉 15%、脂肪 7%、水分 10%、纤维 2%、灰分 1%。单独分析玉米谷朊粉的蛋白质组成，包括约 68%的玉米醇溶蛋白、22%的谷蛋白、少量的球蛋白和清蛋白。其中，玉米醇溶蛋白又可以分为 α-醇溶蛋白和 β-醇溶蛋白，α-醇溶蛋白易溶于 95%乙醇，β-醇溶蛋白易溶于 60%乙醇，而不易溶于 95%乙醇，其平均分子量为 25000~50000。

干玉米酒糟（Distiller's Dried Grains with Solubles, DDGS）是以玉米为主要原料发酵制取乙醇过程中，对糟液进行加工处理后而获得的玉米酒糟及残液干燥物。近年来，国内乙醇行业集中度有所提升，酒精企业开始向玉米主产区转移，并逐步向大规模化方向发展，当前大中型乙醇生产企业在市场中占据主导地位。经过多年发展，除首批批准的燃料乙醇生产企业外，还有数家大中型乙醇生产企业 DDGS 的产能基本上都在 20 万吨以上，分布在黑龙江、吉林、山东、河南、安徽等玉米主产区。

3. 我国稻米加工产业关键原配料制造、加工技术现状

1）初加工

自我们的祖先将稻米作为食物之时起，稻米的加工工艺亦出现了最简单的"稻出白"工艺。经过多年的实践和改良，在公元 17 世纪中叶之前改良为"糙出白"工艺（据成书于 1637 年的《天工开物》记载）；又经过 200 多年的实践和改良，到 19 世纪 60 年代，增加了"稻谷清理""白米整理"等工段；后来又陆续增加了"下脚整理""副产品整理"等工段，构成现代稻谷加工工艺。

清理、砻谷、碾米、白米整理等各工段以及各工段中的各工序都在不断完善，如 20 世纪 80 年代起增加"糙米精选""白米精选""白米色选"等工序；21 世纪起"一道色选"发展为"多道色选"工序，"多道抛光"工序发展为"刷米工序"与"抛光工序"相结合的工艺；2019 年起又发展出"回砻谷净化""糙米净化""留胚粒分选"等工序；目前正在向更加低破碎、低能耗和精准化加工的方向发展，如国际首创应用在碾米工段的"多等级大米联产技术""多等级大米、留胚米联产碾米技术"等专利已获得授权。我国稻米加工工艺的工序组成、发展沿革与展望参见表 1-13。

表 1-13　我国稻米加工工艺的工序组成发展沿革与展望

时间	约 5000 年	1637 年～1860s	1860s～1949 年	1950s～1980s	1980s～2000 年	2000～2020 年	未来
工艺	原料稻谷直接加工生产白米	原料稻谷先砻谷再碾米	原料稻谷先清理、砻谷、碾米，再白米整理生产大米	增加除稗、下脚整理、副产品整理	增加糙米精选、白米精选、白米色选等工序	增设回砻谷净化工序和糙米净化工序，留胚粒分选工序，刷米替代部分抛光工序	防过碾工艺大米留胚米联产、多等级米联产、多等级大米留胚米联产
清理	/	/	筛选、风选、磁选等	筛选、风选、磁选、比重选、除稗	筛选、风选、磁选、比重选	筛选、风选、磁选、比重选	筛选、风选、磁选、比重选
				/	/	稻谷粒度选	稻谷粒度选
				下脚整理（风选、筛选）	下脚整理（风选、筛选）	下脚整理（风选、筛选）	下脚整理（风选、筛选）
砻谷	舂/碾	砻谷 谷壳分离 谷糙分离	砻谷 谷壳分离 谷糙分离	砻谷 谷壳分离 谷糙分离 /	砻谷 谷壳分离 谷糙分离 糙米精选（厚度选）	砻谷 谷壳分离 谷糙分离 糙米精选（厚度选）、回砻谷净化、糙米净化	砻谷 谷壳分离 谷糙分离 糙米精选（厚度选）、回砻谷净化、糙米净化
		/	/	稻壳整理（风选、筛选）	稻壳整理（风选、筛选）	稻壳整理（风选、筛选）	稻壳整理（风选、筛选）
碾米	舂/碾	碾/舂	一道/多道碾白	一道/多道碾白	多道碾白	多道碾白	留皮度分选+分选
			/	/	/	留胚粒分选	留胚粒分选
			糠秕分离	糠秕分离	糠秕分离	糠秕分离	糠秕分离

续表

时间	约5000年	1637～1860s	1860s～1949年	1950s～1980s	1980s～2000年	2000～2020	未来
白米整理	风选	风选 筛选	风选 筛选	风选 筛选	风选 白米分级（筛选）	风选 白米分级	风选 白米分级
	/	/	/	擦米	凉米 抛光 色选	凉米 刷米/抛光 多道色选（垩白粒分选、黄粒米分选、碎米分选、玻璃塑料分选等）	凉米 刷米/抛光 多道色选（垩白粒分选、黄粒米分选、碎米分选、玻璃塑料分选等）
	/	/	/	/	白米精选（长度选） 配米	白米精选（长度选） 配米	白米精选（长度选） 配米
	/	/	/	/	副产品整理（风选、筛选）	副产品整理（风选、筛选）	副产品整理（风选、筛选）

资料来源：《我国稻米加工工艺的沿革与展望》，中国稻米，2021

19世纪下半叶之前，普遍采用"稻出白"和"糙出白"工艺。19世纪60年代起，在上海、广东等沿海地区，及在无锡、南京、芜湖、九江、武汉等沿江地区相继出现了主要加工机械从国外引进的机制稻米加工业，采用的是"糙出白"后再"白米整理"的加工工艺。一直到改革开放前，现代稻米加工工艺与传统稻米加工工艺相比，有三个方面的革新：①首创在清理工段单独设置了"除稗"工序（去除原料稻谷中夹杂稗子等小杂），以适应原料稻谷含稗子渐多的情况；②由整理工段完善升级的白米整理工段（将碾白后的米粒中的糠粉、碎米、米栖分离出去的工段）新增了"擦米"工序（擦除黏附在白米表面的糠粉）和"凉米"工序（降低米温），以减少大米的糠粉含量，降低米温，延长大米产品的保质期；③增加了下脚整理工段（将清理工段分出的各种杂质进一步分离，如进一步整理谷石混合物）和副产品整理工段（将米糠、米栖、米胚、碎米和整米各自分开的过程，包括糠栖分离、碎米分离、米胚分离等工序），以尽量降低下脚、稻壳、米糠等副产物夹带完善粮粒，提高各种副产品的纯度，提高各自的利用率。

20世纪80年代以后，稻米加工工艺实现了再次升级，在砻谷工段增设"回砻谷单独砻谷"工序（即将经过一次砻谷、谷糙分离分出的未脱壳的稻谷单独用一台砻谷机再次砻谷的工艺，该工序可根据回砻谷已受过挤压一次砻谷的实际情况配置适宜的技术参数）以减少碎米和爆腰，增加"糙米精选"工序（即利用未成熟粒与完善糙米之间厚度等的差异进行分离）以提高糙米纯度，有利于改善后续碾米效果；在"碾白"工序前增设"糙米调质"工序（即通过调节糙米水分等改善糙米的加工品质），以降低"碾白"工序增碎；"碾白"工序由"一道出白"发展到"二道出白"或"多道出白"工艺；在白米整理工段增置"色选"工序以降低大米中异色粒（黄粒、垩白粒）的含量、提高大米产品的纯度和安全性，增设"白米精选"工序（按照米粒的长度将碎米从白米中分开），以尽量降低大米产品含碎，减少碎米带出整米量，增设"配米"工序（将多种大米按需求进行搭配混合）以提升大米的食用品质和商品品质，改"擦米"为"抛光"（去除米粒表面黏附的糠粉、提高米粒表面光泽）以延长大米产品保质期；在清理、砻谷、碾米、白米整理等多个工段增加"计量"步骤，以掌握出糙率、糙出白率、出米率等生产数据。因原料稻谷中稗子减少，清理工段的"除稗"工序逐步被取消。

进入21世纪后，尤其是近几年，我国稻米加工工艺上了新台阶。针对混杂严重的稻谷原料在砻谷工段增加"稻谷分级"工序，按粒度将稻谷分为大粒、小粒，后续分线加工（砻谷、碾米等），方便根据稻谷粒度的不同配置设备、调整参数，减少碎米、爆腰，提高产品质量。在白米整理工段调减一道或二道"抛光"工序，增设一道或二道"刷米"工序，构成"刷米/抛光"组合工艺，既可降低大米中糠粉含量，又可降低抛光工序造成的增碎、爆腰和能耗；增设"多道色选"工序（根据黄粒米、垩白粒、碎米、玻璃等杂质物料颜色/形状/品质的差异被分步、单独分选出来），以方便分离和收集黄粒米、垩白粒、过量碎米或小碎（碎米、小碎米分选在2017年新增），可保证大米产品质量达标，使各种物料分类利用，做到物尽其用，提高稻米资源的利用率，分离玻璃、塑料等恶性杂质确保大米产品食品安全。2018年起我国首创在砻谷工段增设"回砻谷净化"工序（按照稻谷与糙米等的颜色等差异彻底分离）和"糙米净化"工序（将糙米与未熟粒、异色糙米、稻曲病粒等按颜色的差异彻底分离），极大地提升了回砻谷的纯度，以降低回砻谷在砻谷时的糙碎和爆腰率；将糙米中夹带的青夭、白片等未熟粒，红糙米等异色糙米，稻曲病粒等杂质或异物彻底分离开，极大地提升了糙米的纯度，减轻了碾米工段因加工青夭、白片等所消耗的不必要的负荷，减轻因稻曲病粒对糙米、白米表皮的污染，提升大米产品品质；将红米等异色糙米单独分离、单独碾白，可以减轻对其他正常白米加工的干扰。2018年起，我国首创在碾米工段增设"留胚粒分选"工序（将留胚粒与普通米粒按颜色、形状的差异彻底分离），将达到加工精度要求的留胚粒与普通大米（非留胚粒）分开，减少因将留胚粒加工为普通非留胚粒增加的能耗、增碎、爆腰等，有利于降低能耗、提升大米整精米率，一条生产线可以同时生产留胚粒和白米两类产品，既增加了产品类型，又提升了留胚米产品的营养价值，提升了稻米资源食用率。

由于碾米工段是产生碎米最多的工段，约占总增碎的50%以上。因此当今节粮减损的重点之一是使碾米工段向低破碎、低能耗和精准化方向发展。一方面是防过碾碾米工艺。在由 3 道及以上碾白工序组成的碾米工段中，由于碾米设备性能的天然缺陷（即出机白米中加工精度上下差一级的米粒在 10%以上），几道碾白后，出机白米中达到预设加工精度的米粒占较大比例，有的甚至高达 50%以上，传统加工工艺中这部分已达到加工精度的米粒会与未达到加工精度的米粒一同进入后续碾白工序，造成过碾。为此，我国首创提出增设"留皮度分选"工序，将已经达到加工精度的米粒与未达到加工精度的米粒分离，跳过下一道碾白工序，构成防过碾碾米工艺，可降低因部分达标米粒过碾造成的不必要的碾白能耗，降低碎米率，提高出米率和整精米率。另一方面是多等级米联产、大米与留胚米联产、多等级大米与留胚米联产工艺。可将分离的留皮度不同（加工精度不同）米粒分成两个等级的白米，既构成多等级米联产工艺，又可以构成多等级白米与留胚米联产碾米技术。2021 年益海嘉里集团研发中心和米业事业部从全产业链维度首创国际领先水平的"稻谷六步鲜米精控技术"，通过"鲜割、鲜谷、鲜存、鲜碾、鲜装、鲜食"六个关键环节，从稻谷源头开始对稻米进行管控，利用 DNA 基因检测、酶活和新鲜度测定、香味物质分析等技术，确保品种和原粮的优质；通过原粮低温储藏、虫害精准防控、低温升碾米等技术保证稻谷的口感、新鲜度与安全性，呵护稻谷的自然米香；低氧保鲜的包装和高效的产销供应链为短保鲜食提供支持。

（1）网络营销带动个别大米品牌异军突起

受到房地产行业和城市工商业政策影响，国内商品流通行业房屋租金快速提升，场所费用对行业商业流通产生极端严重冲击；为电商行业发展带来明显的外在的动力。2021 年我国电商行业商品销售达到 10.80 万亿元，较上年增长 12.30%；销售额占到全部商品零售总额的 24.54%，为限额以上商品销售总额的 64.2%；食品行业销售增幅达到 17.80%，明显快于全社会商品流通总额增速。近期东北大米网红品牌"十月稻田"已向港交所递交招股说明书，拟港交所主板挂牌上市。

十月稻田是以五常市彩桥米业有限公司为基础，通过 20 多家电商平台，销售预包装五常大米、杂粮、豆类及干货产品。目前公司生产基地扩展到沈阳新民、五常、通河、松原和敖汉等五个生产基地，分布在东北及内蒙古的大米、杂粮及豆类核心产区。截至 2022 年 12 月 31 日，已有超过十条自动化生产线投入使用，并在通过在上海、天津、成都、沈阳和东莞的五个自营区域中心仓以及十个地方仓库建立了现代化库配体系，保证产品完整实现了从农田到餐桌，实现农产品利润增值最大限度的实现，推动了企业营业收入和利润快速增长。2020—2022 年，公司营收分别为 23.27 亿元、35.98 亿元、45.33 亿元，净利润分别为 2.21 亿元、2.59 亿元、3.64 亿元。大米产品的收入占总营收的比例分别为 80.4%、80.4%、

79.9%。从销售渠道来看，线上渠道为主要收入来源，报告期内收入占比分别为79.4%、75.5%、69.3%。

（2）行业品牌集中在主产区，水稻生产决定品牌

从表1-14由中国粮食行业协会公布的"2022年中国稻谷加工50强"地区分布来看，中粮粮谷、益海嘉里、华润五丰大型集团企业，总部分别在北京、上海和深圳，其余均为本地经营企业。其中，黑龙江、湖北各占10家，安徽、广东和湖南各有5家企业，江苏4家、江西3家，吉林2家、上海2家，北京、福建、宁夏各1家。河南没有企业进入稻谷加工50强。

表1-14 2022年中国稻谷加工50强企业（资料来源：中国粮食行业协会）

位次	企业名称	地区	位次	企业名称	地区
1	中粮粮谷控股有限公司	北京	22	东莞市太粮米业有限公司	广东
2	益海嘉里金龙鱼粮油食品股份有限公司	上海	23	安徽联河股份有限公司	安徽
3	湖北国宝桥米有限公司	湖北	24	湖南浩天米业有限公司	湖南
4	湖北省粮油（集团）有限责任公司	湖北	25	福建泉州市金穗米业有限公司	福建
5	江苏省农垦米业集团有限公司	江苏	26	吉林裕丰米业股份有限公司	吉林
6	湖南粮食集团有限责任公司	湖南	27	黑龙江秋然米业有限公司	黑龙江
7	江西金佳谷物股份有限公司	江西	28	庆安东禾金谷粮食储备有限公司	黑龙江
8	华润五丰米业（中国）有限公司	广东	29	五常市乔府大院农业股份有限公司	黑龙江
9	松原粮食集团有限公司	吉林	30	湖北金银丰食品有限公司	湖北
10	万年贡集团有限公司	江西	31	宁夏兴唐米业集团有限公司	宁夏
11	湖北禾丰粮油集团有限公司	湖北	32	黑龙江省五常金禾米业有限责任公司	黑龙江
12	安徽牧马湖农业开发集团有限公司	安徽	33	湖北京和米业有限公司	湖北
13	江西奉新天工米业有限公司	江西	34	安徽光明槐祥工贸集团有限公司	安徽
14	湖北洪森实业（集团）有限公司	湖北	35	湖南洞庭春米业有限公司	湖南
15	洪湖市洪湖浪米业有限责任公司	湖北	36	方正县宝兴新龙米业有限公司	黑龙江
16	湖南角山米业有限责任公司	湖南	37	黑龙江省和粮农业有限公司	黑龙江
17	宜兴市粮油集团大米有限公司	江苏	38	广东友粮粮油实业有限公司	广东
18	黑龙江省北大荒米业集团有限公司	黑龙江	39	五常市彩桥米业有限公司	黑龙江
19	湖北庄品健实业（集团）有限公司	湖北	40	方正县盛军米业有限公司	黑龙江
20	湖南天下洞庭粮油实业有限公司	湖南	41	黑龙江省博林鑫农业集团有限责任公司	黑龙江
21	安徽稼仙金佳粮集团股份有限公司	安徽	42	重庆穗花食为天粮油有限公司	重庆

续表

位次	企业名称	地区	位次	企业名称	地区
43	湖北心辉粮油股份有限公司	湖北	47	天长市天鑫粮油贸易有限责任公司	湖北
44	江苏光明天成米业有限公司	江苏	48	深圳市中泰米业有限公司	广东
45	广东穗方源实业有限公司	广东	49	安徽省东博米业有限公司	安徽
46	南通季和米业有限责任公司	江苏	50	上海垠海贸易有限公司	上海

（3）稻米加工行业向集团化、规模化、全产业链化发展

稻米全产业链发展逐步成为共识，传统稻米加工仅从烘干开始，忽略了前期的种植环节的品种选择，造成大米品种混乱，品牌价值不足。需要进一步发展订单农业，从遴选优良种子开始，采用低温贮藏、独立生产系统等技术全产业链进行品质控制，增大稻米加工产业的附加值和品牌竞争力。与此同时，在加工链条的下游，发展稻谷深加工日渐成为行业发展趋势，稻谷深加工行业正在健全发芽糙米、营养米、胚芽米等健康类细分新兴食品的相关技术及完善发展路径。

2）稻米深加工

稻谷深加工是指研究稻谷加工生产大米以及对大米进行高值化利用。稻谷是世界上最重要的谷物之一，全球 50% 以上人口食用大米。稻谷是重中之重的主粮，近几年我国稻谷产量稳定在 2.1 亿吨左右，占我国粮食总产量的 30% 多。大米是我国 2/3 以上人民的口粮，年消费量占口粮总消费量的 60% 以上。稻谷加工学科的发展，在确保口粮绝对安全、提升人民生活水平、满足人民对美好生活的向往、全面建成小康社会中具有不可替代的重要地位。近几年稻谷加工学科在"稻米适度加工技术体系""稻米精准加工技术体系""稻米柔性加工技术装备体系""内源营养米加工技术体系""专用米加工技术体系"等稻米产后减损增效加工技术装备体系方面取得重大突破。

随着我国经济的发展以及人们对食物多样性的要求，同时，参照同样以大米为主食的日韩国家以往经验，预计我国人均大米口粮需求下降空间仍较大，大米作为口粮的消费将会进一步降低。转变稻谷消费结构和去稻谷库存将是我国面临的一个巨大挑战，这使得以大米为原料进行工业化生产米制品变为稻谷利用的热点。典型有大米发糕、面包、米酒、方便米饭、蛋糕、饼干等高附加值产品。

近几年来，随着我国经济的发展和人们生活水平的提高，以及新冠疫情的影响，我国在传统米制品、方便米制品、功能性米制品的研究开发上取得了较大的进步和发展，如方便米线、螺蛳粉、无麸质米糕、低血糖强化米等；并研发高光谱成像、荧光光谱等质量检测的新技术；逐步推进传感器、物联网的应用，建立了完备的大宗米制品质量安全追溯与监管体系，并开展了从分子层面上探究米制

品加工过程中淀粉、蛋白质等分子间结构变化及相互作用，建立加工工艺、分子结构及食品品质之间关系的基础研究，进一步完善管理体系及理论研究，为后续开发高质量的、功能性的新型米制品提供理论支持。

人们对身体健康意识不断增强和生活消费水平持续提高，全谷物制品加工及其消费需求逐年攀升，国内全谷物食品消费数量和质量也呈现快速增长态势，但囿于加工技术与装备制造技术水平限制，以及当前粮食生产特殊环境因素影响，国内糙米全粉及碾米副产物、米制品的加工环节面临诸多关键科学技术及装备问题亟待解决，如糙米全粉及其制品加工技术水平低、加工产品性能较差、加工技术装备缺乏、加工食品产品安全质量不能够得到有效保证等，严重限制了粮食加工产业链的有效延伸和产品附加值的提升。

3）稻米副产物综合利用

近年来，我国水稻生产相对稳定，年产量在 2.1 亿吨左右。稻谷加工副产物主要有稻壳、米糠和碎米。稻谷加工过程中会产生 18%～20%的稻壳、5%～7%的米糠、10%～15%的碎米，因此每年我国稻谷加工产生稻壳 $3.78×10^7$～$4.2×10^7$ 吨、米糠 $1.05×10^7$～$1.47×10^7$ 吨、碎米 $2.1×10^7$～$3.15×10^7$ 吨。

稻壳作为稻谷加工的副产物，是一种天然的生物质资源，产量非常巨大，如此丰富的稻壳资源对于稻壳综合利用和提高水稻生产效益具有重要经济意义。然而，稻壳因为木质素和硅含量较高，不易吸水，大多被丢弃或者燃烧，因而利用率不高。目前，根据稻壳独特的理化特性，使得它在能源、畜牧饲料填充物和工业原料方面具有一定优势。稻壳发电，制备水泥增强剂、金属吸附剂、催化剂载体、分子筛、酚类物质、二氧化硅提取等方面的开发与利用，大大促进了稻壳深加工领域的发展。同时稻壳作为一种可再生且数量丰富的生物质资源，焚烧后的稻壳灰含有大量的二氧化硅，是理想的活性矿物掺料。

米糠是糙米碾白过程中被碾下的皮层及少量米胚和碎米的混合物，米糠中含12%～22%的油脂。目前主要是用作米糠油和菲汀的原料，但这两项利用总和也仅占到全国米糠总产量的15%，其余几乎全部用来作为饲料，造成了极大的资源浪费。因此，加大对米糠的开发和应用力度具有重要的社会和经济意义。

我国的碎米年产量非常大，通常用作饲料。另外，把碎米制成原性米淀粉，利用现代生物技术生产出的改性米淀粉，已经用于无奶油酪、沙司和凉拌菜调味料的生产。碎米经液化、糖化生产的麦芽糖醇，广泛用于饮料、糖果、口香糖、果冻及焙烤食品中。

4. 我国稻谷加工产业品质控制技术现状

1）初加工

稻米品质评价和控制方法与品质标准、品质检测技术密不可分。我国稻米品质标准的建立是基于科学、合理的评价方法和检测技术，评价方法和检测技术成为标准是其成熟性和可操作性的最佳标志。

稻米品质的鉴定与改良是水稻领域的重要研究方向，品质评价是极其关键的环节。稻米品质评价主要从加工品质、外观品质、蒸煮品质、食味品质及营养品质五个方面展开。稻米加工品质用来评估水稻的加工质量，包括糙米率、精米率和整精米率。近五年来，我国糙米率、精米率、粒长、长宽比和透明度的平均值差异较小；整精米率平均值有所增加，垩白粒率和垩白度平均值呈现逐年递减的趋势，说明我国稻米加工、外观品质已有提升。蒸煮品质是指稻米蒸煮过程中表现的理化特性，而食味品质是指稻米成为米饭后在它被食用过程中表现的感官特征。蒸煮品质主要包括胶稠度、直链淀粉含量、碱消值等。食味品质评价是依据国家标准，以人工感官品评为主，是品评人员通过眼、鼻、口、舌等器官对米饭的气味、颜色、光泽、饭粒完整性、黏性、弹性、软硬度和滋味等方面进行评价。近年来国内外研究者非常重视研究影响稻米蒸煮和食味品质的主要因素。稻米含有丰富的营养成分，主要有淀粉、蛋白质、脂肪、矿物质、维生素、氨基酸及酚类等。稻米中蛋白质组成及其含量是营养品质的重要指标。国内外已有许多针对各类有色品种中酚类化合物的研究。

我国稻米品质标准上的评价方法和检测技术很长一段时间徘徊在常规理化指标方面，甚少对更深入的未知指标进行标准化研究。借助现代化仪器检测稻米品质是新趋势。近些年发展起来的稻米品质检测技术主要有质构分析技术、近红外光谱技术、快速黏度分析技术、色谱分析技术、扫描电镜技术、智能感官技术等。稻米营养品质的检测技术和评价方法占稻米品质标准的比例较少。开展和发掘新的品质检测标准方法极为重要，以完善我国稻米品质标准体系。稻米品质检测技术一直是热门的研究方向，伴随着人们对稻米品质要求的提升，品质检测技术的创新难题也不断涌现。在自动化、智能化的时代发展趋势中，快速、准确、便捷的稻米品质检测技术更适合行业发展。以稻米外观品质为例，外观测定仪已成功替代费时费力的人工检测，成了一种行业标准方法。稻米食味品质和营养品质的自动化、智能化检测技术的研发，将会成为未来稻米品质检测技术的发展趋势。

2）深加工

目前对于稻谷深加工领域的研究相对较少，但大健康食品行业是全球性的朝阳行业。随着我国经济的快速发展，城乡居民食品消费向健康型、享受型转变，从"吃饱、吃好"向"吃得安全，吃得健康"转变，研发绿色、均衡营养、健康的大米及其制品变得尤为重要。围绕适度加工提质升级柔性碾磨技术，进一步加强碾米装备的数字化和智能化开发，开展发芽糙米、留胚米、低温升米、黄酒专用米的品质调控研究及多元化产品开发；围绕米糠、碎米等副产物进行营养挖掘和可食化利用，拓展稻米油、米胚粉、维生素 E、多肽和多糖等产品的功能性，在米糠稳态化、碎米质构重组等技术开发和生产线建设方面，聚焦低碳减排和节本降耗加强工艺基础理论研究。

在稻谷深加工方向，研究米制品原料营养保全适度加工技术和装备，建立适度加工标准体系，开展大米适度加工生产示范；研究构建米制品原料工艺参数及品质关联模型，完善米制主食标准化生产技术体系；开发米制品专用稻和专用原辅料筛选技术，研发米制品品质改良剂，研究米制品淀粉糊化回生机理和品质控制技术；研究米制主食贮藏品质劣变机理，开发米制品智能气调提质保鲜包装技术，研发耐储方便米制主食品生产技术及应急食品；深入研究米制品加工副产物资源高效利用技术、高效环保副产物高值生物转化技术；研究米制品及加工副产物生产加工和贮藏过程真菌毒素削减技术工艺，开发原位阻控技术，探索超级储存稻谷高效利用技术。

3）副产物综合利用

我国很多学者对稻壳、米糠和碎米的综合利用进行了广泛的研究，获得了许多可利用的途径，但真正能够形成规模生产的却很少。多数途径经济效益不显著，或增值不大，或是在工艺上、环境污染等方面还存在一些问题。例如，稻壳发电技术推广中存在的主要问题是稻壳煤气中的煤焦油问题。目前煤焦油通过循环用水清洗处理、过滤、沉淀收集后再掺入稻壳燃烧的方式进行处理。但归根结蒂，这只是一种机械的处理方法，不能彻底完全地解决煤焦油综合利用问题。此外，处理焦油和排灰后的废水也会引起环境的二次污染，燃烧后的炭化稻壳处理和再利用问题也需要进一步研究。

（三）我国粮食加工产业装备、标准法规现状

1. 我国粮食加工产业装备现状

1）我国小麦加工产业装备现状

我国小麦及主食加工机械装备制造技术创新能力明显不足，国产设备的智能化、规模化和连续化能力相对较低，成套装备长期依赖高价进口。如磨粉机主要依赖瑞士布勒集团的产品；小麦淀粉和谷朊粉分离关键设备三相卧螺离心机高度依赖于德国的 Flottweg、Westfalia 及瑞典的 Alfa Lava 等企业。食品冷链运输中的品质控制技术和现有冷冻设备性能存在缺陷。人工智能、大数据在小麦及主食加工行业的应用还处于空白阶段。

目前，我国在小麦变性淀粉加工机械领域的技术水平和市场竞争力逐渐提升，但自主创新能力不足，智能化和成套化水平低，部分设备依赖进口。小麦蛋白深加工行业的中小企业多采用国产设备，大型食品企业为了提高产品的市场竞争力，多引进国外设备。

我国小麦加工副产物产业的层次和整体技术水平仍然较低，普遍存在产品低档化和技术含量低等问题。现有的装备制造企业大多规模较小，关键技术的自主创新率较低，多数只能生产单机产品，尚未形成规模化成套装备的制造能力；新技术、新材料的应用也较少，产品的自动化和标准化程度低；机械设备的效能和可靠性差，产品质量难以保证，制约了我国小麦加工副产物的现代化发展进程。

2）我国玉米加工产业装备现状

在粮食加工中，玉米加工设备属于加工范围比较广泛的粮食设备，其涵盖的加工工艺也较多。其中最常见的是碾磨设备，即玉米磨粉机，用于制作玉米面食、玉米饼干等食品。目前，玉米磨粉机已经从电动向自动化、连续化生产进行发展和转变。

此外，与玉米磨粉机配套使用的其他主要加工设备有绞龙、永磁筒、刮板提升机、定量打包秤、单仓高效平筛、双仓高效平筛、分级筛等。根据用途，主要玉米加工设备及功能如下。

（1）玉米成套设备

通常包括不同种类的设备，如清洁设备、破碎设备、筛分设备、磨粉设备、碾米设备、脱水设备、输送设备等，功能齐全，可满足玉米加工的各个环节需求。

（2）玉米磨粉机

将玉米粒磨成玉米面或玉米淀粉，是玉米深加工的基础设备。利用高速旋转的磨盘将玉米粒磨成细粉，同时通过筛网过滤，得到不同细度的玉米面或淀粉。

（3）玉米淀粉设备

将玉米淀粉浆脱水、干燥，制成玉米淀粉成品。利用离心分离原理，将淀粉浆中的水分通过旋转卸出，再将脱水后的淀粉干燥，最后得到玉米淀粉成品。

（4）玉米酒精发酵设备

将玉米淀粉转化为酒精，是玉米酒精生产的关键设备。将玉米淀粉转化为糖，再利用酵母发酵将糖转化为酒精。通过控制温度、湿度和氧气等条件，提高酒精产量。

（5）玉米糖浆设备

将玉米淀粉水解成葡萄糖浆，是玉米糖浆生产的核心设备。利用酶法水解原理，将玉米淀粉转化为葡萄糖浆。通过控制水解时间和温度，调整葡萄糖浆的糖度。

总的来说，玉米加工设备在现代工业中占有着重要的地位。随着人们对食品品质的要求不断提高，对环保、健康的需求越来越强烈，玉米加工设备的市场前景也非常广阔。未来，随着科技的不断发展，玉米加工设备行业也将迎来新的发展机遇。

3）我国稻米初加工产业装备现状

稻米加工行业作为传统行业，不论是装备制造还是加工过程，一直以来对信息化需求不高，但随着近几年规模化稻米加工厂的日益兴起，以及工业 4.0 概念的逐步普及，稻米加工装备行业出现了一些新的变化。稻米加工装备发展随着物联网、大数据、移动终端应用等新一轮信息技术的发展，陆续出现了智能化加工装备，通过生产设备间的信息互联，实现生产指挥更及时、准确、高效，为未来智慧工厂的建设提供了可能。

（1）变频智能砻谷机

传统砻谷机为实现稻谷在脱壳过程中胶辊之间必要的速度差，配备了较为复杂的变速箱，即使是国际一流品牌的砻谷机也需要通过复杂的传动机构来实现，且在使用过程中需要人工定时拆装互换胶辊，否则不能保障脱壳效率。而变频智能砻谷机取消了传统砻谷机的变速箱，快慢辊采用双电机变频驱动，通过触摸屏人机界面对话，智能操作，无需人工定时对换快慢辊，胶辊之间始终保持恒定的速差，保持稳定的脱壳效率，以实现全自动控制砻谷机工作。由河南工业大学、湖北永祥粮食机械股份有限公司、国家粮食加工装备工程技术研究中心研制的"大型绿色节能稻谷加工装备关键技术与创新"获得了 2016 年度粮油科学技术奖一等奖。其中双变频电机驱动的新型全自动砻谷机，降低了机器振动与噪声，提高了传动效率，而且解决了齿轮变速箱漏油严重和噪声大的问题；大型双体重力谷糙筛的各项工艺指标均高于国家标准，在国内外同行业处于领先水平；大型砂辊碾米机——MNML50 碾米机是目前国际上产量最大的立式砂辊米机，CMG16×2 大米双辊抛光机具有产量大、结构紧凑、占地面积小等特点。抛光后的大米精度高、米温低、增碎少，能够满足不同粒型大米抛光的工艺要求；日产 150 吨大型成套碾米装备，成品米出品率高、质量稳定，安全可靠，现场噪声低、粉尘少。主要对稻谷加工装备中的关键主机设备（砻谷机、谷糙筛、碾米机、抛光机）进行了大型化、绿色化、自动化、节能化的重点研究与技术创新，实现了稻谷加工的大产量、全自动、高效率、节能降耗的目标。在 2017 年已在 3 家单位进行推广应用，累计获经济效益 1.6 亿元，先后建立了数十条稻谷加工生产线，创造了巨大的经济效益和社会效益。

（2）全自动碾米机

碾米机一直是稻米加工核心设备，碾磨精度的控制传统设备均以操作人员经验感官为主进行调节，极易造成碾磨不足或过碾的问题，每次人员变更、原料变化都需要重新开始调节，影响作业效率，影响产品质量和成本。而新型全自动碾米机采用自动调控技术，碾米过程参数（流量、电机负荷）可记忆，便于迅速调节。日本碾米机还可通过在线白度检测作为碾米调节信号，实现碾米自动化控制，精确碾磨，同时这些信息可以和集中控制室实现互联互通，实现远程控制。

（3）柔性碾米机

世界碾米技术经历了三次革命，第一代碾米技术是原始的舂米，第二代碾米机是目前仍比较通用的螺旋式推进器,它的硬伤是碎米率高、能耗高、米温高;麦稻集团推出的专利产品柔性智能碾米机(即"智慧型粮食分层磨削装置"),属国际领先、国内首创的碾米技术,可以称之为第三代碾米机,实现了稻米加工"三低"(低温干燥、低温储存、低温升加工)创新技术。源自国家"十三五"重点研发计划项目"大宗米制品适度加工关键技术装备研发与示范"(2017YFD040110)的核心成果柔性碾米机,采用柔性砂带替代已一个半世纪的刚性碾米砂辊或铁辊,大米出品率可提升5～8个百分点。与传统碾米机相比,加工籼米时碎米率下降6个百分点以上（粳米碎米率下降3个百分点以上）,吨米电耗下降10 kW·h,糙米加工成白米时米粒温度上升幅度下降15℃以上,调整参数还可生产留胚米。技术评价结论"达到国际领先水平"。该技术的推广于2020年,首家在安徽农垦,每吨大米加工增效150～300元,产品增碎率下降75%以上,加工环节品温下降70%,产品口感及货架期大幅改观,吨米能耗降低50%～70%,留胚率达80%。通过降低成本、提升大米品质等对稻米产业发展产生积极影响。

(4) 色选大数据及远程监控

色选机是稻米加工行业中更新速度最快的设备,我国从90年代才开始色选机的应用、研发、制造,到现在已经从最初的依赖进口到国产化,主要在于其本身应用广泛,为设备不断改进和创新提供了动力。当前,色选机已经实现网络化、大数据化,且功能不断扩展,例如可以进行碎米识别,通过手机应用终端进行远程监控,时刻了解在线生产情况,机器本身还具备大数据学习功能,可以根据不同的杂质进行自我学习,建立选别模型,增强选别适应能力。

(5) 可视化检测设备

传统大米指标检测全部为化验员人工检测,具有劳动强度大,作业易疲劳,感官判定差异大的特点,而可视化的检验设备,通过光电成像可细致辨识米粒长度、颜色,快速检测碎米、异色、腹白等物理指标,效率极大提高,该设备可以作为在线检测与碾米、抛光配合使用,实现自动化控制。

(6) 信息化管理手段

规模化工厂的精细化管理需求也日益凸显,规模化具有显著的"放大镜"功能,而传统的以个人为决策中心的信息管理的模式已经不能满足规模化工厂的"面大体广"的需求,例如能耗管理、出品率管理、安全储粮管理、设备状态监控等,这些信息在连续生产过程中是变化的,如能将其可视化,那么可以在过程中优化操作改变结果,避免决策的滞后性。通过现场I/O,实现PLC自动化控制,采用SCADA数据采集监视,形成MES生产过程控制决策系统,最终与企业ERP系统对接,以实现规模化工厂的信息化管理,这是未来智慧工厂的实现路径。

4) 我国稻米深加工产业装备现状

未来将研发出新型大规模碾米装备,米饭、米粉等主食米制品工业化生产技术及装备，新型方便米饭、速冻米饭及休闲米制品加工相关技术及装备。

（1）方便米饭连续生产工艺

方便米饭是工业化食品中研究历史较长也较为成功的大米食品，美国率先研制成功，并用作军队口粮，出现于第二次世界大战。随着人们生活水平的提高和生活节奏的加快，人们对方便食品的需求越来越大，方便米饭逐渐由军用转向民用。到了20世纪80年代初，欧美国家和日本研究出成熟的方便米饭生产设备，并开始供应市场。我国方便米饭的生产历史可以追溯到20世纪60年代，有厂家开始将罐头米饭作为特需品进行小批量生产，供应部队食用。方便米饭主要分为传统工艺与挤压工艺。传统工艺生产的方便米饭是以整粒大米为原料，通过清洗、浸泡、蒸煮等工艺生产。最初的方便米饭传统生产工艺大都采用一次浸泡、蒸煮与热风干燥相结合的工艺，主要工艺流程是：大米→淘洗→浸泡→蒸煮→离散→干燥→冷却→成品。传统工艺生产的方便米饭由于经过多道加工工序的处理，不仅损失大量营养成分，也失去大米原有的风味。此外，由于加工过程中存在蒸煮和大量脱水的处理，能耗大，成本高，限制了方便米饭的发展。为改善方便米饭的品质，研究者在传统工艺的基础上加以改进，对生产工艺及干燥工艺不断探索。挤压技术作为一种连续、高温、高压、短时的加工技术，在世界上广泛应用于以谷物为原料的休闲食品、方便食品等的生产。在挤压过程中，谷物化学组分，特别是淀粉和蛋白质的理化特性发生较大变化，质构进行重组，从而极大地影响最终产品的功能特性。挤压方便米饭是将物料经预处理（粉碎、调湿、混合）后，采用一台挤压机一步完成混合、熟化、成型、杀菌等工艺，最后干燥冷却形成具有米饭质构的人造方便米。挤压法生产方便米饭所用机器经历了从单螺杆挤压到双螺杆挤压机的发展过程。工艺流程大致相同，具体为：碎米（或大米）→粉碎→复配→调质→高温挤压熟化→冷压成型→干燥→冷却→成品。

（2）米粉连续生产工艺

米粉是以大米为主要原料，经过清洗、浸泡、磨浆（或粉碎）、调浆、发酵（或不发酵）、熟化、成型、冷却等步骤为主要工艺流程的一大类产品。李里特按成型工艺将米粉品种划分为切粉（切条成型）和榨粉（挤压成型）两大类，此划分方式基本上囊括了常见的米粉品种。广西地方标准还把米粉按制作工艺和含水量划分为鲜湿米粉（≥70%）、半干型米粉（20%~48%）和干制米粉（≤14%）。鲜湿米粉、半干型米粉和干制米粉的主要区别在于后两者的制作工艺增加了干燥步骤，减少了米粉中的水分含量，方便运输和延长储存时间。半干型米粉具有口感好、食用方便、保质期长等优点，克服了鲜湿米粉、干制米粉的不足，满足了消费者的需求。

米粉品质除了受原料大米品质的影响外，还受生产工艺的影响。米粉的生产工艺大同小异，一般包括发酵（或不发酵）、淘洗、磨粉、糊化、成型、老化（冷却)、干燥(或不干燥)、灭菌。根据微生物的消长过程,把米粉生产工艺流程大致分为两部分,第一部分包括洗米、浸米、磨浆和蒸皮,第二部分包括成型、冷却和杀菌。第一部分虽然在蒸皮步骤可以灭杀之前工序的大部分微生物,但是微生物产生的有害物质不一定能消除,且蒸皮的温度和时间会随着米粉品种工艺的不同而变化。彻底清洗原料大米可以有效减少初始微生物量,且在浸米过程中,控制浸米温度和 pH 可以达到降低微生物繁殖的作用,从而减少微生物产生有害物质。第二部分的冷却工艺种类常用的有水冷模式和风冷模式。

(3) 大米休闲食品

根据加工原料和加工工艺的不同,综合国内外休闲食品行业的分类,休闲食品主要分为谷物类制品、果仁类制品、薯类制品、糖食类制品、派类制品、肉禽鱼类制品、干制水果类制品、干制蔬菜类制品和海洋类制品共 9 大类。谷物类制品是以谷物粉为主要原料,利用油炸、挤压膨化、烘焙等技术加工而成的一大类食品,按照加工工艺主要分为油炸、膨化、烘焙 3 大类。大米作为谷物类食品,淀粉含量高、营养丰富,烘焙类制品种类繁多、造型多样、风味浓郁,油炸、膨化类制品质地酥脆、味美可口。常见的大米休闲食品有米老头、雪饼等,另外对于焙烤类休闲食品,例如蛋糕、饼干等也备受消费者欢迎。

5) 副产物综合利用

(1) 稻壳综合利用

稻壳煤气发电的主要设备包括稻壳输送及加料装置、稻壳气化炉、滤清冷却装置、气体内燃机、发电机组及灰渣输送装置等。我国主要采用的稻壳煤气发电技术,此工艺由煤气发生炉、脱焦和发电机组成,稻壳在煤气发生炉中气化转化为可燃气体(煤气),经水洗脱焦油后,进入发电机组转变成电力。目前,合肥德博公司已研发了用稻壳作燃烧原料的卧式锅炉,具有以稻壳为燃料的热风机和燃烧稻壳锅炉。

目前,利用稻壳制作活性炭主要有两种方式:①利用稻壳中的木质素和纤维素等通过处理制作活性炭吸附剂;②把稻壳在一定条件下炭化后制成吸附剂加以利用。研究表明,稻壳通过使用氯化锌法和氢氧化钾法所得的活性炭对染料脱色能力较强,并且对油脂中的红色脱色效率较高,同时对油脂中含有的游离脂肪酸和氧化物的吸附具有促进作用。

利用稻壳制取吸附剂的方法主要可归于两大类:①利用稻壳本身的多孔结构特性,再加以化学改性,以增强其吸附能力;②将稻壳燃烧成灰后,其颗粒结构为整齐排列的蜂窝状,这种蜂窝状结构的骨架主要由 SiO_2 和少量钠盐、钾盐组成,在骨架中间的蜂窝内充填着无定形碳。

稻壳制备一次性全降解环保餐具是用经过精细粉碎过筛达到一定粒度的稻壳粉作为原材料,添加适当比例的无毒可食用的胶合剂与水混合搅拌均匀,经过轧片、切料、模压成型，预干后经表面涂层、烘干而获得不同形状和用途的一次性餐具。产品按用途分为碗类、盘类、碟类、盒及其他几大类，各大类又由不同规格大小尺寸的产品组成。稻壳制环保餐具使用后抛置野外能完全降解融入土壤变为有机物，集中粉碎后可作为饲料辅料，填埋地下沤成有机肥。具有无毒、可降解、成本低、表面光洁、外形美观，生产过程无二次污染，原材料来源广泛，绿色环保等特点，是替代有毒发泡塑料餐具的最佳产品。稻壳制一次性餐具的加工可分为冷成型工艺和热成型工艺，按成型方法的不同又可分为模压成型和挤压成型两种。

稻壳所含营养物质很少，易受农药残毒污染，不宜直接作为饲料。但如果经过加工处理，使纤维软化或酵解，就可制成粗饲料。稻壳不宜喂猪，但可作为牛、羊等反刍动物的补充饲料，具有一定的经济价值。

稻壳在农业与生物应用：制作苗床，用作土壤改良剂、除草剂，生产肥料、防腐剂、杀菌剂、脱色剂、酶载体，制备分子筛，提取生物活性物质等。

稻壳还可用于水泥、混凝土、稻壳板、绝热耐火砖、保温材料，配制涂料，制防水材料，炭化稻壳块，制造木材、木塑复合材料、钢锭固化剂等建材。

（2）米糠综合利用

米糠的稳定化技术已经成为利用米糠资源制取米糠油和米糠健康食品的关键。对米糠进行稳定化处理的目的是使酶钝化失活，消灭微生物和害虫，提高米糠在储藏期间的稳定性；保存米糠中有价值的成分，主要包括蛋白质、脂质、维生素及其他营养物质。

米糠的稳定化处理主要存在以下两种机制理论：一是酶的稳定结构在高温、高压条件下被破坏，导致跟米糠酸败有关的脂肪酶和脂肪氧合酶的"失活、钝化"；二是加热处理扰乱了酶催化反应和微生物生长所需的水环境。防止米糠酸败的最有效的方法就是使脂肪酶失活。米糠中的脂肪酶有很多种，大多数为碱性蛋白质解酯酶，最适宜的pH为7.5~8，最适宜的温度是37℃，最适宜的水分是11%~15%。

米糠稳定化的方法有很多种，包括物理法、化学法、生物法和复合法。物理法包括冷藏法（-18~-16℃）、挤压法、辐射法、微波法、加热处理法（干热、湿热）等；化学法是利用酸类、碱类等来降低酶活的方法；而生物法是利用酶和微生物发酵，其中酶法是稳定米糠主要的生物方法；稳定米糠的复合法一般有Na_2SO_3挤压复合法、超声辅助酶法、干热联合红外加热法、挤压超声法等。目前比较常用的稳定化方式有热处理、微波处理、挤压处理等。

目前常用的米糠油制取主要有压榨法和浸出法。压榨法提取谷物油压榨的主要设备是螺旋压榨机，该法分为液压机压榨法和动力螺旋榨油机压榨法，它具有适应性强、工艺简单、操作方便、生产成本低等特点，但生产效率低，出油率只有8%，干饼残油率高达7%~8%。浸出法是利用有机溶剂，将米糠中的油脂浸出，出油率高达 12%，干饼残油率只有 1.5%，采用浸出法生产米糠油劳动强度低，生产效率高，有机溶剂可回收利用。

提取米糠蛋白的方法主要有碱法、酶法、物理方法、多溶剂萃取和复合法等，其中最常见的是碱法。每一种的提取方法都有各自的优缺点，据资料报道，碱法工艺成本低，但是存在 pH 高、制备的米糠蛋白容易变性且提取率低等缺点；酶法制备米糠蛋白反应条件较温和，所得蛋白营养价值高，但相对于碱法来说，其工艺成本较高。在实际应用中，应取长补短，将多种方法有机地结合起来。目前国内外都在致力于复合酶法提取米糠蛋白的研究，期望在工艺成本略有增加的同时，得到最高的蛋白提取率。物理方法提取蛋白质，提取率较低，只有在提取米糠蛋白时进行过尝试，将来可以考虑物理法与其他方法结合来提取米糠蛋白。现在也有关于酶法与碱法相结合提取米糠蛋白的报道。

（3）碎米综合利用

碎米和大米的营养成分基本相同，含量最多的是淀粉（约 75%），还有一定量的蛋白质（约 8%），少量的脂肪、纤维、维生素和多种矿物质。基于碎米的营养成分特点，可以从淀粉和蛋白质两个方面对碎米进行开发和精深加工。可采用酶制剂、发酵、葡萄糖异构等多种方法对碎米淀粉进行深加工，生产果葡糖浆、麦芽糖浆、山梨醇、麦芽糖醇、葡萄糖（固体葡萄糖和液体葡萄糖）、麦芽糊精、低聚糖、改性米淀粉、微孔淀粉、缓释淀粉、抗性淀粉、脂肪替代物、低聚异麦芽糖、聚羟基丁酸酯等产品。采用碎米可以开发的蛋白质相关产品有蛋白胨、蛋白粉、酵母培养基、蛋白饲料、浓缩蛋白、分离蛋白、改性蛋白、多肽等。此外，碎米还可用于生产增稠剂、酱油、发泡粉、啤酒、醋、化妆品、人造米或再造米、面包、饮料、可食性膜、红曲色素、大米面条、发糕、饴糖、果酱、米糕等。

2. 我国粮食加工产业标准法规现状

1）我国小麦加工产业标准法规现状

挂面标准不能满足市场需要，缺乏挂面内在质量标准研究。目前我国挂面行业执行的标准是 LS/T 3212—2014 和国家标准 GB/T 40636—2021，两者均是推荐型的标准，不具备强制执行性。例如，市场上荞麦挂面种类繁多，但是荞麦添加量是多少尚不明晰。行业标准的缺失导致了各个厂家产品质量参差不齐，特色食品资源挂面含量偏低。

小麦变性淀粉已发布 6 项相关的检测标准，但产品质量标准不完善。我国淀粉糖标准相对比较完善，包含国家标准 9 项，农业部标准 1 项，企业标准 12 项目，地方标准 1 项。小麦组织化蛋白相关企业在生产中缺少权威的食品安全和质量标准用于执行，市场健康发展需要不断完善小麦组织化蛋白的法规和标准。我国人造肉处于起步阶段，行业内还没有形成统一规范的生产制作标准与相关检验标准。

目前，国内针对小麦加工副产物综合利用的标准仅有《NY/T 3218—2018 食用小麦麸皮》《NY/T 211—2023 饲料原料小麦次粉》《DB34/T 3759—2020 小麦胚芽生产加工技术规程》《T/CHYY 003—2023 富有机硒胚芽营养食品》《T/HBFIA 0011—2020 高纤维糊粉层小麦粉》等，行业标准和国家标准缺乏，还存在标准缺失、标准不配套和体系性标准支撑不足等问题，不利于小麦加工副产物行业的规范发展。

2）我国玉米加工产业标准法规现状

产业的高质量、规范化发展离不开标准法规的支撑。我国现有玉米相关标准500个（数据来源：食品伙伴网），涉及产品质量（包括术语定义）、安全限量、生产规范、检测方法和机械配套5大类，主要集中在国家标准、农业和进出口行业标准上，其中推荐性国家标准比例最高，其次是推荐性进出口和农业行业标准；检测方法标准比例最高，其次是产品质量、生产规范和机械配套类标准，数量比例接近，安全限量标准较少。

经过多年发展，我国玉米标准已基本完成了量的积累，整体上形成了以产品质量为主要服务对象，通过内部生产规程、外部机械配套和检测方法等手段，以安全限量为监控红线，较为完整的标准主体一级框架，如图1-50所示。

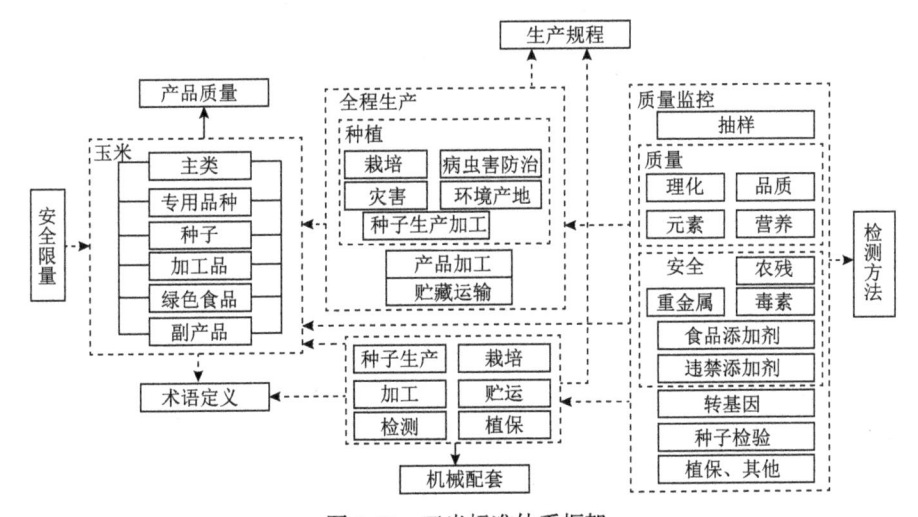

图1-50 玉米标准体系框架

产品质量标准主要以国家标准和农业行业标准为主，涉及主类、专用品种、种子等6类22种玉米产品，其中专用玉米和副产品标准数量最多；安全限量标准主要以强制性国家标准为主，针对我国玉米质量安全真菌毒素污染、重金属残留、农药残留等主要问题已制定相关标准，基本满足了玉米安全的需求；生产规范标准主要以推荐性农业行业标准和国家标准为主，主要包括生产过程（栽培、贮运、加工）、外部规范（环境、灾害、植保）、全程管理、种子生产4方面8个环节，其中栽培、贮运和植保等环节标准所占比例高；检测方法标准主要是推荐性国家和行业标准，多数与其他粮食的检验方法通用，根据玉米生产、加工和流通中的管理需求，分为12个环节，涉及化学分析、色谱、光谱等多种检测方法，其中农残、转基因和理化是主要的检测标准；机械配套标准以推荐性国家和行业标准为主，主要服务于玉米栽培、加工、贮运等5个环节。

3）我国稻米加工产业标准法规现状

（1）初加工

我国稻米品质标准的研究和制定虽起步较晚，但发展较快，经历了从无到有、不断完善的过程。1981年中国水稻研究所成立后，引进了国际水稻研究所（IR-RI）对于稻米品质的评价标准。1985年农业部在长沙召开优质稻米座谈会后，于1986年颁布《NY20-l986 优质食用稻米》标准，同年国家标准化管理委员会颁布了《GB1354—1986 大米》标准。1988年国家出台《中华人民共和国标准化法》。1999年农业部和财政部启动了"农业行业标准制修订专项计划"，我国水稻标准制定进入了快速发展阶段，先后颁布了一系列稻米标准。截至2023年6月，稻米品质标准涵盖了国家标准60项、农业行业标准25项以及2项商检行业标准。这些标准中基础标准3项，产品质量标准13项，检测技术标准70项，详情如表1-15所示。

表1-15 我国常用稻米品质标准

标准号	国家标准名称	标准号	行业标准名称
GB/T 1354—2018	大米	NY/T 593—2021	食用稻品种品质
GB/T 17891—2017	优质稻谷	NY/T 594—2013	食用粳米
GB/T 5502—2018	粮油检验 大米加工精度检验	NY/T 595—2013	食用籼米
GB/T 5503—2009	粮油检验 碎米检验法	NY/T 596—2002	香稻米
GB/T 15683—2008	大米 直链淀粉含量的测定	NY/T 832—2004	黑米
GB/T 22294—2008	粮油检验 大米胶稠度的测定	NY/T 83—2017	米质测定方法
GB/T 24535—2009	粮油检验 稻谷粒型检验方法	NY/T 3837—2021	稻米食味感官评价方法
GB/T 5492—2008	粮油检验 粮食、油料的色泽、气味、口味鉴定	NY/T 2334—2013	稻米整精米率、粒型、垩白粒率及透明度的测定 图像法
GB/T 15682—2008	粮油检验 稻谷、大米蒸煮食用品质感官评价方法	NY/T 2639—2014	稻米直链淀粉的测定 分光光度法
GB 5009.6—2016	食品中脂肪的测定	NY/T 1753—2009	水稻米粉糊化特性测定 快速黏度分析仪法

续表

标准号	国家标准名称	标准号	行业标准名称
GB 5009.5—2016	食品中蛋白质的测定	NY/T 2007—2011	谷类、豆类粗蛋白质含量的测定 杜马斯燃烧法
GB/T 5494—2019	粮油检验 粮食、油料的杂质、不完善粒检验	NY/T 11—1985	谷物籽粒粗淀粉测定法
GB/T 42173—2022	发芽糙米	NY/T 3522—2019	发芽糙米加工技术规范
GB/T 42227—2022	留胚米	NY/T 4276—2023	留胚米加工技术规范

（2）深加工

"内源营养米（留胚米）加工技术体系"包括2022年发布的《留胚米》国家标准、"大宗米制品适度加工关键技术装备研发及示范"项目所研发的"留胚米加工关键技术装备"、获授权发明专利"一种留胚米和多等级大米的联产加工的方法"等，应用该体系留胚率可达到90%以上，总体技术居国际领先水平。

"专用米加工技术体系"包括"大宗米制品适度加工关键技术装备研发及示范"项目研发的"工业米饭专用米加工关键技术装备"、2021年9月获授权的"一种低胚米加工设备"等专利，低胚米的留胚率可达到1%以下，总体技术居国际领先水平。

米粉米线、米饭、米粥、速冻汤圆等标准，多为行业标准或企业标准，各地区饮食文化差异，较难形成统一的国家标准。

（3）副产物综合利用

2020年，农业农村部制定《全国乡村产业发展规划（2020—2025年）》，强调鼓励大型农业企业和农产品加工园区推进加工副产物循环利用、全值利用、梯次利用，推进稻壳米糠、麦麸等副产物综合利用，提升增值空间。同年发布《农业农村部关于促进农产品加工环节减损增效的指导意见》，提出要引导粮油加工企业应用低碳低耗、循环高效的绿色加工技术，综合利用碎米、米糠、稻壳、麦麸等副产物，开发米粉、米线、米糠油等食品或食品配料，提高粮油综合利用效率。

稻壳综合利用相关标准，包括：《GB 1886.363—2022 食品添加剂植物活性炭（稻壳来源）》《T/AHFIA 009—2018 酿酒用稻壳质量技术规范》《DB23/T 2991—2021 稻壳废弃物综合利用 生产白炭黑用稻壳加工技术规范》《T/CCOA 13—2020 稻壳活性炭》《T/CCOA 15—2020 稻壳白炭黑》《DB23/T 2992—2021 稻壳灰废弃物综合利用生产白炭黑用稻壳灰加工技术规范》。

米糠综合利用相关标准，包括：《GB/T 19112—2003 米糠油》（含第1号修改单）；《LS/T 3320—2020 米糠粕》；《LS/T 3269—2020 油用米糠》；《DB34/T 2907.4—2017 稻谷资源综合利用技术规范第 4 部分：米糠油加工》。

严格遵循米糠相关的政策法规，包括：国家卫健委网站 1 月 19 日发布的《对十三届全国人大五次会议第 0132 号建议的答复》（以下简称《答复》），公布了国家卫健委经商农业农村部、市场监管总局、国家药监局答复全国人大代表提出的《关于促进米糠回归人类食用提升国民营养的建议》的具体内容。

目前，米糠主要用于生产饲料，作为食品原料主要用于生产米糠油。近年来，国家卫健委积极配合各有关部门不断出台政策，完善行业标准，加强质量安全监管，普及营养健康知识，积极推动食物营养健康产业发展。发展米糠产业，挖掘米糠营养价值，有利于促进粮食减损增效和国民营养健康。

2022 年发布《农业农村部关于落实党中央国务院 2022 年全面推进乡村振兴重点工作部署的实施意见》，强调要拓宽食用植物油来源，挖掘米糠油、玉米胚芽油等生产潜力。

建立米糠无害化评价体系。符合人类食用安全标准的米糠原料是米糠综合开发利用，回归人类食用的重要保障。目前我国制定实施的米糠及米糠相关产品标准主要有《GB/T 19112—2003 米糠油》《LS/T 3320—2020 米糠粕》和《LS/T 3269—2020 油用米糠》行业标准，以及米糠油地方标准、团体标准等。国家粮食和物资储备局把《食用级米糠》标准列入 2018 年第三批粮食行业标准制修订计划，组织起草《食用级米糠（征求意见稿）》行业标准，已于近期面向社会公开征求意见。

加强米糠制品安全监管。一是严守米糠原料品质关。米糠加工环节即大米生产环节，关键控制节点包括稻谷清理、砻谷、碾米等。生产过程应符合 GB/T 26630《大米加工企业良好操作技术规范》等操作规程，稻谷原料品质应符合 GB1350《稻谷》等产品质量标准，用于米糠油生产的成品米糠应符合 LS/T 3269《油用米糠》等标准规定。二是严格落实"四个最严"要求。将米糠油列入《食品生产许可分类目录》。要求生产企业不得采购或者使用不符合食品安全标准要求的食品原料，按照企业及产品风险划分风险等级实施管理，建立健全食品安全追溯体系，确保质量安全顺向可追溯、逆向可溯源、风险可管控。三是严把畜禽饲料质量安全关。国家出台并多次修订了《饲料和饲料添加剂管理条例》，农业农村部制定了《饲料原料米糠粕》（NY/T 124—2019）、《饲料原料米糠饼》（NY/T 123—2019）等农业行业标准，规定了米糠粕和米糠饼的感官与理化指标、质量分级、标签标识、包装运输等内容，作为饲用米糠质量安全监管的依据。近年来，农业农村部联合有关部门持续开展农资打假专项治理行动，严打制售假劣农资违法行为，饲料和饲料添加剂等农资质量持续稳定在较高水平。

加大米糠利用推广宣传。多年来，国家卫健委以全民营养周、"5·20"中国学生营养日等为契机，推动科普宣教活动"进社区、进家庭、进学校、进商超、进乡村"，开展包括对合理膳食、全谷物的营养价值等知识普及，提升居民营养健康素养。《中国居民膳食指南（2022）》提出"食物多样、谷类为主"的平衡膳食模式，建议每天摄入谷类食物200~300g，其中包含全谷物和杂豆类50~150g。

将无害化米糠（即食米糠或食用米糠）列入"药食两用名单"和（《中华人民共和国药典》（以下简称《药典》）。《药典》（2020版）编制大纲中明确提出坚持"临床常用、疗效确切、使用安全、工艺成熟、质量可控"的品种遴选原则。2021年国家卫健委发布了《按照传统既是食品又是中药材的物质目录管理规定》，第三条规定：食药物质是指传统作为食品，且列入《药典》的物质，同时第五条规定了纳入食药物质目录的物质条件。目前米糠未列入《药典》，按照规定不属于食药物质目录管理范围。

国家卫健委将继续与各相关部门加强协调配合，积极支持开展米糠及米糠副产品营养价值研究和有关标准修订，加强生产和初加工环节的无害化处理等技术的集成和应用，促进粮食减损和相关产业发展。继续利用全民营养周、"5·20"中国学生营养日等开展营养健康主题宣教活动，借助新媒体手段，广泛宣传合理膳食相关知识。

碎米综合利用相关标准包括：《GB/T 5503—2009 粮油检验 碎米检验法》《LS/T 3246—2017 碎米》《NY/T 212—2021 饲料原料 碎米》《T/LNSLX 016—2021 啤酒用大米、碎米》《DB34/T 2907.1—2017 稻谷资源综合利用技术规范 第1部分：碎米淀粉提取》《DB34/T 2907.2—2017 稻谷资源综合利用技术规范 第2部分：碎米蛋白提取》《DB34/T 2907.3—2017 稻谷资源综合利用技术规范 第3部分：米乳加工》。

第三节　粮食产业存在问题

一、优质专用品种缺乏

近年来，我国的小麦主导品种由过去的稳产为主逐步向高产优质多抗转变，小麦的质量有了一定的提升，但目前我国优质麦的生产仍处在转型升级阶段，虽然品质在不断提升，仍存在"强筋不强、弱筋不弱"的问题。

玉米加工产业同样存在着此类问题。种子质量直接影响玉米的产量和质量，由于种子销售是分散的，缺乏有效的监管机制，致使我国玉米种子市场鱼目混杂。以辽宁为例，辽宁省内各地区经营的玉米种子有100多种，然而种子质量参差不齐，一方面给农民提供了选择玉米种子的机会，另一方面却使农民的困惑性增加，不知如何选择适合自家土地、地区气候的优质品种。在市场不规范的条件下，种子经营者以营利为目的大多推荐利润高而不是适合农民种植的高产优质新品种，一些不法商家将私自生产的杂交品种包装成优质品种，以次充好降低价格误导农民购买。此外，辽宁省主要种植的玉米品种先玉335、郑单958、良玉88等，使用了超过10年，高于全国玉米6年的新品种研发周期，远高于美国玉米5年的新品种更换速度。

二、加工技术水平较低

小麦加工业与发达国家相比开发生产起步晚，我国的消费者非常注重面粉的色泽、口感，使用者非常注重面粉的操作使用性。近年来我国开发了低温研磨技术、物料纯化技术、重复清粉技术，新型撞击制粉技术、细料免磨技术等，以提高专用粉的质量、提高产能、增加出率、降低生产成本。但是在基础理论研究方面的研究还非常滞后，面粉的化学成分和品质的关系还没有取得实质性突破。不能针对性地解决由内源性酶、脂肪、微生物以及水分活度等因素诱导的各种代谢劣变反应，尚没有通过主要组分的构效关系和交互作用来调控面制品的品质特性。此外，由于面粉添加剂的使用越来越受限，小麦天然原粉的品质成为市场竞争的主要焦点，保持有天然风味、粒度适中、操作性良好的小麦粉加工技术是我国未来小麦加工技术研发的首要方向。小麦加工作为传统的工业，其现代化程度还有很高的提升空间，人工智能、大数据在行业的应用还属于空白阶段。专用粉的发展还有很大的空间。目前我国的小麦加工还处于初级阶段，精深加工转化率不高。如我们粮食生产大省河南省2018年小麦深加工企业总产值108.7亿元，仅占全省粮食产业总产值的5.3%。首先，我国小麦深加工产业以中小企业为主，不仅生产效率低下，经营理念较为落后，而且产品质量也得不到保障。其次，产业链不够完善，小麦深加工产业、小麦产区、小麦种植户三者之间联系较小，没有构建起一条效率较高的产业链。

与玉米深加工企业相比，我国小麦深加工企业普遍规模较小，年处理原料1万吨以上的企业不多，由于产能低，企业实力不足以支撑技术研发的高投入，限制了新技术的应用，中小型企业也难以解决资源浪费（比如能耗、水耗）、环境保护（面粉深加工的水处理问题）等难题。

我国的玉米加工也存在原料生产和加工环节衔接不够紧密的问题，专用化程度有待加强。由于我国玉米深加工产业规模庞大，不同品种的玉米有不同的加工工艺和使用品质，因而具有不同的用途。玉米品质主要包括储藏品质、加工工艺品质、卫生品质、食用品质、营养品质、作为工业原料所要求的其它品质等等，随着用途不同而有着不同的要求，也就有不同的评价指标。长期以来，玉米收储和加工端仅从容重、杂质、不完善粒等少数物理指标去评价玉米的质量。同时，我国玉米规模化种植、生产程度不高，一般将不同品种、不同品质的玉米进行混收、混用，常出现品质不稳定的情况，且粮食收购储备系统的"收"和"储"的职能单一，粮食陈化问题突出，导致了巨大浪费，对玉米加工专用产品造成困难，影响玉米加工产品附加值的提升，因此将玉米产、销、加等环节进一步深度融合显得尤为必要。

目前，我国玉米加工产业发展相对国际有一定的差距，最主要的用途还是在饲料工业方面，在深加工方面的用量占比较小，深加工产业相对比较传统，主要以玉米淀粉、淀粉糖、酒精为主。同时，我国玉米加工业布局缺乏总体的统筹规划和协调发展，缺乏产业总体发展规划和重大项目科学论证，盲目招商，盲目发展，导致玉米淀粉等传统产品生产产能的迅速扩张，存在资源浪费、低水平重复建设等问题，加工产能过剩，企业开工率偏低。

稻米的规模化生产、集约化经营水平也有待提高。截止2021年末，国内大米企业数量在12,300多家，规模以上企业的近2,950多家，小微企业数量为9,300多家，年度稻谷加工产能4.29亿吨，其中规模以上企业产能3.40亿吨以上，行业平均加工规模100吨稻谷/24小时，大型企业平均产能329吨稻谷/24小时。当前稻谷加工集团规模最大为中粮粮谷有限公司和益海嘉里稻谷日加工能力仅1.7万吨，第三位大集团企业日加工稻谷仅3000吨左右。较小的加工规模生产要素较为分散，技术、管理相对滞后，成本高、效率低，产加销各环节缺乏有效衔接，生产主体重产量，购销主体重外观轻品质，品牌效应不强，市场占有率上升不快，且不利于副产品的综合利用，不利于产业增加值的提升。

三、副产物综合利用水平低

与国外发达国家相比，在小麦加工副产物转化与利用方面的技术、规模、科技含量还相对比较低，产业化发展速度缓慢，大多停留在实验室规模，资源优势不能更好地转化为经济优势。

稻谷副产物的增值利用也处于较低水平。大米加工中副产品种类较多，副产品溢价能力对工厂有着至关重要的作用。发达国家实现了谷物深加工产业化，稻谷副产物的综合利用率普遍达到90%以上，稻谷加工业对稻谷资源的增值率为1：4。我国稻谷加工仅处于一种满足口粮大米需求的初级加工状态，稻谷资源有效利用率不足70%。稻谷加工业对稻谷资源的增值率仅为1：1.3。

稻壳是大米加工过程中数量最大的副产品。多数途径经济效益不显著，或增值不大，或是在工艺上、环境污染等方面还存在一些问题。由于稻壳体积大、密度小、不便堆放，因此通常情况下，都是将稻壳焚烧。米糠在我国年产量大，但综合利用率低于20%，由于加工过程中稻壳、灰尘、微生物等不益食物质的混入，导致米糠外观差、有异味并缺乏可食性，且由于米糠在贮藏期间的不稳定性，我国对于米糠开发程度有限，多作为饲料使用，只有少量的米糠用于榨油或进一步制备植酸钙、肌醇和谷维素等产品，造成了这一可再生资源的极大浪费。大米加工的精细度要求越来越高，从而导致碎米的产生量也越来越多。碎米价格不到普通大米价格的一半，给农民和大米加工企业带来巨大的经济损失。碎米大多被用来作为牲畜和家禽的饲料，以低值形式被利用，是粮食资源的极大浪费。

四、技术标准制订落后

应对玉米供需新形势，国家提出了具体的目标和任务，调减籽粒玉米，扩大青贮玉米，适当发展鲜食玉米，构建适应市场的品种结构，发展甜糯玉米、高赖氨酸玉米等专用加工型玉米，东北地区、西南地区将逐步调减，黄淮海地区、西北地区将扩大青贮玉米面积，华南地区冬闲田玉米种植面积有望增加，全国玉米产区也将迎来新的结构布局和产需关系，而二级、三级标准框架中仍有缺失和不足，新兴领域尚未制定新标准、更高效更准确的新方法也未及时制定。我国植保机械近几年发展迅速，但相关机械标准仍有缺失，二级框架中的植保环节缺失需完善。三级框架中产品质量和检测方法标准仍有不足。

米制品生产工艺制度和标准规范也有待进一步完善。我国现有的米制主食产品遵循的质量标准多以企业标准为主，权威性的行业标准和国家标准较少。此外，我国传统米制主食的生产工艺制度和操作规范有待形成系统理论，为规模化生产提供制度保障。例如我国的鲜湿米粉保鲜工艺、方便米饭老化控制等加工工艺需更深入研究，大力提升规模化生产的标准化和规范化。而日本大米加工工艺的发展水平较高，拥有一套完备的大米加工与流通体系，相关标准的制定也较为完善，其从水稻收割到烘干、贮藏、碾米以及煮饭的全过程，每一层都有着严格的标准把控，并且正朝着更加现代化的方向发展。此外，美国对大米的颜色建立了专门的标准规范，泰国也以精细严格的大米标准著称。

第四节 粮食产业高质量发展建议

一、选育优质专用品种

选育优质专用小麦品种，适应我国传统面制品需求。面条、水饺、馒头、包点等我国传统面制品消费量占小麦食用消费的80%以上。目前相关产业正在转型，产品原料向高端化升级发展。例如，为适应高端挂面制作需求，国内小麦加工企业普遍采用进口澳麦为原料进行生产。小麦品种选育在侧重营养品质外，也应重视规模化加工品质的需求，从而更好地适应我国面制品加工行业需求和市场上新的消费需求。

二、提升专用原料关键生产加工技术

1. 创新未来专用粉和预拌粉，提升专用小麦粉关键生产技术

满足餐饮渠道专用粉、高品质面制品和中华传统风味面制品的需求，重点解决小麦组分——加工工艺——面粉特性——食品品质之间的关系的基础理论研究，开发适合中国国情的新型专用粉如冷冻生胚面制品专用小麦粉、生鲜面条专用小麦粉、冷冻面条专用小麦粉、外卖面条专用小麦粉、拉面专用小麦粉以及特色风味发酵面制品专用小麦粉等。同时开展对相关面制品专用粉的稳定化生产和相关标准的研究，解决工业化预拌粉产品的生产技术问题。随着餐饮行业对外卖专用生鲜面、熟鲜面和冻鲜面的需求增加，未来专用小麦粉产业对科技创新的需求将集中在如何通过专用小麦粉关键生产技术的突破，来解决生鲜面保质期短、易褐变、易黏连，熟鲜面不耐泡、质构和口感劣变速度快、易坨以及冻鲜面冻藏和冻融稳定性差等共性难题。同时，随着餐饮业对冷冻生胚发酵面制品产品的需求急剧攀升，冷冻食品加工业对冷冻面制品专用小麦粉的需求也与日俱增。因此，开发出冻藏和冻融稳定性强、面筋和淀粉组分品质优良的冷冻面制品专用粉是面粉加工业的当务之急。另外，随着民生和食品工业对预拌粉的需求增长，未来专用粉领域亟需对如何有效保持专用预拌粉产品在贮藏和流通期间酵母和生物酶的活性等问题进行科技创新，同时对相关产品专用小麦粉生产技术开展产业化应用示范。将智能化、大数据、现代控制技术等现代元素引入传统的小麦加工业，结合品质研究实现电子粉师、远程控制及无人化管理，并开发智能化预拌粉生产技术，对其关键技术和加工工艺进行集成示范。

2. 实行"大玉米开发战略"，发挥区域生产优势，加速转化增值

大玉米开发战略也可以称之为大市场开发战略，即在全球经济一体化、各国贸易之间相互渗透、融合、竞争、依存的形势下，打破我国农业长期存在的条块分割、行业垄断、小而分散、封闭低效的格局，以农业部门牵头、财政部门、发改委、市场监督管理部门等多部门参与，做好全国和区域顶层设计和统筹规划，集中人力、物力和财力，发挥玉米生产之优势，不断提高玉米产量，促进玉米配合饲料工业、综合利用工业和食品加工业等相关产业的发展，不断增强国际市场的竞争力。

3. 加强科技投入和应用，促进玉米加工业规模化、产业化和现代化发展

玉米初加工产品的增值只是玉米原值的 1～3 倍，而精深加工产品的增值却能够达到几十倍甚至上百倍。为了应对日趋激烈的市场竞争，促进玉米加工业的快速发展，各个玉米加工企业就必须加强科学技术的投入和应用，抢占新技术和新产品制高点，以此来完成从传统技术向现代深加工技术的转变，使传统落后的工

艺技术和产品向现代化的科技和新兴科技产品迈进。

4. 培育龙头企业，提升稻米加工业集聚能力

鼓励稻米加工企业申报各级各类农业产业化龙头企业，推动企业逐步向规模化、集团化方向转型发展，整合涉企要素资源，健全稻米加工龙头企业上下游延链、补链、强链激励机制。积极引导稻米加工企业向稻米生产优势区、现代农业产业园、科技园、农民创业园聚集发展，打造引领性强的稻米产业集群。

三、加强副产物综合利用研究和开发

1. 提高小麦精深加工产品的附加值

首先，优化小麦深加工工艺流程，确保尽可能多的有效成分被提取出来，提高原料利用率；其次，将深加工产生的废弃物转化为有价值的产品或能源，实现废弃物的最大化利用；最后，加大科研力度，加强科研机构、企业、高校之间的合作，推动技术创新在全国小麦深加工产业链中的应用。例如，开发新型的小麦淀粉和蛋白加工技术，提升小麦深加工产品的专用性，孵化更多专精特新企业，提高产品的附加值和质量。

2. 加强小麦加工副产物综合利用研究和开发

基于我国现实情况，加强小麦副产物的综合利用和开发，首先应积极开发全麦或高纤维食品、小麦胚芽油、代餐食品等；其次，研发高效的小麦提胚工艺，以充分用胚芽的天然资源、增加企业的经济效益；再次，促进小麦加工副产物提取功能成分技术的工业化应用，进一步推动小麦加工副产物的深加工利用研究和健康行业的发展；最后，加紧修改、完善制定、实施与小麦副产物深加工的有关的法律、法规和国家标准、行业标准，促进行业的绿色良性的发展。

3. 提升玉米精深加工，采取综合利用措施开发高附加值产品

现代玉米加工业主要由以下部分组成：一是玉米精炼提纯，获得的产品是淀粉、甜味剂、玉米油；二是玉米干磨粉，获得的产品都是玉米面和粗磨粉；三是蒸馏提炼，获得的产品是饮料和酒精。单独生产玉米某一加工产品，不但经济上不合算，技术上也不可行，建议发展玉米产业化综合加工利用技术和工艺，即同时生产玉米淀粉、变性淀粉、玉米糖、玉米油等深加工产品。

四、健全产品标准体系

1. 推进小麦加工产业装备转型升级，完善小麦及其制品品质评价标准及评价体系

将智能化、大数据、现代控制技术等现代元素引入传统的小麦加工业，结合品质研究实现电子粉师和远程控制及无人化管理；开发智能化预拌粉生产技术，对其关键技术和加工工艺进行集成示范，建立小麦品质评价的标准方法和评价体系；建立主食面制品如挂面、冷冻面团等产品的生产控制、质量管理、内控标准。

2. 化繁为简整合玉米加工全产业链条，完善现有标准体系

进行玉米全产业链条整合，遴选一个团队牵头，联合相关部门、企业、行业协会，采取批量打包的方式，制修订相关标准，有针对性的解决差异问题，形成统一的标准要求。此外，标准的制修订是一个动态管理的过程，不可能一蹴而就，建议本着化繁为简的原则，对同一类型产品、检测方法、技术规程等细分不合理的标准，进行批量修订合并；内容有缺失的尽量修订补充完善，避免制定内容重复的标准；削减已有或需制定检测方法的产品标准附录方法，将标准修订、新标准制定同步完成，避免问题遗留，简化体系三级框架，改善分散、细分问题。

3. 全面提升稻米加工智造水平，健全标准体系

围绕加工副产物和主食大米的营养升级，以解决过度加工和营养损失、节能降耗、提升大米出品率，提升米糠、碎米等副产物品质等共性关键技术为需求点，在"大食物观"的指引下，完善副产物综合利用和主食大米营养升级技术，推广低温升、柔性加工装备，升级全脂米糠在线稳态化技术，创新稻米加工副产物精细分离技术，全面提升稻谷加工智能化研究和研发设计水平。完善稻米加工技术标准体系，建立全程质量安全可追溯信息体系，构建稻米适度加工在线品质控制体系，探索稻米粉食加工体系，构建特种稻米的加工技术与标准体系，建立我国稻米应急保障供应产品及其技术体系，健全标准体系和环保、节能保障体系，完善科普教育配套体系。

参 考 文 献

[1] 2023年中央一号文件. http://www.lswz.gov.cn/html/xinwen/2023-02/13/content_273655.shtml
[2] 国家统计局. http://www.stats.gov.cn/
[3] 赵仁勇. 2022年度河南省玉米产业技术发展报告
[4] 中国淀粉工业协会, 艾格农业, 光大期货. 2022年中国玉米市场和淀粉行业年度分析及预测报告
[5] 2022年国家现代玉米产业技术体系年度产业发展报告
[6] 路子显. 近六十年我国玉米产业发展, 贸易变化与未来展望. 黑龙江粮食, 2021, (9): 6
[7] 曾洁, 马汉军. 玉米加工品质及改良技术. 北京: 科学出版社, 2014
[8] 韩亚东. 玉米深加工技术. 吉林农业, 2010, (8): 1
[9] 卢晓黎, 陈德长. 玉米营养与加工技术. 北京: 化学工业出版社, 2015
[10] 张振何. 玉米种子生产加工技术探究. 南方农业, 2021, 15(21): 2

[11] 徐广超, 尚艳娥. 国内外粮食标准体系的对比分析. 中国粮油学报, 2020, 35(12): 6
[12] 孙丽娟, 胡贤巧, 董琳, 等. 我国玉米标准体系建设现状及优化对策研究. 农产品质量与安全, 2017, (6): 6
[13] 翟晓娜, 谢奇珍, 师建芳, 等. 我国玉米产业链标准现状及发展需求研究. 河南工业大学学报, 2020, 41(4): 8
[14] 王正友, 尚艳娥. 亚太地区玉米质量标准对比分析. 食品科学技术学报, 2020, 38(3): 8
[15] 孙丽娟, 赵志宏, 贺娟, 等. 我国鲜食玉米相关标准问题分析及对策. 作物杂志, 2019, (2): 5
[16] 马庆庆. 河南省玉米产业竞争力提升研究. 福州: 福建师范大学, 2019
[17] 李美萱. 黑龙江玉米深加工产业存在的问题及对策. 福建质量管理, 2019, (6): 21
[18] 关丽丽. 辽宁省玉米产业发展对策的研究. 沈阳: 沈阳农业大学, 2018

第二章 油脂产业

第一节 研究背景

近年来，世界变革加速演进，我国发展进入战略机遇和风险挑战并存、不确定性因素增多的时期，各个国家或地区为保障粮食安全开始逐步限制粮油原料及制品的出口。我国是油料油脂的生产、加工、消费和贸易大国。截至2020年，我国已具备约1.73亿吨/年的植物油料处理能力和6800万吨/年的植物油精炼能力，实现工业总产值近6000亿元，食用植物油加工产业已成为保障我国粮食安全和国民营养健康的重要民生产业，牢牢抓稳"油瓶子"是粮食安全体系的重要组成部分。

我国食用植物油消费量3714万吨，其中55.8%为大豆油，而国产大豆长期产不足需，导致我国大豆油自给率仅为5.9%。河南省是油料生产大省，花生及芝麻产量居全国首位。据不完全统计，河南省现有食用植物油加工企业约80家，年处理油料能力达821万吨，实现工业总产值193亿元。相比油料生产，河南省在食用植物油加工领域已存在短板，需在政策、产业规划和技术等方面重点推动油脂加工产业发展，为国家粮食安全和全面建成小康社会贡献河南力量。

鉴于上述背景，食用植物油加工行业遵照国家领导人有关国家粮食安全的一系列指示精神和中央经济工作会议精神，积极转变传统观念，树立"大食物观"，坚持多油并举，强化油料资源发掘和综合利用，践行"健康中国2030"战略，支撑"双碳"发展战略，努力确保粮油安全更稳固、产品营养更全面、生产制造更低碳，不断满足人民日益增长的美好生活的迫切需要。河南省积极谋划从"国人粮仓"到"国人厨房"的产业转变和升级，在2008～2010年实施食用植物油生产倍增计划，经过多年发展，河南省的食用植物油加工能力取得长足进步，但仍需持续做好产业的统筹规划和支持。2023年中央一号文件《中共中央 国务院关于做好2023年全面推进乡村振兴重点工作的意见》要求，加力扩种大豆油料、大力推动油菜籽生产，深入推进大豆和油料产能提升工程，重视粮食行业数字经济建设，这为全国食用植物油加工产业在新时期的布局和发展带来重大机遇。对此，食用植物油加工产业要持续关注油料油脂适度加工及资源综合利用,强化藏粮于地、藏粮于技的物质基础,谋划和布局产业重点发展方向,强化科技创新和制度创新,因应施策,形成油料生产与精深加工联动发展优势,大力推动河南省食用植物油加工产业的发展,保障粮食安全和产业高质量发展。

本文对国内外食用植物油加工产业的整体情况和发展趋势进行了详细阐述和深入分析。详细研究了大豆、花生、菜籽等大宗油料,油茶籽、棕榈、橄榄、椰子等木本油料,以及米糠、玉米胚芽等特色油料的生产、贸易、消费现状,加工产业关键原配料制造、加工技术现状、加工产业装备、标准法规现状等;深入剖析了国内外食用植物油加工产业存在的主要问题,指出了我国食用植物油加工产业的发展方向,对食用植物油加工产业的发展前景和趋势做出审慎判断,提出了食用植物油加工产业的高质量发展建议,为新时期食用植物油加工产业的高质量发展提供决策参考依据。

第二节　食用植物油产业现状与发展趋势

一、全球食用植物油现状与发展趋势

（一）全球食用植物油加工原料生产、贸易、消费现状

全球油料品种主要包括大豆、菜籽、葵花籽、花生、棉籽、椰子、棕榈等,在产量方面,大豆独占鳌头,菜籽处于第二位。全球食用植物油品种主要包括豆油、菜籽油、橄榄油、葵花籽油、棉籽油、棕榈油、玉米油等,而棕榈油在产量方面位居全球第一。

1. 大豆

2020年世界大豆种植面积为1.27亿公顷,产量达3.53亿吨,占全球油料产量的60%。种植面积排名前五的国家（表2-1）分别是:巴西、美国、阿根廷、

表2-1　2020年五大主产国大豆产业基本情况

国家	种植面积（亿公顷）	占世界总种植面积（%）	产量（亿吨）	占世界总产量（%）
巴西	0.37	29.1	1.22	34.6
美国	0.33	26.0	1.13	32.0
阿根廷	0.17	13.4	0.49	13.9
印度	0.12	9.4	0.11	3.1
中国	0.10	7.9	0.20	5.7

印度和中国，大豆种植面积占世界大豆总种植面积的 85.8%。大豆生产区域集中度较高，其中，南美洲是大豆的主要生产地，大豆产量世界第一的巴西和第三的阿根廷两个国家的生产量占全球大豆总产量的 48.5%。

据统计，2020 年全球大豆油的压榨量约为 32240.8 万吨，2021 年增加至 32775.2 万吨。从全球大豆油的市场区域分布来看，在 2020—2021 年度，中国大豆油年产量 1700 万～1800 万吨，产量占比最高，约占全球总产量的 28.16%；其次是美国和巴西的产量分别占 18.51% 和 15.96%，位列第二和第三。

"四大粮商"掌控世界大豆资源。"四大粮商"中，美国独占 3 家，分别为 ADM、邦吉和嘉吉；法国有 1 家，为路易达孚。"四大粮商"掌控着巴西、美国和阿根廷的大豆资源。从全球大豆出口情况来看，2020—2021 年度，全球大豆出口量为 1.65 亿吨。其中，巴西大豆出口量为 8165.0 万吨，占比 49.56%；其次为美国，大豆出口量为 6165.5 万吨，占比 37.42%；第三为巴拉圭，出口量为 660.0 万吨，占比 4.01%。全球大豆油贸易量也不断上升。2020 年全球大豆油进口数量为 1117.7 万吨，同比下降 0.5%；全球大豆油出口数量为 1200.2 万吨，同比增长 0.4%。

USDA 数据显示，2021 年全球大豆消费量约 3.63 亿吨，排名前五的国家或地区依次为中国（1.12 亿吨）、美国（0.61 亿吨）、巴西（0.49 亿吨）、阿根廷（0.47 亿吨）和欧盟（0.18 亿吨），其中，中国、美国、巴西合计消费占比 61.16%。2020 年全球大豆油产量为 6030.8 万吨，同比增长 4.2%；全球大豆油消费量为 5955.8 万吨，同比增长 5.1%。

2. 菜籽

2020 年，全球油菜播种面积达 3610.7 万公顷，油菜籽产量达 7179.6 万吨。加拿大、欧盟、中国、印度和澳大利亚为油菜籽主产地。2020 年，加拿大油菜籽产量占全球油菜籽产量的 26.5%，位居世界第一；欧盟地区的油菜籽产量占比 22.6%，位列世界第二。中国油菜籽年产量占比 19.5%，位列世界第三。加拿大、欧盟和中国的油菜籽产量占全球油菜籽产量的 68.6%，上述五大主产区油菜籽产量占比全球总产量的 85% 左右。

各产区菜籽主要流入压榨行业，一般在产区直接完成压榨或出口至需求国。2020 年，全球油菜籽压榨消费 7106.4 万吨，欧盟是世界菜籽油产量排名第一的地区。2020 年，中国菜籽压榨量达到 1503.61 万吨，占全球压榨总量的 22.2%，排在欧盟之后，位居第二。油菜籽不仅是食用油脂的主要来源，菜籽粕更是重要的蛋白质资源。2020 年，全球菜籽油和菜籽粕产量分别为 2848.1 万吨和 4073.9 万吨。但菜籽压榨的主要驱动仍来自于菜籽油，主要是菜籽粕对豆粕的替代性不强，且菜籽出油相比大豆偏高，对压榨产出贡献度较大。

现阶段，全球菜籽贸易整体呈现上升态势。欧盟是最大的菜籽需求地区，其次是中国和日本。2020—2021年欧盟的菜籽进口量占全球总进口量的37%；受国际关系影响，自2018年开始，中国进口菜籽量大幅缩减，而欧盟通过降低种植面积，增加进口需求，与中国形成了进口需求此消彼长的竞争关系。加拿大成为主要的菜籽出口国，占全球菜籽出口总量的60%，澳大利亚和乌克兰共占据30%的市场份额。对于菜籽油贸易，中国和美国是菜籽油的主要进口国。加拿大仍是菜籽油出口方面的主力，出口占比超过50%。

菜籽消费呈现稳步增加趋势。全球油菜籽年度消费量由2016年的7026.4万吨上升至2020年度的7355.3万吨，而菜籽油的消费量基本保持平稳。油菜籽的主要消费国为欧盟、中国和加拿大，油菜籽消费量分别占比全球消费量的30.7%、22.9%和14.4%。欧盟是全球最大的生物柴油生产地，除了食用菜籽油外，菜籽油是欧盟生物柴油行业使用的主要原料之一，其消费量也居全球首位。在中国，菜籽油是食用油消费中的第二大品种。

3. 油棕榈

棕榈油是世界第一大油脂品种，广泛用于烹饪和食品制造。2020年，棕榈油产量达到7291万吨，占全球油脂产量的35.22%。从生产情况来看，全球棕榈油生产主要集中在印度尼西亚、马来西亚等少数几个国家。印度尼西亚、马来西亚和泰国是近十年来世界上三个棕榈油产量最大的国家，其中2019年印度尼西亚的棕榈油产量达到了4685万吨，马来西亚和泰国的产量分别为2183万吨和331万吨。印度尼西亚和马来西亚棕榈油产量占比超过80%。

从全球主要贸易特征来看，中国、印度、欧盟（荷兰）是世界棕榈油进口量前三的国家和地区，中国2020—2021年度棕榈油进口量为682万吨，对棕榈油进口依赖很大。马来西亚和印度尼西亚是棕榈油出口大国。

近些年来，棕榈油的工业应用得到了快速发展。在食品工业方面，棕榈油主要是煎炸用油、制作人造奶油、起酥油、糖果专用油以及调和用油；化工应用方面主要是制作化妆品、洗涤液、润滑液等；此外，随着近年来原油价格的不断上涨，生物柴油、燃料油日益受到关注，棕榈油作为生物燃料的原材料，成为新的消费增长点。

4. 花生

2022年，全球花生种植面积为3400万公顷，总产量为5045.8万吨。亚洲、非洲、美洲三大洲花生种植面积、产量占全球99%，主产国有印度、中国、苏丹、塞内加尔、几内亚、缅甸、坦桑尼亚、尼日尔、乍得、布基纳法索、美国、印尼等20多个国家。其中印度花生种植面积550万公顷、总产量665万吨，分别居世界第一位、第二位，占全球的16.2%和13.2%；中国花生种植面积480万公顷、总产量 1830 万吨，分别居世界第二位、第一位，分别占全球的 14.1%和 36.3%（表 2-2）。

表 2-2　2022 年世界花生主产国种植面积和产量

种植面积（万公顷）				产量（万吨）			
2022 年排行	国家	2021 年	2022 年	2022 年排行	国家	2021 年	2022 年
1	印度	560	550	1	中国	1830.8	1830
2	中国	475	480	2	印度	680	665
3	苏丹	393.6	300	3	美国	288.5	261.8
4	塞内加尔	121.4	120	4	苏丹	235.5	250
5	几内亚	110	110	5	塞内加尔	167.9	170
6	缅甸	106	106.5	6	缅甸	160	165
7	坦桑尼亚	110	100	7	阿根廷	130	125
8	尼日尔	92	92	8	几内亚	133.5	120
9	乍得	80	80	9	坦桑尼亚	110	110
10	布基纳法索	60	60	10	印尼	96	95
11	美国	62.3	57.1	11	乍得	90	90
12	印尼	54.5	54	12	巴西	71.8	75
13	刚果金	50	50	13	喀麦隆	60	60
14	喀麦隆	43	43	14	尼日尔	51.9	55
15	马里	42.5	42.5	15	布基纳法索	47.7	50
16	马拉维	40	40	16	加纳	48	48
17	乌干达	40	40	17	刚果金	45	45
18	阿根廷	41	38	18	马里	36.8	42
19	莫桑比克	38	38	19	瓦鲁阿图	40	38.8
20	加纳	34	34	20	马拉维	35	35
21	赞比亚	25.9	25.3	21	乌干达	30	30
22	津巴布韦	25	22	22	科特迪瓦	21	21
23	巴西	19.5	20.5	23	埃及	20.5	20.5

据 USDA 统计，2022—2023 年全球年产花生油 639.3 万吨，其中，中国 326.4 万吨、印度 122.1 万吨、美国 12.2 万吨、阿根廷 7 万吨。

2022 年全球花生总贸易量 788.4 万吨。其中，全球花生出口 454 万吨，主要出口国家出口量为：阿根廷 90 万吨，占比 19.8%；印度 75 万吨，占比 16.5%；美国 54.4 万吨，占比 12%；苏丹 50 万吨，占比 11%；塞内加尔 47.5 万吨，占比 10.5%；中国 45 万吨，占比 9.9%。中国为世界花生第一大进口国。

2022 年，全球花生总消费量约 5100 万吨，其中压榨用 2000 万吨，榨油总量 617 万吨，占总量 40%；食品用 2000 万吨，占 40%；作种用、饲料、工业及其他用途 20%。2022 年中国、印度、美国、印尼、苏丹、缅甸 6 个国家花生油用和食用消费量分别为 1945 万吨、540 万吨、196.3 万吨、135.3 万吨、133.7 万吨、133.3 万吨，分别占全球花生总消费量的 38%、10.5%、3.8 %、2.7%、2.6%、2.6%，合计占全球花生消费总量的 60%。中国是世界花生最大消费国。

高油酸花生现已成为全球花生产业发展的新趋势、新亮点。高油酸花生在美国、中国、阿根廷、巴西、澳大利亚等国家种植。目前美国高油酸花生的种植面积约为 300 万亩，占美国花生种植面积 30%；阿根廷的高油酸花生种植面积已占该国花生种植面积的 80%以上；澳大利亚已经全面推广种植高油酸花生，实现商品化生产。

5. 葵花籽

2022 年，全球葵花籽产量约 5020 万吨，收获面积约 2780 万公顷。欧洲产量最大，为 3600 万吨；其次是亚洲，为 600 万吨；美洲为 490 万吨。全球 10 大葵花籽生产国为：俄罗斯、乌克兰、阿根廷、中国、罗马尼亚、土耳其、保加利亚、匈牙利、法国、美国。

2022 年葵花籽油的产量占全球食用油产量的 9.4%，为世界第四大油脂。2021 年全球葵花籽油产量达 1913 万吨，2022 年全球葵花籽油产量为 1905 万吨。葵花籽油的生产和消费地区相对较为分散，俄罗斯、乌克兰、哈萨克斯坦、阿根廷为主要的葵花籽油生产国，欧盟、俄罗斯、印度、乌克兰、中国等是主要的葵花籽油消费地区。2022 年乌克兰和俄罗斯两国占到全球葵花籽油总产量的 51.04%，其中乌克兰占比 20.91%，俄罗斯占比 30.13%，俄罗斯已然成为最大的葵花籽油生产国。因此，全球毛葵油贸易以乌克兰和俄罗斯为输出中心，乌克兰是最大的葵花籽毛油出口国。

6. 油橄榄

世界油橄榄的种植、橄榄油的生产主要集中在地中海沿岸的南欧、北非和西亚地区，如西班牙、意大利、希腊、叙利亚、土耳其、摩洛哥、突尼斯等。2019 年全球油橄榄种植面积为 1057.82 万公顷。世界橄榄油贸易以初榨橄榄油为主，精炼橄榄油贸易量较小。欧盟是橄榄油的主要生产、消费和出口地。2020 年，橄榄油年度产量分别占全球油脂生产总量的 1.53%。世界橄榄油平均年产量 300 万吨，欧盟平均年产量为 200 万吨，其中西班牙占欧盟产量的 66%，意大利占比 15%，希腊占比13%，葡萄牙占比5%。每年在欧盟内部消费约150万吨橄榄油，占世界产量的50%，意大利和西班牙是欧盟最大的橄榄油消费国，每年各消费约50万吨，而希腊是欧盟最大的人均消费国，每年每人消费约12 kg。欧盟每年出口约57万吨橄榄油，主要目的地是美国、巴西和日本。

目前全球橄榄油供应主要以西班牙、意大利、希腊为主，产量占全球总量的四分之三以上。西班牙榨橄榄油的工艺完善，标准也是极为严格，是极为优秀的橄榄油产地之一。作为世界橄榄油生产王国，意大利生产的橄榄油大部分都是由手工采摘橄榄制成，手工采摘的橄榄一般都不是完全成熟，所以意大利橄榄油的颜色会偏绿。希腊由于当地的橄榄油亚油酸含量非常高，是世界上公认的优质橄榄油生产国。在欧洲，特别是地中海沿岸的西班牙、希腊、意大利等国家，加工橄榄油的技术相对我国要成熟。希腊采用全机械化的破碎、混合、油水分离工艺，大大提升了橄榄油的生产效率，而且节省了人力资源，提升了成品油质量。

7. 棉籽

亚洲和美洲是全球棉花的主要产区。据统计，2021—2022年，全球棉花的总产量为2500万吨，其中亚洲占全球棉花总产量的52%，以中国、印度、巴基斯坦和乌兹别克斯坦为主，美洲占27%，以美国、巴西和阿根廷为主。棉籽作为棉花加工过程中的副产物，是一种很好的油料原料。近年来，全球棉籽的产量维持在4200万吨左右，其中亚洲占全球棉籽总产量的70%，美洲占20.4%。棉籽油是非刚性需求植物油，产量受市场需求、消费观念等各种因素影响较大。统计数据显示，2022年全球棉籽油总产量为497万吨，较2021年同比增长2.1%。其中，2022年我国棉籽油产量148.4万吨，占世界总产量的29.8%；印度棉籽油产量126.0万吨，占世界总产量的25.4%；巴西棉籽油产量67.2万吨，占世界总产量的13.5%；其他地区棉籽油产量较少。

棉籽油的全球进出口贸易相对较小。2021年，棉籽油的贸易额为1740万美元，其主要的出口国家或地区为哈萨克斯坦（492万美元）、阿塞拜疆（451万美元）、美国（214万美元）、南非（147万美元）和土耳其（115万美元），其主要进口国为吉尔吉斯斯坦（454万美元）、塔吉克斯坦（328万美元）、土耳其（166万美元）、纳米比亚（127万美元）和西班牙（104万美元）。

虽然棉籽油应用广泛，但越来越多人意识到棉籽油具有一定的健康隐患，因此需求量有下降趋势。数据显示，2019年全球棉籽油消费量达到508万吨，而2020年消费量则降到490万吨，同比减少3.5%。比较全球总产量与总消费量，可以看出全球棉籽油供需平衡。同时，关于棉籽油的质量评价，国际标准CXS 210—1999规定毛棉籽油的阿尔芬实验（Halphen test）应为阳性。

8. 芝麻

芝麻是当今世界主要油料作物之一,在亚洲、非洲、美洲等 70 多个国家广泛种植。联合国粮农组织统计,2020 年世界芝麻种植面积 1397 万公顷,总产量 680.0 万吨;2020 年芝麻种植面积位列前十位的国家依次为苏丹、印度、缅甸、坦桑尼亚、尼日利亚、南苏丹、布基纳法索、乍得、埃塞俄比亚和莫桑比克,合计种植面积占世界芝麻种植面积的 85%以上;其中非洲国家的种植面积占 69.4%。苏丹是目前芝麻种植面积最大的国家,2020 年播种面积达到 517.4 万公顷,分别占世界和非洲芝麻总面积的 37.0%和 53.4%。缅甸是世界上重要的黑芝麻生产国。

21 世纪以来,芝麻进口贸易重心一直偏向亚洲,世界芝麻进口量的约 60%流向了亚洲,而且继续保持增长态势。中国是世界最大的芝麻进口国,进口来源国主要是非洲国家。日本是世界芝麻的传统进口国。早期芝麻进口主要来自中国,后来逐渐转向非洲国家,进口来源国主要有尼日利亚、坦桑尼亚、布基纳法索、巴拉圭、危地马拉和亚洲的缅甸等国。韩国也是传统的芝麻进口国,但与日本不同的是,韩国的芝麻进口主要来自亚洲国家,其传统消费者对中国芝麻"情有独钟"。土耳其作为芝麻新兴进口国家,进口主要来自非洲和亚洲国家,其中非洲国家占主要部分。

随着芝麻国际市场需求的与日俱增,世界各主生产国都加强了优质专用、适于机械化种植的新品种选育工作。2008 年美国率先选育出了改良型抗裂蒴芝麻品种。在蒴果成熟自然干燥后,籽粒的保存率达到 85%以上,为实现芝麻联合机收割提供了品种支撑。国际市场芝麻主要分为油用和食用两类。白、黑、黄、金黄等纯色芝麻作为食用型芝麻,主要供糕点、糖果、烘焙食品用;目前世界芝麻产量约 55%用于榨油,2019 年全球芝麻油产量为 102.0 万吨。20%左右脱皮用于食品加工,芝麻的加工制品已达 2600 多种。随着芝麻深加工业的不断发展,预计未来更多的芝麻将流向中高端食品和保健品市场,芝麻的用途也将走向多元化。

9. 玉米胚芽

玉米是世界上分布最广的作物之一,从北纬 58°到南纬 42°的地区均有大量栽培。北美洲种植面积最大,亚洲、非洲和拉丁美洲次之。全世界每年玉米总产量为 10.6 亿吨左右,主要分布在美国、中国、巴西、阿根廷,其中美国和中国总产量约占全球总产的 58%以上。全球玉米出口贸易总量约 7500 万吨,并呈现逐年上升的趋势。

玉米进出口量整体呈现波动上涨趋势,2021 年玉米进口量为 17857.9 万吨,2021 年玉米出口量为 20044.3 万吨。中国已成为全球最大玉米进口国,2021 年中国玉米进口量为 2300 万吨。其次为墨西哥,墨西哥是玉米的故乡,玉米一直是墨西哥食品中的主角,以玉米为原料制成的墨西哥玉米饼是墨西哥最基本、也最有特色的食品,墨西哥的玉米进口量在 2021 年达到 1750 万吨。

出口方面,2021 年美国玉米产量、出口量全球第一,出口量为 6223.3 万吨占全球的 36%。巴西玉米出口量世界第二,出口量为 4450 万吨,巴西地处热带雨林区，热量丰富，雨水充足，能种植很多种类的农作物，品质好，该国的种植的玉米，块头饱满，晶莹剔透，在国际市场上广受好评，因此出口量比较大。阿根廷玉米出口量全球第三，出口量为390万吨。阿根廷人的主食是玉米，因此阿根廷有大量的耕地专门种植玉米，玉米口感和巴西的一样，也在国际上比较畅销。

玉米油是从玉米胚芽中提炼出的油脂。有别于大豆、花生等专门种植的油料作物。玉米胚芽是玉米深加工的副产物，随着玉米深加工事业的发展，大型玉米深加工企业的增加，玉米油的产量也会逐渐增多，并将在人民生活和社会经济的发展中发挥重要的作用。2022年世界粮农组织统计数据显示，世界前五大玉米油生产国为：（1）美国/177.42万吨，（2）中国/51.4万吨，（3）巴西/16.82万吨，（4）南非/8.48万吨，（5）日本/8.07万吨。

玉米油虽然不是食用油中的大宗产品，但它富含不饱和脂肪酸，特别是油酸和亚油酸，所以国际上把玉米油称作营养保健油。在美国约有50%的玉米油用于生产色拉油和煎炸用油；有30%～35%的玉米油用于生产人造奶油。由于玉米油生产的人造奶油质量优良，因而在美国人造奶油市场的占比可高达10%。我国玉米油消费市场也在迅速扩大。

2023年，巴西成为全球最大的玉米油出口国，占全球玉米油出口份额的36.7%，主要出口流向为美国、突尼斯、荷兰等。美国是第二大玉米油出口国，占全球玉米油出口份额的34.7%。玉米油的最大出口流向是从美国出口到沙特阿拉伯，出口额为4298万美金。此外，加拿大、土耳其、南非和波兰玉米油的出口总量占全球玉米油出口份额的25.55%（图2-1）。

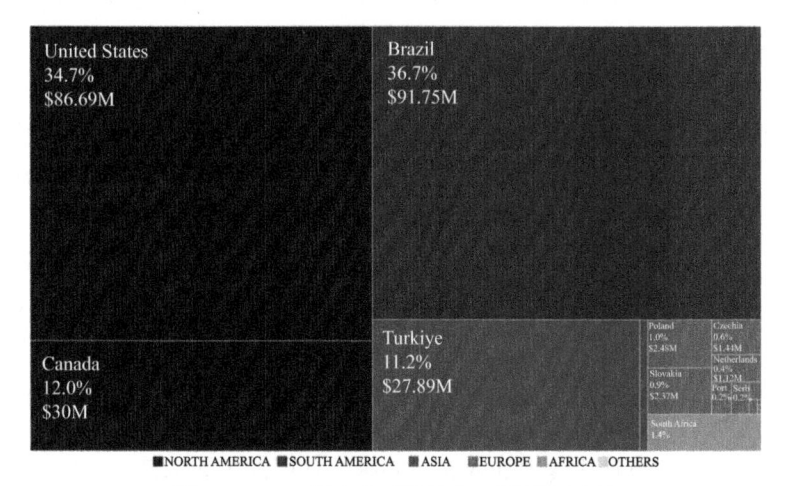

图2-1　2023年十大玉米油出口国/地区占比

10. 亚麻籽

亚麻籽是特色油料作物之一，尽管在世界食用油籽总产量中占比不足1%，但因其具有丰富的营养成分和突出的保健功能，在国际市场中仍具有相对稳定的消费市场。亚麻籽主要产出区域为美洲、欧洲和亚洲，区域结构总体稳定。2016年，俄罗斯亚麻籽产量首次超过加拿大，成为世界第一大亚麻籽产出国，产量达到67.3万吨；亚洲主产国哈萨克斯坦亚麻籽产量为56.2万吨，成为世界第三大主产国。亚麻籽加工制品多添加在饼干、蛋糕、面包等食品中。亚麻籽油不仅用于食品工业和印刷业，还用于生产润滑剂、天然化妆品、药品。欧洲始终保持世界亚麻籽进口主要地位，但进口占比显著下降；中国是亚麻籽进口第二大国，且近几年进口显著增加，在世界贸易中占比逐渐提高。

2021年，中国亚麻籽油产量最高为21.53万吨，第二位是比利时（15.26万吨），第三位是印度（6.40万吨）。在亚麻籽油的消费量方面，中国遥遥领先于世界，2021年的消费量为25.64万吨，德国位居第二（7.17万吨），比利时位列第三（7.17万吨）。

11. 椰子

全球椰子种植主要集中在亚洲，其次是非洲和美洲。主要种植国家有菲律宾、印度尼西亚、印度、斯里兰卡、泰国、墨西哥、越南和马来西亚等。数据显示，2021年收获面积约为1143.47万公顷。菲律宾的椰子收获面积最大，椰子产量最大的国家是印度尼西亚。椰子油的全球年产量有300多万吨。椰子油较大的生产国和消费国有菲律宾、印度尼西亚、斯里兰卡、巴布亚新几内亚、马来西亚。2019年全球椰子油的进出口量约为179万吨。市场上著名的椰子油品牌有椰来香、Nutiva、Melrose、拉杜蓝乔、Melrose、Boonboon、俏果、Agrilife等。

12. 米糠

米糠是碾米获得的主要副产品之一，从米糠中提取制得的食用油称为米糠油，具有温和的风味、中性的味道和丰富的营养成分。近几年，受到消费者健康意识的提高以及对营养和无脂肪食品和饮料高需求的推动，全球米糠油市场正在快速扩大。在全球范围内，大米产量的增长提高了米糠油的市场空间。

目前，亚太地区是全球最大的米糠油制造地和消费地。根据美国农业部的数据，中国、印度和印度尼西亚是2020—2021年度最大的精米生产国。因此这三个国家在米糠油生产方面处于领先地位。印度一直是全球最大的米糠油生产国之一，根据印度政府经济与统计局的数据，水稻产量从2019年的每公顷2638kg增加到2020年的每公顷2722kg，这增加了印度市场米糠油产量和消费的增长。此外，越来越多的消费者意识到饮食中加入有益心脏的食用油（如米糠油）的重要性，以及各国政府采取各种措施来满足食用油的供需，这导致全球米糠油市场的进一步增长。

由于米糠油比其他食用油具有更高的烟点，可以用于制作需要高温烹调的各类食品。2018年，印度肯德基食品连锁店表示，由于米糠油出色的煎炸性能和营养成分，计划逐步以米糠油取代棕榈油来作为连锁店食品的煎炸用油。此外，使用精制米糠油烹饪食物具有多种健康益处，如维持健康的胆固醇水平和改善心脏健康。在日本，米糠油被称为"心脏油"，因为它对心血管患者有益。专门从事日本料理的餐厅也正在转向使用米糠油，同时米糠油还用于沙拉酱和布朗尼蛋糕等其他烘焙产品的制作。

同时，由于消费者健康意识的提高以及欧洲对植物油需求的不断增长，欧洲对米糠油的需求也不断增加。作为米糠油的新兴市场之一，欧洲是泰国、印度和中国米糠油的主要进口地区之一。

13. 油茶籽

茶籽油是一种甜美的草本香味食用油，是从油茶植物的种子中提取制成。市售茶籽油包括特级初榨油、纯油和果渣油。茶籽油目前主要用于食品和化妆品工业，具有降低胆固醇和血压，改善头发质量，促进伤口愈合，降低癌症风险等药用益处。茶籽油具有橄榄油的外观，富含维生素E，可用于各种烹饪应用，如沙拉酱、蘸酱和酱汁。由于丰富的口感和营养价值，茶籽油可作为橄榄油的替代佳品，尤其适合寻求不同口味食用油的消费者。

亚太地区是最大的茶籽油生产地，中国南部和东南亚生产了全球大部分的茶籽油。目前，全球茶油第一大技术来源国为中国，中国茶油专利申请量占全球茶油专利总申请量的94.96%，专利技术优势非常明显。其次是韩国和日本，分别占比为2.7%和1.58%。

（二）全球食用植物油加工产业关键原配料制造、加工技术现状

1. 大豆

大豆作为食用油脂制取的大宗油料作物，目前主要采用浸出制油并经精炼后得到成品大豆油。浸出法制油是应用固-液萃取的原理，选用某种能够溶解油脂的有机溶剂，经过对油料的喷淋和浸泡，使油料中的油脂被萃取出来的一种现代油脂提取方法，也是油脂提取率最高的一种方法。浸出法制油相比其他方法的优点在于以下几个方面：一是出油率高，浸出法提油后粕残油在1%以下，对合理利用油料资源有着现实意义；二是提取油后的油料粕含蛋白质较高，可作为家畜及动物饲料生产的原料；三是加工费用低，由于采用非机械的方法，随着生产规模的增大，其加工成本降得更低；四是很容易实现温度、压力、液位、真空、流量、料位的自动控制；五是生产环境好，封闭生产，低温，无泄漏、无粉尘；六是产生的毛油质量好，采用有机溶剂，它具有溶解选择性，可对油脂的杂质有效控制。

浸出法取油工艺设备均较成熟，生产规模也较大，大豆处理量可达 3000~6000 吨/日，国际上最高可达 8000~10000 吨/日。

主要工艺过程可分为预处理、浸出、精炼三个环节，主要工艺流程为：清理→调质→破碎→轧坯→膨化→浸出→精炼（脱胶、脱酸、脱色、脱臭）。

1）大豆预处理工艺

来自原料立筒仓的大豆输送进入预处理车间经计量后，再输送进入磁选器、振动筛、去石机等清理设备去除金属、豆秆、豆荚、石子、粉尘等杂质。随后依次输送至调质塔进行软化调质，输送至破碎机破碎到 4~6 瓣，流经仁皮分离器脱皮，输送至轧坯机轧成 0.3~0.4 mm 的薄坯片，输送至膨化机进行挤压膨化处理，流入逆流干燥冷却器干燥冷却，最后形成合格的大豆膨化料坯输送进入浸出车间。

2）大豆浸出工艺

来自预处理车间的大豆膨化料坯，输送进入浸出车间的浸出器中，与食品级溶剂充分逆流接触取油。浸出后含有油和溶剂的混合油经过滤器去除悬浮在混合油中粕末等杂质，通过两次蒸发器蒸发、一次汽提塔汽提后，除去混合油中的溶剂，得到汽提毛油，蒸发汽提采用全负压工艺。浸出后含有溶剂的湿粕依次输送进入蒸脱机脱除溶剂、豆粕干燥冷却器调水调温、粉碎机粉碎。最后与粉碎后的细豆皮按比例掺兑并充分混合后得到不同等级的成品豆粕。从混合油、湿粕等中蒸发出来的溶剂通过冷凝器回收后循环使用，未冷凝的气体经过石蜡回收系统进行尾气回收。

3）大豆毛油精炼工艺

来自浸出车间的毛油经过脱胶、脱酸、脱色、脱臭等工艺步骤，同时添加食品级磷酸、液碱、白土等工艺辅料，经过离心分离、吸附脱色、过滤分离、高温高真空蒸馏脱臭等工艺操作除去油中的杂质及影响油脂色泽、稳定性和风味的成分，提高油品质量、风味和储藏稳定性。

2. 菜籽

油菜籽制油普遍采用"预榨-浸出"工艺，主要包括预榨、浸出、精炼三工段。油菜籽制油的预榨工段大致分清选、软化、轧坯、蒸炒、压榨制油、毛油过滤几个工序。浸出工段是以菜籽预榨饼为原料，其工艺过程与大豆浸出工艺区别不大，主要是处理量的不同会造成浸出器等关键设备的类型有差别。浸出法制油时，国产菜籽处理量一般为 500~600 吨/日，进口菜籽处理量可达 1500 吨/日。压榨菜籽毛油主要通过沉降和过滤的方式进行精炼，浸出菜籽毛油精炼与大豆油精炼工艺相近。油菜籽预榨工艺的主要工序如下：

1）菜籽清选

在油料中包含的杂质可以分成有机、无机和含油杂质三大类。大部分的杂质自身不含油，但是在生产加工中可能会吸附一定的油脂在饼粕中。油料中含有泥土、小石子、种皮、铁块等杂质会使油脂色泽变，产生异味，也会磨损设备。所以，需要对油料进行清理除杂，这样可减少油脂损耗，提高出油率，保护设备等。清选的工序包括风选、磁选、筛选及比重去石等。

2）软化及轧坯

通过调节物料水分的含量和温度，来提高油菜籽的塑性，使其具有进入轧坯工序的最佳物性，减少出现黏辊的现象，保证坯片具有好的质量。软化也能够降低轧坯操作时物料对轧辊的损耗和对机器的撞击，有利于轧坯的平稳进行。软化后的菜籽具有良好的弹塑性，满足轧坯的工艺标准。在轧坯机机械外力的作用下破坏油菜籽的组织结构，使油料由长粒形状变成扁平片状，增大油料的表面积，使溶剂浸出时，料坯与溶剂的接触表面增大，提高浸出的速度和质量。

3）蒸炒

菜籽生坯经过蒸坯和炒坯工序成为适于压榨的具有一定可塑性和弹性的熟坯。其主要作用是在轧坯破坏油料组织细胞的基础上，通过使油菜籽物料颗粒吸水并且加热，使油料组织细胞破裂，进一步地破坏物料的细胞组织结构；破坏油料细胞的蛋白质结构，使蛋白质发生变性，聚集为胶体，使油料细胞中分散的油滴聚集流淌出来。

4）压榨制油

在预榨机机械外力的作用下将油脂从物料中挤压出来，压榨取油的效果取决于许多因素，如物料结构和压榨条件等。物料结构的影响是在要求残油率较低的情况下物料需要保持较低的合理水分以及较高的温度，但不能超过130℃。压榨条件的影响主要考虑物料自身结构以及压榨时段的条件，如压力、时长、温度、料坯的厚度等，可选用螺旋榨油机。

5）毛油过滤

压榨菜籽油主要用过物理方法进行油脂的精炼，尤其是浓香菜籽油，一般采用沉降和过滤这两种方法。在生产中，毛油中杂质的分离操作分为油-渣分离和悬浮物分离（细分离）。所以，毛油在经过澄油箱的粗分离过后，还需要进行第二步对毛油中悬浮物杂质进行分离，毛油悬浮杂质含量需要控制在0.1%以下。如果仅利用澄油箱进行重力沉降操作，大概可以让分离后的毛油含杂量由11%~15%降至1%左右，但是采用重力沉降和过滤机混合的方法，可以使毛油的含杂量下降至0.15%~0.3%。该工序可选用设备有澄油箱、立式叶片过滤机、膜过滤器等。

除了预榨-浸出制油工艺外，国际上对压榨法制菜籽油也有冷榨和热榨的区别。热榨出油率高，但粕变性严重；冷榨出油率低，但粕质量好。例如，Bunge

等跨国粮食集团采用冷轧技术进行菜籽油的生产。此外，也在开展水酶法制取菜籽油技术研究及推广。

3. 油棕榈

棕榈油是从棕榈果中压榨出来的油脂，油棕树原产于非洲，为四季开花结果的多年生植物，常年可收获，一般种植后 2~3 年可开始收获，结果周期长达二三十年。油棕是目前世界产油效率最高的植物，每公顷可生产约 5 吨油脂，单产是花生 6 倍，是大豆 10 倍左右。

棕榈果采摘之后，经过分级、刹酵、脱粒、捣碎、压榨、澄油等工序可以达到棕榈毛油。榨饼经过纤维分离，去石除杂、核破碎、仁壳分离可以到果仁，果仁用于制取棕榈仁油。分级主要是去除不合格的原料果，包括生果、空果束、烂果等。刹酵主要是为了灭活棕榈果粒中的解脂酶，这种酶会促使棕榈油水解，导致酸值升高。刹酵还具有辅助脱粒、便于榨油、降低棕榈核破碎率的功效。刹酵所用设备一般是卧式刹酵罐和立式刹酵罐。刹酵采用干蒸气，一般温度控制在<140℃，时间<100 min。脱粒又可以称为脱果，是由转动的滚筒完成此工序，主要目的是将棕榈果从果束上脱下来。捣碎工序是将棕榈果进一步破碎至适合榨油的程度。棕榈果捣碎罐是将被剥离的果粒搅拌和加热，从而使其达到一个合适压榨条件的设备。捣碎罐有一个垂直的搅拌器，它搅拌、揉搓棕榈果粒使果肉松动，同时尽可能多地打破含油细胞。榨油机是棕榈榨油工艺中最重要的设备之一，它的选用直接关系到毛油的得率和毛油前处理的难易。现在的棕榈果榨油厂使用的多为卧式双螺旋榨油机。压榨液要经过筛滤、连续澄油、清油处理及干燥、污油除砂、污油离心分离等一系列的处理过程，得到合格的棕榈毛油。

从榨油机出来的饼是一种松散的局部有结块的状态，同时含有较高的水分，在进入分离风选器之前要改善这种状态以提高纤维分离效果。常用的解决办法是使用一台破碎输送绞龙，首先这条绞龙要有足够的长度，通常不小于 20 米，同时要对绞龙的连续螺旋绞叶改造，在绞叶上间隔相同的距离割开适当大小的 U 型缺口，甚至在割口处焊接附加配件比如角钢段，这样可以达到更好的碎饼效果。最终这条绞龙可同时实现输送、打散及初步去水分的功能。纤维分离应用的是风选分离原理。分离后的棕榈核经过抛光去除粘连纤维、去石及铁杂、破碎之后成为棕榈仁和棕榈壳的混合物。仁壳混合物的分离通常依靠风选分离和比重分离两种途径。

毛棕榈油经过精炼，可以得到精炼棕榈油及棕榈色拉油。之后根据不同需求，通过分提、精炼可以得到 10℃、12℃、14℃、16℃、18℃、24℃、28℃、30℃、33℃及 44℃等不同熔点的棕榈油。其中 24℃多用作为油脂食用或作为食品添加剂，33℃一般用于人造奶油及代可可脂加工，44℃广泛应用于化工领域。我国不产棕榈油,进口依赖度达100%,进口主要来自两大主产国印度尼西亚和马来西亚。

4. 花生

目前国内外花生油加工普遍采用的是压榨法和预榨-浸出法。压榨法制油虽然产品中无溶剂残留,但饼中残油高,能耗高,且自动化程度低,噪声污染;预榨-浸出法虽然粕中残油低,但油脂中溶剂残留,毛油成分复杂,需要严格精炼,影响产品风味,环境污染、产品和生产安全问题更是该技术争议的焦点。并且,压榨法和预榨-浸出法制油过程中对原料施加高温和/或挤压处理均会对蛋白质的营养与功能特性造成破坏,导致蛋白资源的极大浪费。无论是压榨法还是预榨-浸出法,不仅无法实现同步分离油脂和蛋白,而且饼粕中蛋白的进一步提取利用需要延长工艺路线分步进行,导致工艺复杂,增加了设备投资和生产成本。因此,水酶法制油技术应运而生,可作为一种新型的绿色加工工艺同步生产健康花生油和花生蛋白产品。

5. 葵花籽

葵花籽制油主要采用预榨浸出工艺,可参见花生油加工技术部分。

6. 油橄榄

目前,国际上油橄榄加工制油,主要是压榨法和离心分离法。成熟的橄榄果实经机械采集、风选去杂、分选、清洗、热水浸泡、破碎后得到均匀的果浆,将果浆置于融合机中进行搅拌融合。融合好后的果浆,可以利用传统的压榨法或离心分离法,将油橄榄果浆中的油脂分离出来,制成橄榄油。传统的压榨制橄榄油,现多采用液压榨油机。榨油机工作时,先把融合好的油橄榄果浆中的橄榄油压榨出来,经适度过滤、除杂和精制,得到符合食用标准规定的橄榄油,压榨之后剩余的为湿油橄榄果渣。对油橄榄果渣烘干脱水,采用溶剂浸出制取油橄榄果渣油。离心分离法制橄榄油,采用三相或两相卧螺离心分离系统,将融合好的油橄榄果浆中的油脂提取出来。三相或两相卧螺离心机分离出来的橄榄粗油,需要再经分离效果更高的碟式离心机分离,将橄榄油中的微量杂质和水分分离出去,达到净化橄榄油的精制目的。

7. 棉籽

棉籽加工的一般工艺包括三个阶段,第一阶段是剥绒阶段,毛棉籽经剥绒机处理得到光棉籽和棉短绒;第二阶段是预处理阶段,光棉籽经过剥壳、软化得到棉籽壳和棉籽仁;第三阶段是浸提和分离阶段,棉仁经过溶剂提取后得到棉籽油,根据脱脂后的棉籽仁是否脱酚可得到脱酚棉籽蛋白或棉粕两种产品。产品精深加工做得好的企业,可以利用脱酚过程产生的脱酚液进一步分离提取棉籽低聚糖、醋酸棉酚等产品。

棉籽油加工工艺流程如下：

1）棉籽预处理

棉花纤维经轧棉机除去后，棉籽的外表面上仍然残留白色的棉短绒。这些在市场上被称作白棉籽或绒毛棉籽。经过干燥之后，白棉籽中含有 12.7%的棉绒，31.8%的壳和 55.5%的仁。棉籽在制油前需要除杂，要经过几道以筛分为主的清理工序。一些比棉籽轻或小的杂质能够通过风力系统或机械方式去除。较大的杂质可以筛除，含铁金属可以通过磁铁清除。

2）脱绒

毛棉籽依次进一、二、三道脱绒机进行脱绒。

3）剥壳

棉籽剥壳一般选择圆盘剥壳机或刀板剥壳机。

4）轧坯

坯片厚度取决于取油方式，压榨制油时料坯厚度一般为 0.127～0.254 mm，溶剂浸出时料坯厚度一般不少于 0.230 mm。料坯更薄的话在浸出时易破裂。

5）蒸炒

高水分蒸坯主要用于棉籽生坯的蒸炒，使料坯受热吃水均匀。利用高水分条件下加热的作用使蛋白质变性，磷脂吸水膨胀，棉酚与蛋白质结合，从而减少毛油中棉酚含量，降低棉籽饼粕毒性，提高棉籽饼粕、棉籽油质量。

6）制油

棉籽制油通常采用压榨、预榨浸出和膨化浸出法。压榨法采用螺旋压榨机，饼残油为 3%～4%，但由于压榨前蒸炒的料坯含水量较低（2.5%～3%），压榨油色泽较深。预榨浸出法首先通过预榨除去大部分的油（饼残油 8%～13%），然后用溶剂萃取预榨饼中的残油（粕残油<1%）。膨化浸出法采用高含油料生坯挤压膨化机（带排油榨笼），可以将油料的含油量降至 30%以下，然后直接进行溶剂浸出。

7）精炼

棉籽油多采用混合油精炼，棉籽混合油精炼是将一蒸得到的棉籽混合油进行脱酸和脱胶（图 2-2）。由于未经高温脱溶工序，其所含的棉酚等色素成分尚未完全固定，故容易被脱除。另外由于皂脚和混合油的比重差大，从而可以减少皂脚内的中性油，同时容易进行脱皂分离，使系统处理量增大。

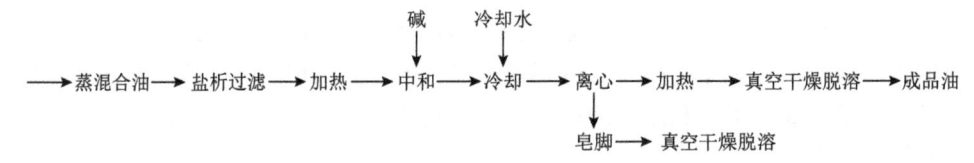

⟶蒸混合油⟶盐析过滤⟶加热⟶中和⟶冷却⟶离心⟶加热⟶真空干燥脱溶⟶成品油

（碱、冷却水加入中和、冷却）

皂脚⟶真空干燥脱溶

图 2-2 混合油精炼工艺流程图

混合油在 60~62℃、真空度 0.06 MPa 的条件下一蒸使浓度浓缩至 50%~60%，一蒸混合油在 60~62℃下进行盐析，使混合油中固体含量≤0.04%；混合油中加入碱液，用高效混合器混合进行中和，碱液质量分数为 10%~12.5%，超量碱添加量控制在混合油质量的 0.20%~0.40%，碱炼温度为 50~55℃；碱炼后混合油通过循环水控制温度在（50±2）℃，后用防爆碟片离心机分离皂脚和混合油，其中皂脚通过薄膜蒸发器脱溶后打入皂脚池；将离心后得到的混合油用袋式过滤器进行过滤；过滤后的混合油通过换热器加热到 65~70℃，在真空度 0.65 MPa 的条件下进行闪蒸；将闪蒸后的混合油进行短程蒸发，降温即得成品棉籽油。

8. 芝麻

芝麻油制取主要采用水代法，加工技术多集中在中国，详见中国油脂加工技术芝麻部分。

9. 玉米胚芽

玉米胚芽制油主要采用浸出工艺，可参见大豆油加工技术部分。

10. 亚麻籽

亚麻籽可采用冷榨法、热榨法或浸出法制取亚麻籽油，目前行业内主要推荐冷榨法。主要步骤包括亚麻籽杂质清理、脱壳、破碎、低温压榨、压榨亚麻籽毛油、粗滤、精滤、低温结晶养晶、低温过滤和冷榨亚麻籽油包装。冷榨法制取亚麻籽油可避免高温压榨中油脂、糖类物质的降解以及蛋白质的变性所带来的有害物质；同时避免了高温而导致的亚麻籽油颜色变深，出现糊味，保留了亚麻籽中几乎所有的营养成分，口感清爽不油腻，多不饱和脂肪酸含量丰富。

11. 椰子

椰子干含油 63%，新鲜椰肉含油可达 33%；椰子油取自于椰子肉，是典型的月桂酸类油脂。椰子油是日常食物中唯一由中链脂肪酸组成的油脂，中链脂肪分子比其他食物的长链脂肪分子小，易被人体消化吸收。目前，椰子油制取工艺主要分为干法和湿法压榨两种。干法加工技术是先把椰干磨碎、蒸熟，然后用旋转式榨油机、水压机、螺旋压榨机等机械榨取椰子油；湿法加工工艺则直接从鲜椰肉中提取椰子油。

12. 米糠

米糠制油主要采用浸出工艺，可参见大豆油加工技术部分。

13. 油茶籽

油茶籽制油主要采用冷榨工艺，可参见亚麻籽油加工技术部分。

（三）全球食用植物油加工产业装备、标准法规现状

1. 食用植物油加工产业装备

国际上知名的油脂加工装备生产企业有：美国皇冠钢铁工程有限公司（主要设备是环形浸出器），德国捷成-鲁奇公司（主要设备是履带框式浸出器），GEA（基伊埃）集团（主要设备是碟片式离心机和干燥设备），比利时迪斯美公司（主要设备履带式浸出器），瑞典阿法拉伐公司（主要设备是碟片式离心机和换热设备）。

美国皇冠钢铁工程有限公司成立于1878年，位于明尼苏达州的明尼阿波利斯市。1948年1月，公司着手开发溶剂浸出设备，1949年研制出第一台环形拖链式浸出器，最终发展成为一家以食用油行业为重点的工艺工程公司。公司提供油籽预处理、压榨和精炼设备和技术，并提供终身支持，公司的热脱皮系统、DTDC蒸脱机、环Ⅲ型浸出器等制油设备深受客户欢迎。2007年被CPM集团收购。

捷成-鲁奇公司主要从事植物油料的预处理和浸出、植物油脂的精炼、分提和氢化；磷脂干燥；油脂高压水解、脂肪酸分馏和精馏；脂肪醇的制取以及分馏和精馏、脂肪酸甲酯（含生物柴油）的制取以及分馏和精馏、甘油的预处理以及提纯等。

1946年，迪斯美公司成立于比利时安特卫普。简-阿尔伯特-迪斯美先生是安特卫普一家榨油厂的总裁，设计开发了世界上首台履带式连续浸出器，并销售这项发明。公司产品范围包括从油料进口到色拉油装瓶，提供油脂加工的全套设备，如：预处理、压榨、浸出精炼与改性。迪斯美公司的设备能够处理40多种原料，其中以大豆、葵花籽、油菜籽、花生、棉籽、棕榈油广受客户欢迎。迪斯美公司经验丰富、改革创新、关注环保，向客户提供一流的项目管理与技术，在世界范围内享有极高的声誉。2004年11月，迪斯美与意大利巴拉斯特决定合并营运，双方已达成协议，将协调各自在全球的商业行为，从而更合理地运用两家公司在技术与商业上的优势。巴拉斯特成立于1960年，在表面活性剂、清洁剂及相关产品领域的技术、工程、安装、设备供应方面有领先优势。巴拉斯特也与美宗尼联合营运，后者专业致力于肥皂、甘油工厂的整体设计与设备供应。迪斯美巴拉斯特集团已经在15个国家建有分公司，在另外的22个国家设有代表处，两家公司向148个国家销售了5700条生产线。两家公司合并建立的迪斯美巴拉斯特成为油脂领域的"全能方案供应商"。业务范围涵盖了油籽破碎、毛油精炼、油脂化工、表面活性剂，能在全球范围内以领先的技术向客户提供有竞争性的服务及设备。2022年被阿法拉伐集团收购。

阿法拉伐集团成立于1883年，总部位于瑞典，是传热、离心分离和流体处理领域的世界领导者，活跃于能源、海洋、食品和水领域，为100多个国家的广泛

行业提供专业知识、产品和服务。公司致力于优化流程，创造负责任的增长，推动进步，以支持客户实现其业务目标和可持续性目标。其 PX 系列碟片式离心机最大加工能力达到 1500 吨植物油/天。

德国 GEA Group（基伊埃集团）始建于 1920 年，1989 年成为上市公司。现由 GEA Group AG 控股公司掌控，总部位于德国杜塞尔多夫。现旗下的 250 家公司分布于全球 50 个国家（其中中国有 19 家分公司），已成为一个先进的全球性技术集团。GEA 离心机具有集成直接驱动，在工作中没有电机轴、齿轮、皮带、联轴器和电机轴承，其安装的部件数量较少，不仅减少了能量损失，还降低了维护成本，从而提高了机器的可用性。与同等的齿轮或平带机器相比，集成直接驱动的空间要求低三分之一，且维修时间大大缩短。

美国安德森国际公司自 1888 年发明了全世界第一台油脂榨油机。1954 年安德森的饲料挤压膨化机由榨油机发展而来，所以其特点为长螺杆机型，在加工饲料时可不加装调质器。1965 年美国安德森国际公司发明了油脂膨化机，由此膨化技术越来越受到油脂、饲料行业的重视。膨化机在这些行业的逐步推广，使得全行业从中受益。

美国 CPM 集团是全球初加工工业的设备供应商，服务领域包括塑料、橡胶、食品、动物饲料、食用油、生物燃料等。油脂油料行业的罗斯坎普钱皮恩、美国皇冠铁工厂、德国 SKET（凯姆瑞亚斯凯特）等知名设备供应商被其收购，成为 CPM 的旗下公司。

2. 国际食用植物油标准法规

在大豆油标准制定方面，国际标准和中国标准在大豆油脂肪酸组成上的规定存在差异。国际食品法典委员会（CAC）的油脂法典委员会制定的标准（CODEX STAN 210—1999，2019 年修正，以下简称 CXS 210—1999）规定大豆油亚麻酸含量为 4.5%～11.0%，而我国现行国家标准 GB/T 1535—2017 规定亚麻酸含量为 4.2%～11.0%。

在菜籽油标准制定方面，国际标准和中国标准存在差异。CXS 210—1999 中规定低芥酸菜籽油的芥酸含量不超过总脂肪酸 2%，而 GB 1536—2021 中低芥酸菜籽油的芥酸含量不超过总脂肪酸 3%。此外，CXS 210—1999 中还规定低芥酸油菜籽油的 Crismer 值应为 67～70，甾醇含量应大于甾醇总量的 5%。

国际标准 CXS 210—1999 对棕榈油及棕榈仁油的定义、必需组成成分、质量指标、食品添加剂限量、污染物限量等做了规定。棕榈油是从新鲜的油棕榈果实的果皮中提取的植物油脂；棕榈仁油是从油棕榈果仁中提取的植物油脂；棕榈液油是棕榈油经过分馏后的液态组分；棕榈硬脂是棕榈油经过分馏后的高熔点组分；超级棕榈液油是棕榈油经过特殊分馏工艺得到的碘值 60 或 60 以上的液态组分。

棕榈油的典型脂肪酸包括棕榈酸（39.3%～47.5%）、油酸（36.0%～44.0%）、亚油酸（9.0%～17.0%）、硬脂酸（3.5%～6.0%）等。棕榈仁油主要脂肪酸包括月桂酸（45.0%～55.0%）、豆蔻酸（14.0%～18.0%）、棕榈酸（6.5%～10.0%）、油酸（12.0%～19.0%）、癸酸（2.6%～5.0%）、辛酸（2.4%～6.2%）、亚油酸（1.0%～3.5%）等。CXS 210—1999 中规定未脱色的棕榈油、棕榈油酸酯、棕榈硬脂的总胡萝卜素（以 β-胡萝卜素计）范围应分别为 500～2000 mg/kg、550～2500 mg/kg 和 300～1500 mg/kg。棕榈油的瑞修色值（Reichert values，水溶性挥发脂肪酸值）范围为 4～7，棕榈油的波仑斯克值（Polenske values，水不溶性挥发脂肪酸值）范围为 8～12。棕榈液油的滑动熔点不高于 24℃，棕榈硬脂的滑动熔点不低于 44℃，超级棕榈液油的滑动熔点不高于 19.5℃。棕榈油的滑动熔点测定采用 AOCS Ce 3～25（97）。

国际标准 CXS 19—1981（2019 年修正）规定了花生油的色泽、风味、抗氧化剂、抗氧化剂增效剂等，要求其污染物和毒素含量需符合 CXS 193—1995 规范、微生物标准需符合 CXG 21—1997。

国际橄榄理事会（IOC）制定了标准（COI/T.15/NCNo 3/Rev. 16—2021.6），规定了 9 种不同橄榄油、橄榄果渣油的定义、限量、纯度和质量要求，如橄榄油中生育酚的测定（高效液相色谱法）采用 COI/T.20/Doc. No 29/Rev.1。为了对初榨橄榄油进行感官评价，IOC 制定了用于初榨橄榄油感官分析方法（COI/T.20/Doc. No 5/Rev. 2–2020）。

CXS 210—1999 规定椰子油的瑞修色值（Reichert values）范围应为 6～8.5；椰子油的波仑斯克值（Polenske values）范围应为 13～18。

二、我国食用植物油现状与发展趋势

（一）我国食用植物油加工原料生产、贸易、消费现状

随着人们消费的升级，食用植物油加工行业顺应市场变化，不断升级和优化完善，油料种类和产品也更丰富，市场规模不断扩大。食用植物油加工技术和工艺不断创新和优化，新技术的涌现提高了油脂加工的效率和效益。食用植物油加工更趋于精细化，逐渐向包装化、品牌化、高端化方向发展，在满足人们对高品质、多元化消费需求的同时，扩大了食用植物油加工行业的市场规模，提升了盈利水平。在"十四五"期间，我国会更加重视食用油的品质和营养，注重品牌建设，丰富产品种类，创新和优化食用植物油加工工艺和技术，确保食用植物油加工行业高质量发展。

1. 大豆

目前，我国食品的消费结构出现了很大的改变，食用油和肉、蛋、奶的消费

量在不断增加。大豆作为一种既能提供价格低廉的食用油又能提供豆粕的大宗油料，加工需求很大。大豆油和大豆粕的生产量位居我国油料加工的第一位。值得注意的是，国际市场上大豆的可供数量远大于油菜籽和花生等油料，而我国大豆加工原料主要依靠进口，国产大豆供给严重不足。我国大豆市场受进口冲击严重，且国内大豆种植成本高、利润低，致使国产大豆毫无竞争优势，大豆产量和种植面积逐年递减。自中美贸易战以来，国家重视国产大豆的种植和贸易。2020年，我国大豆种植面积约为990万公顷，大豆产量约为2000万吨。东北和黄淮海地区一直是我国大豆的主产地，黑龙江始终是我国大豆的主产省。近年来，大豆逐渐成为内蒙古主要粮食作物和经济来源。安徽沿淮及淮北地区列为我国高蛋白大豆优势区域，吉林省实施大豆玉米轮作计划，这些政策的实施推进了大豆种植地位的恢复。2022年，我国大豆产量为2028.5万吨，较2021年的1639.5万吨，产量增加389万吨，增长23.7%。

2021—2022年度（10月/9月，下同）我国大豆压榨量9260万吨，其中进口大豆压榨量9160万吨，占比达到98.9%；生产豆油1691万吨（不含进口豆油精炼），占国内食用植物油总产量的55.8%；生产豆粕7272万吨，占国内蛋白粕总产量的79.4%。经过20多年的快速发展与布局调整，我国已形成环渤海地区、华东沿海地区、华南沿海地区、长江流域和中西部地区的五大进口大豆加工区域布局：①环渤海大豆加工区包括辽宁省、河北省、天津市和山东省，企业主要分布于四省（市）的沿海港口和部分内陆城市。②华东沿海大豆加工区包括江苏省、上海市、浙江省和福建省，企业主要分布于四省（市）的沿海港口、沿江和内河港口城市。③华南沿海大豆加工区包括广东省、广西壮族自治区和海南省，企业主要分布于三省（区）的沿海港口和珠江三角洲。④长江流域大豆加工区包括安徽省、江西省、湖北省、湖南省和重庆市，企业主要分布于五省（市）的沿江港口城市。⑤中西部大豆加工区包括河南省、陕西省、四川省、新疆维吾尔自治区等，企业主要分布于河南的郑州、周口、南阳等城市，陕西的西安和咸阳，新疆的昌吉，四川的成都、广汉、自贡、泸州等城市。

受人口结构和数量、经济增长及城镇化率等宏观变量影响，近年来国内的豆粕、豆油需求增速放缓。大豆压榨行业是一个低毛利的行业，从2015年开始，该行业的压榨毛利处在一个相对稳定的状态，扣除压榨的费用后，基本上维持在微利的水平。此外，大豆的压榨量主要取决于豆粕的需求，受宏观经济、养殖利润和动物疫情等多因素的影响，大豆压榨量的波动幅度比较大。

我国大豆压榨产能集中化、集团化趋势明显。依据本报告的调研情况（表2-3），前五名大豆压榨集团的位次比较稳定，中粮集团有限公司位居行业第一，益海嘉里集团位居第二，另外三名分别是九三粮油工业集团有限公司、中国储备粮管理集团有限公司和山东渤海实业集团有限公司。前十大集团大豆压榨的产能占行业总产能的比例从 2012 年的 64%提升到 2021 年的 86%，行业集中度不断提高，且这个趋势还将持续。随着国内大豆压榨能力不断增加，市场竞争将更加激烈，部分规模较小或经营管理不善的企业将被淘汰或被有实力的企业兼并重组。

表 2-3　我国 TOP 15 集团企业大豆压榨主要产能情况

集团名称	企业名称	设计或加工产能（吨/日）	总产能（吨/日）
中粮集团有限公司	中粮日清（大连）有限公司	1×2000	81450
	大连中纺油脂有限公司	1×1400	
	中粮佳悦（天津）有限公司	1×4000+1×4000	
	中粮油脂（龙口）有限公司	1×1500+1×2300	
	中粮黄海粮油工业（山东）有限公司	1×4000+1×1800	
	中纺粮油（日照）有限公司	1×4000	
	中粮艾地盟粮油工业（菏泽）有限公司	1×1350	
	中粮东海粮油工业（张家港）有限公司	1×2400+1×4000+1×3300+1×1500+1×5000	
	中粮粮油工业（巢湖）有限公司	1×1450	
	漳州中纺粮油有限责任公司	1×2000	
	中粮粮油工业（九江）有限公司	1×1500+1×2500	
	中粮（东莞）粮油工业有限公司	1×3500+1×6000	
	中粮新沙粮油工业（东莞）有限公司	1×2200	
	中纺粮油（湛江）工业有限公司	1×2800+1×1400	
	中粮油脂（钦州）有限公司	1×1400+1×4000	
	钦州大洋粮油有限公司	1×2500	
	中粮粮油工业（荆州）有限公司	1×1450	
	中粮祥瑞粮油工业（荆门）有限公司	1×1050	
	中粮粮油工业（黄冈）有限公司	1×1450	
	中纺粮油（四川）有限公司	1×1200	
	中纺粮油（广元）有限公司	1×1000	
	中粮粮油工业（重庆）有限公司	1×2500	
益海嘉里集团	嘉里粮油（营口）有限公司	1×2000+1×4000	70700（在建 6000）
	益海嘉里（哈尔滨）粮油食品工业有限公司	1×600+1×1000	
	秦皇岛金海食品工业有限公司	1×1400+1×3000+1×4000	
	益海（烟台）粮油工业有限公司	1×2000+1×2000	

续表

集团名称	企业名称	设计或加工产能（吨/日）	总产能（吨/日）
益海嘉里集团	益海（泰州）粮油工业有限公司	1×2000+1×4000	70700（在建6000）
	益海（连云港）粮油工业有限公司	1×4000+1×2000	
	益海嘉里（安徽）粮油工业有限公司	1×1000	
	泉州福海粮油工业有限公司	1×4000	
	益海嘉里（南昌）粮油食品有限公司	1×3000	
	东莞市富之源饲料蛋白开发有限公司	1×5000+1×2500	
	深圳南天油粕工业有限公司	1×1200	
	大海粮油工业（防城港）有限公司	1×4000+1×4000	
	益海嘉里（武汉）粮油工业有限公司	1×1500	
	益海嘉里（岳阳）粮油工业有限公司	1×2000	
	益海（周口）粮油工业有限公司	1×900+1×1600	
	益海嘉里（兴平）食品工业有限公司	1×2000	
	益海（广汉）粮油饲料有限公司	1×2000	
	益海（重庆）食品有限公司	1×4000	
	益海嘉里昆明（在建）	1×3000	
	益海嘉里潮州（在建）	1×3000	
九三粮油工业集团有限公司	九三集团铁岭大豆科技有限公司	1×4000+1×1000	40000
	九三集团丹东大豆科技有限公司	2×3000	
	九三集团大连大豆科技有限公司	2×2500	
	九三集团长春大豆科技股份有限公司	1×4000+1×1000	
	九三集团北安大豆制品有限公司	1×1000+1×1500	
	九三集团天津大豆科技有限公司	1×2000+1×3500	
	广西惠禹粮油工业有限公司	1×5000+1×6000	
中国储备粮管理集团有限公司	中储粮油脂工业盘锦有限公司	1×5000	34000
	京粮（天津）粮油工业有限公司	1×4000	
	中储粮油脂（唐山）有限公司	1×4000	
	中储粮镇江粮油有限公司	1×3500+1×6500	
	中储粮油脂工业东莞有限公司	1×3000+1×3500	
	中储粮油脂（新郑）有限公司	1×3000	
	中储粮油脂成都有限公司	1×1500	

续表

集团名称	企业名称	设计或加工产能（吨/日）	总产能（吨/日）
山东渤海实业集团有限公司	青岛渤海科技有限公司和青岛渤海农业发展有限公司	1×6000+1×5000	30000
	山东口福粮油有限公司	1×2000	
	湛江渤海农业发展有限公司	1×5000	
	广西渤海农业发展有限公司	1×6000	
	青岛渤海董家口粮油有限公司	1×6000	
嘉吉投资（中国）有限公司	嘉吉食品（河北）有限公司	1×5000+1×5000	28700
	嘉吉粮油（日照）有限公司	1×4000	
	嘉吉粮油（南通）有限公司	1×4000+1×2000	
	东莞嘉吉粮油有限公司	1×2000+1×3000	
	嘉吉粮油（阳江）有限公司	1×3700	
三河汇福粮油集团有限公司	辽宁汇福荣兴油脂科技有限公司	1×5000	22000
	三河汇福粮油集团有限公司	1×1500+1×5500	
	江苏汇福油脂科技有限公司	1×5000+1×5000	
邦吉集团	邦基正大（天津）粮油有限公司	1×4500	18750
	邦基三维（日照）油脂有限公司	1×4000	
	邦基（南京）粮油有限公司	1×3000	
	泰兴市振华油脂有限公司	1×3500+1×3750	
和润集团有限公司	江苏中海粮油工业有限公司	1×2500+1×4000	17000
	舟山中海粮油工业有限公司	1×2000+1×3500	
	武汉中海粮油工业有限公司	1×2500	
	泸州中海粮油工业有限公司	1×2500	
路易达孚集团	路易达孚（天津）食品科技有限责任公司	1×5000	15000（在建6000）
	路易达孚（张家港）饲料蛋白有限公司	1×3000+1×4000（二期）	
	东莞路易达孚饲料蛋白有限公司	1×3000	
	南沙（在建）	1×6000	
广西北部湾国际港务集团有限公司	广西港青油脂有限公司	1×5000	11000
	防城港枫叶粮油工业有限公司	1×3000	
	自贡北部湾油脂工业有限公司	1×3000	

续表

集团名称	企业名称	设计或加工产能（吨/日）	总产能（吨/日）
东凌集团有限公司	广州植之元油脂有限公司	1×5000+1×5000	10000
香驰控股有限公司	山东香驰粮油有限公司	1×2000	8000
	龙口香驰粮油有限公司	1×5000	
	山东御馨生物科技股份有限公司	1×1000	
河南阳光实业集团	河南阳光油脂集团荥阳阳光粮油有限公司	1×2000	6800
	阳光油脂集团开封植物蛋白有限公司	1×1000	
	信阳万富油脂有限责任公司	1×1000	
	河南阳光油脂集团安阳植物蛋白有限公司	1×2000	
	阳光油脂（南阳）植物蛋白有限公司	1×800	
山东嘉冠粮油工业集团有限公司	山东省嘉冠油脂有限公司	1×3500+1×1000	4500

（表中数据为设计或者改造后的产能）

我国大豆压榨产能主要集中于沿海地区，华东和华北等地区的合计产能超过23万吨/日，占全国总产能的56%。近两年，我国大豆压榨产能持续扩张，2021年末，进口大豆压榨的合计产能达到了44.6万吨/日，2022年仍保持扩张态势，且近三年的新增产能主要集中在沿江、华北和山东地区。近几年，国产大豆压榨量波动不大。整体来看，大豆压榨产能的扩张速度明显高于压榨量的增速，这导致整体开机率下降，行业产能整体过剩。从2005年至今，大豆压榨产能一直处于明显过剩的状态，仅2009—2011年的产能平均利用率高于60%。

另外，以非转基因大豆蛋白作为主要产品，大豆油为次要产品的大豆加工厂主要分布在山东、河北及东北（包括山东企业在东北建的分厂）等。例如，山东禹王植物蛋白公司（山东禹王集团下属企业）、山东谷神生物科技集团有限公司、山东万得福生物科技有限公司、山东山松大豆蛋白有限公司、山东嘉华生物科技股份有限公司、山东冠华蛋白有限公司、秦皇岛金海食品工业有限公司、九三集团、辽宁开原市大豆蛋白有限公司及大庆日月星大豆蛋白有限公司等几十家企业，这些企业中单条大豆压榨线最小为200吨/日，最大为1400吨/日，主要采用非转基因大豆为原料，浸出的大豆低温粕用于大豆浓缩蛋白和分离蛋白等的加工原料。

据海关统计，2022年我国进口各类油料合计为9610.9万吨，较2021年的10205.1万吨，少进口594.2万吨，下降5.8%。其中进口大豆9108.1万吨，较2021年的9651.8万吨，少进口543.7万吨，下降5.6%；2022年，我国进口各类食用植物油合计为801.7万吨,较2021年的1213.7万吨少进口了412万吨,下降33.9%。其中进口大豆油34.4万吨,较2021年的112.0万吨少进口了77.6万吨,下降69.3%;另外,2022年我国还进口了豆粕5万吨,出口豆粕43万吨;

我国居民食用油脂消费结构中,植物油占据主导地位。其中,大豆油占比最高。2021—2022年度,我国食用油市场的总供给量为3714.0万吨,其中包括国产油料和进口油料合计生产的食用油产量3034.8万吨及直接进口的各类食用油合计679.2万吨;2021—2022年度,我国国内食用油的食用消费量为3425.0万吨,工业及其他消费为333.0万吨,出口量为14.7万吨,合计年度需求总量为3772.7万吨;年度食用油的消费总量为3758万吨。美国农业部统计数据显示,2021年,在我国食用植物油消费结构中,大豆油消费量最大,占比约为48.9%。

2. 菜籽

2020年,全球油菜播种面积和油菜籽产量分别达3610.7万公顷和7179.6万吨,各油菜主产地油菜籽产量占比为:加拿大26.5%、欧盟22.6%、中国19.5%。2020年菜籽油和菜籽粕产量分别为2848.1万吨和4073.9万吨。从菜籽产量看,加拿大、欧盟、中国菜籽产量位居世界前三名,共占比超过70%。2020年,加拿大菜籽产量超过1900万吨,占全球菜籽产量的27.6%,位居第一;欧盟地区的菜籽产量接近1700万吨,占比24.4%,位居第二。中国菜籽年产量超过1300万吨,位列第三位。近年来,我国重视菜籽的种植与加工。在政策扶持下,国产菜籽产量恢复性增加。国家粮油信息中心估计,2021年我国油菜种植面积为690万公顷,同比增长2%,其中,长江流域的湖北、湖南、江西和西南地区的四川、云南、贵州等主产省均不同程度增加。2021年我国菜籽产量连续第二年创历史最高纪录。2022年,中央一号文件明确指出"在长江流域开发冬闲田扩种油菜",2022年我国油菜籽产量为1553万吨,较2021年的1471.4万吨产量增加81.6万吨,增长5.5%。

我国是世界最大的菜籽油生产国、进口国和消费国。近些年,全球油菜籽的产量一直稳定在7000万吨左右;菜籽油的产量主要受压榨量和出油率的影响。压榨量主要由国内产量和进口量决定。从油菜籽压榨量占全球比例看,两个峰值数据分别为1982—1983年度的37%和2000—2001年度的35%,2000—2001年度以后呈下降趋势,到2019—2020年度我国油菜籽压榨量占全球比例为23%。我国菜籽主要用于生产浓香菜籽油,但压榨出油率较低。根据USDA数据,2016—2017年度至2020—2021年度加拿大和日本的油菜籽压榨出油率(44%)较高且明显高于世界平均水平(41%),而我国的油菜籽压榨出油率(39%)低于世界平均水平(41%)。总体而言,国产油菜籽压榨量及菜籽油生产量未显现出明显增加趋势,全球占比趋于下降,出油率也低于全球平均水平。

从菜籽贸易看，菜籽主要进口地为欧盟、中国和日本，主要出口国为加拿大、澳大利亚和乌克兰；加拿大是全球最大的菜籽出口国，年出口量占比超过60%。从全球菜籽出口情况看，2020年全球菜籽出口量为1547万吨。其中，加拿大菜籽出口量为1042.68万吨，占比67.4%。从全球菜籽进口情况看，2020年全球菜籽进口量为1544万吨。不考虑欧盟总量的情况下，中国是全球菜籽最大进口国，2020年进口量为250.13万吨，占总进口量的16.2%。2022年，我国进口油菜籽196.1万吨，较2021年的263.8万吨少进口67.7万吨，下降25.7%；进口菜籽油106.1万吨，较2021年215.4万吨少进口了109.3万吨，下降50.7%；在油料油脂进口的同时，我国每年也有一定数量的出口，2022年我国出口油料合计为102万吨，出口食用油脂合计为18万吨。菜粕出口为1万吨，进口菜籽粕221万吨。

我国菜籽油的传统消费地区集中在西南、西北和长江流域。据国家粮油信息中心数据和市场公开资料整理，按销售额划分，菜籽油的销售额占比为18%，仅次于花生油的21%。2020年，全球菜籽消费量为7355.3万吨，菜籽粕消费量达4100.8万吨；全球油菜籽压榨消费量为7106.4万吨，食用消费量为65万吨，饲用消费量为183.9万吨，占比分别为96.6%、0.9%和2.5%。欧盟、中国、加拿大消费量占比分别为30.7%、22.9%和14.4%。从菜籽油看，欧盟是世界菜油产量和消费量排名第一的地区，中国菜籽油消费位居世界第二。从全球范围看，欧盟是世界菜籽油产量和消费量排名第一的地区，菜籽油年度消费量超过900万吨，占世界菜籽油消费总量的34.2%。欧盟是全球最大的生物柴油生产地，菜籽油是欧盟生物柴油行业使用的主要原料。菜籽油是中国第二大食用油消费品种，2020年菜籽压榨量达到1503.61万吨，占全球压榨总量的22.2%，排在欧盟之后，位居第二；进口菜籽油占世界进口贸易量的31.7%，排在美国之后，位居第二。

3. 油棕榈

我国基本上不生产棕榈油，100%依赖进口。进口主要来自两大主产国印度尼西亚和马来西亚。进口量近5年一直维持在460万~680万吨，比如2020—2021年进口量为681.8万吨。

进口的棕榈油再经过分提和精炼得到最终应用的产品。棕榈油产品一般不直接面向消费终端，大多是采用工业客户的方式销售，然后再以食品配料的方式由食品进入消费者口中。比如，棕榈油分提出的较低熔点的超级棕榈液油作为调和油成分之一；棕榈油分提出的中熔点的组分作为煎炸油用于方便面、薯条、油条等食品的煎炸；棕榈油分提出的富含1,3-二棕榈酸2-油酸甘油三酯（POP）的组分可以作为糖果专用油脂；棕榈油分提出的中等熔点的组分可以作为起酥油使用；棕榈油分提出的超级棕榈硬脂作为化工产品使用。

4. 花生

花生是我国粮油资源中为数不多的在产量、消费量及贸易量等方面均占优势的植物油料之一。2018年，我国花生加工业总产值约为1500亿元，居世界之首，是印度花生总产值的5倍，美国花生总产值的6倍。我国花生加工产业大多以花生压榨制油为主，其次为花生食品加工，出口和留作种用的占比相对较小。

花生油由于其独特的风味而广受国内消费者青睐，是中国居民理想的食用油。因此，我国花生压榨制油的占比略高于食用花生的消费。近几年，随着居民消费水平的提升，花生油消费量逐年增多，进口量逐年升高，出口维持少量。花生油属于高端油脂，消费量占比8%~10%，消费偏刚性，在我国油脂消费中位列第四。

近十年来中国花生种植面积和产量呈增长趋势（图2-3）。2021年在国内油料中，花生种植面积占油料总面积1310.2万公顷的36.7%，居第二位；总产量占国内油料总量3613万吨的50.7%，居第一位。目前，中国花生种植以河南省、山东省、广东省、河北省、辽宁省、四川省、广西壮族自治区、吉林省、湖北省、安徽省为主，种植面积占比90%，产量占比93%。

图2-3 近十年中国花生种植面积、产量走势

年份	产量（万吨）	种植面积（万公顷）
2012	1579	440
2013	1611	440
2014	1590	437
2015	1596	439
2016	1636	445
2017	1709	461
2018	1733	462
2019	1752	463
2020	1799	473
2021	1831	481
2022	1830	480

据统计，2010—2021年我国花生油产量稳步上升，2018年产量增幅较大，达到了10.81%；截至2021年，我国花生油产量为307.8万吨，同比增长2.53%。

花生油脂加工企业主要分布于山东、河南、河北、湖北、广东、广西等地。其中，山东和河南两省的花生榨油产能占全国花生加工能力的70%以上。山东的压榨企业多、规模大、能力强、层级分明，比如鲁花集团、金胜集团等。益海嘉里和中粮等头部油脂供应商的花生压榨厂也基本分布在山东省。河南省的花生压榨企业多为地方区域性企业、规模偏小、产能与山东省企业相比偏弱，比如濮阳讯达、鹤壁淇花、辉县华豫等。河北压榨企业规模大，但数量少，原料收储的区域性明显，一级收购商组织当地货源、脱壳，二级收购商分级筛选、调配货源，比如邯郸明福、河北天申等。

我国主要的花生油加工集团及企业产能见表2-4。可以看出，鲁花、益海嘉里、中粮集团三大油脂集团的设计产能处于前列。鲁花集团是国内最大的花生油压榨企业，在山东莱阳、河南正阳、周口和开封、河北深州、江苏新沂、湖北襄阳、辽宁阜新和吉林扶余等地建有花生油生产基地，年压榨花生仁80~100万吨，年销售花生油30~40万吨，占国内花生油总产量的10%以上。益海嘉里是我国第二大花生油压榨企业，在青岛、兖州、石家庄、盘锦和开封等地建有花生压榨工厂，旗下知名花生油品牌有金龙鱼、胡姬花。目前，益海嘉里集团的花生油年销售量在30万吨左右，占国内花生油总产量的比重也超过10%。中粮集团花生压榨的核心工厂为费县中粮油脂工业有限公司和中粮艾地盟粮油工业有限公司，中粮集团旗下的福临门品牌是花生油品类领先品牌。综上所述，随着花生油消费的不断升温，花生压榨产能随之扩大，集中度进一步提高。鲁花、益海嘉里和中粮集团有限公司处于领先地位，这三大集团占全国花生压榨量的50%左右，其他规模企业压榨量占30%~40%，小作坊占10%~20%。

表2-4　我国花生压榨主要产能情况

集团名称	企业名称	设计产能
山东鲁花集团有限公司	莱阳鲁花浓香花生油有限公司	花生油10万吨/年
	定陶鲁花浓香花生油有限公司	花生油15万吨/年
	襄阳鲁花浓香花生油有限公司	花生油10万吨/年
	深州鲁花浓香花生油有限公司	花生油10万吨/年
	新沂鲁花浓香花生油有限公司	花生油10万吨/年
	阜新鲁花浓香花生油有限公司	花生油10万吨/年
	扶余鲁花浓香花生油有限公司	花生油9.8万吨/年
	正阳鲁花浓香花生油有限公司	花生油10万吨/年
	新乡鲁花浓香花生油有限公司	花生油10万吨/年
	周口鲁花浓香花生油有限公司	花生油10万吨/年
益海嘉里集团	嘉里粮油（青岛）有限公司	设计处理花生仁750吨/日
	益海嘉里（兖州）粮油工业有限公司	压榨加工21万吨花生米/年
	益海嘉里（石家庄）食品工业有限公司	压榨花生700吨/日；古法小榨花生油200吨/日
	益海嘉里（盘锦）粮油工业有限公司	包括500+250吨/日榨油生产线（含前处理）1条、250吨/日榨油生产线1条、200吨/日古法生产线1条、滤油生产线1条、膨化生产线1条、浸出生产线1条
	益海嘉里（茂名）粮油工业有限公司	1000吨/日的油脂精炼车间，100吨/日的古榨花生车间
	益海嘉里（开封）食品工业有限公司	花生油700吨/日
中粮集团有限公司	费县中粮油脂工业有限公司	处理花生仁660吨/日，精炼200吨/日
	中粮艾地盟粮油工业（菏泽）有限公司	榨油能力1450吨/日，油脂精炼能力400吨/日

续表

集团名称	企业名称	设计产能
龙大食品集团	山东龙大植物油有限公司	花生油12万吨/年(网络数据)
	开封龙大植物油有限公司	花生原料800吨/日(10万吨花生油/年)
山东其他花生加工企业	青岛天祥食品集团	花生油及花生制品15万吨/年
	青岛长寿食品有限公司	冷榨120吨/日
		加工花生2万吨/年
	青岛品品好粮油集团有限公司	花生油13.5万吨/年
	金胜粮油集团	1900吨/日,15条生产线
	山东兴泉油脂有限公司	花生油15万吨/年
	山东绿地食品有限公司	花生油10万吨/年
	山东玉皇粮油食品有限公司	处理原料15万吨/年
河南代表性企业	濮阳训达粮油股份有限公司	花生油30万吨/年
	河南省淇花食用油有限公司	产能10万吨/年
	新郑市香祖油脂有限公司	加工能力10万吨/年
	息县源丰油脂有限公司	压榨能力80吨/日
	河南懿丰油脂有限公司	压榨能力300吨/日
	河南三源粮油食品有限责任公司	压榨能力1200吨/日,800吨/日浸出
	河南省星河油脂有限公司	花生油10万吨/年
	河南爱厨植物油有限公司	20吨/日(冷榨)
	河南省华豫油脂有限公司	处理花生米1200吨/日,成品浓香花生油500吨/日
其他企业	广东鹰唛食品有限公司	10万吨/年

近年来,一批民营花生压榨企业也快速崛起,主要位于山东和河南两省,日压榨花生能力超过500吨的企业有青岛天祥食品集团、莒南金胜粮油、山东兴泉油脂、濮阳训达油脂、河南三源粮油等。花生油品牌效应明显,在"齐鲁粮油"公共品牌的引领和带动下,山东花生油品牌优势最为突出。除了鲁花、胡姬花、金龙鱼及福临门等几大品牌外,山东省内知名的花生油品牌包括龙大、长生、金胜、玉皇、喜燕、第一坊等。河南省花生产量位居全国首位,花生油压榨企业众多,但自有品牌相对弱势,具有强生产、弱终端的特点,以提供散装花生油和代加工业务为主。河南省内的区域知名花生油品牌有训达、淇花、星河、吉祥结、三源等。广东、广西、四川等省份的花生产量虽然也相对较高,但没有大型花生榨油企业。另外,在花生油的主产区和主销区还存在大量的小油坊。市场监督管

理部门统计数据显示，仅在广东茂名市，土榨花生油小作坊数量达1133家（2019年），年产花生油约1.8万吨。随着行业升级改造，小作坊土榨花生油产品质量整体向好，但仍存在掺兑、黄曲霉毒素B1超标等现象，成为食品安全风险监管点之一。

由于高油酸花生比普通花生的营养价值更高、稳定性更好，且高油酸花生油的油酸含量是普通花生油的近2倍，而硬脂酸和棕榈酸等饱和脂肪酸含量均有不同程度降低，更有利于人体健康，故高油酸花生的加工已成为我国花生加工产业发展的新趋势、新亮点。近年来，随着高油酸花生的营养和经济价值不断显现，我国花生加工企业开始开发利用高油酸花生，如山东鲁花集团研发出油酸含量>75%的高油酸花生油并已推广上市。一批知名企业纷纷与优质花生生产基地开展对接。其中，鲁花集团在河南省花生主产区周口市、正阳县、延津县分别建设油脂加工厂。在河南省花生压榨企业中，高油酸花生油品牌有鹤壁淇花、开封龙大等；正阳县建立了花生加工产品产业园，生产花生奶、花生食品等；河南丰盛农业开发有限公司与玛氏食品（中国）有限公司、四季宝、徐福记等合作开发出高油酸油品和食品等。

从花生油消费和各品牌市场占有率来看，虽然鲁花集团花生压榨产能高于益海嘉里，但益海嘉里集团旗下的金龙鱼品牌牢牢占据着我国花生油销售市场份额之首。以京东超市联合京东智能制造平台发布《2022年中国花生油趋势洞察行业白皮书》（以下简称《白皮书》）数据为例，消费者对品牌的信赖程度较高，花生油市场头部效应明显，《白皮书》显示，业务规模在行业中排名前5的鲁花、胡姬花、金龙鱼、福临门、家香味等品牌，占据九成以上市场份额。其中，业务规模前3名的品牌就占据了75%以上的市场份额。

从20世纪80年代起，中国花生每年出口50万~80万吨，2002年最高达到109.2万吨，和美国轮居国际贸易量前两位，出口地区主要有三块，一是出口欧盟占50%，二是出口中东、韩国、日本、东南亚，三是出口北美和澳大利亚。之后花生出口量有所降低，2019年、2020年出口量分别为50.4万吨和60万吨。出口的花生多以仁、果、烘焙花生为主，占比84.6%，副产品花生酱、花生油等占15.4%。山东省、辽宁省、河北省独特的地理位置，具有传统口岸优势和贸易渠道，是中国花生主要出口地区，占总出口量的80%。花生进口量不断刷新，从2009年以前的1万吨增加到2015年的25万吨、2019年的48.09万吨、2020年的135万吨，成为世界最大花生进口国。我国花生油进口量也逐年增多，2020年进口花生油在27万吨，主要进口地是印度、阿根廷和巴西，而出口花生油较少，基本稳定在每年1万吨左右。

2022年中国花生用途油用占比在50%以上，食用占比30%，出口占比3.4%。花生油作为中国传统植物油和健康油种，消费量呈逐年上升趋势，2020年中国花生油消费量为306.0万吨，相比2019年增长了4.44%，相比2013年增长了28.57%。花生除用于制油外，还可用于烘焙，生产一些副产物，如花生酱等。

5. 葵花籽

我国是世界葵花籽第四生产国，葵花籽产量占世界总产量的比例约为5.47%。在我国的油料作物中，葵花籽产量仅次于花生、油菜籽、大豆和棉籽，排名第五。我国向日葵的种植面积基本维持在100万公顷，种植面积变化不大，但其产量总体呈上升趋势。我国葵花籽的产量基本保持在200万～300万吨。国家粮油信息中心数据显示，我国2022年葵花籽产量为201万吨，2021年葵花籽产量为195.5万吨。根据USDA数据库，2021年中国葵花籽产量为290万吨，同比增长12.8%；我国用于榨油的葵花籽占总产量的50%～55%，葵花籽油的产量一直在70万～90万吨。据USDA数据，2021年我国葵花籽压榨量为185万吨，同比增长54.2%。

我国葵花籽的出口数量远远大于进口数量。中国海关数据显示，2020年中国葵花籽进口金额为7966万美元，同比下降73.7%；中国葵花籽出口金额为64837万美元，同比增长35%。2020年中国葵花籽出口量为50.80万吨，同比下降18.2%；中国葵花籽进口数量为18.05万吨，同比增长63.9%。2021我国葵花籽的进口量为11万吨，2022年我国葵花籽的进口量为19.6万吨。

此外，我国葵花籽油进口增长速度位于所有进口食用植物油品种之首。2020年，葵花籽油进口量占我国食用植物油进口总量的16.70%，成为我国第二大进口量的食用植物油品种。国家粮油信息中心数据显示，2022年我国进口葵花籽油60.5万吨，较2021年的128.3万吨少进口了67.8万吨，下降52.8%。我国葵花籽油的主要进口来源地是俄罗斯、乌克兰和哈萨克斯坦。

近年来，随着生活水平的不断提高和消费者对葵花籽油认可度的提高，我国葵花籽油的消费数量快速增长，年消费量在140万～220万吨。国内葵花籽油消费量的快速增长显著高于葵花籽油产量，导致产需缺口呈不断扩大的态势，因此仍需增加葵花籽油进口量来弥补。2020年全球葵花籽油产量为19420万吨，同比下降9.7%；全球葵花籽油消费量为19110万吨，同比下降2.8%。2020年中国葵花籽油消费量为219.7万吨，同比下降9.1%。

6. 油橄榄

全国油橄榄种植面积超过100万亩，年产鲜果约5万吨，年产橄榄油7000多吨。目前油橄榄的种植基地主要在甘肃、四川、云南、重庆、湖北等省市。中国四大油橄榄基地分别是：达州市开江县油橄榄主产区；陇南市武都区；长江三峡低山河谷区；金沙江干热河谷区。甘肃陇南是我国最主要的油橄榄适生区，橄榄油产量、产值均居全国第1位。

除了一些国际品牌，市场也存在着一些国内橄榄油品牌，如陇南田园油橄榄科技开发有限公司的"田园风味"、陇南市祥宇油橄榄开发有限责任公司的"祥宇"、陇南世博林油橄榄有限公司的"世博林"、陇南市丰海油橄榄科技有限公司的"丰海"、甘肃陇南市凯立鹏油橄榄有限责任公司的"凯立鹏"、甘肃恩来油橄榄科技开发有限公司的"恩来"。陇南市祥宇油橄榄开发有限责任公司建有三条原装进口橄榄油冷榨生产线，日加工橄榄鲜果560吨，2019榨季加工油橄榄鲜果18000多吨，生产特级初榨橄榄油2100多吨。甘肃省陇南田园油橄榄科技开发有限公司，进口意大利的"阿法拉伐"榨油流水线加工橄榄油能力达350多吨。

国内市场上的橄榄油和油橄榄果渣油大部分为进口产品，年进口量为5万～6万吨。国内橄榄油市场主要依赖进口，以西班牙、意大利、希腊等地中海地区国家产品为主。

7. 棉籽

棉籽油是从棉花加工厂副产物棉籽中生产出来的一种食用植物油，是我国第五大食用油脂。在我国油脂资源匮乏的20世纪，棉籽油扮演着重要的角色，是我国很多人的日常用油。我国的棉籽油加工与棉区分布高度重合，主要分布在新疆、长江中下游和黄河中下游，占全国产量的99%以上，其中新疆棉花播种面积占全国棉花播种面积的80%以上。近年来，随着国家对棉花产业的支持，种植规模逐步扩大，棉籽油加工产业也取得长足的进步。

棉花作为大宗农产品，是我国国民经济的重要战略物资，在农业经济中占据着非常重要的地位。2020年中共中央、国务院出台《关于抓好"三农"领域重点工作确保如期实现全面小康的意见》、2022年出台《关于做好2022年全面推进乡村振兴重点工作的意见》以及2023年"中央一号文件"相继明确指出进一步完善棉花政策，改善棉田基础设施条件，推进棉花机械化，严格落实棉花农产品生产，引导中国棉花产业从高产向优质发展。截至2022年，全国棉花播种面积300万公顷，全国棉花总产量597.7万吨，比2021年增加24.6万吨，同比增长4.3%，其中新疆占比90.19%，占全球总产量的30%。2022年，中国棉籽产量为1075.8万吨，与2021年的1031.5万吨相比产量增加44.3万吨，增长4.3%。2022年中国棉籽油产量在140万吨左右，市场规模达86.63亿元，占全球市场的49.21%。

国内棉籽油生产企业数量较多，其中规模较大的企业包括晨光生物科技集团、新疆泰昆集团有限责任公司、山东亿家福粮油有限公司、山东巧妻食品科技有限公司、新疆中聚粮油有限公司等。棉籽油是棉花的深加工产品，棉籽油生产企业多分布在棉花种植地区，包括新疆、河北、山东等地。

新疆作为我国棉花的主产区，分布着如晨光生物科技集团、新疆泰昆集团有限责任公司等龙头企业。晨光生物科技集团在新疆喀什、克拉玛依、图木舒克及河北邯郸设有棉籽加工生产基地，棉籽油加工能力为2万吨/年，产品包括三级棉籽油和精炼棉籽油，拥有"丝路晨光"品牌棉籽油，主要销往河北、山东、河南、山西等传统棉籽油消费地区（由晨光生物科技集团提供数据）。新疆泰昆集团在新疆昌吉、奎屯、巩留、巴楚、麦盖提、阿拉尔建设有六个棉籽加工基地，棉籽加工能力为100万吨/年，主要采取压榨的加工方式生产三级棉籽油，供给亿家福、益海嘉里等油脂精炼企业进行进一步加工。

新疆新粮油脂有限责任公司年加工棉籽能力为5.5万吨。新疆中聚粮油有限公司年产2万吨精炼油（目前为1万吨），生产中小包装"中聚"棉籽油食用棉籽油产品。山东亿家福粮油有限公司以新疆棉籽压榨毛油为原料，建设有100吨/日精炼及小包装生产线，生产有"亿家福"精炼一级棉籽油产品。山东巧妻食品科技有限公司棉籽加工为15万吨/年，建有500吨/日棉籽预处理浸出精炼生产线，拥有"巧妻"食用调和油、脱脂棉籽油和分提棉清油等产品。新银北植物蛋白油脂有限公司作为山东夏津县棉籽加工龙头企业之一，棉籽加工能力为20万吨/年，拥有"银北香"棉油品牌。

中小规模的企业主要有：山西忠民集团有限公司浸出法棉籽油产能为2500吨/日，生产有"忠民"牌棉籽油。商河县昌源油脂有限公司加工生产棉籽油能力为5000吨/年，采用预榨浸出法制取棉籽油，生产有"鲁珍"牌小包装棉籽油。棉籽油加工企业还有河北鼎康粮油有限公司、湖北省粮油（集团）有限责任公司、安徽含山县油脂有限公司、尉犁同丰油脂工贸有限责任公司、泰州市益众油脂有限责任公司、山东惠民明达油棉有限公司、新疆海奥油脂科技发展有限公司等。

目前棉籽加工企业多数以棉籽蛋白、棉绒等为主要产品，多数企业仅加工到毛油或者三级油就进行销售，随后集中由规模化企业进行进一步精炼生产二级或者一级棉籽油。作为我国重要食用油脂资源，棉籽油大部分用作调和油的原料和食品工业油脂的原料。如精炼棉籽油与大豆油、玉米油调配调和油，生产人造奶油和起酥油。在工业中棉籽油还被用于肥皂、蜡烛和化妆品等的生产。随着国家政策支持和棉籽产品在工业等领域广泛应用，近些年来下游市场的快速发展拉动了棉籽油消费市场的增长，也推动棉籽油加工产业的发展。例如2023年晨光生物控股子公司新疆晨光生物科技股份有限公司（新疆晨光科技）进一步扩大经营，投资4.55亿元新建年加工35万吨棉籽项目，可年产棉籽油4.46万吨。新疆楚禾粮油加工有限责任公司正在新疆维吾尔自治区精河县新建年产8万吨棉籽毛油生产线。

8. 芝麻

中国芝麻种植分布广泛，全国各地均可种植。但根据种植面积的大小主要集中在河南、安徽、湖北3个省份，占全国芝麻总种植面积的70%左右，其次是江西、江苏、山东、湖南、河北等地区，占全国种植面积的20%左右，而陕西、山西、辽宁、广西也有一定种植面积，其他省区只有少量的芝麻种植；相关的种植生态区如表2-5所示。

表2-5 中国芝麻种植生态区划分

序号	生态区类型	范围	占全国面积（%）	生产特点
1	黄淮夏芝麻区	河南、安徽和苏北部分地区	38～40	气候、土壤均适宜种植芝麻，生长季节易出现涝害
2	江汉夏芝麻区	湖北省，河南省南阳及陕西汉中地区	28～30	适宜种植芝麻，生产水平高，产量稳定，但常遇涝害
3	华北春、夏芝麻区	北京、天津、河北、山东、山西、陕北	7～8	气温低，降雨少，栽培较粗放，以间作套作较多
4	华南春、夏、秋芝麻区	江西、湖南、广西、广东、福建及海南	7～8	气候炎热，雨水充沛，复种指数高，多种于丘陵及薄地
5	长江中下游夏芝麻	鄂东，九江、安庆、芜湖，苏南及浙江	6～7	雨量充沛，气候温暖，适宜种植夏芝麻
6	东北、西北春芝麻区	东北三省、内蒙古、新疆、甘肃、青海	5～6	东北光热不足，生长季节短；西北光热充足，水源缺乏
7	西南高原春、夏芝麻区	云南、贵州、川东、西藏局部温暖河谷地带	2～3	低纬度高原，雨量充沛，生长季节阴雨天多，易涝易病

我国芝麻的产量维持在45万吨左右（如表2-6所示），而需求量却达到150万吨。因此我国芝麻需要大量依赖进口，进口来源以非洲国家为主。以2016年芝麻进口为例，中国全年进口芝麻共计93.1万吨，其中来自非洲国家的芝麻进口量近80万吨，约占85%。其中来自埃塞俄比亚的进口量为30.4万吨，约占32.7%，是中国芝麻的第一大进口来源国，来自尼日尔、苏丹和坦桑尼亚的芝麻进口量均超过10万吨。我国从非洲进口的芝麻以白芝麻为主，其出油率可达50%以上，而我国自产的白芝麻出油率在45%。

表2-6 中国芝麻种植区2011年至2020年产量 （单位：万吨）

年份	全国	河南	湖北	江西	安徽
2011	45.8	24.1	14.6	3.2	6.2
2012	46.6	26.8	14.4	3.4	6.5
2013	43.9	26.9	13.6	3.7	6.5
2014	43.7	25.9	14.5	3.7	6.7
2015	45	27.3	14.5	3.6	7.1

续表

年份	全国	河南	湖北	江西	安徽
2016	35.2	27.2	14.4	3.7	7.2
2017	36.6	14.1	10.5	3.3	0.7
2018	43.1	18.8	11.4	3.7	1.1
2019	46.7	19.9	12.9	3.6	1.7
2020	45.7	18.4	13.1	3.9	2.0
平均	43.23	22.94	13.39	3.58	4.57

（数据源于国家特色油料产业技术体系）

传统芝麻加工的主要产品有脱皮芝麻、芝麻香油、芝麻酱等调味品类佐料、传统芝麻盐、芝麻糖、芝麻叶等产品。近年发展有以芝麻为部分原料的食品，芝麻馅汤圆，外涂芝麻烤制面包、酥脆饼等小食品，还有直接食用的芝麻产品芝麻丸粒、芝麻饮料等产品，在食品工业中占有一席之地。我国有完备的芝麻种植及加工产业链条，一些全国影响力较大的油脂或调味料企业如：益海金龙鱼股份有限公司、鲁花股份有限公司、中粮油脂、李锦记集团、上海太太乐食品有限公司、顶新食品有限公司等都从事芝麻油的加工或销售；也有一些专门从事芝麻加工的地方知名企业，如山东潍坊市瑞福油脂股份有限公司专业从事小磨香油生产，年产量约 1 万吨；安徽省的合肥燕庄食用油有限责任公司年产机榨芝麻油约 2 万吨；湖北武汉福达食用油调料有限公司可年产机榨芝麻油 4 万吨；湖南省的长康实业有限责任公司可年生产芝麻油约 6 万吨；四川成都建华食品有限公司可年产小磨芝麻香油约 0.8 万吨；河南驻马店市正道油业有限公司年产芝麻油约 0.2 万吨。

9. 玉米胚芽

我国玉米种植主要有东北春玉米区、黄淮海春夏玉米区、西南春玉米区、西北春玉米区、南方丘陵春玉米等六个玉米种植区。其中，北方春播玉米区播种面积占比 46.85%，黄淮海夏播玉米区播种面积占比 29.76%。近几年的玉米产量与玉米种植面积的变化趋势基本相同（图 2-4），2021 年，我国玉米种植面积 4332 万公顷，玉米产量 2.725 亿吨。

玉米胚芽是玉米淀粉生产过程中的副产物，含油量在 36%~47%，可用于生产玉米胚芽油。所制得的玉米胚芽油通常含有丰富的维生素 E 和甾醇，脂肪酸以油酸、亚油酸和棕榈酸为主。我国每年用于工业消费的玉米约 6000 万吨，按 7% 的平均提胚率计算，玉米胚芽产量达 420 万吨，可利用的玉米胚芽资源非常丰富。据统计，中国玉米油产量达到 51.4 万吨。

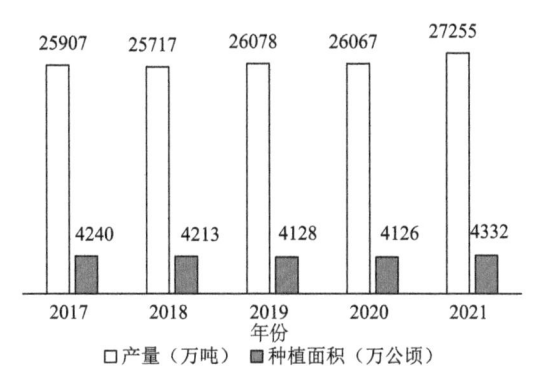

图 2-4　2017—2021 年我国玉米种植面积和产量

我国玉米主要用于饲料、工业使用以及食用，其中饲用消费量最高，2021 年达到了 1.75 亿吨，占比约 60.7%；其次为工业消费量 0.9 亿吨，占比约 31.7%；而食用消费约 889 万吨，仅 3.1%。近年来我国玉米消费量总体呈波动增长态势。数据显示，2020 年我国的玉米消费量增长到 2.89 亿吨。2021 年我国玉米消费量有所下降，下降到 2.82 亿吨。总体来看，我国玉米行业仍处于供不应求的局面。由于消费者健康意识不断增强以及对玉米油接受程度不断提高，近年来，我国玉米油行业产量及消费量整体呈增长趋势，在食用油销量中份额占比也不断扩大。目前，我国玉米胚芽油的消费量在 140 万吨左右，大约占全国油料总消费的 4%。从我国的年人均玉米油消费量与发达国家存在的差距来看，未来我国的玉米油消费量会继续提升，玉米油市场消费前景被看好。

10. 亚麻籽

亚麻籽油中不饱和脂肪酸含量高达 90% 以上，尤其富含 α-亚麻酸，是营养价值高、消费者公认的优质高端食用油。我国亚麻籽种植面积最多的省区是甘肃、内蒙古、山西和宁夏，产量最多的省区是甘肃、宁夏、陕西、内蒙古。2021 年我国亚麻籽产量为 31.0 万吨，亚麻籽进口总量为 40.3 万吨；2021 年中国亚麻籽油产量 21.5 万吨。在亚麻籽油的消费量方面，中国居于世界第一，2021 年的消费量为 25.64 万吨。中国也是全球最大的亚麻籽油进口国，2021 年的进口量为 4.26 万吨，主要进口自俄罗斯、哈萨克斯坦等国。中国 2012—2022 年亚麻籽和亚麻籽油进口量情况如表 2-7 所示。

表 2-7　中国 2012—2022 年亚麻籽和亚麻籽油进口量情况

年份	亚麻籽（万吨）	亚麻籽油（万吨）
2012	14.79	3.76
2013	18.06	1.83
2014	28.34	1.72

续表

年份	亚麻籽（万吨）	亚麻籽油（万吨）
2015	36.03	2.87
2016	47.47	3.40
2017	34.00	4.00
2018	39.80	4.20
2019	42.70	5.10
2020	37.30	5.30
2021	39.10	4.70
2022	64.40	2.60

（数据来自国家粮油信息中心和中粮集团）

目前国内市场上的亚麻籽主要以生产亚麻籽油为主，亚麻籽油产品有低温冷榨亚麻籽油、浓香亚麻籽油、亚麻籽油软胶囊以及亚麻籽油微胶囊等。较著名的亚麻籽油加工企业有：宁夏君星坊食品科技有限公司、锡林郭勒盟红井源油脂有限责任公司、益海嘉里金龙鱼粮油食品股份有限公司、江苏金洲粮油食品有限公司、金利油脂（苏州）有限公司、大同市华建油脂有限责任公司、山西中大生物科技有限责任公司、宁夏六盘珍坊生态农业科技有限公司。宁夏君星坊食品科技有限公司的亚麻籽年加工能力为5万吨。锡林郭勒盟红井源油脂有限责任公司的亚麻籽油生产能力为6万吨/年。宁夏君海油脂有限公司的亚麻籽加工能力为6万吨/年，冷榨亚麻籽毛油生产能力为2.16万吨/年。

除了将亚麻籽榨油使用，市场上还有少量以亚麻籽为原料开发的食品，主要有亚麻籽粉、亚麻籽燕麦片、亚麻籽膳食纤维、亚麻蛋白代餐奶昔固体饮料、亚麻籽油粉压片糖果、亚麻籽油粉固体饮料等。

目前亚麻籽加工企业以生产亚麻籽油为主要目标，产业链短，基本都是单一产品支撑一个企业发展，造成整个产业的亚麻籽油加工企业同质化竞争激烈。除油脂外，亚麻籽中还富含籽胶、蛋白质、木酚素、黄酮、维生素E等对人体有益的成分，可以加大对这些有益成分的开发，延伸、扩展亚麻籽加工产业链。

11. 椰子

中国椰子种植面积约为4万公顷，其中90%以上分布在海南省，海南省是中国唯一能大面积商业化生产椰子的地区，产量约2.1亿个，远远不能满足市场需求，每年需大量从东南亚进口。

椰子油是源于椰子果肉的植物性油脂，是国际椰子加工的主要产品，也是国际油脂贸易的大宗产品，有着广阔的市场前景，被广泛应用于食品工业、化妆品和洗涤用品工业。2022年国内椰子油进口量为21.9万吨，主要来源国包括印度尼西亚、马来西亚、菲律宾，其中印度尼西亚占到我国进口椰子油比重的一半以上，是第一大进口来源国。中国 2012—2022 年椰子油进口量情况如表 2-8 所示。

表 2-8　中国 2012—2022 年椰子油进口量情况

年份	进口量（万吨）
2012	20.78
2013	13.07
2014	13.93
2015	14.46
2016	13.30
2017	13.00
2018	11.40
2019	17.23
2020	16.20
2021	17.40
2022	21.90

（数据来自国家粮油信息中心和中粮集团）

目前以椰子为原料开发的食品系列产品主要有椰子粉、椰奶咖啡、椰子汁、椰子片、椰子糖、椰奶糕、椰纤果、椰青等。椰子油的功效日益受到消费者关注，椰子油加工业成为椰子产业重要领域。中国规模化生产椰子油的企业较少，特别是用新鲜椰肉生产椰子油的企业更少。目前，中国国产椰子油不能满足市场需求，需要通过进口才能满足市场需求。中国较著名的椰子油品牌有海南春光食品有限公司的春光椰子油、海南南国食品实业有限公司的南国椰子油、海南美椰食品科技有限公司的娜古香椰子油、海南保亭椰泽坊食品有限公司的椰泽坊椰子油等。目前椰子油生产企业存在的问题主要是规模较小，产品技术含量较低，产业规模效应尚未充分发挥出来，价值链短小，对区域经济增长的贡献非常有限。

12. 米糠

2021 年，我国稻谷种植面积 2992 万公顷，稻谷年产量 2 亿多吨。

米糠是稻谷加工过程中的主要副产物，是稻米果实的皮层及胚，占稻谷质量约 6%~8%，含油量达到 16%~20%。2021 年，米糠产量约在 1500 万吨。目前，米糠在我国主要用作畜禽饲料，只有少部分用于制取稻米油。因此，米糠油作为不占用耕地的油料资源，是我国最大的未被充分利用的优质食用油源之一。在新兴健康油品种中，米糠油的销量增长迅速，实际年产量也达到 50 万~70 万吨。米糠油中富含人体必需的油酸及亚油酸，其含量分别为 42% 和 38% 左右，比例为 1∶1。同时，米糠油中还包含一系列的生物活性物质如谷维素、植物甾醇、生育三烯酚、角鲨烯、植酸及阿魏酸等生物营养成分。

13. 油茶籽

油茶籽油俗称茶油，又名山茶籽油，是从山茶科山茶属植物的普通油茶成熟种子中提取的纯天然高级植物油，色泽金黄或浅黄，品质纯净，澄清透明，气味清香，味道纯正。中国油茶主产区集中分布在湖南、江西、广西、浙江、福建、广东、湖北、贵州、安徽、云南、重庆、河南、四川和陕西14个省（区、市）的642个县。2021年，我国油茶林面积达6888万亩，油茶籽年产量达394.25万吨。其中，湖南省油茶籽产量最高，2021年产量为171.6万吨，位于第二的江西省产量69.8万吨。

2021年我国茶籽油产量为100.9万吨，茶油产量所占份额最高的是湖南省，占比接近50%，其次是江西和广西。随着我国一系列加快油茶产业发展的扶持政策相继出台，油茶已被纳入国家食用植物油安全战略大局统筹中，预计到2025年，全国油茶种植面积将达到9000万亩以上，茶油产能将达到200万吨。

（二）我国食用植物油产业关键原配料制造、加工技术现状

1. 大豆

我国大豆制油也主要采用浸出法制油，采用脱胶、脱酸、脱色和脱臭工序进行精炼，在主要加工工艺技术方面与全球主流工艺技术无异。

2. 菜籽

我国菜籽压榨主要用于浓香型菜籽油的生产，主要通过压榨法制取，并通过沉降和膜过滤进行精炼。压榨后所得菜籽粕再通过浸出法提取剩余油脂，以提高整体出油率，并经过脱胶、脱酸、脱色和脱臭工序进行精炼，但会造成菜籽油的风味损失。虽然，在加工工艺的主要流程方面与世界各地差别不大，但我国浓香菜籽油的生产和加工是以国产油菜籽为原料，产品辨识度很高。目前，浓香菜籽油加工生产有两个关键要素：一是以国产油菜籽为原料；二是采用炒制压榨工艺。此外，浓香菜籽油对原料品种的要求限制了生产区域，区域性的菜籽加工企业在我国也占据一定的市场优势。传统浓香菜籽油是经传统小榨工艺生产的，多在作坊式油厂生产。在我国部分地区及企业，为追求菜籽油的风味，多采用提高温度等方式进行过度加工，过高的温度会导致苯并芘、杂环胺等危害性物质的增加，影响产品质量安全。

菜籽油中蜡质含量为0.0016%，脱蜡技术参见玉米油相关叙述部分。

传统的菜籽加工主要工艺技术是蒸炒压榨和浸出工艺相结合，这种方法虽然使用很成熟，工艺和设备比较完善，但存在着以下主要缺点：预处理压榨工艺相对复杂，特别是生产规模大型化后，设备显得庞大和笨重，带来的是动力消耗大，生产车间需要建筑面积大，生产过程的设备维修费用在不断上升；特别是蒸炒设备在大规模生产工艺中几乎是没有办法实现一台机器的目标，选用多台设备造成动力配备很大。现在大型菜籽加工中采用卧式干燥机代替立式蒸炒锅工艺，在软化菜籽的同时能干燥物料，去水率可达 2%~5%（视原料特性而定）。采用干燥调质压榨工艺，菜籽压榨过程中受热作用相对小，在保证饼残油基础上，KOH 氮溶解指数比较高，饼中的蛋白变性程度相对小，有利于菜籽粕作为饲料的应用。饼成型好，饼厚度相对均匀，粉末度小，饼残油也较低，利于浸出的完成。设备占地面积小，易于在车间内布置，设备投资额和后期维护费用较低，尤其是大吨位的油料加工厂采用该设备意义更大，每吨菜籽加工成本降低 15~25 元。

3. 油棕榈

棕榈油采用压榨法制取，具体加工技术参见全球棕榈油加工技术现状部分。

我国进口棕榈油以 24℃棕榈油（含 28℃）为主，酸值（KOH）在 0.2~0.3 mg/g 之间，色泽红 3.0 以内。采取先脱色脱臭后分提工艺。把棕榈油加热 105~110℃，进入脱色预混合罐，真空残压 10 kPa 以内，进入脱色锅，脱色 20 min 左右，进入过滤器过滤。脱色油进入析气器后，温度控制在 110℃左右，送入螺旋换热器加热到 200℃以上，经高压蒸汽加热器 250℃以上，进脱臭塔的软塔、3~10 层板塔进行汽提蒸馏，脱臭塔真空残压控制在 0.3 kPa，脱臭油温度控制在 240~250℃，经换热器换热后达到 85℃，最后经冷却器冷却在 50℃（根据产品种类不同，成品油温度尽量控制低些，以便于长时间存放）以内出车间。24℃棕榈油经脱色脱臭后碘价 54~56，色泽 Y10/R1.2~Y20/R2.0，酸值 0.06，白土添加量 1%~3%（根据质量及产品特性，白土添加量可适当调整）。

分提一般在结晶罐中进行，结晶罐规模一般以 400 吨/天、600 吨/天、1000 吨/天为主。要求结晶罐冷却面积大、传热系数大、变频调速、搅拌均匀。温度设计上，开始温度设定要高于油温澄清透明时温度的 10~20℃，晶核形成温度低于油品熔点 2~5℃，晶体生长温度低于晶核形成温度 0~3℃。结晶一般要形成粗大的晶型，易于过滤。过滤一般采用模式过滤机。分提可以得到 10℃、12℃、14℃、16℃、18℃、24℃、28℃、30℃、33℃及 44℃等不同熔点的棕榈油，可以应用到不同的场景之中。

4. 花生

我国花生油的加工方式分为压榨和浸出两种方法。压榨法生产的花生饼粕仍含有油脂，浸出法采用化学试剂将油脂提取出来，饼粕中油脂残留较少。压榨又分为冷榨和热榨。冷榨法原料不加热，以 60℃的低温压榨，产品色泽浅、风味清淡，油中维生素 E、甾醇、类胡萝卜素等生物活性物质损失少，但对原料品质要求高。热榨法先对原料炒制，再通过 120℃高温压榨，出油率高，但易破坏油中活性物质，多不饱和脂肪酸易被氧化。

从制作工艺上看，市面上的花生油都采用更为安全、风味更佳的压榨法制油，"古法压榨""土榨"等原生态工艺压榨方式产出的花生油销售额增速迅猛，物理压榨的花生油占据京东超市花生油销售额的61%，稳居第一。

值得一提的是，在花生预处理阶段，安徽捷迅光电技术有限公司研发的色选设备，通过独创的鹰眼识别技术将云图像采集技术和多光谱分级技术及特殊算法融合，实现了霉变花生的高效精准剔除目的，解决了花生油加工的"卡脖子"难题。

5. 葵花籽

葵花籽油采用压榨法制取，详见全球葵花籽油加工技术现状部分。

葵花籽油中蜡含量为0.01%～0.35%，脱蜡技术参见玉米油相关叙述部分。

6. 油橄榄

国内橄榄油的加工采用压榨法和离心分离法，详见全球橄榄油加工技术现状部分。

7. 棉籽

棉籽油采用预榨浸出法制取，详见全球棉籽油加工技术现状部分。

8. 芝麻

目前水代法主要应用于芝麻香油生产上，主要工艺流程是：清洗干净的芝麻经过浸泡使芝麻吸足水分变得饱满，再沥去水分开始炒制。炒制先用大火，再改用小火不断翻炒，将芝麻炒熟。炒籽温度达到200℃甚至更高时，芝麻中的蛋白质变性更有利于提取油脂，也会使芝麻的香气释放出来。将炒好的芝麻经散热、磨酱，然后将沸水数次加入麻酱中，经过不断搅拌，会有油脂浮到表面，这个过程叫"兑浆搅油"。将这些浮油进行收集即为小磨香油，香气最浓郁，是其他制法的香油所不能比拟的。

9. 玉米胚芽

玉米胚芽制油主要采用浸出工艺，可参见大豆油加工技术部分。

玉米油中蜡含量为0.05%。玉米油中蜡质需要脱除，以提高油脂的品质、口感、货架期等。根据脱蜡工序所在精炼工艺中位置的不同，有四种冬化脱蜡工艺，即中和碱炼+脱色+脱臭+脱蜡工艺、中和碱炼+脱蜡+罐区储存+脱色+脱臭工艺、中和碱炼+脱色+脱蜡+脱臭工艺、中和碱炼+脱蜡+脱色+脱臭工艺。食用油脂脱蜡技术包括常规法（干式脱蜡），溶剂法，表面活性剂法，结合脱胶、脱酸法等。虽然各种方法所采用的辅助手段不同，但基本原理均属冷冻结晶再进行分离的范畴。即根据蜡与油脂的熔点差及蜡在油脂中溶解度（或分解度）随温度降低而变小的性质，通过冷却析出结晶蜡（或蜡及助晶剂混合体），经过滤或离心分离而达到油-蜡分离的目的。近年来，也出现一些新兴的脱蜡技术，如混合油脱蜡、双膜法脱蜡、溶剂萃取脱蜡等。

混合油脱蜡：是指在浸出制取毛油后直接将混合油冷却、养晶，然后过滤脱除其中的蜡；脱除蜡后的混合油经回收溶剂制得毛油，随后再进行其他精炼加工。该技术常被用于米糠油的脱蜡，如在米糠混合油浓度 25% 左右，养晶温度 5℃ 左右，养晶时间 12 h 的条件下，采用托盘式真空带式过滤机过滤，蜡糊含油可降到 20% 以下；真空状态下采用带加热套的搅拌罐对米糠蜡加热脱溶，米糠蜡中溶剂残留量可降到 500 ppm 以下。

双膜法脱蜡：是利用蜡在食用油中随温度降低溶解度降低的特性，将油由常温降至 12℃，降低蜡的溶解度；再利用蜡在 40℃ 以下显示极性的特性，根据相似相浸润的原理，将油中显示极性的蜡微粒或蜡分子团利用无机膜和有机膜结合的方式俘获，不让其进入脱蜡油中。该技术已被用于葵花籽油的脱蜡，可将葵花籽油中的含蜡量降到 0.3 ppm。

溶剂萃取脱蜡：对高酸价油脂进行同步脱酸脱蜡，如对酸价 42 mg/kg 米糠油进行溶剂萃取，料液比 1:2.5、取温度 60℃、萃取 40 min、加量 0.15% 卵磷脂、萃取次数 4 次后脱酸率和脱蜡率均可达 99% 以上。

从植物油脱蜡工序中的蜡糊经过脱脂、脱色后可得到精制植物蜡，在食品、医药、化妆品等行业具有重要的应用价值，如制备健康型塑性脂肪、药物载体、植物香薰蜡烛、膏霜类和唇膏类化妆品等。

10. 亚麻籽

亚麻籽油采用冷榨法制取，详见全球亚麻籽油加工技术现状部分。

11. 椰子

椰子油采用干、湿法压榨制取，详见全球椰子油加工技术现状部分。

12. 米糠

米糠油采用浸出法制取，详见全球米糠油加工技术现状部分。

米糠油中蜡含量为 3%～9%，脱蜡工艺参见国内玉米胚芽相关叙述部分。

13. 油茶籽

茶籽油采用冷榨法制取，具体加工技术参见全球茶籽油加工技术现状部分。

（三）我国食用植物油加工企业能耗现状

以大豆、花生和菜籽三种大宗油料和特色油料芝麻为例，概述我国食用植物油加工企业的能耗水平。

1. 大豆加工能耗

大豆制油（包括浸出和精炼）的主要消耗包括电力消耗、蒸汽消耗、溶剂消耗、天然气消耗等，调研了我国几十家大豆加工厂，数据见表2-9。

从调研的数据看，近五年大豆浸出的蒸汽消耗由2018年的超过220 kg/吨豆降低到2022年的200 kg/吨豆左右；电力消耗基本持平，约24 kWh/吨豆；溶剂消耗由2018年的0.6 kg/吨豆左右降低到2022年的0.5 kg/吨豆左右。

近五年大豆油精炼的蒸汽消耗由2018年的60~120 kg/吨毛油降低到2022年的60 kg/吨毛油左右；电力消耗由2018年的20 kWh/吨毛油左右降低至2022年的15 kWh/吨毛油左右；天然气消耗由2018年的2.3 kg/吨毛油左右降低到2022年的2.2 kg/吨毛油左右。但是，有的老旧厂则处于高消耗运行。

表2-9 大豆加工厂的主要消耗情况表

项目名称		单位	2022年加工厂的单耗范围	大多数公司的单耗范围	外企A公司（近三年均值）	外企B公司（2022年）	河南C公司（2022年）	河南D公司（2022年）
压榨车间	电耗	kWh/吨豆	22~27.5	22~25	26.7	25.5	32	26
	蒸汽	kg/吨豆	177~260	190~210	190	197	260	250
	溶剂	kg/吨豆	0.4~0.8	0.5~0.65	0.5	0.59	0.8	0.6
精炼车间	电耗	kWh/吨毛油	12~25	13~20	19.6	12.36	22	25
	蒸汽	kg/吨毛油	21~200	40~60	60	47.9	200	100
	磷酸	kg/吨毛油	0.3~1.0	0.5~0.8	0.54	0.64	0.8	0.8
	白土	kg/吨毛油	4~20	6~12	6.4	9.73	15	10
	天然气	m³/吨毛油	2.0~3.0	2.1~2.7	2.6	2.48	3	3

2. 菜籽加工能耗

菜籽加工工艺能耗指标为：每吨菜籽溶剂消耗0.7 kg，电力消耗26.5~28 kWh，蒸汽消耗220~240 kg，水消耗30~50 kg。

3. 花生压榨加工能耗

国际知名花生油加工企业压榨工厂效能指标为：电耗，45 kWh/吨花生；汽耗，300 kg/吨花生（炒籽用蒸汽加热）。

国内知名花生油加工企业压榨工厂效能指标为：电耗，83.2~90 kWh/吨花生；汽耗，140~150 kg/吨（炒籽用电加热）花生。

河南省知名花生油加工企业压榨工厂效能指标为：电耗，139 kWh/吨花生；汽耗，170 kg/吨花生。

4. 芝麻加工能耗

芝麻油可分为机榨芝麻香油和小磨芝麻香油，根据企业调研芝麻机榨生产线的每吨电耗 5~6 kWh，消耗天然气 25~28 m³/吨料；由于小磨芝麻香油所采用的工艺是水代法，其生产成本与吨能耗最高，几乎是机榨油的 2 倍；小磨芝麻香油所需要的生产费用在每吨油 700~800 元之间，而同样的机榨芝麻香油的生产费用在 350 元/吨左右；但由于小磨香油的风味更加纯正，国内众多芝麻加工企业还保持着以水代法生产芝麻香油的工艺。

（四）我国食用植物油加工产业装备、标准法规现状

1. 食用植物油加工产业装备

食用植物油装备是食用植物油加工业发展的基础。随着我国食用植物油工业向国际化、大型化、自动化方面的发展，加快我国食用植物油装备业科学技术的进步和提高我国食用植物油装备业的水平至关重要。

国内主要食用植物油装备企业有：迈安德集团有限公司、中粮工程科技股份有限公司、江苏丰尚油脂工程技术有限公司、中机康元粮油装备（北京）有限公司、郑州四维粮油工程技术有限公司、河南华泰粮油机械股份有限公司、郑州企鹅粮油机械有限公司、河南亚临界机械装备有限公司、山东凯斯达机械制造有限公司、肇东市东龙节能新技术有限公司、太仓市宝马油脂设备有限公司、安陆天星粮油机械设备有限公司、宜兴市华鼎机械有限公司等。

迈安德集团创立于 2003 年，专注于油脂、淀粉、固态发酵、酿造、节能蒸发等领域为客户提供专业的规划、设计、研发、设备制造、自动化控制、数据集成、施工安装、指导调试、人员培训等一揽子解决方案，为客户提供交钥匙工程。迈安德技术水平和制造平台已跻身世界前列，业务遍布全球 50 多个国家和地区，员工 1000 余人。迈安德是国家高新技术企业，荣获江苏省省长质量奖提名奖、工信部专精特新"小巨人"企业、江苏省工业企业质量信用 AAA 级企业，拥有国家级"博士后科研工作站"及"江苏省油脂淀粉过程装备工程技术研究中心"，具有特种设备生产许可证。通过了 ISO9001 质量管理体系认证、ISO14000 环境管理体系认证、ISO18000 职业健康安全管理体系认证、ASME 认证、欧洲 CE 认证。

中粮科工股份有限公司，隶属世界 500 强企业——中粮集团。由原国内贸易部无锡、北京、郑州、西安、武汉五家科学研究设计院整合发展而成，五家院所建立于 20 世纪 50~60 年代。专业从事粮油行业（以小麦、稻米、油脂油料、玉米、杂粮及其他农产品为原料，从收获、预处理、仓储物流到加工及精深加工的全产业领域）及冷链物流行业技术领域的工程咨询设计、机电工程系统交付及装备制造等业务。它是中国农粮食品行业领先的工程技术及装备制造服务商。

丰尚-全球优秀的农牧全产业链机械制造和工程服务提供商。矢志构筑"从田园到餐桌"的全产业链解决方案优势。致力于为饲料、油脂、养殖以及食品等各大领域的客户，提供从咨询、设计、规划、制造、安装、调试及后续升级的一站式全套服务，持续提升客户体验。

中国农机院油脂所成立于 1986 年，隶属于中国农业机械化科学研究院。按照现代企业制度于 2005 年注册成立了中机康元粮油装备（北京）有限公司。长期专业从事粮油工程设计、设备设计、制造及安装、工程承包、技术服务的，是北京市首批创新型企业和高新技术企业。

山东凯斯达机械制造有限公司是济宁市机械设计研究院投资控股的、集科研、生产、经营、服务于一体的国家高新技术企业。现有工程技术人员 110 余人（其中应用研究员 5 人，高级工程师 56 人），资产总额 1.6 亿元，工厂占地面积 6.6 万平方米。公司主要从事植物油脂制取与精炼成套设备、大豆低温粕、植物蛋白（大豆浓缩蛋白、分离蛋白、棉籽蛋白等）成套设备、天然产物萃取分提成套设备、畜禽无害化处理成套设备、大型烘干设备、化工压力容器（GB/ASME）设计制造、工业厂房设计、电气自动化控制系统、通用机械设备的研发、生产制造及工程安装。

目前，油料预处理主要装备的制造能力已经能够满足国内的需求，自行设计制造的大型轧坯机（日处理能力 680～750 吨）、卧式调质干燥机（日产量 1500～2000 吨）、螺旋榨油机（日处理量 400～500 吨）性能优良，不但能满足国内需求，而且可以对外出口。中小型成套设备已达到国际领先水平。此外，我国成功开发了双螺旋榨油机，满足了低温压榨工艺的需要。

我国油脂浸出成套设备日趋大型化、自动化和智能化。自行设计制造的大型油脂浸出设备最大日处理量可达 6000 吨，技术经济指标达到国际先进水平，性价比在国际上有较大优势；中小型油脂浸出装备可以满足国内乃至世界各国对浸出制油的要求，而且有较大的价格优势；自主研发的亚临界萃取技术和装备通过多年的不断完善，已经广泛应用于多种特种植物油生产；采用超临界 CO_2 萃取技术实现了纯度 97%以上粉末磷脂和牡丹籽油等的规模生产。

国产离心机得到了较快发展和提高；叶片过滤机性能指标达到国际先进水平；板式脱臭塔的应用解决了油脂的色泽、烟点问题；脱臭真空系统采用闭路循环水和优化的填料组合塔，减少了用水、节约了蒸汽、抑制了反式脂肪酸的产生。但在大型离心机（日处理 200 吨以上）、高压蒸汽锅炉、真空泵等装备在运行可靠性上与国外还有一定差距。

2. 我国食用植物油标准法规

当前植物油脂相关标准较为完善，除少数植物油脂仅有行业标准或团体标准外，大多数植物油脂（如大豆油、菜籽油、棕榈油、芝麻油、花生油、葵花籽油、橄榄油、棉籽油等）均具有国家标准，部分植物油脂甚至同时还具有行业标准、团体标准和企业标准，相关标准如表 2-10 所示。随着消费者健康和营养意识的提高，国家粮食局在 2017 年发布了《中国好粮油 食用植物油》的行业标准（LS/T 3249）。

表 2-10　部分植物油脂相关标准

植物油	标准
大豆油	GB/T 1535
菜籽油	GB/T 1536、T/CCOA 1、T/CCOA 25
棕榈油	GB/T 15680、T/CCOA 18
棕榈仁油	GB/T 18009
花生油	GB/T 1534
芝麻油	GB/T 18233
橄榄油	GB/T 23347
椰子油	NY/T 230
葵花籽油	GB/T 10464
亚麻籽油	GB/T 8235、T/CCOA 26、T/CCOA 27
玉米油	GB/T 19111、NY/T 1272
油茶籽油	GB/T 11765
棉籽油	GB/T 1537
米糠油	GB 19112

大豆：为杜绝过度加工带来的资源浪费、新的品质安全风险和营养成分流失等问题，近年来我国推广大豆油等植物油脂的适度加工，并鼓励建立"中国好粮油"系列标准。对于大豆油而言，黑龙江、云南等地相继推出 T/HLHX 019—2020《黑龙江好粮油 大豆油》、T/YFEA 0006—2021《云南好粮油 大豆油》等团体标准。在符合 GB 2716—2018《食品安全国家标准 植物油》和 GB/T 1535—2017《大豆油》的基础之上，对色泽、过氧化值等理化指标的要求降低。T/HLHX 019—2020《黑龙江好粮油大豆油》主要是对黑龙江省生产的非转基因大豆加工而成的成品大豆油进行生产指导，规定大豆油脂肪酸的基本组成范围，ω-3 脂肪酸含量在 4.0%～11.0%，ω-6 脂肪酸含量在 48.0%～59.0%，ω-9 脂肪酸含量在 17.0%～30.0%。

菜籽油：CXS 210—1999 中规定低芥酸菜籽油的芥酸含量不超过总脂肪酸的

2%，而我国菜籽油相关国家标准 GB 1536—2021 中低芥酸菜籽油的芥酸含量不超过总脂肪酸的 3%。CXS 210—1999 中规定低芥酸油菜籽油的 Crismer 值应为 67～70，低芥酸菜籽油的固醇含量应大于固醇总量的 5%。此外，因为菜籽油相比其他类别油脂具有显著的地域性质，我国各地及行业协会针对企业生产状况建立了如 T/HNAGS 002—2018《湖南好粮油 富油酸菜籽油》、T/CQAGS 3201—2019《重庆好粮油 压榨菜籽油》、T/YFEA 0005—2021《云南好粮油 菜籽油》等约 25 个菜籽油相关标准及加工技术规范，对区域内菜籽原料、芥酸和油酸等脂肪酸、原料和产品追溯信息等方面做出了要求。

棕榈油：参照 CODEX-STAN210—2003，我国制订了棕榈油的国家标准（GB15680—2009）。本标准规定了棕榈油的术语和定义、分类、质量要求、检验方法、检验规则、标签、包装、贮存和运输等要求。棕榈油可以分为棕榈液油、棕榈超级液油、棕榈硬脂、棕榈原油等。标准对于棕榈油的一些特征指标进行了规定，比如折光指数、相对密度、碘值、皂化值、不皂化物、脂肪酸组成等。对于质量指标，GB15680—2009 中规定了熔点、色泽、透明度、水分及挥发物、不溶性杂质、酸值、过氧化值、铁和铜等。棕榈油的安全标准参见《食品安全国家标准 植物油》（GB2716—2018）。污染物限量参见 GB2762—2022，其中，铅限量 0.08 mg/kg；砷限量 0.1 mg/kg；镍限量 1.0 mg/kg；苯并[a]芘限量 10 μg/kg；多氯联苯限量 200 μg/kg。真菌毒素限量参见 GB2761—2017，黄曲霉毒素限量 10μg/kg。农药残留限量参见 GB2763—2021。

花生油：参照国际食品法典委员会（CAC）CODEX-STAN 210—2009（2015）的相关指标，我国制订了花生油的国家标准（GB/T 1534—2017）。标准规定了花生的术语和定义、分类、质量要求、检验方法及规则、标签、包装、贮存运输和销售等要求。花生油可以分为花生原油和成品花生油两类。标准对花生油的相对密度、脂肪酸组成和物理参数进行了规定；对于质量指标，标准中规定了色泽、透明度、水分及挥发物、不溶性杂质、酸价、过氧化值、溶剂残留等。花生油的安全标准应符合 GB 2716—2018 和国家有关的规定；食品添加剂的品种和使用量应符合 GB 2760 的规定，但不得添加任何香精香料；真菌毒素限量参见 GB 2761—2017，花生油中黄曲霉毒素 B1 限量 20 μg/kg；污染物限量参见 GB 2762—2022，其中，铅限量 0.08 mg/kg、砷限量 0.1 mg/kg、镍限量 1.0 mg/kg、苯并[a]芘限量 10 μg/kg、多氯联苯限量 200 μg/kg；农药残留限量参见 GB 2763—2021；GB/T 5009.172—2003 规定了花生油中氟乐灵残留量的测定方法；GB/T 14929.2—1994 规定花生油中涕灭威残留量测定方法。除了国家标准外，各个地区还有自己的地方标准和行业标准，如 DBS 45/045—2017 食品安全地方标准规定了小油坊压榨法花生油生产中的术语和定义、生产过程控制要求和管理要求；团体标准 T/CCOA 3—2019 规定了花生油质量安全生产技术规范。

棉籽油：最新标准是 GB 1537—2019。本标准规定了棉籽油的术语和定义、分类、质量要求、检验方法、检验规则、标签、包装、贮存和运输等要求。标准对于棉籽油的一些特征指标（相对密度和脂肪酸组成）进行了规定。对于质量指标，规定了气滋味、色泽、透明度、加热试验、烟点、水分及挥发物、不溶性杂质、含皂量、酸值、过氧化值、游离棉酚等。棉籽油的安全标准参见《食品安全国家标准 植物油》（GB 2716—2018）。

玉米油（玉米胚芽油）：玉米油的执行标准包括 GB/T 19111—2017 和 NY/T 1272—2007。GB/T 19111—2017 标准适用于成品玉米油和玉米原油商品，并对玉米原油中甾醇总量及组成做了规定，甾醇总量为 7000～22100 mg/kg，其中，β-谷甾醇 54.8%～66.6%、芸薹甾醇 16.0%～24.1%及豆甾醇 4.3%～8.0%等。

第三节　食用植物油产业存在问题

一、优良油料种质资源缺乏

我国国产大豆的产量较低，优良大豆种质资源缺乏。这一现状直接影响了国内油脂产业的可持续发展和自给能力。随着国内需求的不断增长，依赖进口的大豆资源也日益增多，这不仅加大了经济成本，还可能受到国际市场波动的影响。在此背景下，国内油脂加工产业面临着原料供应的不稳定性，这限制了产业的扩展和深度发展。

二、能源消耗与"三废"问题突出，生产线运行成本高

（1）部分食用植物油加工厂缺少标准的能源管理体系，自身能源管理水平相对较低，导致炼制过程能源利用效率不足。

（2）稻壳发电等节能技术和光伏、沼气等清洁能源使用方面与发达国家相比仍存在差距。

（3）工厂废水、废气污染物排放总量、污染物排放浓度的预警系统有待普及与完善；厂内废水、废气的循环利用技术与废硅藻土、废白土等一般固废收集后综合利用技术落后。

（4）日均处理量小，导致消耗均摊增大。

（5）工艺处理量与设备间的匹配度低，出现"大马拉小车"的现象，增加能源和蒸汽等消耗。

（6）车间设备的维护与更新不及时，造成跑冒滴漏等现象发生，进而导致溶

剂消耗高。

（7）适度加工的理念与油脂使用场景的矛盾，导致过度加工现象严重。

三、食用植物油油料加工技术和水平差异巨大

全球油料的加工技术水平差异巨大，发达国家和部分发展中国家的食用植物油加工水平相对领先，而多数发展中国家食用植物油加工技术相对落后。以花生为例，花生油加工产业主要集中在发展中国家，尤其是中国和印度，但技术和设备相对落后；美国、阿根廷花生生产体量不大，但在"农场化+规模化+产业化"的经营模式下代表着世界花生油品质最优、产业化最高的水平。

四、全酶法生物炼制仍无法进行工业化应用

（1）酶制剂的价格偏高且使用量大，生产成本问题暂未解决。
（2）水酶法提油的酶解时间较长，不利于工业化生产。
（3）全酶法生物炼制用水量大，会产生大量废水。
（4）破乳技术不成熟，导致水酶法提油过程中油脂提取率低。

五、食用植物油深加工产品及副产物高值化转化能力不足

（1）食用植物油深加工制品单一、高价值产品匮乏，产业链条短，深加工率低、附加值低，创新能力不强，部分品种存在盲目无序低水平发展等问题。
（2）目前对油脂加工副产物如果壳、种皮等的利用基本停留在制造有机肥和菌种栽培基质等方面，资源未能得以充分利用。
（3）副产物加工工艺相对滞后，如磷脂深加工行业的改性、纯化和富集技术落后，国产高附加值的高纯度磷脂和磷脂改性产品种类少。
（4）油脂加工副产物的开发和利用大多仍停留在工艺研究阶段，尚未形成规模化和产业化的精深加工。

六、国际间标准不统一，掺假问题突出

全球橄榄油只有25%为特级初榨橄榄油，而数据显示全球橄榄油交易量65%为特级初榨橄榄油。特级初榨橄榄油产量少需求大，"掺假"事件层出不穷，严重侵蚀了消费者的信任和市场的稳定。此外，当前全球的标准不一。以橄榄油为例，不同国家和地区对于何谓"特级初榨橄榄油"的定义及其生产标准各不相同，这不仅使得质量难以保证，还为不法商家提供了可乘之机。

第四节　食用植物油产业高质量发展战略性建议

一、广辟油源

（1）坚持多油并举，除要稳定和发展国产大豆、菜籽、花生、棉籽等大宗油料生产以外，还应广辟油源，大力发展葵花籽、芝麻等其他油料作物和油茶籽、核桃等木本油料生产。

（2）充分利用小麦胚芽、玉米胚芽、米糠等粮食加工副产物制油，增加亚麻籽油、红花籽油、微生物油脂等特色小品种油供应，实现油料供给多元化。

（3）充分利用我国丰富的油料资源，开发油莎豆油生产技术，减少对进口植物油的依赖。

（4）积极推进特色油料如芝麻、亚麻、葵花等的机械化种植与生产研究推广工作，降低劳动力生产成本，以弥补我国农业劳动力不足的问题，提高特色油料亩产效益，提高种植积极性。

二、落实绿色加工与"节能降耗"措施

（1）对于新设计的工厂力求车间布局非常合理，安装规范，在生产工艺、产品质量与能耗等各个方面必须达到国际、国内先进水平。

（2）对于已建成的工厂，需要在实际生产过程中不断摸索与创新，在工艺、设备维保、精细化操作与精益管理等各方面进行逐步优化，实现水、电、汽等消耗达到预期指标。

（3）在不新增任何设备的前提下，通过提高原有设备的工作效率、做好设备日常维护保养，将设计产能提高，从而降低各类单耗指标。

（4）潜心钻研，推广应用酶法脱胶技术、纳米脱酸技术、低温冷冻真空技术、干法真空技术等，精耕细作，精益生产。

随着国家绿色高质量发展战略的实施，预计经过5~10年发展，大豆油加工厂单耗水平有望达到：大豆压榨的蒸汽消耗 175 kg/吨豆左右；电力消耗低于 22 kWh/吨豆；溶剂消耗 0.45 kg/吨豆；大豆精炼的蒸汽消耗 30 kg/吨毛油左右；电力消耗 11 kWh/吨毛油左右；天然气消耗 1.9 kg/吨毛油左右。

三、推广精准适度加工技术应用

（1）以优质、营养、健康、方便作为发展方向，大力倡导适度加工，提高纯度，严格控制精度，提高出品率。

（2）凝练重大科学问题和工程技术问题，全面开展基于食用植物油产品安全、营养、健康为目标的油脂适度加工工艺和关键设备的研究开发，实现理论创新和关键技术突破。

（3）以食用油的安全和营养为基础，以安全、高效、绿色加工与资源高效利用为目标，采用高新技术特别是现代信息技术、生物技术、精细化工技术改造传统产业，构建并完善符合各种油料特性的食用油精准适度加工新技术产业化体系。

四、助推产业转型升级

（1）采用高新技术特别是现代信息技术、生物技术、精细化工技术改造传统产业，通过工艺、设备、过程控制、原辅材料等对食用植物油加工革新。

（2）针对大豆、油菜籽等油料，进一步筛选安全、高效的新型浸出溶剂，重点开展新型溶剂连续浸出工艺技术和设备研究；围绕油菜籽、花生等高含油油料，研究开发高效、安全的非溶剂制油新工艺和新装备；进一步革新和完善油脂精炼技术，强化有效精炼过程，尽量减少皂脚、废白土、脱臭馏出物等副产物。

（3）以专业化、大型化、成套化、智能化、绿色环保、安全卫生、节能减排为导向，发展高效节能降耗的食用植物油加工装备；积极研发适用于不同油料加工的成套设备，提高关键设备的可靠性使用寿命和智能化水平。

（4）通过共享经济、互联网、大数据、人工智能等新技术、新模式，积极推动供给侧结构性改革，使之成为食用植物油工业创新增长点。

五、重视资源综合利用

（1）大力开发既能从油料中制取优质油脂，又能充分利用其中营养成分的工艺路线，达到充分合理利用油料资源，多出油、出好油的目的。

（2）充分利用米糠、胚芽、饼粕、皮壳、皂脚、脱臭馏出物等副产物，变废为宝。

（3）利用生物技术制备特殊功能的微生物油脂，加大高油酸植物油加工技术投入和应用基础研究。

（4）积极鼓励推动食用植物油加工企业由农副食品加工业转向食品制造业和功能食品生产。

（5）积极调整产品结构，加快优质食用植物油产品的开发，提高名、优、特、新产品的比重，积极发展煎炸、起酥、凉拌、调味等各类家庭专用油脂和食品工业专用油脂。

（6）推进食用植物油加工向定制化、精准化、个性化方向发展，大力开发适合不同消费群体的功能性油脂，如降血脂、减肥的营养健康油产品和婴幼儿、老年人、运动员等专用的油脂产品。

（7）在保证传统食用植物油产量的基础上，进一步谋划食用植物油的营养性和专用性发展战略，加大功能性油脂产品和食品专用油脂的研发。

六、构建广泛性标准

（1）建立完善的油脂质量标准与质量检验管理体系：要在校企科研和行业协会的合力作用下，共同加快中国油脂质量标准和质量检验体系的建设，将现有的资源和技术力量整合在一起。同时，还需合理布局、完善市场机制，建立先进、系统的、优质的质量安全技术标准，将油脂质量标准和质量检验的协调作用发挥出来，共同推进油脂企业和产品在国际市场中的发展，强化我国油脂产业的国际竞争力。

（2）与国际标准接轨：我国是世界第一大食用油消费国，随着居民消费水平升级和高水平开放不断推进，进口食用油已成为国内市场的有益补充。积极了解国际食品法典油脂委员会制定的油脂法典标准，对于推动我国特色油脂国际标准化进程，促进食用油领域国内国际标准协调衔接，保障进口食用油质量安全，提升我国特色食用油产品国际竞争力具有重要作用。推动实施国际认证系统，通过第三方认证机构来验证食用油如橄榄油的品质和标签的真实性。这种系统不仅能增强消费者对产品的信任，也能通过市场机制惩戒和淘汰那些不遵守规定的生产商。

参 考 文 献

[1] 曲厚兰，姜振，李晶，等. 世界大豆产业发展现状及我国大豆产业发展建议. 大豆科技，2022，5: 28-33, 39
[2] 农发行产业客户部. 我国大豆及油料行业分析. 农业发展与金融，2022，11: 59-67
[3] 何微，李俊，王晓梅，等. 全球油菜产业现状与我国油菜产业问题、对策. 中国油脂，2022，47(02): 1-7
[4] 吴晓杰. 新年度全球菜籽供应压力重重. 期货日报，2021-09-14(003)
[5] 张国成. 2022年全球植物油市场供需现状分析. (2021-11-29)[2023-3-30]. https://www.qianzhan.com/analyst/detail/220/211129-05e92148.html
[6] 蔡子玲，曾卫锋. 棕榈油的国际市场竞争格局与泰国的对策建议. 现代经济信息，2020，11: 44-46
[7] 任春玲. 国内外花生产业发展动态与河南省花生产业前景分析. 河南农业，2023，10: 28-34
[8] 赵志浩，石爱民，王强. 高油酸花生的研究进展与发展趋势. 粮食与油脂，2019，32(9): 1-4
[9] 联合国粮食及农业组织. 联合国粮食及农业组织统计数据库(FAOSTAT). http://www.fao.org/

faostat/en/#data/QCL

[10] 新思界. 阿根廷葵花籽产量丰富葵花籽油市场需求不断增长. (2021-06-20)[2023-3-30]. http://www.newsijie.cn/TZD/TouZiDiMenuInfo/15146/239/239/TZHJ

[11] 梁沛资. 2020 年全球橄榄油发展现状及中国橄榄油进出口贸易分析. (2021-4-11)[2023-5-5]. https://www.chyxx.com/industry/202104/944422.html

[12] 田江帅. 2021/2022 年全球橄榄油产量将达到 310 万吨. (2021-12-17)[2023-3-30]. http://www.cnafun.moa.gov.cn/news/gjxw/202112/

[13] 许国栋, 张雯丽. 世界芝麻生产、贸易结构变化趋势分析. 世界农业, 2018, 10: 131-137

[14] 王密. 2020 年中国芝麻油(香油)行业供需分析. (2021-06-20)[2023-3-30]. https://www.chyxx.com/industry/202106/958239.html

[15] 世界和地区的地图和统计数据. 玉米产量最高的国家. (2018-01-01)[2023-5-5]. https://www.atlasbig.com/zh/%E7%8E%89%E7%B1%B3%E4%BA%A7%E9%87%8F%E5%9B%BD%E5%AE%B6

[16] 2022 年全球玉米供需现状及进出口分析: 中美两国玉米产量占全球玉米产量半壁江山. (2022-9-16)[2023-5-5]. https://www.chyxx.com/industry/1124961.html

[17] 玉米油的营养功能和发展前景. (2020-9-23)[2023-5-5]. https://www.sohu.com/a/420250802_120228698

[18] 玉米油. (2020-9-23)[2023-5-5]. https://www.tridge.com/zh-CN/intelligences/maize-corn-oil/import

[19] 中国已成为亚麻籽油的主要生产、消费和进口国. (2022-09-09)[2023-3-30]. http:/zhengzhou.customs.gov.cn/harbin_customs/zw18/xwdt87/zoyhgdt/4579920/index.html

[20] 文争. 2019 年全球椰子油行业发展现状分析. (2020-8-3)[2023-5-5]. https://www.chyxx.com/industry/202008/886625.html

[21] 陈观秋. 椰子市场调研: 椰子市场创新不断、细分赛道急速扩容. (2022-12-1)[2023-3-30]. https://www.chinairn.com/scfx/20221201/101457732.shtml

[22] 吴澳燕. 2023 年椰子油行业市场投资前景: 椰子油行业发展态势分析. (2023-2-1)[2023-3-30]. https://www.chinairn.com/hyzx/20230201/17252751.shtml

[23] Mordor Intelligence. 米糠油市场-增长、趋势和预测(2023 年至 2028 年). (2022-1-1)[2023-5-5]. https://www.mordorintelligence.com/zh-CN/industry-reports/rice-bran-oil-market

[24] Fortune Business Insights. Rice Bran oil Market Size, Share & COVID-19 Impact Analysis, By Type (Refined and Unrefined), Application (Food Processing, Cosmetics, Pharmaceuticals, and Others) and Regional Forecast, 2021-2028. (2022-3-1)[2023-5-5]. https://www.fortunebusinessinsights.com/rice-bran-oil-market-102474

[25] Market Research. Global Camellia Oil Market-2022-2029. (2023-1-1) [2023-5-5]. https://www.marketresearch.com/DataM-Intelligence-4Market-Research-LLP-v4207/Global-Camellia-Oil-31574283/

[26] 唐莎. 茶油行业观察: 全球及中国茶油行业产销现状, 预计到 2025 年我国茶油年产量将达到 200 吨. (2022-12-2)[2023-5-5]. https://www.dongfangqb.com/article/2431

[27] 2020 年全球黄油生产消费现状分析: 印度产量、消费量均占第一. (2021-3-2)[2023-5-5]. https://www.chyxx.com/industry/202103/934724.html?bd_vid=8339350326524352083

[28] 周瑞宝. 油橄榄加工与利用. 北京: 化学工业出版社, 2018. 104-187
[29] GB/T 1535—2017 大豆油. 中华人民共和国国家标准, 2017
[30] GB/T 1536—2021 菜籽油. 中华人民共和国国家标准, 2021
[31] COI/T. 15/NCNo 3/Rev. 16. 适用于橄榄油和橄榄果渣油的贸易标准. International Olive Council, 2021
[32] COI/T. 20/Doc. No 15/Rev. 10. 橄榄油感官评价分析方法. International Olive Council, 2020
[33] 李丽娥, 朱晓玲. 我国大豆进口依存度分析及对策. 合作经济与科技, 2023, (10): 77-80
[34] 杨晓娟, 刘布春, 刘园, 等. 我国大豆种植时空分布与风险费率研究. 中国农业资源与区划, 2021, 42(01): 106-115
[35] 张立伟. 我国大豆压榨企业布局与行业发展研究. 中国粮食经济, 2022, 374(10): 73-75
[36] 张立伟. 2021 年菜籽菜油菜粕市场分析与 2022 年展望. 粮油与饲料科技, 2022(03): 43-48
[37] 王瑞元. 中国菜籽油的生产和消费情况. 中国油脂, 2019, 44(11): 1-2
[38] 张冉, 曹双娟, 濮超, 等. 中国油菜籽和菜籽油的生产、进出口及供需分析. 中国油脂, 2022, 47(06): 8-14, 52
[39] 任春玲. 世界花生产业格局发展变化对我国的启示. 河南农业, 2022, (07): 5-8
[40] 国家粮油信息中心. 2022 年国内粮油作物产量和进口量以及新年度油脂供需平衡表, 2023-2-2
[41] 曹娜. 我国葵花籽油进口贸易的特征、成因及应对策略. 中国油脂, 2023, 48(4): 7-10
[42] 油橄榄标准: 护航产业发展净化消费生态. (2022-11-18)[2023-5-5]. http://www.forestry.gov.cn/main/52/20221122/150056161637147.html
[43] 胡春雷, 李孝华, 何锡玉, 等. 2021 年棉花加工行业产业发展报告(下)第十章 棉籽及其深加工产品产业现状分析. 中国棉花加工, 2022, 232(02): 16-18
[44] 2022 年全国棉花产量比上年增长 4.3%. (2022-12-26)[2023-3-30]. http://finance.people.com.cn/n1/2022/1226/c1004-32593924.html
[45] 万选通. 走近泰昆集团、创新先行"棉"安天下. (2022-8-24)[2023-3-30]. https://www.163.com/dy/article/HFHG32M705386VZL.html
[46] 杨佳宁, 陈海涛, 田文秀, 等. 以棉籽油为基料油的煎炸专用调和油煎炸品质的研究. 食品工业科技, 2019, 40(16): 71-75
[47] 汪静. 晨光生物拟 4.55 亿加码植物蛋白填补缺口-拳头产品稳居世界第一净利连续八年增长. (2023-2-8)[2023-3-30]. http://www.changjiangtimes.com/2023/02/628881.html
[48] 中国已成为亚麻籽油的主要生产、消费和进口国. (2022-9-9)[2023-5-5]. http://hangzhou.customs.gov.cn/harbin_customs/zw18/xwdt87/zoyhgdt/4579920/index.html
[49] 椰子油行业发展趋势及市场现状分析. (2023-4-27)[2023-5-5]. https://www.chinairn.com/hyzx/20230427/163412845.shtml
[50] 王玉莹. 米糠油生产的生命周期评价研究. 大连: 大连理工大学, 2021
[51] 魏林. 米糠综合应用研究进展. 粮食加工, 2022, 47(03): 37-39
[52] Punia S, Kumar M, Siroha A K, et al. Rice bran oil: Emerging trends in extraction, health benefit, and its industrial application. Rice science, 2021, 28 (3): 217-232
[53] 余诚玮. 米糠营养成分与酸败成因的分析与控制. 南昌: 南昌大学, 2022

第三章　肉制品产业

第一节　研究背景

我国是第一大肉类生产和消费国，肉类产量占世界总量约三分之一，消费量占27%，同时也是全球最大的肉与肉制品进口国，总肉类进口量占全球近一半，我国肉类生产和消费对国际肉类产业发展具有巨大推动作用。2022年我国肉类行业市场规模约为2.0万亿元，占食品工业总产值13%，肉类产业发展迅猛，是我国第一大食品产业，是国家食品科技创新的重要产业。尽管如此，由于我国肉类科技创新不足，产能利用率（不足30%）远低于发达国家（90%左右），现阶段国内肉品难以满足居民对高质量肉制品的需求。

为有效保障肉类食品安全，提高人民生活水平，国家出台了一系列政策以促进肉类屠宰及加工产业的发展。国务院印发的《"十四五"推进农业农村现代化规划》提出要保障重要农产品有效供给，发展现代畜牧业，健全生猪产业平稳有序发展长效机制，将猪肉产能稳定在5500万吨左右，防止生产大起大落，并实施牛羊发展五年行动计划，大力发展草食畜牧业，稳定肉类等农产品的国际供应链。食品行业的安全问题直接关乎广大人民群众的身体健康，国家非常重视肉类食品的安全问题。2021年1月，市场监督管理总局发布《关于开展肉制品质量安全提升行动的指导意见》，明确将肉制品列为食品安全监管的重点产业，对肉制品的质量安全问题严格监管，保障肉制品的质量安全总体水平不断提升。同时，除了保证肉制品的产品安全外，保障肉制品供应问题也逐渐受到国家重视。2020年，我国农业农村部发布《数字农村发展规划》，将畜牧养殖和加工与信息技术相融合，实现各环节信息的互联互通，保障肉产品的安全。农业农村部还在《2020年农业农村重点工作部署的实施意见》中提到要支持畜牧业的政策覆盖，鼓励禽类和牛羊的生产。畜牧业及禽类养殖的发展将使得我国肉类制品得以均衡发展，增强我国肉制品的供给能力。农业农村部还在2021年发布了《推进肉牛肉羊生产发展五年行动方案》，鼓励牛羊肉的养殖和生产。发改委等部门联合发布《完善政府猪肉储备调节机制　做好猪肉市场保供稳价工作预案》，要求加强政府猪肉储备调节工作。这些政策都是为了增强我国肉制品的供给能力，以应对市场风险和自然风险，保障肉制品食品安全和稳定肉制品市场供应。河南省也出台了《河南省"十四五"规划和2035年远景目标纲要》《河南省"十四五"乡村振兴和农业农村现代化规划》等政策，均重点提出要做强肉制品产业。各项政策的推出和落实，为我国肉类生产的健康稳定发展指明了前进方向。

第二节 肉制品产业现状与发展趋势

一、全球肉制品现状与发展趋势

（一）全球肉制品原料生产、贸易、消费现状

1. 肉制品生产现状

1）肉制品产量及市场规模

2022年全球肉类产量预计为3.6亿吨（胴体重量当量），比2021年增长1.2%。大部分增长来自亚洲肉类产量的上升，主要是中国猪肉，以及南美洲的牛肉和禽肉，其他地区的肉类产量相对稳定，欧洲肉类产量则下降。2022年全球猪肉产量预计为1.246亿吨，较2021年增长1.8%。全球猪肉产量增长主要是受2022年上半年中国生猪产能恢复、生猪屠宰大幅增加的影响，中国猪肉产量约占全球猪肉产量的46%。2022年全球猪肉出口总量预计为1130万吨，较上年下降11.3%。主要原因是2022年中国进口猪肉176万吨，同比降幅52.6%，尽管远低于2020年45%的水平，但仍占全球贸易的24%。2022年全球禽肉产量预计为1.388亿吨，较2021年微升0.6%，中国禽肉产量2443万吨，进口505.50万吨，同比上升71.93%。与2021年相比，2022年世界禽肉总出口预计增长2.8%，达到1620万吨。2022年全球牛肉产量预计为7390万吨，较上年增长1.4%，2022年中国牛肉产量增长2.2%，中国牛肉进口总量为283.15万吨，同比增长14.53%。与此同时，世界上最大的牛肉生产国——美国的牛肉产量预计与去年基本持平。全球牛肉出口预计增长5.2%，2022年达到1270万吨。全球牛肉出口增长的主要原因是2022年巴西出口供应大幅增加，还有印度、美国、墨西哥、阿根廷和欧盟等国家的出口量增加。巴西牛肉出口预计大幅增加，主要由于中国从2021年12月开始，解除了对巴西牛肉进口的禁令，且受本国货币对美元贬值的影响，巴西牛肉出口市场份额将恢复到2020年水平。2022年1~10月，巴西牛肉出口增长了23%，其中57%出口至中国，对美国和埃及出口明显增长。2022年全球

羊肉产量预计达到1650万吨，较2021年增长0.9%。增长主要原因是土耳其、中国、英国和澳大利亚羊肉产量预计增长，但埃塞俄比亚和新西兰产量下降抵消了部分增量。2022年全球羊肉出口总量预计为110万吨，较2021年增长1.2%。中国羊肉进口35.90万吨，同比下降12.62%，但仍占全球羊肉进口量的三分之一以上。欧盟、马来西亚、沙特和阿联酋的进口量增加将部分抵消中国进口下降。

2）肉制品种类及生产企业

肉制品种类主要有腌腊肉制品、酱卤肉制品、干肉制品、发酵肉制品、调理肉制品、油炸肉制品、西式乳化肉制品、烧烤类肉制品。典型的中式肉制品有酱卤肉制品如烧鸡、酱牛肉等，腌腊肉制品如腊肉、南京板鸭。干肉制品有猪肉脯等。发酵肉制品，中国有金华火腿、宣威火腿等；西方有萨拉米香肠、帕尔马火腿、伊比利亚火腿等。受到饮食习惯和生产方式的影响，西式乳化类肉制品和发酵肉产量在欧美国家较高，已经按标准、成体系、成规则进行生产。中国的传统肉制品如烧鸡、酱牛肉、烤鸭等在借鉴欧美和日本的生产工艺的基础上，也逐渐工业化，但存在加工过程粗糙，品质不均一等问题，而且销售范围主要集中在国内。表3-1展示了全球十大肉类生产企业。

表3-1 全球十大肉类生产企业

企业	国别
巴西JBS公司	巴西
泰森食品公司	美国
万州国际	中国
牧原集团	中国
温氏集团	中国
荷美尔食品公司	美国
嘉吉公司	美国
西斯科	美国
珀杜农场	美国
巴西食品公司	巴西

JBS年销售额超过500亿美元，是全球最大的肉食加工企业，是全球最大的动物蛋白提供商，是全球第一大牛肉公司、第一大鸡肉公司、第二大猪肉公司、第四大羊肉公司。在全球范围内拥有220个生产基地，产品遍布150多个国家和

地区。JBS 集团已于 2021 年 12 月与京东生鲜达成战略合作，在京东开设了旗舰店。万州国际控股的双汇发展，在中国的屠宰行业和肉制品行业多年保持龙头地位，屠宰业务生产生鲜冻品，其中包括冷鲜肉和冻肉。冷鲜肉主要来源于国内生猪屠宰，冻肉来自于国内生猪屠宰和进口。肉制品业务包括高温肉制品和低温肉制品，其中高温肉制品以火腿肠为主，低温肉制品以西式火腿为主。2022 年的营收分别是 161.7 亿元和 89.9 亿元，占肉制品营收的比重分别是 64% 和 36%。这是因为高温肉制品符合中国传统饮食习惯，历史悠久，行业趋于成熟。而低温肉制品属于西方饮食习惯，行业存在一定的增长空间和可竞争性，龙头企业市占率还存在提升空间。此外，双汇不断向上下游产业扩展，布局饲料业、养殖业、外贸业、调味料业、餐饮业、化工包装业、物流业、连锁业、金融业等，实现全产业链布局，从而有效形成规模效应。

2. 肉制品消费现状

2021 年，全球猪肉消费量为 10698.8 万吨，牛肉消费量为 5686.5 万吨，鸡肉消费量为 9808.0 万吨。其中，中国共消费猪肉 5172.6 万吨，占全球猪肉总消费量的 48.35%；牛肉消费量达 998.7 万吨，占全球牛肉总消费量的 17.56%；鸡肉消费量达 1503.2 万吨，占全球鸡肉总消费量的 15.33%。欧盟 2021 年共消费猪肉 1872.7 万吨，占全球猪肉总消费量的 17.50%；牛肉消费量达 651.2 万吨，占全球牛肉总消费量的 11.45%；鸡肉消费量达 966.7 万吨，占全球鸡肉总消费量的 9.86%。美国 2021 年共消费猪肉 991.8 万吨，占全球猪肉总消费量的 9.27%；牛肉国内消费量达 1271.2 万吨，占全球牛肉总消费量的 22.35%；鸡肉国内消费量达 1716.4 万吨，占全球鸡肉总消费量的 20.29%。

（二）全球肉制品产业关键原配料制造、加工技术现状

近年来，新技术和新理论的发展改变了食品系统和食品加工业。肉品领域出现的新技术主要有生鲜肉智慧物流保鲜技术：①生鲜肉高效、超快速预冷技术。开展畜禽宰后细胞生理活性、僵直、成熟机制、绿色包装、精确控制储运环境和创建冷链物流设备等研究。研发肉品超快速预冷技术和自动精准传感技术。②肉品品质保持技术。开发完全可降解的绿色包装材料和智能包装技术，以延缓屠宰后生肉的僵硬速度，保持屠宰后细胞的生物活性，并保持肉品新鲜。③动态监控技术。基于诸如物联网、大数据、云计算等最新智能技术，开发从工厂到餐桌的冷链物流技术系统、冷链环境等，整合建立动态监控系统，保障冷链物流的环保和安全。图 3-1 为工业 4.0 技术在肉类产业链中的应用。

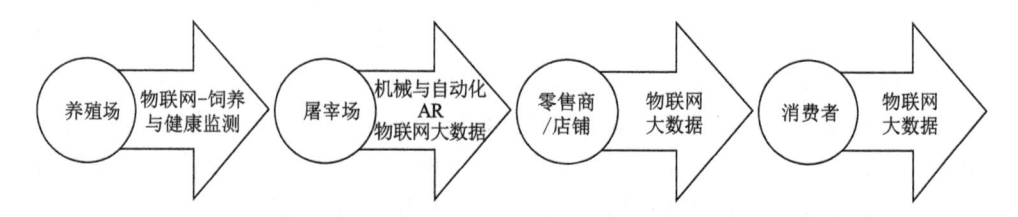

图 3-1 工业 4.0 技术在肉类产业链中的应用

1. 传统肉制品保真技术

建立传统肉制品质量数据库，进行工艺成分相互作用和质量控制机制研究；开展肉制品传热分子机理研究，阐明反应介质和反应场中多组分的靶向互作规律，促进肉制品保真技术的提高。

2. 传统肉制品危害物靶向阻控技术

系统研究具有安全风险的分子物质的作用机制，例如肉类产品中活性氧、活性碳和活性氮等内源性因子诱导的杂环胺、多环芳烃和亚硝胺反应的动力学机制，分子对接过程的动态变化、分子相互作用对象、基团位点和"3R"活性物质之间相互作用的机理。

3. 常规肉制品自动化、连续智能化加工技术

研究新技术、方法、原理和材料，开发传统肉制品加工装备，实现对传统肉制品的绿色智能加工。

（三）肉品加工副产物现状

肉类副产物主要包括畜禽类动物的血液、骨、内脏、头、蹄、毛、皮等产品。美国每年在牛、猪、羊等的屠宰加工过程中会产生近 2450 万吨的动物副产物，而屠宰场、食品加工车间、超市、肉店和餐馆每周至少将累计产生 4.5 万吨动物副产物。这些副产物可应用于食品、饲料、生化制剂等诸多领域。

欧洲、美洲、亚洲和非洲等地区具有饮食副产物的习俗，如鹅肝、三明治、血肠等；畜禽副产物也被应用到食品添加剂和功能性食品中，如畜禽骨加工出的骨粉、骨油、骨素可用于加工骨质香料、活性肽等成分；家畜血液在欧美国家主要用于生产血粉饲料，血液制品是饲料工业蛋白质和赖氨酸最丰富的天然来源。美国血粉饲料总产量 10.2 万吨，主要采用喷雾干燥生产血浆干燥粉和血细胞干燥粉作为动物饲料应用于养殖行业中；畜禽皮毛富含分子结构稳定、有较好的弹性和坚固性的角蛋白，其含量高达 81.5%，目前以明胶、胶原蛋白粉以及胶原蛋白胶囊等形式广泛应用于营养保健食品领域，用途广泛。

（四）肉制品产品品质控制现状

肉品品质控制一直是国内外行业研究的热点和重点，提高肉类食品的品质对于促进肉类行业发展，提高人类生活、健康水平均具有重要意义。目前，关于提升肉品品质的研究主要集中在风味、色泽、嫩度、营养成分等方面，通过研究肉品的风味变化机制、理化特性（色泽、质构、保水、嫩度、弹性等）变化机制、脂质变化机制（脂质水解、脂质氧化）、蛋白变化机制、有害物质（苯并芘、多环芳烃、亚硝胺等）形成机制及危害等方面来控制肉品质量与安全。具体涉及食品质量安全智能监控技术，进行非靶向筛查，开展快速识别、智能监控等技术研究；开发加工危害物主动防控技术，加强监测预警，积极研发预防控制技术、危害调控技术，对目标物和危害进行准确识别，并建立对应的数据库，实现肉制品安全智能防治，开展危害控制与减排技术研究；食源性致病菌和农兽药残留快速检测技术，研创针对致病菌、药物残留的高效检测技术，提高检测水平。

（五）全球肉制品产业装备、标准法规现状

1. 肉制品产业装备现状

装备是肉类工业发展的关键。随着市场全球化、贸易自由化，肉制品工业的竞争日益加剧，国内外肉制品加工技术装备呈现出现代化、智能化的特点。

在屠宰环节中广泛应用自动化设备，如二氧化碳击晕机，SFK公司生产的Frontmatec 二氧化碳窒晕系统可与自动传送带结合使用，在保证实现生猪快速窒晕同时，可有效降低应激反应。在保鲜与包装环节，丹麦皇冠集团开发出一种创新包装方案，即组合包装，由两个既独立封装又相互重叠的包装组成。消费者在从包装中取出一半产品后，中间的薄膜可确保剩余的一半产品被牢固封装，并继续在气调包装中被妥善保存，从而避免食品浪费；在贮运环节，发达国家将肉制品的运输与自动化、信息化相结合，目前吉林艾克斯公司已经可以将数据通过远程控制方式进行云储存、云计算，在监控中在线进行远程分析与诊断，还可以进行远程培训指导设备操作与维修。加拿大最先建起一整套由空运、陆路、水路多种途径有机结合的复杂而高效运转的综合冷链物流体系，各种载体资源之间通过巧妙的整体规划和组织协调，形成高度发达的农产品冷链物流网络。

2. 肉制品标准、法规现状

标准体系在肉类加工中占重要的位置，食品标准体系是开展食品生产经营的重要参考，也是食品安全监管的重要依据。澳大利亚、新西兰、美国、加拿大等对于肉品卫生控制力度较高，并且具备较为完善的食品安全法律法规和产品质量标准体系。美国主要通过食品安全法规和质量安全标准两个体系共同保障美国食

品的质量与安全。CAC/RCP 58—2005《肉类卫生规范》、CXS 89—1981《午餐肉》、CXS 88—1981《咸牛肉标准》等对肉制品从屠宰到加工到销售的各个步骤进行严格把控，有利于对货架上销售的肉制品的质量安全进行控制，保证了消费者的身体健康。欧盟在2000年颁布《食品安全白皮书》之后，在动物源性食品安全方面，相继颁布畜禽屠宰方面的法规和法令。肉类和畜禽屠宰卫生要求、安全监管程序也被制定出来。在法规层面，欧盟于2004年制定了《有关动物源性食品的特定卫生规定》，对屠宰企业卫生做了规定。2017年出台了《关于为确保适用食品和饲料法、动物健康和福利法规及植物健康和植物保护产品法规而实施的官方控制措施和相关官方行动》的欧盟法规，主要涉及了屠宰监管控制要求。各成员国在欧盟法规之下，又制定出了一套适合自身国情的法律法规。以德国为例，除了执行欧盟的法律法规外，还需要执行了本国的法律法规，如有《动物检疫法》《畜肉管理条例》《禽肉管理条例》等。德国制定的法律法规系统性强，在技术标准方面比欧盟制定的法规要求更高，也更为严格。

二、我国肉制品现状与发展趋势

（一）我国肉制品原料生产、贸易、消费现状

1. 肉制品生产现状

1）肉制品产量及市场规模

肉类工业是食品工业中第一大产业，我国肉类加工和消费已连续30多年位居世界第一位，占据国内生产总值的3%和第一产业的30%左右，成为乡村振兴的重要力量。改革开放以来，随着人民生活水平的提高，肉蛋奶等食物需求逐年增加，带动了我国肉类生产的快速增长。2004年暴发禽流感疫情，对我国肉类生产的影响不容乐观。全年猪牛羊禽肉产量6608.7万吨，其中禽肉仅1258万吨。而后，由于2018年非洲猪瘟的影响，2019年上半年中国的肉类产量3911万吨，下降2.1%，其中，牛肉、羊肉和禽肉产量同比分别增长2.4%、1.5%和5.6%，但猪肉产量下降5.5%，仅2470万吨。2021年全年猪牛羊禽肉产量8887万吨，比上年增加1248万吨，同比增长16.34%，我国肉类产量逐步回温。2022年，我国肉类总产量突破9000万吨，占全球产量的四分之一。中国猪肉、羊肉产量稳居世界第一，猪肉产量占比40%，羊肉产量占比近三分之一；中国牛肉产量超700万吨，仅次于美国和巴西，位居全球第三位；中国禽肉产量超过2400万吨，超过美国，居世界第一位，数据如图3-2和图3-3。

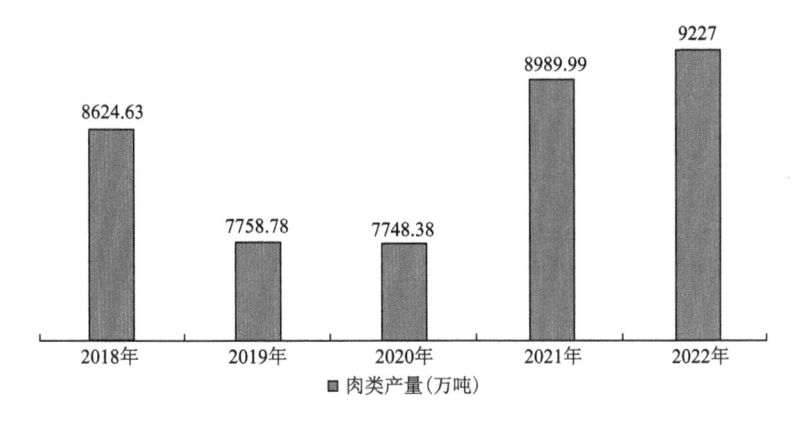

图 3-2 2018—2022 年中国肉类产量

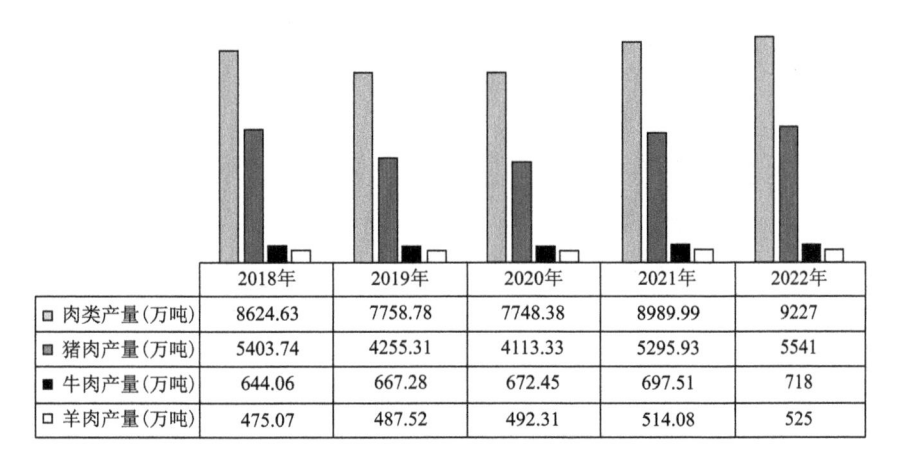

	2018年	2019年	2020年	2021年	2022年
肉类产量(万吨)	8624.63	7758.78	7748.38	8989.99	9227
猪肉产量(万吨)	5403.74	4255.31	4113.33	5295.93	5541
牛肉产量(万吨)	644.06	667.28	672.45	697.51	718
羊肉产量(万吨)	475.07	487.52	492.31	514.08	525

图 3-3 2018—2022 年我国猪肉、牛肉、羊肉及禽肉产量

2）肉制品种类及生产企业

我国的肉制品行业经历了计划经济-改革起步-快速发展-历史性跨越四个时期的发展，目前已经形成了成熟的产业发展规模，成为世界上最大的肉制品加工国之一。随着目前消费态势呈现新形态，越来越多的居民选择肉制品，中国的肉制品行业发展迎来了新的增长点。数据显示，截至 2022 年，国内共有肉类加工企业 3825 个，固定资产接近 700 亿元，其中，固定资产超过 1000 万的企业大约有 350 家，已经出口注册的企业约有 200 多家，已经获得出口经营权的企业约 40 家。此外，企业工业产值在 20 亿元以上的超过 6 家。双汇集团作为我国肉制品行业的标杆企业，目前拥有 30 个现代化的大型肉类加工基地，广泛分布于 18 个省份，肉类产品年销量 400 余万吨。2022 年，双汇集团总营收 625.76 亿元，实现净利润 56.21 亿元。同样，作为行业标杆的金锣集团目前拥有总资产 108 亿元，在全国范

围内建有 11 处生产基地、9000 余家经销商、18000 余家专卖店，并在新加坡和俄罗斯等地设有分公司和综合办事处。表 3-2 为 2016—2019 年全国规模以上屠宰及肉类加工企业的营业收入和利润总额。

表 3-2 2016—2019 年全国规模以上屠宰及肉类加工企业营业收入和利润总额（单位：亿元）

	项目	2016 年	2017 年	2018 年	2019 年
	总计	14527	13417	9675	10387
	牲畜屠宰	5875	5193	3434	3476
营业收入	禽类屠宰	3420	3163	2237	2633
	肉制品及副产品加工	4935	4720	3719	4061
	肉、禽类罐头制造	297	342	285	217
	总计	730	642	433	518
	牲畜屠宰	287	240	132	132
利润总额	禽类屠宰	144	119	59	130
	肉制品及副产品加工	283	265	225	244
	肉、禽类罐头制造	16	19	17	12

2. 肉制品消费现状

我国是肉和肉制品消费大国。统计数据表明，2000—2020 年我国人均肉类总消费量呈上升趋势，年人均消费量为 28.22kg。二十年间，人均肉类消费量从 2000 年的 20.22kg 上涨到 2020 年的 24.80kg，年均增长率约为 9.07%，猪、牛、羊肉年均消费量为 18.2kg、2.3kg 和 1.2kg。其中肉类加工制品市场消费量近 800 万吨，占肉类总消费量的 14.6%，提升空间仍较大。表 3-3 为 2014—2020 年我国居民年人均肉类消费量。

表 3-3 全国居民人均肉类消费量　　（单位：kg/年）

指标	2014	2015	2016	2017	2018	2019	2020
肉类	25.6	26.2	26.1	26.7	29.5	26.9	24.8
猪肉	20	20.1	19.6	20.1	22.8	20.3	18.2
牛肉	1.5	1.6	1.8	1.9	2.0	2.2	2.3
羊肉	1.0	1.2	1.5	1.3	1.3	1.2	1.2

由于传统的饮食习惯以及火腿肠等中式肉制品的流行，目前我国肉制品消费结构中仍以中高温肉制品为主，占肉制品的 67%，低温肉制品仅占 33%。由于低温肉制品具有营养和口感上的优势，更迎合消费者对健康的诉求，再加上冷链运输市场的快速发展和居民健康消费意识的提升，低温肉制品将逐步取代高温肉制品成为主流。此外，现阶段肉制品消费新业态、新商业模式不断涌现。在互联网、大数据、人工智能等新技术推动下，新旧业态加速融合，消费方式趋向多样化、便利化、高效化。电商的出现也使得逐渐成熟的肉制品行业开始寻求不同面貌和呈现形式，网络销售占比逐年提高。相比较火腿、肉丸等传统餐饮模式，肉类零食高达 1650 亿，成为肉制品消费品市场的重要组成部分。天猫数据显示，2020 年肉类零食增速达到了 38.6%，如图 3-4，中国肉类零食销售增速快，每年推出的新品类数量位居全球第一。

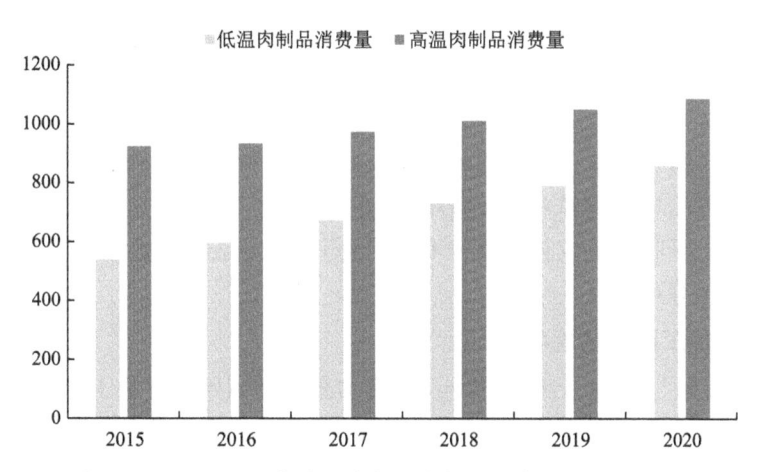

图 3-4　2015—2020 年我国高低温肉制品消费量对比（万吨）

（二）我国肉制品产业关键原配料制造、加工技术现状

1. 肉制品加工技术现状

从改革开放以来，我国肉品加工业一方面引进西方先进技术改造落后产能，另一方面重视中华传统肉制品加工技术的改革创新，经历了冷冻肉、高温肉制品、冷却肉、低温肉制品、传统肉制品工业化和营养肉制品加工等发展阶段，在品质提升、营养保持、标准加工、安全控制及绿色制造等共性关键技术研发上取得长足进步。当前，我国人民对肉品消费的需求已从数量安全到质量安全再到营养健康快速转变，初步建立了以市场需求为导向，以畜禽宰后保鲜、物流、加工等为主体，相关服务业为支撑的全产业链新型肉品加工产业。基于我国肉品加

工产业现状和未来产业需求，智能化屠宰分级分割、生鲜肉智慧物流保鲜、梯次化绿色加工、共产物高值化利用、质量与安全和营养健康是肉品加工科技发展新趋势。

我国肉制品加工行业现已逐渐形成一条龙服务，从屠宰、加工、储藏与包装、运输等各个环节均拥有一套完整的功能齐全的技术系统。同时，肉制品的加工技术依然在创新，向自动化、机械化和标准化的方向不断发展。在肉屠宰环节，畜禽屠宰产业逐渐由手工、半机械化加工转化为自动化屠宰，应用于屠宰的自动化设备也在不断丰富，一些龙头企业已将新技术落地实施。如双汇集团大力引进数字化、智能化技术，发展生猪屠宰、肉制品加工智能车间。2020年，双汇对漯河生猪屠宰和肉制品加工项目进行技术改造，分别引进丹麦、荷兰、西班牙、奥地利的先进智能化生产线。在肉品加工方面，我国采用嫩化技术，通过高压、电刺激、生物酶等新技术提高原料肉的品质。对于熟制肉制品，采用电磁辐射对其进行热处理，用不同波长的电磁辐射，使热能快速均匀地传导到整个产品，避免了产品受热不均匀，外部易被过度加热等问题。国内在肉类保鲜方面采用生鲜肉品质定向保持技术，研发可全降解的绿色包装材料和智能包装技术，推迟宰后生鲜肉僵直成熟，最大限度地维持细胞宰后生理活性，实现肌细胞保活保鲜。在肉品贮运方面，雨润集团与周光宏教授团队合作，阐明了西式低温肉制品凝胶形成新机制，研发出凝胶品质控制关键技术，解决了西式肉品出水出油严重、产品易变色、货架期短等难题。

2. 肉品加工副产物现状

由表3-4数据可知，2012年全国的畜禽副产物利用率仅为11.9%，大量动物副产物资源的不能得到高效利用。与此同时，我国缺乏畜禽副产物的精深加工技术，目前对畜禽副产物的加工仅停留在较浅的层面上，难以加工出高值化的产品，无法显著地提高畜禽副产物的利用价值。对于内脏类副产物，能食用的大多直接烹饪食用，缺少精深加工，对内脏中含有的营养物质利用率不足，还需研发生产出高值化的新产品；对于动物血液，我国缺乏从血液中提取活性物质的高效绿色分离提取技术，对于血液活性物质的保留技术落后，难以开发出高值化的具有较高生化活性的产品；对于含有丰富胶原蛋白、维生素、多糖、不饱和脂肪酸、矿物质和软骨素等多种营养素的畜禽骨骼，目前我国对于骨的加工程度较浅，骨骼多被用于加工成骨粉、食品调味料等产品，缺乏对骨骼加工的高新技术，对于从骨骼中高效分离提取活性物质技术较为落后，还无法开发出功能性骨多肽、骨多糖等高值化产品；对于畜禽皮、毛等副产物，缺乏高效的提取技术，对畜禽皮中的可利用物质进行高效提取，同时缺乏处理畜禽副产物的大型企业，不能做到集中的统一处理，多数畜禽毛发作为废弃物处理，造成了浪费。表3-5为肉制品及副产品加工主要生产企业。

表 3-4　2012 年畜禽副产物利用情况

	全国	四川	成都
屠宰副产物产量（万吨）	3863.2	526.0	54.1
副产物加工量（万吨）	463.6	42.6	4.9
利用率（%）	11.9	8.1	9.0

表 3-5　肉制品及副产品加工主要生产企业

企业	简介
双汇发展	以屠宰和肉类加工为核心，全产业链经营，涉及饲料生产、畜牧养殖、肉类加工
圣农发展	肉鸡、肉鸡屠宰加工和鸡肉销售
新希望	饲料生产、畜禽养殖、屠宰及肉制品的生产
牧原股份	生猪的养殖与销售，主要产品为商品猪、仔猪和种猪
唐人神	围绕生猪全产业链开展经营，包括饲料、养殖、肉制品加工三大业务板块
上海梅林	肉类食品的开发、生产和销售，休闲食品的开发、生产和销售等业务
惠发食品	速冻调理肉制品的研发、生产和销售
温氏股份	商品肉猪、肉鸡的饲养及肉制品的销售
天山生物	主要从事牛的品种改良，活畜、冻精及牛奶的生产销售
伊赛牛肉	优质牛肉、牛副产品及牛肉深加工产品的生产销售
听牧肉牛	中、高档肉牛的繁育养殖、屠宰分割、初加工、市场营销、餐饮服务、动物皮张购销及活畜交易市场服务

3. 肉制品产品品质控制现状

我国肉及肉制品产品质量整体较好，近些年来广受关注的肉品安全事件多是使用非法添加物如瘦肉精、超量使用食品添加剂如亚硝酸钠，以及使用劣质腐败肉进行产品生产等。通常情况下，影响肉制品品质的主要因素有原料、初加工、深加工、贮藏和销售等 5 个环节。

1）原料

原料是肉制品加工的"第一车间"，原料的选择除了直接关系到肉制品的质量和安全外，还与消费者的期望和喜好密切相关。原料对肉制品品质的影响主要包括肉源差异、饲养条件及屠宰过程，其影响机理见表 3-6。

表 3-6 原料对肉制品品质的影响

影响因素	主要方面	影响机理
肉源	品种、育龄、部位	基因表达差异导致：蛋白质、氨基酸、脂肪酸无机离子等营养成分种类、含量不同；核苷酸、氨基酸、多肽等呈味物质含量、种类、风味特征不同；肌肉组织形态不同
饲养条件	人工养殖、野生、圈养、散养	野生、散养有利于提高肉的嫩度和多汁性，同时增加脂肪硬度；而人工养殖和圈养可以提高瘦肉率，增加不饱和脂肪酸比例，但饲养条件对肉的影响机制尚不清楚
屠宰过程	宰前处理、停食静养、致晕	恢复动物运输过程中的应激和疲劳，恢复肌糖原储备，减少 DFD 肉的形成；动物福利，减少肌肉出现瘀血和血斑，提高肉品视觉和味觉满意程度，降低 PSE 肉的发生率
宰后处理	冷却排酸、成熟	冷却条件下肉中产生酶自溶，肌肉肽键断裂，pH 提高，肌肉组织纤维结构的变化延迟，提高咀嚼性和消化率；降低糖原酵解速度，降低 PSE 肉的发生；细胞内源酶体系被激活，促使肌原纤维蛋白发生降解，难以维持自身结构稳定，导致其 Z 盘崩塌，不可逆强结合横桥被破坏，进而改善了嫩度和保水性，同时影响其他肉品质

2）加工工艺

肉制品的生产核心在于调理配方和加工技术，二者既是产品质量形成的决定性因素，也是品质突破的瓶颈。应用在肉制品生产中的辅料物质主要有 3 类：蛋白质类、脂肪类及碳水化合物类，其作用主要是改善肉制品食用品质，提高肉品功能性价值，降低成本。表 3-7 为辅料对肉制品品质的影响。

表 3-7 辅料对肉制品品质的影响

影响因素	主要方面	影响机理
蛋白质类	植物蛋白（大豆蛋白、玉米、花生蛋白、小麦蛋白）	补充蛋白质，降低成本；提高肉制品的稳定性；提高肉制品的保水性、弹性及嫩度
	动物蛋白（胶原蛋白、乳清蛋白）	改善结缔组织嫩度；补充蛋白质；有良好的染色性；提高食品整体黏结；补充蛋白质；提高出品率
脂肪类	大豆卵磷脂	具有抗肿瘤、提高免疫力、预防心血管疾病等功能活性
碳水化合物类	胶体类（卡拉胶、黄原胶、海藻酸钠、魔芋胶）	解决产品出水、出油问题；提高肉制品的切片性、出品率及口感
	淀粉类（玉米淀粉、红薯淀粉、马铃薯淀粉）	提高肉制品的保水性；改善产品的外观和色泽；提高出品率
	纤维素类（玉米麸皮纤维、大豆纤维、燕麦纤维、柑橘纤维）	改善口感和风味；提高持水性、持油性；提高肉制品的功能性；降糖降脂，提高免疫力，抗衰老

肉制品的加工技术主要有腌制技术、发酵技术和嫩化技术等。腌制技术主要有滚揉腌制、高压腌制和真空腌制。滚揉腌制起步最早，应用最广，已广泛投入工业化生产，对提高肉制品的腌制速率，改善肉品的嫩度，提高出品率有积极作用；高压腌制已应用于各种畜禽肉、水产品的加工，高压处理不仅可以降低微生物细胞膜和酶活性，抑制沙门氏菌生长，提高产品的安全性，延长货架期，而且能提高肉的嫩度，改善色泽，促进挥发性风味成分的形成，但该技术成本投入大，极大限制了应用范围。真空腌制则是受限于设备，适用于小批量的肉制品加工，大规模肉品真空腌制还需要进一步的设备突破。肉制品的嫩化技术主要有3种方式：物理干预、化学干预和酶干预，如表3-8所示。

表 3-8　肉制品嫩化技术

嫩化技术	条件	作用机理
物理干预	超声波	改变细胞膜的通透性，破坏结缔组织并降低其机械强度；促进Ca^{2+}及蛋白酶的释放，加快蛋白质水解，损坏肌肉超微结构
	脉冲电场	改变细胞膜通透性，加速Ca^{2+}释放，激发钙蛋白酶活性；促使溶酶体释放组织蛋白酶，促进蛋白质降解
	超高压	降低肌肉蛋白紧密交联程度，使肌原纤维结构松散，增加肌原纤维蛋白溶解，激活钙蛋白酶
化学干预	碳酸钠注射嫩化	调节肌肉的pH，改善胶原蛋白和肌原纤维蛋白变性溶解，减少结缔组织含量
	钙盐	Ca^{2+}激活肌细胞内钙蛋白酶发挥蛋白降解活性，使肌原纤维断裂
	多聚磷酸盐	调节pH，提高肉制品的持水能力，保持肉的柔嫩性
酶干预	木瓜蛋白酶，碱性蛋白酶	酶作用使肽键断裂，结缔组织和肌原纤维中的蛋白质降解，肌肉松散，嫩度提高
	谷氨酰胺转氨酶	引起蛋白质交联，等电点和溶解性改变

3）预加热技术

部分肉制品经调制后还会经历蒸煮、油炸等热处理。其目的主要有两方面：一是赋予产品独特的风味和色泽，固化产品的形态；二是加热过程可以起到初步杀菌的作用。预加热技术常应用于调理肉制品、烧烤肉等产品的生产，加热温度、加热时间、加热方法对调理产品的食用品质和货架期有极大的影响。蒸煮分为水加热和蒸汽加热，蒸汽加热因温度过高易造成营养成分损失，较少应用，低温真空蒸煮将肉制品真空包装后再进行加热处理，既可以避免食品受到污染，还可以精准控制加热温度和加热时间（50～90℃，时间从几分钟到数小时），因而广泛应用于调理肉制品生产，尤以调理水产半生制品的应用最多。油炸是触发食品发生美拉德反应和焦糖化反应的重要手段，在调理肉制品生产中得到广泛应用。水油混合油炸、微波油炸、高压油炸等新兴油炸技术在肉制品加工中广受关注。

4）贮藏技术

肉制品贮藏过程中的腐败变质和氧化是影响产品品质的重要因素，目前应用到肉制品中贮藏中的技术如表 3-9 所示。

表 3-9　肉制品贮藏技术

名称	分类	举例	主要功能
抑菌技术	天然抗菌剂	壳聚糖	对产气荚膜梭菌有较强的抗菌活性，并能降低产气荚膜梭菌孢子的耐热性
	抗菌涂膜	丁香酚涂膜	抑制大肠杆菌、单核细胞增生李斯特菌和金黄色葡萄球菌的繁殖
	高压抗菌	400～600MPa/10 min	可杀灭鼠伤寒沙门氏菌、大肠杆菌和单核细胞增生李斯特菌
抗冻技术	糖类抗冻剂	海藻糖	抑制冰核的形成，减少冰晶数量，阻碍冰晶体积增长
	蛋白类抗冻剂	冰结合蛋白	
	多酚类抗冻剂	茶多酚	
杀菌技术	热杀菌	巴氏杀菌	杀灭引起食品腐败变质的微生物，钝化食品中的酶活性，非热杀菌还可以保持食品原有的新鲜度，减少营养成分流失
		微波杀菌	
		高频 RF 杀菌	
	非热杀菌	高压 CO_2 杀菌	
		纳米杀菌	
		高压脉冲电场杀菌	
包装技术	气调包装	动态气调包装	利用混合气体抑制腐败微生物的生长繁殖，降低肉食或果蔬的呼吸作用，延长保质期
	纳米包装	SiO_2/TiO_2 纳米粒子的聚乙烯醇基纳米复合膜	抑制动植物的呼吸作用，抑制腐败微生物生长
	智能包装	电纺毡比色指示剂（紫甘薯提取物和香芹酚）	抗菌、抗氧化，可用于猪肉新鲜度的监测和保持

（三）我国肉制品产业装备、标准法规现状

1. 肉制品加工装备现状

开发研究肉制品加工装备是我国肉类产业技术发展升级的需要，也是适应国民对未来肉类产品发展需要和社会经济发展中的迫切要求。20 世纪 80 年代的改革开放推动了我国肉类加工机械工业的发展，国家商业部为了提高我国的肉类深加工技术，开始从国外进口食品加工设备。一批肉类加工机械设备制造企业建立并通过仿制和借鉴国外技术开发中国特色肉品，为我国肉类食品工业的发展奠定

了坚实的基础。

肉类加工需要的设备主要涉及：切肉机、绞肉机、斩拌机、乳化机、搅拌机、滚揉机、填充机、注射机、灌肠机、烟熏箱、拉伸膜包装机、真空包装机等。虽然我国能自主生产此类设备，但从整体上来看，我国肉品加工全链条智能设备仍较为缺乏，肉制品加工装备与发达国家差距较大。发达国家基本实现了机器替代人工，提高了生产标准化程度和产品质量安全水平，智能屠宰、分割、分级、智能清洗、加工、物流、传感器、机器人及智能互联等新技术广泛应用。我国肉品加工手工操作、半机械化、机械化生产普遍存在，智能装备缺乏，肉品加工业还是典型的劳动密集型产业。由于科技人员缺乏、研发投入不足等原因，目前国内的肉类机械设备基本上还处在设计落后、技术水平不足、生产的产品质量差的状态，大多数肉类机械生产企业还在低水平上徘徊，高起点的较少，大部分还是简单机械或为国外机械设备配套的附属设施，或者模仿国外的先进设备进行生产，技术含量相对较低，特别是一些关键性的部分缺乏研究，设计理论还不成体系，创造性的设计有限，自主产品老化，无法满足现代肉制品实际生产的需求。

2. 肉制品标准、法规现状

屠宰及肉类加工业作为民生产业和传统支柱产业，在国民经济发展中占据重要地位。为有效保障肉类食品安全，提高人民生活水平，国家出台了一系列扶持屠宰及肉类加工业发展的产业政策以及生产标准，表3-10～表3-15展示了国家出台的相关产业政策和生产标准等。

表3-10　中国肉类食品加工行业主要法律法规

时间	相关部门	政策名称	主要内容
2021.4	全国人民代表大会常务委员会	《中华人民共和国进出口商品检验法（2021修正）》	加强进出口商品检验工作，规范进出口商品检验行为，维护社会公共利益和进出口贸易有关各方的合法权益，促进对外经济贸易关系的顺利发展
2021.4	海关总署	《进出口食品安全管理办法（2021年修正）》	进出口食品的检验检疫及监督管理
2021.4	全国人民代表大会常务委员会	《中华人民共和国食品安全法（2018修正）》	食品生产经营者应当依照法律、法规和食品安全标准从事生产经营活动，保证食品安全，诚信自律，对社会和公众负责，接受社会监督，承担社会责任
2020.1	国家市场监督管理总局	《食品生产许可管理办法》	在中华人民共和国境内，从事食品生产活动，应当依法取得食品生产许可
2019.10	国务院	《中华人民共和国食品安全法实施条例》	对食品安全风险监测和评估、食品安全标准、食品生产经营、食品检验、食品进出口及食品安全事故处理的实施进行了规范

续表

时间	相关部门	政策名称	主要内容
2018.12	全国人民代表大会常务委员会	《中华人民共和国食品安全法》	对食品安全风险监测和评估、食品安全标准、食品生产经营、食品检验、食品进出口及食品安全事故处理进行了规定
2018.12	全国人民代表大会常务委员会	《中华人民共和国产品质量法》	生产者应当对生产的产品质量负责。销售者应当采取措施，保持销售产品的质量
2017.11	国家食品药品监督管理总局	《食品经营许可管理办法》	食品经营者在一个经营场所从事食品经营活动，应当取得一个食品经营许可证
2015.4	全国人民代表大会常务委员会	《中华人民共和国动物防疫法》	动物屠宰加工场所，以及动物和动物产品无害化处理场所，应当向县级以上地方人民政府兽医主管部门提出申请，并附具相关材料。受理申请的兽医主管部门应当依照本法和《中华人民共和国行政许可法》的规定进行审查。经审查合格的，发给动物防疫条件合格证

表 3-11　肉类食品加工行业产业政策

时间	相关部门	政策名称	主要内容
2021 年	农业农村部	《推进肉牛肉羊生产发展五年行动方案》	牛羊生产是畜牧业的重要组成部分，牛羊肉是百姓"菜篮子"的重要品种。发展肉牛肉羊生产，对于增强牛羊肉供给保障能力，巩固脱贫攻坚成果，全面推进乡村振兴，促进经济社会稳定发展具有十分重要的意义
2020 年	国务院	《关于以新业态新模式引领新型消费加快发展的意见》	支持互联网平台企业向线下延伸拓展，加快传统线下业态数字化改造和转型升级，发展个性化定制、柔性化生产，推动线上线下消费高效融合、大中小企业协同联动、上下游全链条一体发展。加快推广农产品"生鲜电子商务+冷链宅配""中央厨房+食材冷链配送"等服务新模式。组织开展形式多样的网络促销活动，促进品牌消费、品质消费
2020 年	国务院	《关于促进畜牧业高质量发展的意见》	鼓励大型畜禽养殖企业、屠宰加工企业开展养殖、屠宰、加工、配送、销售一体化经营，提高肉品精深加工和副产品综合利用水平。推动出台地方性法规，规范牛羊禽屠宰管理
2019 年	发展改革委	《产业结构调整指导目录（2019 年本）》	将"农牧渔产品无公害、绿色生产技术开发与应用""农林牧渔产品储运、保鲜、加工与综合利用"列为鼓励类产业；将"年屠宰活禽1000 万只及以下的屠宰建设项目"列为限制类产业等
2017 年	国家发展改革委、工业和信息化部	《国家发展改革委、工业和信息化部关于促进食品工业健康发展的指导意见》	食品工业是"为耕者谋利、为食者造福"的传统民生产业，在实施制造强国战略和推进健康中国建设中具有重要地位。今后一个时期，食品消费需求呈刚性增长态势，随着消费结构升级，消费者对食品的营养与健康要求提高，品牌意识不断增强，食品工业发展模式将从量的扩张向质的提升转变

续表

时间	相关部门	政策名称	主要内容
2017年	国务院	《"十三五"国家食品安全规划》	鼓励食品生产经营企业建设规模化原辅材料和食品加工、配送基地，加强供应链管理，发展连锁经营、集中采购、标准化生产、统一配送等现代经营方式；鼓励企业按照良好生产经营规范组织生产，实施危害分析和关键控制点体系、良好生产规范、食品安全管理体系、食品防护计划等自愿性质量管理规范
2016年	国家发展改革委、工业和信息化部	《食品工业"十三五"发展意见》	食品消费需求呈刚性增长态势，随着消费结构升级，消费者对食品的营养与健康要求更高，品牌意识不断增强，食品工业发展模式将从量的扩张向质的提升转变；大力发展循环经济，提高精深加工和副产物综合利用水平，推进清洁生产和节能减排，促进食品制造绿色化；鼓励食品企业采取设立境外办事处和技术中心等多种方式"走出去"，支持有实力的企业通过并购、合资等方式进入海外食品加工和研发领域，拓展营销网络，深度融入全球食品产业链

肉类食品安全生产一直是我国各省市自治区的政策基调，围绕保障肉制品安全供应，严厉打击假冒伪劣肉制品的违法行为，同时优化肉类食品加工产业链结构并出台了多项政策。

表3-12 热加工熟肉制品生产涉及的主要标准

序号	标准号	标准名称
1	GB 14881	食品安全国家标准 食品生产通用卫生规范
2	GB 19303	食品安全国家标准 熟肉制品企业生产卫生规范（修订中）
3	GB 20799	食品安全国家标准 肉和肉制品经营卫生规范
4	GB 2726	食品安全国家标准 熟肉制品
5	GB 2707	食品安全国家标准 鲜（冻）畜、禽产品
6	GB 16869	鲜、冻禽产品（部分有效）
7	GB 5749	生活饮用水卫生标准
8	GB 2760	食品安全国家标准 食品添加剂使用标准
9	GB 2762	食品安全国家标准 食品中污染物限量
10	GB 2763	食品安全国家标准 食品中农药最大残留限量
11	GB 31650	食品安全国家标准 食品中兽药最大残留限量
12	GB 29921	食品安全国家标准 预包装食品中致病菌限量
13	GB 31607	食品安全国家标准 散装即食食品中致病菌限量
14	GB 7718	食品安全国家标准 预包装食品标签通则
15	GB 28050	食品安全国家标准 预包装食品营养标签通则

续表

序号	标准号	标准名称
16	GB/T 27301	食品安全管理体系 肉及肉制品生产企业要求
17	GB/T 20940	肉类制品企业良好操作规范
18	GB/T 29342	肉制品生产管理规范
19	GB/T 19480	肉与肉制品术语
20	GB/T 26604	肉制品分类
21	GB/T 23586	酱卤肉制品
22	GB/T 34264	熏烧焙烤盐焗肉制品加工技术规范
23	GB/T 19694	地理标志产品 平遥牛肉
24	GB/T 20558	地理标志产品 符离集烧鸡
25	GB/T 20711	熏煮火腿
26	GB/T 20712	火腿肠
27	GB/T 23492	培根
28	GB/T 23968	肉松
29	GB/T 23969	肉干
30	GB/T 31406	肉脯
31	SB/T 10279	熏煮香肠
32	DBS50/017	食品安全地方标准 食用畜禽血产品（血旺）

表 3-13 发酵肉制品生产涉及的主要标准

序号	标准号	名称
1	GB 14881	食品安全国家标准 食品生产通用卫生规范
2	GB 19303	食品安全国家标准 熟肉制品企业生产卫生规范（修订中）
3	GB 20799	食品安全国家标准 肉和肉制品经营卫生规范
4	GB 2726	食品安全国家标准 熟肉制品
5	GB 2707	食品安全国家标准 鲜（冻）畜、禽产品
6	GB 16869	鲜、冻禽产品（部分有效）
7	GB 5749	生活饮用水卫生标准
8	GB 2760	食品安全国家标准 食品添加剂使用标准
9	GB 2762	食品安全国家标准 食品中污染物限量
10	GB 2763	食品安全国家标准 食品中农药最大残留限量

续表

序号	标准号	名称
11	GB 31650	食品安全国家标准 食品中兽药最大残留限量
12	GB 29921	食品安全国家标准 预包装食品中致病菌限量
13	GB 31607	食品安全国家标准 散装即食食品中致病菌限量
14	GB 7718	食品安全国家标准 预包装食品标签通则
15	GB 28050	食品安全国家标准 预包装食品营养标签通则
16	GB/T 27301	食品安全管理体系 肉及肉制品生产企业要求
17	GB/T 20940	肉类制品企业良好操作规范
18	GB/T 29342	肉制品生产管理规范
19	GB/T 19480	肉与肉制品术语
20	GB/T 26604	肉制品分类

表 3-14 预制调理肉制品生产涉及的主要标准

序号	标准号	名称
1	GB 14881	食品安全国家标准 食品生产通用卫生规范
2	GB 20799	食品安全国家标准 肉和肉制品经营卫生规范
3	GB 31646	食品安全国家标准 速冻食品生产和经营卫生规范
4	GB 31605	食品安全国家标准 食品冷链物流卫生规范
5	GB 2707	食品安全国家标准 鲜（冻）畜、禽产品
6	GB 16869	鲜、冻禽产品（部分有效）
7	GB 5749	生活饮用水卫生标准
8	GB 2760	食品安全国家标准 食品添加剂使用标准
9	GB 2762	食品安全国家标准 食品中污染物限量
10	GB 2763	食品安全国家标准 食品中农药最大残留限量
11	GB 31650	食品安全国家标准 食品中兽药最大残留限量
12	GB 7718	食品安全国家标准 预包装食品标签通则
13	GB 28050	食品安全国家标准 预包装食品营养标签通则
14	GB/T 27301	食品安全管理体系 肉及肉制品生产企业要求
15	GB/T 20940	肉类制品企业良好操作规范
16	GB/T 29342	肉制品生产管理规范
17	GB/T 19480	肉与肉制品术语
18	GB/T 26604	肉制品分类

续表

序号	标准号	名称
19	NY/T 2073	调理肉制品加工技术规范
20	SB/T 10482	预制肉类食品质量安全要求
21	SB/T 10648	冷藏调制食品
22	SB/T 10379	速冻调制食品
23	QB/T 4891	冷冻调制食品技术规范

表 3-15　腌腊肉制品生产涉及的主要标准

序号	标准号	标准名称
1	GB 14881	食品安全国家标准 食品生产通用卫生规范
2	GB 20799	食品安全国家标准 肉和肉制品经营卫生规范
3	GB 2707	食品安全国家标准 鲜（冻）畜、禽产品
4	GB 16869	鲜、冻禽产品（部分有效）
5	GB 5749	生活饮用水卫生标准
6	GB 2760	食品安全国家标准 食品添加剂使用标准
7	GB 2762	食品安全国家标准 食品中污染物限量
8	GB 2763	食品安全国家标准 食品中农药最大残留限量
9	GB 31650	食品安全国家标准 食品中兽药最大残留限量
10	GB 7718	食品安全国家标准 预包装食品标签通则
11	GB 28050	食品安全国家标准 预包装食品营养标签通则
12	GB 2730	食品安全国家标准 腌腊肉制品
13	GB/T 27301	食品安全管理体系 肉及肉制品生产企业要求
14	GB/T 20940	肉类制品企业良好操作规范
15	GB/T 29342	肉制品生产管理规范
16	GB/T 19480	肉与肉制品术语
17	GB/T 26604	肉制品分类
18	GB/T 18357	地理标志产品 宣威火腿
19	GB/T 19088	地理标志产品 金华火腿
20	GB/T 31319	风干禽肉制品
21	SB/T 10294	腌猪肉
22	SB/T 10004	中国火腿

第三节 肉制品产业存在的问题

一、肉制品加工技术及装备落后，关键技术壁垒亟待突破

（一）生鲜肉屠宰数字识别和精准减损及装备落后

我国是生鲜肉的生产和消费大国，鲜肉的消费量占70%以上，消费者对于生鲜肉的品质和部位有着不同的需求，但是由于我国生鲜肉加工技术和装备相对落后，目前无法满足消费者的需求。在加工过程中，还存在生鲜肉损耗等问题。我国尚未构建畜禽食用品质和加工特性的大数据库和品质等级识别的模型，还存在畜禽胴体在线分级、自动分割、分割肉精准分级等技术瓶颈，还需要突破基于图像技术，进行胴体图像的在线采集，再根据肌肉厚度、切块大小、背膘厚度等关键参数进行自动判别，最后进行自动分割处理的智能化分级分割技术。同时，在生鲜肉的切割过程中，切刀上往往存在碎肉残留的问题，这不仅会造成生鲜肉的浪费，残留的肉制品还可能会引发微生物污染问题，生鲜肉的食用品质无法保障。有些企业在车间的生产加工过程中，卫生不达标，生鲜肉易被污染，造成腐败变质，也存在损耗等问题。亟需提升技术装备，解决智能化分级分割技术缺失问题，同时达到精准减损的目的。

（二）肉制品劣变控制技术瓶颈尚未解决

肉制品的高温劣变、冻融失水和氧化劣变机制不明确。有些肉制品，需要在低温下储藏，在食用前的加热过程中，往往会出现高温劣变、冻融失水、氧化劣变等问题，对肉制品的食用口感和品质造成影响。在高温加工过程中，肉制品中的营养物质含量会下降，如蛋白质、维生素等，在一定程度上降低了肉制品的营养价值，现缺乏在加热过程中对产品营养物质的保持技术；肉制品冻融会引发大量水分流失，严重降低产品品质，还需研发新技术改善冻融失水的问题；氧化劣变也很大程度上影响调理肉制品的品质，还需研发天然抗氧化剂和包装技术减轻氧化劣变程度。

（三）肉制品危害物防控和腐败菌控制技术不成熟

在肉制品的储藏、加工、运输过程中，常会因为不利的环境因素影响，导致有害微生物的污染，产生有害物质。目前我国还不能对危害物进行有效防控与阻断，亟需寻找高效危害物抑制因子，以抑制危害物的生成。同时，在加工过程中，

还需研发阻止危害物生成的新技术。我国目前对腐败菌的控制技术落后，还缺乏先进的包装材料和包装技术，以及有效抑菌剂。此外，对于肉制品储藏过程中可能产生腐败菌的类型，以及腐败菌对肉制品的劣变机制尚不明确，还缺乏改善解决这一问题的新理论、新技术和新方法。

（四）肉制品加工装备自动化水平低

发达国家基本实现了机器替代人工，提高了生产标准化程度和产品质量安全水平，智能屠宰、分割、分级、智能清洗、加工、物流、传感器、机器人及智能互联等新技术广泛应用。在肉制品的生产加工中，我国整体技术和装备水平低，加工水平落后，标准化生产程度低，自动化水平低。手工操作、半机械化生产仍普遍存在，智能装备缺乏，肉品加工业还是典型的劳动密集型产业。这种问题在中华传统肉制品中较为突出，据统计，目前80%的传统肉制品由手工作坊生产，工业化生产程度低。生产耗时、耗力，效率低，已与现代化、工业化生产发展脱轨，不利于传统肉制品的现代化发展和推广。因此，需使用高效率、自动化水平高的生产设备进行生产，才能使传统肉制品真正走上现代化发展的道路。除中华传统肉制品外，我国多数肉制品加工普遍存在加工装备自动化水平低的问题，制约了我国肉制品加工产业创新能力和可持续发展能力。

二、肉类产品品质不稳定，保质保鲜技术创新性不足

（一）肉制品的低温加工优良发酵剂明显不足

由发酵剂制得的肉制品称为发酵肉制品，如发酵类火腿、香肠等。发酵肉制品在美国、意大利、德国等国家多采用微生物接种发酵。所需要的发酵微生物来源于自身及环境中的微生物，所以传统工艺加工出的产品，质量受周围环境因素影响很大。我国目前的发酵制品大多采用传统的发酵工艺，发酵过程受环境影响较大，产品质量的稳定性较差。我国西式肉制品加工所需的发酵剂多依赖于进口，缺乏具有自主产权的优质发酵剂，无法满足西式肉制品的生产需要，无法为消费者提供品质优良的西式发酵肉制品。

（二）功能性肉制品开发不足，高端产品不丰富

消费者对于食品的需求不仅仅是"吃得饱"，更加追求"吃得好"，尤其是高端肉制品和功能性肉制品需求量大幅增加。然而，我国精深加工的技术缺失，精深加工程度较低，肉制品主要以生猪为原料，牛、羊及家禽的加工非常少，尤其牛羊肉制品更少，不能适应市场对食品工业向精深加工发展的需求，导致我国

高端肉制品开发难度大。同时，我国功能性肉制品的开发水平较低，技术水平落后，加工关键技术瓶颈尚未突破，不能有效解决功能性肉制品缺失的问题。我国缺乏原料肉的处理和肉制品的重组与成分调整等关键技术，且肉制品添加功能因子或营养强化剂技术匮乏，低脂、低胆固醇、低糖、高不饱和脂肪酸的肉制品加工难度大。现有市场功能性肉制品品类少，难以满足老人、幼儿和患者等特殊人群的需要。

三、配套服务体系不完善，肉制品安全保障水平有待提升

（一）宰后供应链品质劣变关键检测和智能管控缺失

宰后生鲜肉供应链在流通环节易发生品质劣变，需要进行相应检测以保证食用安全。而我国生鲜肉质量标准体系不健全，关键检测技术不够成熟，不能快速准确地进行检测。因此，生鲜肉品质劣变的快速检测技术亟需研发以提高检测能力。同时，目前我国对于生鲜肉的智能管控不够健全，在过程管控、市场监控、质量安全检测、品质识别鉴伪、风险评估与预警、产品技术标准等领域较为薄弱，在一定程度上会增加生鲜肉安全风险，扰乱生鲜肉市场的正常秩序，无法保障消费者的食用安全，危害国民健康。我国生鲜肉产量高，监管部门的监管压力较大，亟需健全生鲜肉智能管控体系，保障生鲜肉的食用安全。

（二）宰后冷冻肉溯源、运输体系薄弱

肉品为进行远距离运输，宰后需在低温下冷冻保藏。冷冻肉的保存需要低温环境，我国人口众多，对冷冻肉需求巨大，所以迫切需要完善有效的冷链系统，然而目前我国冷链物流的硬件设施落后，达不到需求。由图3-5可知，2019年我国冷库容量已经达到6053万吨，同比增长15.6%，但从人均用量来看，我国人均冷库容量只有0.1 m³，日本和美国的人均冷库容量已达0.35 m³和0.4 m³。中国在冷链行业的落后不仅体现在冷库的人均容量上，还体现在冷冻肉的冷链运输当中。在美国、日本等发达国家，冷冻肉运输不仅拥有充足的运输车和冷藏库，而且配有EDR、EPS等先进的信息技术，对整个冷冻肉的冷链运输信息进行实时跟踪和监控，对冷链运输进行全过程把控。

我国目前尚未形成完整的肉制品冷链物流体系，冷链物流标准化体系建设不够完善，各地区是一种分割式管理，没有形成总体通用的行业标准，致使冷链物流行业难以达到统一性和协调性。现有的冷链物流体系中存在"最后一公里"的难题，在某些落后偏远的地区，因冷链物流发展落后使得冷冻肉在运输、销售的过程中冷链中断，无法做到全程冷链运输，这会导致冷鲜肉及低温肉制品易腐败，

增加食品安全隐患。在冷链物流行业中，信息技术可对肉制品运输进行实时的跟踪监控，便于整条供应链实时沟通，共享冷链物流运输数据，促进整个供应链各环节之间的行动协调。冷链运输体系的缺失和信息技术的落后导致冷冻肉溯源困难，后期出现问题的冷冻肉难以快速精确溯源。因此，增强我国冷冻肉运输体系，解决冷冻肉溯源问题非常必要。

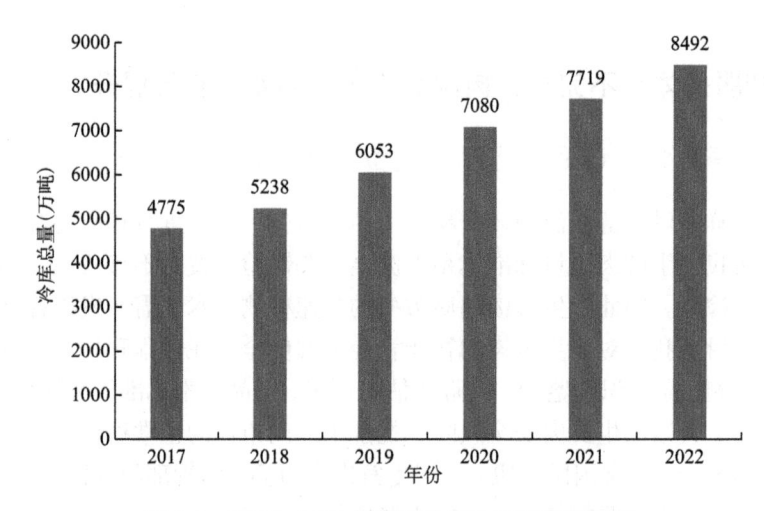

图 3-5　2017—2022 年中国冷库总量预测趋势图

第四节　肉制品产业高质量发展建议

高质量发展是全面建设社会主义现代化国家的首要任务。绿色是高质量发展的底色，让人民共享发展成果、满足人民日益增长的美好生活需要是高质量发展的根本目的。肉品高质量发展要在保障人民群众肉品需求的基础上，通过资源节约、环境友好、生态优先、循环利用等手段，实现肉品产业的可持续发展，具体包括以下几个方面。

（1）资源可持续利用：绿色高质量发展要求在肉品生产过程中，充分利用资源，减少资源浪费。主要有优化饲料配方，提高饲料利用率，减少粮食依赖；推广高效节水养殖技术，降低养殖业对水资源的消耗；合理利用农作物秸秆等农业废弃物，发展生物质能源，降低养殖业的环境污染。

（2）环境保护：绿色高质量发展要求在肉品生产过程中，严格遵守环保法规，减少污染物排放。这包括加强养殖场和肉品加工厂的环境治理，减少氨、氮、磷等污染物的排放；推广清洁生产技术，降低粪便、尿液等废弃物的处理压力；加强工厂的废弃物处理设施建设，实现废弃物的资源化利用。

（3）肉品安全：在肉品生产过程中应加强卫生管理，防止微生物交叉感染，强化市场监督，杜绝非法食品添加剂，加强养殖场、屠宰场等关键环节的疫病防控。

（4）产品创新与质量提升：绿色高质量发展要求在肉品生产过程中，不断推出新产品，满足消费者多样化的需求。这包括开发低脂、低盐等健康肉制品；推广绿色包装，减少塑料等不可降解材料的使用；开发节能高效加工设备，推动生产设备的自动化与连续化，加强肉品质量安全监管，提高产品质量。

科技创新是赋能绿色高质量发展的第一驱动力，是建设现代化经济体系的战略支撑。而我国肉制品科技创新要放眼世界肉制品发展趋势、着眼肉制品科技发展前沿、立足中国肉制品发展实际。1980—2023年，这40多年的发展历程里，我国肉品加工业一方面引进先进技术改造落后产能；另一方面加强中国传统肉制品加工技术改革创新，经历了冷冻肉、高温肉制品、冷却肉、低温肉制品、传统肉制品工业化和营养肉制品加工等发展阶段，在生鲜肉供应链保鲜减损、传统肉制品（肉类菜肴）工业化、畜禽屠宰加工副产品多元化等共性关键技术研发上取得长足进步。

当前，我国人民对肉品消费的需求已从数量安全到质量安全再到营养健康快速转变，初步建立了以市场需求为导向，以畜禽宰后保鲜、物流、加工等为主体，相关服务业为支撑的全产业链新型肉品加工产业。基于我国肉品加工产业现状和未来产业需求，实现肉品高质量发展，应从以下几点出发。

一、推动科技创新，助力产业升级

（一）突破前沿技术，培育新兴产业

肉制品科技创新离不开关键前沿技术的突破和新兴产业的培育。为进一步有效支撑未来肉制品产业的升级改造和可持续发展，一是需要贯彻落实创新驱动发展战略，深化肉制品产业创新，为产业高质量发展培育新动能、提供新动力。二是需要创新加工理论体系。针对产品特点，以原料配送、生产加工、储存运输等方面亟需突破技术为抓手，将化学、物理、数学、人工智能等多学科交叉融合，创新原料预处理、食材预烹调、菜品预包装、仓储物流保鲜理论与技术体系，最大限度地保持产品营养、风味与口感。三是要支持骨干龙头企业、重点园区联合科研院所组建产业研究院和创新联合体，开展关键核心技术联合攻关。四是需要大力培育和引进高层次研发人才，打造一批重点研发团队。五是需要推动全产业链研发及技术转化，实现"基础研究、技术攻关、技术应用、成果产业化"全过程无缝衔接。

（二）新兴科技发展，驱动产业升级

推动新兴科技发展，驱动产业升级是肉制品产业行稳致远的内生动力。为实现这一目标，一是需要高度重视新兴肉制品产业培育和发展，强化创新驱动、突出科技引领，将培育壮大战略性新兴产业作为加快经济方式转变、推动肉品产业高质量发展的战略突破口。二是要深刻把握肉制品产业发展的阶段性新特征新要求，通过工业化、标准化生产，经预加工、预烹调、预包装的成品或半成品预制食品及相关制备和配套产业作为主攻方向，一手抓传统产业转型升级，一手抓新兴产业发展壮大，推动产业加速向数字化、网络化、智能化发展，提高产业链、供应链稳定性和现代化水平。三是要布局高成长性的肉制品产业赛道。研究确定新赛道方向，借助市场化力量，联合开展赛道选择与培育。四是需要加大对核心科研攻关的支持力度，积极推荐申报各级科技计划项目，重点突破耐氧化、贮藏、灭菌、贮运等技术难题，组织企业申报创新引领型重大项目，引导涉农科创平台、食品粗加工企业向研发领域转型。五是需要集中全省科技创新资源，围绕肉制品产业重点领域的创新链、产业链"两链融合"，实施一批具有关键核心作用的重大工程，构筑高标准创新空间，推动重点领域开放创新，强化企业技术创新主体，推进产学研协同创新，推动开放式协同创新，实施人才要素集聚创新，构筑现代肉制品产业创新体系。

（三）精准快速检测，智能监管溯源

实现精准快速检测和智能监管溯源是推动肉制品产业高质量发展的重要保障。在快速检测方面，欧盟等发达国家较早地开展了肉类抗生素和致病微生物的高通量、高灵敏度的快速检测设备和产品研发，并迅速占领了市场。我国食品安全快速检测产品受国际认可不足10%，致病菌等核心检测试剂和毒素标准物质高度依赖进口。复杂基质分离材料国产产品占比不足15%，用于8种微生物快速检测的84个检测产品几乎没有国产产品。因此，需要加大力度研发适用于肉制品的安全快检技术，建立相关快速检测方法的技术规范，并制定相应统一的快速检测标准。

在监管溯源方面，一是建立质量安全标准体系。加快制定术语、评价规范、原料标准、加工技术规程、产品标准、包装要求、冷链物流等相关国家、行业、团体、地方和企业标准，保障产业链有标准可依、有方法可参考。二是完善质量安全监管技术。发挥好政府引导作用，逐步建立起以企业为主体、市场为导向，创新发展深度融合的质量安全监管技术体系，提高原料监测、生产过程监督、市场抽检技术水平。三是明确监管内容及要点。落实企业主体责任，明确监管内容，加快推进产地准出和市场准入有效衔接，强化市场销售质量安全风险管控，监管"前置"，确保产品来源可查、去向可追。

二、优化布局，助力产业健康发展

（一）强化科技创新，驱动产业升级

一是创新加工理论体系。针对消费者对绿色、营养、健康肉制品的需求，紧密结合我国当前肉品加工现状、发展趋势及中国居民膳食习惯，在智能化屠宰分级分割、生鲜肉智慧物流保鲜、传统肉制品绿色加工、副产物高值化利用、肉制品质量与安全控制、肉品营养与健康等方向开展肉品加工科技创新。针对肉制品产品特点，促进多学科交叉融合，创新预处理、预包装、仓储物流保鲜理论与技术体系，最大程度提高产品质量。二是研发专用技术装备。创制畜禽肉品机器人精准智能分割技术与装备、开发基于近红外、高光谱、超声、生物标志物、机器视觉、X 射线等智能化分级技术与装备。提高肉类机械装备自主创新能力，开展数字化设计和制造技术、智能感知和智能控制技术应用研究，提升整体装备制造水平。利用多组学、大数据分析等先进手段，通过技术升级、工艺重组再造、装备耦合等方式，研发新型靶向减菌、风味发育与保持、智慧包装、数字冷链仓储物流技术，充分保持风味，延长产品货架期。三是搭建肉制品研发平台。支持肉类加工企业开展肉类精深加工和畜禽资源综合利用，发展小包装分割肉、肉制品加工和调理类、调味类产品生产，加快产品升级和结构调整。支持生产企业根据消费者营养需求、原料特性与营养组成，靶向设计并精准制造新型方便、休闲、可口的个性化产品，保障肉制品产业健康发展。

1. 屠宰加工：实现基于智能识别和精准分割的高效减损

构建智能识别模型，精准识别鲜肉品质特性和加工特性，基于大数据人工智能实现智能分级，突破胴体在线分级、胴体自动分割、分割肉精准分级等技术瓶颈，集成高新技术实现规模化应用，建立胴体智能化分级分割技术体系和质量等级评价体系，解决我国畜禽胴体屠宰过程中分割手段落后、准确性差、损耗率高、生产效率低等难题，提高肉类智能化分级分割水平。聚焦畜禽肉板块，围绕不同部位分割肉的外观、质地、多汁性、风味和营养价值等重要食用品质和凝胶特性、乳化特性、风味特性、持水能力等重要加工特性，系统研究不同部位分割肉的食用品质特性和加工特性随物品种、年龄、胴体等级、季节、地域等的变化规律，形成畜禽肉食用品质特性和加工特性数据库。基于图像技术，研发胴体图像在线采集、自动处理及关键性状（如背膘厚度、肌肉厚度、切块大小）自动判别和自动分割技术。基于机器视觉，构建畜禽胴体和分割肉品质等级识别模型，研发畜禽分割肉的在线自动分级技术。

2. 宰后流通：建立供应链劣变实时监测和智能管控系统

开展基于结构特性分类控制的典型肉品供应链品质劣变特异性表征机制及其

共性管控技术研究，研发其物流环境与品质劣变关键信号感知材料及智能检测装备，进而创建其供应链品质实时监管与信息融合平台、货架品质可视化预测预警技术体系，并在龙头企业集成应用示范，具有较强的创新性和可行性。针对生鲜肉品宰后供应链品质智能管控技术缺乏、体系不完善等突出问题，开展基于结构特性分类控制的典型肉品供应链品质劣变特异性表征机制及其共性管控技术研究，研发其物流环境与品质劣变关键信号感知材料及智能检测装备，进而创建其供应链品质实时监管与信息融合决策、货架品质可视化预测预警技术体系，在肉品供应链龙头企业应用示范。通过解析腐败微生物菌落在屠宰、分割、包装、驻厂等环节和空间维度的丰度变化及演替规律，开发冰温保鲜、真空包装、气调包装、抗菌活性包装等贮藏与复合包装保鲜技术，研发基于计算机视觉和光谱分析的生鲜肉品质快速鉴别技术，建立生鲜肉品质智能保持新技术，解决我国生鲜肉加工过程中微生物污染严重、保质期短，难以满足中长距离市场供应等问题。生鲜肉贮藏过程中品质变化及智能保持新技术研究：研究屠宰、分割和包装过程中胴体或分割肉表面微生物组的动态变化规律，实现对生鲜肉加工过程中微生物与品质劣变的精准化控制；研发高效调控生鲜肉品质劣变和微生物繁殖的冰温保鲜和复合包装保鲜技术，重点突破基于天然抗菌剂复合包材控释、气调包装、真空包装和活性包装综合保鲜等关键共性技术，建立基于计算机视觉和光谱分析技术的生鲜肉品质快速检测技术；建立生鲜肉工业化加工标准与全程质量控制体系。

3. 宰后储藏：建立冷冻肉安全仓储和可溯源冻库体系

加大高水平冻库的建立，保质期长度的确定兼顾科学性与经济性，在达到《冷冻肉冷藏规范》团体标准推荐的 24 个月保质期的同时，达到国际冻库高标准，不同类型的肉品精准区分储存，冻存过程中高效科学管理，保证冻库安全高效运行。在冻存初始即精准有效降低微生物污染水平，在过程中控制冷冻技术指标与相关环境因子，在出库时监测微生物、理化等食品安全指标，保证储存肉品的安全。

4. 终端消费转变：提升冷鲜肉的品质和接受程度

冷鲜肉的多汁性、弹性、咀嚼性、适口性显著优于热鲜肉，营养风味得到一定程度的改善，安全健康的冷鲜肉越来越受到消费者的关注。提升冷鲜肉产业加工条件，促使更多企业达到危害分析与关键控制点的管理水平，同时着力于冷鲜肉售卖过程中的颜色、质地、风味保存以及货架期提升，加强冷链管理，保证冷鲜肉的安全高效流通。加大冷鲜肉优势宣传力度，向国际先进水平看齐，促使冷鲜肉成为我国肉制品消费市场主流。

5. 传统肉制品的现代化制造

传统肉制品因其独特的风味受到消费者的追捧，但也存在不少问题，传统肉制品现代化是未来的趋势。首先要解决的是传统肉制品加工方式落后问题，亟待从分子层面解析传统肉制品加工过程中质构、风味、色泽等品质形成的基础以及原料加工适应性机制；揭示典型传统肉制品加工工艺中主要营养素的结构变化与相互作用规律及其消化、吸收、代谢与转化规律；阐释典型传统肉制品加工过程中内外因素对产品感官品质、营养价值和危害因子形成的影响规律，为我国传统与民族特色肉制品产业的发展奠定良好的理论基础。其次是传统肉制品规模化生产程度低、国内普及程度低、国外知名程度低的"四低"问题严重制约着我国传统肉制品的健康发展。先进的加工设备对传统肉制品的发展至关重要，促进加工体系的完善，引进与研发并举，既要引入国际先进设备，也要加深自主知识产权机械和工艺的研究。一个完善稳定的生产体系是保障传统肉制品品质的关键，同时科学化管理体系也是维持此生产体系运转的必要因素。我国传统肉制品现代化的进程，可借鉴 HACCP、GMP、ISO9000 等先进质量管理体系，并与我国肉制品有关标准与规范实际进行结合，建立质量保障管理体系、环境管理体系等科学化管理体系。凭借我国肉制品在配方上的优势，肉制品现代化发展大有可为。再而需加大对从业人员相关技能的培训，使其加强专业知识储备，掌握工艺，熟悉要求，结合实际，才能实现肉制品现代化发展的大跨越。随着消费需求的增加与多样化，传统肉制品生产企业需意识到肉制品的小作坊发展模式已不适应当下，现代化、规模化生产才是未来的发展方向。最后，传统肉制品有关标准亟待完善，出台相关标准规范行业生产。传统肉制品在工业化时代现代化发展，传统风味优势与规模生产相结合，从而促进传统肉制品的跨越式发展，增强中式肉制品在国内外市场的竞争优势，提高市场影响力和占有率。

6. 传统肉制品优良发酵剂的研制

培根、香肠等发酵肉制品经微生物发酵形成的低 pH 环境有利于提高产品稳定性、营养价值和质量特性。我国发酵肉制品仍以传统发酵工艺为主，存在发酵质量不稳定，产品品质难控制，不利于规模化生产等缺点。因此，发酵剂的研发与采用对行业升级有重要推动作用。目前我国发酵肉产业大多使用进口发酵剂，为实现我国肉品产业知识产权自主化，提升发酵肉制品的国际影响力，优良菌株的筛选培育与发酵剂研发刻不容缓。同时，在全民健康的背景下，风味优良、营养安全兼具保健功效的新型产品更易被消费者所接受，发酵肉制品是一个很好的载体，通过使用益生菌发酵剂，研制出高质量兼具营养健康的发酵肉制品。

7. 传统肉制品品质的提升

通过解析解冻过程中水分迁移及汁液损失的形成机制，研发物理场耦合低温高湿变温解冻新技术；通过解析磁场对调理肉水分迁移和相转变等关键过程的影响效应，研发调理肉磁感应预加热和冷冻技术，以及基于强化前体物、包埋特征风味物和调控风味释放进程的调理肉制品风味强化技术;基于超声波和真空滚揉的双重作用,研究腌制液在肌肉纤维中的渗透速率和迁移规律,并构建智能化的控制和监控系统;研究生鲜调理肉色泽、质构和风味等品质劣变规律,及其与脂质、蛋白氧化、微生物的关系,探明生鲜调理肉品质劣变化学基础,形成冰温、绿色涂膜等多维协同锁鲜技术。调理加工新技术研究:研究高效解冻技术对原料肉品质和加工特性的影响,研发低温高湿以及低压静电场辅助解冻新技术;研究生鲜肉预处理、高效腌制和冷冻技术;研究生鲜调理肉品质劣变机制和多维协同抑制劣变效应,研发冰温保鲜、绿色涂膜等多维协同锁鲜技术;研制自动化的进料-出料连接装置和可编程式的基于超声波协同真空滚揉的智能化控制系统,建立生鲜肉调理加工智能化生产线和全程质量标准体系。

8. 传统肉制品危害物的防控

研究重点在于阐明调理肉制品预制过程中典型危害物的生成机理,如还原糖、氨基酸和脂肪酸的氧化、裂解及分子重排,研究多酚类植物提取物清除自由基,以及乳酸钾替代盐、pH 调控美拉德反应的危害物阻断机制,以期实现加工过程中危害物水平的控制。着重研究调理肉制品中典型危害物含量控制,降低苯并芘含量至国家标准限值 1/10 以下、定向阻断杂环胺的生成量、减少丙烯酰胺生成量等。研究调理肉危害物精准防控关键技术可有效解决危害物防控的行业难题,为调理肉安全预制加工保驾护航。在工业化水平上,重点在于完善危害分析体系,明确工艺流程和工艺参数,建立相应控制措施,制定制度、方案、计划、作业指导书等文件(操作性前提方案),对关键控制点应制定关键限值。基于危害评估,选择适宜的控制措施或控制措施组合,以预防或降低调理肉中危害物至规定的可接受水平。

9. 传统肉制品腐败菌的控制

聚焦调理肉制品有害微生物,研究调理肉制品加工贮藏期的微生物动态变化,确定腐败有害菌,为有害菌精准抑制打下基础。根据原料肉、腌制、预制、速冻/速冷及冻藏/冰鲜 5 个关键控制点,积极采用对调理肉品质影响更小的新技术,实现对有害菌的有效控制,如气调保鲜技术、真空保鲜技术、辐照杀菌技术、生物涂膜材料等,实现有害菌高效抑制和某些特定有害微生物的靶向抑制。通过检测分析不同调理生产与流通过程中微生物变化,确定其群落演替规律,建立肉类品质与微生物菌相变化之间的相关性,为有害微生物的智能管控提供理论基础。

(二)把握消费者健康饮食趋势,开发未来肉制品

1. 开发低盐、低脂肉制品

低脂肉制品的开发对患有肥胖、高血脂等慢性病的人群意义重大,可以保证

其肉类消费需求。由于脂肪对肉良好风味的形成至关重要，也是脂溶性维生素吸收有效的促进成分，且其本身的可塑性对肉品加工过程的塑形有显著提升，如何在不影响肉制品颜色、质地、风味品质的情况下，尽可能降低其脂肪含量，是低脂肉制品开发需要攻坚的问题，脂肪替代物的研究与开发代表着未来的趋势，通过脂肪替代物代替脂肪，大幅度降低肉制品的热量，同时模拟脂肪在食品中的质构特性，提高肉制品的保水力、乳化性、持油性，降低肉制品的蒸煮损失率。未来应加大基于蛋白质类、多糖类、脂肪基类以及混合替代类的多种替代方案研究，聚焦提升低脂肉制品品质，寻求新的脂肪替代物，为低脂肉制品的开发提供更多的可能性。

2. 开发营养强化肉制品

在营养健康观念逐渐深入人心的趋势下，利用适当载体将微量元素、营养强化剂添加到传统肉制品中，使具有保健功效的营养强化肉制品越来越受到消费者青睐。未来的营养强化肉制品的市场方向可多点发力，如添加膳食纤维，可提高营养强化肉制品的持水力、结合水力和吸水膨胀能力，并具有润肠通便、调节血糖等多种健康功效；添加金属元素补充剂、维生素和矿物质肉制品对微量元素缺乏的人群具有重要功效；添加活性低聚糖肉制品改善人体微生态环境等。

3. 开发多维（3D/4D）增材肉制品

未来食品制造将实现"工业4.0"与"大数据时代"下的"智能互联制造"，"适度精准加工""人工合成生物转化"等技术大范围普及应用，通过3D打印等增材技术，人们可跟踪和"量化"营养素需求数据，进而精准"打印出"营养价值、成分、口味、质地和大小等均符合个体需求的个性化增材肉制品，使"肉品智能、智慧制造"成为现实。

4. 开发人造合成肉制品

人造肉是不同于传统养殖动物获取蛋白的方式，而是利用改性手段或细胞培养等方式生产出非动物来源蛋白产品，通过加工手段使其质地接近动物肌肉。"人造肉"产品可以分为3类：一是豆制品调味后制成的"荤做素肉"；二是"植物基人造肉"，即豆类蛋白通过加工手段使其具有肉类口感以及相应肉基营养成分；三是"培植肉"，采用细胞工程技术，利用细胞可高速增殖、分化的特点，将细胞聚集体进行结构搭建，最终产生培植肉。相较于传统肉类，人造肉在生产加工过程更易添加一些高效营养成分，迎合市场不断增长的营养健康需求。联合国粮农组织的数据显示，因畜牧业所导致的碳排放占总量近14.5%，而人造肉生产方式更环保，引起的碳排放远低于畜牧业。中国工程院院士、中国食品科学技术学会名誉副理事长陈坚曾在"前沿科技与未来食品论坛"上预判道，"未来，食品科技将颠覆传统食品工业制造模式。人造肉是基于合成生物学、纳米技术等技术的未来食品，具有重大的经济、社会、环境效益。"随着肉品加工产业链的不断升级，人造肉需加大产业技术创新，引导终端消费领域的不断拓展，人造肉产业将会呈现快速发展趋势，为消费者提供更多选择，更有利于低碳节能和环境保护，具有广阔的市场和前景。

（三）加强质量安全监管，确保产业健康发展

一是建立质量安全标准体系。支持肉制品行业协会制定优质肉类产品团体标准，"标准配标识"，建立优质肉类食品推广平台。加快制定术语、评价规范、原料标准、加工技术规程、产品标准、包装要求、冷链物流等相关国家、行业、团体、地方和企业标准，保障产业链有标准可依、有方法可参考。

二是完善质量安全监管技术。发挥好政府引导作用，逐步建立起以企业为主体、市场为导向，创新发展深度融合的质量安全监管体系。完善肉制品质量安全智能监管技术、加工危害物主动防控技术、食源性致病菌和农兽药残留快速检测技术，提高原料监测、生产过程监督、市场抽检技术水平。

三是明确监管内容及要点。开展屠宰及肉类加工食品安全风险评估，确认风险点，实施风险分级管理，强化监管，从严执法。落实加工企业主体责任，明确监管内容，加快推进产地准出和市场准入有效衔接，强化市场销售质量安全风险管控，监管"前置"，确保产品来源可查、去向可追。

（四）加大政策支持力度，助力产业做大做强

一是加大财政投入。支持重点龙头企业加强畜禽养殖基地建设，推进发展畜禽标准化和科学化规模养殖，形成完整的产供销一体化产业链，开展全产业链融合发展新技术研发，开发生产新产品，实现全产业链高度融合发展，加快实现肉类一二三产业的有机融合。支持肉类生产与加工企业优化产业结构、提升技术装备水平、加快产品升级和结构调整，满足消费升级需求。支持屠宰企业加强肉类冷链物流配送系统建设，增强肉类冷链配送能力，提升产品质量和服务水平。支持高校、科研院所持续开展科技创新，围绕肉品加工开展基础及应用研究。加强对肉制品科技创新、产业化发展、园区建设等方面的扶持，加大对产业投入的力度、深度和广度。

二是强化资源供给。加强资源要素支持和制度供给，配套出台支持肉制品产业科技发展政策，开辟肉制品产业绿色通道，形成肉制品产业发展的强大合力。

三是加强政策保障。出台支持肉制品产业发展的相关科技政策，强化肉制品与预制菜肴加工企业用地、金融等方面政策扶持，鼓励社会资本以多种形式参与肉制品产业，保证肉制品产业健康发展。

（五）加强人才队伍建设，夯实产业智力支撑

一是完善人才培养体系。大力培育和引进肉制品领域高层次研发人才，打造一批重点研发团队。把肉制品专业人才培养纳入高等院校、职业院校的人才培养体系，开设肉制品课程，提高肉制品产业人才培养水平。

二是充分发挥行业协会、企业等社会力量。组织开展肉制品产业发展相关职业技能人才培训，开展原料挑选、预处理、预包装、仓储物流、销售等肉制品产业相关职业及能力培训，全面提升企业家、研发人员理论与实践水平。

三、加快产业链及供应链的绿色低碳转型

（一）推进农牧业绿色发展

建立健全秸秆、畜禽粪污等农业废弃物收集利用处理体系，深入实施养殖"减抗"行动。推进畜禽养殖绿色发展先行区和观测试验基地建设。

（二）推进肉类食品绿色制造

开展畜禽屠宰、肉制品、肉类预制菜等重点行业和重点产品资源效率对标提升行动，加快低碳、零碳、负碳关键核心技术攻关。优化资源循环利用技术标准，实现资源绿色、高效再利用。

（三）推进肉类供应链绿色转型

开展肉类冷链物流领域节能减排行动，健全逆向物流服务体系。全面推行绿色设计、绿色制造、绿色建造、绿色贸易，健全统一的肉类绿色产品标准、认证、标识体系，推进全链条节约减损。实施中国可持续肉类供应链推广计划。

（四）推广肉类绿色消费方式

提倡健康饮食，反对食物浪费，促进肉类绿色消费。

参 考 文 献

[1] 张宇昊, 陈海. 川渝预制菜产业现状与发展路径分析. 中国食品学报, 2022: 1-10
[2] 王卫, 张锐, 张佳敏, 等. 预制菜及其研究现状、存在问题和发展展望. 肉类研究, 2022, 36(09): 37-42
[3] 王娟, 高群玉, 娄文勇. 我国预制菜行业的发展现状及趋势. 现代食品科技, 2022: 1-5
[4] 曾耀锐, 邹玉洁, 卢贤钿. 供应链视角下"宅经济"预制菜发展现状及前景分析. 中国储运,

2022(11): 189-190
[5] 刘辉, 宋淳浩, 洪恒, 等. 生鲜食材供应链中存在的问题及解决方案研究——以预制菜为背景. 河北企业, 2022(05): 21-23
[6] 王卫, 张锐, 张佳敏, 等. 预制菜及其研究现状、存在问题和发展展望. 肉类研究, 2022, 36(09): 37-42
[7] 李泽坤, 李林强, 刘永峰. 肉类预制菜研究现状及其化学安全性的控制策略. 肉类研究, 2022, 36(09): 58-64
[8] 李冬梅, 张雪迪, 毕景然, 等. 中式预制菜肴产业的传承与创新. 中国食品学报, 2022, 22(10): 1-8
[9] 杨清清, 王靖怡. 618 预售销量暴增四千亿级预制菜市场呼唤新标准. 21 世纪经济报道, 2022-06-10(011)
[10] Griffith R., W. Jin, V. Lechene. "The decline of home-cooked food." Fiscal studies, 2022
[11] Kim B, Joo N. "Structural relations of convenience food satisfaction and quality of life according to dietary style: Focusing on singles in metropolitan area of Korea." Nutrition Research and Practice, 2014
[12] 河南省农业农村厅. 河南省人民政府关于公布农业产业化省重点龙头企业名单的通知, 2022. https://www.henan.gov.cn/2023/01-05/2667861.html
[13] 张德权, 惠腾, 王振宇. 我国肉品加工科技现状及趋势. 肉类研究, 2020, 34(01): 1-8
[14] 河南省人民政府办公厅. 河南省加快预制菜产业发展行动方案(2022—2025 年). https://www.henan.gov.cn/2022/10-26/2629095.html
[15] 河南省人民政府办公厅. 河南省绿色食品集群培育行动计划. https://www.henan.gov.cn/2022/09-21/2610740.html
[16] 人民网研究院. 预制菜产业发展报告. http://yjy.people.com.cn/n1/2023/0710/c440911-40031856.html
[17] 张德全, 刘欢, 孙祥祥, 等. 预制菜肴工业化加工技术现状与趋势分析. 中国食品学报, 2022, 22(10), 39-43
[18] 赵靓琳. 预制菜行业现状及问题研究. 现代营销(经营版), 2021(9): 146-147
[19] 孙跃辉, 毕晓华. 中国预制菜产业专利申请现状分析. 中国食品学报, 2022, 17: 138-140
[20] 李冬梅, 张雪迪, 毕景然, 等. 中式预制菜肴产业的传承与创新. 中国食品学报, 2022, 22(10): 1-8
[21] Griffith R, Jin W M, Lechene V. The decline of home cooked food. IFS Working Papers, 2021
[22] Kim B, Joo N. Structural relations of convenience food satisfaction and quality of life according to dietary style-focusing on singles in metropolitan area of Korea. 2018
[23] 张志强. 禽流感肆虐后的全球禽肉生产. 兽医导刊, 2015(23): 56-57
[24] 王俏, 周海燕, 毕孝瑞, 等. 我国食品标准体系在食品安全监管过程中的应用及现存问题. 中国食品卫生杂志, 2022: 1-9
[25] 周光宏, 武英, 郑乾坤, 等. 冷却猪肉质量安全控制技术与应用. 中国畜牧杂志, 2015, 51(14): 54-58
[26] 王丽媛, 高艳蕾, 张丽, 等. 畜禽副产物的加工利用现状及研究展望. 食品科技, 2022, 47(06): 174-183

[27] 吴立芳，马美湖. 我国畜禽骨骼综合利用的研究进展. 中国禽业导刊, 2005(20): 36-37
[28] 李培迪，张德权，田建文. 低盐低脂功能性肉制品的研究进展. 食品工业科技, 2014, 35(16): 391-394
[29] 王丽媛，高艳蕾，张丽，等. 畜禽副产物的加工利用现状及研究展望. 食品科技, 2022, 47(06): 174-183
[30] 李婷婷，朱勇辉，李欢君，等. 功能性食品的研究进展. 现代食品, 2022, 28(12): 79-81
[31] 邹金浩，杨怀谷，唐道邦，等. 畜禽鲜肉保鲜技术研究进展. 肉类研究, 2020, 34(10): 96-102
[32] 河南省肉类协会. 河南省 2021 年度肉类蛋品加工行业有关情况统计分析. http://www.hnsmeat.cn/a/tjfx/526.html
[33] 文争. 2022 年中国预制菜行业产业链上市企业对比分析. https://www.chyxx.com/industry/1125211.html
[34] 艾媒咨询. 2022—2023 年中国肉禽类预制菜产业研究及竞争格局监测报告. https://www.iimedia.cn/c400/86367.html
[35] 艾媒咨询. 2022 年全国预制菜产业发展竞争状况与年度百强企业研究报告. https://report.iimedia.cn/repo17-0/43310.html

第四章 乳品产业

第一节 研究背景

乳制品制造是指以生鲜牛（羊）乳及其制品为主要原料，经加工制成的液体乳及固体乳（乳粉、炼乳、乳脂肪、干酪等）制品的生产活动。《乳制品企业生产技术管理规则》中将乳制品分为以下七类：液体乳类、乳粉类、炼乳类、乳脂肪类、干酪类、乳冰淇淋类、其他乳制品类。

在全球化的大背景下，国际乳制品市场的波动会对我国乳业的发展产生较大影响。经济全球化的发展，改善了国内外投资环境，加快了国外乳业巨头进入我国市场的步伐，为我国乳业的发展提供了先进的技术；全球经济的复苏以及乳业的发展，增加了居民对乳制品的消费，为我国乳制品的出口创造了有利的条件。但全球化也为我国乳业的发展带来了较大的挑战：一方面，由于自然条件、技术装备水平和生产规模等方面的差异，使得外国乳制品进入我国市场后存在较大的优势，给我国乳制品市场带来较大的冲击，影响我国乳业的正常发展；另一方面，发达国家通过构建乳业方面的"绿色壁垒"或制定较高的质量标准，在一定程度上限制了我国乳制品的出口，影响了我国乳业的国际化进程。因此，了解我国乳业发展的国际环境，是制定我国乳业下阶段发展规划的基础。

2008年以来，经过整改提升的中国乳业已经发生了巨大变化，在原料基地建设、技术装备水平、企业管理、产品质量安全等方面取得了重大进步，消费者信心、乳制品市场得到了恢复，乳制品生产、销售取得了较好成绩。中国乳业已经成为法规标准体系完善齐全、执行有效，企业技术装备先进、管理规范严格，乳制品生产持续增长，产品质量安全稳定向好的现代化的食品产业。然而，与发达国家相比，我国乳制品工业仍然存在着较大的差距，主要体现在产业链不完善、原料乳价格偏高、人均消费水平较低、产业区域格局、生产能耗较高、产业链不完善、以及行业竞争力不强等方面。因此，明确当前我国乳制品产业的发展现状和存在的主要问题，可为提升中国乳制品产业的发展对策的制定提供参考。

本报告总结国内外和河南省乳制品工业的发展现状，分析乳制品产业存在的问题，提出未来我国和河南省乳制品工业的发展建议，以期加快中国和河南省乳制品工业的产业升级，保障中国乳制品工业健康持续发展。

第二节　乳制品加工产业现状与发展趋势

一、全球乳制品产业现状与发展趋势

（一）原料乳生产

1. 奶牛养殖

2017—2022年，全球奶牛数量整体呈现增长趋势。2022年，全球奶牛数量为14064万头，相比2021年增长了1.21%。印度是全球奶牛养殖数量最多的国家，2021年奶牛数量达5800万头，占全球奶牛数量的41.75%。其次为欧盟和巴西，占比分别为14.8%和11.98%。

2. 牛奶产量

2022年，全球牛奶产量约7.01亿吨，较2021年小幅下降。主产地美国、印度、俄罗斯、中国牛奶产量延续增长态势，欧盟、新西兰、澳大利亚牛奶产量小幅下降（表4-1）。

表4-1　部分国家和地区牛奶产量　　　　（单位：万吨）

国家和地区	2017年	2018年	2019年	2020年	2021年	2022年
欧盟	14084.8	14225.8	14306.0	14541.5	14570.0	14449.7
美国	9776.2	9868.8	9908.4	10125.2	10260.4	10279.4
印度	8363.4	8980.0	9200.0	9380.0	9600.0	9950.0
中国	3038.6	3075.0	3201.2	3440.0	3460.0	3932.0
俄罗斯	2997.2	3039.8	3115.4	3201.0	3202.0	3297.8
巴西	2362.4	2374.5	2426.2	2496.5	2484.5	2360.3
新西兰	2153.0	2201.7	2189.6	2198.0	2224.0	2105.1
英国	1514.5	1518.9	1542.9	1544.7	1550.0	1536.2
墨西哥	1212.1	1236.8	1265.0	1275.0	1285.0	1351.7
阿根廷	1009.0	1083.7	1064.0	1144.5	1190.0	1191.6
加拿大	967.5	994.4	990.3	1003.5	1018.5	1010.0
澳大利亚	946.2	945.1	883.2	909.9	900.0	846.3

续表

国家和地区	2017年	2018年	2019年	2020年	2021年	2022年
白俄罗斯	732.1	734.5	739.4	776.5	783.0	786.9
日本	728.1	728.9	731.4	743.8	751.5	761.7
韩国	208.1	204.1	203.5	208.8	203.0	203.5
乌拉圭	192.4	203.6	197.0	207.7	211.8	208.7

3. 质量标准

1）欧盟

欧盟动物源性食品的特殊卫生规则[（EC）No 853/2004]制定了原料乳的质量标准，其中欧盟原料乳的定义为未经过加热至40℃以上或经过任何相同效果处理的由动物乳腺分泌的乳。具体内容如下：

欧盟标准委员会CEN/TC 302乳和乳制品取样和分析方法委员会负责制定的欧盟乳制品专用标准中关于生乳检测的理化指标包括氮含量、水分含量、冰点、脂肪含量、碱性磷酸酶。生牛乳的体细胞数≤400000/mL；生牛乳菌落总数≤100000/mL（30℃平板计数）；其他种类的生乳的菌落总数≤1500000/mL（30℃平板计数）；除奶牛外的其他种类动物生乳的菌落总数（用于加工乳制品，且加工过程没有任何加热程序的生乳）≤500000/mL（30℃平板计数）。《欧盟食品中特定污染物的最大限量》[（EC）No 1881/2006]规定黄曲霉毒素在生乳中的最大残留限量为0.050 μg/kg，铅在生乳中的最大残留限量为0.020 mg/kg湿重。欧盟生乳中农药的最大残留限量根据《动植物源性食品和饲料中农药最大残留限量》[（EC）No 396/2005]，总共涉及600多种农药。生乳中抗生素的最大残留限量不能超过《动物源食品中药理学活性物质的最大残留限量及其分类》[（EU）No 37/2010]中规定的最大残留限量。

2）新西兰

牛奶的质量安全是新西兰特别重视的一个领域，这项工作主要由新西兰食品安全局负责，监管新西兰的牧场、乳品生产商、乳品运输和储存商、乳品出口商、乳品实验室和乳品风险管理评估机构，实行从农场到餐桌的一条龙管理。食品安全局制定质量安全管理的规章和标准，对奶牛场实行风险管理制度，具体的评估和检测工作委托有认证资格的第三方质量安全检测实验室和风险评估机构承担。质量安全检测实验室和风险评估机构独立于奶农和乳品企业，职责是进行产品抽检，以及按照风险管理制度每年对每个奶牛场进行至少一次独立的检测评估。为防患于未然，风险评估机构的评估内容十分广泛，包括奶牛场选址、奶牛饲养管理和健康状况、饲料和兽药使用、饲养环境和饮水质量、牛奶的冷却和营养成分等。一般情况下，对生鲜乳生产实行抽检，一旦发现某个奶牛场出现质量问题，奶牛场要承担运输车整批（一般为 30 吨）生鲜乳报废的经济责任，并接受每年至少一次的跟踪检测，检测费用自负。新西兰的牛奶检测分为以下几项。

（1）动物健康，每月每个牧场检测三次，从每个牧场收集牛奶时的散装牛奶罐中取样，体细胞数限量值为 40 万细胞/mL。

（2）微生物含量，每月每个牧场检测三次，从每个牧场收集牛奶时的散装牛奶罐中取样，30℃需氧平皿菌落计数或 BactoScan 测定值限量值为 10 万 cfu/mL。

（3）化学污染物，每月每个牧场检测三次，从每个牧场收集牛奶时的散装牛奶罐中取样，测定抗生素含量限制为 0.003 IU/mL 或等量的青霉素。

（4）卫生性检测，根据实际情况确定检测频次，从每个牧场收集牛奶时的散装牛奶罐中取样，通过感官评定，检测腐败、异物、变色、气味和污染等情况。

3）美国

美国对于原料乳（用于巴氏杀菌、超巴氏杀菌或无菌加工和包装的"A"级生鲜乳和乳制品）的化学、物理、细菌学与温度标准品质均作出了明确的规定。

（1）温度：在第一次挤乳开始后的 4 h 或更短时间内冷却至 10℃或更低温度，然后在完成挤乳后的 2 h 内冷却到 7℃或更低温度。同时，在第一次挤乳以及此后的挤乳操作后乳的混合温度不应超过 10℃。注意：为检测工作而提交的乳品样本应冷却并保持在 0℃至 4.4℃，其中样本温度应>4.4℃但≤7.0℃，且在采集后的 3 h 内其温度不得升高。

（2）微生物：一家生产商的乳品在与其他生产商的乳品混合前，其细菌计数不得超过 100000 个/mL；混合后的乳品在进行巴氏杀菌处理之前其细菌计数不得超过 300000 个/mL。

（3）体细胞：单个生产商的乳品中不超过 750000 个/mL，其中山羊乳不超过 1500000 个/mL。

（二）加工和消费

1. 产量

由于 2020 年牛奶供应量的显著增长，乳制品总产量的增长率高于大多数产品类别的长期趋势增长率。总体而言，加工商更青睐黄油和无水奶油、奶酪、淡奶油、液态奶和奶粉，而发酵乳制品和乳清粉的产量与 2019 年相比几乎没有变化。

1）液态奶和鲜乳制品

在连续 2 年下降之后，全球包装奶产量在 2020 年增长了 1.3%。连续 3 年下降后，中国的产量实现强劲反弹（增长 5.6%），以应对不断增长的需求。在印度，由于新冠疫情带来的限制性措施对消费产生了负面影响，合作社的产量停滞不前

（下降 3.0%）。欧盟液态奶产量增长了 2.0%，扭转了近年来的下降趋势。封锁措施改变了大多数欧洲国家的饮食习惯，从而使液态奶消费量增加。俄罗斯（增长 1.6%）和加拿大（增长 1.2%）也呈现相同的趋势，美国的液态奶产量则保持稳定，而其他乳制品的产量有所增长。南美国家的液态奶产量也有所增加。

对于发酵乳制品产量，各国表现均不相同，全球总体产量保持相对稳定（下降 0.3%），远低于 10 年来的年平均增长率（增长 3.2%）。欧盟的产量增长强劲（增长 1.7%），尤其是法国和英国，美国的情况也是如此（增长 3.2%），这是由于零售渠道消费增加引起的。另外，发酵乳制品产量位列全球第二的中国（下降 3.8%）和第三的俄罗斯（下降 1.5%），以及土耳其的产量都有所下降。印度的产量则持续强劲增长（增长 22.2%）。随着消费习惯中营养摄入的改善趋势，发展中国家的液态奶和鲜乳制品产量预计将继续增长。

2）黄油和其他乳脂肪

全球每年生产超过 1200 万吨的黄油和其他乳脂，如无水奶油和酥油（以黄油当量表示）。2020 年，该品类的产量增长 3.1%，与近 10 年的平均增长率持平。

印度的产量占据主导地位，占到全球乳脂肪产量的近一半（49%），在 15 年前就超过了欧洲，之后其产量又增加了一倍多，2020 年达到 610 万吨。2020 年，印度的黄油和酥油产量又增长了 4.3%。欧盟是世界第二大黄油生产地区，其黄油产量比印度低 50%以上。由于出口增长强劲，2020 年欧洲黄油产量增长 1.6%。美国的黄油产量也强劲增长（增长 7.6%），但主要出口国新西兰的产量有所下降（下降 4.1%）。本报告所调研的大多数国家，黄油产量均保持增长。

3）奶酪

2020 年全球奶酪总产量估计略高于 2400 万吨（为避免重复计算，此处不包括再制奶酪）。此处奶酪特指天然牛奶奶酪，它占天然奶酪总产量的近 90%。其余的 10%则包括其他动物奶酪（水牛奶酪、山羊奶酪和绵羊奶酪），以及不计入国家统计数据的自制奶酪和农场奶酪。2020 年，奶酪产量增长 2.0%，略低于 2010 年以来 2.2%的平均年增长率。

尽管新冠疫情对餐饮服务行业的奶酪消费量带来了较严重的负面影响，但欧盟的奶酪产量还是增加了 1.9%。欧洲委员会实施的私人储存援助计划有助于维持大多数欧洲国家奶酪产量的增加。德国（增长 2.5%）和意大利（增长 1.2%）的奶酪产量增长，而法国（下降 1.5%）奶酪产量下降，法国的 PDO 奶酪消费受新冠疫情影响更大。美国是仅次于欧盟的第二大生产国，由于出口需求和国内需求增长的共同影响，美国的产量小幅上升（增长 0.9%）。

另外，主要奶酪生产国巴西和土耳其则远远落后，年产量分别为 106.2 万吨和 75.7 万吨。2020 年，巴西奶酪产量增加了 2.8%，巩固了世界第三大奶酪生产国的地位。土耳其的奶酪产量继 2019 年下降后也表现出强劲的增长（增长 8.6%）。

墨西哥和埃及的奶酪产量继续增长。在俄罗斯市场需求的推动下，白俄罗斯（增长9.1%）的产量增长。大洋洲的奶酪产量下降。

4）奶粉

继2019年产量下降之后，2020年全球全脂和半脱脂奶粉的产量增加，达到484万吨（增长3.0%）。主要生产国新西兰的产量增加了4.0%，向中国出口的乳制品品类也更加丰富，中国的市场需求推动了全脂奶粉市场的增长。在2019年剧烈下降（下降13.0%）之后，2020年中国的奶粉产量增加（增长3.6%）。尽管上半年出口非常活跃，但欧盟产量保持稳定（增长0.3%）。法国一改往日的不景气局面，产量大幅增加19.5%。比利时的产量也剧增（增长31.3%），而大多数欧盟国家的产量都出现下降。俄罗斯的产量下降了11.2%，白俄罗斯的产量增长了8.9%，可能因此平衡了俄罗斯的需求。大多数南美国家的产量都有所增加，尤其是巴西（增长3.1%）、阿根廷（增长13.6%）和乌拉圭（增长9.8%）。

经过5年的停滞期，全球脱脂奶粉产量大幅增长，到2020年达到500万吨（增长3.7%）。欧盟的产量增加1.7%，部分原因是德国的产量增加（增长5.8%），荷兰和爱尔兰的产量也大幅增加。与此同时，竞争力较弱的法国和比利时的产量也分别下降了0.3%和4.5%。美国在脱脂奶粉市场具有强大的地位和竞争力，其产量增加了10.8%。澳大利亚和新西兰的脱脂奶粉产量连续两年下降。在南美洲，阿根廷因有利的牛奶生产条件和价格刺激推动了脱脂奶粉增产（增长16.4%），而巴西产量则下降5.7%。

5）浓缩乳

2020年全球浓缩乳产量增长2.3%，达到410万吨。这是自2015年以来的首次增产。浓缩乳市场由美国和欧盟主导，这两个国家及地区加起来的产量几乎占全球产量的一半。欧盟已确认浓缩乳产量连续两年复苏（增长6.0%），主要得益于西班牙（增长25.1%）、比利时（增长38.1%）和法国（增长98.8%）的产量增长。与此同时，美国浓缩乳产量保持稳定。

6）乳清产品

液体乳清主要是奶酪生产过程中的副产品（超过80%，其余来自酪蛋白生产）。因此液体乳清主要产自奶酪主产区，如欧盟和美国。欧盟是世界上最大的乳清粉生产地，2020年的乳清粉产量为220万吨，占到本报告所列国家总产量的69%。许多欧洲国家，如荷兰和丹麦，为满足市场需求其乳清粉产量也有所增长。但美国并没有从这种需求增长中获益，其产量反而下降了2.7%。

自2018年年底至2019年，中国因非洲猪瘟导致猪群数量大幅减少，对动物饲料用乳清粉出口产生了重大负面影响。但2020年，由于生猪存栏数得到恢复，中国饲料用乳清粉市场复苏，并出现强劲的需求。

乳清衍生物（乳清浓缩蛋白和乳清分离蛋白）加工增加的趋势也得到持续加

强。由于与婴幼儿配方奶粉、营养食品与医疗用途产品密切相关，所以在全球范围内，乳清原料市场将成为一个日益增长的市场。

2. 消费

尽管发生了新冠疫情并影响全球，但牛奶产量仍实现了自2014年以来的最高增长，增长了3.0%，2020年全球牛奶总产量达9.1亿吨。然而，整体消费趋势受到一些销售渠道关闭的影响较大，导致零售包装商品需求增加，餐饮服务需求下降。这导致了奶粉和黄油的库存增加，尤其是在美国和中国。

2020年世界总人口为78亿，全球人均乳制品消费量为116.9kg牛奶当量（包括库存变化，按非脂乳固体含量牛奶当量法计算），较2019年增长1.7%。2005—2020年，人均牛奶消费量增加了15.2kg，每年增长约1%。

从各国的液态奶、黄油、酥油和奶酪的人均消费量分布情况看，澳大利亚、新西兰以及一些北欧国家的液态奶（一些国家还有发酵产品）年度消费量最高，人均超过100kg。从年度数据来看，欧洲也是全球最大的黄油消费地区，法国人均消费量高达8kg，丹麦为7kg。南美洲和亚洲的黄油消费量较低，但印度是个例外，人均超过4kg，这是由于食用黄油是当地重要的消费习惯。全球主要的奶酪消费地区是欧洲、北美和以色列。在近一半的欧洲国家中，年人均奶酪消费量都超过了20kg。

值得注意的一点是，新冠疫情间接对液态奶消费产生了积极影响，尤其是在西方国家。由于封锁期间居家烹饪和进食更多早餐的原因，多年来一直呈下降趋势的液态奶消费有所改变。在欧盟，液态奶消费量增长了1.7%，达到年人均56.9kg，且大多数国家的水平都较高。根据经合组织-粮农组织《2021年农业展望》，由于人口持续增长（人口咨询局预测到2050年人口将达到99亿人）、收入增加和饮食结构变化，乳制品的需求量将继续增长。2017—2030年，奶类总消费量（基于牛奶和蛋白质固体含量法计算的牛奶当量）预计将增长24%，其中鲜乳产品（增长28%）和黄油（增长29%）的增速更快。

由于人口数量和人均收入的增长，发展中国家的乳制品消费将持续增长（2017—2030年每年增长2.3%）。但是，发达国家的乳制品消费增长比较有限，一是其人均消费量已经很高，并受到日益增长的可持续性问题影响；二是来自植物性产品的竞争日益激烈，会进一步加剧影响。

（三）贸易

尽管受到新冠疫情的影响，但总体上世界乳品贸易（不包括欧盟内部贸易）2020年仍持续增长，因为疫情期间全球乳制品行业普遍衰退，但在中国、非洲和其他亚洲国家的低产地区的国际市场上，乳制品的总体需求不断增长。因此，2020年世界贸易增长了1.6%，达到约8180万吨牛奶当量。总体而言，世界贸易量占到全球牛奶产量的 9%～10%。这说明乳制品出口通常只占到牛奶产量的一小部分，大部分的全球原料奶都是在当地消费，没有跨地区。尽管如此，国际贸易对全球奶类经济仍然至关重要。这是因为贸易在调整全球乳品生产和消费区域不平衡方面发挥着关键作用。

欧盟和新西兰继续主导全球乳品市场。在总体增长的背景下，各种主要产品类别的贸易变化显示出一些差异。奶酪、全脂奶粉以及原料奶和奶油类别积极增长，支撑整体增长，而黄油、无水奶油和脱脂奶粉下滑。原料奶和奶油类别相对增长幅度最大（增长了 10.4%），同时奶酪（增长 1.9%）和全脂奶粉（增长 2.5%）稳定增长。与此同时，黄油和无水奶油贸易量下降 2.5%，而脱脂奶粉贸易下降了 2.9%。从出口国来看，2020 年的世界贸易增长主要来自美国的出口增长，其次是阿根廷和白俄罗斯等国，这些国家的差距较大。美国的出口份额大幅增加，略高于 16%，这是有史以来的最高比例。由于奶类产量稳定增长，美国的出口量特别是脱脂奶粉的出口量创下新高。欧盟和新西兰 2020 年的总出口量都略有下降，但仍然是全球乳制品供应的主要出口力量。欧盟是全球最大的乳制品出口国，占世界贸易量的 28%，其中的一半是来自荷兰、德国和法国的出口。

不同产品类别的发展各不相同：

1. 奶酪

2020 年以后世界奶酪贸易量增长速度有所放缓，约为 270 万吨/年（增长 1.9%）。前十大奶酪出口供应国情况喜忧参半。大部分增长来自欧洲，而大洋洲的奶酪出口停滞不前。欧盟的出口份额为 34%，仍是全球市场最大的奶酪供应来源。2020 年，其出口增长加速，高于平均水平的增长率（增长 6%），对几大主要进口国家（日本、瑞士、韩国）的出口量大幅增加。与此同时，美国的进口量下降了 10%。2020 年非常亮眼的是乌克兰，进口量几乎翻了一番，达到近 4.7 万吨，使该国成为欧盟的第五大出口地区。2020 年美国奶酪出口基本稳定，但仍远远落后于过去 5 年的平均增长率。一方面，美国对主要市场墨西哥的销量略有下降，而且对中美洲和加勒比地区，以及中东的出口量也略有下降。另一方面，美国对韩国、日本和澳大利亚等主要市场的贸易量则有所增加。2020 年年初，新西兰的出口受到奶产量下降与新冠疫情的严重影响，但下半年的强劲复苏使其出口削减不明显，这主要得益于对韩国、智利和中国的出口量增加。

2. 黄油和无水奶油

2020 年黄油和无水奶油贸易量收缩，达到 99.5 万吨黄油当量（降低 2.5%），其中大约 2/3 是黄油贸易。国际市场乳脂供应的特点是高度集中，前十大出口国的贸易量占世界贸易总量的 94%。其中新西兰和欧盟就占 72%。一直以来，这一类别中全球最大的出口国是新西兰，占到世界贸易总额的近一半。2020 年，新西兰这一类别出口总量明显下滑（下降 8%），主要是由于黄油出口的减少。新西兰 1/5 的黄油出口是进入其主要市场中的中国，10 万吨贸易量是此产品类别全球最大的贸易流。尽管新西兰对中国、俄罗斯和沙特阿拉伯等主要市场的贸易量持续增长，但这些增长不足以抵消对其他国家贸易量的缩减，特别是对美国、阿联酋、墨西哥和菲律宾贸易量的缩减。从积极的一面来看，2020 年欧盟的出口量增加了近 3.1 万吨（增长 14%），将其在世界贸易额中的份额提升到了 25% 以上。欧盟对许多主要目标地区的出口量都有所增长，如美国、沙特阿拉伯、中国、摩洛哥、埃及和乌克兰。与此同时，阿根廷、白俄罗斯和中国的出口量有小幅增长，而乌克兰的出口量则进一步回落。

黄油（脂肪）产品通常出口到许多国家，其中大多数在亚洲、北非和中东。中国和俄罗斯是全球最主要的进口国，共占到全球贸易总量 1/4 左右，这两个主要市场的贸易量在 2020 年都有所增长。中国 80% 的供应来自新西兰，而白俄罗斯仍然是俄罗斯的传统供应国（59%）。总之在黄油市场上，新西兰是一个重要的参与者（23%）。

3. 全脂奶粉（WMP）

2020 年，世界全脂奶粉贸易量增长 2.5%，达到近 270 万吨，这主要受益于中国、阿尔及利亚和巴西等国家的市场需求持续增长，其中 57% 的贸易量来自新西兰，其依然保持全脂奶粉无可争议的全球市场领导者地位。

4. 脱脂奶粉（SMP）

2020 年，脱脂奶粉的全球贸易量收缩了 3%，略低于 250 万吨。主要是由于经济放缓、新冠疫情影响和各国产量的增加导致的。前十大出口国的情况各不相同。欧盟、新西兰、土耳其以及加拿大、乌克兰和乌拉圭（程度较轻）的出口都有所下降，美国和阿根廷的出口增长无法完全弥补这一损失。欧盟和美国在这一产品类别中继续占据全球市场的主导地位，共占 2020 年总出口量的 2/3。

欧盟的出口下降了 14%，主要是由于对东亚和中东市场的销售量减少。相比之下，尽管美国的主要市场墨西哥的需求量大幅下滑，但美国出口商成功地将出口扩大了 16%。凭借在国际市场上的高度竞争力，美国的出口量创下历史新高。因此，美国从前一年的经济衰退中恢复不少。这主要是由于对包括中国在内的多个亚洲市场的出口量有所增加。尽管在 2020—2021 生产季开始后，2020 年上半年出现了复苏，但总体来说，新西兰的出口量下降了 4%。除印度尼西亚外，亚洲所有主要目标地区的进口量大幅减少。中国的情况也是如此，新西兰继续保持其市场领先地位，但其份额下滑至 35%。与此同时，美国、白俄罗斯和澳大利亚加强了对快速增长的中国市场的出口，中国市场 2020 年的脱脂奶粉进口量增长 8% 以上。因此，中国占到 2020 年全球脱脂奶粉出口市场近 15% 的份额。

5. 牛奶和奶油

鉴于产品的性质，牛奶和奶油的贸易从传统上更多地集中在本地区和附近目的地，而大部分与全球范围的（长距离）贸易没有太多关联。然而，市场动态加上牛奶加工技术和物流的发展，使得远距离牛奶运输成为世界贸易中越来越重要的因素。2020年，全球的牛奶和奶油贸易（包括更多的区域内贸易流）总量超过340万吨，贸易量同比增长10%，增加约32.5万吨。因此，牛奶和奶油类别大大推动了2020年世界贸易的增长。欧盟占到全球贸易的1/3以上（36%），是这一类别目前出口份额最大的地区。位列其后相差较远的是新西兰、澳大利亚、白俄罗斯和沙特阿拉伯。欧盟、新西兰和澳大利亚将其大部分产品运往海外消费市场，特别是在亚洲（中国）和中东，而白俄罗斯和沙特阿拉伯的出口更具区域性。前者主要针对俄罗斯，后者主要供应海湾地区的邻国。与总体发展趋势一致，大多数主要供应国的出口量都有所增加，新西兰和沙特阿拉伯除外，这两个国家的一些出口目的国的需求有所下降。

（四）装备与技术

全球的乳制品行业技术研发已慢慢从传统乳制品（如液态乳、奶粉、发酵乳、干酪制品等）向乳制品深加工领域（如乳蛋白分离浓缩物、乳蛋白酶解深加工产物，以及乳蛋白、乳脂肪改性产物等）拓展。为此，乳制品行业需要乳品化学知识、乳品生物技术及一些新的加工技术如膜分离、层析等技术的支持。

国外的乳品化学研究起步于20世纪50年代，当时主要关注酪蛋白或乳清蛋白来源的蛋白质及功能肽，并研究将它们进行产业化的技术。国外还有一些研究是有关提高乳蛋白稳定性的，如利用磷酸化保护乳蛋白以提高稳定性等。随着研究的发展，现在国外研究也延伸到乳脂肪方面，有关乳脂肪的热稳定性研究及其对乳制品质量的影响，乳脂肪的结构与其功能之间的关系，磷脂对乳脂肪的功能的影响等，并且也已经取得一些进展。而国内在乳品基础领域的研究则主要从90年代以后开始。

1. 膜分离技术

根据截流或分离组分的大小，膜滤技术可分为微滤、超滤、纳滤和反渗透，并在国外的乳品深加工中已广泛应用。在欧洲、美国和大洋洲等乳业发达国家和地区，微滤除菌在20世纪90年代已用于原料乳的预除菌，减少微生物、体细胞及其酶对原料乳及制品品质风味的影响，且用于酪蛋白与乳清蛋白的分离生产牛奶浓缩蛋白。超滤技术在国外大量用于回收乳清，如乳清浓缩蛋白的生产以及乳肽类产品的生产。在国外，纳滤技术已经工业化应用于乳的浓缩。通过纳滤可实现牛奶的非热浓缩，可使其浓缩倍数达到2倍以上，原料乳中的乳糖液用于养牛，原料乳中的乳蛋白运输到工厂加工，减少物流费用；在乳蛋白生产方面，在纳滤浓缩后再结合真空加热浓缩，干物质达到40%以上时进行喷雾干燥。芬兰的Valio公司还应用纳滤技术生产了无乳糖奶和奶粉。纳滤技术在国外也广泛用于乳清脱盐，生产脱盐乳清粉、乳清浓缩蛋白及乳肽。

2. 冷杀菌技术

冷杀菌技术主要指超高压杀菌、辐射杀菌、超高压脉冲电场杀菌、脉冲强光杀菌、磁力杀菌、紫外线杀菌和二氧化钛光催化杀菌等十几项在乳品生产中较常用的技术。每种技术都具有自身的优势和劣势，如超高压脉冲电场杀菌主要是利用瞬时的高压作用穿透细胞膜，以细菌的阴阳离子为靶标，产生电离的效果，利用电场及电离的共同作用，从而达到杀菌的目的；磁力杀菌技术通过高密度的磁场使微生物失活，实现细菌被彻底杀灭的理想效果，但是作用周期比较长，所以应该结合实际情况而开展应用。实际生产中需要根据加工生产环节的实际需求而对冷杀菌方式进行适当的选择和应用。

3. 乳清蛋白分离技术

膜分离技术就是利用层析膜来完成蛋白的分离，这一工艺的重点是离子交换与亲和膜，使用具有吸收特性的微型过滤器（与传统过滤、过筛有所不同）。层析膜通常由聚合物制成，它是以醋酸纤维素或者二氟聚乙二烯为主要成分。该多孔膜材料具有内表面离子交换基，可以形成微孔直径 0.1 μm 的平板纤维或中空纤维，这样大小的孔能将杂质分开。离子交换基以吸附的方式捕捉目标蛋白质分子，当目标蛋白质分子在流经所述膜壁的过程中，膜内离子交换基对其有俘获作用。这种膜必须先用一缓冲溶液进行洗涤，接着再利用一种 pH 可调的盐溶液对蛋白进行分离。

4. 微胶囊包埋技术

微胶囊技术作为一种不断更新的食品生产技术已经广泛应用于食品工业。它的制备方法多达 200 余种，目前使用较为普遍的方法有原位聚合法、喷雾干燥法、复凝聚法、层-层自组装法等。在乳粉生产中，比较常用的是喷雾干燥法制得的微胶囊。微胶囊技术能有效预防营养物质损失，延长储藏期，提高芯材的稳定性，改善口感，提高有效成分的利用率。

（五）标准与法规

1. 欧盟

欧盟的主要监管机构为欧洲理事会、欧盟理事会、欧盟委员会、欧洲议会、健康与食品安全署和欧洲食品安全局。其中欧盟理事会和欧洲议会具有立法的权利；欧洲理事会负责大政方针；欧盟委员会是欧盟立法的执行机构；欧盟委员会下属部门——健康与食品安全署负责整个食品链的安全，并向欧盟委员会报告。欧盟对乳制品的监管体现了从农田到餐桌的管理。例如，乳制品在进口到欧盟之前，欧盟需要对进口国的兽医服务的组织、结构、能力和授权，进口国的立法，畜牧的卫生状况，动物源产品的卫生要求、加工、储存和运输进行评估，然后欧盟委员会审计进口的产品是否符合欧盟立法的相关规定，根据欧盟立法和审计的结果，将进口国列入第三国进口名单中。同时第三出口国还需要提供兽医证书，（EC）No 605/2010法规规定了动物健康的要求以及奶和奶制品出口欧盟所需的适当兽医证明书模型，97/78/EC则规定了兽医检查组织的管理原则。另外保证进口的乳制品符合欧盟立法的相关规定，对乳制品进行可追溯性管理。

欧盟（EU）No 1308/2013规定了奶及奶制品的产品介绍及定义，规定了饮用奶（包括生乳、脱脂奶、半脱脂奶、热处理奶）标准。（EU）No 2001/114/EC规定了除婴儿配方食品以外的部分或全部脱水乳品的相关要求，包括各类特定产品的脂肪含量、总固体量指标的要求。（EC）No 273/2008规定了乳与乳制品的质量评定和分析方法，包括感官评定、成分分析及结果分析。采用的方法主要为国际标准化组织的测定方法及该法规附录中规定的测定方法。

对于婴儿配方食品，欧盟出台相应法规规定婴儿配方食品和较大婴儿配方食品中各组成的含量范围、特定营养需求及农药残留、食品添加剂的使用、产品中存在的污染物和食品接触材料的使用[（EU）No 2006/141/EC]。但该指令将在2020年2月22日由（EU）2016/127《婴儿配方食品和较大婴儿配方食品的具体成分和信息要求》取代。此外，（EU）No 1609/2006规定了以牛奶水解产物为基质的婴儿配方食品中水解蛋白质的来源、加工和质量标准。

欧盟乳制品标准主要由欧洲标准化委员会（European Committee for Standardization，CEN）制定和发布，通常所说的欧盟标准是指欧盟层面上的欧洲标准，由CEN制定和管理，而各欧盟国家的国家标准则由各个国家的标准化机构自行制定和管理，但受欧盟标准化方针政策和战略所约束。目前CEN共有287个技术委员会（Technical Committees，TC）开展工作，其中CEN/TC 302乳和乳制品取样和分析方法委员会负责制定欧盟乳制品专用标准，目前已发布的乳制品标准48项，全部为检测方法标准且全部等同采用ISO标准，涉及抽样方法、氮含量、水分含量、冰点、脂肪含量、总乳固体、碱性磷酸酶、体细胞数等指标的检测。

在实施预防原则的过程中，欧盟引入了HACCP系统这一机制。其最为核心的部分就是在预防和评估食品生产的过程中，为可能影响公众人身健康的危害来制定一系列可以用来进行风险管理和风险评估的控制程序。（EC）No 178/2002要求，除了初级生产过程因为具体情况无法应用以外，食品生产供应商应当在其相应环节实施、执行危害分析和关键控制点（HACCP）体系。风险预防原则不仅是规制欧盟食品安全问题的基本原则，而且对欧盟机构和成员国当局的风险管理决策具有现实的指导作用。

欧盟（EC）No 178/2002第六条第一款表明：为了实现人类健康更高层次的目的，食品法应基于风险分析，除非情况、措施不当或者性质不适宜。欧盟《食品安全白皮书》第四章中亦将建立风险评估制度的构想纳入实施阶段。此后，作为欧盟食品安全基本法的《通用食品法》，明确规定了欧洲食品安全局作为食品安全风险评估的专门机构，将独立性、透明性、保密性和交流性作为该机构的运行原则，并且在其第三章对欧盟食品安全局的使命、任务、机构设置、操作流程做了详细规定，同时阐述欧盟食品安全局财政和相关其他方面事务。

2. 美国

美国的主要监管机构包括美国公共卫生署（USPHS）、食品药品监督管理局（FDA）、环境保护局（EPA）。影响美国乳制品加工产业的监管主要是卫生标准，由美国食品药品监督管理局下属的乳品安全处监管，以确保加工乳制品的食品安全。职责包括：根据美国《标准A级巴氏杀菌奶条例》（Grade "A" Pasteurized Milk Ordinance）的授权，落实美国公共卫生署的乳品卫生项目，实现对乳源性疾病的防控，使得这类疾病的暴发率控制在1%以下；维护"全国乳品药物残留数据库"。

乳制品加工设备卫生设计由3A卫生标准公司（3-A Sanitary Standards, Inc.）监管，由该机构开展加工设备的认证项目，确保加工乳制品的安全。实施许可证管理、标示制度、认证制度，检查制度，具体见《"A"级巴氏杀菌乳条例》，包括之前版本《"A"级巴氏杀菌乳条例》附录I—"A"级炼乳和乳粉制品及浓缩乳清和乳清粉中的规定。公共卫生署/食品药品监督管理局"USDA/AMS乳制品计划工作组"负责执行"乳制品分级计划"，为买卖双方提供公平公正的质量评定，制定用于评级认证程序的乳制品分级标准。

3. 新西兰

在新西兰，乳制品的监管工作主要是由主要行业部（Ministry for Primary Industries, MPI）来负责，是一个由农林部（Ministry of Agriculture and Forestry, MAF）、渔业部（Ministry of Fisheries）和新西兰食品安全局（New Zealand Food Safety Authority, NZFSA）共同组成的政府机构。主要工作是：（1）为新西兰主要产业的可持续发展提供政策建议和规划支持；（2）作为政府在渔业和水产管理方面的主要顾问；（3）为新西兰生物安全系统提供"全系统"的领导；（4）为国家管理林业资产；（5）为保持有效的新西兰渔业管理提供或购买服务；（6）确保新西兰食品的食品安全标准等。主要行业部的工作目标是最大化主要产业的出口机会，提高各部门的效率，增加可持续资源的利用，以及保护新西兰不受生物性风险的危害等。主要行业部将乳制品的生产分为原料乳的收获、乳制品的生产、乳制品的储存和运输，以及乳制品的出口四个主要阶段，对每个阶段所涉及的企业都制定了特定的监管措施。

负责对乳制品相关企业进行监测和检验的检验机构是需要由 MPI 进行认证的，其职能是通过检验证明乳制品符合新西兰最低食品安全要求以及海外市场准入要求（Overseas Market Access Requirements，OMARs）。乳制品的检验机构可分为两类，第一类是由 MPI 授权检验用于国内和出口市场的乳制品的食品安全、健康性、标准一致性及标签真实性的检验机构，这类检验机构还可以检测乳制品是否满足海外市场准入的特定需求；第二类是由 MPI 授权的专做动物产品业务的检验机构，这类检验机构仅负责检验在新西兰内销售的原料乳的食品安全、健康性、标准一致性及标签真实性，并可根据企业 RMP 中的要求，满足内部质量控制和 GOP。

所有新西兰的乳制品企业都必须遵循相关的标准法规，以确保乳制品对消费者的安全。新西兰乳制品的相关标准法规主要是由《食品法（1981）》、《动物产品法（1999）》和《农业化合物及兽药法（1997）》三大部分组成。《澳新食品标准法》第二章是食品产品标准，将食品分为了谷物、肉蛋鱼、水果蔬菜、食用油、乳制品、无酒精饮料、含酒精饮料、糖和蜂蜜、特殊功能食品以及其他食品 10 个大类分别规定了产品标准。

《动物产品法（1999）》是由主要行业部负责执行，分为：（1）初步规定，（2）风险管理体系，（3）监管控制方案，（4）动物产品的标准和规格，（5）动物原料和产品的出口（及野味猎场），（6）在家宰杀和娱乐性捕捉，（7）办公人员和执行力度，（8）认可的机构、人员和人员的级别，（9）成本回收，（10）违法行为、处罚和诉讼以及（11）其他规定共 11 个部分。其中与乳制品的监管工作密切相关的有第 2～5 和 8 这五个部分。

与乳制品相关的进口食品标准包括《食品（进口商的常规要求）标准（2008）》、《食品（进口乳及乳制品）标准（2009）》和《食品（进口商列表）标准（2008）》，这 3 个标准都是由新西兰食品安全局负责制定的。与乳制品相关的进口食品标准包括《食品（指定食品）标准（2007）》和《食品标准[（指定食品）（2007）]的修正案（2009）》，这 2 个标准也都是由新西兰食品安全局负责制定的，规定了《食品（指定食品）标准（2007）》的开始、取消和解释等，禁止活动以及指定食物的名单和条件。与乳制品相关的食品中残留限量标准是由主要行业部制定的《新西兰（最大农残限量）食品标准（2012）》，规定了《新西兰（最大农残限量）食品标准（2012）》的解释、方法和豁免等，各类农业化合物的最大残留限量，豁免的各类植物化合物的最大残留限量以及豁免的各类兽药的最大残留限量。《动物产品法（1999）》第二部分风险管理体系涉及的相关的主要法律有《动物制品（乳制品企业的费用及收费）条例（2007）》《动物制品（乳制品）条例（2005）》和《动物制品（豁免及其相关）条例（2000）》。RCS 主要覆盖以下领域：需要官方保证的动物制品的运输、限额的乳制品出口和乳制品企业的国家残留监测计划等。动物产品的标准和规格主要包含了以下三部分与乳制品相关的信息：乳制品的加工、不合格的原料乳和乳制品的处理以及生乳制品的规格。动物原料和产品的出口主要包含了以下信息：常规出口要求，品牌、标记和安全设备的出口要求，官方保证的获取、发布和控制，产品运输所需的官方保证，出口检验，用于出口的动物产品的微生物风险应急预案，配额乳制品的出口，食品标准法的豁免，海外市场准入要求（OMARs），产品注册认证以及国家列表。

新西兰为确保牛奶等畜产品的质量安全，实施的是全方位系统工程，从养牛的自然环境，到奶牛的产奶和生活环境等都建立起了绿色健康、人性化的标准。

二、我国乳制品产业现状与发展趋势

（一）原料乳生产

2021 年全国奶类总产量约 3780 万吨（按 2020 年奶类总产量和 2021 年牛奶产量同比增长比例推算），其中牛奶产量 3683 万吨，同比增长 7.1%，基本与上年度增长率持平。原料奶收购价格（内蒙古、河北等 10 个奶牛主产省区），2021 年平均为 4.29 元/千克，其中 2 月为 4.28 元/千克；5 月 4.24 元/千克；8 月 4.37 元/千克；11 月 4.30 元/千克，基本保持了相对稳定的趋势。与 2020 年平均价格 3.79 元/千克相比，增长了 13.2%。

（二）乳制品加工与消费

据国家统计局数据（月报），2021 年 1~12 月，全国规模以上乳制品企业 589 家（上年 572 家），主营业务销售总收入 4687.38 亿元，同比增长 10.26%（上年为 6.22%）；利润总额 375.77 亿元，同比增长–5.69%（上年为 6.10%）；销售收入利润率为 8.02%（上年为 9.41%）；年终产成品存货 101.29 亿元，占销售收入的 2.16%（上年为 2.17%）；亏损企业亏损总额 72.00 亿元，亏损额与利润总额的比值为 1∶5.22（上年为 1∶18.79）。这就意味着整个行业的经济效益要低于上年。

2021 年，全行业乳制品产量 3031.66 万吨，同比增长 9.44%（上年度为 2.84%），这是自 2015 年以来增长率最高的一年。其中：液体乳产量 2842.98 万吨，同比增长 9.68%（上年为 3.28%）；乳粉产量 97.94 万吨，同比增长 1.76%（上年为–9.43%）。婴幼儿配方乳粉产量约 87 万吨（估计数），同比增长约 16%。2021 年国内婴配粉市场容量约 115 万吨（进口 27.27 万吨），国产婴配粉的市场占有率约为 75%。

2021 年，河北、内蒙古、山东、黑龙江、陕西、河南、宁夏等 7 个乳制品产量重点省区合计产量 1688.9 万吨，同比增长 11.58%，超过全国平均增长率的 22.7%，占全国总产量的 55.71%。在液体乳产量中，河北省占 13.64%，内蒙古占 12.27%，山东省占 8.00%，河南省占 6.79%，宁夏占 6.22%；乳粉产量中，黑龙江省占 37.03%，陕西省占 15.24%，内蒙古占 11.22%，河北占 9.78%。全国 31 个省区市中，有 25 个产量处于正增长，负增长的有 6 个（上年度为 15 个）。

（三）贸易

1. 进口

据海关统计数据，2021 年 1~12 月全国共进口各种乳制品 410.29 万吨，金额 143.74 亿美元，同比分别增长 17.96% 和 14.09%。进口乳制品总货值相当于国内乳制品工业销售总收入的 24%。折合成鲜奶约 2495 万吨，相当于国内奶类总产量的 65%。其中：

（1）液体乳进口 99.56 万吨，货值 8.66 亿美元，平均到岸价格 869.76 美元/吨，同比分别增长 17.77%、26.64%、7.54%。在进口的液体乳中，全脂、低脂乳占 86.08%，脱脂乳约占 13.92%。

（2）稀奶油（含脂率>10%）进口 27.28 万吨，货值 9.47 亿美元，平均到岸价格 3471.13 美元/吨，同比分别增长 40.36%、51.50%、7.93%。

（3）乳粉进口 127.52 万吨，货值 45.95 亿美元，平均到岸价格 3603.58 美元/吨，同比分别增长 30.21%、39.63%、7.23%。在进口的乳粉中，全脂乳粉占 66.16%，脱脂乳粉约占 33.40%，加糖及其他甜物质的乳粉（调制乳粉）占 0.44%。

（4）干酪进口 17.62 万吨，货值 8.13 亿美元，平均到岸价格 4616.67 美元/吨，同比分别增长 36.31%、37.76%、1.06%。

（5）奶油进口 13.11 万吨，货值 6.67 亿美元，平均价格 5091 美元/吨，同比分别增长 13.3%、22.2%、7.8%。

（6）乳清粉进口 72.32 万吨，货值 10.23 亿美元，平均到岸价格 1414.30 美元/吨，同比分别增长 15.53%、25.07%、8.26%。进口乳清粉非全部用来生产婴幼儿配方乳粉，其中有部分用在了饲料生产或食品生产，所占比例不详，估计约 20%。

（7）婴幼儿配方乳粉进口 27.27 万吨，货值 44.53 亿美元，平均到岸价 16331.19 美元/吨，同比分别增长 –21.80%、–14.63%、9.17%。

2. 出口

据海关统计数据，2021 年乳制品出口合计 4.62 万吨，金额 3.31 亿美元，同比分别增长 0.35% 和 35.66%。2021 年出口乳制品中，婴幼儿配方乳粉成绩显著，出口量 9307 吨，同比增长 27.94%，货值占总出口总货值的 78.2%；传统出口乳制品——炼乳，出口量下降了 34.04%；酪蛋白（干酪素）出口量下降 65.47%。

（四）装备与技术

近年来，通过自主创新、引进消化吸收再创新、集成创新，我国在液态奶产品加工设备设计、制造和工程化方面均取得了举世瞩目成绩。但与国际先进水平相比仍存在较大差距，主要体现在以下几个方面。

（1）自控水平和自控元件的差距。凡国内设计有自动控制系统的加工设备，绝大部分元件是采用国外专业制造商产品，如各种调节阀、传感器和仪表等。因国内的同类产品精确度不高，寿命不长，维修量大。国外元件虽然价格昂贵，但有助于国内设备整体技术水平的提高。

（2）制造精度不够精细，机械设计不够科学和人性化。由于机械加工机床、焊接等工具的落后，设计不够现代和人性化，所以国内设备的制造精度较差，外表质量不好，整体性能不够稳定。在制造上，国内机械化和自动化程度较低，手工作业成分较大。机械设计方面没有严格遵循节能、高效、方便、匹配、稳定、耐用等原则。

（3）低水平重复严重，专业化程度低，缺乏有核心竞争力的拳头产品。国外许多企业或制造商都具有自己的核心产品或经营特色，如利乐公司的无菌包装设备、国际纸业的屋顶包等。但是我国大多数乳制品机械制造企业是互相模仿、跟进，缺乏自主创新，未能形成自己的拳头产品特色和市场核心竞争力，出现了严重的低水平重复和无序竞争的局面，限制了行业的发展和技术水平的提高。

（4）自主创新元素少，跟进效仿成分大。一台成熟的液态奶生产设备的诞生需要凝结几代人的心血、汗水和智慧，而且需要有加工工艺技术人员与设备设计制造人员的通力合作才能完成。但是长期以来，由于各级政府及企业本身对科技创新的重视不够，加工产业与制造产业的衔接不够，基础研究薄弱，专业设计人才严重匮乏等，使我国液态奶产品设备都存在自主创新元素少，跟进效仿成分大的缺陷，难以在国际舞台上拥有更多的发言权。

就乳制品单元操作设备和技术而言，主要体现在以下方面。

① 膜分离技术

膜分离技术因其具有对环境污染小、能量消耗低、无须使用添加剂、避免产品的热破坏，而且过滤的同时将物料浓缩或分离等优点，使得它在液态奶制品加工中显示出越来越多的使用价值和广阔的应用前景。目前膜分离技术在国外液态奶工业中的应用主要包括除菌、乳浓缩和乳的标准化，且已经有规模化的液态奶商品出现。

② 均质技术

均质在奶制品生产过程中是一个不可缺少的标准化工艺，均质工艺最主要的作用是将脂肪球的直径变小，使产品更容易被人体吸收，也可以改变产品在销售过程中出现的产品浮油现象，使得产品体系更加稳定。高压均质机行业作为传统行业，在过去一段时间一直处于发展比较缓慢的境况，现在，新兴技术知识的不断涌现，需要高压均质机生产厂家以更新思维融入。我国高压均质机械制造行业的产品水平呈金字塔状分布，底部是大量的低水平重复生产的产品，而高端产品比较少。数据显示，全国专业高压均质机生产制造企业有近 1000 家，其中 300 多家不够稳定，每年有近 10%的企业转产或倒闭。产值及销售额超过亿元的企业仅 10 余家，年销售额超过 3000 万元的企业不足 30 家，行业内 75%的出口产品是由这 30 家企业生产的。

目前大多数生产企业为了增加产能直接从国外引进了成套的均质设备，各个工艺参数制定也是根据设备制造商所提供，没有针对我国奶源情况和产品配方进行参数的修正。随着产品成本的压力和产品保质期的延长，这种"洋参数"问题就凸显出来。

③ 杀菌技术和设备

目前，乳的冷杀菌技术（如高压杀菌技术、高压脉冲电场杀菌、超声波灭菌、抗微生物酶杀菌、微波杀菌技术、磁力杀菌、感应电子杀菌、辐射杀菌、脉冲强光杀菌、紫外线杀菌、臭氧杀菌和电阻杀菌等）在世界乳品工业得到不同程度的研究和应用。

现阶段，我国的杀菌技术主要集中在热杀菌上，巴氏杀菌和超高温杀菌技术是我国乳制品工业上采用的主要杀菌技术，其他杀菌技术在我国进行了一些研究，但主要集中在实验室阶段，没有像发达国家那样应用在生产领域。

杀菌机是乳制品加工生产中的关键设备，它直接关系到产品质量。国内杀菌机的生产厂家较多，据不完全统计已超过 50 家。产品已由过去的只能生产板式杀菌机组而扩大到可以生产列管、盘管等形式的系列产品，相关自控配套也逐渐完善。但自控水平和换热效率与国外同类设备相比仍有较大差距，就超高温瞬时灭菌（UHT）而言，进口灭菌率可达 99%以上，国产达到 95%。对大型乳制品加工企业而言更多的还是选择进口设备。

UHT 乳对灭菌处理设备的要求较高。按加热方式分为间接加热系统和直接加热系统两种类型。用于液态奶生产的 UHT 间接加热处理设备，也常用板式和管式两种热交换器。而用直接加热处理的 UHT 装置，则采用的是喷射式或注入式杀菌装置。在这种直接加热系统中，由于物料（牛乳）和蒸汽直接接触，加热速度比其他任何方式的速度都快，同时它采用闪蒸冷却的方式，其冷却速度快。因此，直接加热杀菌法加工产品的色、风味和营养的损失均很小。其缺点是系统结构较复杂，在工艺上需要灭菌后均质（采用无菌均质机），系统的热回收率也比间接式杀菌系统低，这些因素都使机器成本和运行费用增加。直接杀菌系统目前仅在一些大型的进口生产线上采用，如 APV、ALFA-LAVAL 等公司的产品，我国也有少数引进，用于液态奶杀菌或乳粉物料的杀菌，但目前我国没有自己研发的产品。

④ 包装技术

我国生鲜牛奶的微生物指标与发达国家的指标存在一定的差距。这就对在牛乳加工过程中所使用的加工包装装备的技术性能有更高的要求，以保障终端产品的安全性。即从加工包装流程的每道工序上，从装备优良的技术状态上都要加以保证，将可能由工艺装备技术造成的影响降低到最低限度。

⑤ 检测技术

在国外，超声波技术、生物传感器、免疫学技术和高效毛细管电泳分析技术已被应用于液态奶制品检测及在线检测。我国液态奶制品工业的发展同样也要求使用有效的检测技术对液态奶制品进行检测，尤其是针对乳中含量甚微，但影响大的活性物质或毒素的检测。原料奶的自动检测仪器与专用液态奶制品在线检测设备的研究和开发，在我国才刚刚起步，现有的快速检测设备多数从国外进口，价格高、数量少。目前我国原料奶细菌总数的快速检测设备、原料奶的脂肪测定设备与国外比较，还存在很多不足，所以多数企业都还在采用传统经典的检测方法。

（五）标准与法规

目前，我国乳制品工业正处在由数量扩张型向质量效益型转变的关键时期，在迅猛发展的同时也出现了较多问题，如产业布局不合理，重复建设严重，加工能力过剩；养殖水平低，企业与奶农关系不协调，生鲜乳供应不稳定；有效需求不足，消费结构失衡，市场竞争失序，产品质量安全保证体系不健全等。

为贯彻《中华人民共和国食品安全法》、《国务院关于促进乳业持续健康发展的意见》、《乳品质量安全监督管理条例》，全面构建竞争有序、发展协调增长持续、循环节约的现代乳制品工业，保障我国乳制品安全，强壮民族体质，带动农民增收，提升我国乳制品工业在国际的地位和竞争能力，在《乳制品加工行业准入条件》（中华人民共和国国家发展和改革委员会公告 2008 年第 26 号）、《乳制品工业产业政策》（中华人民共和国国家发展和改革委员会公告 2008 年第 35 号）的基础上，结合相关法律法规，修订形成新的产业政策。

为了进一步推动婴幼儿配方食品行业的发展，提升国内婴幼儿配方食品质量、竞争力、美誉度，适应社会需求，国家先后颁布了《推动婴幼儿配方乳粉企业兼并重组工作方案》、《国务院办公厅关于推进奶业振兴保障乳品质量安全的意见》、

《国产婴幼儿配方乳粉提升行动方案》、《乳制品质量安全提升行动方案》等一系列政策。

2019年5月23日,国家发展改革委、工业和信息化部、农业农村部、卫生健康委、市场监督管理总局、商务部和海关总署等七部门联合印发《国产婴幼儿配方乳粉提升行动方案》(以下简称《行动方案》),提出了许多要求与目标,以提高国产婴幼儿配方食品的品质,促进产业的发展。《行动方案》指出,大力实施国产婴幼儿配方乳粉"品质提升、产业升级、品牌培育"行动计划,国产婴幼儿配方乳粉产量稳步增加,更好地满足国内日益增长的消费需求,力争婴幼儿配方乳粉自给水平保持在60%以上。《行动方案》的主要目标包括三个部分:一是品质提升。产品质量安全可靠,品质稳步提升,消费者信心和满意度明显提高。二是产业升级。产业结构进一步优化,行业集中度和技术装备水平继续提升。三是品牌培育。产品竞争力进一步增强,市场销售额显著提高,中国品牌婴幼儿配方乳粉在国内市场的排名明显提升。

2020年12月20日,为落实《中共中央、国务院关于深化改革加强食品安全工作的意见》、《国务院办公厅关于推进奶业振兴保障乳品质量安全的意见》、《国务院食品安全委员会关于印发2020年食品安全重点工作安排的通知》等文件要求,进一步督促企业主体责任的落实,提升乳制品的质量安全水平,推动乳制品产业的高质量发展,国家市场监管总局制定并印发了《乳制品质量安全提升行动方案》(以下简称《方案》),婴幼儿配方乳粉作为一种特殊的乳制品,在《方案》中也被提到过。《方案》确定了总的目标:到2023年,乳制品生产企业的质量安全管理体系愈加健全,规模以上乳制品生产企业实施危害分析与关键控制点体系达到100%。乳制品生产企业的原辅料、关键环节与产品检验管控率达到100%,食品安全自查率达到100%,发现风险报告率达到100%,食品安全管理人员监督抽查考核合格率达到100%。婴幼儿配方食品生产企业质量管理体系自查与报告率达到100%。《方案》还强调,修订《婴幼儿配方乳粉产品配方注册管理办法》,要求企业具有完整的生产工艺,不得使用已符合食品安全国家标准的婴幼儿配方乳粉作为原料申请配方注册;进一步加强对婴幼儿配方乳粉产品配方科学性、安全性材料和研发报告的审查,对配方科学依据不足,提交材料不支持配方科学性、安全性的一律不予注册;加大现场核查和抽样检验力度,重点核查申请人是否具备与所申请配方相适应的研发能力、生产能力、检验能力,以及与申请材料的真实性、一致性。严厉打击使用不合格原辅料、非法添加非食用物质、滥用食品添加剂、虚假夸大宣传、生产假冒伪劣乳制品等违法行为。严厉查处分装、未按规定注册备案或未按注册备案要求组织生产婴幼儿配方乳粉等违法违规行为。严格落实复原乳标识制度,依法查处使用复原乳不做出标识的企业。严格按照法律法规要求,依法从严落实"处罚到人"要求。

第三节 乳制品产业存在问题

一、规模化养殖程度低

我国以小规模的散户养殖为主,规模化养殖程度较低。散养户缺乏科学的养殖技术和理念,养殖效益明显偏低,难以承受饲料成本、人工成本上升的压力,并存在对奶牛疫病防治不力和生鲜乳质量把控不严的情况,在一定程度上影响了中国牛奶市场的整体产品质量。

二、乳制品生产与消费格局分布不均

我国三北地区养牛先天条件好,奶量集中,而南方在饲料、土地等方面困难较多,乳业发展相对滞后,液态奶工业处于"北多南少、北奶南运"的局面。然而,南方人口密集,近50%的乳品被南方消费。而在乳制品发达国家,往往具有牧场分布广、规模大、地广人稀和机械化程度较高等特点,在土地、资源方面具有较大优势,其奶源分布比较均匀。

三、乳制品产品结构不均衡

在我国液态奶的品种结构中,灭菌奶的市场占有率大于80%,巴氏奶小于20%。然而,全球消费份额中灭菌奶和巴氏奶的比例为20%和80%,恰恰与我国相反。灭菌奶在生产时,加热温度较高,会使牛奶中的多种生物活性物质的功能性丧失,口感和色泽也会发生劣变,而巴氏奶由于是瞬间杀菌,有效地保持了乳中的功能成分的活性,风味和色泽。我国巴氏奶覆盖率低的主要问题在于冷链运输覆盖不足:我国冷链覆盖率为6%,发达国家一般都在20%以上,其中美国为35%,德国为36%、日本为40%。

四、国产技术装备水平不足

近年来,通过自主创新、引进消化吸收再创新、集成创新,我国在液态奶产品加工设备设计、制造和工程化方面均取得了举世瞩目成绩。但与国际先进水平相比仍存在较大差距。目前大多数的乳制品生产企业为了增加产能直接从国外引进了成套的均质设备,各个工艺参数制定也是根据设备制造商所提供,没有针对我国奶源情况和产品配方进行参数的修正。随着产品成本的压力和产品保质期的延长,这种"洋参数"问题就凸显出来。

现阶段,我国的杀菌技术主要集中在热杀菌上,巴氏杀菌和超高温杀菌技术

是我国乳制品工业上采用的主要杀菌技术，其他杀菌技术在我国进行了一些研究，但主要集中在实验室阶段，没有像发达国家那样应用在生产领域。

我国婴幼儿奶粉企业装备水平相对较高。在生产环境控制方面，正在迅速赶超国际先进水平。例如，高端国产品牌的生产基地采用了世界上最先进的配料系统和除菌、蒸发、二氧化碳充填等多项工艺技术。在生产装备、发酵装备、检验检测仪器等高端装备方面，大型企业基本采用国外装备和技术。但对于婴幼儿奶粉企业来说，核心生产设备和检验检测仪器如果过分依赖国外装备，将为行业和企业带来相应的产业安全隐患，一旦国外厂商对高新技术和设备进行管控，中国奶粉企业的发展将受到极大限制。

五、节能减排水平较低

发达国家乳制品生产者的清洁生产和节能减排水平较高，如从源头上建立大型专业化的奶牛养殖基地，做好原料乳的储运和检测；乳制品生产设备技术升级，升级生产杀菌系统，提高热交换效率，降低能源消耗；生产厂如采用锅炉提供蒸汽，会进行锅炉余热利用，冷凝水回收再次利用，锅炉房燃烧管理控制等；采用高效制冷系统节能方案，包括制冷机冷媒系统改造，冰水机组应用蒸发式冷凝器、应用蒸发器采用板式换热器，循环水系统采用全自动变频供水，利用冷却塔余热资源，提供热水供给采暖或洗衣房，减少蒸汽使用等；厂房光伏发电，在厂房屋顶加装太阳能光伏发电系统，大大节约电能使用；设置污水处理站，考虑中水回收利用，并对污水处理站的沼气加以利用；如有瓶装奶生产，洗瓶车间水消耗较大，采取洗瓶废水处理后回用，并加强洗瓶管理控制，节约水资源等。

我国大多数乳制品生产企业规模不大，70%的小企业普遍生产技术落后，节能减排新技术、新工艺难以大范围推广应用。这方面我们与国外先进水平还存在较大差距，因此，我国的液态奶产业总体来说仍然属于资源高耗型产业，节能减排任务艰巨。这对我国液态奶产业的国际竞争力和可持续发展潜力提出了十分严峻的挑战，急需用高新技术全面改变目前的"粗加工、低利用、高能耗"状况。而液态奶产业节能减排技术在目前的计划中还没有被提到战略高度来组织技术研发和推广应用。

第四节　乳制品产业高质量发展建议

我国乳制品产业已取得了较大的发展，但仍然具有很大的发展潜力和市场。为了缩小与发达国家的差距，需要在以下几方面进行突破。

一、推进产业化经营

大力发展奶农专业生产合作组织，积极扶持奶农专业生产合作社、奶牛协会等奶农专业合作组织发展，使其在维护奶农利益、协商生鲜乳收购价格、为奶农提供服务等方面充分发挥作用。财政部门要加大对奶农专业合作组织的扶持力度。建立合理的利益联结机制，大力发展以奶农为基础、养殖基地为依托、乳制品生产企业为龙头的奶业产业化经营方式，形成奶业产业链各环节相互促进、共同发展的格局。规范生鲜乳交易行为，建立由政府有关部门、行业协会、乳制品生产企业、生鲜乳收购者、奶畜养殖者代表等参加的生鲜乳价格协调机制，协商确定生鲜乳交易参考价格并定期公布，作为生鲜乳购销双方签订合同时的参考。政府部门应加强指导，保证协调机制的正常运行。

二、合理布局乳制品产业

区域格局不均制约着中国乳制品产业的发展，因此要调节中国乳制品的区域布局。根据中国各地资源，从发挥比较优势出发，制定优势区域的发展规划，如南方根据当地的土地气候等资源，引进适合当地发展的奶牛品种。通过重点发展，区域推进的方法，逐步形成优势明显、分布合理、辐射力强、竞争有力的奶源基地群，从而推动液态奶产业化经营的形成和发展。

三、大力发展新型乳制品

（一）发展营养强化型乳制品

随着国民生活水平的提高和营养知识的普及，针对不同特殊人群（如儿童、中老年、孕产妇、糖尿病患者、高血压患者等）的营养强化奶将快速发展。在开发营养强化奶时，需充分考虑强化剂的安全性、配方的合理性和生产的经济性。

（二）提高乳糖降低型液态奶的制造水平

综合运用生物工程技术、酶工程技术提高乳糖酶的生产制造水平；发展乳糖酶的固定化技术，提高酶活性，降低生产成本。

四、加强自主创新力度

从乳制品的发展来看，随着生活水平的提高，市场对乳制品的质量要求越来越高。只有好的设备才能生产出质量稳定的好产品。这就要求乳制品加工设备不但要实现设备的机械化生产，提高加工精度，而且要进一步提高其自动化控制水平，提高国产自动控制元件的加工水平。如自动焊接、机械成型、表面处理和组合机床等，要与自控元件生产企业联手对自控元件进行攻关，全面快速提高这方面的国产化水平。对已经引进消化吸收的很多技术，要通过不断的实践完善和再创新，推进国产化进度，要建立国家级试验基地，大型企业要建立实验室，加大对人力、物力和财力的投入，通过产学研相结合开展关键技术联合攻关。如低温除菌设备、杀菌技术、均质技术及整条生产线的自控技术、廉价环保型包材的研制等。加大液态奶制品产业科技创新投入，积极推进建立企业为主体，科研院所为支撑，市场为导向，产品为核心，产学研结合的液态奶技术创新体系，国家科技主管部门组织相关部门，科研院所和企业，依托重大工程和国家科技计划，开展乳业领域的重大科技攻关活动，鼓励乳业科技创新型人才培养。发展膜分离技术、冷杀菌技术和检测技术在液态奶工业中的应用。支持液态奶产品质量安全控制关键技术和非乳成分检测技术的研究与开发。关键设备如膜分离设备、均质机、超高温灭菌机和自控元件已经实现国产化生产，但与国际先进水平还有较大距离，同时，应开发高新技术设备，如蒸汽喷射杀菌机、大容量均质机、在线标准化和品质检测仪等专业化高新设备。因此，对专业生产企业来讲要加大单机设计和制造水平，提高单机性能和技术水平。国家要制定中长期发展规划，加强人才培养力度，实现人才、专利和品牌战略，逐步提升我国乳制品加工设备的国产化水平和国际市场竞争力。

五、提高节能减排力度

液态奶生产企业产生的污水和废气等污染的治理投资费用较大，仅有部分企业较为重视。考虑社会效益，国家应加大对液态奶生产企业节能环保工作的支持力度，支持企业完善环境保护设施，采取切实可行的措施，如沼气发电等综合利用资源，实现循环经济。

（一）加强环保科技开发

解决环境与发展的问题，根本出路在于依靠科技进步。针对乳制品生产企业存在的主要环境问题，积极研究，因地制宜地开发或者引进无废、少废、节水、节能的新技术、新工艺；筛选、评价和推广使用环境保护的技术。

（二）加强科学研究和发展环境保护

应加强可持续发展的理论与方法的研究，总量控制及过程控制理论与方法的研究，建立环境与发展综合决策技术支持系统，加强生态设计与生态建设的研究，研究开发和推广清洁生产技术、污染防治的实用技术。正确引导和大力扶持乳制品生产企业环境保护的发展，开发和推广先进实用的环保设备，并建立相应的质量标准体系。

（三）采取经济杠杆调节

运用经济手段保护环境，实行资源有偿使用，资源核算、资源计价、环境成本核算等。资源要有偿使用，征收水资源费、自净能力使用费、推行排污权交易等。企业要降低生产成本，提高在市场中的竞争力，必须降低环境代价，包括减少排污和防治污染等。

六、提升自动化和信息化水平

在全球智能化浪潮中，生产自动化必然成为变革产业的主导力量。乳制品工业面临着日益激烈的全球竞争，因此对设备的自动化有强烈的需求。自动化可替代人工单调重复的操作；满足日益提高的质量要求；可迅速有效地检测并调整生产线上的质量偏差，减少批次之间的质量差别，减少离线质量控制的成本；对液态奶制品中的异物及污染物可有效检出，减少质量风险。

提高乳制品企业的信息化管理水平、创新能力和市场竞争力具有十分重要的战略意义。随着市场经济的不断深化，信息化既是企业参与市场竞争的一种战略手段，也是当前的一种战术手段，在企业经营中发挥着举足轻重的作用，企业的信息化技术能力可大力提升传统产业创新程度和企业发展水平，能使企业提高生产运行效率，降低运行风险和经营成本，保证产品质量，从而增加企业获利和持续经营的能力。

参 考 文 献

[1] 刘玉满，李胜利. 中国奶业经济研究报告. 2011. 北京：中国农业出版社, 2012
[2] 张倩. 国内外食品标识法规标准比较研究. 中国农学通报, 2019(23): 135-141
[3] 石谢新. 市场监管总局解读婴幼儿配方乳粉产品配方注册事宜. 中国食品工业, 2021(12): 32-35
[4] 国家质量监督检验检疫总局. 乳制品生产企业落实质量安全主体责任监督检查规定(国质检食监〔2009〕437号). http://law.foodmate.net/show-164204.html
[5] 国务院. 乳品质量安全监督管理条例(国务院令第536号). http://law.foodmate.net/show-124505.html
[6] 中华人民共和国中央人民政府. 五部委印发《全国奶业发展规划(2016—2020年)》. (2017-01-09). http://www.gov.cn/xinwen/2017-01/09/content5158315.html
[7] 国务院. 中华人民共和国食品安全法实施条例(国务院令第721号). http://www.gov.cn/

zhengce/content/2019-10/31/content_5447142.htm
- [8] 国家统计局. https://data.stats.gov.cn/easyquery.htm?cn=E0103
- [9] 王玉东. 河南省迈入全国十大奶业主产省行列. 食品安全导刊, 2019(35): 16-17. DOI: 10.16043/j.cnki.cfs.2019.35.004
- [10] 中国农村网. 河南奶业转型升级正当时. http://journal.crnews.net/ncpsczk/2017n/dwsq/xdcm/921392_20180105112436.html
- [11] 周辰良, 赵玲, 岳中仁, 等. 河南省奶业发展的现状与思考. 中国乳业, 2017(7): 13-18
- [12] 宋昆冈. 乳制品行业2021年生产经营情况及2022年工作重点. 中国乳制品工业协会年度工作报告, 2022
- [13] 中国奶业年鉴编辑委员会. 中国奶业年鉴2021. 北京: 中国农业出版社, 2022

第五章 果蔬产业

第一节 研究背景

我国果蔬资源丰富，水果和蔬菜的总面积和总产量一直稳居世界第一，丰富的果蔬资源为果蔬加工业的发展提供了充足的原料。果蔬产业已成为我国仅次于粮食作物的第二大农业产业，在我国农业和农村经济发展中的地位日趋明显，成为我国广大农村和农民最主要的经济来源和新的经济增长点。目前，随着新一轮的科技革命的不断演进，在果蔬加工行业中，一大批新技术、新业态和新模式不断地涌现，对于延伸农业产业链，提高农民收入，促进我国农业发展起着越来越重要的作用。果蔬产品因集环保、健康和营养等多种优势于一体，成为未来健康产业的重要发展领域之一。

第二节 果蔬产业现状

一、全球果蔬加工现状

（一）果蔬生产现状

1. 生产规模

根据联合国粮食及农业组织数据，全球果蔬的生产规模十分庞大。全球果蔬种植面积自 2018 年以来逐渐上涨，到 2021 年，全球水果和蔬菜种植面积分别达 $6.65×10^7$ 公顷和 $5.80×10^7$ 公顷，同比增长 0.71% 和 1.06%（图 5-1）。得益于种植面积的增长，2021 年全球水果和蔬菜产量分别达 9.10 亿吨和 11.55 亿吨，同比增长 1.12% 和 1.39%（图 5-2）。

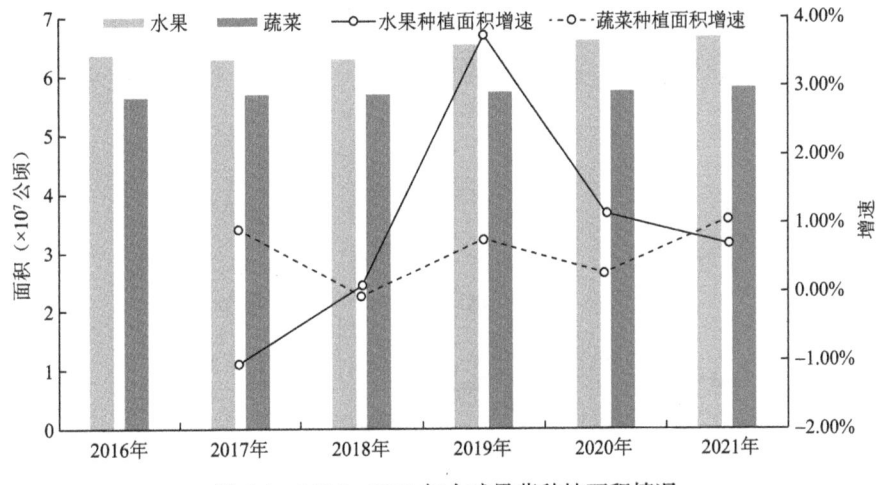

图 5-1 2016—2021 年全球果蔬种植面积情况

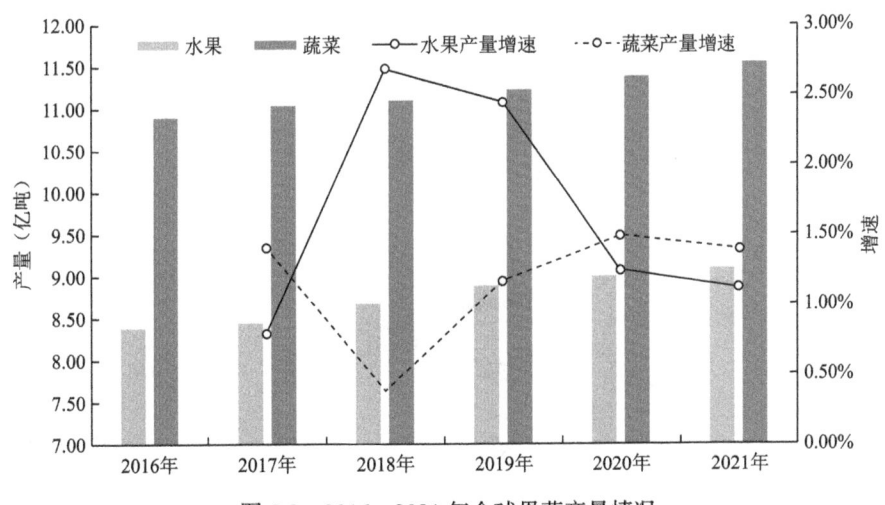

图 5-2 2016—2021 年全球果蔬产量情况

全球果蔬生产呈现多元化和分散化的趋势，不同地区的果蔬生产具有不同的特点和优势。2021 年全球水果产量前三的国家是中国、印度和巴西，产量分别是 2.56、1.08 和 0.40 亿吨，分别占全球水果产量的 28.19%、11.86% 和 4.38%（图 5-3）；2021 年全球蔬菜产量前三的国家是中国、印度和美国，产量分别是 6.02、1.38 和 0.28 亿吨，分别占全球蔬菜总产量的 52.16%、21.21% 和 11.95%（图 5-4）。

中国是全球最大的果蔬生产国，产量占全球总产量的 30% 以上；中国的果蔬产区广泛，其中以广东、浙江、江苏、山东等省份为主要产区。印度的果蔬产量占全球总产量的 10% 以上，产区主要分布在马哈拉施特拉邦、安得拉邦、喜马偕尔邦等地；美国的果蔬产量占全球总产量的 8% 以上，产区主要分布在加利福尼亚州、佛罗里达州、得克萨斯州等地。墨西哥果蔬产量占全球总产量的3%以上，产区主要分布在索诺拉州、蒂华纳等地。

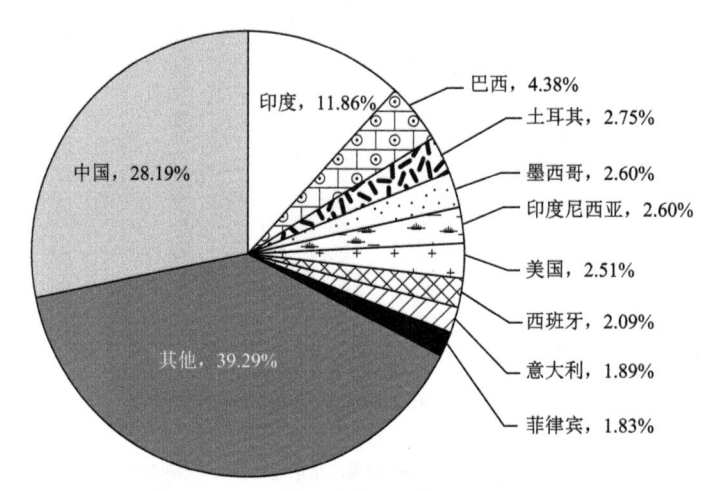

图 5-3　2021年全球水果产量地区分布情况

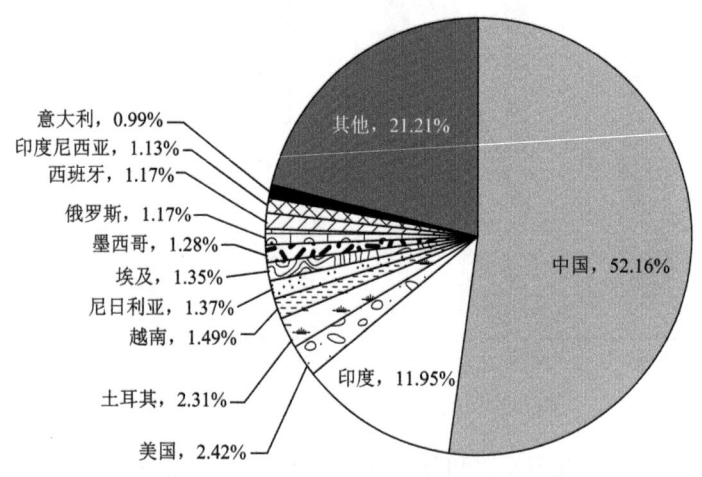

图 5-4　2021年全球蔬菜产量地区分布情况

西班牙是欧洲主要的果蔬生产国之一，果蔬产量占全球总产量的3%以上，产区主要分布在安达卢西亚、加泰罗尼亚等地。

总体来说，全球果蔬产量和规模随着各个国家的发展和变化而有所不同，但是中国、印度、美国等国家一直保持着较大的果蔬产量和规模。

2. 产值情况

果蔬产值在全球经济中占据了重要的地位，为许多国家的农业经济作出了重要贡献。根据联合国粮食及农业组织的数据，全球果蔬产值呈现逐年增长的趋势。

2020年全球果蔬总产值为9981.72亿美元,其中,水果产值为4650.91亿美元,蔬菜产值为5100.57亿美元(图5-5)。从地区来看,中国的果蔬产值最高,为4547.08亿美元,占全球果蔬总产值的46%;其次是印度和美国,产值分别是933.82和4.29亿美元,分别占全球果蔬总产值的9.36%和4.30%(图5-6)。总体来说,全球果蔬产值增长主要受益于人们对健康饮食的重视和生活水平的提高;随着科技的进步和农业生产的现代化,未来果蔬产值将继续稳步增长。

图5-5 2016—2020年全球果蔬产值情况

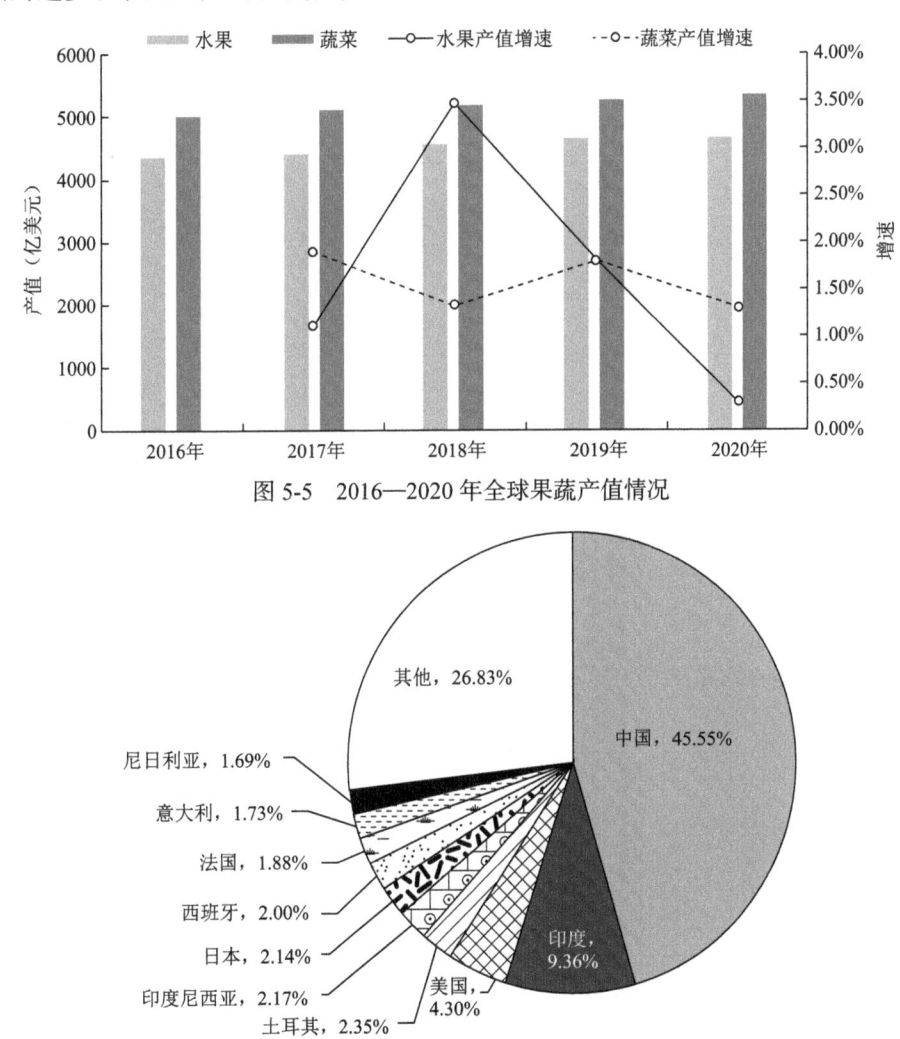

图5-6 2020年各国(地区)果蔬产值情况

3. 进出口情况

全球水果的进出口贸易在2016—2021年整体上保持一个上涨的趋势,但2020

年受疫情影响，全球经济持续低迷、国际贸易与物流严重受阻，全球水果进出口贸易量较 2019 年出现严重下滑；2021 年全球水果进出口贸易量开始回升，进口数量为 1.15 亿吨，进口金额为 1542.91 亿美元，出口数量为 1.17 亿吨，出口金额为 1445.75 亿美元（图 5-7）。全球蔬菜进出口贸易在 2016—2021 年呈现出稳步增长的趋势，2021 年全球蔬菜进口数量为 0.71 亿吨，进口金额为 936.97 亿美元，出口数量为 0.74 亿吨，出口金额为 940.83 亿美元（图 5-8）。

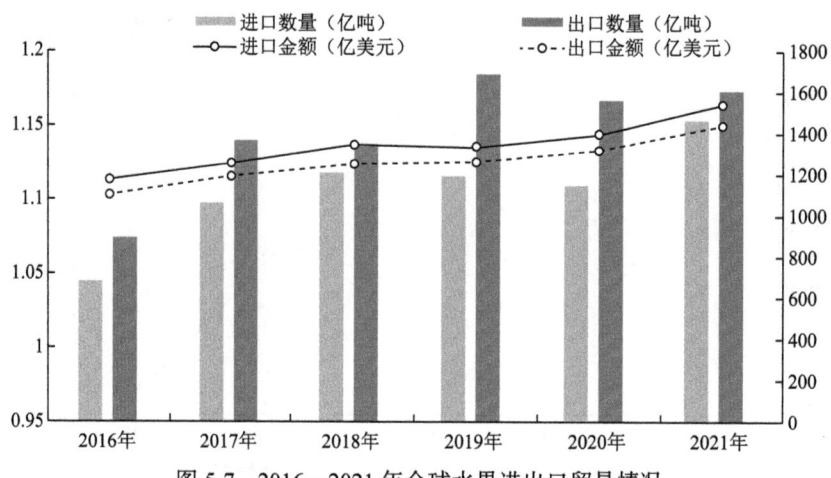

图 5-7 2016—2021 年全球水果进出口贸易情况

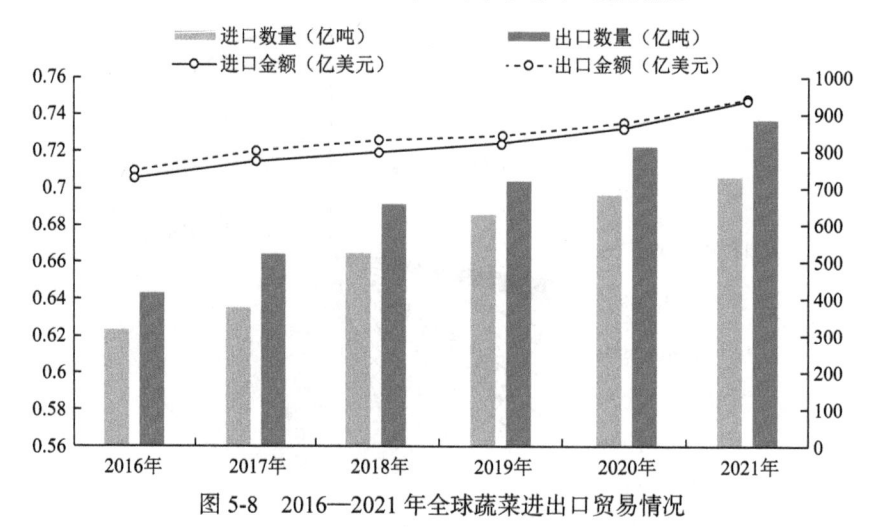

图 5-8 2016—2021 年全球蔬菜进出口贸易情况

（二）果蔬消费现状

1. 消费规模

据世界卫生组织估算，每年约 270 万人死于水果和蔬菜摄入量低而引发的慢性病，并导致全世界约31%的缺血性心脏病和11%的中风。世卫组织将水果和蔬菜摄入量低列为全球死亡率的20个风险因素之一，仅次于吸烟和高胆固醇水平等众所周知的"健康杀手"。因此，各国政府和组织应鼓励公众多吃水果和蔬菜以维持健康。2004年，粮农组织和世卫组织联合委员会达成共识，认为所有国家的最终目标应是每日最低摄入400克果蔬，进一步鼓励每个国家促进果蔬消费。全球果蔬消费现状因地区、文化、经济条件等因素而异，但总体来说，果蔬的消费趋势是呈现增长的态势（图5-9和图5-10）。另外，全球果蔬消费也呈现出不平衡的趋势。研究发现，蔬菜供应量最大的地区或国家集中在全球蔬菜带，如东亚、中亚和地中海盆地，包括南欧和北非。距离全球蔬菜带不远的区域，如东南部（越南）、西非（尼日尔和马里）和南亚（印度），蔬菜供应量适中。

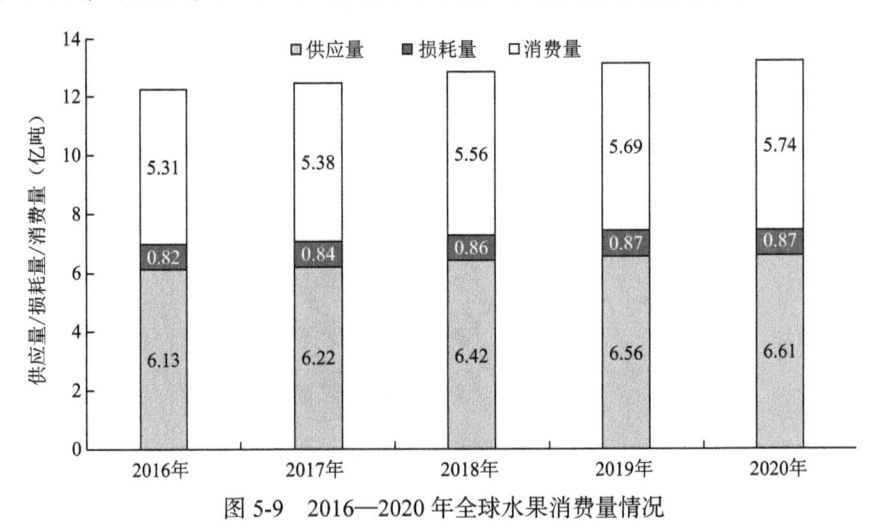

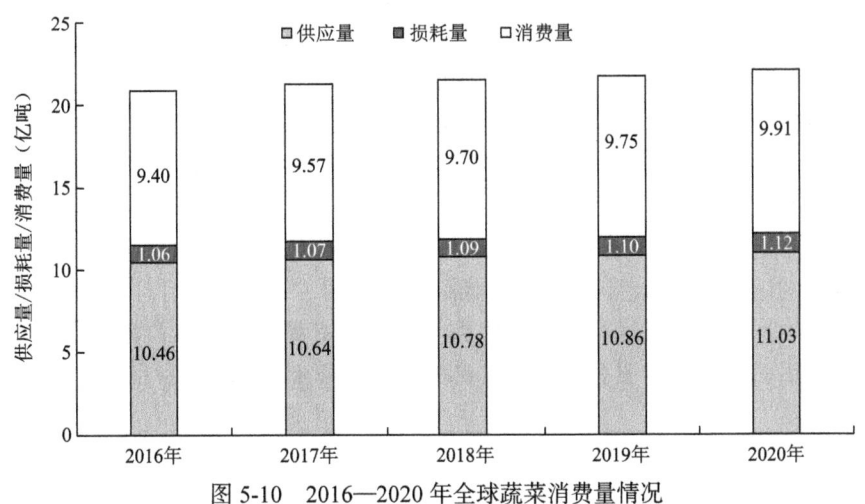

图 5-9　2016—2020 年全球水果消费量情况

图 5-10　2016—2020 年全球蔬菜消费量情况

消费量由供应量减去损耗量来计算，全球果蔬消费排名前列的国家有中国、印度、美国、土耳其、越南和埃及（图5-11）。果蔬消费量大得益于这些国家人口众多，而且农业资源丰富。在发达国家，人们更加注重健康饮食，对膳食纤维、维生素和矿物质等的需求也逐渐增加，因此水果和蔬菜的消费量逐年增加；在发展中国家，经济的快速发展提高了人们的生活水平，水果和蔬菜的消费量也在逐年增加；但一些贫穷和落后的极不发达国家果蔬供应量严重不足，他们更多依赖谷物和根茎类食品。未来，随着全球人口的增加和人们健康意识的提高，果蔬消费量将持续增长，因此需要加强果蔬生产和供应链的可持续发展。

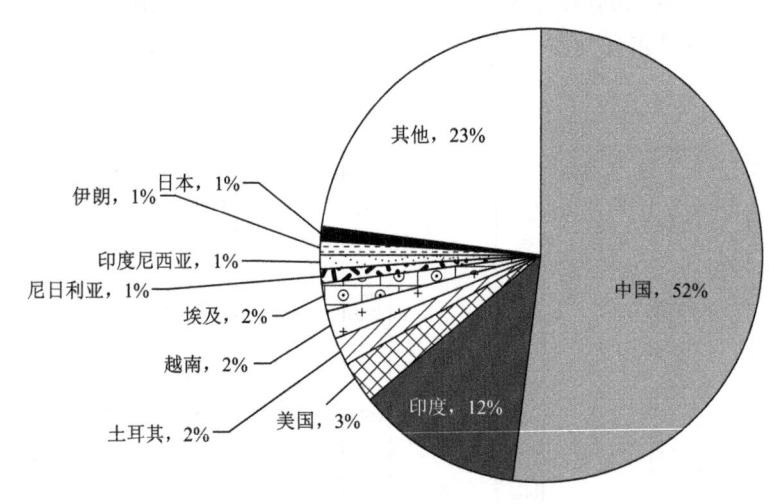

图 5-11　2020 年各国（地区）蔬菜和瓜类水果消费情况

2. 消费新业态

（1）网上消费和配送服务：随着电子商务的发展，越来越多的果蔬种植者和销售商开始利用网上销售平台（如中国的多多买菜、美团优选等）来扩大销售渠道，提高销售额。意大利的 Esselunga、Carrefour、Unes 和 Naturasì 等连锁超市也开始建立大型的分销链和非常活跃的网络平台，为消费者提供对超市的在线访问和送货时间的灵活选择。

（2）有机果蔬：消费者对健康和环境问题的认识推动了有机食品消费的增长，有机果蔬的生产和销售已经成为一个新的产业链。

（3）农场旅游：农场旅游已经成为一个新的消费业态。许多果蔬种植者在自己的农场里面提供旅游服务，让游客可以了解农业生产的过程，同时也可以购买新鲜的果蔬。

（三）果蔬加工技术现状

1. 干制技术

果蔬干制技术是将新鲜果蔬加工处理后，去除其中的水分，制成干燥产品的加工技术。传统果蔬干制技术包括热风干燥、真空干燥和冷冻干燥，每种干燥技术都有不同的优缺点。例如，空气高温长时间干燥会大大降低果蔬中维生素 C 和叶绿素的含量，并导致果蔬较大的收缩和较差的复水性；冷冻干燥技术可以保持新鲜果蔬的原始风味，但它耗能大；真空干燥技术可以降低果蔬的氧化程度，但运行设备的经济成本较高。

近年来，人们尝试将非热干燥与常规干燥技术结合对果蔬进行干制，并开发了一系列具有成本效益的非热混合干燥系统，如组合超声波和热风干燥、紫外线和热风干燥、脉冲电场和热风干燥技术等。据报道，这些方法提高了干燥产品的质量属性，减少了干燥时间和能量需求，并提高了总干燥效率，这些组合干燥技术有望成为传统工业和商业干燥器的替代品。

所以，采用优质高效的新型干燥技术进行果蔬干制是未来果蔬加工领域的发展趋势。

2. 速冻技术

果蔬速冻是指在短时间内将果蔬的温度降至冰点，而不改变果蔬的营养品质和感官特性的果蔬加工技术。低温能够有效降低微生物和酶的活性，削弱果蔬采后的氧化和呼吸作用。近年来，由于城市化进程加快，出于消费者方便、省时等因素的考虑，冷冻水果和蔬菜的消费量不断增加。

果蔬速冻的质量控制点在于速冻的温度和时间控制，如果控制不好，会导致果蔬冰晶形成不均匀，从而破坏果蔬的结构和口感，影响果蔬的品质。为了解决这个问题，研究人员开始不断探索新的技术和方法，如使用先进的速冻设备、智能控制速冻时间和温度等，以确保水分迅速结冰形成均匀的冰晶，从而保证果蔬的口感和品质。隧道式速冻设备是一种利用强制空气冷却原理的设备，产品连续通过隧道，这确保了冷空气在给定体积内的均匀分布；冷冻速率达 100 cm/h，这是在低温液体（氟利昂）中进行的超快速冷冻，但要将这项技术应用到果蔬产品的工业化大规模生产还需一定的时间。

3. 鲜切技术

鲜切技术是指将果蔬等食材在生鲜状态下进行切割和加工的技术。鲜切水果和蔬菜生产中通常涉及的单元操作包括以下内容：①接收和储存；②初步清洗和分级；③去皮；④减小尺寸和切割；⑤清洗和冷却；⑥包装。

鲜切技术可以有效地保留这些食材的新鲜感、口感和营养成分，同时也满足了消费者对果蔬即食和即用的要求。鲜切果蔬经加工后重量和体积减小，降低了产品的运输费用。全球果蔬鲜切技术的应用范围非常广泛，常见鲜切产品中，水果类包括苹果、梨、甜瓜、菠萝、桃等，蔬菜类包括黄瓜、生菜、莴苣、甘蓝、胡萝卜、椰菜、卷心菜、马铃薯等，可以用于家庭、餐饮、食品加工等领域，为消费者提供更加方便、健康、美味的食品选择。但是，与原料相比，鲜切果蔬更易发生品质变化，如变色、变味、衰老、软化以及由于微生物侵染而变质，所以鲜切果蔬的生产和流通需要在冷链中进行，对整个行业的要求较高。

4. 制汁技术

全球果蔬制汁技术的发展可以追溯到几十年前，从最初的手动榨汁器到现在的高科技果蔬汁机，制汁技术已经得到了不断的创新和改进，为人们提供了越来越健康与美味的果蔬汁饮品。随着人们健康饮食意识的不断增强，果蔬汁受到越来越多的关注。

果蔬制汁技术主要分为以下几种。①常规榨汁技术：采用机械榨汁的方式，将果蔬压榨出汁液。这种技术适用于大批量的生产，但由于机械操作的原因，会损失一定的营养成分。②冷压榨汁技术：采用低温、高压的方式将果蔬榨汁，能最大限度地保留营养成分和鲜味。这种技术适用于小批量生产，价格相对较高。③超声波萃取技术：利用超声波的物理效应将果蔬细胞膜破裂，使汁液中的营养成分充分释放。这种技术适用于小批量生产，能够保留更多的营养成分。

5. 腌制技术

果蔬腌制技术是一种传统的食品加工方法，通过将果蔬材料浸泡在盐水、醋水、糖水等溶液中，使其产生酸味、咸味或甜味，从而延长果蔬的保质期、增加口感和营养价值。果蔬腌制技术主要包括以下几种。①自然发酵技术：自然发酵技术是一种传统的果蔬腌制技术，通过将果蔬材料置于盐水中，利用自然界中的微生物进行发酵，产生有益的微生物群落，使果蔬具有更好的口感和营养价值。这种技术在亚洲地区广泛应用，如中国的泡菜和酸菜等。②冷冻腌制技术：冷冻腌制技术是一种较新的果蔬腌制技术，通过将果蔬材料置于低温环境下进行腌制，可以保持果蔬的原有口感和营养成分，同时也可以延长果蔬的保质期。③真空腌制技术：真空腌制技术也是一种较新的果蔬腌制技术，通过将果蔬材料置于真空环境下进行腌制，可以让腌制溶液更好地渗透到果蔬内部，从而使果蔬更加均匀地受到腌制。

果蔬腌制中使用的微生物种类和数量可能因不同的果蔬、不同的地域和不同的腌制方法而有所不同。一般来说，果蔬腌制中主要涉及的微生物有以下几类。①乳酸菌：乳酸菌是果蔬腌制中最常见的微生物之一，它们可以将果蔬中的糖分转化为乳酸，使得腌制的果蔬口感具有酸味，同时还可以增加果蔬的营养价值；

②醋酸菌：醋酸菌氧化乙醇会产生醋酸。果蔬腌制中含有少量的醋酸对于腌制品的质量有好的影响；③酵母菌：酵母菌可以将果蔬中的糖分转化为酒精和二氧化碳，使得腌制的果蔬具有特殊的香味和口感。在现代工业化生产中，往往需要人工选育和筛选菌种，以确保果蔬腌制产品的质量和稳定性。总的来说，果蔬腌制技术正在不断创新和发展，以满足人们对美味和健康腌制食品的需求。

6. 罐头加工技术

果蔬罐头加工技术是一种常见的食品加工技术，可以将新鲜的水果和蔬菜通过加热、杀菌、密封等工艺制成罐头，以延长其保质期，方便储存和使用。目前，全球果蔬罐头加工技术已经非常成熟，主要技术包括以下几个方面。①预处理技术：包括清洗、切片、浸泡、漂洗等，以确保原材料的卫生和品质；②杀菌技术：包括高温杀菌、低温杀菌、紫外线杀菌等，以保证罐头内部的微生物不会繁殖；③填充技术：包括真空填充、重力填充、压力填充等，以确保罐内的食品充分填充；④密封技术：包括焊接封口、机械封口等，以确保罐内食品的密封性；⑤检测技术：包括外观检测、真空度检测、含气量检测、杀菌效果检测等，以确保罐内食品的品质和安全性。

（四）果蔬加工装备现状

全球果蔬加工装备现状正处于不断创新和进步的阶段。以下是目前较为流行的一些果蔬加工装备。

1. 清洗设备

果蔬清洗设备是一种专门用于清洗果蔬的机器设备。全球果蔬清洗设备主要有以下几种。①水浴清洗设备：水浴清洗设备是一种将果蔬材料放入水中进行清洗的设备；通过这种设备，果蔬材料可以被充分浸泡，去除表面的污垢和农药残留。②气浴清洗设备：气浴清洗设备是一种将果蔬材料放入气流中进行清洗的设备；通过这种设备，果蔬材料可以被充分吹洗，去除表面的污垢和农药残留。③超声波清洗设备：超声波清洗设备是一种利用超声波震荡原理清洗果蔬材料的设备；通过超声波的作用，果蔬材料表面的污垢和农药残留可以得到更彻底的去除。④光电清洗设备：光电清洗设备是一种利用光电原理清洗果蔬材料的设备；通过光电的作用，果蔬材料表面的污垢和农药残留可以得到更彻底的去除，同时可以保留果蔬的营养成分和口感。总的来说，果蔬清洗设备正在不断创新和发展，以提高果蔬清洗的效率和彻底度，保障果蔬的品质和安全。

2. 切片设备

受到人们生活水平提高的影响和食品加工行业的发展推动，全球果蔬切割设备市场正在不断扩大。从市场占有率来看，欧洲市场占据了全球果蔬切割设备市场的最大份额，其次是北美和亚太地区。这些市场的增长主要来自于不断增加的快餐店、超市、酒店和餐厅等行业的需求。目前，全球果蔬切割设备市场上的主要产品包括手动切割机、半自动切割机和全自动切割机等。其中，全自动切割机是市场上最受欢迎的产品之一，因为它可以大大提高生产效率和减少劳动力成本。随着科技的不断进步和消费者对于食品的个性化需求越来越高，切割设备的功能和设计也在不断升级；例如，一些新型的切割机器配备了自动识别和定位的功能，可以更加精准地切割各种不同形状的果蔬。一些厂商正在推出可以定制的切割设备，以满足消费者的个性化需求。

3. 干燥设备

果蔬干燥设备是一种将果蔬材料通过加热和通风等方式进行干燥的机器设备。全球果蔬干燥设备主要有以下几种。①热泵干燥设备：热泵干燥设备是一种利用热泵技术进行果蔬干燥的设备；通过热泵的循环作用，可以将空气中的水分蒸发出去，从而实现果蔬的干燥。②微波干燥设备：微波干燥设备是一种利用微波技术进行果蔬干燥的设备；通过微波的加热作用，可以将果蔬材料内部的水分蒸发出去，从而实现果蔬的干燥。③真空干燥设备：真空干燥设备是一种利用真空技术进行果蔬干燥的设备；通过将果蔬材料放入真空环境中，可以降低水的沸点，从而使水分蒸发出去，实现果蔬的干燥。④太阳能干燥设备：太阳能干燥设备是一种利用太阳能进行果蔬干燥的设备；通过将果蔬材料放在太阳能集热器中，利用太阳能进行加热和通风，可以将果蔬材料干燥。总的来说，全球果蔬干燥设备正在不断创新和发展，以提高果蔬干燥的效率和质量，满足人们对多样化、高品质果蔬产品的需求。同时，随着节能和环保意识的提高，热泵、太阳能等新型干燥技术也越来越受到人们的关注和应用。

4. 热处理设备

果蔬热处理设备是一种将果蔬材料通过加热的方式进行处理的机器设备。全球果蔬热处理设备主要有以下几种。①蒸煮设备：蒸煮设备是一种利用蒸汽进行果蔬热处理的设备；通过将果蔬材料放入蒸锅中，加热蒸汽，可以将果蔬材料加热熟化，从而实现果蔬的热处理。②热水处理设备：热水处理设备是一种利用热水进行果蔬热处理的设备；通过将果蔬材料放入水中进行加热，可以将果蔬材料加热熟化，从而实现果蔬的热处理。③微波热处理设备：微波热处理设备是一种利用微波进行果蔬热处理的设备；通过微波的加热作用，可以将果蔬材料内部的水分加热膨胀，从而实现果蔬的热处理。④高压处理设备：高压处理设备是一种利用高压水进行果蔬热处理的设备；通过高压水的冲击力和温度，可以将果蔬材料加热熟化，从而实现果蔬的热处理。总的来说，全球果蔬热处理设备正在不断创新和发展，以提高果蔬热处理的效率和质量，以满足人们对多样化、高品质果蔬产品的需求。同时，随着人们对食品安全和健康的要求越来越高，安全、环保、高效的新型果蔬热处理设备也越来越受到人们的关注和应用。

5. 包装设备

果蔬包装设备是一种将果蔬材料进行包装的机器设备。全球果蔬包装设备不断创新和发展，以提高果蔬包装的效率和质量，主要有以下几种。①自动包装设备：自动包装设备是一种利用自动化技术进行果蔬包装的设备；通过自动化的操作，可以将果蔬材料进行称重、装袋、封口等操作，从而实现果蔬的包装。②真空包装设备：真空包装设备是一种利用真空技术进行果蔬包装的设备；通过将果蔬材料放入真空包装袋中，将包装袋内的空气抽出，从而实现果蔬的包装。③膜结构包装设备：膜结构包装设备是一种利用多层膜结构进行果蔬包装的设备；通过将果蔬材料放入多层膜结构袋中，可以有效保护果蔬的新鲜度和品质，从而实现果蔬的包装。④罐装设备：罐装设备是一种将果蔬材料放入罐中进行包装的设备；通过将果蔬材料放入罐中，并加盖密封，可以有效保护果蔬的新鲜度和品质，从而实现果蔬的包装。

果蔬包装设备的发展特点主要有以下几点。①智能化：随着科技的发展，智能化的果蔬包装设备已经开始普及；这些设备可以通过传感器和计算机控制，自动调整包装速度和温度，以保证果蔬品质的最佳状态。②环保：随着环保意识的提高，越来越多的果蔬包装设备开始采用环保材料，如可生物降解材料和再生材料。③多功能：现代果蔬包装设备不仅可以完成包装操作，还可以进行质量检测、标记和追溯等多种功能，以满足消费者了解果蔬产品来源和判断果蔬产品品质的需求。④自适应：由于果蔬产品的形状、大小和重量因素的不同，包装设备开始具有一定的自适应性，以确保多种果蔬产品都可以顺利进行包装。

6. 新型加工设备

随着人们对食品安全和健康的要求越来越高，安全、环保、高效的新型果蔬加工设备也越来越受到人们的关注和应用。果蔬新型加工设备是指利用现代科技手段，通过机械化、自动化等技术，对果蔬进行深加工，提高果蔬的附加值和经济效益的设备。果蔬新型加工设备主要有以下几种。①超高压设备：超高压设备是一种运用高压对果蔬产品进行杀菌的设备；这种设备可以快速杀灭有害微生物，并能够保留果蔬的营养成分和风味。②冷冻干燥设备：冷冻干燥设备是一种将果蔬在低温下进行干燥处理的设备；这种设备可以将果蔬中的水分迅速冻结，并通过真空技术将冰晶转变为蒸汽，从而将果蔬中的水分去掉，保留果蔬的营养成分和口感。③智能分选设备：采用图像识别和人工智能技术，对果蔬进行分选和分类，提高加工效率和产品质量。④果蔬加工自动化设备：果蔬加工自动化设备是一种将果蔬加工过程自动化的设备,可以用于果蔬饮料、果蔬汁和果蔬沙拉等产品的生产。现在,许多企业采用自动化生产线,以提高生产效率和产品品质。总的来说,全球果蔬加工设备正在不断创新和发展,提高果蔬加工的效率和质量,以满足人们对多样化、高品质果蔬产品的需求。随着技术的不断发展和进步,果蔬加工装备将会更加智能化和高效化。

(五)果蔬加工副产物现状

果蔬加工副产物是指在果蔬加工过程中产生的废弃物或剩余物,包括果皮、果核、果渣、蔬菜叶子、根茎等。这些副产物中含有丰富的营养成分,如纤维素、多酚类、维生素、矿物质等,具有很高的利用价值。全球果蔬加工副产物的现状在不同地区存在差异。在发达国家,如欧美日韩等地,果蔬加工副产物得到了广泛的利用,主要应用于食品、饲料、化工等领域。在发展中国家,由于技术和设备水平较低,果蔬加工副产物的利用率较低。大多数果蔬加工企业仍然采用传统的处理方式,如堆肥、焚烧等,造成了资源浪费和环境污染。

果蔬加工副产物利用情况分述如下。①果蔬汁副产物:主要是果蔬渣,可以用于生产膳食纤维、果蔬饼干和果蔬面包等产品;此外,果蔬汁副产物还可以用于生产饲料、生物质燃料和有机肥料等产品。②果蔬干燥副产物:主要是果蔬干燥后的秆、枝和叶子等,可以用于生产膳食纤维、生物质燃料和有机肥料等产品。③果蔬加工废水副产物:果蔬加工废水副产物中含有大量的有机物和营养物质,可以用于生产生物质燃料和有机肥料等产品;一些企业还采用了生物处理技术,将果蔬加工废水转化为有机肥料和灌溉水等。④果蔬加工废料副产物:主要是果蔬加工过程中的坚果、皮屑和果核等,可以用于生产饲料、生物质燃料和有机肥料等产品。总的来说,全球果蔬加工副产物的利用率有待提高,需要各国政府和企业共同努力,加强技术创新和设备更新,推动果蔬加工副产物的高效利用。

(六)果蔬产品品质控制现状

全球果蔬品质控制主要包括果蔬种植、质量认证、品质检测和监控、先进的加工技术和设备、供应链管理几个方面。①果蔬种植:许多国家和地区都有自己的果蔬种植标准,例如欧盟的有机标准、美国的 USDA 有机标准等。这些标准都要求果蔬种植过程中使用环保的种植技术、控制化肥和农药的使用等,以确保果蔬生产的环保和安全。②质量认证:很多国家都有的 GAP 认证、欧盟的 CE 认证等,这些认证机构会对果蔬的生产、采摘、加工、包装、储存、运输等环节进行严格的监督和检测,确保果蔬质量符合标准,才可进入市场流通。③品质检测和监控：对果蔬产品进行品质检测和监控，是保证产品品质和安全的重要手段。现在，许多企业采用了先进的检测技术和设备，如红外光谱分析、电化学分析和空间分辨光谱技术等，用于果蔬产品的品质分级和缺陷检测，以保证产品的品质和安全。④先进的加工技术和设备：果蔬加工技术和设备的不断创新和改进也有助于提高果蔬产品的品质；比如，采用高压均质技术和超声波技术，可以提高果蔬产品的品质和口感。⑤供应链管理：通过全面管理果蔬产品供应链，包括生产、采购、加工、销售等各个环节，可以提高产品的品质和供应链的效率，同时减少产品的浪费和损失。通过区块链技术对果蔬的生产、加工、运输、销售等全过程进行监控，确保果蔬产品的品质。总之，各种技术手段和管理方法的出现将有助于提高果蔬产品的品质和安全，同时促进果蔬产业的可持续发展。

（七）果蔬加工标准、法规现状

1. 国际通用标准

国际标准化组织（ISO）和国际食品法典委员会（CAC）制定了多个果蔬加工行业的国际通用标准和卫生操作规程。其中 ISO 标准详细规定了水果和蔬菜及其衍生制品中各种指标的测定，例如《水果和蔬菜制品——滴定酸度的测定》（ISO750—1998）、《水果和蔬菜制品——水不溶性固形物含量的测定》（ISO751—1981）等。CAC 标准中制定了水果和蔬菜鲜加工、罐头加工和脱水的卫生操作规程，如《水果蔬菜罐头的卫生操作规程》（CAC/RCP 002—1969）、《国际推荐脱水水果蔬菜卫生操作规程》（CAC/RCP 005—1971）、《国际推荐鲜水果蔬菜包装和运输操作规程》（CAC/RCP 44—1995）。

2. 主要国家地区法规、标准

全球果蔬加工标准和法规存在差异，主要取决于不同地区的法律法规、文化和食品安全标准的要求。①中国：中国出台了《食品安全法》《农产品质量安全法》等一系列法规，以保障果蔬加工食品的质量和安全。同时，还制定了一系列技术规范和行业标准，如《即食鲜切果蔬加工卫生规范》（GB/T 31652—2021）和《果蔬汁类及其饮料》（GB/T 31121—2014）等。②美国：美国农业部（USDA）和食品药品监督管理局（FDA）制定了一系列标准和法规，包括各种果蔬和果蔬汁的质量标准和分级标准以及罐头食品加工标准。③欧盟：如适用于水果和蔬菜加工的欧盟食品安全标准和欧盟第 1308/2013 号条例等。此外，欧盟还有一些区域性的标准和法规，如意大利的"DOP""IGP"等地理标志。④日本：如日本农林水产省制定的《日本农产品标准》《日本食品卫生法》等。总之，各国都在加强果蔬加工标准法规的制定和执行，以保障果蔬加工食品的质量、安全和健康。

同时，各国还在积极探索新的果蔬加工标准法规，以适应不断变化的市场需求和消费者偏好。

二、我国果蔬加工现状

（一）果蔬生产现状

1. 生产规模

我国自古以来是果蔬大国，是世界上最大的果蔬种植国家之一。近年来，我国农产品种植结构不断调整，水果和蔬菜种植能力和种植面积不断提升，产量也随之呈现快速增长趋势。国家统计局数据显示，2021年我国果园面积约为1281万公顷，增速达到1.3%，总产量为29970万吨，增速达到4.5%；2021年我国蔬菜播种面积为2199万公顷，增速达到2.3%，总产量为77549万吨，增速达到3.5%。图5-12总结了我国近五年果蔬种植面积及其增速，图5-13总结了我国果蔬产量及其增速。水果方面，国内种植品种丰富，有柑橘、苹果、梨、桃、葡萄、橙子、柚子、草莓、香蕉、猕猴桃等，其中以柑橘、苹果、梨等为主，产量分别达到了5596万吨、4597万吨、1887万吨，产量占水果总产量占比分别为18.7%、15.3%、6.3%；蔬菜方面，中国主要生产番茄、黄瓜、白菜、茄子、辣椒等品种。

数据来源：国家统计局

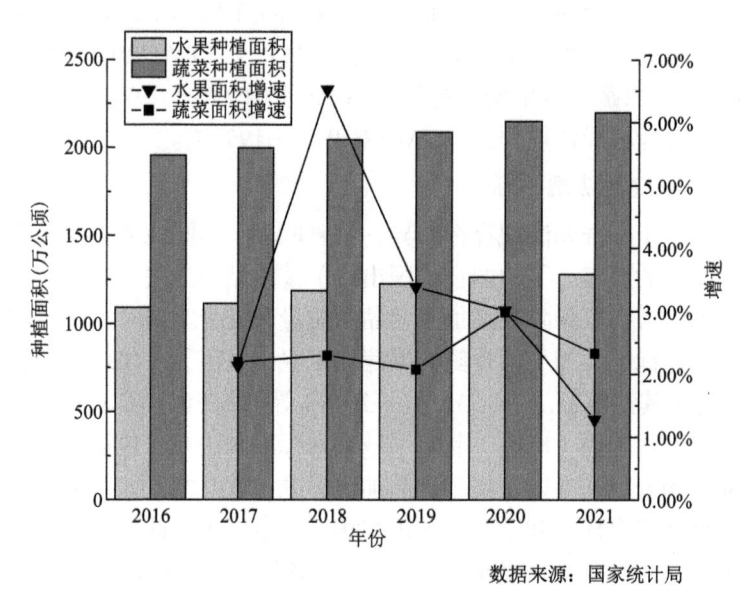

图5-12　2016—2021年国内果蔬种植面积及其增速

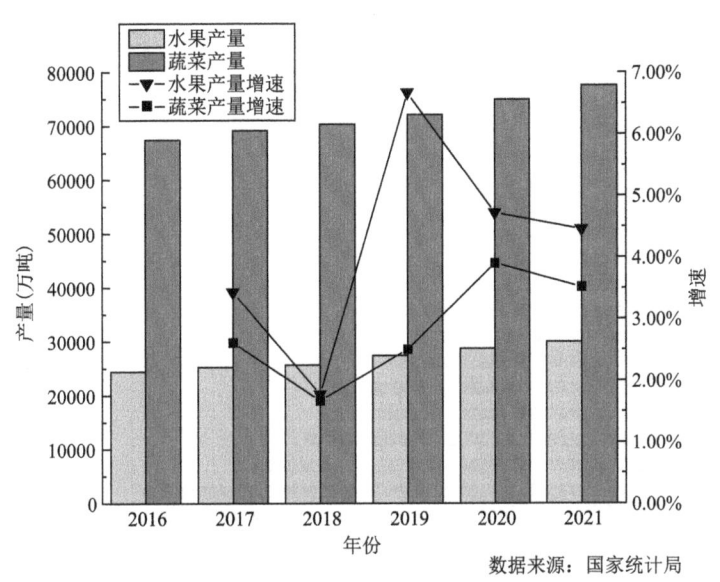

图 5-13　2016—2021 年国内果蔬产量及其增速

中国的果蔬生产地域分布广泛,不同的省份有着不同的果蔬特产和生产优势。2021 年国内果蔬种植主要省份的种植面积、产量如图 5-14、图 5-15 所示。东北、华北和东南沿海地区是中国主要的水果产区,而黄淮海地区、长江中下游地区和华南地区则是主要的蔬菜产区。同时,不同省份之间的产业规模、品种特点和市场需求也存在差异;例如陕西、广西、广东等是果树种植的重要省份,而河南、广西、山东等是蔬菜种植面积最广的省份。

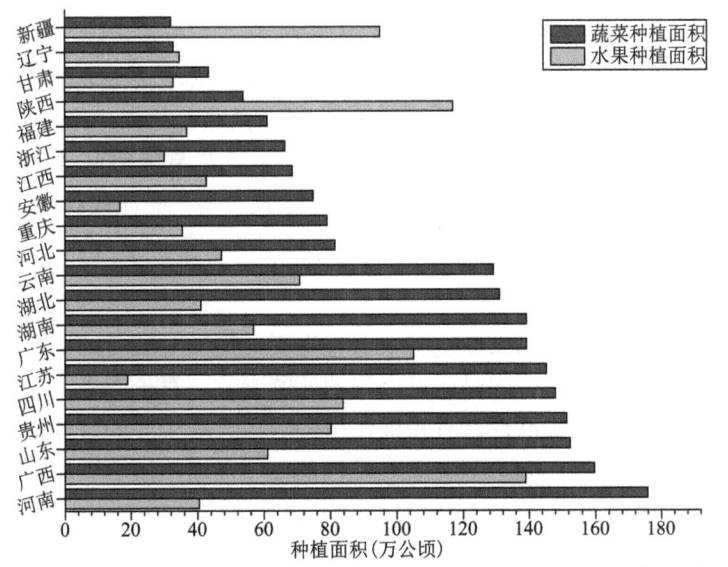

图 5-14　国内排名前二十的省份的果蔬种植面积(数据来源:国家统计局)

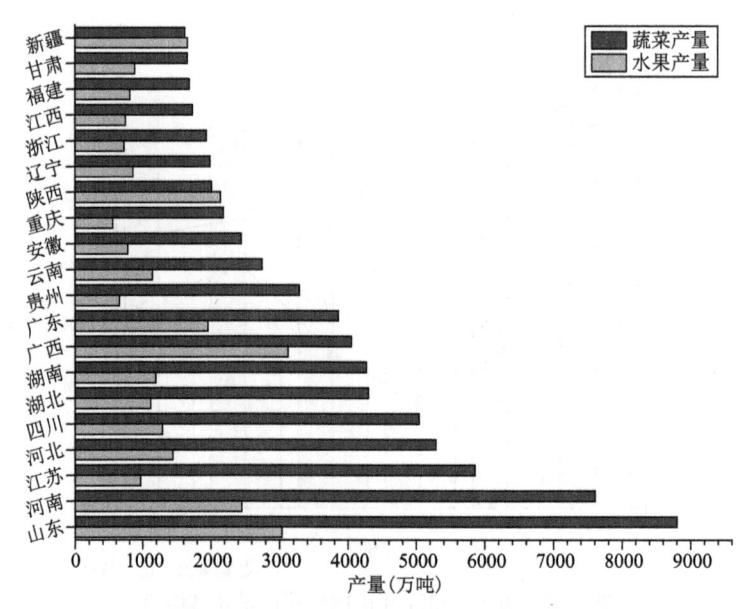

图 5-15 国内排名前二十的省份的果蔬产量（数据来源：国家统计局）

此外，不同地区的果蔬还有不同的品种特色和生产季节，例如我国柑橘产业布局主要分为长江中上游柑橘带、赣南-湘南-桂北柑橘带、鄂西-湘西柑橘带、浙南-闽西-粤东柑橘带，占全国总产量的 97%。品种方面，柑橘品种丰富，其中宽皮柑橘、甜橙、柚、其他（柠檬和金橘）产量占比分别为 66%、18%、13%、3%。而我国苹果主产区可分为渤海湾产区、黄土高原产区、黄河故道和秦岭北麓产区、西南冷凉高地产区、新疆特色产区等 5 个产区。渤海湾产区和黄土高原产区是我国优势苹果产区，占全国总产量的 88%。山东和陕西的苹果产量在全国占绝对优势，2020 年分别达 953.6 万吨和 1185.2 万吨，分别占总产量的 21.6% 和 26.9%。品种方面，我国富士苹果约占苹果总产量的 75%。而蔬菜采收期受地区和季节影响较大，例如在华南与西南热区冬春蔬菜优势区域，对于豇豆、菜豆、丝瓜等，华南地区集中在 12 月～翌年 3 月上市，而西南热区集中在 1～4 月上市。

2. 市场产值以及进出口情况

中国的果蔬生产在国内农业经济中占有重要地位，对农业结构调整有重大意义，既促进国内经济消费，同时还可以拉动外贸增长，对于促进国民经济的稳定增长和农村居民收入的提高都具有积极作用。中国果蔬生产的市场规模和增长速度都处于全球领先地位。2021 年我国水果和蔬菜的市场产值分别为 12290 亿元和 33887 亿元，增速达到 10.5% 和 10.0%（图 5-16）。

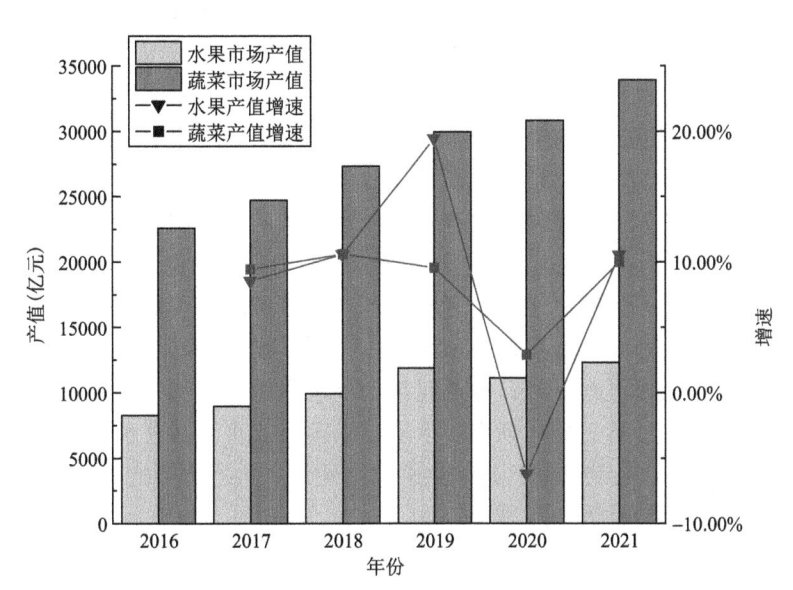

图 5-16　2016—2021 年国内果蔬产量及其增速（数据来源：华经产业研究院艾瑞咨询）

近年来我国水果进出口处于贸易逆差，自从 2018 年起，我国水果贸易逆差激增，自此之后持续扩大。根据海关总署数据，2022 年我国干鲜瓜果及坚果进口总量达 753.3 万吨，同比减少 7.5%，进口金额 156.5 亿美元，同比增长 2.6%；2021 年出口总量 361 万吨，同比下降 6.8%，出口金额 60.6 亿元，同比下降 11.3%。贸易逆差 91.6 亿美元，较 2020 年增加 93.6%。主要进口品类为榴梿和樱桃，其次为香蕉、山竹、龙眼等，主要是鲜果和干果；主要进口来源国家有泰国、智利、越南等。主要出口品类为苹果、葡萄、柑橘等；主要出口销往地有越南、泰国、印度尼西亚等。

蔬菜主要进口品类为蔬菜种子，其次为辣椒、马铃薯、甜玉米、胡椒和豌豆等，整体规模不大，主要用途是种用、特色品种调节和加工；主要进口来源国家有印度、美国、越南等，国内主要进口地区为江西、广东、浙江等。

出口优势品种包括大蒜、蘑菇、木耳等，主要出口销往地为日本、越南、韩国等国家，主要出口地区为广东、山东、福建、浙江等。2020 年，中国蔬菜贸易顺差收窄至 138.9 亿美元，大蒜出口量、出口金额增加，主要出口至印度尼西亚、越南、美国；进口规模最大的品种为干辣椒，主要进口自印度。

3. 产业现状

中国的果蔬生产规模和产值都非常庞大，同时也具有丰富的品种和地域特色。我国水果和蔬菜行业已进入新阶段，高质量发展成为贯穿整个产业链的主线。在生产端，龙头企业引领全行业向着"稳产、提质、优结构"的目标前进，安全、营养、绿色、有机等优质果蔬供给不断增加。近年来，中国果蔬生产技术的创新和进步相当显著，涉及种植技术、施肥技术、病虫害防治技术、贮藏技术、加工技术等方面，同时也积极推广了新品种的试种和推广。在水果方面，通过品种改良和栽培技术的改进，一些新品种得到了广泛应用，如红富士苹果、高山葡萄、无核蜜柚等。在蔬菜方面，科技创新也涉及蔬菜品种的选育和栽培技术的改进，如以茄子、番茄等为主要原料的设施种植技术得到广泛应用。在需求侧，果蔬消费需求越来越多元化，90后、00后等年轻客群的消费观念迥乎不同，百果园、盒马鲜生等企业通过大数据正逐步实现对消费者的精准画像、对需求的精准捕捉。在供应链体系建设方面，前置仓、地头冷库等冷链物流基础设施日渐完善，冷链流通率、冷藏运输率不断提升，流通腐损率显著降低，"从枝头到手头"的全程质量追溯体系筋骨已具、羽翼渐丰。未来，果蔬行业将继续在种植结构、数字农业、品种资源引进、高端品牌打造、生鲜冷链建设、新零售等方面进行战略布局，推动行业进一步转型升级、提质增效。

目前果蔬行业也面临着一些挑战和问题，需要在科技创新、产业升级、生态保护等方面加强探索和实践，实现可持续发展。为了提高果蔬的品质和产量，中国政府和企业加大了对果蔬科技创新的投入。相关部门投入大量资金用于果蔬生产技术的研究和开发，开展了许多科技创新项目。另一方面，中国果蔬生产中也存在着环境污染和资源浪费等问题。一些果蔬生产企业在为了提高产量和降低成本而过度使用化肥、农药和水资源，导致土壤污染和水资源的枯竭。此外，果蔬生产的加工和包装过程也会产生大量的包装垃圾，对环境造成不良影响。但随着社会环境意识的增强，中国果蔬生产也在积极推行可持续发展。通过推广绿色农业，加强对农药、化肥等有害物质的监管，提高果蔬生产的质量和安全，保护生态环境。

（二）果蔬消费现状

1. 消费规模

2021年，我国水果总体丰产、供给充足，对水果市场行情影响不大，全年价格处于历史中位水平。但新冠疫情呈局部暴发状态，造成客商备货积极性较低，市场交易量较2020年有所下滑，水果和蔬菜批发均价同比上涨。从我国果蔬销售规模情况来看，近年来，由于我国居民可支配收入以及健康意识水平的提升，绿色、健康的食品越发受到人们的喜爱，加上近年来我国冷链物流体系的不断完善，使得人们能够吃到各地的特色果蔬，进一步促进了我国水果的消费。资料显示，2021年我国水果人均消费量约为175 kg，蔬菜人均消费量约为162 kg。据相关数据统计，我国城市居民平均每标准人日蔬菜摄入量高于农村，城市居民达到蔬菜推荐量的比例高于农村居民。我国居民蔬菜消费量随年龄增长呈增加的趋势。

另外，男性蔬菜消费量略高于女性，而11～59岁年龄组女性水果消费量略高于男性。

2. 消费模式及发展趋势

国内果蔬行业产业链上游主要包括育种、肥料、农药、农业机械等领域；中游为水果和蔬菜的种植、采摘、采后、加工及运输环节；下游为果蔬的各类销售渠道，主要包括零售、批发、电商等线上及线下渠道（图5-17）。

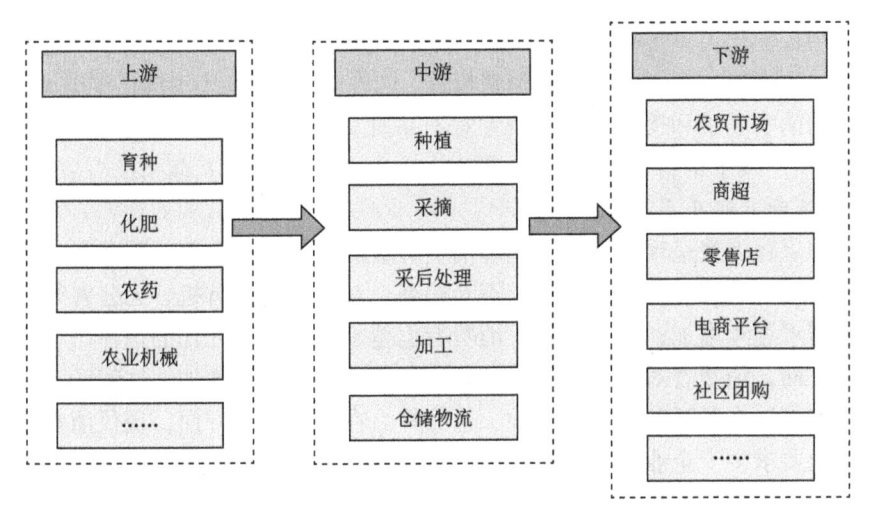

图 5-17　果蔬行业产业链结构示意图

随着经济和社会的不断发展，由于电商销售渠道的崛起、城市居民化带动市场增长、新业态新模式的涌现等，国内果蔬消费现状呈现出多元化、个性化和科技化的趋势。

1）电商销售渠道崛起

电商渠道在果蔬销售领域发挥着越来越重要的作用，尤其是在一二线城市及部分发达地区。消费者可以通过手机或电脑购买到来自全国各地的优质果蔬产品，电商渠道也成为一些农产品直接销售的主要渠道之一。一些大型电商平台如淘宝、京东、天猫等也开始布局生鲜果蔬业务，提供优质品质和快速配送服务。

2）城市居民化带动市场增长

中国城市化进程的不断推进，城市居民对于果蔬的需求量和品质要求不断提高，这也带动了国内果蔬市场的增长。城市居民对于安全、品质、新鲜度等方面的要求将会更高，这也促使一些果蔬企业和产地农民进行品牌化、精品化、规模化和标准化的生产和销售。这对于延伸农业产业链，提高农民收入，促进我国农业发展也起着越来越重要的作用。

3）新业态新模式的涌现

随着科技和消费升级的不断发展，一些新的业态和模式也开始涌现。创新技术的不断涌现，从根本上改变了国内传统农业的发展模式，通过应用物联网技术、人工智能技术、GIS 技术以及大数据技术等使中国农业从原来看天吃饭的传统农业模式转变为高产、高效、低耗、优质、生态和安全的智慧农业模式。比如说，一些果蔬生产企业开始采用智能化、数字化和云端化等技术手段，以提高生产效率、品质和可追溯性。如采用大数据分析技术进行产量、质量、价格的预测和调控，采用智能化温室等技术提高果蔬的生产效率和质量。另一方面，一些创新型企业开始探索更加多元化的果蔬消费模式，如在线订购、社区团购、共享农场等，通过新的消费场景和模式满足消费者对于品质、新鲜度和便捷性的需求，如"农场+旅游""线上销售+社群营销"等。

4）消费升级及多元化

国内果蔬消费呈现出了多元化和消费升级的趋势。一方面，消费者对于传统蔬菜的品质、口感和营养价值要求不断提高，对于特色、有机、无公害等高品质果蔬的需求逐年增加；另一方面，消费者也越来越注重多元化的选择，在新鲜果蔬产品方面，消费者对于进口水果和新奇蔬菜的需求不断增加，这带动了一些农业企业和产地农民不断推出新品种、新品牌。在果蔬制品方面，现代消费者的健康需求也要求生产企业不断研发和推广新产品，例如富含膳食纤维、低盐、低糖、低脂等特殊功效的果蔬制品。

（三）果蔬加工技术现状

1. 传统果蔬加工技术

果蔬加工是指以新鲜果蔬为原料，依照不同的理化特性，采用不同的方法，制成各种制品的过程。新鲜果蔬采收后经预冷、除杂、清洗、去皮、护色、切分等预处理后，再进行下一步的深加工处理，例如制罐、脱水、腌制、浸渍、发酵等工艺。由此产生的主要制品有果蔬罐头、果蔬汁等，如表 5-1 所示，能够达到长期保存、经久不坏、随时取用的目的。

表 5-1 果蔬加工产品及其工艺

果蔬产品	产品工艺
果蔬罐头	果蔬原料经预处理后，密封在不透气且能严密封闭的容器或包装袋中，加入适量的盐水或清水或糖水，经排气、密封、杀菌等工序制成的产品
果蔬糖制品	新鲜果蔬经预处理后，加糖煮制，使其含糖量达到 65% 以上，以产品形态分为果脯和果酱两大类

续表

果蔬产品	产品工艺
果蔬干制品	新鲜果蔬经自然干燥或人工干燥，含水量降到一定程度（果品15%~25%，蔬菜3%~6%以下）
果蔬速冻产品	新鲜果蔬经预处理后，于-25~-30℃低温下，在30 min内快速冻结所制成的产品
果蔬汁	新鲜果蔬原料经预处理后，榨取汁液，经澄清、过滤或均质等处理所制得的加工品
果酒、果醋	水果原料经榨汁后，利用酵母菌、醋酸菌等作用，使糖转变为酒精、醋酸所制得的产品
果蔬腌制品	新鲜蔬菜经过部分脱水或不脱水，利用食盐等进行腌制所制得的加工品

我国果蔬加工业涵盖了第一、二、三产业，连接农业、工业还有服务业，极大促进了中国经济的发展。随着科学技术的全面发展，上述多种传统的果蔬制品的加工技术都有一定的发展和进步。例如在果蔬罐头的加工中，国内已实现电脑全智能控制的新型杀菌技术的应用。高效榨汁技术、高温短时杀菌技术、无菌包装技术在果蔬汁的生产过程中得到较为广泛应用。速冻果蔬的包装形式从大包装转向处理过后的小包装形式，冻结方式也改为使用空气为介质的冻结装置、管架冻结装置等，这种冻结方式使得冻结温度均匀，产生更好的生产效益，液态氮、液态二氧化氮作为冻结源，直接喷射冻结，冻结的温度可以明显地降低，达到更快的速度和冻结品质。

国内果蔬加工行业发展迅速，但是现阶段在部分果蔬加工机理和工艺方面的研究还不够深入，工艺加工过程的机械自动化程度仍然比较低，先进技术掌握得不够成熟，导致与国外的加工现状还有一定的差距。

2. 果蔬加工新趋势

在果蔬加工领域里常见的加工技术难题有营养素损耗、褐变、后浑浊、芳香物质逸散等，为了解决这些问题，果蔬的加工技术呈现由热加工向非热加工转变的趋势，涌现了真空冷冻干燥、膜分离、超临界萃取、低温高压膨化、益生菌菌剂发酵、超高压等新型加工技术。

1）真空冷冻干燥

真空冷冻干燥技术是将冷冻与真空结合起来的一种综合性技术，是干燥技术领域中科技含量较高、应用较广的一种技术。真空冷冻干燥是先将物料冻结到共晶点温度以使水分变成固态的冰，然后在适当的真空度下，使冰直接升华为水蒸气，再用真空系统中的水汽凝结器将水蒸气冷凝，从而获得干燥制品。经过真空冷冻干燥制取的蔬菜，其物理、化学成分和生物状态均保持不变，物质中的营养成分损失很小，结构多呈孔状，体积和干燥前基本相同，具有理想的速溶性和快速复水性。目前广泛应用于果蔬调味包、果蔬脆片、颗粒果蔬、粉末果蔬的加工中。但是，国内目前真空冷冻干燥技术在加工工艺上仍然处于发展中的状态，很多果蔬的加工工艺尚不成熟。由于该技术需要真空和低温条件，所以要配置一套真空系统和低温系统，投资费用和运转费用都比较高。未来真空干燥技术的研究方向主要涉及以下几点：一是发展流水线式的真空干燥设备增加干燥的产量，降低成本，提高生产效益；二是目前国内的冻干机设备从数量、品质上都不能满足社会发展的需求，应加大研发力度研发出低成本、高效益的机器；三是开发真空干燥设备与其他设备的联结，形成产业多元化。

2）膜分离技术

膜分离技术是一种仿生技术，它是利用天然或人工合成的高分子薄膜，以外界能量或化学位差为推动力，对双组分或多组分的溶质和溶剂进行分离、分级、提纯和富集的方法。常用的膜分离方法有微滤、纳米滤、超滤、反渗透和电渗析等。由于膜分离具备节能、高效，不对果蔬中敏感的营养物质造成破坏，可最大限度地保留果蔬制品的色、香、味、形等特点，已在果蔬产业中得到快速发展。目前，膜分离技术被广泛应用于果蔬制品的加工中，主要用于果蔬汁的澄清、浓缩、过滤等。此外，膜分离技术还可用于果胶的提取和制备。但是在膜分离过程中，果蔬中的悬浮物在其膜孔隙及其内壁沉积造成膜的通量降低，使其寿命减少，进而导致膜污染问题。在其他领域对膜污染造成的问题均有一定控制措施，果蔬加工中这方面仍有欠缺，是需解决的问题。

3）超临界萃取技术

超临界流体萃取技术是利用高于临界温度和临界压力的流体具有气体和液体的双重性，黏度与气体、密度与液体相近，但其扩散系数却比液体大得多的特点。它是一项通过分子间的相互作用和扩散作用将许多物质溶解的新型分离技术。超临界流体萃取技术因其使用安全、操作方便、节约能源、分离效率高，可防止萃取物热劣化，并起到抗氧化和净菌作用，在果蔬行业得到广泛关注。目前超临界萃取技术主要应用于果蔬功能性物质、色素的提取以及果蔬资源的综合利用方面。超临界二氧化碳萃取技术具有操作温度低，不会对热敏性的物质造成破坏，萃取的效率高，耗能低，工艺简单，二氧化碳经济实惠，又可以循环利用等优点，已经成为天然产物提取研究中的一种具有很好的发展潜力的提取方法。但是，该技术也具有一些缺点，它选择性不够高，对强极性和分子量较大的物质萃取率不高，通常需要加入含极性基团的夹带剂，从而引入新的问题。

4）低温高压膨化技术

膨化技术是利用相变和气体的热压效应原理，使被加工物料内部的液体迅速升温汽化、增压膨胀，并依靠气体的膨胀力，带动组分中高分子物质的结构变性，从而使之成为具有网状组织结构特征、定型的多孔状物质技术。目前，果蔬膨化工艺包括挤压膨化、油炸膨化、非油炸膨化等，不同的加工设备和方法可以生产出不同口感和营养价值的产品。膨化果蔬被国际食品界誉为"二十一世纪食品"，是继传统果蔬干燥产品、真空冷冻干燥产品、真空低温油炸果蔬脆片之后的新一代果蔬干燥产品。虽然果蔬膨化产品具有绿色天然、食用方便、易于贮存、携带方便、口感丰富等优势，但是国内不管在膨化设备还是膨化食品方面与国外相比相差甚远，高端膨化食品中进口商品所占比例较大。针对这一现状，我们应该进一步对膨化设备进行优化改进，不断提出新的膨化工艺，利用我国水果资源丰富的优势尽可能地使操作温度压力更低，产品营养损失更少，保质期更长，提高市场竞争力。

5）生物酶技术

果蔬汁香气与风味是影响其质量高低的主要因素，极易在加工过程中损失。果蔬本身所含有的果胶、纤维素、蛋白质等是引起果蔬汁等果蔬产品混浊、褐变和产生苦味物质等不良现象的主要因素，而在其中添加相关酶制剂可缓解相关问题。酶的作用条件温和，催化功能强，专一性良好，反应易控制，可避免剧烈反应，保持食物本身的色泽、香味和结构稳定，不影响果蔬外观、质地和口味，不会导致腐败、破坏等问题。例如在果蔬汁的生产过程中，减少浑浊感是最重要的工序，其反应程度将直接影响果汁产品的最终质量和稳定性，果胶酶可帮助蔬菜和水果内的胶状物质快速分解，提高果蔬类食品生产效率，还可使风味前体物水解，从而产生香味物质。另外，酶技术还应用于处理果蔬表面及内部的组织特性，如果蔬的去皮、去苦及保持硬度等。但是目前酶制剂的应用和选择有限，未来可通过基因工程等手段，对酶基因进行定向的切割或修饰，提高酶在果蔬加工保鲜中的适用性，扩大酶的来源，降低生产成本。

6）超高压技术

超高压技术是指将食品密封在柔性容器内，以水、油或其他液体作为传压介质，在常温或稍高于常温条件下进行 100 MPa 以上的加压处理，维持一定时间后能有效杀菌，并且最大限度保持食品原有颜色、香气、滋味、形态和营养等品质的果蔬加工新技术。研究表明，超高压杀菌可延长果蔬汁货架期达 14 周，保持并改善果汁和果酱营养成分和感官特性；超高压作为一项非热杀菌技术，能有效灭活果蔬汁中的有害微生物，延长果蔬产品的货架期，最大限度地保留果蔬汁的色泽与风味、减少果蔬汁加工过程中活性物质的损失，有广阔的应用前景。

超高压技术也仍然存在一定的局限。首先，灭酶方面没有热处理效果好，果蔬产品中的多酚氧化酶以及过氧化物酶的残余酶活性较高，从而造成其贮藏期间品质的劣变。其次，超高压杀菌技术通常情况下无法比较不同处理条件及环境下的杀菌效果，因此，需要建立动力学模型来评价不同加工参数的杀菌效果，有助于食品技术人员在现实应用中调查最小致死剂量、优化灭菌方法，减少试验次数。

再者，超高压处理会导致一些亚致死微生物，这些微生物在贮藏期间会重新繁殖生长，应进一步研究其特定因素，如优化超高压工艺参数，了解亚致死微生物的保护机制和恢复条件，以确保充分灭活。最后，超高压贮藏运输过程中所要求的低温环境，使其在果蔬汁产品加工的工业化应用中还存在种种局限，未来需要重点解决这些局限性问题。

7）益生菌发酵菌剂

微生物菌剂是将自然界中筛选出来的或人工培育的、有特定功能的微生物制成菌液制剂或运用干燥技术制成干粉制剂，是一种新型的工业化生产菌种。将其应用在食品发酵工业中，不仅能简化产品生产工艺，缩短发酵时间，减少设备投入，还可以防止菌种退化和污染，保证产品质量稳定。菌剂规模化制备核心技术是益生菌菌体高密度培养技术，主要指应用一定的培养技术和装备来提高单位培养液中益生菌菌体的密度，这种技术在营养品质、感官品质和有益菌调控方面，较普通培养方式有显著提高，能够生产出工艺可控、品质可控的发酵果蔬汁。发酵菌剂规模化制备解决了果蔬发酵中面临的风味品质差等主要技术难题。目前，这项技术已应用于益生菌发酵剂的生产，不仅增加了单位体积培养液中的菌体数量，而且提升了现代化发酵进程，加速了益生菌发酵剂的商品化进程，利于实现益生菌发酵果蔬技术的产业化推广。但迄今为止，关于果蔬益生菌发酵技术研究仍处于起步阶段，国内市场尚没有品牌和质量过硬的益生菌发酵果蔬产品出现。这是因为果蔬发酵专用菌种存在工业化实现难，规模化制备技术落后等问题。

总而言之，国内的果蔬加工技术发展迅速，在不断向世界一流水平靠近，新时代对于果蔬加工技术的发展也提出了更高的要求，但是同时也要清醒意识到我们果蔬加工业在技术、体系上与发达国家存在很大的差距，在积极改革创新的时候，也要准确把握行业的发展趋势。

（四）果蔬加工装备现状

1. 果蔬加工装备种类及发展现状

面对我国果蔬市场不断扩大的现状，扩大果蔬产品加工规模，提升加工水平成为必然。由于加工装备对生产加工质量和效率影响较大，所以高度重视并不断优化加工装备是非常重要的。国内果蔬加工装备的种类繁多，包括运输、清洗、去皮、切片、热处理、分离、包装等主要设备。如表 5-2 所示，这些设备基本涵盖了果蔬加工过程的各个基础环节，不仅能够提高果蔬加工的效率，还能够提高产品的质量和安全性。

表 5-2 果蔬加工产品及其工艺

工艺	处理	设备
运输	将果蔬物流运输、传送到指定加工位置	带式、链式、螺旋、气力式输送机
清洗	对果蔬进行清洗和消毒	滚动式、喷淋式、浸泡式清洗设备
分选	按照大小、品质等进行分级，筛选出不符合要求的原料	气流式、筛选式、磁选式、色选式分选机
切割	对果蔬进行切片、破碎等加工处理	切片机、切丝机、切块、破碎机
剥皮	去除果蔬的外皮、果核等非食用部分	削皮机、去皮机、去核机
分离	用于果蔬的压榨、过滤以及分离等	螺旋压榨机、过滤机、离心机
混合	对果蔬原配料的混合、均质等处理	搅拌机、高压均质机、胶体磨
热处理	对果蔬进行杀菌、灭酶等处理	列管式、板式换热器、杀菌釜
包装	对果蔬进行包装	包装机、封口机

随着我国消费者对果蔬休闲食品需求的增加，与科学技术的不断发展，使得果蔬加工装备进入了快速发展阶段，国内果蔬加工装备现状有如下特点。

1）生产企业规模及集中化程度较高

生产企业为了能够满足加工设备应用需求，积极引用先进科学技术来创新和研究加工设备，以便推陈出新，推出更适应社会需求的专业化的加工装备。就目前我国果蔬加工装备发展情况来看，果蔬加工装备已经从长期依赖进口转变为自主化生产，使得我国企业能够孕育规模大、专业化程度高的加工装备，满足生产加工需求。

2）机械加工装备细化程度增强

新技术、新工艺、新材料的涌入在一定程度上推动了国内加工装备的创新发展，使之在果蔬生产加工过程中发挥巨大的作用，改变了以往生产粗糙、质量不佳的局面。新型的加工装备工艺更加完善、功能更加齐全，在具体应用过程中能够对果蔬进行精细化加工处理。例如，能够有效地运用清洗机、拣选机等设备对不同形状、大小、质地的果蔬进行加工处理，最终得到优质产品。

3）电子信息化和自动控制技术的应用更加广泛

随着科技的发展，信息化、自动化技术不断完善和发展。信息自动化控制系统的运用能够有效对计算机及其他机械设备进行合理编程，在机电一体化设备的基础上实现自动化生产，工人只需要发布极少指令，机械设备就能够自动生产，从而大幅提高了果蔬加工生产效率。

2. 果蔬加工装备来源

中国的果蔬加工装备来源非常广泛，主要包括国内企业和进口设备两部分。

国内企业方面，主要有海天、吉恩、科龙等企业。海天是国内知名的果蔬加工设备供应商，拥有完整的研发、制造、销售、服务一条龙体系，产品涵盖清洗、去皮、切片、烘干、包装等多个环节，旗下品牌有"海天源""海天瑞源"等。吉恩是一家专业从事果蔬加工设备研发、制造和销售的企业，产品包括清洗设备、切片设备、烘干设备、包装设备等。科龙是国内领先的果蔬加工设备制造商之一，产品涵盖了清洗、切片、烘干、包装等各个环节，包括多种不同型号和规格的设备，可以根据客户需求提供定制化解决方案。此外，一些果蔬加工厂还会选择与当地的专业制造商合作，进行设备的定制化生产，以满足自身的特殊需求和要求。这些定制化设备不仅可以提高果蔬加工的效率和质量，还可以更好地适应当地的市场和消费者需求。

进口设备也是中国果蔬加工行业的重要来源。主要来自于欧美、日本等发达国家，这些设备技术先进、性能稳定、可靠性高，拥有很高的知名度和良好的口碑，具有很高的市场认可度。常见的进口品牌有美国的 TOMRA、德国的 KRONEN、荷兰的 METALQUIMIA 等。

3. 果蔬加工新装备

一些较为先进和特殊的加工设备现如今也得到了广泛应用和推广，如高压处理设备、超声波处理设备、微波处理设备等。其中，高压处理设备是一种应用高压力作用于果蔬的加工技术。在高压作用下，果蔬的细胞膜受到破坏，导致果蔬变软，进而加快果蔬的烹调过程，从而缩短加工时间。超声波处理设备则是通过超声波的高频振动作用于果蔬中的液体和固体，促进果蔬的加工过程，提高产品的品质。微波处理设备是将微波能量作用于果蔬中的水分子，导致果蔬受热加快，进而缩短了加工时间。随着信息技术和智能技术的发展，智能化加工设备也逐渐应用于果蔬加工行业。这些设备具有自动化、智能化的特点，能够有效提高生产效率和产品品质。例如，智能化的果蔬分类机能够实现自动分选果蔬的大小、形状和颜色等特征，从而提高果蔬的品质和市场竞争力。

此外，随着果蔬加工新技术的不断开发，与之相匹配的设备也在不断被研发、投入生产。以超高压技术以及超高压设备为例，国内突破了快开式双堵头密封、低压系统与高压系统流量匹配、新型增压器结构优化等关键技术，开发了大型超高压装备，并实现商品化，达到世界先进水平，打破欧美先进国家对超高压食品加工技术的垄断。超高压加工技术已经在部分公司进行了转化应用，目前市场上 NFC 果蔬汁就采用的是"超高压+"新工艺。NFC 果蔬汁超高压加工技术每吨产品可省电 100kW·h、节水 5 吨，能够节约生产成本，减少污染，保护环境。但是我国在超高压设备上仍然落后于国外技术，由于关键原材料、关键元器件研发不足，所以大部分超高压设备需要进口。国外引进装备不仅购置成本以及维修和维护成本十分高昂，而且都不是大容积、大产能装备。这些原因限制了超高压食品在国内的规模化发展，目前尚未形成较为成熟和完备的超高压装备体系。

总体而言，中国果蔬加工装备在种类、性能和技术方面已经取得了较大的进步，不断满足市场需求，提高了果蔬加工行业的水平和竞争力。但是，尽管果蔬加工装备发展态势良好，现阶段依旧存在标准适用性低、缺乏多种类高质量的专业化加工设备、加工装备的科研开发能力薄弱等问题，导致机械装备整体水平与国外仍有一定差距，这需要相关研究人员在未来更加深入地研究。

（五）果蔬加工副产物现状

1. 果蔬加工副产物来源

在果蔬加工过程中，往往产生大量副产物，如果皮、果核、果渣、种子、叶、茎、花、根等。其中果皮在整个水果中占较大比重，以我国四大水果苹果、香蕉、梨、柑橘为例，果皮占有率分别为10%~15%、35%~41%、11%~16%、16%~23%。据统计，中国每年果蔬加工产生的废弃物高达1亿吨，并且持续增多，绝大部分没有得到资源化利用而直接丢弃或者填埋，对人们的生活环境造成污染的同时也造成了资源的浪费。这些果蔬加工副产物因其富含各类营养素和非营养素成分，是蛋白质、多糖、维生素、粗纤维、矿物质、植物甾醇、必需脂肪酸和抗氧化剂等良好的天然来源，可作为高附加值产品的回收资源。此外，与化学合成物相比，用果蔬加工副产物提取的天然成分来开发具有生物活性的产品更容易被消费者接受。

2. 果蔬加工副产物利用现状

虽然果蔬加工副产物具有很高的潜力和广泛的应用前景，但国内目前的利用率仍然比较低。如表5-3所示是一些果蔬加工副产物的利用方向。

表5-3 果蔬加工副产物利用方向及其产品

应用方向	副产物利用	产品
果蔬产品	利用果蔬副产物中的糖分、维生素等榨汁、发酵等加工再次利用	果蔬饮料、果酒、果醋、果酱
食品添加剂	将果蔬副产物中的色素、香精、食用纤维、抗氧化物等成分提取	果胶、精油、多酚、纤维
化工原料	将果蔬副产物中的部分成分，如籽油、果胶等提取出	涂料、胶水
生物质能源	利用果蔬副产物中的纤维素、半纤维素等成分	颗粒燃料、生物质燃气
有机肥料	将果蔬副产物经过发酵、堆肥等处理	果蔬渣肥、果蔬叶肥
动物饲料	利用果蔬副产物中的淀粉、蛋白等成分	果蔬干渣、果蔬籽粕

用果蔬副产物加工的果蔬饮料更加便宜和实惠，同时还可以额外添加多种口味和功能性成分，如维生素、纤维素、氨基酸等，为果蔬饮料市场提供了一种新的可能性。对于将副产物加工成肥料和动物饲料方面，这种方式能够充分提高副产物的利用率，但是其市场价值相对较低。另外，一些剩余的果蔬还可以制作成生物质能源，主要用于发电、供暖等领域。但是在国内还没有形成规模化的生物质能源生产和利用体系，这种利用方式的市场前景仍然较为模糊。

总体而言，国内果蔬加工副产物的利用率还有很大提升空间，利用过程中也需要注意环保和安全等问题。为了进一步提高果蔬加工副产物的利用率和附加值，还需要进一步研发和创新，开发出更多高附加值的产品和应用方案。

（六）果蔬产品品质控制现状

1. 食品安全控制

食品安全控制是指为了保护消费者，并确保所有食品在生产、处理贮藏、加工和销售过程中均能保持安全、卫生及适于人类消费，确保其符合食品安全和质量要求，确保货真无假并按法律规定准确标识由国家或地方监管部门实施的控制措施。

国内的果蔬产品安全控制主要包括农药残留、重金属、微生物等方面。近年来，国内加强了果蔬产品的安全监管，为了保证果蔬产品的质量和安全性，政府对果蔬产品的生产、加工、销售等环节都有一系列监管措施和标准要求。例如对于果蔬生产过程中使用的化肥、农药等进行了限制和规范，对于生产企业也进行了严格的许可和监管。此外，很多果蔬产品还建立了质量安全追溯体系，从源头到终端，对产品进行全程追溯，以确保产品的质量安全。其中食品安全控制体系是指保护整个食品链条的预防性及教育性措施、策略与强制性管理手段相结合的综合体系。经过长期发展，国内已有多套食品安全控制体系在包含果蔬产品在内的多种食品生产中广泛应用，主要包括良好生产规范、卫生标准操作程序、危害分析与关键控制点等。

2. 品质控制现状

随着人们健康意识的提高，消费者对于果蔬产品的营养价值和健康属性也越来越重视。果蔬类食品是每日膳食中矿物质元素、维生素和膳食纤维以及多种功能性成分摄入的主要来源，同时又具有丰富的色香味形等典型特征，在诸多食品品类中更加受到消费者的喜爱。但是由于各种物理、化学以及微生物学变化不可避免，果蔬这些典型特征容易发生损耗或者遭到破坏，所以果蔬产品通常在加工、运输、贮藏、销售等过程中会采用一些先进的处理技术和控制手段。在加工环节，清洗处理可以减少果蔬表面大多数的微生物及农残等有害物质，延长其货架期。

国内常用的清洗方法有利用清洗杀菌剂清洗、超声波清洗、臭氧水清洗等。紫外线、辐照、超高压、超声波、脉冲强光等非热加工技术可较大程度地保护果蔬的营养成分与感官特性，同时起到钝酶、杀菌的效果。在运输、贮藏环节，国内常用低温保鲜、气调保鲜、保鲜剂保鲜用于降低新鲜果蔬的呼吸强度，减少水分散失等问题，限制微生物生长，延长货架期。速冻果蔬、果蔬汁、果蔬干制品等加工制品则需要在低温、低湿或者避光的条件下贮藏。

3. 品质控制发展趋势

首先，现阶段果蔬产品品质控制在不断提高，国内已经建立了比较完善的果蔬产品品质检测体系，包括品质检测、安全检测和标准制定等方面。政府和企业在不断加强对果蔬产品的质量和安全性的监管和检测，以保障消费者的权益和健康。越来越多的生产企业也会自行建立品质控制体系，加强对生产过程的控制，确保生产出的产品质量达到标准要求。

其次，随着消费者对健康和营养的关注度提高，果蔬加工行业越来越注重原辅料的选择。越来越多的企业倾向于采用高品质、无公害、绿色、有机的原材料来生产果蔬制品，以满足消费者对健康食品的需求。企业也需要对辅料进行筛选、配比和加工，通过添加色素、香精、防腐剂等食品添加剂，以此来保证产品的口感、质量和安全性。

最后，越来越多的企业注重自身品牌建设。近年来，国内一些知名的果蔬产品品牌不断涌现，通过品牌建设，可以提高消费者对果蔬产品的认可度和信任度，从而进一步提升产品品质。

总体而言，国内的果蔬产品品质控制在不断发展进步，但是现阶段仍然存在一些问题，如一些小作坊生产的果蔬制品安全性难以保障，一些果蔬产品的营养价值和品质仍然难以维护控制等，这些问题需要政府和企业共同努力解决。

（七）果蔬加工标准、法规现状

1. 食品安全国家标准

食品安全国家标准是保障食品安全的重要法规，涵盖了包括果蔬加工在内的各个领域。其中，最重要的标准有《食品安全国家标准 食品中农药最大残留限量》和《食品安全国家标准 食品添加剂使用标准》等。

2. 果蔬及其制品质量安全标准

果蔬及其制品质量安全标准是指对于果蔬及其加工制品的各项指标进行规范，其中包括了果蔬的质量、卫生标准、食品安全指标及检测方法等。例如 GB/T 5009.38—2003《蔬菜、水果卫生标准的分析方法》、GB/T 31273—2014《速冻水果和速冻蔬菜生产管理规范》等。另外，不同果蔬制品也需要符合对应的标准，例如 GB 7101—2022《食品安全国家标准 饮料》、GB 7098—2015《食品安全国家标准 罐头食品》、GB 31652—2021《食品安全国家标准 即食鲜切果蔬加工卫生规范》等中涵盖了果、蔬汁饮料、果蔬罐头、鲜切果蔬的指标要求、食品添加剂、生产加工过程的卫生要求、包装、标识、贮存、运输要求和检验方法。

3. 行业标准

行业标准是由行业组织或协会制定的标准，主要是为了更好地适应行业的需求。例如 NY/T 1047—2021《绿色食品 水果、蔬菜罐头》、NY/T 434—2016《绿色食品 果蔬汁饮料》、NY/T 1884—2021《绿色食品 果蔬粉》等标准，对于果蔬加工企业的生产管理、质量控制、卫生要求等进行了规范。

4. 食品安全法律法规

食品安全法律法规主要包括《中华人民共和国食品安全法》《中华人民共和国食品安全法实施条例》等，是保障食品安全的最基本的法律法规。这些法规规定了食品生产企业必须遵守的各项要求，如生产环境、原材料采购、生产工艺、生产设备、产品标识等。

5. 行政法规和地方性法规

行政法规主要由国务院或相关部门颁布，如《食品生产许可证管理办法》《食品添加剂使用标准》等。地方性法规则是由各省、自治区、直辖市根据当地情况和需要制定的相关法规。

总体而言，中国果蔬加工的标准和法规体系已经相对完善，但是在实际操作中，还需要加强对于标准和法规的执行力度，以保证果蔬加工行业的健康发展和消费者的安全需求。

第三节　果蔬产业存在问题

我国是果蔬种植和生产大国，果品和蔬菜产量均居世界第一。果蔬加工业已经取得了巨大的进步和成就，在农产品加工业中占重要地位，但在发展过程中也存在一些问题，阻碍了果蔬加工产业的进步和发展，主要有以下几个方面。

一、缺乏专用品种，规模化、机械化、标准化程度低

我国在果蔬种植育种的选择上，仍然以鲜果销售品种为主，较少针对加工果蔬品种进行研究、选育，缺少适合加工的果蔬品种，制约了全国果蔬加工业的良性发展。

在果树育种方面，主要依赖高校等科研机构和农业科研部门，缺少较好的企

业科研力量导入，育种的资金投入也有不足。例如河南省在水果育种方面龙头企业规模小、数量少，科研投入不足，育种研发投入普遍低于销售额的 4%，远低于国际水平，品种的缺乏可能造成用于加工的果蔬原料供货集中，有时不能满足加工业需求。

目前用于加工果蔬的种植基地面积也十分有限。出于利益的考虑，果蔬加工企业对于原料的要求是成本尽量低，所以有些企业虽然与基地联结合作，但真正自己建设基地的企业较少，基本以合同果园为主，对原料生产投入严重不足，自身基地建设相对滞后，基础设备和配套设施存在不足，而企业没有安全可靠的原料基地，无法监控果蔬的种植过程，只依靠原料验收很难保证自身加工产品的质量。

此外，我国果蔬产业虽然已经实现了适度规模化经营，但是小农户和小型合作社还是数量很多，农户获取相关的标准信息不及时，标准的宣传力度不够，就不能有效贯彻标准化理念，果蔬的种植也难以真正地实现规模化和标准化。

以河南省果园为例，水果生产机械化程度低，劳动力占比为 60% 以上，水果农机科技创新不足，农机装备技术有效供给不足，农机农技融合不够，国内的生产设备与国外引进的先进设备有较大的差距，但国外的设备产品普遍价格较高，在国内大部分地区难以实现推广应用。除此之外，水果生产园区的水、电、路、渠等缺乏统一规划，基础设施不完善，容易造成果树的灾害损失。大部分水果温室大棚建造不够规范，配备设施不够齐全，因此采光、保温、抵御自然灾害的能力相对较弱。据统计，钢骨架温室大棚占比低于 30%，主产区果园防雹网、防鸟网等应用占比低于 10%，导致水果生产园区的安全性、防灾性不足。出于对利益的追求，还有很多果农单纯看重产量，大量使用化肥却很少施用有机肥料，导致果蔬的质量难以保证。

果蔬的种植机械化程度低，则生产效率低，规模化、标准化程度低，则会造成果蔬原料质量参差不齐，且在加工应用上难以实现统一标准，这也决定了果蔬加工产品的质量，是果蔬加工产业需要面对的重要问题。

二、加工新技术缺乏，硬件设备水平低

新鲜果蔬的加工、储藏及保鲜技术水平偏低，加工转化率远低于发达国家，存在腐烂率高、加工损失大等不足，难以平衡市场要求和成本控制。随着社会的进步，居民生活水平的提高，加工果蔬制品拥有广阔的发展空间。

随着科技的进步和发展，高新技术和设备的应用已成为各大产业发展的必然趋势。果蔬加工产业是劳动密集型产业，随着人力成本持续提高，机械设备代替人工是节约成本、提高效率、提升行业竞争力的必由之路。同时，新技术新设备

的应用可以进一步改善食品品质，提高果蔬原料的利用率，提高加工深度，开发新型产品等，有利于果蔬加工业的发展。因此，要继续深入研究果蔬加工过程中影响加工性和品质特性的关键因素，突破关键技术，研制配套设备设施，提升果蔬产业化生产水平，实现优良果蔬产品的节约、环保、营养和耐储存生产。

但现阶段果蔬加工业总体加工技术与加工装备水平偏低，加工过程中的机械化、连续化程度低，对先进技术的使用和消化能力较差，技术装备的落后，会导致企业出现高能耗现象，增加了生产成本，还会造成环境的污染。目前，很多地区并没有专项经费用于果蔬新品种、新技术研究和试验，难以引进培养科研型技术人才。管理部门技术推广体系薄弱，各级农业部门技术服务队伍不稳，缺人员、缺条件、缺技术的现象非常普遍，难以投入于果蔬产业新品种、新技术成果推广应用。

近年来，我国虽已经引进了一些国际一流的果蔬加工生产线，其中的某些关键易耗零部件仍然依赖进口，由于缺少自主研发的关键核心技术和关键制造技术，使得我们国家的果蔬加工业的总体加工技术与加工设备制造技术的水平还是比较低的。比如超微粉碎技术、超声波技术、超临界萃取等高新技术，由于设备不完善、投资和运行成本较高等客观因素，未能在较多果蔬加工企业大规模地应用，这些问题亟待解决，还需要不断探索进步。

三、采后商品化处理水平、冷链物流技术水平低

果蔬采后仍维持着基本的生理代谢，是一个高度协调的复杂生命体，其成熟、衰老和品质劣变受诸多因素影响，果蔬在储藏、物流环节出现的腐烂变质问题一直是果蔬产业发展的瓶颈。由于果蔬采后处理不及时、冷链物流技术水平不高，造成了大量果蔬原料的腐烂，导致资源的浪费。

发展果蔬现代物流是打造高端果蔬品牌、丰富产品结构和层次、提高产品质量安全、实现果蔬提质增效的有效途径。发达国家已建立了完整的果蔬生产销售冷链系统，但我国有些地区冷冻冷藏企业的制冷技术相对落后，仍保留着老旧的制冷工艺和技术。冷藏专业技术的落后，导致制冷效果差、能耗高，冷链成本居高不下；使真正进行商业性贮藏的品种较少，实现冷链物流贮运的品种更少。有些技术性难题，如乙烯代谢、品质劣变、生理失调机制及调控等采后生物学诸多重要科学难题仍有待攻克，储藏物流过程中环境因子与品质劣变的耦合效应等仍需进一步澄清，高附加值特色果蔬的防腐保鲜技术工艺仍然不成熟，特别是易腐果蔬保鲜综合技术体系还未系统完善，技术熟化度仍较滞后。

以河南省为例，果蔬低温仓储、冷链物流的设施设备还有很大的缺口，如三门峡市苹果机械冷库贮藏能力仅占总产量的10%左右，西峡县猕猴桃气调保鲜库

贮藏能力仅占总产量的 4%。果蔬产品运输大多仍以常温物流为主，物流半径小，产品损失较大，易腐易烂产品采后损失率甚至高达 50%。专门用于果蔬的冷链物流设备极少，果蔬冷藏保温运输车只占货运汽车的 0.2%，大部分企业没有足够的能力配备完善的冷藏运输车辆。冷链物流做得比较好的企业如思念、三全、科迪等，都是以经营速冻食品为主，其他冷链物流设备都以储运价值高的商品为主。

四、加工产业布局不合理，产业链完整性有待加强

果蔬加工业在各个省区间分布差异较大。山东省在蔬菜、水果与坚果加工行业实力突出，产值占到将近全国总产值的 50%，其余省份如福建、辽宁、四川和浙江等占比均远远小于山东。此外，山东省在蜜饯制造业、果蔬罐头业领域均独占鳌头，足见山东果蔬加工产业在全国的优势地位。此外，福建和广东两省区果蔬加工产业也较为发达，福建省在蜜饯制作行业和果蔬罐头行业实力较为突出，而广东省的主要优势则体现在果菜汁及其饮料制造行业。

中国的果蔬加工业绝大部分分布于东部沿海地区，中西部地区尽管果蔬原料丰富，但是受到政策、市场、地理位置和资金技术水平等多方面因素的影响，果蔬加工业发展一直较为滞后。近年来，果蔬汁与果蔬汁饮料制造业行业逐渐兴起一股"产业西移"之风，位于中西部的陕西、山西和河南等地区在浓缩苹果汁领域异军突起；西北新疆、宁夏、内蒙古的番茄汁、酸枣汁等特色产品逐步得到开发和较快发展。未来中西部地区将会根据自身优势进一步合理布局果蔬加工业。

果蔬产业的产前、产中和产后的相关产业链已经形成并已产生了较大的经济效益，如产前产中的各种农资、管理服务、产后的包装、纸箱、销售、加工等。但水果采后防腐保鲜与商品化处理是空白，导致果蔬采摘后易腐烂变质，食用时间短，损失大；整体商品性差，商用时间短，商品化程度低。另外，果蔬产业链中冷链物流、包装设计、检疫检测、营销策划、食品加工机械等相关企业发展滞后，配套产业与果蔬加工业无法达到优化统筹发展，产业生态系统有待完善。

除此之外，果蔬产品主要为粗加工产品，深加工产品和二次增值产品较少，一二三产业融合不够，使果蔬生产的潜在风险增加。同时，"互联网+"、品牌推广、信息服务、农产品质量追溯体系等社会化公共服务平台建设不足，果蔬产品的产、供、加、销各环节信息不对称，交易成本高，也是导致果蔬产业链价值不高的原因之一，大多数地区的果蔬产业并没有形成一条从生产、加工到销售与贸易为一体的完整产业链。

以河南省为例，果蔬加工业总体大而不强，多而不优，呈现"大群体、小规模"特征。主要表现为加工企业数目多、规模小、产值低，以初级加工产品为主，

精深加工程度低，如蔬菜和食用菌加工率仅为 3%～5%，苹果加工率仅为 4.7%。加工产品单一，如蔬菜和食用菌主要以低水平的腌制和干制产品为主，水果加工产品主要是浓缩果汁、果胶等。种植分散，在包装、保鲜、加工方面难以实现专业化、产业化经营，加工企业与优质生产基地连接不紧密，产业链条短，一二三产业融合程度不深，大规模三产融合基地很少。此外，很多小型企业加工设备陈旧、简陋，自动化程度低，无自主研发的加工设备和规模化果蔬加工设备生产企业，自动化精深加工设备几乎完全依赖进口。

五、加工副产物综合利用率低，废水污染环境

据统计，我国果蔬加工业的副产物高达数亿吨，大约相当于原材料的 50%，而这些副产物大部分会直接被丢弃或用作动物饲料，不仅是资源的浪费，还会造成环境污染。因此，如何对果蔬产品进行综合利用，使果蔬加工副产品变废为宝，提高附加值，是我国果蔬加工业需要解决的问题。

果蔬加工副产物富含各类营养素和非营养素成分，是蛋白质、多糖、维生素、粗纤维、矿物质、植物甾醇、必需脂肪酸和抗氧化剂等良好的天然来源，可作为高附加值产品的回收资源。更重要的是，与化学合成物相比，用果蔬加工副产物提取的天然成分来开发具有生物活性的产品更容易被消费者接受。

目前，国内外对于果蔬加工副产物中的活性成分有一定的应用研究，但大部分停留在基础研究的阶段，离实际应用与推广还有一定的距离，与每年产生和浪费的副产物数量相比，果蔬加工副产物的利用率和开发程度远远不够，且在活性成分上的综合分析和利用率低。20 世纪 90 年代开始，果蔬汁行业在我国持续快速的发展，蔬菜如南瓜、胡萝卜、番茄、冬瓜和芦荟等和水果加工而成的果蔬汁饮料不仅含有丰富的维生素、矿物质和膳食纤维等对人体有益的成分，而且低糖、绿色、健康，符合各类消费群体，随之而来的果蔬汁行业废水带来的环境污染问题也日益突出。

果蔬汁加工的废水主要为清洗原料废水，清洗设备废水及地面清洗废水等生活污水，其中含有大量果蔬肉、果蔬皮屑、果胶和果蔬纤维等物质，固体悬浮物含量较高。比如浓缩果蔬汁废水属于中高浓度有机废水，具有固体杂质多、有机物浓度高、水质水量变化大等特点，废水的排出对环境造成了恶劣影响。然而一直以来人们都认为果蔬汁废水来自可食用水果和蔬菜，属低污染易降解的有机废水，对果蔬汁废水污染问题的研究较晚。目前，国内外处理果蔬汁废水的主要技术方法是物化法和生化法，包括过滤法、沉淀法、水解酸化法、生物膜法、曝气氧气法、活性污泥法等，但由于能源消耗大、处理效果不稳定等原因，还需要进一步地研究和推动其实际应用。

六、龙头企业缺乏，产品品牌建设不足，网络营销不成熟

龙头企业的带头作用对于行业的发展是十分重要的。果蔬加工行业的整体情况还是小规模分散经营，市场信息不灵，小生产与大市场严重脱节，生产组织与专业分工程度较低，真正发挥作用的行业协会很少，大多是一家一户自己闯市场，不利于产业化经营。近年来，虽然已涌现出一些协会，但协会与专业户或农户之间仅是一种购销关系，未能通过利益机制联合成有强大影响力的龙头企业，去参与大市场、大流通的竞争。

比如在目前的安徽果蔬物流中，多且分散的不同主体参与了果蔬物流的各个环节，如单个果蔬生产农户、果蔬农户合作组织、批发与贸易市场、第三方物流企业、果蔬生产加工龙头企业等，整体来看，果蔬物流参与主体数量多、规模小、比较分散、组织化程度低，制约了发展。

近年来，尽管全国在持续开展水果品牌创建活动，加强品牌宣传推介，但果蔬加工品牌企业在全国果蔬行业和河南省农产品加工行业比例仍然很低，水果和蔬菜深加工品牌企业极少，无品牌农业加工品。绿色、有机食品标志的水果产品产量低于水果总产量的1%。和采前育种、种植产业相比，果蔬加工研发投入低，科研滞后，产业技术体系专家团队严重缺乏，人员不足，无相应岗位技术专家。新技术、新成果转化慢，技术集成示范不够，信息化、智能化技术落后，科技推广体系不健全，加工企业从业人员文化和技术水平不高。

在网络营销方面，如今网络购物的人数越来越多，在网络直播中实时购物正在成为网络营销和消费的一种新形式，但网络营销也存在一些问题，使得网络营销的成效和作用无法充分发挥。首先，直播氛围不活跃，缺乏主播人才。很多农户对网络直播的认识并不全面，极不信任线上营销，造成部分地区的网络直播氛围不活跃，真正认同并主动参与的农户非常少，个别农户甚至存在抵触心理。从目前的实际情况来看，可以熟练使用网络技术、认同网络直播的大多为青年务工者，这些人大多选择外出务工，留在村内的务工人员对网络直播接受度较低，外加专业知识匮乏、技术能力薄弱，使得网络直播的营销价值无法充分发挥。其次，直播流量较分散，引流成本较高。大部分小农户进行网络直播的前期为增加直播间浏览量与热度，需要投入大量的引流成本，这部分成本往往超出其承受范围。农村地区由于资金不足，外加产品前期缺少知名度，所以很难吸引消费者走进直播间、激起其购买欲望，这也是制约网络直播营销成效的根本原因。

第四节　果蔬产业高质量发展建议

随着我国居民生活水平的不断提高、饮食结构的不断升级，未来果蔬加工产

品必将更加快速的推陈出新，产业规模也会不断扩大，针对果蔬加工产业目前存在的问题，我们应该采取有实际意义和价值的措施，以谋求果蔬加工产业的高质量发展。提出以下几点发展建议。

一、培育新品种，推广果蔬种植和生产标准化

果蔬加工原料的品质一定程度上决定了产品的质量。所以从原料上，应促进果蔬种植的标准化、规模化，并鼓励绿色有机蔬菜水果的种植，从原料上提高果树产品的品质和营养健康，并根据市场需求调整果蔬的种植品种，引进新品种，改善栽培技术。

没有好的原料就没有好的产品，部分生产企业为了降低成本，从市场或者农户手中直接收购，生产出来的产品性质不稳定，口感风味差，严重影响了果蔬加工产业的发展。因此，企业必须加强高品质果蔬原料基地的建设，保证高品质原材料的供应。果蔬基地的建设，应该结合高标准农田建设、现代农业园区建设等项目，进一步完善基地"五网"配套、"五良"融合，持续推进标准化果蔬基地建设，不断提高基地的规模化、标准化生产水平和保障能力。因地制宜新建或改造产地预冷设施，配备果蔬初加工设施设备，完善采后处理和冷链物流体系，补齐产地"最先一公里"冷链物流设施短板，提高果蔬产地商品化处理能力。大力推广粮经复合、种养循环等高效生态农业模式，想方设法扩大果蔬种植面积，提高土地利用率和产出率，促进稳粮增效，助农增收。

在果蔬育种方面，科研机构应明确育种方向，以优质、高产、高抗、多样化、省力化、宜加工为方向，利用国家生物育种产业创新中心等育种研发平台，加快生物育种技术创新应用，重点培育一批原创性、突破性高端果蔬新品种，打造育种创新高地；政府应支持各类经营主体开展新品种示范展示展销，扩大新品种示范应用范围。应增强与涉农高校和科研院所的合作，鼓励相关科技服务部门推广优良果蔬作物品种以及先进的栽培生产技术。同时，各帮扶单位和部门积极主动配合，做好科技兴农服务工作，采取派出去、请进来的办法，适时举办实用技术培训班，逐步提高果农科技素质。

提高果蔬加工产业的标准化，应制定和完善行业标准和国家标准，同时要加强产品的监督检验工作。果蔬加工企业要把产品质量放在首位，从标准化抓起，建立、健全严格的全程质量保证体系，同时将国际上较先进的水果生产一体化、关键危害点分析与控制与良好作业规范等管理方法切实应用于果蔬生产及加工领域，以提高产品质量，创立品牌，打入国际市场。对国际上通行的检测标准和方法、商标注册、产品标签及包装，要引起足够的重视，并采取积极措施，以保证我国果蔬加工出口产品符合国际市场的标准，具有竞争力。此外，条件较好的企

业应组建行业集团，实现生产、加工、销售一体化经营，形成规模效益，实施品牌战略，在国际市场上夺得一席之地，为国家经济发展做出贡献。

按照"有标采标、无标创标、全程贯标"的要求，围绕果蔬育种育苗、生产管理、精选分级、储运保鲜、产品加工等全环节，全省应加快制修订符合绿色发展要求的现代化标准，省级农业农村部门和市场监管部门应建立并完善各省市全产业链标准体系。各级政府应健全水果生产社会化服务体系，以多元化、专业化、社会化服务推动标准落实。省级农业农村部门应在水果大县开展标准化示范园区建设，重点推动新品种和现代绿色提质增效集成技术示范推广，促进水果品种更新换代和种植结构优化，建立以科学建园、全程机械化、节水灌溉、合理施肥、绿色防控为特点的现代化栽培技术体系，打造典型样板。

二、推进技术科研转型和设备升级

科学技术是第一生产力，果蔬加工产业的发展离不开科学技术的支持，必须加大科研力度和科技投入。科技水平的高低取决于人才，所以培养一批有创新能力的高技术人才是实现果蔬加工业进一步现代化的重要保证。提高科技水平，应加强人才及技术交流，有重点地引进国外先进技术及设备，加强消化吸收和改进创新；同时应该加强多部门协作、多学科联合，开展果蔬加工业领域具有重大影响的技术研究及应用，如生物工程技术、功能食品开发技术、果蔬产地预冷技术、快速检测分析技术等。行业主管部门应制定技术开发和推广规划，有针对性地在果蔬业攻克一批技术难点问题并推广适用的新技术，使新的科技成果形成生产力，产生规模效益。果蔬加工企业应该加大科研成本占比，积极应用新技术、新设备，提高果蔬的综合利用率和营养品质，同时在果蔬加工过程中积极应用绿色、低碳、环保的新技术，节能减排，绿色发展。

在特色优势果蔬产业地区，应依托农民合作社、家庭农场、加工流通企业、农村电商等经营主体，加强果蔬产地冷藏仓储保鲜基础设施建设，提升果蔬采后智能预冷冷藏等成套技术装备，保证果蔬品质，提高流通效率。完善健全果蔬产品采后预冷、分拣、包装、保鲜、仓储等商品化处理能力和智控节能成套技术装备，提高果蔬原产地商品化处理率，降低果蔬产后损失，促进保质增值。加强运输、配送、销售全程冷链物流的完整体系，构建果蔬产品仓储冷链物流设施网络，扩大运输半径、延长供应时间，提高产业发展质量效益。加强果蔬加工生产设备装备改造升级，对作坊式落后陈旧的设备进行更换，全面提高果蔬加工机械化、自动化、智能化水平。一是政府、企业、科研单位协同创新，加快自主研发果蔬加工装备；二是可以通过引资招商直接建厂和合资建厂，开发更适合本地果蔬原料资源、生产规模、工人技能和市场消费需求的果蔬加工设备。

三、创制符合需求的可溯源创新产品，加强网络销售力度

2021 年我国经济总量已经突破 100 万亿元人民币，人均国内生产总值连续 2 年超过 1 万美元，人民对饮食的需求已经上升到营养健康的层面。随着《健康中国 2030 规划纲要》战略的实施，果蔬加工产品也应该满足人民多层次多样化的健康需求。

在产品研发上，要树立健康食品的理念，开拓思路，精准洞察消费者需求和痛点，依托原辅料的迭代更新以及生产装备和加工工艺的创新，生产出多元化的蔬菜加工产品。

随着食品工业的快速发展，新技术、新原料、新工艺及新产品的采用，食品在加工中二次污染的风险越来越大，因此在果蔬加工上，应尽量选择对食品营养价值破坏少，避免二次污染的先进生产技术。

民众已经从"吃得饱"向"吃得好、吃得安全"转变，农产品安全已成为人们最关注的重点，事关人民健康和国计民生，从源头上控制农产品质量安全，加快推进食用农产品信息化溯源建设，对食用农产品种养殖、销售及生产经营单位进行有效监管，已成为当前解决农产品质量安全问题的重要举措。而在果蔬种植过程中，因追求效率和效益而导致化肥、农药施用量超标的现象较为普遍，没有建立统一的产品质量检测机构，内控机制不健全，产品质量参差不齐，从产地到餐桌的可追溯体制还未形成有效覆盖。

对于果蔬产业的可溯源体系建设，应围绕果蔬的种植、采收、加工、运输、配送、销售等环节全程信息采集，并统一存入云数据中心，依托互联网、云计算、物联网等信息化技术，通过手机、电脑、二维码、条形码等以便实时监控，实时查看。对种植到消费全程监督，严把质量关，形成有效的可追溯体制。同时，应该强化宣传，提高消费者质量安全意识，强化溯源平台功能，方便消费者使用，搞好售后服务，拓宽消费者权益保障途径。

加大网络推广、促销力度，借助微信、微博、抖音、小红书、快手等主流媒体平台进行宣传和精准化营销，利用节假日、纪念日等重要节点，抓准目标消费者群体，推动网络社群营销。与具有一定消费群体支撑和网络知名度的电商主播进行合作，扩展网络销售渠道。

四、加大精深加工占比，加强副产物的利用，开发高附加值产品

我国果蔬加工产品中初加工类产品占比仍然较大，果蔬加工企业大多规模小并缺乏科技实力，产品的附加值较低。在欧美等发达市场，果蔬制品的附加值高达 2.5~3.7，而我国则远远低于这一水平，未来集中力量研发适合消费需求的深加工类果蔬制品将是行业的一大趋势。同时，随着国际市场对于果蔬加工产品的

需求渐趋饱和，果蔬加工产业急需进一步开发需求日益增长的国内市场，利用现代高科技技术改造传统果蔬加工业，不断推出适合市场需求的产品势在必行。应支持鼓励龙头企业和科研部门协同创新，利用现代创新技术、工艺、装备对果蔬资源进行精深加工和多元化利用，深度挖掘创新果蔬加工产品，增加产品附加值，结合果蔬产品市场现状和居民差异化消费需求，丰富果蔬加工品种类，提升产品市场价值。推进现代化大型果蔬生产基地、加工园区、中央厨房等建设，集成生产、加工、物流、研发、服务等多元要素，促进产-加-销贯通、一二三产业融合发展。

果蔬的精深加工摆脱了传统食品的形式，不仅可加工为果蔬汁、果蔬酱、果蔬罐头等食品，并且还能对果实、茎叶等进行提取与利用，开发含果蔬萃取物的洗护用品、护肤用品、保健用品等更具附加值的生活用品，应用于食品、添加剂、饲料、保健食品、药品、化妆品等多个领域，是高值化利用的体现，弥补了市场空缺。

（1）果蔬成分的提取物加工为功能食品：许多果蔬中被发现含有生理活性物质，研究人员通过各种方法从果蔬中分离、提取、浓缩这些功能成分，再用于添加到食品中或加工成功能食品，比如紫甘蓝中富含花青素、辣椒中富含辣椒红素、番茄中富含番茄红素、青花菜中富含萝卜硫素、大蒜中富含大蒜素等，这些活性物质普遍具有良好的抑菌、抗炎症、抗氧化、抗辐射、抗癌等生理活性。

（2）果蔬加工无废弃开发：对果蔬加工中产生的副产物加以利用，如利用苦杏仁生产香精，从番茄皮渣中提取番茄红素等。

果蔬加工副产物具有来源广泛、价格低廉、无二次污染等优点，同时也是膳食纤维、果胶、多酚类物质和脂肪酸等营养功能成分的良好来源，因此应该加大果蔬加工副产物在食品工业中的应用。目前果蔬加工副产物在开发创新性食品的营养研究较多，如苹果渣中提取的纤维可以用于制备嗜酸性酸奶、杧果饮料、苹果饮料等富含纤维的产品。除此之外，果蔬加工副产物的提取物还可以用作调味品或添加剂，如油料作物的种子中提取的油脂体，可以作为一种天然乳化剂应用于饮料、沙拉酱等。

未来，果蔬加工副产物的深入研究可以从以下几个方面展开：

一是采用先进的提取和精深加工技术，对果蔬加工副产物进行梯次利用和高附加值产品开发，最大化利用其膳食纤维、果胶、酚类、脂肪酸等有效成分。

二是拓展开发果蔬副产物中的活性化合物的利用途径，讨论不同果蔬副产物中活性成分的区别。

三是针对果蔬加工副产物提取的活性成分，更深入地研究这些生物活性分子在受到食品加工和储存的影响之后，再从食物基质中释放、被生物体吸收、分布、代谢、消除的生物过程。

五、加强国内国际合作，发展龙头企业，建设知名品牌

培育扶植一批龙头企业或骨干企业，进一步提高其知名度，这类企业的健康快速发展，有利于上规模、出效益，形成区域优势产业，有利于产业化进程。要充分发挥果蔬产业龙头企业在生产、加工、物流等方面的带头和引领作用，逐步完善果蔬产业一体化。

加强市场营销管理，维护龙头企业的经营活动，打击假劣产品，引进国外资金，与国外知名企业集团合作，学习先进的管理经验和先进的生产技术，增强企业的经济实力和市场竞争能力。通过企业的资本运营实现企业间的兼并与收购，使企业形成规模，成为真正的名副其实的行业龙头和名牌企业，使产品打入国际市场，创造良好的经济效益。还可以通过建设水果特色农产品优势区、现代农业产业园、农业产业化集群等，实施品牌创建工程，培育一批有影响力的原产地品牌和区域公用品牌，打造一批知名企业品牌和产品品牌，推行品牌使用与维护市场化机制。各级政府应开展绿色、有机、地理标志农产品认证，积极推行食用农产品达标合格证制度；利用农业展会、产销对接活动等广泛开展品牌营销，加大品牌公益宣传。

充分利用果蔬合作社及行业协会资源，建立果蔬产业信息中心，收集果蔬品种、产量信息，进行数据整理，同时进行分析预测，实时发布最新果蔬信息。积极引导金融部门放宽抵押贷款条件，给予低息或贴息贷款，特别是对从事果蔬种植、生产、加工、营销的企业和个人，以解决果蔬产业融资难的问题。对现有果蔬批发市场、农贸市场进行改造升级，扩充体量，完善市场功能，促进果蔬产品销售；同时加强对市场的监管力度，规范市场秩序，让市场真正起到服务产销、平抑价格、方便群众等方面的作用。加强果蔬产业发展的组织与管理，协调有关部门对果蔬产业发展给予督促和指导，组织相关单位进行对口帮扶；注重对新鲜果蔬的贮藏和综合加工，加大招商引资，使果蔬产业向健康持续方向发展。

挖掘不同地区特优果蔬资源，培育打造区域特色果蔬加工品品牌。从种源到加工产品实现规模化、标准化、品质化和特色化，依托加工龙头企业、合作社等新型经营主体，建设优质果蔬加工生产示范区和产业集聚区。做好品牌策划和营销战略规划，加大宣传推介力度，实现"区域公用品牌＋企业品牌＋产品品牌＋产品基地"的品牌建设模式，促进资源、产品、品牌的竞争力和效益。针对果蔬加工中"卡脖子"突出产业问题，整合资源，集中力量开展攻关研究和成果转化。开展区域性专业性果蔬加工行业科技创新推广活动，鼓励龙头企业加大科研投入，建立研发机构，重点研发具有自主知识产权的新技术新工艺，提高自主创新能力。加强政企院校合作，加强产业体系专家团队建设和专业人才培养，深化基层专业技术推广体系建设和人才培养，为企业定向培养人才和定期技术人员培训，加快

培育创新和技能型人才。

六、结合旅游行业，强化景区化建设

当前，我国已进入全面推进乡村振兴的重要历史新阶段。农旅融合正逐渐成为农村经济发展新业态，在推动产业融入、增加农民收入、实现农业现代化和乡村振兴方面具有重要意义。

国内有很多"草莓采摘园""樱桃采摘园"等集果蔬种植与休闲旅游于一体的小型果园基地，这是果旅融合发展的良好借鉴。郭威等就提出了果旅结合的举措，把"两区百园"建设与休闲农业、乡村旅游结合起来，统筹规划，科学布局，充分挖掘乡土人文、青山绿水等资源，着力推进产业基地景区化建设，科学设置文化展示区、农事体验区、科普教育区、亲子采摘区、认养体验区等功能区，完善接待中心、停车场、特色餐饮、游步道、标识标牌、旅游厕所等要素配套，打造一批特色水果景区景点、主题公园、休闲农庄、休闲专业村，举办各具特色的赏花节、品果节等推介活动，推动特色水果休闲产业发展。湖北省的柑橘主产区也推行果旅融合，发展效益明显，发展模式和路径在全国具有一定的代表性。目前，湖北省柑橘产业果旅融合发展类型丰富，按组合类型可以分为"柑橘种植园区+库区（湖区、河流）风光""柑橘种植园区+核心景区""柑橘工业园区+旅游""柑橘种植园区+乡村旅游" 4 种类型，具有很强的可借鉴性。

参 考 文 献

[1] Tadele Fanos, Belew Derbew. A review on production status and consumption pattern of vegetable in ethiopia. Journal of Biology, Agriculture and Healthcare, 2015, 5(21): 82-93

[2] Darfour-Oduro S A, Andrade J-E, Grigsby Toussaint D-S. Review of policies to increase fruit and vegetable consumption and physical activity in 49 low-and middle-income countries. Journal of Public Health (Oxford, England), 2019, 41(1): 119-129

[3] Jinlong Dong, Gruda Nazim, Li Xun, et al. Global vegetable supply towards sustainable food production and a healthy diet. Journal of Cleaner Production, 2022, 369: 133212-133223

[4] Luisa Sturiale, Scuderi Alessandro. Evaluation of Innovative Tools for the Trade Enhancement of Fresh Agrifood Products. Cham: Springer International Publishing, 2019, 3(030): 235-255

[5] Zannatul Ferdous, Zulfiqar Farhad, Datta Avishek, et al. Potential and challenges of organic agriculture in Bangladesh: a review. Journal of crop improvement, 2021, 35(3): 403-426

[6] Jieling Chen, Zhang Min, Xu Baoguo, et al. Artificial intelligence assisted technologies for controlling the drying of fruits and vegetables using physical fields: A review. Trends in Food Science & Technology, 2020, 8(105): 251-260

[7] Daniel-I Onwude, Hashim Norhashila, et al. Non-thermal hybrid drying of fruits and vegetables:

[8] Ying Xin, Zhang Min, Baoguo Xu, et al. Research trends in selected blanching pretreatments and quick freezing technologies as applied in fruits and vegetables: A review. International Journal of Refrigeration, 2015, 57: 11-25

[9] Mamatov Sherzod, Miansong Zhang, Airong Jia, et al. Advantages of quick-freezing technology of cherry. International Journal of Innovative Technology and Exploring Engineering, 2020, 9(3): 3254-3256

[10] Barrett Diane M, Beaulieu John C, Shewfelt Rob. Color, flavor, texture, and nutritional quality of fresh-cut fruits and vegetables: desirable levels, instrumental and sensory measurement, and the effects of processing. Critical Reviews in Food Science and Nutrition, 2010, 50(5): 369-389

[11] Hsiao-Wen Huang, Hsu Chiao-Ping, et al. Advances in the extraction of natural ingredients by high pressure extraction technology. Trends in Food Science & Technology, 2013, 33(1): 4-62

[12] Khaled Mohi Alden, Omid Mahmoud, Soltani Firouz Mahmoud, et al. Design and evaluation of an intelligent sorting system for bell pepper using deep convolutional neural networks. Journal of Food Science, 2022, 87(1): 289-301

[13] N-A Sagar, Pareek S, Sharma S, et al. Fruit and vegetable waste: bioactive compounds, their extraction, and possible utilization. Compr Rev Food Sci Food Saf, 2018, 17(3): 512-531

[14] USDA, Agricultural Marketing Service. (2021) Organic standards. https://www.ams.usda.gov/grades-standards/organic-standards

[15] European Commission. (2021) Food safety. https://food.ec.europa.eu/safety_en

[16] Ministry of Agriculture, Forestry and Fisheries. (2021) Japanese agricultural standards. https://www.maff.go.jp/e/jas/index.html

[17] 重磅出炉：2021—2022 年中国水果行业发展与投资分析报告. https://t.10jqka.com.cn/pid_201252982.shtml

[18] 全国蔬菜产业——生产区域布局. https://zhuanlan.zhihu.com/p/471799592

[19] 多项政策持续加码我国水果行业市场规模达到万亿级产值持续上升 https://free.chinabaogao.com/shipin/202011/1110520PR020.html#:~

[20] 前瞻产业研究院. 2020 年中国蔬菜行业市场现状及发展前景分析全年整体价格水平或稳中有降 https://bg.qianzhan.com/report/detail/300/200602-ee59a910.html

[21] 中国蔬菜产业数据分析简报：种植面积约 3.2 亿亩、产量约为 7.22 亿吨 https://baijiahao.baidu.com/s?id=1699700360889545827

[22] 中国蔬菜. 2021 年蔬菜生产、消费、进出口情况及未来 10 年展望 https://mp.weixin.qq.com/s?__biz=MzA3MTA3OTczMw==&mid=2675041265&idx=1&sn=0e70d91ceba1faff0ddf79657b633b3e&chksm=85b641abb2c1c8bd9378254acd47e671d3e0306be370028edb700acad5fb430b6f4740fc3721&scene=27

[23] 2022 年中国水果行业全景分析（附市场供需及发展趋势等）. https://www.163.com/dy/article/HGQU9516055360T7.html

[24] 广东省疾病预防控制中心. 我国居民蔬菜水果消费解读和分析 http://www.jianghai.gov.cn/bwbj/wsjkj/zwdt/content/post_1568994.html

[25] 王志伟. 果蔬加工技术现状与发展探讨. 现代农业研究, 2021, 27(06): 135-136
[26] 王涛. 真空冷冻干燥技术在果蔬中的应用与发展. 中国果菜, 2021, 41(06): 47-50
[27] 苏克军, 李海峰. 果蔬真空冷冻联合干燥技术的研究进展. 食品安全导刊, 2022, (32): 189-192
[28] 郑云芳, 王晓雯, 钟丽琪. 膜分离技术在果蔬加工中的应用. 现代食品, 2017, (15): 10-11
[29] 安军红. 超临界二氧化碳萃取天然产物的应用现状. 广州化工, 2022, 50(15): 25-28
[30] 陈海峰, 王晶, 曲敬贤. 果蔬低温高压气流膨化干燥的研究进展. 食品与发酵科技, 2015, 51(03): 1-2
[31] 杨琴, 龚来觏, 李鹤. 酶技术在食品加工与检测中的应用. 中国食品工业, 2022, No. 361(23): 52-54
[32] 张浩钰. 浅谈酶在果蔬加工与保鲜中的应用. 食品安全导刊, 2021, No. 308(15): 186-188
[33] 锁冠文, 周春丽, 苏伟, 等. 超高压在果蔬、肉类、乳制品保鲜中的应用. 食品工业, 2021, 42(06): 338-342
[34] 高红芳, 谢三心, 樊晓博. 超高压技术对果蔬汁微生物和品质影响的研究进展. 保鲜与加工, 2022, 22(04): 99-107
[35] 饶瑜, 常伟, 唐洁, 等. 产细菌素乳酸菌在蔬菜发酵制品生物保鲜中的应用. 食品工业科技, 2013, 34(16): 392-395
[36] Guan Q, Xiong T, Xie M. Influence of probiotic fermented fruit and vegetables on human health and the related industrial development trend. Engineering, 2020, 7(2): 212-218
[37] 马自强, 崔玉萍, 王陈强, 等. 我国果蔬汁加工装备现状及发展趋势. 乡村科技, 2018, (27): 124-125
[38] 果蔬加工产业技术升级改造与模式创新 https://www.sohu.com/a/448835214_120948977
[39] 杨文晶, 许泰百, 冯叙桥, 等. 果蔬加工副产物的利用现状及发展趋势研究进展. 食品工业科技, 2015, 36(14): 379-383
[40] 吕晨晨. 果蔬加工副产物的利用现状及发展趋势分析. 食品安全导刊, 2018, (12): 43
[41] 谢婕, 齐洪鑫, 韩梅梅, 等. 果蔬加工副产物的活性成分及其在食品工业中的应用. 安徽农业科学, 2020, 48(11): 21-25
[42] 郑健, 李红博, 李金平, 等. 生物质能源区域分布与能源化利用现状调查——基于甘肃全省的调研. 中国农业资源与区划, 2019, 40(03): 53-60
[43] 柳青, 陈晓琪, 黄广学, 等. 鲜切果蔬品质控制技术研究进展. 食品研究与开发, 2022, 43(06): 217-224
[44] 河南省统计局. https://tjj.henan.gov.cn/tjfw/tjcbw/tjnj/
[45] 苏鹤. 河南省蔬菜产业发展现状及建议. 中国瓜菜, 2019, 32(11): 83-86
[46] 张权月, 王竞娴, 吴一平. 河南省蔬菜比较优势区域差异分析. 蔬菜, 2021, (10): 33-41
[47] 李胜利, 黄伟, 苏鹤, 等. 新形势下河南设施蔬菜产业发展面临的问题及思考. 中国蔬菜, 2022, (5): 1-4
[48] 许世杰. 河南省水果全产业链发展现状及对策建议. 河南农业, 2022, (34): 53-54+60
[49] 张延斌, 常纪苹, 张博琦. 河南省果业发展及品牌竞争力提升策略. 中国果树, 2022, (08): 63-67
[50] 宋伟. 河南名特优新农产品发展路径探析. 农村·农业·农民(A版), 2022, (06): 36-37

[51] 姜财勇, 程云, 杨亚男. 脱水果蔬产业现状及发展前景. 现代食品, 2019, (12): 48-50
[52] 范国华. 果树育种常见问题与对策. 北京农业, 2014, (36): 11
[53] 许世杰. 河南省水果全产业链发展现状及对策建议. 河南农业, 2022, (34): 53-54
[54] 周芸萍. 砀山县水果加工产业现状、问题及发展思路. 中国农业信息, 2009, (11): 39-41
[55] 陈静, 周大森, 张鑫, 等. 我国果品产业标准化现状及发展建议. 中国果菜, 2022, 42(04): 68-71
[56] 郭静, 周可金. 安徽省砀山县果蔬产业发展研究. 安徽科技学院学报, 2016, 30(01): 71-76
[57] 周浩, 龙秋梅. 红河州果蔬产业发展现状及建议. 数字农业与智能农机, 2022, (17): 99-102
[58] 李培刚, 张克, 王世光, 等. 新鲜果蔬加工关键技术. 农业机械, 2022, (05): 80-83
[59] 郭威, 邓进平, 黄娟, 等. 宜宾市水果产业发展的现状及思考. 四川农业科技, 2021, (08): 76-79
[60] 王志伟. 果蔬加工技术现状与发展探讨. 现代农业研究, 2021, 27(06): 135-136
[61] 黄林华, 吴厚玖. 果蔬产业中绿色加工技术的研究与应用. 食品安全质量检测学报, 2015, 6(06): 2056-2062
[62] 王春燕, 宋烨, 苏娟, 等. 山东省果蔬冷链物流产业发展对策分析. 中国果菜, 2023, 43(02): 88-92
[63] 刘璐. 基于相变材料的果蔬冷链物流运输发展现状文献综述. 上海节能, 2021, (05): 494-498
[64] 陈绮. "互联网+"下基于第四方物流的农产品冷链物流创新模式. 时代经贸, 2022, 19(05): 50-52
[65] 王建强. "互联网+"背景下的农产品冷链物流发展模式创新策略研究. 中国市场, 2019, (09): 177-178
[66] 周玉波, 郑美灵, 张金会, 等. 我国果蔬加工业现状浅析及趋势展望. 园艺与种苗, 2017, (02): 16-18
[67] 李超. 浏阳市果蔬产业的发展现状及对策分析. 湖南农业科学, 2019, (06): 106-109
[68] Gomez M, Martinez M M. Fruit and vegetable by-products as novel ingredients to improve the nutritional quality of baked goods. Crit Rev Food Sci Nutr, 2018, 58(13): 2119-2135
[69] Padayachee A, Day L, Howell K, et al. Complexity and health functionality of plant cell wall fibers from fruits and vegetables. Crit Rev Food Sci Nutr, 2017, 57(1): 59-81
[70] 张群. 果蔬加工副产物增值利用技术研究. 食品与生物技术学报, 2014, 33(01): 112
[71] Hanna Kowalska K C J C. What's new in biopotential of fruit and vegetable by-products applied in the food processing industry. Trends in Food Science & Technology, 2017, 67: 150-159
[72] Górnaś P, Rudzińska M. Seeds recovered from industry by-products of nine fruit species with a high potential utility as a source of unconventional oil for biodiesel and cosmetic and pharmaceutical sectors. Industrial Crops and Products, 2016, 83: 329-338
[73] 张国宝, 颛孙书勤, 汪琦. 安徽省果蔬产业物流发展研究. 安徽科技学院学报, 2014, 28(02): 94-97
[74] 邵敏. 乡村振兴背景下特色农产品网络直播营销的对策分析. 中国商论, 2023, (05): 40-43
[75] 刘燕. 中国果蔬汁饮料的发展现状和未来展望综述. 现代食品, 2018, (06): 25-27
[76] 冯丽娟, 米源, 李建国. 果蔬汁加工废水处理工艺的研究进展. 山东化工, 2022, 51(18):

99-101

[77] 黄娟, 廖茜, 郭威, 等. 宜宾市蔬菜产业现状及发展对策. 长江蔬菜, 2022, (17): 1-4
[78] 马越, 王丹, 赵晓燕. 北京市蔬菜加工产业回顾与展望. 蔬菜, 2021, (S1): 55-58
[79] 谢永丽. 农产品质量安全可追溯体系建设. 云南农业, 2022, (07): 20-21
[80] 果蔬深加工发展六大趋势. 中国果菜, 2015, 35(12): 20-21
[81] Issar P S A G. Effect of packaging and storage on dried apple pomace and fiber extracted from pomace. Journal of Food Processing and Preservation, 2016, 3(41): 1-10
[82] 谭志蓉, 程庆. 重庆市果旅融合发展路径及对策建议. 中国果树, 2020, (01): 112-116
[83] 樊欢欢, 任纬, 杨雨. 湖北省柑橘主产区果旅融合发展路径研究. 中国果树, 2022, (09): 78-82

第六章　香料香精、调味品产业

第一节　研究背景

近年来，随着经济的高速发展和人民生活水平的不断提高，香精香料、调味品更为广泛地应用于食品行业中，其市场规模持续稳定增长，在国民经济中占据重要地位。国家已出台多项政策支持香精香料、调味品加工产业的发展，鼓励行业研发新型产品，提升产品安全性，持续进行品牌建设。但目前，香料香精、调味品行业发展仍面临诸多严峻挑战，如安全、环保监管的日益严格，国内外市场激烈竞争等多方面因素，导致行业近期年增速放缓。但机遇与挑战并存，我国市场在全球的比重和发展中的重要地位将为香料香精、调味品加工产业带来发展契机。当前，我国的香精香料、调味品加工产业正处于结构调整的换档期，由追求速度增长变换到质量增长，转型升级、转变发展方式成为行业的转折点。香精香料、调味品将成为未来食品产业的重要发展领域之一。

第二节　香精香料、调味品产业现状与发展趋势

一、全球香精香料、调味品产业现状与发展趋势

（一）全球香精香料、市场需求及现状

随着全球经济的发展，生活水平的不断提高，人们对食品、日用品的品质要求愈来愈高，促进了香料香精行业高速增长。全球香料香精行业高度集中。目前，欧洲、美国、日本已成为世界上最先进的香料香精工业中心，全球重要的香料香精生产企业均来自上述发达国家和地区，代表企业有瑞士的奇华顿和芬美意、美国的国际香精香料（IFF）和森馨、德国的德之馨、法国的曼氏和罗伯特，以及日本的高砂和长谷川等。这些国际大公司以香精为龙头产品带动香料行业的发展，同时通过控制关键香精的品种、技术来保持其领先地位。全球前十家香料香精公

司的销售额占全球总销售额约75%，呈现极高的市场集中度。

全球排名前十的香料香精公司分别为：瑞士奇华顿、瑞士芬美意、美国IFF、德国德之馨、中国花臣、法国曼氏、日本高砂香料工业株式会社、日本长谷川香料株式会社、法国罗伯特和美国森馨。食用香料香精约占整个食品添加剂市场的四分之一，我国香料香精行业在全球市场的份额已超20%，是全球香料香精行业较重要的国家之一，既是香料的主要供应国，也是香料香精的主要消费国。但我国生产的香料香精种类并不全面，与发达国家香辛料产业的发展还有一定的差距。目前，全世界天然香料和合成香料的品种已超过8000种，且每年都有新品种问世，而我国能够生产的品种仅1000种左右。

2021年，FoodTalks团队策划项目——FoodTalks全球食用香精香料企业50强（以下简称食用香精香料50强）。该榜单通过对国内外超过300家企业的信息搜集与对比，综合考量企业食用香精香料业务的营业额、规模、科研、品牌认知度、全球化程度等指标，评选出此次的食用香精香料50强。本次食用香精香料50强前三甲依次是奇华顿、芬美意、IFF。根据Leffingwell & Associates发布的市场份额占比数据来看，奇华顿稳居第一，芬美意、IFF和德之馨紧随其后，仅这四家便已占据了全球香精总市场约56%的份额。与欧、美、日等发达国家和地区相比，我国香料香精行业在发展质量方面仍有较为明显的差距。

盐替代产品是香料香精行业的重要分支。2021年，全球盐替代产品年产值超过12亿美元，其中亚太地区约占40.8%。基于非钠代盐、酵母抽提物、咸鲜协同等原理，味之素、嘉吉、莫顿等公司已推出减盐增味系列产品。美国百事公司、嘉吉等企业通过制备空心结构的锥形晶体并将其应用在薯片类食品中，可实现最高50%的减盐效果。美国通用磨坊公司通过增加大蒜、洋葱、番茄以及其他香料来增加产品独特的风味，进而降低产品的钠含量，对超过350种产品开展减盐行动，包含谷物、冷冻比萨饼、墨西哥卷、咸味小吃、蔬菜罐头等10个品类，其中有7个品类的钠含量减少超过20%，最高达到35%。

2022年全球香料香精市场规模已达到了2071.61亿元，且整体呈增长趋势，预估到2028年市场规模将以7.17%的增速达到2621.71亿元。包括中国在内的东北亚地区约占香精香料市场总量的30%。西欧和北美（美国和加拿大）消费量次之，分别占总需求的20%左右。干制八角和八角油是中国传统的大宗出口产品，是国际市场的紧俏商品，而且中国是唯一可以批量提供八角干果及其加工产品的国家。八角干果出口主要销往印度、缅甸、英国、美国、法国、德国、西班牙等国。国际市场的八角油主要来自中国广西，八角油出口主要销往法国、美国、新加坡、西班牙、英国、日本、加拿大等56个国家和地区，其中法国和美国是八角油的最大消费国。

香精市场增长主要得益于食品和饮料行业的快速发展。消费者希望购买到配料中不含人工成分的产品，其指代的人工成分包括人工合成香精和人工食用色素。便利、健康以及天然成分是影响消费者选择的主要因素，特别是在北美、欧盟和日本等主要发达市场。由于天然概念包括了健康安全、绿色、可持续发展等多重含义，天然产品近年来受到消费者的追捧。未来产品结构将从"单一型"向"复合型"发展、从中低端市场向高端市场发展。体系化的香精系统可以帮助食品生产商在不牺牲美味的情况下，降低脂肪和盐或产品的热量含量。消费者对健康饮食、环境碳足迹或新颖性的追求，推动了人们对植物性食品和饮品的兴趣增长。因此，香精产品将在开发低热量食品、功能性食品和满足特定饮食偏好（如素食和无麸质）的产品中发挥重要作用。新冠疫情也影响了许多人的饮食习惯，增加了对功能性食品和饮料的需求。总的来说，未来的香精香料必然向天然、健康、多功能化的方向发展。

（二）全球调味品市场需求及现状

调味品是添加到食物中赋予食物特定风味的调味汁或调味料。单一调味品指由单一主要材料组成的调料，典型的单一调味品有味精、酱油、醋、腐乳、香料、调味品酒以及蚝油等。复合调味品是指用两种或者两种以上调味品配制，经特殊加工制成的调味品。典型的复合调味品有火锅调料、鸡精、中式复合调料和西式复合调料等。复合调味品种类丰富，分类方法不一，可按结构、用途、所用原材料、饮食习惯、味型和加工制成品进行分类。按形态分类：复合调味品可分为液态复合调品、固态复合调味品和复合调味酱；按所用原料分类：复合调味品可分为肉类、蛋类、水产类、果蔬类、粮油类、香辛料类等；按饮食习惯分类：复合调味品可分为传统菜类调味汁、中式小吃调味汁、西式调味汁、面条蘸汁和生鲜蔬菜汁等。复合调味品呈味成分多、口感复杂，各种呈味成分的性能特点及其之间的配合比例，决定了复合调味品所呈现的效果。

随着健康美味饮食理念的深入，人们对于天然香辛料及其产品的精准赋味与多功能特性的需求越来越高，即要求天然香辛料不仅能赋予食品以甜味、鲜味之类限定的味，还能够突出食品原来具有的味道。除可以提供各种不同的风味外，最好还具有调理和保健功能。近年来，在生产复合型调味品时，更加注意保健功能。香辛料中常见的葱、姜、蒜、花椒、茴香、桂皮、陈皮、香芹、紫苏、藿香、艾叶、杏仁等原料不仅具有调整食品风味的功能，还具有促消化、抗氧化等健康功效。此外，便捷的特性，使调味品适合快节奏的生活方式，满足消费者方便、营养与健康的新需求。然而，为满足消费者对区域或特征风味食品的需求，标准化特色食品的香辛料配方的研制亟需突破。当前，面临的主要问题有原材料品质的稳定性，不仅要尽量保证香辛料的地理性标志；还要开发新的香辛料加工关键技术，提高加工效率以及附加值；要破解传统酱卤复合配料，实现精准复配提味，实现特色卤料的标准化生产；要解析香辛料风味间的相互作用关系，突破复合调味料精准赋香提味关键技术；甚至要开发多种高附加值香辛料产品，提高资源的利用度，推进香辛料产业的碳中和、碳达峰。

市场规模：全球调味品市场规模不断增长，地区需求存在差异，类型需求多样化，健康和天然趋势与地方特色及国际化需求共同推动了国际市场的发展。目前，全球调味品市场规模已经达到3000亿美元，其中亚太地区是增长最快的市场之一。这主要受到人们对新口味和风味的追求以及对便利性和多样性的需求推动。

区域需求：不同地区的调味品需求存在差异。发达国家和地区，如美国、欧洲和日本，是调味品市场的主要消费区域，尤其对多样化和高质量产品的需求，市场规模较大。发展中国家，如中国、印度和巴西等，也是快速增长的市场，随着人们收入水平的提高和对新口味的接受度增加，这些地区呈现出强劲的增长势头。

类型需求：调味品市场涵盖了各种类型的产品，包括香料、酱料、调味料和调味酱等。其中，香料在全球市场中占据重要地位，因为它们被广泛用于各种菜肴的调味和提味。此外，酱料和调味酱也非常受欢迎，如酱油、番茄酱、芥末酱、沙拉酱等。

健康和天然趋势：人们对健康和天然调味品的需求也在增长，消费者更加关注调味品的成分和添加剂，倾向于选择无人工添加剂、有机或天然成分的产品。这一趋势推动了市场中健康、有机和天然调味品的发展。"减盐不减咸"是健康美味食品发展的必然趋势，而目前的减盐产品异味明显、风味协同效果差、质构调节作用弱。高品质低盐健康食品品质改良技术的开发已成为产业发展大趋势。食盐是重要的食品加工配料，能赋予食品优良的感官和贮藏属性。当前主要的减盐领域聚焦在调味品和休闲食品。近几年，我国休闲食品市场每年需求额超过千亿元，市场规模正在以几何级的速度增长，消费市场也在快速增长，年增幅在25%左右。目前咸味食品正处于持续化和规模化发展阶段，中国和印度是增长最快的两个咸味零食市场，美国和中国是咸味零食市场销售额最大的国家。未来咸味香精的市场主要包括连锁餐饮、复合调味料、调理食品和肉制品。在全球范围消费者健康保健意识增强、饮食消费低盐化发展的趋势下，咸味香精市场需求逐渐升级，而传统咸味香精的种类和质量已不能满足日益增长的市场需求，咸味香精新品研发需求增加，行业发展逐渐向功能化、新型化、个性化、多元化以及高端化等方面转变。低盐、低糖、低脂的消费需求也促进咸味香精的龙头企业包括奇华顿、芬美意、德之馨、凯爱瑞等根据消费者需求的变化与发展，逐渐聚焦于风味与健康发展。

地方特色和国际化：全球化和旅游的兴起使得人们对各国特色口味的需求增加。消费者对来自不同地区的调味品，如意大利的橄榄油、墨西哥的辣椒酱、印度的咖喱粉等，表现出了较高的兴趣。因此，地方特色调味品和国际化品牌在市场上有着广阔的发展空间。

(三) 全球食品风味科学研究现状

香气、滋味、质构以及化学感官刺激在食品食用过程中是同时发生的，且不同的感官属性在大脑皮层的信号处理过程中存在跨模态相互作用，这些多元协同增强的作用是实现食品风味感知增强的重要方法。然而食品品质改良剂改善食品色、香、味及质构的作用规律和多元感官协同增效机制不明确，是多功能食品品质改良剂制备和应用面临的关键科学问题。多感官协同作用增强咸味感知，从认知神经科学角度阐明嗅觉诱导味觉感知的减盐策略是最安全的方法，其作用机理将会成为未来减盐策略的研究热点。目前，牛津大学深入研究了多元感知跨模交互作用，发现颜色可以调节滋味的感知度并改变人们的摄食行为。奇华顿香精香料公司依据质构感知与味觉感知的跨模交互作用理论，采用增加稠度和口感来增强咸味感知的方式开发了 Nutri TasteSolutions 和 PrimeLock+调味技术。Nutri TasteSolutions 减盐方案，可在不影响口味或质量的情况下重塑盐曲线；PrimeLock+调味封装基质，含 25%椰子油，该基质在烹饪过程中会部分融化，并在食用过程中产生脂肪风味，不仅可减少 75%的脂肪、增加食欲，而且还能将风味与蛋白质分离，有助于提高产品在保质期内的稳定性。目前全球从事多元感知研究的主要机构见表 6-1。

表 6-1 国外从事多元感知研究的主要机构

序号	机构名称	研究内容	研究成果	成果应用情况
1	英国牛津大学	深入研究了涉及视觉、嗅觉和味觉的多元感知跨模交互作用，研究了环境对食品喜好性、甜味以及整体风味感知的影响	研究成果在 Cell（引用 336 次）、Current Biology（引用 570 次）、Current Opinion in Neurobiology（引用 339 次）、Food Quality and Preference（引用 108 次）等期刊发表学术论文 35 篇，出版多元感知英文著作 4 部	相关成果在餐厅、酒店、酒吧、巧克力公司应用，并形成如下科学认知：食品的颜色调节消费者的饮食行为和习惯，并提升食品和饮料产品的喜爱和接受度；粉色饮料比绿色饮料更甜，红色可提升葡萄酒的整体风味感知
2	瑞士奇华顿香料公司	依据质构感知与味觉感知的跨模交互作用理论，采用增加稠度和口感来增强咸味感知	开发了人造肉配料，可减脂 75%，降热量 30%，并改善食用体验	Nutri Taste Solutions 减盐方案，可以在不影响口味或质量的情况下重塑盐曲线；PrimeLock+调味封装基质，含 25%椰子油。该基质在烹饪过程中会部分融化，并在食用过程中产生脂肪和风味。不仅可减少 75%的脂肪、增加食欲，而且还能将风味与蛋白质分离，有助于提高产品在保质期内的稳定性

（四）全球复合调味品风味互作研究现状

调味品的风味物质在味道中起着至关重要的作用，是产品品质及可接受性的关键因素。挥发性风味物质影响着调味品的气味，大部分的非挥发性风味物质对调味品的滋味起关键作用，调味品的风味是一个复杂的体系，特别是复合调味品类的风味物质可达数百种。随着科技的发展，对于致香成分检测技术的不断完善，如现在广泛应用的气相色谱-质谱联用（GC-MS）、气相-嗅闻技术（GC-O）、电子鼻等，可快速有效的分析各类物质的呈香成分，并建立相应香味数据库，这对于复合调味料新产品的开发意义深远。Schieberle 等应用 GC-O、AEDA 等技术对日本龟甲万酱油中的活性气味物质进行分离提取、定性定量分析，然后结合描述性分析进行香气复合，建立酱油香气模型，并分析酱油加热前后活性风味物质的变化；Marrufo-Curtido 等采用搅拌棒吸附萃取联合 GC-MS 技术对 26 种不同地理标志性保护的优质食醋的挥发性成分进行了定性分析，鉴别出 113 种挥发性化合物，包括短链酯、酸、醇、酚、内酯以及苯和呋喃等不同化合物，并鉴定出 39 种未被报道过的气味活性物质。

专用调味料的加工技术与产品创新是方便即食食品产业创新的技术源泉，针对方便即食食品风味的多样性、复杂性及产业化过程中存在的稳定性差等品质问题，开发风味增强兼具营养强化、减盐、抗氧化及抑菌等多功能协同效应存在的高品质专用调味料已成为国外研究者关注的热点。以彰显即食食品风味多样化、营养功能化为目标，在专用调味料开发领域的成果主要集中在以下两个方面：①以消除长期味觉疲劳感，满足消费者对方便即食食品风味需求的多元化为配方研发导向，开发多样性的调味料产品。研究成果多局限于传统香辛料及调味剂的多样性组合与配伍方面，如韩国 Nong Sim 公司结合特色香辛料（dadaegi）在改善即食食品风味品质，并提高抑菌效果方面的显著作用，通过调味料重组与冷冻干燥技术研制了可用于即食米饭的复合调味料产品，并通过该调味料与坯料实施二次重组融合技术，开发了集鲜味、香味、营养一体的耐贮藏型高品质即食冲调食品。②以方便即食食品传统风味品质保持及货架期延长为技术开发导向，开发呈味与抗氧化或抑菌等功能兼具的新型专用调味料。如瑞士 Nestec S.A 公司利用呈味肽修饰重组技术开发可可多肽用于可可和巧克力生产，以凸显产品的自然呈香与润滑滋味等品质，并以海藻为辅料，通过组合脂肪融合氧化技术制备了风味酱料即食产品；美国 Kraft Foods 公司利用蛋白质酶切技术从酪蛋白中分离获得的功能肽，可缓解即食食品中易氧化成分的氧化酸败速率，在保持食品原有风味的同时提高了产品保质期。

(五)全球加工原料(香辛料)现状

香辛料具有芳香和(或)辛辣味的植物性调味赋香原料,包括植物根茎、花蕾、种子及其提取物,它能够把香味赋到食物当中来,有增加人们的食欲以及帮助消化吸收等作用。根据 Grand View Research 的最新预测,到 2027 年全球香料市场规模预计将达到 97 亿美元,其中亚太地区占 35%份额。香辛料一般含有精油、有机酸、纤维、树脂、胶质及辛辣成分等,其香气主要来源于精油。在工业化食品制备过程中,香辛料的应用主要以粉体香料和液体香料(浸膏和精油)为主,其中粉体香料占全球香料市场营收的一半以上。粉体香料指完整香辛料干燥后粉碎或喷雾干燥制备,使用时直接添加到食品中,如胡椒粉、大料粉等。液体香料指利用提取技术从香辛料中得到的风味组分,经过精制、调配等处理后所得的液态产品。液体香辛料具有性状稳定、便于调配;保质期长,容易储运;香气及风味成分精确可控;使用方便、利用率高等特点。在食品加工特别是在肉类食品加工中添加香辛料,可改善食品的风味,使其更适口、更富营养,并能增进食欲、帮助消化。

全球市场增速较慢且行业高度不够,香辛料行业全球市场规模 1805 亿元人民币,CR6 超 70%。全球香辛料市场自 2015 年以来一直保持小幅增长。香辛料行业头部公司主要集中在欧洲、美国及日本,垄断高端市场。行业整体壁垒较高,格局较为稳定。根据 IALConsultants 数据得出,2019 年,国际前六大香辛料公司(奇华顿、IFF、芬美意、德之馨、威尔德、曼氏)在全球香辛料行业市场份额占比超 70%,行业高度集中。

(六)全球加工工艺(天然香料及复合调味料)现状

近几年来,生物工程技术、计算机技术、超临界萃取技术、分子蒸馏技术、微波技术、微胶囊包埋、AI 调香等技术在香料香精工业中的应用越来越广泛,新技术是推进香料香精工业发展的重要驱动力。食用香料香精研究领域近些年的发展呈现出绿色、天然和可持续发展的突出特点。一些国际大型香料香精公司纷纷在生物技术、高效的天然提取、绿色合成、智能调配等高端技术方面开展系统研究。在全球食用香料香精市场中,我国在合成食用香料和咸味香精两大类产品占有较为突出的优势。但是目前这两大类产品也面临着技术含量低、环境污染较为严重、竞争力不够强的严重问题。肉味香精是由热反应香料、食品香料化合物、香辛料(或其提取物)等香味成分中的一种或多种与食用载体或其他食品添加剂构成的混合物,从某种意义上讲,肉味香精已经成为咸味香精的代名词。

按加工方式肉味香精主要分为调配型、热反应型和调理型 3 种类型。以蛋白酶解物、糖类等为原料通过美拉德反应制备的肉味香精也属于天然产品的范畴。早在1960年Morton在英国专利中首次提出美拉德反应制备肉味香精的概念：在加热己糖、戊糖和半胱氨酸时会产生大量肉香味化合物，从此拉开了美拉德反应与风味物质形成研究的序幕。脂质对肉香形成的作用显著，在进行烹调时，样品中脂质会发生氧化降解和热降解，生成各种促进肉香形成的不饱和羰基化合物，赋予产物独特的煮肉时的特征香味，表明脂质是重要的肉类香精前体物质。国外对肉味香精的研究主要集中在形成肉味香精反应途径的中间体的形成、制备肉味香精原料与反应条件的控制以及对肉味香精风味物质的改善，以及通过大数据构建不同烹饪方式香气的香基配方，通过数值算法甚至人工智能模型建立学习模型，最终实现配方的智能调配。除膏状香精外，经过调配后的液体香精还需经过干燥后获得粉体香精，常用的干燥方法有真空干燥、喷雾干燥、微波干燥技术等。

除了初步加工香辛料产品，复合香辛料及其衍生产品可显著提高附加值，如日本好侍开发了家庭用调味料、餐饮用调味料、功能性饮料和咖喱餐厅用的多功能复合咖喱调味料，深受消费者喜好。奥地利可达怡，专注于草本植物及香料研发、生产与销售，出口20多个国家，创制了特色甜味辣椒粉和香草辣椒特色调料。印度德实业私人有限公司是全球最大的香辛料油树脂、天然色素、精油等产品的生产商和经销商，在全球油树脂和精油等产品市场约占30%的份额，也是印度香料及油树脂行业先驱。

香辛料主要加工技术分为原材料初步加工制备干制香料，如清洗或去皮后进行干燥得到的生姜、肉桂、胡椒、薄荷、姜黄、圣罗勒、鼠尾草、迷迭香等香辛料。其次，进一步对香辛料粉碎，提高其应用效果以及复配提高其赋味能力。如mccormick味好美公司采用超微粉碎技术，是一种将各种固体物质粉碎成直径小于10 μm粉体的高科技含量的工业技术，具有速快温控、粒径小、提高利用率、减少污染、提高吸收的特点。以上两种在市场中的占比最多，超过50%。第三种为液体香辛料，又分精油（又称挥发油或芳香油）和油树脂（或浸膏），主要加工技术包括溶剂提取、生物提取、超临界流体萃取、分子蒸馏、超声辅助萃取、超高压处理技术以及微胶囊技术等。制备的液体香辛料具有性状稳定、便于调配；保质期长，容易储运；香气及风味成分精确可控；使用方便、利用率高；安全卫生、无污染等多种优点。印度生产的液体香辛料产品，如胡椒油树脂、姜油树脂等，在国际市场上占有很大的份额。印度充分发掘了自身香辛料植物资源的潜力，结合现代生物提取技术，在天然香辛料的深加工领域取得了领先地位。

粉体香精干燥技术：Duroarome是芬美意所开发的玻璃化态共聚体包覆微胶囊技术，可有效阻止氧化，生产的微胶囊香精保质期长达4年，具有超强抗氧化特性,耐热耐各种加工工艺过程。Flexarome微胶囊香精具有较强耐热性Flexarome

微胶囊香精具有较强耐热性能,可应用于烘焙食品的生产应用于焙烤食品的产品。瑞士奇华顿有限公司也推出具有热稳定性的 Flavorburst 和 Bakestay 微胶囊香精。

以绿色、安全和环保等为特点的天然香料,日益受到人们的青睐。从国际范围来看,香料香精工业的增长速度一直高于其他工业的平均发展速度,世界天然香料产量近年来正以每年 10%～15%的速度递增。目前全球从事香辛料生产的主要机构见表 6-2。

表 6-2 国外从事香辛料生产的主要机构

序号	品牌名称	研究内容	研究成果	成果应用情况
1	House 好侍	始于 1913 年,集家庭用调味料/餐饮用调味料/功能性饮料和咖喱餐厅经营为一体,专业经营咖喱调料的生产企业	咖喱粉提取物、丁香提取物、姜黄提取物均对由 DEP 引发的炎症反应起到了抑制作用,并抑制了细胞外活性氧的生成。发现芫荽提取物和桂皮提取物也具有抑制炎症反应的效果	已明确在人气管上皮细胞中,日式咖喱块中所含的咖喱粉和 4 种香辛料(丁香、姜黄、芫荽、桂皮)的提取物对由 PM2.5 引发的炎症反应具有抑制效果。主营产品:炖焖用酱;调味品;佐料;咖喱(粉)用酱调剂物粉末
2	Mccormick 味好美	创立于 1889 年,是美国一家专业研制生产和销售香辛料、酱料等调料的企业,以生产甜味酱起家,收购 F. G. Emmett 香料公司后正式转战西餐调味领域	领先的杀菌工艺 McCorization,确保香辛料的安全、洁净,同时不损失风味	产品线已经拓展到复合调料、腌裹料、沙司、乳化酱、风味酱,再加上香辛料、甜味酱,以风味浓郁、纯净细腻的精选品质赢得消费者的信赖
3	可达怡	始于 1881 年,位于奥地利,是全球知名的香辛料品牌,专注于草本植物及香料研发、生产与销售	解析不同饮食文化的香辛料搭配技术	可达怡公司的香料、香草以及各种调味品已销往 20 多个国家和地区,包括欧洲中部和东部、南美洲以及中国
4	馨赛德实业私人有限公司	超临界二氧化碳萃取、旋转锥体柱技术、薄膜技术-Centritherm®、冷冻干燥技术	囊括了初加工香料、粉体香料、树脂、精油、色素、天然抗氧化剂等多种品种,全产业链加工技术	全球最大的香辛料油树脂、天然色素、精油等产品的生产商和经销商,在全球油树脂和精油等产品市场约占 30%的份额,也是印度香料及油树脂行业先驱

复合调味料根据其形态可分为固态(粉状)复合调味料、半固态复合调味料和液体复合调味料,包括酿造类、火锅类等。

以日本酱油类调味品为例,对全球酿造类调味品产业原配料制造现状进行概述。大豆是酱油类调味品的主要原料,在酱油产业制造中占据关键地位。据统计,2018 年日本进口大豆总量为 224.3 万吨,其中 54.3%来自美国,19.2%来自加拿大,

14.7%来自澳大利亚，11.8%来自南非、巴西、阿根廷等国家。除大豆外，小麦也是日本酱油类调味品的重要原料之一，主要也依赖进口。2019年，日本进口小麦总量为480万吨，其中70%来自加拿大、美国、澳大利亚、法国和俄罗斯。总体来说，日本酱油类调味品的关键原配料生产规模相对较小，大部分原材料都依赖进口。酱油类调味品关键原配料的副产物主要是大豆渣和麦麸，均已在其他领域被充分利用。在饲料领域，大豆渣可以作为饲料添加剂，用于提高畜禽的营养价值。在农业领域，大豆渣可以作为肥料使用，既可以改善土壤结构，也可以提高农作物的营养水平。在食品领域，麦麸可以作为面包、面条等的添加剂，或者制作麦麸粉、麦麸饼等产品。在能源领域，麦麸可以通过压缩、干燥等处理方法，转化为麦麸颗粒，用于发电或者生产生物燃料。充分利用调味品的关键原配料副产物，可以增加企业的收入，降低生产成本。

全球火锅类调味品，其关键原配料的制造技术因地区文化、传统习俗和生产工艺的不同而存在差异。以韩国火锅调味料为例，其关键原料的制造技术主要涉及调味料的混合技术；韩国火锅调味料通常采用多种原材料混合烘烤制而成，需要根据不同口味进行比例调配。随着科技的不断进步，越来越多的企业开始采用先进的生产技术和设备，以提高产品的品质和生产效率。火锅类调味品产业的原配料副产物利用主要涉及两个方面：一是生产过程中产生的副产品利用，例如调味料生产中的渣滓、剩余的原料等；二是一些火锅底料制造商通过采取循环经济的理念来开发副产物利用，例如，通过建立垃圾分类系统，回收和利用生产过程中产生的副产品和废弃物。同时，还可以采用循环再生原料，如回收油脂和其他废料来制造其他化工类产品等。

巴斯夫化工厂模块化设计理念的生产工艺和装备设计水平、自动化程度处于国际领先地位。据《上海证券报》报道，2019年巴斯夫在上海漕泾基地的全新世界级抗氧化剂装置正式投产，该装置年产能42000吨，一期工程包括粉末混合装置、液体抗氧化剂生产装置和颗粒形态生产装置。作为巴斯夫全球首个模块化项目，该套装备具有高达90%的装置的预制率，建造过程中，整套装置被分为了10个模块，在异地独立的生产车间内，所有的设备、管道、仪表、电线等都在钢结构的框架内进行预组装，完成后被运往施工现场，与公用设施对接并进行拼装。

德国卡赫全自动移动缸清洗系统针对香精制备反应釜或搅拌设备清洗。卡赫全自动移动缸清洗系统能够在10 min内完成移动缸的清洗、烘干流程，保证了清洁的超高效率，同时还有效避免操作人员接触危险品，保证了生产安全。卡赫采用高压CIP系统，清洗压力通常在100~150 bar，通过提升水压从而大大降低了用水量，比传统低压CIP系统要低50%，甚至70%。不仅杜绝污染物无序排放，还要大大降低耗水量，确保每台移动缸的清洗耗水量低于130 L。

AI 智能调香装备：奇华顿和芬美意均创制了智能调香设备辅助人工调香，提高调香配方迭代的效率和准确性，激发调香师的灵感和创意，推进元宇宙香气感知的进程。数字创香结合微型采样机器人可实现香氛的 3D 构建，几分钟内可完成取样试香，大大缩短了传统工艺的等待时长。2019 年奇华顿在巴黎开设了第一家数字工厂，加速数字化转型；2021 年 11 月在上海创建了全球第二个虚拟与现实结合的数字空间。2023 年芬美意发布了第二代智能调香辅助装备 EcoScent Compass®，基于海量的可持续发展相关的数据，主要用于生态友好型香氛的设计和创作。Ecoscent Compass®拥有 45 个香水声明和 20 个成分声明，每种成分都有超过 80 个数据点，以及循环创作、气候和自然、人类和社区的影响三个关键支柱，额外的数据点支持了一种更精确、更完整的香水可持续观点。

首先是全球酿造类调味品产业，其装备现状存在一定的差异，主要体现在不同地区的生产企业采用的设备种类和性能的不同。酿造类调味品的制造过程中，涉及一系列产业装备，如发酵罐、过滤器、浓缩器、蒸馏器等。随着科技的发展和生产工艺的不断创新，微生物技术、生物工程技术、高压处理技术和低温储存技术等一些高新技术已广泛应用于食品工业，大幅提升了酿造类产品的品质及生产效率。同时，部分企业引入人工智能、大数据等技术，探索智能化制造方法，从而提高生产效率和精度，并降低生产成本。

其次是火锅类调味品。其种类繁多，涉及的生产设备品类丰富。调味料生产设备包括加热锅、混合器、调味机等；包装设备包括充填机、封口机、贴标机等。检测设备包括用于检测调味品品质和安全性能的红外线光谱仪、高效液相色谱仪等。

二、我国香精香料、调味品加工现状与发展趋势

（一）我国香精香料、市场需求及现状

国家统计局 2022 年报告显示，食品产业与国民经济和人民生活密切相关，近年来我国食品行业的年工业总产值均超过 10 万亿元，约占我国 GDP 总量的 10%。2022 年中国报告大厅数据显示，香精香料应用领域广泛，近些年国内产量和销售额均呈现持续增长的趋势，并且香精香料在国民经济中有着重要地位。但我国香料香精行业正处于结构转型期，市场规模增速将会呈现变缓趋势：2021 年我国香料香精市场销售额为 525.5 亿元，预计 2023 年我国香精香料市场规模将达 533 亿元。食品用香料香精的产量及销售额超过香料香精行业总量的三分之一。其中咸味香精是 20 世纪 70 年代兴起的一类新型食品香精。我国 80 年代开始研究生产咸味香精，目前我国咸味香精生产量和消费量进入世界前列。

我国香料香精行业正处于结构调整的换档期，由追求速度增长变换到追求质量增长，转型升级、转变发展方式成为行业的转折点。一方面是行业发展到一定阶段，自主转型升级；另一方面是由于竞争、监管等压力导致的被动调整。我国香料香精制造业受到发达国家和发展中国家的"双向挤压"，需从多个方向和角度开发新的香原料。天然香料产业要保持优势，需要在传统大宗原料采收出口上顺应形势。继续保持以市场需求为导向的天然香料精细加工新工艺、新产品研究和应用，充分利用天然可再生资源和生化技术，不断提升天然香料香精深加工层次及产品附加价值。同时加强对天然物的分析，寻找具备关键香气、口感的香原料，通过创新生物化学方法制作出符合国际市场的"天然级"的合成香料。

当前人们对食品的要求除了"吃饱"以外，还要讲究"吃好"。不同的消费群体对食品口味有不同的需求，在食品生产加工过程中添加适量的食品香精香料，既可以保留食品原本浓郁的风味，还可以对原本香味不够浓郁的食品加以改善，以此提高消费者对食品的满意度，从而促进我国食品行业可持续性发展，所以对食用香精香料的功能特性及其在食品工业中的运用进行探究是具有重要意义的。由于我国独特的饮食文化，咸味香精得到了大力发展，成为我国食品香料香精行业最具特色和优势的产品之一，在国际市场上举足轻重。咸味香精目前主要应用于肉制品、调味品、休闲熟食、膨化食品、火锅底料等多个食品领域。从品种来看，咸味食品香精主要包括牛肉、猪肉、鸡肉等肉味香精，鱼、虾、蟹、贝类等海鲜香精、各种菜肴香精以及其他调味香精。

随着大健康和大食物观的树立，全球食品风味科学也朝着健康与美味的方向发展。当前食品风味的主要趋势可总结为：体验优先、回归本源、智能科技集成、天然健康绿色以及风味元宇宙。体验优先，即在全球后疫情时代下消费者更倾向于在原有风味特色的基础上引入新奇的属性，增强新奇体验，创新融合更多元素，如在香料香精的选择与应用过程中也引入了更多的植物元素，如传统的植物药香料、花香植物药风味以及草本植物药，丰富香料香精的搭配与组合。回归本源，即强调区域文化特色多元结合，更加体现出文化承载，强调最原本的风味。

（二）我国调味品市场需求及现状

2022年中国调味料市场规模达到5133亿元，2025年市场规模将达7881亿元。疫情使餐饮消费从外食转向家庭烹饪场景，提升了C端调味品需求，多家布局家庭端的调味品企业在疫情期间的收入保持了良好增长。随着咸味香精生产和使用量的扩大，咸味香精对食品安全影响的关注程度也在加深。作为"中国味、民族味"的咸味香精，其健康快速发展成为一个热门话题。中国咸味食品的发展，特别是中国传统食品工业化和中餐连锁化为咸味香精提供了新的发展机遇，未来中国咸味香精还将保持较高的增长速度。对中国咸味香精行业来说，机遇与挑战并存，未来几年将进入新一轮的快速发展期。

随着中国家庭人口结构的变化和观念的发展，中国调味品行业将迎来新一轮发展，单品调味品逐渐向复合型调味品转变，市场发展前景依然十分广阔。iiMedia Research 调研数据显示，2021 年中国 67.1%用户偏好咸鲜味调味品，49.7%偏好葱椒味调味品，45.1%用户则倾向选择酸甜味的调味品。此外，偏好辣香味、香甜味和肉酱味调味品的消费者分别占比 37.6%、35.8%和 23.1%。复合调味品具有便捷化、口味稳定等特点，近年来随着国内的消费升级，发展速度快于整体市场。B 端餐饮连锁化趋势对复合调味品需求、C 端家庭人口数量缩小带来的"核心家庭化"等原因，导致了"做饭不经济"现象。此外，越来越多"90 后""00 后"作为"烹饪小白"对复合调味品的需求较大。近六成消费者表示购买辣香味型调味品频率最高，咸鲜味型调味品的购买频率次之。三成以上消费者对于复合味调味品中的咸鲜味型、辣香味型、葱椒味型及酸甜味型产品的满意度高。咸鲜味型及辣香型复合调味品产品的消费者总体认可度较高。

截至 2020 年底，我国食品用香料香精生产企业有近 1000 家，主要分布在吉林、辽宁、天津、山东、江苏、上海、浙江、福建、广州、海南、云南、江西、安徽、河南等省份，且主要集中东部和中部区域，西部地区较少。具有数量多、分布不均衡、规模相对较小（规模大且占全球较大份额的香精企业较少）、发展水平参差不齐（高端香精制备技术和"卡脖子"技术企业数量较少，大多以产量占据优势）等特点。广东江大和风是国内香精香料行业技术和综合实力领先的企业，工厂年生产能力 18000 吨，通过食品安全体系 FSSC22000 认证，是华南地区最大的香精香料公司，在华南地区有独立出口权，并有自己独立的清真工厂——广州江大生物科技有限公司。安徽金禾实业股份有限公司的甲/乙基麦芽酚年产 6000 吨，全球市占率第一，并拟扩建增加 5000 吨/年。春发集团致力于天然感和天然级咸味食品香精的研究开发，重点研究厨房化烹调食品的风味及其形成机理，烹调风味的工业化生产转化，研发出天然猪肉粉、天然肥牛粉、天然纯鸡肉粉、天然鲜味肽等系列天然产品。浙江新和成股份有限公司聚焦于萜类化合物生产，包括四氢芳樟醇、覆盆子酮、叶醇等多个单体香料的生产，芳樟醇系列产品产量全球第一，柠檬醛系列全球第二，覆盆子酮全球占比 90%，单体香料总年产值超 30 亿元。华宝香精股份有限公司主要从事食用、日用、烟用香精及食品配料的研发、生产、销售和服务。旗下拥有华宝、孔雀等一系列食用香精配料品牌，2022 年上半年公司营收为 9.02 亿元。

中国调味品市场是全球最大的调味品市场之一，消费者对各种类型的调味品有着广泛需求，具有巨大的潜力和活力。市场竞争激烈，包括国际品牌和本土品牌。健康和功能性趋势与电子商务渠道的崛起是市场的重要特点。

市场规模：中国调味品市场规模庞大，并呈现出持续增长的趋势。从产量来看，我国百强企业调味食品总产量从2013年的700万吨增加至2020年的1627万吨，7年CAGR（复合年均增长率）为14.17%。我国调味品行业营收从2014年2595亿元增至2020年3950亿元，6年CAGR为7.25%。2014—2020年，我国调味品行业规模从2595亿元增长至3950亿元，增幅达到52.22%；产量从739.1万吨增长至1627.1万吨，增幅达120.15%。未来，随着调味品行业中新品类的持续推出（复合调味品等）、区域性品类的逐步推广（蚝油等），以及人们外出就餐频次增加等因素影响，行业产销量有望达到新高度。2021年中国调味品市场规模约为4234.4亿元，同比增长7.2%。2021年中国百强企业的调味品产量约为1882.55万吨，同比增长15.7%。这主要受到人口增长、收入水平提高和消费升级的推动。预计未来5年调味品行业的市场规模还将以5%左右的速度持续增长，2025年市场规模超过4500亿元。

类型需求：中国消费者对各种类型的调味品有着广泛的需求。在中国调味品市场中，酱油、醋、味精、调味酱和香辛料等产品占据重要地位。酱油是中国最重要的调味品之一，被广泛应用于家庭烹饪和外出就餐。此外，随着人们对健康和天然食品的关注增加，有机调味品和健康调味品的需求也在增长。

品牌竞争和市场多样性：中国调味品市场竞争激烈，既有国际品牌，也有本土品牌。国际品牌如李锦记和海天等在中国市场享有较高的知名度和市场份额。与此同时，中国本土品牌也在不断崛起，通过产品创新、品质提升和营销推广来拓展市场。市场上存在着各种不同口味、风味和地方特色的调味品，以满足消费者多样化的需求。

健康和功能性趋势：随着健康意识的提高，中国消费者对健康和功能性调味品的需求逐渐增加。人们更加关注调味品的成分、添加剂和营养价值，倾向于选择低盐、低糖、低脂和无添加剂的产品。功能性调味品，如富含维生素、矿物质和益生菌的产品，也受到一定的关注。

电子商务渠道的崛起：随着互联网和电子商务的发展，中国的调味品市场逐渐向在线渠道转移。消费者越来越倾向于通过电商平台购买调味品，以获取更多选择、便利的购物体验和优惠价格。电商平台的崛起为品牌推广和市场扩展提供了新的机遇。

（三）我国食品风味科学研究现状

国内对交叉模态关联的研究较少，清华大学与牛津大学合作调研了颜色与亚洲面条所特有的跨模态关联性。多元感知理论的缺乏，导致我国多功能食品品质改良剂品种少，多数食品品质改良剂功能单一，多种改善食品品质的功能和生物活性没有得到很好的开发和利用。随着消费者对"绿色、美味、健康"的追求，清洁标签背景下的多功能食品品质改良剂的开发变得尤为重要。

多元感知主要基于食品口腔加工过程中的多种感官整合协同，从心理、物理学感知层面存在嗅觉-味觉、触觉-味觉、味觉-味觉多元交互，因此可通过调控感知的规律实现目标感官属性的靶向调控，以更好地设计食品配方，从而感知美味。目前对于增强咸味感知的多感官协同主要体现在香气诱导增强咸味感知，如具有烤香特征的 2,6-二甲基吡嗪、3-甲硫基丙醛以及具有烤肉香味的噻唑类、2-甲基-3-呋喃硫醇类化合物等均可以增强整体的咸味感知；质构/流变特性改变增强味觉感知，如面包粗糙度减小或溶液的粒度减小使得口感更加细腻，从而促进咸味感知；味觉间的调控，除鲜味可增强咸味感知，低浓度的酸也可增强咸味感知，如苹果酸、柠檬酸等；物理化学觉，包括辛辣、清凉、灼烧等刺激能够刺激 TRPV1 通道，激活阳离子通道，而促进钠离子内流，协同增强咸味感知，如辣椒、薄荷、大蒜等香辛料及其提取物。食品在实际的品尝过程中，是存在更为复杂的多元感知，包括了嗅觉、味觉、触觉以及三叉神经的刺激，由于其复杂性，该领域目前还处于深入研究阶段，而简单的嗅觉-味觉-触觉之间的多元协同是未来开发出更美味健康低盐食品的重要突破口。

上海交通大学针对鲜味感知增咸与鲜味感知机制开展了系列研究；浙江工商大学研究了唾液的乳化特性在调控香气和脂肪感知方面的作用机制，证实了唾液在调节风味感知中的重要作用，它在味觉感知过程中具有一定的缓冲能力以及唾液的乳化性对感官感知的调控具有重要作用。北京工商大学研究了食品口腔加工过程中酸味-咸味、鲜味-咸味之间的协同作用，并比较了面包在口腔加工过程中不同质构特性与香气感知的相关性，并阐明鲜味剂包括鲜味肽和鲜味氨基酸在调控咸味感知阈值与钠离子在口腔唾液中的递送对咸味感知的增强机制。目前我国从事多元感知研究的主要机构见表 6-3。

表 6-3　国内从事多元感知研究的主要机构

序号	机构名称	研究内容	研究成果	成果应用情况
1	上海交通大学	建立了基于受体、细胞和组织的鲜味传感评价平台，构建了鲜味感官强度评价技术，解析了鲜甜味信号传导通路，阐明了鲜味感知机制	该成果关键技术具有自主知识产权，已获授权发明专利 2 项，在 Trac-trends in Analytical Chemistry、Food Chemistry、Journal of Agricultural and Food Chemistry 等期刊发表相关论文 20 篇	美国杂志 Science Daily 和 Science 对鲜味解析研究进行了报道；建立的鲜味肽平台筛选技术，达到 95%正确率的效果，拟在理象国等公司进行试应用；开发的鲜味受体传感器，已应用于不同鲜味物质的检测，检测范围 $10^{-14} \sim 10^{-3}$ mol/L；相关成果正在预制菜企业、风味食品企业进行开发、推广应用

续表

序号	机构名称	研究内容	研究成果	成果应用情况
2	浙江工商大学	研究了唾液的乳化特性在调控香气和脂肪感知方面的作用机制，证实了唾液在调节风味感知中的重要作用	成果在 Annual Review of Food Science and Technology、Food Hydrocolloids、Food Chemistry、Food Quality and Preference 等期刊发表相关论文 20 余篇	提出了口腔加工概念，证实了唾液在味觉感知过程中的缓冲能力以及唾液的独特性，对感官感知的调控有重要作用
3	北京工商大学	研究了食品口腔加工过程中酸味-咸味、鲜味-咸味之间的协同作用，并比较了面包口腔加工过程中不同质构特性与香气感知的相关性	成果在《食品科学》、Critical Reviews in Food Science and Nutrition、Journal of Agriculture and Food Chemistry、Food Chemistry、Food Research International、LWT-Food Science and Technology 等期刊发表相关论文 10 篇	提出了后鼻腔感知关键香气化合物概念；研究了酸味增强咸味感知的规律；并阐明鲜味剂包括鲜味肽和鲜味氨基酸在调控咸味感知阈值与钠离子在口腔唾液中的递送实现增强咸味感知的作用机制

（四）我国复合调味品风味互作研究现状

随着分子感官科学技术的应用推广，国内也开始利用分子感官技术对我国传统食品的香味物质进行深入研究。张玉玉采用蒸馏萃取和固相微萃取提取甜面酱挥发性成分，再利用 GC-MS、GC-O、AEDA 检测技术进行定性定量分析，确定了市售传统甜面酱的活性气味化合物，主要有乙酸、异戊醛、糠醛、一甲硫基丙醛、二甲基三硫醚、四甲基吡嗪、异戊酸等，其中糠醛在麦酱和馒头酱中的含量都比较高，同时也利用 GC-O 分析比较不同原料制得的面酱的香气特点。罗静等利用 SPME 联合 GC-MS 技术对 5 个不同发酵阶段的郫县豆瓣的挥发性风味物质进行分析鉴定，揭示这些气味活性成分与产品呈香的关系，研究结果显示：有 9 个类别的郫县豆瓣中挥发性风味物质超过 140 种，且不同发酵阶段郫县豆瓣的挥发性呈香物质呈现不同趋势的增加和消减。

原料的处理及香味成分的提取对复合调味料的加工亦至关重要。如超临界流体萃取技术，可以实现低温高效萃取有效成分，对风味影响较小；微波辅助萃取技术，有利于植物香料细胞壁的破壁，从而提高有效成分的提取率及生物活性的保持；生物酶解技术可以在室温条件下获得水解蛋白，其中所含的大量游离氨基酸能提高复合调味料的鲜度及风味物质浓度；微波干燥、冷冻干燥、真空干燥等技术可以生产出复水性高、营养保存较好的脱水蔬菜等。对于这方面的研究，国内也取得了一些研究成果。例如汕头大学生物系的余杰、陈美珍研究了酶法水解龙头鱼的工艺及其水解液脱苦的适宜条件，通过正交试验确定了以水解龙头鱼蛋白为基料制备复合调味料的较优配方，获得口感细腻、营养丰富、具有浓郁海鲜风味的产品，为海产低值鱼类的开发利用开辟了一条新途径。另外有研究显示，对于虾头蛋白质采取蛋白酶酶解，最终所获得的虾味粉状复合调味料具有更加鲜美的滋味，可以明显提升食品的醇厚性，达到回味无穷的效果；而且对于虾的下脚料用风味蛋白酶、碱性蛋白酶进行酶解，可以让蛋白质水解成肽和氨基酸，风味蛋白酶同碱性蛋白酶以1∶1的比例复合，最佳的美拉德反应条件状态是温度110℃，pH 7.0，反应时间30 min，所制得的复合调味料具有更加浓郁的香味，还可以辅助人体吸收、消化，达到美味、营养并存的效果。

相关的研究单位和企业分别对复合调味料的原料以及生产工艺进行了研究。例如杭州大学生命科学学院的刘惠宾、陈向东和杭州医学高等专科学校刘苏杭将大蒜、海带、生姜和葱等作为主要原料按一定配方比例加工成多营养、多功能、具有独特风味的复合调味料，不仅对大蒜、海带及生姜的开发利用具有很高的经济价值和使用价值，而且对开发我国复合调味品市场具有重要意义。上海海鸥酿造公司，根据市场需求采用各种方法提取海带中的有效成分，再加入各种辅料制成各种海带功能复合调味料，为公司带来了很大的经济效益，对复合调味品的发展意义深远。湖北安琪生物集团的李王平和三峡大学生物工程系的邵伟、龚美珍以柑橘皮、蚕豆为主要原料，将橘皮进行处理和加工，并将蚕豆去皮、浸水、蒸煮、经制曲发酵后，制得一种具有典型橘皮风味的保健型复合调味料。这样制得的橘皮蚕豆酱功效独特，营养丰富，味美可口，具有广阔的市场前景。安徽工程科技学院的李敬华等从香辛料中提取香精油，同时配以果蔬汁、骨汤等营养原料，再辅加食盐、糖、味精等，通过正交试验选择出最佳的工艺参数，研制成一种风味别致、营养方便、不含任何防腐剂的新型调味佳品。

为持续满足快节奏生活方式下消费者对风味多元化、健康营养型方便即食食品的强烈需求，结合现代食品加工与品质稳态化技术实现从随机型配制到专用型研发转变，开发风味增强兼具营养强化、减盐、抗氧化及抑菌等多功能协同效应存在的高品质专用调味料势在必行。

（五）我国加工原料（香辛料）现状

长期以来，香辛料的使用促成了我国各地丰富多彩的饮食习惯。目前，我国香辛料品种数量、产销量和贸易量均居世界前列，成为名副其实的香辛料大国。我国香料香精工业处于产业结构转型升级、转变发展方式，由追求速度增长转为高质量增长的关键时期。"十三五"期间，中国香料香精市场规模占全球市场约五分之一，已成为全球最主要的香料供应国和香精消费国及生产基地。中研普华产业研究院发布的《2022—2027年中国香料行业深度发展研究与"十四五"企业投资战略规划报告》显示：2020年国内香料产量约21.8万吨，销售额约168亿元；"十三五"期间行业年均复合增长率为3%。近段时间，产品结构调整趋势明显，并朝着高档传统调味品、方便面调料和汤料、复合调味料、快餐食品调料、加工肉类鱼类海鲜食品调料、加工各种小食品调料、速冻食品调料、西式方便调料、新型味精、食品添加剂等方向拓展，拓宽了香辛料的应用领域，并提高了香辛料的经济价值。

  我国是香料种植、生产和消费大国，香辛料也是我国的特产植物资源，在我国已有1500年以上的种植和使用史。我国现有香料生产企业上千家，其中90%以上是小型企业。截至2022年5月，我国香辛料行业相关企业注册量排名前五的省份分别为安徽、广西、山东、吉林和四川，注册量分别为1124家、796家、202家、143家和120家。我国香辛料行业相关企业共3251家，注册资本100万~200万的企业，共480家，占比为14.76%。我国香辛料的生产加工大部分还属于粗加工阶段，大部分产品称之为天然调料，如八角茴香、花椒、胡椒等。这些调料可直接用于食品加工和家庭烹调，使用方便，在香辛料中占很大的比例，其缺点是影响食物美观，且不能充分利用有效成分，造成一定的浪费。中国是八角的主产国。据统计，2019年，全世界八角栽培面积约53万公顷，八角干果产量约23万吨,其初加工产品茴油产量约5000吨。我国2014年种植面积就达47.3万公顷，八角干果产量20.69万吨，茴油产量约4500吨，分别占世界的89.1%、90%和90%，均居世界第一位。其中广西栽培面积40.5万公顷、八角干果产量19.4万吨，均占全国90%以上，素有"世界八角之乡"之称。云南栽培面积6.76万公顷、八角干果产量1.21万吨，广东栽培面积0.09万公顷、八角干果产量859吨，在福建、四川、贵州、湖南等省也有零星栽培。2021年，全国八角种植面积大约有47.29万公顷，结果面积约25.41万公顷。其中广西的八角种植面积占全国种植总面积的77.29%，居全国之首。肉桂为药食兼用品，药用具有散寒、活血通经的功能，食用主要作为调味品。肉桂主产广西，广东、福建、云南、四川亦有产。其中广西是重要产地，占全国总量的60%以上。

  国内市场增速迅猛但产品相对低端。我国香精行业规模459亿元,2014—2020年CAGR为7%。我国香辛料行业16年来CAGR为8.8%，由2005年的130亿元迅速增长至2020年的459亿元，行业增速迅猛。我国香辛料市场的产量变化在2014—2020年的复合增长率为7.0%，2020年整体行业产量达135.6万吨。我国香辛料行业相对而言产业链较短，随着行业集中度进一步提升，产品有望由初级、低端产品向中高端、复合型产品发展。不同于国际市场的高集中度，我国香辛料行业集中度相对较低。根据中国报告网于2019年7月19日发布的《2019年我国香辛料行业仍将保持较快增长》，我国年销售额亿元以上的香辛料企业仅30余家，占比较低。

（六）我国加工工艺（天然香料及复合调味料）现状

应对消费者喜好转变、市场需求变化以及不同场景的应用，咸味香精制备技术的高科技含量也越来越高。当前应用在香料香精制备中的新技术主要包括两大类：（1）香精制备，靶向酶解、脂肪氧化控释、可控美拉德反应、超临界萃取、智能调香等技术，主要保证香精在制备过程中香精产品的高品质；（2）香精应用，低温真空干燥、微胶囊技术、纳米技术，可在一定程度上稳定香精产品的香气质量、留香持久、产品性能优异、场景适用能力强等特点，提高产品的应用能力，如耐高温蒸煮、低温冷冻等场景的高品质香精。

我国天然香料资源丰富，品种繁多，精油产量约占全世界的 30%，但以树木为原料的天然香料已出现资源枯竭趋势；部分资源受气候、土壤等条件变化影响逐渐匮乏，选育新品种已成为当务之急；人口增加使天然香料与粮棉争地的矛盾更加突出等问题成为行业进步的绊脚石。将天然香料开发与植树造林、水土保持、城市绿化、扶贫相结合，积极保护、努力扩大、合理开发，能够使我国的天然香料香精工业实现长期、稳定、可持续发展。积极开发环境友好的绿色合成工艺、开展新型咸味香精产品，及应用技术和生物发酵法制备天然级食用香料研究，成为我国香料香精行业发展的技术关键，对于提升我国食用香料香精行业在国际上的地位和影响力具有重要意义。肉味香精在我国的研发起步较晚，主要经历了三个发展阶段。第一阶段主要是利用各种天然的或合成的单体香料通过调配制成，即传统的调配型香精，此类肉味香精往往带有明显的化学气息，肉味不明显，仿真度较低且热稳定性较差；第二阶段是以天然动植物蛋白资源或肉蛋白为主要原料通过酶解技术和美拉德反应制备而成，此类肉味香精在模拟肉香的逼真度方面有所提高，但肉的特征香味不明显；第三阶段主要以动物脂肪为主要原料，通过脂肪调控氧化技术，对脂肪进行适度氧化，同时添加适度酶解的植物或动物水解蛋白，利用美拉德模式反应体系制备而成，此技术制备的肉味香精特征风味明显，肉香浓郁，能有效改善香精的热稳定性。孙宝国教授于 2007 年提出"味料同源"的香精制造理念，即"制备何种肉味香精即采用何种动物原料"。主要核心技术包括 6 个方面——蛋白质定向酶解技术、脂肪调控氧化技术、香辛料加工和提取技术、热反应技术、调香技术和干燥技术。与植物水解蛋白和动物水解蛋白相比，以适度水解的副产物蛋白为基料制备的热反应香精不仅符合"味料同源"的制造理念，而且可以近似模拟出逼真的肉类香气，降低生产成本同时还可以变废为宝、提高肉类加工副产物的经济价值。肉味香精在传统的方便面、肉制品、鸡精，现代餐饮如速冻食品、复合调味品等领域发挥着极其重要的作用，为工业化食品的美味保驾护航。

从国内情况来看，高档天然香料基本依赖于进口，香精香料工业及相关应用行业对高档天然香料的需求越来越迫切。我国拥有丰富的植物性天然香料资源，拥有超过 500 种芳香植物，但由于提取加工工艺落后，只有部分香料资源被开发利用，而且收率和纯度都较低，甚至还有一些天然原料还需要销往国外进行深加工，导致我国市场植物性天然香料紧缺，而且严重浪费了宝贵资源。因此天然香料的加工工艺一直是近年来研究的重点。

芳香植物中天然香料的传统提取方法包括水蒸气蒸馏法、溶剂浸提法、压榨法和吸附法。其中水蒸气蒸馏法主要包括：水中蒸馏、水上蒸馏和水汽蒸馏。在植物性天然香料生产中，水蒸气蒸馏是最常用的一种技术，该方法的特点是设备简单，容易操作，成本低，产量大，但该方法不适合用于在沸水中主香成分容易溶解、水解或分解的植物原料。基于以上存在的问题，相关企业开始致力于改进蒸馏设备，出现了加压串蒸、连续蒸馏、带复馏柱蒸馏等提取形式来提高提取回收率；浸提法是利用挥发性的有机溶剂将植物原料中的芳香成分浸取出来，使之溶解到有机溶剂中，然后蒸去溶剂的方法。特点是可以不加热，在低温下进行，除了挥发性组分外，还可以提取其中重要的成分和不挥发性成分，但有机溶剂萃取法会造成产品品质下降或有机溶剂残留，会限制了一些天然香料的应用范围；压榨法一般用于对柑橘类植物精油的提取，最大特点是生产过程在室温下进行，可以确保产品品质，香气逼真，但是压榨法的产率低；吸收法生产天然香料的原理与浸提法相似，不同的是该法采用非挥发性溶剂或固体吸附剂。吸附法加工所需温度较低，芳香成分不易被破坏，产品香气质量最佳。因此，在天然香料的生产中，特别适用于对一些名贵花朵香气成分的提取。吸附法的不足之处在于吸附剂的吸附容积小，而且吸附剂需要再生，对于生产过程的连续化和自动化操作带来一定的困难。

天然植物香料的新加工工艺技术主要有微波辐照诱导萃取法、超临界流体萃取法、分子蒸馏技术、旋转锥体柱蒸馏法等。微波辐照诱导萃取法得到的产品具有品质最好，色泽浅，而且还体现出生产的高效率和高选择性，以及不会破坏天然热敏物质的结构等优点，其不足之处是只能获得部分主要组分；超临界流体萃取是一种较新的萃取技术，是由萃取和分离两部分组合而成的，具有在较低的温度下操作、效率高、溶剂易分离等特点，但是超临界流体萃取的原料并不适合于含水量过大的水果类天然香精的制备，且设备投资大，技术要求高；分子蒸馏技术是一种新型的液-液分离或精细分离的高新技术。分子蒸馏是在低氧惰性条件下进行的，具有蒸馏温度低，物料受热时间短，操作压力低（真空度高），分离程度及产率高，产品品质好。该技术已经广泛应用于石油化工和食品香料等领域，特别适用于天然物质的提取与分离。

在实际生产中，香料植物是获取香辛料的主要来源。随着人们对天然、绿色、健康生活的追求，具有"药食两用"的香料植物在食品工业和医药领域的应用价值日趋凸显。目前香辛料植物资源在高效利用方面存在以下亟需解决的问题。

1. 辛香蔬菜冻干技术

辛香蔬菜是使用最广、用量最大的一类香辛料，在香辛料的国际贸易中占比最大，代表性的品种有大蒜、香葱、紫苏、芫荽、小茴香等。早期采用热风循环等干燥方式进行的脱水蔬菜生产具有品相差和营养流失等显著缺点，近年来冷冻干燥逐渐成为营养无损加工最好的技术。尽管生产成本普遍偏高，但产品的高附加值使得这项技术应用越来越广泛。在具体的生产过程中，不同的香料蔬菜生产加工工艺差异巨大。从经济和技术角度，选择适合真空冷冻干燥加工的辛香蔬菜，获得香料蔬菜的最佳冻结温度，升华温度和操作压力对冻干时间、干燥效果及生产成本的影响是迫切需要研究的生产工艺。此外，还需要从复水时间、最终产品色泽等角度对冻干工艺进行评价。

2. 香辛料风味成分的提取和高效利用技术

传统香辛料产品，其风味受品种、产地、产季等因素影响，质量控制难度大，使用不方便，目前食品工业的发展也对香辛料提出了更高的要求。新型的香辛料深加工产品，如油树脂、微囊化香辛料将完全能够避免这些缺陷，它组分明确、含量相对稳定，给食品加工业带来极大的加工自由空间，能够实现量化控制，是今后香辛料产品开发的方向。香辛料成分的提取技术是实现创新产品开发的关键。目前超临界二氧化碳分级提取技术在香辛料风味成分分离方面的应用前景广阔。因此开展重要香料资源（如生姜、花椒和肉桂等）精油和挥发油超临界二氧化碳分级提取工艺的研究具有重要的生产指导意义。目前我国从事香辛料生产的主要机构见表6-4。

表6-4 国内主要香辛料研究机构

序号	品牌名称	研究内容	研究成果	成果应用情况
1	仲景食品股份有限公司	专注于调味食品和调味配料的研发、生产与销售，代表产品有仲景香菇酱、上海葱油、鲜花椒油等调味油、黄焖炒鸡等炒菜料和香辛调味配料等，服务于个人家庭、餐饮饭店和食品生产企业。仲景食品是国内香菇酱品类的开创者，拥有生物酶解、控温控湿发酵、线性精准温控炒制等多项核心技术，部分产品已出口美国、英国等国家	香菇调味料关键技术研究和产业化应用，融合了生物酶解技术和超微粉碎技术，达到了国际领先水平；新型香辛料加工关键技术集成与产业化，融合了沸腾制粒技术、吸附分散技术、乳化技术、调配等多种技术，达到了国内领先水平	研制生产出的几十种纯天然、高浓度、风味地道、香气持久的油溶、水溶、油水两溶、粉状新型香辛料产品。花椒麻味物质提取率达95%，麻素含量达130mg/g

续表

序号	品牌名称	研究内容	研究成果	成果应用情况
2	王守义十三香调味品集团有限公司	主要生产经营王守义十三香系列调味品，是规模化的香辛料调味品生产企业，公司位于驻马店市十三香路，总占地面积330亩	通过传统配方与现代技术相结合，开发出100多种规格的香辛料产品；开发十三香调味品、鸡精调味料、麻辣鲜调味料、包子饺子调味料等30多个品种70多种规格	王守义产品畅销全国，部分产品销往新加坡、马来西亚、澳大利亚等国家和地区，2019年销售收入已达23.4亿元
3	郑州雪麦龙食品香料有限公司	利用蒸馏、浸提、超临界CO_2萃取、分子蒸馏分离技术等方法，从香辛料中提取和纯化精油和精油树脂，再进一步制成易溶的乳化型及微胶囊型等香辛料。多元化深加工发展的方向，使香辛料在现代食品加工工业中的应用更加广泛和深入	拥有GMP标准的食品香精香料配制车间，年生产能力达到6000吨，已获得ISO9001国际质量管理体系和ISO22000质量安全体系认证	雪麦龙通过自主开发的天然香料和食用香辛料，与双汇、白象、海底捞、绝味鸭脖达成长期合作，年产值超3.96亿元，销售额年增长率超30%
4	青岛利和萃取股份有限公司	是一家主要从事天然产物和海洋生物活性物质的超临界CO_2流体萃取及精细深加工的高新技术企业，目前是国内最大超临界CO_2天然产物萃取基地。拥有国内最大的6000L*2和2000L*2两套超临界CO_2流体萃取设备	在香辛料提取（生姜提取-姜精油、姜油树脂、姜辣素，花椒萃取-花椒精油、花椒油树脂，胡椒萃取-胡椒精油、胡椒树脂）、啤酒花提取（啤酒花浸膏-α酸），海洋生物提取（DHA），药用植物提取等四大领域实现了千吨级超大规模物料的低成本运营生产	可实现年产姜油树脂150吨、啤酒花浸膏200吨、花椒油树脂150吨，DHA（二十二碳六烯酸）450吨。年处理花椒5000吨，生产精油225吨，产值超8亿元
5	长沙彩云农副产品有限公司	提供天然香辛料、复配香辛料、卤料、烧烤料、烹饪料、食品配料的专业化定制香辛料企业。致力于构建集研发、种植、生产、销售、技术服务于一体的绿色智能供应链体系	主要产品有单体香辛料系列：八角、桂皮、香叶、孜然、花椒等；辣椒系列：印度辣椒、野山椒、天宇椒等品种，辣椒段、辣椒片、辣椒丝、辣椒面等；香辛料粉：花椒粉、桂皮粉、白胡椒粉、八角粉等；复合调料系列：五香粉、十三香粉、麻辣鲜、烧烤粉、五香卤料、鸡鸭卤料、牛羊肉卤料、小龙虾卤料、麻辣卤料、蘸料等。长沙理工大学与香汇彩云合作成立的"香辛料味型挖掘与创新联合研究院"	香汇彩云年生产能力约8000吨，年产值已近亿元。它与多家大型食品生产企业、大型餐饮连锁企业、终端贸易公司建立了长期战略合作关系，产品销往20余省市以及日本、新加坡、加拿大等海外市场，深受海内外客户青睐

续表

序号	品牌名称	研究内容	研究成果	成果应用情况
6	鸿兴源食品有限公司	主要从事调味品研发、生产、销售的企业，主导产品有香辛料、火锅底料、料酒、鸡精、酱油、食醋、油辣椒等，年生产能力达到50000吨，产品广泛应用于食品、餐饮等领域	公司已获得专利19项，其中发明专利6项，实用新型专利12项、外观设计专利1项。公司率先通过了ISO9001质量管理体系、ISO22000食品安全管理体系认证	产品涵盖10大系列300多个品种，其中包括超低温粉碎香辛料系列产品57种、常温香辛料系列145种、特色菜系列产品10种、"鸿兴源和谐草本火锅"系列产品15种、"鸿兴源和谐草本汤料"4种、鸡精系列7种、汁类系列6种、油辣椒系列6种、腌料系列11种、山西老陈醋系列2种、精制料酒1种、私房豆豉系列5种、酱油系列5种、芝麻油系列1种
7	安记食品股份有限公司	专注于调味品的研发、生产和销售，是复合调味料的知名企业之一，是中国调味品协会副会长单位	公司先后通过了ISO9001：2008质量体系认证、HACCP认证和BRC认证。安记食品是《排骨粉调味料》行业标准（SB/T10526—2009）独家起草单位、《海鲜粉调味料》行业标准（SB/T10485—2008）第一起草单位、《牛肉粉调味料》行业标准（SB/T10513—2008）主要起草单位之一、《调味品分类》国家标准（GB/T20903—2007）主要起草单位之一	主要产品包括复合调味粉、天然提取物调味料、香辛料、酱类、风味清汤等五大类500多个品种
8	四川美料美味食品科技有限公司	专注于花椒等香辛料原料制粉领域，以科技赋能传统制粉工艺，创造性地解决了传统香辛料制粉行业风味变化大、品质不稳定、有效成分严重损失等技术难点。针对碎状香辛料粉料：采用低速常温剪切技术，保证香辛料粉料碎颗粒均匀，果壳及果肉不分离，最大程度保留原料原始风味及口感	全程采用自主研发专利粉碎设备配合专利闭路循环装置，将有效成分损失降低至10%以下，生产得率提升至94%以上。针对碎/粉状香辛料粉料：采用控温粉碎技术，生产全程闭路循环，有效物质补集回收，最大程度保留原料有效成分。针对粉状香辛料粉料：采用低速恒温研磨技术、高温蒸汽杀菌技术、真空辅助加速蒸汽穿透能力大幅缩短杀菌时间，保证香料产品风味稳定、品质安全健康	主打产品：白胡椒粉、甘肃花椒粉、汉源花椒碎、藤椒碎。年产粉状香辛料产品3000吨

我国的酱油企业已经开始数字化、智能化制造的步伐，提升了智能化制造的创新竞争力。设备与信息化融合成为当前推动产业转型的重要支撑。未来的酱油生产场景将是生产基地配备中央生产控制系统，统一控制连续蒸煮系统、全自动圆盘制曲机、全自动高速灌装机等行业先进的酱油酿造设备，实现从原料管理、酱油酿造生产到成品检测放行全过程的自动化管控，最大限度减少人为干预，实现每一瓶产品的稳定、高效、安全生产。在生产环节智能化改造的基础上，部分企业也开始了企业大数据平台的建设，加快构筑全流程、全产业链、全生命周期的工业数据连接。应用大数据驱动生产，驱动与消费者的信息互通，找寻消费者的需求动力，建立供给侧结构性改革下传统企业新的发展模式。最终实现企业生产、销售、物流等各个环节的数据交换和流通。

我国火锅类调味品产业关键原配料加工技术现状：（1）产品革新速度，火锅调料产业以产品需求为导向，需要在保证原有质量和味道的前提下，不断根据市场新需求推陈出新。火锅行业具有独特的地域集中度，在产品创新和多元化上，对当地的生产企业会产生更大的要求。（2）产品标准化生产程度，行业整体的精细程度不够，处于粗放式管理阶段。原材料端农副产品受季节性和区域产地因素的影响波动较大，无法实现产品的相对标准化生产，比如辣椒的辣度及麻椒的麻度等。（3）原材料的成本，调味品的原材料成本是产业面临的主要问题之一。客观因素下的原材料价格的上涨、内部环节的把控不当等，导致原材料作为农产品无法进行标准化测定，也无法进行精准的口味更改。此外，采购环节议价能力不足也会导致成本的上涨。

国内用于香料香精加工的装备与国外整体一致，包括前处理、香料香精产品制备和清洗三个方面，主要内容包括超临界萃取、香精调配、粉状香精制备、清洗系统。

2022年，贵州航天乌江机电设备有限责任公司与晨光生物科技集团股份有限公司在贵州贵阳组建的国内首套5000L超临界流体技术装备投入使用，首次实现了固体物料自动装卸料功能，极大地降低生产过程人工成本和时间成本，提高设备的整体自动化水平和生产效率；深入推进产品在线纯化技术的运用，减少后处理工序环节，降低生产成本，结合远程监控大数据信息系统的成功运用，极大地提高了设备自动化、智能化水平；应用大型高压萃取釜快速启闭及自密封技术，实现大型高压萃取釜的快速开启及自密封的同时，极大地提高了设备生产过程的安全性和运行过程稳定性。此套5000L超临界萃取技术装备的投产，每年可处理干花椒3000~4000吨。

香精调配设备：国产SID-198LAB全自动智能配方机主要应用于香精香料、食品饮料、医药、染料、酒业、化工颜料等行业，适用行业范围广，原料配料精确度达0.01克，可实现远程网络控制。具有操作简单、维护成本低、生产效率高等特点。

粉状香精制备设备：（1）喷雾干燥机，如国产TPG300调味料喷雾干燥机，

TPG400 香精香料喷雾干燥塔，TPG500 调味料、香精香料专用干燥机；（2）微波香精香料烘干机，VYS-40HM 微波香精烘干机是调味品行业应用的典例，国内香精香料厂家已近乎 80%以上已应用上微波香精香料烘干机。该设备主要应用于粉状、颗粒、片状、膏状等调味品，如鸡精、牛肉香精、酵母精、调味品、香辛料、粉末香精等产品的加热、烘干与杀菌处理。

国产 CIP 清洗系统：一体式全自动 CIP 清洗系统，采用高温、高浓度的清洗液，酸性和碱性清洗剂不同层次清洗，可根据设定程序自动配置洗液；同时可对清洗液自动检测、加液、排放、显示与调整，自动化程度高。可根据实际洗脱液判断清洗效果，节能环保。

食品香精主要包括牛肉、猪肉、鸡肉等肉味香精，鱼、虾、蟹、贝类等海鲜香精，各种菜肴香精以及其他调味香精。随着人们生活水平的提高，香精的产量越来越大，因此配套的香精生产线设备必须跟上香精产量及工艺的发展。天然香精香料调味品生产线，包括液体香精反应釜、膏状香精、高温美拉德反应釜、食品添加剂等咸味食品配料、调味品设备系统，运用现代生物工程和食品工程技术（如生物酶解、美拉德反应、微胶囊包埋、低温微波干燥等）的现代化工程设备。常用的香精香料生产线设备有转运车、碎骨机、斩拌机、碎肉机、调配罐、香精反应釜、香料反应釜、计量罐、输送泵、成品罐、分装罐、移动罐、成品罐等。

而我国酿造类调味品的产业装备种类主要包括以下几种：发酵罐、粉碎机、蒸汽锅、过滤设备、混合设备、瓶装生产线、检测设备。我国酿造类产业的设备主要来源于国内厂商。随着中国市场对高品质调味品的需求增加，越来越多的外国品牌开始进入中国市场，促进了进口设备的需求增长。常见的进口设备品牌包括意大利的 Della Toffola、法国的 Alfa Laval、德国的 Krones 等。

而我国火锅类调味品产业装备主要包括：火锅底料生产设备（混合机、高压均质机、反应釜等设备），用于原料混合、均质、反应等工艺过程；火锅底料包装设备（自动包装机、灌装机、封口机等），用于火锅底料的包装、灌装、封口等工艺过程；火锅底料检测设备（pH 计、色度计、含水量测定仪等设备），用于对火锅底料进行质量检测。

第三节 香料香精、调味品产业存在的问题

一、香料香精、调味品产业结构不合理

（一）天然香料资源利用水平低

我国是天然香料植物资源大国，各省市均有香料植物的分布，但主要香料产

地集中在长江以南地区，以广西、贵州、海南、云南、湖南、广东、福建、四川、湖北等产量最大。我国已发现有开发利用价值的香料植物种类有60多科600多种，其中进行批量生产的天然香料品种已超过200多种。我国是天然香料的生产大国，生产的品种多，产量大，但整体生产水平低，绝大部分直接利用或者是简单初级加工，如干制品、粗提物等，出口也以初级原料为主，精深加工制品的出口占比较小。

食品工业一直是河南省的优势支柱产业，经济总量过万亿，长期稳居国内前列。目前河南省食品生产企业超1万家，规模以上食品工业企业3200余家，培育出漯河食品千亿级产业集群，拥有冷链食品、休闲食品和特色食品三大优势产业链，形成了全国最大的肉类及肉制品、面及面制品、速冻食品、调味品、休闲食品五大特色食品产业集群。但河南食品工业的整体转型升级相对较慢，有相当数量的食品龙头企业仍处于价格、规模、劳动要素投入的低层次竞争阶段，整体上的高质量发展态势还没有充分呈现。具体而言，河南食品产业初级加工产品多，精深加工产品少；同质化产品多，特色产品少；中低端产品多，高附加值产品少，距离建设食品工业强省、打造具有国际竞争力的食品工业基地目标仍有较大差距。

河南食品工业要巩固已有的优势地位，自身的转型升级固然已迫在眉睫，核心配套产业尤其是食品风味配料产业的协同发展同样也不可或缺。香味料等食品风味产业是食品工业产品创新、特色打造、附加值提升的重要支撑，对解决食品行业的同质化、低附加值问题至关重要。因此，在河南食品工业转型升级的紧迫形势下，加快河南香味料产业与食品工业的协同发展，是巩固河南食品工业发展优势的重要措施。

河南省作为人口大省，消费市场广阔，经济发展迅速，2021年GDP达到58887亿元，位居全国第五。河南省的食品产业在近十年时间中不断突破发展，已隐隐成为我国食品加工产业的领头羊。近年来，河南调味品市场发生了巨大变化，年轻消费者的需求正在悄然改变。他们从过去对单一种类调味品的"忠诚消费"逐渐转向追求高品质、高档次、复合口味、品类细分等特性的"猎奇消费"和"高端消费"。传统调味品企业也积极追随市场变革，加大研发力度，并调整研发方向。高品质和复合口味将成为未来调味品研发的主流趋势。高端市场可能成为调味品行业的新增长机会。随着生活水平提升，消费升级的趋势从大城市向中小城市扩散，消费者对品质化消费的需求增加。河南市场的消费者开始关注调味品的健康属性和食用安全，并倾向于购买"无添加"的健康调味品。此外，商超也开始推出高品质调味品产品。调味品行业在高端市场发展中具有巨大潜力。调味品市场规模扩大，商超渠道增长放缓，餐饮市场成为未来的增长方向。消费升级导致餐饮市场接近4万亿规模,调味品市场规模也破3000亿,并呈现稳定增长。80/90后成为家庭消费的主力人群,他们倾向于线上购物、高频率外出就餐和外卖点餐。电商平台对传统商超渠道造成冲击,商超面临转型压力。新零售模式和餐饮市场的崛起成为调味品行业发展的重要趋势,调味品企业需要关注数字化销售渠道和餐饮市场的机遇。健康和天然是当前的需求趋势。随着人们对健康和天然食品的关注增加,消费者对健康和天然调味品的需求也在增长。他们更加关注调味品的成分、添加剂和营养价值,并越来越倾向于选择无添加剂、低盐、低糖等健康型产品。

河南省虽已发展了一些芳香植物的规模化种植,然而,多数停留在农产品供应上。当前,河南省香原料的加工总体还处于初级产品加工阶段,精深加工能力弱。产品仍以粗加工产品为主,加工方式单一,工艺落后,技术含量低,产品附加值低;企业规模较小,产品档次低、产品单一,产品同质化严重;副产物利用率低,资源未得到充分利用。例如,在辣椒方面,目前市场上有干辣椒、辣椒粉、辣椒酱、剁辣椒、油辣椒、发酵辣椒、辣椒风味食品等传统粗初加工产品,以及辣椒碱、辣椒精和辣椒红素等深加工产品。美国最知名的辣椒加工企业麦克汉尼(Mcilhenny company)有几十种辣椒制品,产品遍布全球市场,目前公司的年销售额超过10亿美元。贵州省辣椒加工企业有300多家,油辣椒制品国内市场占有率达70%,形成以"老干妈"为龙头的辣椒加工产业集群,产业链长、附加值高,生产九大系列70多种产品,占据国内市场绝对优势。同时紧跟市场变化,开发出适应年轻人消费需求的香辣脆、辣椒冰淇淋、辣椒巧克力等休闲食品,加工产品类型逐步多样化,进一步拉长了辣椒产业链。而河南省大部分地区没有辣椒加工企业,辣椒以原料形式供应市场,抵御市场风险的能力较弱,基本上以烘干辣椒和生产辣椒酱初级加工品为主,产品附加值低,增值缓慢。大型加工龙头企业尚未形成,缺乏市场竞争力强的拳头产品,从事辣椒深加工如辣椒红色素、辣椒碱生产的企业极少。以辣椒闻名的河南省柘城县,辣椒种植面积接近3万公顷,加工企业仅10余家,且以辣椒初级加工为主,主要生产干辣椒、辣椒粉、辣椒酱等初加工产品。

(二)复合调味料优势不明显

首先,伴随着消费者需求的变化,调味料市场发展经过阶段性的升级与变化,不断变革,由单一市场衍生出多元、便利、健康等细分方向,不断挑战新边界。随着消费者健康意识的加强,调味料的清洁标签越来越重要,复合调味料需在原料和成分添加上不断精简,向健康化方向发展。其次,一站式解决仍是方便调味料的主要趋势,随着生活压力增加以及快捷生活的普遍,懒人经济和宅家经济盛行，复合调味料和预制菜市场增长空间广阔，"烹饪小白"对复合调味品的需求较大，一包调料解决做饭问题。此外，随着民族复兴加速，具有区域特色和民族特色风味的调味料市场广阔，是新的增长点。

1. 高端市场可能成为调味品行业的新增长机会

随着生活水平提升，消费升级的趋势从大城市向中小城市扩散，消费者对品质化消费的需求增加。河南市场的消费者开始关注调味品的健康属性和食用安全，并倾向于购买"无添加"的健康调味品。此外，商超也开始推出高品质调味品产品。调味品的高端市场具有巨大潜力。

食品产业的发展水平与速度是衡量人民生活水准与发展水平的重要标志，是农业产业化发展的重要环节，对促进农业产业化、农民增收、国民经济发展具有十分重要的意义。食品加工产业是河南省的支柱产业之一，是河南省农业生产的重要组成部分，也是河南省农业生产基地的"主力军"。经过数十年的发展，食品产业成为河南省两大万亿产业集群之一，成为带动河南经济健康发展和动能转化的领跑力量，生产了全国1/2的火腿肠、1/3的方便面、1/4的馒头、3/5的汤圆、7/10的水饺，鲜冷藏肉产量也居全国第三位，形成全国最大的肉类、面及面制品、速冻食品、调味品、饼干和休闲五大特色食品产业集群。河南省食品产业在近几年的发展具有鲜明的特色，显示出较强的发展弹性。

河南省食品企业充分利用自身优势，以龙头企业为依托，逐步形成了漯河市食品加工产业集群、郑州二七区马寨食品产业集群、新郑市薛店乡中原食品工业园等食品产业区。伴随着集群内主导企业的快速发展，裂变效应逐步出现，相互关联的产业及机构开始在主导企业周围进行集聚，以期达到获得竞争优势、降低成本的目的，这就使得主导企业与相关联企业结成利益共同体，相互支持、相互促进、共同发展。集群竞争优势的增强，会吸引更多的企业到河南集聚，进一步壮大河南省食品产业集群的规模。但也应该看到，河南省要实现从"中国的粮仓"到"国人的厨房"转变，是一个由量变到质变不断渐进的过程，也是一个工业化的过程。要循序渐进地用工业化的思维推动农业现代化。

2. 调味品市场规模扩大，商超渠道增长放缓，餐饮市场成为未来的增长方向

消费升级导致餐饮市场接近4万亿元规模，调味品市场规模也破3000亿元，并呈现稳定增长。80/90后成为家庭消费的主力人群，他们倾向于线上购物、高频率外出就餐和外卖。电商平台对传统商超渠道造成冲击，商超面临转型压力。新零售模式和餐饮市场的崛起成为调味品行业发展的重要趋势，调味品企业需要关注数字化销售渠道和餐饮市场的机遇。

3. 健康和天然是当前的需求趋势

随着人们对健康和天然食品的关注增加，消费者对健康和天然调味品的需求也在增长。他们更加关注调味品的成分、添加剂和营养价值，并越来越倾向于选择无添加剂、低盐、低糖等健康型产品。

二、香料香精、调味品产业技术创新能力不足

（一）技术创新能力显著不足，对外开放度明显欠缺

随着食品消费结构升级和生活方式的变化，消费者对食品的方便性、营养化和安全水平更加关注，但高品质食品供应与市场需求不相匹配，难以很好适应消费变化。消费者信赖的自主知名品牌不多，且相同赛道产品类似，风味差异不明显，在产品包装、口味及品种创新方面均存在同质化严重现象。主要体现在市场细分领域不够深入，营养健康型和多功能的高端调味品研发和创新能力不足。我国在香料香精、调味品领域基础研究方面与全球领先水平还存在一定差距，主要体现在核心领域研究不够深入，交叉学科不够丰富。食品香精香料属于多学科交叉领域，应该融入更多的心理学、营养学、设计学、人工智能、合成生物学等，强化技术创新与融合，推进新产品的开发。目前，河南省调味品企业中基本上都是中小型企业，普遍存在投入不足、科学素养偏低、管理能力较弱、制度难以完全落实到位等情况，生产企业质量安全保障能力有待提升。

多数企业创新活力不足，产学研环节薄弱。调味品研究和技术开发中目前存在的问题是：（1）对传统发酵食品品质形成机理的研究不深入；（2）对其风味物质的生成机理研究不透彻；（3）对生物胺等有害物质欠缺深入研究；（4）对功能性成分的形成及功能作用停留在粗浅的研究阶段。传统食品的独特风味、独有健康功能等，仍需食品科研界努力探析。

总体上，河南食品产业特别是调味品和调味料产业，在食品学科领域的许多关键技术自给率低，如我国食品发酵用益生菌制剂几乎全部被国外垄断，缺少具有自主知识产权的发酵用菌株；食品机械装备 60% 依靠进口，特别是科技含量高的关键装备主要依靠进口，缺少拥有自主知识产权的核心技术、配方及设备。食品和包装机械单机多，专业化程度低，故障率高，规模小，在自动化、连续化、高效稳定节能方面与国外存在明显差距。

原创性成果缺乏的前提下，大部分已有的成果也多处于闲置状态；国家科技成果转化的机制尚未真正形成，共用技术的开发和转移缺乏完整、有效的实施体系，科技成果向企业转化缺少必要的规则与场所，归根结蒂在于基础理论研究薄弱，缺乏创新性研究成果。为了促进我国食品学科的健康发展，提高国际知名度

和竞争力，当前急需加大对食品科学领域基础研究的支持力度。

企业的科技创新活动，存在低水平重复的现象。部分产品上市后仅能通过企业的品牌效应和价格差异来迎合不同的消费人群，容易造成不良竞争；生产工艺落后，产品质量不高。以酱油行业为例，由于酱油生产门槛低，许多企业生产规模小、生产设备简陋，造成假冒伪劣酱油屡遭曝光，甚至许多合法企业也生产了不少质量低劣的酱油。酱油行业实际上已经成为调味品行业乃至全食品行业中假冒伪劣产品的重灾区。产品指标不符合要求、旧包装翻新、使用饲料用豆粕生产酱油等种种劣行层出不穷，让消费者对酱油行业的质量忧心忡忡。而在味精行业，落后的生产工艺不仅降低了产品质量，还给环境造成了极大的污染。

（二）基础研究亟需加强

物质生产的极大丰富催生人类风味需求的提高，风味需求更加多元化、高质化。全球食品产业都已充分认识到，生产具有良好风味的优质绿色食品是未来全球食品产业发展的重要方向。打造适合当代人喜好的风味食品，需要有强大的基础科学理论研究成果作为支撑。世界范围内的新一轮科技革命和产业革命蓄势待发，为实施创新驱动、实现引领型发展提供了客观条件，食品风味产业迎来了以科技创新推动产业发展的机遇期。河南是食品产业大省，食品工业基础较为扎实，但河南食品风味产业整体仍面临基础研究不强的问题。

1. 理论基础研究不足

目前食品风味形成基础研究不够深入是限制食品风味提升和产业发展的关键因素。早期政府部门对食品风味形成相关的基础理论研究重视程度不够，进而导致资源投入不足。因此，需要加大基础研究的投入和科研人才的培养，形成结构合理的人才队伍，为产业健康发展提供技术团队保障。

2. 食品风味科学研究力量过于分散，难以形成合力

在食品风味科学方面，河南尚未形成规模化的研究团队。大多数研究人员分散于各个大学和研究所等相关部门，工作侧重点各不相同。为数不多的研究团队，人员配备不健全，研究平台和研究水平参差不齐，难以形成合力。同时高等院校中的研究人员往往偏重于基础研究，靠近一线生产的从事工艺改良的专家过少。

3. 基础研究与应用脱节

基础科学研究与产业应用脱节也是目前科学界普遍存在的共性问题。加大基础研究投入的同时，要加强以产业需求为导向的研究特色，加大风味食品领域的共性问题和特色问题研究的扶持力度。

三、香料香精、调味品加工产业品牌建设理念落后

1. 产业集中度不高

1）香辛料

以香辛料为重要组成部分的香料香精产业是我国国民经济不可或缺的部分，其产品广泛应用于食品制造业、烟草、医药、化妆品、洗护用品等，与其他行业高度关联。推动香料香精产业发展，对提升区域经济水平，扩大社会就业，促进城乡居民增收，助推乡村振兴等具有重要意义。我国香辛料产业目前面临的主要问题包括以下几方面：（1）香料种植技术、管理水平低，产量不稳定，质量参差不齐；（2）产业链条短，产品加工薄弱，"二产"带动力不强；（3）市场流通体系不畅，产销对接不顺，缺乏品牌营建，市场无定价主动权；（4）产业扶持政策不足，产业融合不够，产业发展动力欠缺。食品加工产业在经济社会发展中起着举足轻重的作用，食品产业实现高质量的发展，可助推经济实现跨越式发展，河南食品产业发展的经验告诉我们，依托自身资源、交通、区位优势，大力推动技术创新、产品创新、模式创新，推进农业产业化，努力实现一二三产的融合发展，不仅可以实现万亿级产业集群的建设，还可以成为全省经济发展的支柱。

伴随着河南省经济的快速发展和食品产业结构升级，河南香辛料产业得到一定的发展，技术创新与品牌建设取得一定成就，整体呈现出规模不断壮大、发展水平不断提高的特征，尤其是产业集聚区科学规划方案实施以来，香辛料产业呈现更加快速发展态势。

目前，河南省香辛料相关企业有300家左右，规模较大的企业（年主营业务收入在2000万元及以上的工业企业）有18家，包括仲景食品股份有限公司、王守义十三香调味品集团有限公司、郑州雪麦龙食品香料有限公司、河南中大恒源生物科技股份有限公司、河南一品香精香料有限公司等河南省知名企业。仲景食品凭借自主自研的香辛料产品成为康师傅、海底捞、联合利华等各大知名食品企业的战略供应商，2020年实现营业收入7.27亿元，同比增长15.67%。王守义十三香，通过传统配方与现代技术相结合，开发出100多种规格的香辛料产品，从2014年开始，王守义十三香的销售收入连续5年上涨，2019年销售收入已达23.4亿元。雪麦龙通过自主开发的天然香料和食用香辛料，与双汇、白象、海底捞、绝味鸭脖达成长期合作，年产值超3.96亿元，销售额年增长率超30%。河南雅源香辛料公司，以生产和销售烟用香料为主，兼营日化香料、酒用香料和食用香辛料，年生产规模3700吨，年产值2亿元。但是，河南香辛料产业在全国范围内仍处于劣势地位，在企业数量、企业规模、企业产值等方面，均与优势省份仍有较大的差距。从整体分布情况看，河南省香辛料产业存在行业分散，产业集中度低，

缺乏核心竞争力等问题。受制于资本、技术、人才等因素，我省香辛料企业结构层次偏低、品牌影响力较弱、技术创新能力不足，距离建设食品产业强省、打造具有国际竞争力的香辛料工业基地目标，仍有较大差距。现阶段河南省乃至国内还是主打"仿制型"的香辛料产品开发模式，创新能力严重不足，极少有自主知识产权的产品，缺乏核心竞争力，产品同质化现象严重。香精类企业营业额远低于国际知名企业，与国内优势企业也有较大差距（图6-1），2020年青松股份的销售额为38.65亿元，河南香辛料企业雪麦龙3.96亿元，雅源香辛料公司约2亿元，两大龙头企业的产值不及青松股份产值的七分之一。

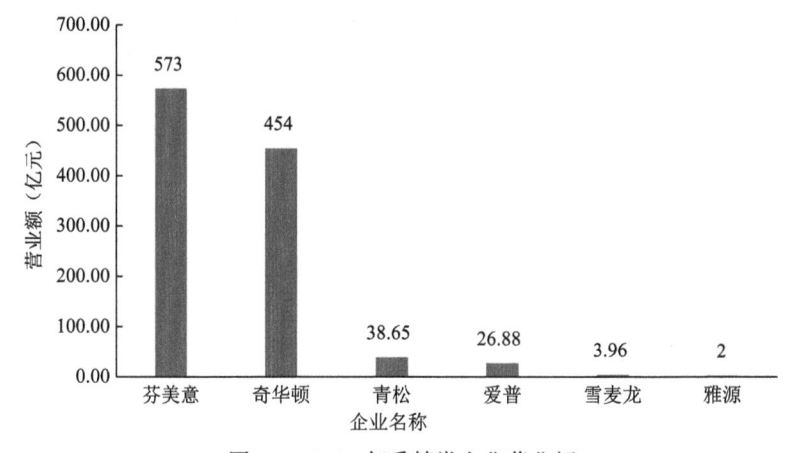

图6-1　2020年香精类企业营业额

2）调味品

由于调味品制作成本低、生产风险小、行业准入门槛低、产品科技含量少，因此生产企业之间容易跟进模仿，行业同质化现象非常严重。调味品不像白酒那样具备明显的工艺特点，即使老字号与新品牌之间也无太大的差异，这使得消费者对品牌产品的认知度较弱，从而加剧了市场供求矛盾，企业间恶性无序竞争愈演愈烈。

调味品市场开始出现高端化细分趋势，但是河南调味品和调味料目前主流产品仍旧集中于中低端（10元左右及以下），高端市场（15元以上）表现发力不足。高档调味品发展不成熟的市场现状与逐渐显现的消费趋势构成鲜明反差，高端市场或将成为未来调味品市场的新增长机会。随着人们消费意识的改变，调味品不仅限于调味的使用范围，还成为不可或缺的生活必需品和食品工业、餐饮业必备的原料。调味品行业内的分工日益专业化，产品的市场定位越发精细，调味汁、复合调味料等新型调味品层出不穷，调味品市场产品结构单一化的状况正逐步改善。整体来看，目前国内调味品结构主要由高中低档三个层次产品组成，行业正在向着生产工业化、味型复合化、品牌多样化、食用方便化的方向发展，在这方面河南调味品产业与珠三角、长三角甚至西北地区的山西陕西都还有较大的差距。

传统调味品行业具有发展速度快、产量大、品种多、销售面广、经济效益好等特点，其市场需求和供给都具有中国特色。除味精业以外，调味品行业的集中度较低，相对食品行业来说比较分散。规模效应令调味品行业领先企业具备先发优势。具有规模优势的调味品生产企业更易获得产业链上、下游企业的认同，并与其形成互利双赢的战略合作关系。同时，长期稳定的规模订单，赋予具有规模优势的调味品企业更强的议价能力。就广东省广州市来说，拥有1000多家调味品生产企业和2万多个调味品品牌。种类非常齐全，品质优良。像海天、李锦记等都是广东省调味品的领军企业。其中海天味业已经成为中国领先的调味品生产商之一，其产品包括酱油、食醋、调味料、鸡精等，深受广大消费者的喜爱。而河南规模以上企业数较少，企业难以在短时间内形成成本、规模方面的优势，较难在激烈的市场竞争中立足。

就调味品行业而言，消费者会青睐于更为熟悉的、品牌信誉好的调味品生产商的产品。品牌信誉度与知名度不仅代表产品的档次，更代表着产品的高质量和领先的消费文化。目前，调味品行业内大型企业通过多年的经营，已经建立起牢固的品牌优势和较高的市场知名度，而新的进入者要想为广大消费者所接受，不仅需要投入高额的品牌营销费用，还需要长时间的积累。同时，上游供应商和下游渠道销售商也更愿意与具有品牌知名度和经营规模的企业合作。因此，在与行业领先企业竞争中，新进入企业在较长一段时间内将处于劣势地位。

据统计，河南调味品生产企业有300多家，规模以上企业在100家左右，而具有一定品牌知名度的企业则仅有莲花味精、十三香、西峡香菇酱等四五家，全国性品牌屈指可数。而广东省调味料相关企业数量约为4万家，是全国调味料相关企业数量第二多省份，仅次于山东省（5.2万家）。从具体品牌来看，广东有海天、李锦记、金龙鱼、厨邦、双喜、味好美、利民、三元等十几家知名品牌，其中海天味业是广东最有名的调味品牌之一，也是国内规模最大的酱油、食醋、调料生产企业之一。与此同时，受到消费习惯的影响，我国调味品产品具有很强的地域性，行业处于相当零散的经营状态之中。不过，对于市场品牌集中度低、产品地域性强的现状，也是一个战略机会，因此对于河南省调味品行业应积极发展市场，通过打造名优特色品牌来形成行业竞争力。

2. 中高端产品生产技术和产品缺乏

1）品牌培育方面

区域品牌是产业集群发展到一定阶段的产物，它所带来的竞争优势来自于其内部合作与竞争并存的集群氛围，在该氛围的影响下，企业之间结成了战略联盟，进行新技术的开发，更新产品结构，及时满足消费市场的多样化和个性化偏好，且其创新的能力与迸发的活力不是分散的单个企业所能相比的。这些研发的新产品为企业乃至整个行业不断产生新的经济增长点。随着产品竞争力的提升，市场份额的不断扩大，区域品牌的影响力也得到了增强，知名度、美誉度迅速得到扩散，从而吸引了各种生产要素流入，这样既节省了单个企业的市场推广费用，又降低了协作和交易成本，带动相关产业发展。由此可见，区域品牌是提升产业集群竞争力，增强区域经济实力的重要力量。同时，区域品牌良好形象的树立，是整个产业集群的一笔无形资产，寻求发展的企业会不断地向此集聚，促使生产要素向该产业区流动，相关的中介、研发、培训等机构也相应跟进，增强了集群的聚集效应，促进了区域品牌的健康发展。例如，河南省产业集聚区内相对完善的基础设施、便捷的交通、丰富齐全的网站功能、优质贴心的服务，尤其是充满地域特色的文化墙，大大增强了产业集聚区的吸引力和魅力，也进一步提升了其对内对外的良好形象。

目前，我国共有31大类食品产业，其中河南省具有23大类。河南面粉、挂面、速冻面条、方便面等是国内最大的食品生产基地，河南的食品加工、肉制品加工设备在全国排名前列。河南省食品加工产业由单一加工食品、预制食品向时令食品、快餐、冷冻食品发展，已初步形成一个比较完善的现代化食品加工系统。双汇、南街村、金丝猴、莲花、十三香、宋河等在2019年荣获中国驰名商标，三全、思念、大用、永达、华英等16个企业的19个公司的产品荣获河南省中国名牌。48家企业获河南省名牌51项，河南省名牌55项。火腿、速冻食品、方便面、饼干、味精等河南省利润高的产品，市场占有率在全国范围内的增长幅度较大。随着行业的不断发展，国内名牌产品的质量和市场竞争能力不断提高。

2）产品风味品质控制的共性技术需求

产品风味由脆弱的分子构成，通常易挥发，而食品从原产地到消费端的过程通常是漫长而艰辛的，因为它可能面临温度、湿度、光照、氧化等环境因素的波动。从最初生产到最终面市之间的时间可能长达数周、数月甚至数年，因此要提供消费者所期望的纯正、天然和可持续风味变得更加困难，加深对风味释放和品质控制技术的研究，推动产品风味的稳定性，对产品开发者提出了更高的要求。

河南省食品加工制造在资源利用、高效转化、智能控制、工程优化、清洁生产和技术标准等方面有待进一步优化，食品加工制造过程中的能耗、水耗、物耗、排放及环境污染等问题较为突出。如何实现智能化高生产水平，均衡配餐营养，解决风味不稳定、保质期短等瓶颈问题，需要深入研究与集成开发食品绿色加工与低碳制造技术，提升产业整体技术水平，推动食品生产方式的根本转变，实现产品、技术、装备多角度的联合创新和可持续发展。

（1）加工条件控制和强化食品产业科技创新

了解加工条件意味着可以知道如何应用合适的保护措施，以确保产品在到达消费者手中时依然风味十足。易于在工厂中使用和均匀混合，确保不会损失风味。通过减少香原料与食品基料中其他成分相互作用的机会，大大降低了变味的风险。在整个过程中保持风味是第一步。控制风味释放的时间也很关键。风味控释系统可确保风味在适当的时刻释放，让消费者获得愉悦的饮食体验。强化食品产业科技创新离不开基础研究的支撑。基础研究可以为应用研究和技术研究提供源源不断的动力。在"食品化学"技术上，围绕营养递送系统、食品胶体探针的构建以及基础加工过程中的分子结构变化、生物活性机制等研究展开讨论，助力科研水平的稳步提升。在"食品感官评价与质量控制"技术专题上，将围绕风味特征与品质评价理论，阐明加工过程中风味的形成与变化规律，探索风味与感官品质稳定性的控制方法。

（2）绿色加工低碳制造保障产品风味品质持续提高

面对资源、能源及环境约束日益严峻的形势，传统的食品加工生产方式正经历深刻的变化。高效分离、物性修饰、超微粉碎、非热加工、组合干燥、蛋白工程、发酵工程、酶工程、细胞工程、基因工程和分子食品等现代食品绿色加工与低碳制造技术的创新发展，已成为跨国食品企业参与全球化市场扩张的核心竞争力和实现可持续发展的不竭驱动力。

（3）智能互联机械装备支撑产业转型升级

数字化、信息化和智能化食品装备助推全球食品产业快速转型升级。智能控制、自动检测、传感器与机器人及智能互联等新技术大幅度提高食品装备的智能化水平。基于柔性制造、激光切割和数控加工等先进制造技术全面提升了食品装备的制造精度。规模化、自动化、成套化和智能化的食品装备先进制造能力成为实现食品产业现代化的重要保障。

（4）品质监控全程追溯保障食品风味和质量安全

食品危害物形成规律与控制机制研究，食品加工制造与物流配送全过程质量安全控制技术开发成为国际食品安全科技领域的研发热点。食品品质变化新型评价和货架期预测，快速精确和标准化的食品质量安全检测，食源性致病微生物高通量精准鉴别与监控，简洁高效的溯源技术及全产业链食品质量安全追溯体系构建等成为保障食品安全的关键。

（5）智能高效全程冷链实现食品风味保持

高效低碳制冷新技术、绿色防腐保鲜新方法、环境友好包装新材料、智能化信息处理与实时监控技术装备开发受到全球性的高度关注。构建"产地分级预冷-

机械冷库贮藏-冷藏车配送-批发站冷库转存-商场冷柜销售-家庭冰箱保存"的全程冷链物流体系,保障食品从"农田到餐桌"全程处于适宜环境条件,实现食品物流保质减损成为全球物流产业的共识。针对食品冷链物流产业环节多、技术单一、标准化程度低、品质劣变严重及物流损耗、能耗和成本过高等问题,"食品包装、贮藏与保鲜"新技术将促进绿色低碳、安全高效、标准化、智能化和可溯化食品物流产业发展,突破我国食品冷链物流的技术瓶颈,促进食品物流产业转型升级。

3) 品牌建立与发展

品牌是具有经济价值的无形资产,有助于形成竞争优势、提升溢价能力、扩大吸引力和辐射力。品牌是高质量发展的重要象征,加强品牌建设是满足人民美好生活需要的重要途径,人们对品牌的关注度和青睐度与时俱增,越来越多的人愿意为了有品质的生活,有品牌的产品买单。同时,随着经济全球化和国际市场竞争的加剧,世界已进入到品牌经济时代,国与国之间的角力,企业与企业之间的比拼,某种意义上是品牌与品牌之间的较量和竞争。只有赢得了品牌的竞争,才能真正获得市场资源的青睐。要真正成为在市场上具有明显竞争优势的头部企业,必须加强品牌建设,提升品牌认知度。纵观大国崛起,看到的大多是品牌成长的轨迹。19世纪到20世纪,美国的文化输出、美国的创新使得其品牌走向了全球;20世纪中后期,日本和韩国实施了国家品牌战略,以这两国为代表的差异化品牌特质,通过精益管理获得了弯道超车的能力,这是日韩品牌崛起的时代;伴随着互联网的进步,又有很多互联网品牌走向了世界舞台的中央。2017年,"国家品牌日"正式设立,2018年,国家又举办了首届自主品牌博览会,全国品牌管理成果遍地开花。2014年,我国注册商标总数为550万个,但登上全球品牌价值100强榜单的却只有1个。目前,中国商标申请数连续16年位于全球第一,是名副其实的品牌大国,但与世界上的品牌强国相比,在品牌认知度方面还有较大差距。近年来,国家都在为品牌发展做出不懈的努力。我国品牌建设也取得积极进展,品牌影响力稳步提升,对供需结构升级的推动引领作用显著增强。特别是国家领导人提出"三个转变"以来,《关于推动供需结构升级的指导意见》等一系列文件的出台,表明品牌工作已被放到前所未有的高度。但同时也要看到,新一轮科技革命和产业变革深入发展,品牌发展理念和实践深刻变革,我国品牌发展水平与全面建设社会主义现代化国家的要求相比仍有差距。品牌建设不仅仅是获奖、知名度,抛开这些光环效应,更应该看到的是支撑品牌背后的力量,包括质量、创新、社会责任等。

对于食品和风味行业,河南的小麦粉、饼干、速冻米面食品、方便面产量均居全国第一位,鲜冷藏肉产量居全国第三位,面制品、肉制品全国领先。全国肉类综合10强中,河南入选3家企业;全国方便面10强中,河南企业占据半壁江山。双汇集团成为全国最大的肉类加工企业,三全、思念速冻食品全国市场占有率超过50%,白象集团居全国方便面行业前三名。食品工业成为河南知名品牌最多的行业。可口可乐、嘉吉等一批世界500强企业和统一、康师傅、伊利等知名企业落户河南,同时,双汇、白象、金星、三全、思念等企业在省外设立分厂。

此外,河南食品产业集聚效应明显,漯河、郑州、许昌、周口、安阳、鹤壁等6市规模以上食品工业占全省的61.2%,汤阴、临颍、新郑等14个县(市)进入全国食品百强县行列。在发展食品产业时,应充分考虑当地传统优势、区位优势、企业发展水平、企业所属关系等因素,而不是主观意愿和一厢情愿,区域发展因为产业集群,形成了区域竞争力和区域发展优势,从而奠定良性发展机制,形成人才、市场、资金、技术的创新开发与聚集,推进可持续产业升级,利于企业做大做强。依托资源优势,建立优质原料基地,推动标准化、规模化、专用化、产业化的发展模式,支持骨干食品企业建立自有原料基地,以此为基础辐射带动小企业及区域周边的配套发展,形成各有特色的产业集群,例如河南已经形成了以漯河、许昌、开封等地为主的休闲食品产业集聚区,成为我国休闲食品的重要生产基地,郑州也成为我国中西部休闲食品聚集及销售的重要中心。产业集聚也有助于链条的延伸,提高了原材料的利用效率,增加的产品的附加值。

河南省建有"国家粮油及肉制品质检中心""国家肉制品质检中心(漯河)""国家面粉质检中心"等一批国家级食品质量检测中心,发挥国家级质量监督检验中心在质量检测、技术标准制定、科技创新等方面的引领和带动作用,提高了河南省在食品行业的话语权。因此,建立公共技术服务体系,以高等院校和科研院所为主体,建设食品技术创新开放实验室,供国内外交流与合作使用,一方面可提升产业的对外开放程度,推进技术及产品"引进来""走出去";另一方面可提升科技成果转化效率,形成信息交流和服务平台。

为适应河南省食品产业集群发展需求,要科学规划,合理布局,大力推进农产品基地建设,充分依托优势龙头企业,不断地根据市场需求调整农业产业结构,倡导扶持发展绿色果蔬、无公害农产品生产,实现原料生产基地化、标准化、规模化、专用化、产业化和良种化,以便为食品产业集群的发展提供优质的原料供应。同时,政府从中也要制定好扶持政策,提高服务意识。对于农产品基地建设,可以给予从事基地生产的农民以良种、农机和农资等补贴,并帮助企业开展对农民的技术培训,积极推广现代化的高科技技术的应用,提高原料加工水平,降低收后损失率。

四、香料香精、调味品产业法规标准不完善

1. 香料香精产品品质控制现状

美国和欧盟对食品用香料香精立法最早,对香料香精制备过程中的关键控制

点也是最为熟悉的,通过精准严格的监管体系能够保证原材料的高品质、加工过程中的标准化以及最终产品的品质与稳定性。香料源头的监管包括安全审查,其次是生产规范和标准化。通常跨国企业为了在不同国家建厂而又得生产出全球范围内质量统一的产品,其核心的是生产规范化和技术标准化。按照标准采购原材料、按照标准做前处理、按照标准生产/加工,最后得到符合标准的产品。科研投入与研发新产品,研究不同国家和地区的偏好与消费特色是保证产品处于领先地位又符合消费者喜好的关键,长时间的研发投入与精准的判断才能更好地预测未来发展趋势,才能处于领先地位。

目前国际上允许使用的食品用香料香精多达几千种,因此制定相关的法规标准进行监管及评价很有必要。美国及欧盟等地区已经形成了较为完善的食品用香料香精的监管及安全评价体系,在国际香料监管及评估方面具有重要地位。欧美食品用香料香精管理机构及相关法规美国和欧盟对食品用香料香精的立法最早,世界各国对食品用香料香精的立法大都基于欧美立法体系,甚至很多国家完全采纳欧美法规。

美国食品用香料香精主要由食品药品监督管理局(FDA)监管,香料评价工作交由食品香料与萃取物制造者协会(FEMA)执行,FEMA 主要工作是通过 FEMA GRAS 计划确保食品用香料的安全。自 1965 年至今,已经公布了 31 批 GRAS 名单(2022 年 12 月),每一种被评为安全的食用香料都会被赋予一个 FEMA 编号,已从 2001 号连续编号至 5022 号,即允许使用的食品用香料近 3022 种。列入 GRAS 名单的香料并非一成不变,FEMA 专家组每隔几年便会依据最新毒理学资料及现代分析技术对已发布的香料重新进行安全性评价,以确认其 GRAS 身份。

欧盟食品用香料的监管工作主要由欧洲理事会(COE)和欧洲食品安全局(EFSA)负责,其中由 COE 下设的食品香料物质专家委员会对名单中的每种香料进行编号,共 1700 多种;EFSA 是制定食品安全法规的权威机构,主要公布欧盟许可的食品用香料名单。目前,欧盟已经形成了比较完备的食品安全体系,食品用香料的管理也逐步过渡到"肯定表"的形式。欧盟的食品用香料不作为食品添加剂。欧洲国家对食品用香料的立法和管理不是靠政府而是靠行业组织,以行业自律为主。食品用香料和香精的安全性实行的是行业负责制。目前欧洲大多数国家实际上采用国际食品香料香精工业组织(IOFI)的规定。

经批准允许使用的食品用香料必须有对应的食品安全国家标准才能够在我国生产和使用。这就意味着新食品用香料在国内生产之前需要有对应的食品安全标准,但实际情况是标准中的各项技术、安全卫生等指标要求的确定,需要以多批次产品的实测数据作为重要依据,这就出现了"先有标准,还是先有产品"的问题。进口香料有在国外生产的实测数据,可以满足制定标准的要求,反而是国内生产的香料很难满足这一要求，进一步限制了国内食品用香料新品种的开发。允许使用的食品用香料数量和新品种开发的速度，在一定程度上体现了行业的创新力和核心竞争力。相对于欧、美、日等发达地区，我国允许使用的食品用香料数量差距较大，且审批速度也远远落后，一定程度上限制了我国食品用香料香精行业的创新。目前我国批准的允许使用的食品用香料1890种（包括天然和合成香料），而欧盟则是2500多种（还只是合成香料），美国2900多种，日本3100多种（实际更多，因为日本是按照类别来批准），单从数字来看，已经有较大差距，随着国外不断批准使用的新香料品种不断增多，这一差距进一步拉大。近5年我国批准允许使用的新食品用香料14种，而美国仅2020年的GRAS 29就涵盖了60多种新的食品用香料。法规标准的更新速度较慢在一定程度上限制了我国食品用香料新品种的开发和创新速度。

我国食品用香料香精生产企业具有数量多，分布不均衡，规模相对较小，发展水平参差不齐等特点。截至2020年底，我国获得食品添加剂生产许可证的食品用香料香精企业共971家，主要集中在东部、东南沿海等经济比较发达的地区。其中生产食品用香精的企业最多，超过700家；生产食品用合成香料的企业次之，生产食品用天然香料企业最少。因此，要保证食品用香精香料的质量，必须建立有效的、适宜的持续改进的质量监管体系。香料香精的品质是企业的核心竞争力，ISO 9001—2000是目前世界上大多数企业多采用的质量管理标准。其次是原料的品质控制，好的原材料才能生产出好的香料和香精，我国所有的香料香精产品生产都需要符合《食品安全法》、《食品安全国家标准 食品添加剂使用标准》、《食品生产许可审查通则》、《食品添加剂新品种管理办法》、《食品生产经营日常监督检查管理办法》等相关标准和要求。目前我国的管理标准正在逐步完善，要求也越来越严格，只有持续不断完善的管理制度才能推进高品质香料香精产品的开发。加强卫生和安全检查，严格执行《食品安全法》和《食品生产许可审查通则》；制定标准监管体系，从原料到餐桌的可溯源系统，保证每一个环节的可追溯是生产安全香料香精的关键。

食品用香料香精在我国被纳入食品添加剂管理范畴，通过食品及食品添加剂相关法律法规实施食品用香料香精生产许可、食品用香料新品种上市前的审批与上市后的监督，以及生产经营、标签标识等方面的管理。食品安全国家标准食品用香料香精标准体系是食品用香料香精质量管理的重要技术支撑。《食品安全法》是我国针对食品和食品添加剂进行管理的权威法律，对食品添加剂生产实行许可制度、对食品添加剂新品种实施审批管理、生产和使用的食品添加剂应当符合法律法规和食品安全国家标准，同时还对食品添加剂的标签标识、生产经营等提出了相应要求。政府有关部门制定《食品生产许可审查通则》、《食品添加剂新品种管理办法》、《食品生产经营日常监督检查管理办法》等一系列规章制度进一步督促落实细化《食品安全法》等有关规定。

我国对食品香料香精生产实行许可制度,即从事食品用香料香精生产,应当具有与所生产品种相适应的场所、生产设备或者设施、专业技术人员和管理制度,由食品安全监督管理部门审核后,取得食品添加剂生产许可证。只有依法取得生产许可证的企业,才能按照许可范围,生产相应的食品用香料香精产品。我国对规定生产、经营、使用或者进口食品用香料新品种,应向国务院卫生行政部门提出食品添加剂新品种许可申请,并提交相关产品的通用名称、功能分类、用量、使用范围、质量规格要求、生产工艺和安全性评估等材料,符合要求的准予许可并公布。《食品安全国家标准 食品添加剂使用标准》(GB 2760—2014)是我国食品添加剂使用和安全最重要的通用标准,涉及香料香精的内容主要包括食品用香料、香精的使用原则,不得添加香料香精的食品名单,允许使用的食品用香料名单等。另外,《食品安全国家标准 食品添加剂标识通则》、《食品安全国家标准 食品用香精》《食品安全国家标准 食品添加剂生产通用卫生规范》对食品用香料香精的名称标识以及成分或配料表的标签标识、生产环境做出了明确规定。在名称标识方面,要求食品用香料必须列出 GB 2760—2014 和国家主管部门批准使用的食品添加剂中规定的中文名称;食品用香精应使用与所标识产品的香气、香味、生产工艺等相适应的名称和型号,且不应造成误解或混淆,应明确标识"食品用香精"字样等规定。

目前我国对食品用香料香精已经建立了基本的管理制度,然而由于食品用香料香精本身显著的特点,个别管理要求缺乏针对性,对我国食品用香料香精行业发展也造成一定影响。结合食品用香料香精特点,建立科学有效的管理规定和措施是推动行业稳定健康、高质量发展行之有效的方法。同时,进一步发挥行业组织在社会共治方面作用,使政府管理和行业自律形成有机整体,建立和完善政府管理守安全,行业自律提品质、促发展的综合管理模式。仅依据以上标准或规定管理食品香料香精的使用和生产是远远不够的,随着香料香精数量逐步增长,且在不同类食品中的要求或管理方式也存在差异,因此需有许多相关标准进一步对其进行约束,促进食品用香料香精生产和使用的规范性和标准化。

2. 香辛料产品品质控制现状

香辛料的香气、色泽等特征在很大程度上受种植地域、生长气候、收获季节等因素的影响,不同的加工手段(如加热、干燥、粉碎、分离等)也不同程度地影响香辛料的品质。虽然香辛料的消耗量并不是很大,但却能体现很高的经济价值。除少数十几种香辛料外,大多数香辛料的种植和采集的规模都很小,香辛料产品的品质控制主要包括原材料的品质、加工过程中的标准化以及储藏过程中的条件要求等。2019年经ISO确认的香辛料品种有10个，有产品标准48项，其他标准23项，形成了配套的标准体系，每年制修订约10项标准。与之对应的是各国相关协会，包括美国香辛料贸易协会、欧洲调味品协会、国际香辛料贸易协会组织、日本香辛料协会、中国国家食品药品监管总局。

我国食品安全国家标准、法规现状如下所列。

GB/T 15691—2008 香辛料调味品通用技术条件

GB/T 21725—2017 天然香辛料分类

NY/T 901—2021 绿色食品香辛料及其制品

GB 14891.4—1997 辐照香辛料类卫生标准

GB/T 30385—2013 香辛料和调味品挥发油含量的测定

GB/T 17528—2009 胡椒碱含量的测定高效液相色谱法

GB/T 21266—2007 辣椒及辣椒制品中辣椒素类物质测定及辣度表示方法

GB 188676—2015 食品安全国家标准 食品添加剂姜黄素

GB 5009.3—2016 食品安全国家标准 食品中水分的测定代替

GB 5009.4—2016 食品安全国家标准 食品中灰分的测定代替

GB/T 12729.1—2008 香辛料和调味品 名称

GB/T 12729.2—2020 香辛料和调味品 取样方法

GB/T 12729.3—2020 香辛料和调味品 分析用粉末试样的制备

GB/T 12729.4—2020 香辛料和调味品 磨碎细度的测定（手筛法）

GB/T 12729.5—2020 香辛料和调味品 外来物含量的测定

GB/T 12729.10—2008 香辛料和调味品 醇溶抽提物的测定

GB/T 12729.11—2008 香辛料和调味品 冷水可溶性抽提物的测定

GB/T 12729.12—2008 香辛料和调味品 不挥发性乙醚抽提物的测定

GB/T 12729.13—2008 香辛料和调味品 污物的测定

第四节 香料香精、调味品产业高质量发展建议

一、调整产业结构

新型工业化必须以产业结构优化为基础。我国的香料香精产业发展在遵循国家产业政策指引下，努力发挥市场配置资源的决定性作用，使香料香精产业结构的经济运行达到合理利用资源、提供充分就业、推广应用先进产业技术、获得最佳经济效益的要求，使各香料香精生产企业的产品、产量适应市场需求变化，努力改善香料香精企业同质化、低端化、无序化恶性竞争的局面，促进香精行业高

质量发展。在国际消费疲软的情况下，扩大国内需求，积极拓展国内市场，将河南省内的天然香料和特色调味品产品的影响力尽可能扩大。

二、坚持创新驱动产业发展

创新是驱动行业发展的主要动力，也是结构调整的核心。集成关键科学技术、提升香精香料行业的整体科技水平，实现科技创新与香料香精企业的深度融合，提升香料香精行业的科技支撑能力和整体技术水平；加强人工智能在香料香精行业的融合，打造香料香精行业高质量发展。加速产品创新、技术创新、管理创新，提升企业传统产品的技术水平和市场竞争力。我国香料香精企业绝大多数都属于中、小、微企业，研发力量相对薄弱，对研发创新的持续投入能力不足。应加强企业的科技创新引领发展，充分重视和发挥研发创新对提升发展水平的重要作用，加大研发投入，提高自主创新能力。

针对我国食品风味方向产业基础研究薄弱和部分领域缺失的现状，充分利用郑州大学、河南工业大学、河南农业大学和河南农业科学院等科研院所的相关学科研究和人才资源，积极引进国内外在食品风味科技研发方面有领先优势的研究机构、科技企业、研发团队，构建食品风味基础研究大平台。在具体研究方面，要系统分析风味物质特征，完善风味物质数据库，发展高灵敏检测技术，实现食品和食品原料等复杂背景中香味物质的定性和定量分析；根据化学结构和风味特征对风味物质进行科学分类，通过感官评价探索不同类别风味的相互作用规律；通过风味物质与受体的相互作用、神经信号传导和脑科学研究，探究风味形成的神经生物学原理；深入研究香辛料的化学组成，结合文献和应用报道等探索香辛料中具有生理和药理活性的关键成分。这些基础研究领域的学科建设和科研攻关，有助于完善风味科学基础理论，促成风味解码，推动新型风味创制技术的形成和发展，为香辛料的特色资源开发、精细化加工、高水平创制、高端化生产等提供支撑；同时培养一批风味科学专业人才，为河南省食品风味产业的发展提供创新源动力。

三、推动绿色制造产业发展

坚持节约资源和保护环境的基本国策，走生态优先绿色发展道路，是香料香精行业发展的根本出路。加速合成生物学、绿色合成、高效萃取、低碳技术发展战略，开发满足消费趋势的绿色产品。随着广大消费者安全健康意识的不断增强，以天然产物为标志的绿色产品已经成为未来消费发展趋势，天然香料香精的市场需求量亦随之不断增加。

食品风味产业作为食品工业的核心配套产业，企业数量众多，小微企业占比极高，在环境、资源约束日益加剧的情况下，企业的装备水平还比较落后，资源消耗和环境污染较为严重，副产物综合利用水平不高，清洁生产相对滞后。整体来看，绿色转型仍是食品工业"十四五"需要发力的重点方向。因此，河南食品风味产业必须持续坚持绿色发展理念，改变单纯追求发展速度和利润最大化的现状，促进产业转型升级。将可持续发展作为企业发展的战略基点，将塑造竞争优势的重点放在创建技术创新型、资源节约型、环境友好型企业上来。积极开发利用绿色低碳技术，广泛采用新技术、新工艺和新装备，加快淘汰落后产能，围绕节能减排开展技术创新，推动技术进步。推广绿色种植技术，实施测土配方施肥、病虫害生物防治，减少农药化肥使用，大力发展生态种植业与绿色有机无公害产品，提升香料作物质量及其市场竞争力。推动绿色化学技术创新、传统工艺改造创新，开展重点产品工艺改造，开发和采用环境友好工艺，大幅减少"三废"，提高香料产品品质，突破绿色贸易壁垒，实现高效生产、资源节约、环境保护与可持续发展。

四、加强国家品牌建设，突出民族特色

我国香料香精行业优势品牌占比较低，需要打造一流的香料香精企业和相关产品，塑造一流品牌，提高产品品质和市场占有率，增强我国香料香精产品的竞争力。增强振兴民族香料香精产业的责任意识，不断改进民族香料香精产业。从生产工艺、关键技术、核心设备、关键人才多角度突破，提高我国特色香料资源数据的挖掘与产品创新，保护和发展我国特色香料品种。

五、出台国家扶持政策

许多合成香料的关键材料依赖于进口，因此国家应该出台更多政策加强对我国企业的保护，如出口退税政策形式鼓励出口，降低甚至减免关键材料的税费。重视发挥行业组织作用，强化行业平台建设、重视香料香精行业组织，积极参与国家有关政策制定、重要法规标准起草等工作，充分发挥桥梁纽带作用。注重行业共性平台建设，如全国性行业协会牵头建设和完善法规标准宣贯、科技学术交流、职业技能和专业培训、商贸会展服务、市场信息统计、国际交流等平台。

六、重视标准建设和质量监管

香料香精直接关系到消费者的生活品质。由于我国香料香精行业数量多且质量参差不齐，必须以法规标准加以规范。国家需要重视法规建设，推动行业发展，并加强行业协会和骨干企业参与相关国家安全标准的制修订话语权，促进团体标

准和国家标准的更新。重视科学有效监管，建立食品用香料保质期的标准，对于接近保质期的、但稳定性较强的香料、制定有针对性、有效的措施，在保证食品安全的前提下，避免浪费和环境污染。

建议针对食品用香料香精产品、行业特点，制定有针对性的规定和要求，实施科学、有效管理，进一步提高管理效能。一方面，允许食品用香料分包装，以保障食品安全为底线，制定生产过程、标签标识、保质期限定、责任划分等方面要求；进一步规范食品用合成香料保质期的规定，制定食品用合成香料的复检要求，针对不涉及食品安全问题的超期合成香料的再处理规定；同时生产许可针对类别香料发证。另一方面，食品监管部门进一步简化食品用香料新品种审批程序，建立和完善安全评估体系。首先，进一步简化程序，特别是在我国已有长期食用历史的植物资源的香料品种；其次，加强维护食品用香料新品种申请企业知识产权的意识，保护企业的创新积极性；最后，应加快建立我国自主的食品用香料安全评估体系，可以从定期开展食品用香料用量调查入手，积累基础数据，为安全评估工作的开展打好基础。在行业标准上，允许食品用香料采用和执行除食品安全国家标准以外的国家标准、行业标准以及团体标准，甚至是企业标准。以食品安全标准守底线，行业标准保质量，团体标准提水平，企业标准创优品。加快和完善食品用香料香精标准化建设，推动新品种的开发，推进创新驱动发展战略在食品用香料香精产业领域的落地，缩小与国际先进水平的差距。

2019年12月生效的国家标准修改了酱油的定义；目前，该标准不包括混合酱油，仅适用于酿造产品。此外，厂商也积极进行产品升级，制作高端酱油；高端酱油氨基酸氮含量高，鲜味高，市场渗透率不断提高。酱油特性的高端转变也包括对不含防腐剂的产品的需求增加。根据2020年的生活方式调查，51%的中国消费者在食品标签上寻求"不含防腐剂"。因此，零添加酱油近年来取得了强劲的增长。基于此，加强酱油等酿造类调味品依据标准化体系建设，提升行业竞争力是增强产业优势的重要方式之一。此外，面对突出的同质化现象，调味品生产企业必须利用自己的资源优势，开发特色、细分产品，而中小调味品企业则应强化复合调味品的技术创新，如研发特色菜的专用调料等。

参 考 文 献

[1] 2022年全球与中国香精香料市场规模、产销、及增长率调研报告, 湖南贝哲斯信息咨询有限公司, 2023
[2] 中国甜味剂行业市场前景分析预测报告, 中经视野, 2023
[3] MarketWatch. Custom Flavor and Fragrance Market 2020 Global Leading Companies Analysis, Revenue, Trends and Forecasts 2026, 2021

[4] 2021年全球食用香精香料企业50强, Food Talks, 2022
[5] 中商产业研究院: 2021年全球香料香精市场现状及发展趋势预测分析, 2022
[6] 2013—2017 Flavor & Fragrance Industry Leaders, Leffingwell & Associates, 2017
[7] Market share of the global flavors and fragrances industry in 2019, Statista, 2019
[8] Martins S I, Jongen W M, Van Boekel M A. A review of Maillard reaction in food and implications to kinetic modelling. Trends in Food Science & Technology, 2000, 11(9-10): 364-373
[9] Wang J, Liu X, Feng X. Asymmetric strecker reactions. Chemical Reviews, 2011, 111(11): 6947-6983
[10] Arias-Pérez I, Ontañón I, Ferreira V, et al. Maturation of Moristel in Different Vineyards: Amino Acid and Aroma Composition of Mistelles and Wines with Particular Emphasis in Strecker Aldehydes. Foods, 2022, 11(7): 958
[11] Sohail A, Al-Dalali S, Wang J, et al. Aroma compounds identified in cooked meat: A review. Food Research International, 2022, 157: 111385
[12] Verma D K, Al-Sahlany S T G, Niamah A K, et al. Recent trends in microbial flavour Compounds: A review on Chemistry, synthesis mechanism and their application in food. Saudi Journal of Biological Sciences, 2022, 29(3): 1565-1576
[13] Que Z, Jin Y, Huang J, et al. Flavor compounds of traditional fermented bean condiments: Classes, synthesis, and factors involved in flavor formation. Trends in Food Science & Technology, 2023, 133: 160-175
[14] He F J, MacGregor G A. A comprehensive review on salt and health and current experience of worldwide salt reduction programmes. Journal of Human Hypertension, 2009, 23(6): 363-384
[15] Hunter R W, Dhaun N, Bailey M A. The impact of excessive salt intake on human health. Nature Reviews Nephrology, 2022, 18(5): 321-335
[16] Inguglia E S, Zhang Z, Tiwari B K, et al. Salt reduction strategies in processed meat products-A review. Trends in Food Science & Technology, 2017, 59: 70-78
[17] Shan Y M, Pu D D, Zhang J C, et al. Decoding of the Saltiness Enhancement Tast Peptides from the Yeast Extract and Molecular Docking to the Taste Receptor T1R1/T1R3. Journal of Agricultural and Food Chemistry, 2022, 70(47): 14898-14906
[18] Pu D D, Shan Y M, Qiao K N, et al. Development of an Effective Protocol for Evaluating the Saltiness Intensity Enhancement of Umami Compounds. Journal of Agricultural and Food Chemistry, 2023, 71(1): 700-709
[19] Sun P C, Zhou X, Hu Z, et al. Food and salt structure design for salt reducing. Innovative Food Science & Emerging Technologies, 2021, 67: 102570
[20] Lu W, Hu Z, Zhou X, et al. Natural biopolymer masks the bitterness of potassium chloride to achieve a highly efficient salt reduction for future foods. Biomaterials, 2022, 283: 121456
[21] Wang Y, Zhong K, Shi B, et al. Cross-modal effect of capsaicin and pepper oleoresin on the enhancement of saltiness perception in a NaCl model solution. Food Quality and Preference, 2022, 98: 104542
[22] Spence C. Crossmodal correspondences: A tutorial review. Attention, Perception, &

Psychophysics, 2011, 73: 971-995

[23] Maravita A, Spence C, Driver J. Multisensory integration and the body schema: close to hand and within reach. Current Biology, 2003, 13(13): 531-539

[24] Spence C, Puccinelli N M, Grewal D, et al. Store atmospherics: A multisensory perspective. Psychology & Marketing, 2014, 31(7): 472-488

[25] Driver J, Spence C. Multisensory perception: beyond modularity and convergence. Current biology, 2000, 10(20): 731-735

[26] Da Silva R P, Rocha-Santos T A, Duarte A C. Supercritical fluid extraction of bioactive compounds. TrAC Trends in Analytical Chemistry, 2016, 76: 40-51

[27] Brunner G. Supercritical fluids: technology and application to food processing. Journal of Food Engineering, 2005, 67(1-2): 21-33

[28] Guo Z, Wang S, Gu Y, et al. Separation characteristics of biomass pyrolysis oil in molecular distillation. Separation and Purification Technology, 2010, 76(1): 52-57

[29] Vélez Á M I, Alvarado A O, Chaves I D G. A systematic review of mathematical modeling for molecular distillation technologies. Chemical Engineering and Processing-Process Intensification, 2023, 184: 109289

[30] Nakagawa K. Nano-and microencapsulation of flavor in food systems. Nano-and Microencapsulation for Foods, 2014: 249-271

[31] Gouin S. Microencapsulation: industrial appraisal of existing technologies and trends. Trends in Food Science & Technology, 2004, 15(7-8): 330-347

[32] Frau J, Teruel M, Alemany L A, et al. Different flavors of attention networks for argument mining. In FLAIRS 2019-32th International Florida Artificial Intelligence Research Society Conference, 2019

[33] Leong Y X, Lee Y H, Koh C S L, et al. Surface-enhanced Raman scattering (SERS) taster: a machine-learning-driven multireceptor platform for multiplex profiling of wine flavors. Nano Letters, 2021, 21(6): 2642-2649

[34] Barba C, Beno N, Guichard E, et al. Selecting odorant compounds to enhance sweet flavor perception by gas chromatography/olfactometry-associated taste (GC/O-AT). Food Chemistry, 2018, 257: 172-181

[35] Zhou T, Feng Y, Thomas-Danguin T, et al. Enhancement of saltiness perception by odorants selected from Chinese soy sauce: A gas chromatography/olfactometry-associated taste study. Food Chemistry, 2021, 335: 127664

[36] Xiao Z, Zhang S, Zhu J, et al. Identification of key aromas of grapefruit juice and study of their contributions to the enhancement of sweetness perception. European Food Research and Technology, 2023, 249: 537-551

[37] Lv X, Wu Y, Gong M, et al. Synthetic biology for future food: Research progress and future directions. Future Foods, 2021, 3: 100025

[38] Arun K B, Anoopkumar A N, Sindhu R, et al. Synthetic biology for sustainable food ingredients production: recent trends. Systems Microbiology and Biomanufacturing, 2023, 3(1): 137-149

[39] Zhang T, Dai Y, Cheng S, et al. A facile method for the sulfenyllactonization of alkenoic acids

using dimethyl sulfoxide activated by oxalyl chloride. Synthesis, 2017, 49(06): 1380-1386

[40] Dai Y, Shao J, Yang S, et al. Enantioselective syntheses and sensory properties of 2-methyl-tetrahydrofuran-3-thiol acetates. Journal of Agricultural and Food Chemistry, 2015, 63(2): 464-468

[41] Liang S, Zeng C C, Luo X G, et al. Electrochemically catalyzed amino-oxygenation of styrenes: n-Bu 4 NI induced C–N followed by a C–O bond formation cascade for the synthesis of indolines. Green Chemistry, 2016, 18(7): 2222-2230

[42] Liang S, Xu K, Zeng C C, et al. Recent Advances in the Electrochemical α-C–H Bond Functionalization of Carbonyl Compounds. Advanced Synthesis & Catalysis, 2018, 360(22): 4266-4292

[43] Tang W, Cui H, Sun F, et al. N-(1-Deoxy-D-xylulos-1-yl)-glutathione: A Maillard reaction intermediate predominating in aqueous glutathione-xylose systems by simultaneous dehydration-reaction. Journal of agricultural and food chemistry, 2019, 67(32): 8994-9001

[44] Zhai Y, Cui H, Hayat K, et al. Transformation between 2-threityl-thiazolidine-4-carboxylic acid and xylose–cysteine Amadori rearrangement product regulated by pH adjustment during high-temperature instantaneous dehydration. Journal of Agricultural and Food Chemistry, 2020, 68(39): 10884-10892

[45] Ma J, Chen Y, Zhu Y, et al. Quantitative analyses of the umami characteristics of disodium succinate in aqueous solution. Food Chemistry, 2020, 316: 126336

[46] Zhang N, Ayed C, Wang W, et al. Sensory-guided analysis of key taste-active compounds in pufferfish (Takifugu obscurus). Journal of agricultural and food chemistry, 2019, 67(50): 13809-13816

[47] Zhang N, Cui Z, Li M, et al. Typical Umami Ligand-Induced Binding Interaction and Conformational Change of T1R1-VFT. Journal of Agricultural and Food Chemistry, 2022, 70(37): 11652-11666

[48] Chen J. Food oral processing-A review. Food hydrocolloids, 2009, 23(1): 1-25

[49] Chen J. Food oral processing: Mechanisms and implications of food oral destruction. Trends in Food Science & Technology, 2015, 45(2): 222-228

[50] He Y, Wang X, Chen J. Current perspectives on food oral processing. Annual Review of Food Science and Technology, 2022, 13: 167-192

[51] Mu R, Chen J. Oral bio-interfaces: Properties and functional roles of salivary multilayer in food oral processing. Trends in Food Science & Technology, 2023, 132: 121-131

[52] Pu D, Shan Y, Wang J, et al. Recent trends in aroma release and perception during food oral processing: A review. Critical Reviews in Food Science and Nutrition, 2022: 1-17

[53] Shan Y, Pu D, Zhang J, et al. Decoding of the Saltiness Enhancement Taste Peptides from the Yeast Extract and Molecular Docking to the Taste Receptor T1R1/T1R3. Journal of Agricultural and Food Chemistry, 2022, 70(47): 14898-14906

[54] Liang L, Duan W, Zhang J, et al. Characterization and molecular docking study of taste peptides from chicken soup by sensory analysis combined with nano-LC-Q-TOF-MS/MS. Food Chemistry, 2022, 383: 132455

[55] Liang L, Zhou C, Zhang, et al. Characteristics of umami peptides identified from porcine bone soup and molecular docking to the taste receptor T1R1/T1R3. Food Chemistry, 2020, 387: 132870
[56] Zhang J, Zhang J, Liang L, et al. Identification and virtual screening of novel umami peptides from chicken soup by molecular docking. Food Chemistry, 2023, 404: 134414
[57] 张俭波, 张霁月, 王华丽. 国内外食品添加剂法规标准对比分析. 北京: 中国标准出版社, 2019
[58] 肖作兵, 牛云蔚. 香精制备技术. 北京: 中国轻工业出版社, 2019
[59] 田红玉, 陈海涛, 孙宝国. 食品香料香精发展趋势. 食品科学技术学报, 2018, 36(02): 1-11
[60] 孙宝国. 肉味香精的制造理念与核心技术. 中国食品学报, 2007, (05): 1-5
[61] 肖作兵, 牛云蔚, 杨斌. 肉味香精研究进展. 香料香精化妆品, 2007, (04): 27-30
[62] Morton I. D. A method of preparing meat-like substance. GB Patent: 836694, 1960
[63] 孙宝国, 陈海涛. 食用调香术(第三版). 北京: 化学工业出版社, 2017
[64] 冯涛, 柳倩, 叶苪, 等. 欧美食品用香料香精监管及安全评价体系研究. 食品科学技术学报, 2022, 40(05): 28-35
[65] 穆旻, 刘华, 梁彦会, 等. 我国食品用香料香精管理现状、问题与对策. 食品科学技术学报, 2022, 40(05): 36-42
[66] 张苹苹, 王立勋, 吉桂珍, 等. 高效液相色谱法同时测定甜叶菊中 9 种甜菊糖苷类化合物. 中国食品添加剂, 2020, 31(06): 105-111
[67] Steinhuas P, Schieberle P. Characterization of the key aroma compounds in soysauce using approaches of molecular sensory science. Journal of Agricultural and Food Chemistry, 2007, 55: 6262-6269
[68] Marrufo Curtido A, Cejudo-Bastante M J, EDurán Guerrero, et al. Characterization and differentiation of high quality vinegars by stir bar sorptive extraction coupled to gaschromatographymass spectrometry（SBSE-GC MS）Ti7. LWT-Food Science & Technology, 2012, 47(2): 340-341
[69] 张玉玉. 中国传统面酱挥发性成分分析. 北京: 北京工商大学, 2010
[70] 罗静, 赵红宇, 徐炜桢, 等. 郫县豆瓣后发酵过程中挥发性呈香物质测定及主成分分析. 食品科学, 2018, 39(18): 209-216
[71] 余杰, 陈美珍. 酶法制取龙头鱼水解蛋白及海鲜风味料的研究. 食品与发酵工业, 2006, (3): 39-87
[72] 廖新荣, 谢秋亭, 陈鸿鑫. 复合调味料研发的措施与对策. 现代食品, 2019, (15): 73-75
[73] 刘惠宾, 陈向东. 多功能复合调味料生产技术. 中国调味品, 1997, (12): 16-18
[74] 沈祖耀. 开发海带功能性复合调味品. 中国调味品, 1999, (6): 8-11
[75] 李王平, 邵伟. 保健型复合橘皮酱的研制. 中国调味品, 2001, (5): 20-21
[76] 李敬华. 营养复合调味料的研制. 中国调味品, 2003, (3): 17-19
[77] 邓锦庆. 豆腐渣和麦麸制作酱油技术. 农村新技术: 加工版, 2011, (1): 32
[78] 夏延斌, 王燕, 罗凤莲. 辣椒及辣椒制品的"辣度"标准化研究. 辣椒杂志, 2008(4): 9-11
[79] 唐雪鹭. 直投式乳酸菌剂发酵泡菜的研究现状及展望. 中国调味品, 2012, 37(12): 4
[80] 邹礼根, 赵芸, 姜慧燕, 等. 农产品加工副产物综合利用技术. 杭州: 浙江大学出版社, 2013

[81] 王向龙. 开启减盐健康新生活. 消费指南, 2018, (2): 4

[82] 孙钰洁, 刁春友, 闫晓阳, 等. 江苏省蔬菜中农药残留超标风险状况分析及对策建议. 江苏农业科学, 2022, (17): 50

[83] 蒋亦行. 常见食品添加剂"两超"风险梳理-从食品类别分析. 市场监督管理, 2023, (3): 1

[84] Ayseli M T, Ayseli Y İ. Flavors of the future: Health benefits of flavor precursors and volatile compounds in plant foods. Trends in Food Science & Technology, 2016, 48: 69-77

[85] Baines D, Brown M. Flavor Enhancers: Characteristics and uses. Reference Module in Food Science, from Encyclopedia of Food and Health, 2016, 716-723

[86] González M, Hänninen M L. Reduction of Campylobacter jejuni counts on chicken meat treated with different seasonings. Food Control, 2011, 22: 1785-1789

[87] Jackson P, Viehoff V. Reframing convenience food. Appetite, 2016, 98: 1-11

[88] Alan E D, Leslie L. Flavor impregnated popcorn. US Pat: 78275385A, 1987

[89] Kim J H, Kim M S. Freeze-Dried dadaegi seasoning for instant food having improved taste and hygiene and method for preparation there of by adding alcohol. KR PAT: 1020050001079, 2005

[90] Kim C K. Delicious instant food with harmonized taste of main ingredients and seasoning. KR PAT: WO2012026762, 2012

[91] Kochhar S, Hansen E. Cocoa polypeptides and their use in the production of cocoa and chocolate flavor. US Pat: US7176348, 2007

[92] Qin L, Kong SH. Fat activation with seaweed. WO PAT: 058330, 2015

[93] Han XQ, Parkin KL. Isolated antioxidant peptides from casein and methods for preparing, Isolating, and identifying antioxidant peptides. US Pat: US6465432, 2002

[94] Kawasaki Y, Dosako S. Process for producing κ-casein glycomacropeptides. US Pat: US5278288, 1994

第七章　方便面及速冻方便食品产业

第一节　研究背景

随着现代经济的飞速发展，社会文明的不断进步，人类的生活节奏日趋加快，对于饮食方式和品质的要求逐渐提高，人们渴望更加简单便捷的就餐方式。自方便食品问世以来，其丰富多样的种类和风味受到了消费者广泛的青睐和追捧，极大满足了现代人对精简生活品质的追求，同时也为军需、宇航、野外作业等行业提供了重要的支撑。

方便食品是指将食品经过预先加工和调制成部分或已完全制作好的，在食用时只需要简单烹制或不需要处理即可食用的食品。其中，方便面及速冻方便食品作为常见的方便食品，有食用简单、携带方便、易于储藏、推广性强等特点，是我国改革开放以来新兴的食品行业之一，是食品实现工业化生产的重要案例。20世纪70年代以来，方便食品的销售量在全球范围内持续增加，目前在国际市场上已经占据了主导地位，对我国的食品工业产值做出了突出贡献。当市场对方便食品释放出巨大需求后，其方便和美味等多重优势快速转换成厚积薄发的应急能力和强大产能，成为拉动全球食品工业逆势上扬的重要力量。中国方便食品行业在"十三五"和"十四五"发展规划及"大食物观"的指导和引领下，围绕方便食品"健康、美味、便捷、环保"的基本属性，全行业呈现出"技术升级系列化、原料开发多元化、特色风味民族化"的整体特征，在持续破解行业发展中的共性关键技术上获得了重要进展。

方便食品加工关键技术的研究和开发，在秉承味料同源理念的基础上，更注重天然食材的选用，各类果蔬添加、新型杀菌技术的应用、智慧保鲜及智能包装等技术的集成应用。这对于创制出具有营养均衡、食用安全、旅游休闲、功能个性化以及符合我国国民饮食和生活习惯的新型方便食品具有重要意义。此外，方便食品作为中华传统美食的载体，应努力创新，落实"大食物观"，实现中华传统美食方便、美味和健康的目标。一是要拓展原料来源，充分利用我国丰富的食物资源，增加原料供给的品类。二是要创新工艺技术，除了在传统工艺技术上进行改造外，也要在新型方便食品加工技术等领域有所突破。三是要丰富营养和健康内涵，结合我国居民膳食消费结构，既要运用营养功能的食品原料满足高品质的消费需求，又要依靠科技创新实现减盐不减咸、减油不减香及减糖不减鲜的美味和健康需求。

本报告综述了方便面及速冻方便食品的国内外研究现状和趋势，并对目前存在的主要问题以及未来的重点发展方向进行了梳理和展望，以期为我国方便食品产业的高质量发展提供新思路和新见解，进而为我国食品工业结构的优化升级和食品产业的发展提供借鉴。

第二节 方便面及速冻方便食品产业现状与发展趋势

一、全球方便面及速冻方便食品产业现状与发展趋势

全球方便食品的发展经历了由简陋到精致，由手工到自动化，由只注重方便、美味到强化安全、营养和健康的过程。当前，随着方便食品的市场消费进一步升级加剧，人们更加注重品质和健康的生活理念，方便食品产业处于品类结构升级的换挡提质期，进入了以服务健康品质为核心的品质升级突围的高质量创新发展时代。

（一）全球方便面食品的产业现状与发展趋势

传统方便食品是指以米、面、杂粮等为主要原料加工制成，可细分为方便面、方便米饭/米线、麦片、即食谷物粉，具有食用简单、携带方便、易于储藏等特点。自 2016 年起，作为全球传统方便食品消费市场的主要构成板块，全球方便面消费量保持稳定上升的状态，尤其是 2020 年，受疫情影响导致外出就餐受阻，全球方便面消费量增至 1165.6 亿份，同比增长 9.53%，相当于全世界每天消费 3.2 亿份方便面。2021 年全球方便面消费量增至 1181.8 亿份。从全球方便面消费分布来看，我国是全球方便面最大的消费市场，世界方便面协会（WINA，World Instant Noodles Association）资料显示（图7-1），2022 年全球方便面销量达 1212.0 亿份，我国方便面消费量达 459.5 亿份，占全球方便面消费总量的 37.9%，其后为印度尼西亚（142.6 亿份）和越南（84.8 亿份），占比分别为 11.8% 和 7.0%；随后为印度 75.8 亿份，占比 6.3%、日本 59.8 亿份，占比 4.9%、美国 51.5 亿份，占比 4.2%。总体而言，随着主流消费人群的迭代及新型消费习惯的不断形成，产品不断推陈出新，将带动传统方便食品行业的快速发展。

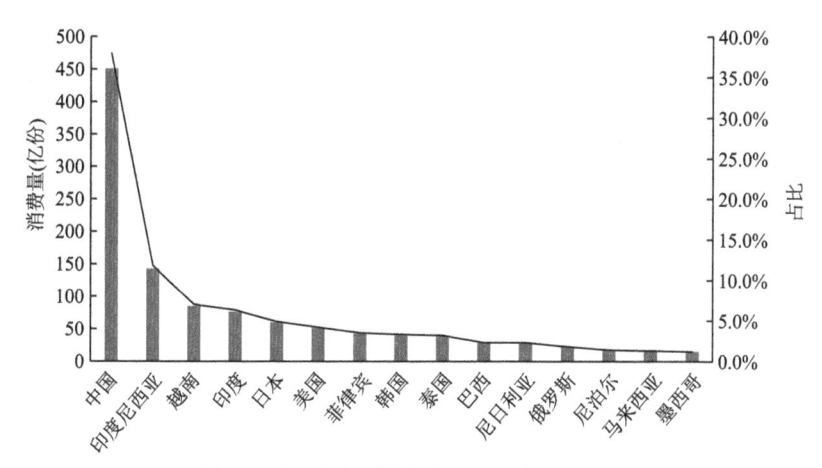

图 7-1　方便面的总需求 TOP15（2022 年）

为了进一步促进方便面产业的健康发展，全球各国均制订、修订和发布了方便面相关标准，围绕方便面产品定义、基本配料、可选配料、质量指标、添加剂使用、污染物规定以及包装规定等方面，建立了协调一致的方便面标准体系。全球应充分协作、磋商，以优化全球各国方便面标准，促进方便面相关国家标准、行业标准和企业标准稳定发展。

（二）全球速冻方便食品的产业现状与发展趋势

1. 全球速冻方便食品发展市场端现状与发展趋势

速冻方便食品由于具有安全卫生、食用方便、营养美味和成本低等特点，愈发受到全世界尤其是发达国家人民的欢迎，其市场规模保持稳定的增长态势。速冻方便食品加工是当今世界发展最快的食品工业之一。据专家预测，未来 10 年中，世界速冻方便食品消费量将占全部食品的 60%。目前，世界速冻方便食品产量超过 6000 万吨，大概有 3500 个品种。如图 7-2 所示，美国是世界上速冻方便食品产量最大、人均消费量最高的国家，年产量达 2000 万吨，品种超过 3000 种，人均年消费量在 60 kg 以上，速冻方便食品占据整个食品行业的 60%~70%。美国现有大中型速冻食品加工企业 200 多家，生产各类速冻方便食品，其中每年速冻方便食品的销量以 20%~30% 的速度递增，销售总价值达数百亿美元。欧洲速冻方便食品的消费仅次于美国，年消费量超 1000 万吨，人均年消费量 30~40 kg。日本是世界速冻方便食品的第三大消费市场，亚洲第一大消费市场，年消费量超 300 万吨，品种超过 3000 种，年人均消费量接近 20 kg；并且日本的速冻方便食品具有明显的多元化特点，除了常见的面点、菜品可以速冻，蔬果、甜点也能速冻。名为 Life Foods 的日本速冻方便食品制造商，不仅速冻芒果、牛油果等水果，还对菠菜、茄子、秋葵等蔬菜进行了速冻生产。在菜肴方面的速冻产品中还包含了各国菜系,如西式的速冻意面、马铃薯肉饼,中式的速冻烧卖以及担担面等。随着互联网的快速发展,速冻方便食品从线下走向线上的趋势也愈发凸显,逐步打破过去传统渠道线下跨国家/区域拓张难等痛点,未来冷链物流系统的不断改善和提升有望持续扩大速冻方便食品辐射半径,加速各品类速冻方便食品全球化多渠道的有效渗透。

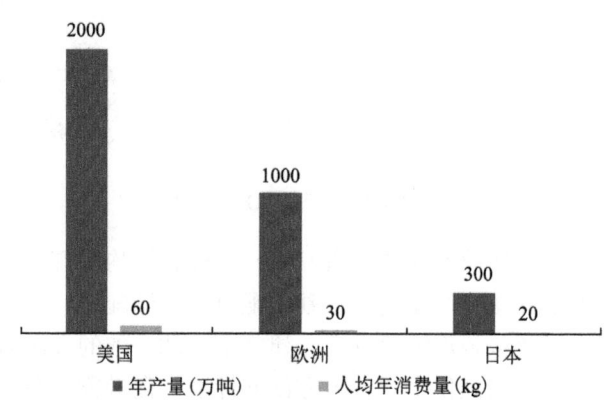

图 7-2 速冻方便食品三大消费市场年产量及人均年消费量

2. 全球速冻方便食品发展加工端现状与发展趋势

全球速冻方便食品的发展,尤其是美国、日本、欧洲速冻方便食品的加工已实现规模化、集约化和自动化,农产品精深加工的程度和副产物利用水平较高。产业化经营的水平越来越高。发达国家已实现了食品原料生产、加工和销售一体化经营,实现了原料生产基地化、加工品种专用化、质量体系标准化、生产管理科学化、加工技术先进化、食品企业规模化、网络信息化经营等。高新技术与设备在食品加工领域得到普遍应用,包括高温瞬时杀菌技术、高真空技术、深度冷冻加工技术、微胶囊技术、高效浓缩发酵技术、膜分离技术、微波技术、真空冷冻干燥技术、无菌贮存与包装技术、超高静压技术、超微粉碎技术、超临界流体萃取技术、冷冻浓缩技术、膨化与挤压技术、生物工程技术等。

(三)全球速冻方便食品发展法律法规现状与发展趋势

为促进速冻方便食品的良性健康发展,全球均对速冻方便食品进行标准制修订和发布活动,为建立协调一致的速冻方便食品标准体系提供知识服务支撑。目前,中国现行速冻方便食品国家标准总数为 242 项;5 年以下标龄的标准百分比仅次于美国;标龄 3～5 年的现行标准比例较高;标准发布高峰期在 2009 年;全球速冻方便食品标准的技术领域主要分布在速冻方便食品定义、分类、加工等方面。全球应充分利用多边合作、磋商、协作、联合机制，推动各国传统、先进技术、相关标准纳入统一整体管理，将全球速冻方便食品相关国家标准、行业标准和团体标准转化为CAC标准。

二、我国方便面及速冻方便食品产业现状与发展趋势

随着我国供给侧结构性改革的深入，人们消费能力的增加和消费水平的提高，我国方便食品行业正处于消费理念、产品结构、生产技术、销售渠道等多因素"共振"的调整期，我国方便食品行业在多因素的作用下更加充满活力。随着消费需求的多元化，不同层次人群对方便即食食品的消费需求更具营养个性，但对品质的追求又趋向一致。"十四五"期间，我国方便食品产业将朝着"方便食品主食化，主食食品便捷化"的方向发展。风味独特、品质更优、更加安全和营养的新型配料，将成为方便食品企业研发的重点方向，以解决方便食品的营养、风味、质构等方面的问题。

（一）我国方便面食品产业现状与发展趋势

1. 我国方便面食品发展市场端现状与发展趋势

近年来，随着中国食品制造业向好发展以及"懒人经济"的兴盛流行，具有方便快捷特点，能够满足人们快节奏生活需求的传统方便食品也得到了迅速发展，包括方便面、饼干以及挂面等在内的消费品市场规模稳步扩大。未来传统方便食品工艺将日益精湛，凸显方便和快捷；品类将多元化发展，打破传统餐饮壁垒；消费场景进一步扩大，满足不同消费者需求。根据《我国方便食品行业的发展现状分析与未来对策》研究分析，2019年我国方便食品行业企业资产总计为1997.3亿元（图7-3）。其中，以方便面为主的传统方便食品行业以28.65%排名第二（速

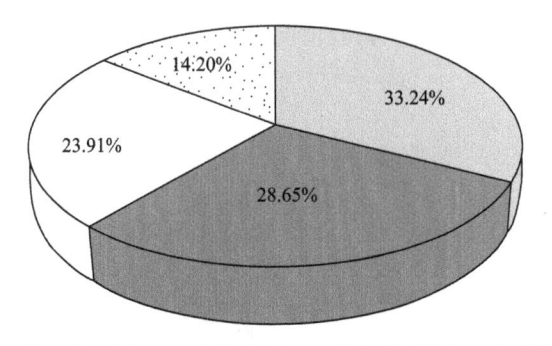

图7-3 我国方便食品行业企业资产分布图（2019年）

冻方便食品行业以33.24%占比第一),而米/面制品等传统方便食品行业以23.91%位居第三。

作为促进传统方便食品消费量发展提升的主力军,我国方便面产业快速发展,加上更加注重营养、健康的高端产品出现,方便面的市场消费量不断增长。2020年新冠疫情的出现,进一步推动了我国方便面消费量的增长。国家统计局数据显示,2021年我国方便面消费量达439.9亿份,整体呈上升趋势。但从产量方面来看,2021年我国方便面产量为512.96万吨,同比下降7.9%;营收合计725.36亿元,同比下降1.2%;利润总额41.49亿元,同比下降47.1%。2022年1~6月,方便面总产量为237.39万吨,同比增长1.9%;营收合计372.89亿元,同比增长16.9%;利润总额11.07亿元,同比下降38.6%。2021年中国方便面产量主要分布在华中地区和华东地区,占比之和超过50%。其次分别为华北地区、华南地区、西南地区、西北地区及东北地区,占比分别为14.06%、12.21%、7.9%、7.36%及5.57%。2021年我国方便面产量前三的省份为河南、广东和天津,产量分别为105.4万吨、53.2万吨和34.3万吨。

从我国方便面市场规模来看,随着近年来我国方便面消费需求的持续增长,我国方便面行业市场规模也随之不断增加。康师傅、统一、今麦郎、白象、日清等企业推出多价格、多口味、多规格的方便面产品,并在消费场景、面品营养属性、非油炸单品等诸多方面发力推新,中国方便面行业整体规模不断扩大。数据显示,2018~2022年中国方便面市场规模从1039.1亿元增长至1459亿元,年均复合增长率约8%,预计2023年国内方便面市场规模将达到1584.3亿元。

从我国方便面行业市场格局分布情况来看,我国方便面行业市场集中度较高,市场主要被康师傅、今麦郎、统一等品牌所占据。具体来看(图7-4),2021年中国方便面行业CR3(Current Rank3,业务规模前三名的公司)占比为59.7%,其中康师傅市场占比为35.8%,今麦郎市场占比为12.5%,统一市场占比为11.4%。我国方便面市场参与者众多,从营收情况来看,2021年康师傅控股和统一企业中

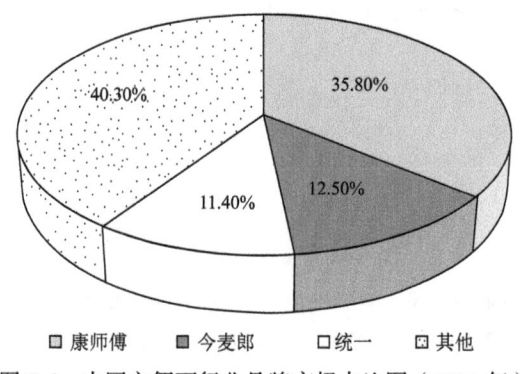

图7-4 中国方便面行业品牌市场占比图(2021年)

国营业总收入增幅明显,2021年康师傅控股营业总收入达740.82亿元,2022年上半年康师傅控股营业总收入已完成382.17亿元;2021年统一企业中国营业总收入达252.31亿元,2022年上半年统一企业中国营业总收入已完成139.4亿元。

2. 我国方便面食品发展加工端现状与发展趋势

方便面是由面饼、调料包和蔬菜包组成的,面饼按照制作工艺又分为油炸和非油炸两类。油炸方便面生产工艺:和面—熟化—复合压延—连续压延—切丝—折花成型—蒸煮—定量切断—油炸—冷却—包装—装箱。但是研究发现,120℃以上油炸的淀粉食品易产生丙烯酰胺等致癌物质,并且还存在高油量、营养损失大、油脂酸败产生的不良影响等。现在也有采用真空油炸技术来有效地改善方便面的内在品质,进而延长货架期,降低含油量,节约生产成本。而非油炸方便面避免了油炸过程带来的不利影响,非油炸方便面是通过热风、真空和微波等方法干燥。面饼加工领域中,目前新技术主要集中在干燥工艺,采用真空冷冻干燥方便面,利用低压和低温条件下水的升华性使面条脱水以实现干燥,处理后的产品内部具有均匀的微孔,提升了产品的浸泡和复水能力;采用微波干燥生产的方便面,口感和复水性能优于热风干燥技术生产的方便面,复水性和色泽优于采用油炸脱水技术生产的方便面,且含油量大大降低。同时,微波脱水加热均匀、节约能耗,生产的面饼形状饱满,还可以有效杀菌,延长方便面的保质期。

调料包分为粉包和酱料包,粉包主要成分是食盐、鲜味剂和香味剂,其基本生产流程包括原辅料处理、熟制、成型或粉碎、干燥、混合包装等过程;酱料包一般是由混合油和调味料熬制成酱包,浓缩是酱料包所必需的工艺,浓缩方法有常压浓缩和真空浓缩。常压浓缩是指在常压下,加热液体汤基,使其维持在沸点以上蒸发水分,达到浓缩的目的。真空浓缩是指在一定的真空条件下,使液体汤基本在低温下就能达到沸腾而迅速蒸发,达到浓缩的目的。采用真空浓缩可以较好地保持汤基中的营养成分及原辅料中的色、香和风味物质,减少能源消耗,提高产品质量。蔬菜包工艺流程是洗涤蔬菜—炒制—冷却—真空冷冻—包装。蔬菜在低温下脱水,不仅热敏成分不被破坏,营养成分变化小,而且具有理想的速溶性和复水性。

随着人们越来越注重营养后,方便面也向着"绿色、健康"发展,在制作方便面面饼的小麦粉和调料包中加入营养强化剂。随着技术的革新以及智能工业化的完善,方便面的开发必然朝着更加智能化、更加符合互联网+的特征方向发展。

3. 我国方便面食品发展法律法规现状与发展趋势

方便面作为食品工业的重要组成部分,我国陆续出台了多项政策及标准,有效地规范了方便面食品生产、贮藏等环节,对方便面感官进行了要求,其中包括色泽、滋味、气味、状态以及理化指标(包括水分、酸价、过氧化值等的规定),

同时对方便面中污染物以及微生物含量进行了限量，保障了方便面质量安全，促进了方便面食品行业的正常发展。现行有效的方便面产品相关标准有 13 个，其中 CAC 标准 1 个，国家标准 4 个，行业标准 2 个，商业标准 3 个，团体标准 3 个。

（二）我国速冻方便食品产业现状与发展趋势

速冻方便食品产业起源于美国，之后逐渐遍布欧洲和亚洲，在我国起步较晚，兴起于 20 世纪 80～90 年代。随着人们收入水平的提高和生活节奏的加快，我国速冻方便食品行业迅速成长，成为食品行业中的新星。速冻方便食品生产集中于速冻制品、肉类和水产等领域，速冻果蔬类产品相对较少。与世界三大速冻方便食品消费市场"美欧日"相比，我国速冻方便食品人均消费量不到美国的 1/6，是欧洲的 1/4，日本的 1/2，仍具有明显差距。

近年来，随着我国人口年龄结构和收入结构的不断变化及生活节奏的加快，消费者对便利性和营养性速冻食品的消费需求稳步上升，推动了国内速冻食品市场规模迅速增长。《2023—2029 年中国速冻方便食品行业市场运营模式及投资战略分析报告》分析指出，中国速冻方便食品市场规模在 2018 年达到 1834.2 亿元，2019 年达到 2157.5 亿元，2020 年达到 2461 亿元，2021 年达到 2783.3 亿元，2022 年达到 3125.5 亿元，2023 年估计达到 3484.8 亿元。在未来几年，中国速冻方便食品市场将继续保持较高的增长速度，市场规模将不断扩大。预计到 2025 年，中国速冻方便食品市场规模将达到 4200 亿元，市场增长率将达到 4.8%。观研报告网发布的《中国速冻食品行业发展深度分析与未来前景调研报告（2023—2029 年）》显示，速冻食品分为速冻米面、速冻火锅料和其他速冻食品三大类。其中，我国速冻方便食品行业中，速冻米面食品占比最大，达 52.4%；其次为速冻火锅料食品，占比为 33.3%；其他速冻食品占比为 14.3%（图 7-5）。

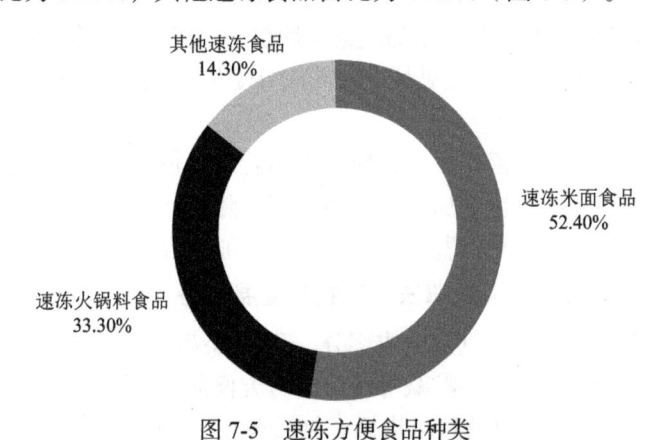

图 7-5 速冻方便食品种类

此外，由于主食与副食的区别，满足饱腹需求的速冻方便食品在功能性上又略强于火锅料、预制菜，因此速冻米面食品占据我国速冻方便食品行业主要市场。速冻米面食品的细分品类基本都是中国传统饮食中广泛存在的品种，如饺子、汤圆、粽子、油条、饼类、面条等。目前，饺子、汤圆、面点、粽子、馄饨是速冻米面食品市场的前五强，其中饺子约占整个速冻米面食品销售额的50%以上，汤圆占近40%的市场份额，面点、粽子、馄饨、春卷及地方特色小吃等占比较小。从2000年到2022年，中国速冻食品的年产量逐年增加。2022年，中国速冻食品的年产量达到了历史最高值8756.12万吨，同比增长5.36%。自2012年以来，年产量增长速度一直保持在5%~7%，2023年仍将保持平稳增长态势，产量将继续增长，年产量有望达到9000万吨以上。从市场占比来看，速冻方便食品占比由2018年的22%显著增加至2022年的43%。

速冻全品类市场规模大、格局稳定、发展成熟。经过多年的整合发展，国内速冻行业竞争格局已相对成熟，三大龙头企业（三全、思念和湾仔码头）在行业内部深耕多年，在传统市场上具有明显优势，稳定行业大局。三家企业凭借品牌认可度和渠道优势，2021年三者的市场占比分别达到23%，23%和14%。随着速冻方便食品用户扩张和场景拓展，行业中也出现了安井、龙凤等新进入者来竞争抢占市场份额。未来，速冻方便食品行业有望诞生更多具有影响力的龙头企业，并推动行业实现更高质量的发展。速冻方便食品未来将走向方便、快捷、健康和营养之路。

1. 我国速冻方便食品发展加工端现状与发展趋势

1）原料方面

速冻方便食品原料形态复杂，多为有细胞结构的生物体及非均相结构，而且碳水化合物、蛋白质、脂类及生物活性物质等组分组成与含量差异显著，不同原料加工的制品品质功能有明显区别。与国外相比，我国拥有丰富的原料品种资源，而原料品种加工特性与品质评价技术，特别是加工适宜性评价指标体系的建立却才刚刚起步。近年来，虽然已开展原料品质评价与加工适宜性研究，筛选得到诸多加工专用品种，但大多集中在组分组成、含量与食品品质的功能关系方面，有关特征组分结构指纹图谱、结构形成的加工特性与食品品质功能的关系尚未明确，也未从特征组分结构指纹图谱角度深入剖析其加工适宜性的分子生物学机制。今后应明确适应不同冷链环境下速冻食品原料性状，系统研究速冻食品原料的组分特征指纹图谱与加工适宜性的生物学基础。

2）工艺方面

品质调控是食品科学领域的研究热点。欧美发达国家关注大众食品原料的精深加工、综合利用、梯次增值等品质调控与质量提升研究。我国在"十三五"期间实施了国家重点研发计划"现代食品加工及粮食收储运技术与装备"重点专项，紧密围绕国家战略和学科发展需求，开展食品加工过程组分结构与功能的变化机制、生物变化与调控机制、生物合成与转化机制等基础性研究，明确食品组分在加工过程的物理、化学、生物学变化及其对品质的影响，从而实现从原料到产品的过程调控，为发展新型食品加工技术、提升食品产业提供理论依据。目前我国速冻食品加工聚焦在食品加工过程中的物理化学变化，应用反应动力学等优化食品加工工艺以及冷链物流管理与安全，在速冻食品加工过程中的物性学基础、化学基础、组分相互作用与品质调控机制方面的研究目前相对较少，且不深入。速冻食品是一个复杂的、多组分体系，在其加工过程中所涉及的一系列变化均会影响食品品质。食品中三大营养素淀粉、脂质和蛋白质共存于原料中，目前研究主要集中在热加工过程中三者相互作用，而冻结、冻藏、冻融等过程中组分多元相互作用研究较少。加工过程影响因素众多，现有研究尚未系统揭示速冻食品加工过程中组分分子链、聚集、相互作用及其对品质功能的影响。

3）技术方面

近年来，国内外学者围绕传统冻结技术协同磁场、电场、超声、高压、射频等辅助冷冻技术开展了相关研究，实现了加快冻结速度、减小冰晶形成、提高产品品质目标，但其机理尚不明确。速冻食品在超高压、超低温、超声波、高压电磁场等超常条件的理化性质、组分结构变化研究亟待加强。立足新型加工技术对组分结构变化，包括新型技术对蛋白质、淀粉、脂质等生物大分子以及生物活性物质生化变化及对品质的影响，解析速冻食品加工过程中组分相互作用与品质调控机制等，为速冻食品加工提供理论基础与技术支撑。

4）设备方面

国内生产的冻结设备有两大类，即快速冻结设备（速冻设备）和一般冻结设备（主要指慢速冻结设备），由于形式和性能的不同，国产各种冻结设备的冻结速度差别很大。一般鼓风式速冻设备的冻结速度为 0.5~5 cm/h，属慢速冻结；流态化冻结设备的冻结速度为 5~10 cm/h，液氮喷淋冻结设备的冻结速度为 1~10 cm/h，属快速冻结设备。根据冷冻介质的不同，通常有空气冷冻和液体冷冻 2 种。目前，我国的速冻装置大致可分为强烈鼓风式速冻设备、流化床式速冻设备、隧道式冻结设备、螺旋式速冻设备、接触式冻结设备及直接冻结设备 6 大类型，其中前 4 种均是采用空气强制循环式，接触式速冻属于板式热交换，直接冻结设备是采用液体制冷，而国外还出现了液氮速冻设备和喷射搅拌速冻机。自 20 世纪 80 年代中期开始，先后开发研制十多个品种，但目前我国自行研制生产的速冻机的主要技术性能指标以及清洗的方便程度和国外还存在一定的差距。在未来的研究中，要大力引进国外先进技术，在吸收消化的基础上，借助理论分析，实验研究，数值模拟,研制出高效的预冷装置、快速冻结装置,满足食品深加工及我国速冻食品的快速发展。高新技术正在速冻食品中发挥重要作用,目前国内投入应用的新型速冻技术有真空预冷技术、电位水减菌技术、深层冻结技术、液态冻结技术、裸冻技术、冰点冻结、分段冻结等,新型食品加工技术主要包括液氮喷淋深冷速冻技术、阻抗重结晶技术、微胶囊风味保真技术等的应用,能大大促进速冻食品的品质提升。此外,速冻理论研究与产品评价体系的建立将为速冻食品的进一步大力发展提供支持。

2. 我国速冻方便食品发展法律法规现状与发展趋势

我国先后颁布了速冻方便食品的多种标准,特别是米面类速冻食品等多套专门性标准,有效地规范了速冻食品生产、贮藏等环节,保障了速冻食品质量安全,促进了速冻食品行业的正常发展。"十三五"以来,又陆续修订、制定了新的标准,涵盖冷冻肉及其制品、速冻米面食品、速冻水果、速冻蔬菜、速冻海鲜等。特别是 2016 年以来,有关速冻生鲜水果的技术和安全生产标准越来越全面。但是自 2020 年以来,由于疫情的影响,多项需要修订的标准及需要制定的新标准进展缓慢,影响了企业发展和行业的进步。现行有效的速冻产品相关的标准有 121 个,其中国家标准 11 个,行业标准 41 个,地方标准 27 个,团体标准 42 个(表 7-1)。

表 7-1 速冻方便食品相关标准

标准号及产品标准	名称	发布日期
CXS 103—1981	速冻蓝莓标准	2019 修订
CXS 41—1981	速冻豌豆	2019 修订
CXS 52—1981	速冻草莓	2019 修订
CXS 69—1981	速冻覆盆子	2019 修订
CXS 75—1981	速冻桃标准	2019 修订
CXS 76—1981	速冻越橘标准	2019 修订
DB22/T 1806—2013	速冻甜玉米粒	2013/4/1
DBS44/ 007—2017	预包装冷藏、冷冻膳食	2017/9/12
GB 19295—2021	速冻面米与调制食品	2021/9/7
GB/T 23786—2009	速冻饺子	2009/5/18
LY/T 3096—2019	速冻山野菜	2019/10/23
NY/T 1069—2006	速冻马蹄片	2006/7/10
NY/T 2976—2016	绿色食品 冷藏、速冻调制水产品	2016/10/26

续表

标准号及产品标准	名称	发布日期
NY/T 2983—2016	绿色食品 速冻水果	2016/10/26
NY/T 952—2006	速冻菠菜	2006/1/26
NY/T 1406—2018	绿色食品 速冻蔬菜	2018/5/7
NY/T 1407—2018	绿色食品 速冻预包装面米食品	2018/5/7
SB/T 10379—2012	速冻调制食品	2012/12/20
SB/T 10412—2007	速冻面米食品	2007/1/25
SB/T 10423—2017	速冻汤圆	2017/1/13
SB/T 10635—2011	速冻春卷	2011/12/20
SB/T 10878—2012	速冻龙虾	2013/1/4
SB/T 11073—2013	速冻食品术语	2014/4/6
SC/T 3702—2014	冷冻鱼糜	2014/3/24
2014T/AHFIA 044—2020	速冻调制肉制品	2020/3/20
T/CAPPMA 03—2019	速冻养殖河豚饺子	2019/12/23
T/CGCC 34—2019	儿童速冻含馅米面食品	2019/7/3
T/JFIA 001—2019	速冻牛排	2019/12/2
T/JFIA 008—2019	速冻烧麦	2019/12/10
T/SYMBJY 000.004—2020	速冻油条	2020/4/26
安全生产标准		
T/NTJGXH 013—2017	芋头速冻加工技术规程	2017/12/31
CAC/RCP 8—1976	速冻食品加工和处理操作规范	2008 年
DB23/T 1417—2011	绿色食品速冻玉米加工技术规程	2011/1/18
DB32/T 1878—2011	鲜花生速冻加工技术规程	2011/8/15
DB32/T 2267—2012	南美白对虾速冻技术规程	2012/12/28
DB32/T 2580—2013	青蚕豆速冻加工技术规程	2013/12/20
DB32/T 2597—2013	鲜食玉米穗速冻加工技术规程	2013/12/20
DB32/T 2994—2016	莲藕片速冻加工技术规程	2016/9/20
DB32/T 3107—2016	禽肉速冻加工技术规程	2016/9/20
DB32/T 3288—2017	甜玉米粒速冻加工技术规程	2017/7/1
DB32/T 3518—2019	西兰花速冻技术规程	2019/1/12

续表

标准号及产品标准	名称	发布日期
安全生产标准		
DB32/T 3662—2019	斑点叉尾鮰鱼片速冻加工技术规程	2019/12/4
DB32/T 450.4—2009	出口芦笋 第4部分：速冻加工技术规程	2009/7/16
DB32/T 954—2006	出口山药 速冻冷藏加工技术规程	2006/10/30
DB32/T 981—2006	出口牛蒡 速冻保藏技术规程	2006/12/20
DB3205/T 138—2018	出口荠菜速冻加工技术规程	2018/12/31
DB3205/T 183—2009	无公害农产品 马兰头速冻加工技术操作规范	2010/2/1
DB3205/T 190—2017	太湖银鱼速冻加工技术操作规程	2017/12/31
DB34/T 1926—2013	速冻甜玉米加工技术规范	2013/7/29
DB37/T 3341—2018	速冻食品制造、肉制品及副产品加工行业企业安全生产风险分级管控体系实施指南	2018/6/29
DB37/T 3342—2018	速冻食品制造、肉制品及副产品加工行业企业生产安全事故隐患排查治理体系实施指南	2018/6/29
DB53/T 730—2015	美味牛肝菌采后速冻保鲜技术规程	2015/11/10
DBS13/ 012—2018	速冻草莓生产卫生规范	2018/12/12
GB 31646—2018	速冻食品生产和经营卫生规范	2018/6/21
GB/T 24616—2019	冷藏、冷冻食品物流包装、标志、运输和储存	2019/8/30
GB/T 25007—2010	速冻食品生产HACCP应用准则	2010/9/2
GB/T 27302—2008	速冻方便食品生产企业要求	2008/8/28
GB/T 27307—2008	速冻果蔬生产企业要求	2008/10/22
GB/T 31273—2014	速冻水果和速冻蔬菜生产管理规范	2014/10/10
GB/T 34317—2017	食用菌速冻品流通规范	2017/9/7
GB/T 36395—2018	冷冻鱼糜加工技术规范	2018/6/7
NY/T 1256—2006	冷冻水产品辐照杀菌工艺	2006/12/6
NY/T 3524—2019	冷冻肉解冻技术规范	2019/12/27
QB/T 4891—2015	冷冻调制食品技术规范	2015/10/10
SB/T 10824—2012	速冻食品二维条码识别追溯技术规范	2012/12/20
SB/T 10825—2012	加工食品销售服务要求 速冻食品	2012/12/20
SB/T 10827—2012	速冻食品物流规范	2012/12/20
SB/T 10877—2012	冷冻对虾购销规范	2013/1/4

续表

标准号及产品标准	名称	发布日期
安全生产标准		
SN/T 1890—2007	进出口冷冻肉类辐照规范	2007/4/6
SN/T 1995—2007	进出口食品冷藏、冷冻集装箱卫生规范	2007/12/24
T/GDCCA 001—2019	冷藏冷冻预包装食品流通作业规范	2019/10/14
T/NTJGXH 010—2017	西兰花速冻加工技术规程	2017/12/31
T/NTJGXH 011—2017	青刀豆速冻加工技术规程	2017/12/31
T/NTJGXH 021—2018	鲜食糯玉米速冻加工技术规程	2018/8/15
T/NTJGXH 030—2018	黄秋葵速冻加工技术规程	2018/9/30
T/NTJGXH 039—2018	荠菜速冻加工技术规程	2018/9/30
T/NTJGXH 043—2018	出口花椰菜速冻加工技术规程	2018/9/30
T/NTJGXH 050—2019	速冻洋扁豆加工技术规程	2019/12/30
T/XYLX 009—2018	盱眙龙虾速冻产品加工技术操作规程	2018/6/1
检验标准		
DB21/T 2620—2016	出口速冻树莓检疫规程	2016/4/27
QB/T 4892—2015	冷冻调制食品检验规则	2015/10/10
SN/T 0223—2011	进出口冷冻水产品检验规程	2011/5/31
SN/T 0396—2011	进出口冷冻畜禽肉检验规程	2011/9/9
SN/T 0626—2011	进出口速冻蔬菜检验规程	2011/5/31
SN/T 0715—1997	出口冷冻食品类商品运输包装检验规程	1997/12/22
SN/T 0795—1999	出口速冻方便食品检验规程	1999/5/5
SN/T 1804—2006	出境速冻豆类检疫规程	2006/8/28
SN/T 3037—2011	进出口速冻方便食品检验规程	2011/9/9
冻结装置及试验方法标准		
DB31/ 643—2012	速冻装置（流态化、螺旋式、平板式）能效限定值及能效等级	2012/10/19
GB/T 22732—2008	食品速冻装置　流态化速冻装置	2008/12/28
GB/T 22733—2008	食品速冻装置　螺旋式速冻装置	2008/12/29
GB/T 22734—2008	食品速冻装置　平板式速冻装置	2008/12/29
T/SDCJ 6—2019	面团冷冻柜	2019/7/24

第三节　方便面及速冻方便食品产业存在的问题

一、原辅料质量不稳定，无法保障食品安全

方便面食品中所用到的面粉存在三方面危害性潜在风险。首先是污染真菌霉素，小麦在生长、加工、运输过程中可能出现呕吐霉素、真菌霉素等污染。其次是重金属污染，可能因小麦品种、产地、生长环境的影响，造成铝含量超标，导致面粉的质量安全风险升高。最后是违禁添加物质，为提高面粉的白度，不法生产商会在面粉中添加过氧化苯甲酰，也称作"面粉增白剂"。另外，棕榈油在使用过程中，过氧化值和酸价的超标，会缩短成品的储存期，影响面块的风味[14]。

除此之外，方便面的调味粉包，脱水蔬菜包和调味酱包等调料包，是将多种烘干粉混合在一起，在混合过程中，如果卫生条件不佳，容易滋生微生物，导致大肠杆菌等细菌超标，从而形成生物性危害。同时，要严格把控脱水蔬菜的农药残留量，避免混入异物，以有效确保质量安全。在生产调味酱包时，需要保持 85～90℃的煮制中心温度，并煮制 20 min。如果卫生和加工条件不佳，容易导致产品中水分含量偏高，无法将微生物完全杀死，从而引起质量安全风险。

二、对"食品添加剂"存在刻板印象，消费者购买存在顾虑

目前，生产方便面制品用到的食品添加剂主要包括酸味料、咸味料、辣味料、甜味料、增味料、香辛料、着色剂、风味增强剂和鲜味剂等十多个种类，而人们通常将食品添加剂认为是非天然的、有害的物质。因此，人们对食品添加剂的刻板印象会影响方便米面食品的进一步发展和提升。随着生活水平的提升，消费者对于"清洁标签"的食品需求日趋旺盛，对使用传统食品添加剂越来越排斥。

三、食品营养单一，长期食用存在健康隐患

方便面主要营养物质是碳水化合物、油脂（棕榈油）及所附带粉包、酱包、蔬菜包，含有味精、盐、植物蛋白水解物，蛋白质、矿物质、维生素及微量元素等相对缺乏，单独食用不能满足人体对营养和健康的需求。此外，方便面中油脂含量高达 18%～22%，一份方便面料包中含盐量 3～6 g，这些都会带来健康问题，与目前"三减"健康饮食理念有所背离。

四、产品感官特性急需增强，加工工艺有待突破

干燥作为方便面加工的最后一道工序具有重要意义，但现有的干燥设备多通过热气流直接对面饼进行干燥处理，热气流的流动方向均为由上而下，在干燥的过程中可能会导致面饼中有些位置无法与热气流进行充分接触，造成干燥效果较差。另外，这种干燥方法会使方便面出现复水性不佳、营养成分损失、热敏性物质被破坏等问题。因此出现了第三代冻干面，又称 FD（Freeze Dried）面，即采用真空冷冻干燥技术将鲜面条、汤、蔬菜速冻，随后在零下 30℃的真空环境中完成脱水干燥，冻干面像其他速食面一样，只需开水冲泡，即可恢复原来的面貌，且色、香、味基本保持不变。影响速冻制品的质量因素有很多，原料质量、面团含水量、馅料品相、皮馅比例和速冻条件等因素都会导致速冻产品质量有所改变。例如，速冻速率过慢导致所形成的冰晶体积较大，进而导致产品开裂，破损率增加；速冻时间过长，也会导致速冻产品失水，出现产品表面出渣掉皮、复蒸后产品口感差、组织结构粗糙、咬劲不足等现象。

五、产品"方便性"不足，即食属性亟待增强

非油炸产品的研发顺应了时代发展，推动方便面行业聚焦"三减"。但非油炸方便面在减少营养物质损失和致癌物质产生时，复水性能和内部多孔性变差，导致品质不尽如人意。为解决非油炸方便面的技术瓶颈，今麦郎联合国内外十多家核心企业与科研院校，构建了一套"高离散高复水非油炸方便面加工关键技术"。创造性地将蒸煮蒸、多段干燥、整形和切丝等技术组合集成起来，研发的非油炸方便面产品复水时间为沸水 3 min，吸水率高达 155%，明显改善了产品的离散性、复水性和口感风味。但目前方便面仍需沸水煮制，无法做到温水冲泡即食，这无法满足消费者对于方便食品的需求。

第四节 方便面及速冻方便食品产业高质量发展建议

一、生产标准化食品原辅料

人们对食品质量安全的要求在逐步提高。对于方便食品采用的原辅料应该把好质量关，实现原辅料可溯源以及标准化生产，完成原辅料加工中的靶向提质、精准改性等方面技术突破，是预防"酸菜坑"事件再次发生的关键手段。对于主要依赖进口的蛋白质、脂肪、纤维素等专一性食品工业基料、发酵剂，应加大自主研发力度，以降低高附加值产品的生产成本，推动质量创新。同时，根据方便食品的质量特点，结合相应的食品法规、食品原料标准，制定符合相应方便食

要求的原料内控标准，并且按此标准进行验收。例如，速冻食品对面粉中蛋白质要求较高，在制定标准时就应有所体现。在速冻食品的原料验收中就要严格执行验收标准，这样才能够保障原料的优质品质。同时应开发快速、灵敏、便捷的多靶标食品安全危害物质的检测，严格筛选原料质量，加强源头控制，确保原料的原辅料质量关。

二、使用"天然"食品添加剂

我国自然资源种类丰富，与其他国家相比，发展天然食品添加剂更有优势。目前，我国生产的部分食品天然添加剂受到世界各国的青睐。例如，天然色素在日本的销售额达到了日本市场总额的 90% 左右，在美国占 80% 左右。随着人们生活质量的提高，人们更加追求饮食安全，而天然食品添加剂正符合人们的饮食追求。在保证产品质量的同时，通过科技手段使用天然添加剂等方式以降低方便食品工业化的痕迹，提升产品营养价值，在未来会更受市场欢迎，将逐渐成为食品添加剂发展的主流。

三、实现向营养与功能并济的产品方向转型

全民健康生活方式膳食行动倡导的"三减+三健"，"减盐"居于首位，其次是减油和减糖。消费者对方便食品的需求已经出现了改变，健康、营养成为新的趋势，而其消费思维与消费行为正在倒逼着产业端的创新升级和产品迭代。如何利用富含膳食纤维的食物原料和新型膳食纤维的添加，开发多种全营养健康的方便食品，通过"非油炸技术"改进工艺，以此保留产品中的营养物质，紧紧围绕"健康、营养"，开展方便食品高端产品的创新研发，实现"吃得安全、吃得营养"是方便食品产业在未来的重点关注内容。

四、提升工艺科技创新水平

在现有消费文化的加持下，食品以"网红"的身份借助互联网线上渠道，在全国范围内扩散，会掀起激烈的"同类"食品竞争。有市场竞争自然也会出现技术竞争，所以即便是同一品类的产品，因为市场竞争的需要，厂家必须在技术上投入大量的精力。例如，速冻方便食品通过改善水分含量、调控蛋白质、脂肪和碳水化合物比例以实现产品品质提升。

五、开发多元化产品

在传统方便面中添加杂粮、蔬菜、营养素正成为面条发展的主流趋势，还

有针对特殊人群（如婴幼儿、特殊疾病患者）开发的花色面条、营养强化面条等。我国方便面企业研发一定要改变只重口味、口感的现状，要探索工艺、设备创新，优化方便面生产工艺条件，充分发掘我国传统美食潜力，利用现代科学技术加快传统优质面条工业化、规模化、标准化进程。例如，适用于儿童的低盐营养面，适用于学生的高蛋白、高钙方便面，适用于白领阶层的低盐低脂方便面等。

参 考 文 献

[1] 工业和信息化部消费品工业司. 《食品工业发展报告》. 北京: 中国轻工业出版社, 2019: 63-71
[2] WINA. 方便面的世界总需求 TOP15. (2020-05-11)
[3] 刘潇潇, 李冬阳. 方便食品行业迎四大变局: 发展趋向成熟稳健. 粮油市场报, 2022-12-03(001)
[4] 冯燕芳. 出口方便面质量风险分析及管理对策. 现代食品, 2019(13): 15-16
[5] 邱弋桐, 张建成. 我国方便食品行业的发展现状分析与未来对策. 商场现代化, 2021, (20): 1-5
[6] 马嘉. 方便面企业加速高端化突围. 中国商报, 2022-08-26(006)
[7] 王薇. 科技筑基龙头企业引领方便面行业健康发展. 中国食品报, 2022-05-25(004)
[8] 苏慕涵. 方便食品行业创新发展 4.0 时代到来. 华夏酒报, 2019-08-20(C04)
[9] 王薇. 勇立潮头方便食品行业以创新向未来. 中国食品报, 2022-08-10(004)
[10] 王梦菡. 速冻制品存在的问题及解决措施. 食品安全刊, 2020(24): 72-73
[11] 赵曦. 和家庭厨房"零距离"速冻方便食品创新别有"冻"天. 消费日报, 2021-08-11(A03)
[12] 2021 年中国速冻行业竞争格局与发展前景研究报告. (2021-08-10)
[13] 中商产业研究所. 2019—2023 年中国方便食品行业市场前景调查及投融资战略研究报告. 深圳: 深圳中商产业研究院, 2016
[14] 张班文卓, 张艾青. 互联网时代下网红食品存在的隐患及解决建议. 食品安全导刊, 2021(27): 2
[15] 韦应. 食品安全问题及食品检测发展方向研究. 食品安全导刊, 2022(09): 3
[16] 孙子婕, 全继刚. 网红食品的销售推广现状、问题及其对策. 上海商业, 2021(05): 46-48
[17] 屠振华, 董一威, 屠斌华, 等. 我国方便食品标准体系现状及展望. 粮油食品科技, 2022, 30(03): 90-95
[18] 韩佩瑶. 浅析互联网时代下网红食品的品牌传播. 中国食品工业, 2022(04): 112-115
[19] 食评方. 中国零食产业加速驶入 4.0 时代. 成都: 成都食评方文化传播有限公司, 2019
[20] 任伟伟. 我国休闲食品的现状及发展趋势. 现代食品, 2022, 28(14): 6
[21] 李婷婷, 朱勇辉, 马娟娟. 食品添加剂发展研究进展. 食品安全导刊, 2022(01): 159-162
[22] 刘景圣, 刘美宏, 谢佳函, 等. 方便即食食品研究现状与发展趋势. 吉林农业大学学报, 2018, 40(4): 511-516
[23] 王薇. 变局之下方便食品行业在创新中蝶变. 中国食品报, 2022(01): 1-4

第八章 预制菜产业

第一节 研究背景

随着全球经济的高速发展和社会在疫情环境下的变化,消费者对于食品的消费习惯和倾向模式日渐趋向追求便利。这种情况主要归因于以下几点:(1)人口老龄化;(2)女性参与工作的时间增长;(3)烹饪技能下降;(4)对新体验的渴望;(5)个人主义;(6)用餐时间不稳定。这些因素导致国际预制菜消费量的增加。家庭烹饪的菜肴越来越多被工业加工的预制菜取代,其优点是在食用前只需要极简的复热。国际预制菜行业影响力较大的地区集中在欧盟、北美以及亚洲,法国和英国为欧盟预制菜行业的领军国家。英国社会的老龄化以及小规模家庭的增加使得英国民众对方便、美味的预制菜需求显著上升。2010年以来,英国的预制菜产业市场估值已超过249亿英镑,且以每年4%的增长率持续上升。日本预制菜行业在亚洲起步最早且发展最为成熟。日本本土食品资源匮乏,对冷冻保鲜食品具有一定需求,因此日本政府大力扶持速冻食品企业以及冷链建设,推动了预制菜产业在日本国内的快速发展。1974年日本速冻调理食品的年销量仅20万吨,至2020年已超过140万吨。近10年间日本15~64岁人口的绝对数量减少,单身人口增加,使得预制菜的销售量再创新高。据报道,2020年日本人均消费预制菜已达到11.04kg。美国作为北美预制菜行业领头羊,为了适应人口多元化以及社会复杂化,预制菜企业推出了种类繁多的产品,如太平洋沿岸菜系、西南菜系、Cajun菜系、南方黑人菜系、纽约菜系和新英格兰菜系。丰富的预制菜品种吸引了大量消费者的青睐,而美国近5年来食品加工技术的革新进一步完善了预制菜市场,2020年美国的预制菜产业市场规模已达到454亿美元,远超日本的238.5亿美元。

国际预制菜行业呈现"多点开花,百花齐放"的发展现状,以欧盟、亚洲、北美为核心逐渐向周边地区扩散。面对经济全球化的推进和疫情的冲击,国际预制菜产业的发展迎来了新机遇。从以上数据可以看出,虽然国际预制菜产业起步较早并已进入市场多年,但消费者的消费热度只增不减,预制菜产业的国际发展趋势整体向好。

2019年以来，预制菜已大面积渗入中国消费者的餐桌。如今，不少经典名菜都可在家里轻松制作，以"30分钟一桌菜""让厨房小白秒变厨神"为招牌的预制菜产业发展迅猛，迅速成为消费者的新宠。

随着我国经济水平的提高和城市上班群体的快节奏生活常态化，一些新型生活和消费方式如懒宅经济、单身经济、健康经济、颜值经济等不断涌现。一项关于我国居民近十年间对于食品消费观念转变趋势的调查显示，有67.1%的人认为传统烹饪方式麻烦，90.10%可以接受速冻主食，18～30岁年龄段仅有8.8%的人表示享受烹饪的乐趣。预制菜不但契合了快节奏的都市生活，还顺应了年轻人"虚拟订单，现实取货"的"宅文化"。2020年进入疫情时代以来，长期的居家生活以及就地过年的倡导让预制菜顺势C位出道，需求量激增。天猫公布的2021十大"新"年货数据中，属于预制菜的"半成品年夜饭"高居榜首，销量同比2020年增长了160%。《2022年淘宝年夜饭报告》显示，预制菜销量在春节前夕同比增幅超181%。京东生鲜的年夜饭预制菜整体销售额突破千万元，同比增长94%。此外，新冠疫情使我国餐饮市场遭受了巨大的打击，同时也迫使餐饮企业寻求变革。疫情时代，不少餐饮企业放缓门店扩张，自建中央厨房和优化供应链。中国连锁经营协会数据显示，国内有超过74%的连锁餐饮企业采用中央厨房做集中配送，对第三方代工菜品的需求增加，逐步与预制菜企业达成合作。

自2016年以来，国家陆续出台发展绿色食品产业等重大项目建设，为预制菜行业的发展奠定了基础，多地出台的加码扶持政策推动了预制菜产业的快速发展。对于消费者而言，预制菜赋予了高效率的生活和品质追求，比普通外卖更具有仪式感和烟火气，因此得到了大众的青睐。

1920年，随着世界上第一台快速冷冻机在美国试制成功，预制菜的雏形——速冻加工食品应运而生。西餐饮食具有结构单一的特点，催生了不需要复杂制作加工的汉堡、比萨、炸鸡、薯条等预制菜，并很快实现了工业化和标准化。20世纪60年代，以SYSCO为龙头的企业解决了预制菜产业两大难题：食材配送供应链问题和冷链仓储问题，使得预制菜在市场中的接受度大幅度提升。80年代初期，预制菜在欧洲国家逐渐兴起。截至2020年，美国预制菜整体市场规模超过454亿美元。预制菜的发展历程如图8-1所示。

20世纪50年代，日本预制菜产业出现萌芽。第二次世界大战后，日本经济的腾飞和冷链技术的发展为预制菜产业奠定了坚实的基础。由于1964年东京奥运会、世博会对预制菜的大量采购，再加上便利店的兴起，日本民众对预制菜的认知逐渐从小范围接受到大规模喜爱。随着日本社会进入老龄化、少子化，日本预制菜的需求量不断加大，预制菜市场稳步增长。截至2020年，日本预制菜市场规模超过238.5亿美元，市场渗透率超60%。详见图8-2。

萌芽期

1940s—1950s：工业化程度提升和人口密度增加带来餐饮业发展，速冻技术提升，刺激速冻类预制菜食品销售增长，行业复合增长达到35%以上。

成长期

1950s—1970s：第二次世界大战后婴儿潮一代逐渐走向成年，人口持续增长带来大规模餐饮增量需求，叠加美式快餐巨头纷纷成立，倒逼食材标准化快速推进，为预制菜发展提供契机。预制菜销量复合增速在10%以上。

成熟期

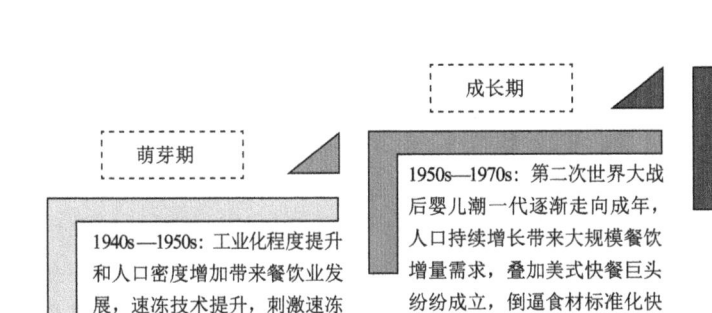

1970s—1990s：预制菜在餐饮行业、大众消费市场渗透率提升，行业增速趋缓，预制菜整体销量复合增速稳定在1.5%左右。

图 8-1 预制菜行业发展概述

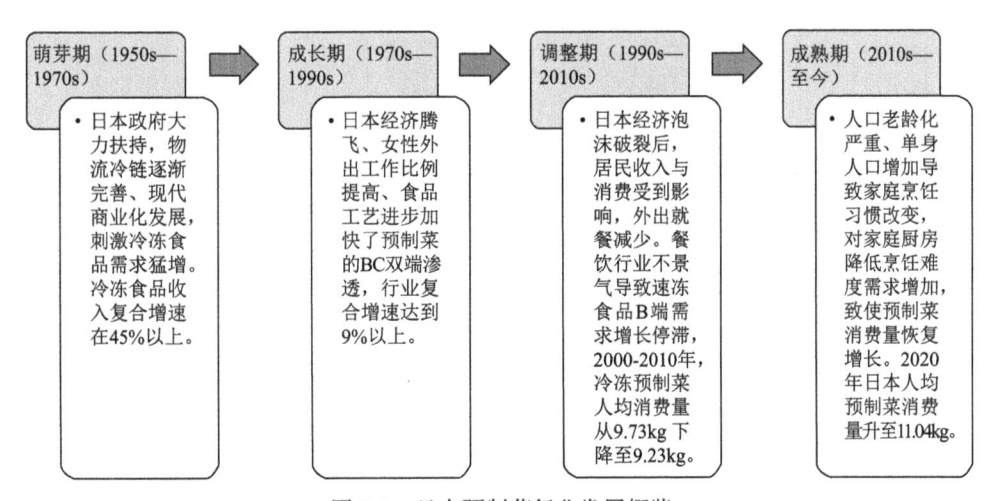

萌芽期（1950s—1970s）
- 日本政府大力扶持，物流冷链逐渐完善、现代商业化发展，刺激冷冻食品需求猛增。冷冻食品收入复合增速在45%以上。

成长期（1970s—1990s）
- 日本经济腾飞、女性外出工作比例提高、食品工艺进步加快了预制菜的BC双端渗透，行业复合增速达到9%以上。

调整期（1990s—2010s）
- 日本经济泡沫破裂后，居民收入与消费受到影响，外出就餐减少。餐饮行业不景气导致速冻食品B端需求增长停滞，2000-2010年，冷冻预制菜人均消费量从9.73kg下降至9.23kg。

成熟期（2010s—至今）
- 人口老龄化严重、单身人口增加导致家庭烹饪习惯改变，对家庭厨房降低烹饪难度需求增加，致使预制菜消费量恢复增长。2020年日本人均预制菜消费量升至11.04kg。

图 8-2 日本预制菜行业发展概览

中国预制菜产业起步较晚，初期受制于行业消费者认知不高、餐饮专业化分工程度低、冷链运输建设不完善等因素发展缓慢（图 8-3）。2014年开始受外卖经济、宅家/懒人经济、疫情和物流体系完善等多种因素的综合影响，预制菜行业在近几年迎来了快速发展期。

20世纪90年代后期，随着麦当劳、肯德基等国外快餐品牌进入我国，餐饮连锁化逐步扩大，净菜配菜开始出现，预制菜行业进入萌芽期。2000年左右，陆续有了生产半成品菜的预制菜企业，但由于速冻技术和冷链物流成本和区域的局限，市场渗透较慢。2010年，预制菜首次出现在B端餐饮市场，工业化主食、预调理肉制品随着可食用农产品加工热潮的到来而得到发展，这类肉制品中出现了即烹型预制菜产品。2014年，以美团、饿了么为代表的外卖行业兴起，推动了料理包供给市场,其中工业化菜肴尤为成功,消费者也开始逐渐认可预制菜。此外,餐饮企业的连锁标准化也推动了预制菜在B端加速渗透。2016年国务院办公厅国办发〔2016〕93号文提出"鼓励主食工业化发展,研制生产一批传统米面、杂粮、预制菜等产品"。2020年,随着疫情的来临,人们对预制半成品及成品菜肴的需求激增,预制菜从B端延伸到C端发力,走进生鲜超市,布局电商平台,从南到北,煎炒焖炖,预制菜火出了圈。叮咚买菜数据显示,春节期间预制菜的销量同比增长超3倍,7天售出300万份,客单价增长超过1倍多,火锅快手菜创下单日售出20万锅的记录。2021年农业农村部农产发〔2021〕2号中出现"创新发展农商直供、预制菜肴、餐饮外卖、冷链配送",从政府层面明确了"预制菜肴"的类型。同年4月,预制菜第一股"味知香"登陆A股,并取得了连续13个涨停板的业绩表现,足见资本市场对其肯定。

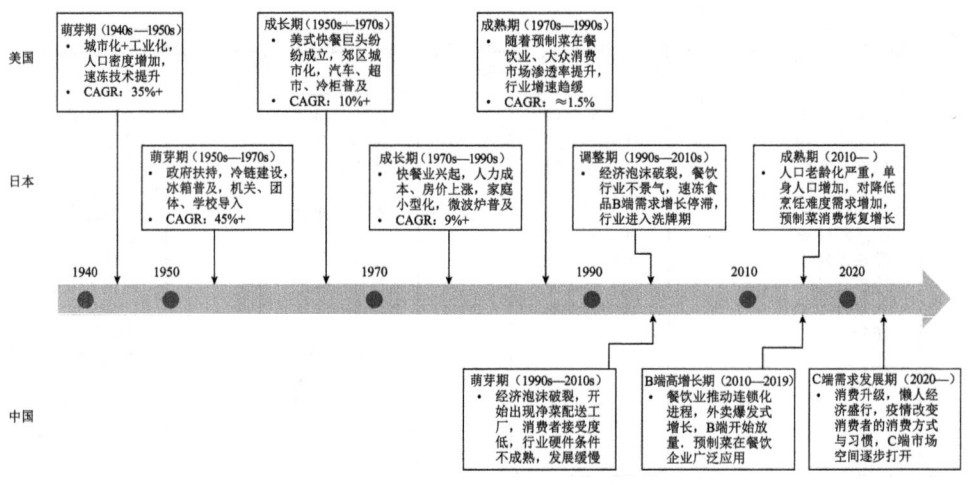

图 8-3 美国、日本和中国的预制菜发展历程

(资料来源:消费界,智研咨询,国联证券研究所)

第二节 预制菜产业现状与发展趋势

一、全球预制菜产业现状与发展趋势

2021年东京预制菜热销产品前五名为海文铭佛跳墙、眉州东坡肘子、西贝羊蝎子、正大猪肚鸡和安井酸菜鱼。2021年预制菜热门食材前十名为鱼肉、海鲜、猪肉、鸡肉、牛肉、豆类、羊肉、鸭肉、茄科类和菌菇。预制菜产品不断升级迭代,产品形态日益多样化。肉制品仍是预制菜主要品种。营销多元化,线上线下同时布局。新媒体营销平台崛起,助力产品高效且精准触达用户。从注重渠道逐

步转化为注重品牌建设。

国际影响力较大的预制菜企业主要集中于美国和日本。美国市场规模较大的预制菜企业有雀巢、卡夫亨氏、康尼格拉、泰森以及 Sysco。其中，2020 年雀巢以营收 903 亿美元、利润 130.4 亿美元的数据高居榜首。雀巢产品涵盖粉状和液体饮料、预制菜和冷冻食品等多个品类。雀巢的预制菜拥有美式、德式、意式菜系等。2020 年预制菜和冷冻食品收入约 115 亿美元，占总营收的 13.6%，雀巢通过不断并购丰富产品品类，并进行扁平化的模块管理。日本预制菜企业主要有神户物产、福礼纳斯、日冷、味之素等。2022 年味之素以 11000 亿日元营收、992 亿日元利润居日本国内首位。味之素主营业务为调味品/食物、冷冻食品、医疗保健等，销售渠道以 C 端为主，占比 65%，1970 年开始向美国出口预制菜产品，目前国内外营收各占一半。

预制菜相对于传统餐饮方式具有一定的成本分布优势（图 8-4）。首先，预制菜企业通过规模化生产和标准化加工，能够降低原材料采购成本。大规模采购可以获得更低的价格并确保供应稳定。其次，预制菜企业通过自动化设备和流程优化，降低人工成本。相比传统餐饮业需要大量厨师和服务人员，预制菜企业的生产线可以实现高效率和低人力成本。此外，预制菜的供应链管理也能够降低运营成本，如减少库存损耗和物流费用。这使得预制菜能够以相对较低的价格提供给消费者，符合大众市场的需求。

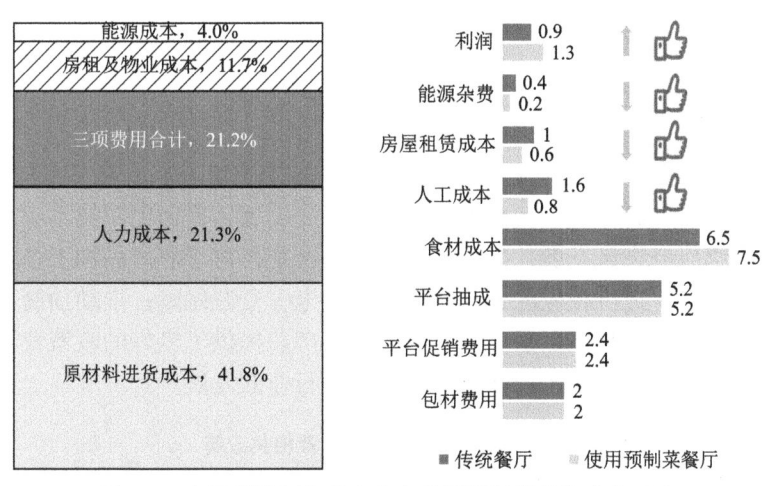

图 8-4 中国餐饮行业成本分布使用预制菜单位成本对比

随着经济的发展和城市化进程的推进,中国居民的人均可支配收入逐渐增加。居民对于饮食的需求也从简单满足温饱转向追求品质、口感和便利性。预制菜作为一种方便快捷的食品选择，能够满足居民对于多样化和高品质饮食的需求。而且，随着居民收入的增加，他们更加注重时间效率和便利性。预制菜提供了即时可食、无需繁琐准备的餐饮选择，符合现代消费者快节奏生活的需求。

随着中国社会人口结构的变化，年轻一代消费者的占比逐渐增加。这部分年轻人对于便捷、多样化和个性化的食品需求更高，对于传统烹饪方式的时间和技术要求较高预制菜能够提供即时可食、多样化的选择，迎合了年轻人的消费习惯和口味需求（图 8-5）。预制菜能够提供即时可食、多样化的选择，迎合了年轻人的消费习惯和口味需求。此外，随着中国城市化的不断推进，快餐市场需求也不断增长。预制菜作为一种快速、方便的餐饮方式，在满足人们日常需求的同时，也弥补了快节奏都市生活中美食的缺失。

图 8-5 预制菜使用流程

中国政府出台了一系列支持食品产业发展的政策和措施（表 8-1）。这些政策包括促进冷链物流建设、支持农产品加工产业发展、提倡创新技术应用等。例如，国家鼓励冷链物流发展，保障食品质量和安全；对于农产品加工企业给予税收和资金支持，并提供相应的土地、供水、用电等资源保障；推动预制菜行业标准化建设，提高行业整体水平等。这为预制菜产业提供了良好的政策背景和发展机遇，使其能够更好地满足消费者需求并推动行业的发展。

表 8-1 2022 年各地与制裁相关政策

发布时间	地区	政策名称	主要内容
2022 年 3 月	广东	《加快推进广东预制菜产业高质量发展十条措施》	构建预制菜流通体系；培育一批跨区域的预制菜仓储冷链物流龙头企业；开展营销活动，鼓励预制菜企业创建加盟网店；要推动预制菜走向国际市场
2022 年 7 月	江苏	《江苏省冷链物流发展规划（2022—2030 年）》	《规划》提出要畅通生鲜消费品冷链双向通道，推进电商、邮政快递企业整合产地冷链物流资源；聚焦重点领域，提升专业冷链服务水平；创新发展"冷链物流+新零售"模式，依托"一县一业""一村一品"品牌，强化电商快递冷链全程温控和质量管控，扩大品牌农产品影响力和销售范围

续表

发布时间	地区	政策名称	主要内容
2022年8月	河北	《保定市加快推进中央厨房预制菜产业高质量发展八条措施》	全力支持预制菜产业从原料供应、生产加工、物流储运到市场销售等多环节、各领域融合发展。建立预制菜产销大数据和行业指数平台，实现预制菜产业融合化、标准化、工业化、品质化和数字化
2022年10月	河南	《河南省加快预制菜产业发展行动方案（2022—2025年）》	《行动方案》分总体要求、重点任务、保障措施三个部分，旨在明确我省预制菜产业的发展定位、总体思路、重点任务、推进机制。以需求牵引、创新驱动、品牌培育、标准创设为重点，推进一、二、三产业融合发展，建设全国重要的预制菜生产基地
2022年11月	山东	《关于推进全省预制菜产业高质量发展的意见》	《意见》围绕建强全产业链、拓展多维市场、构建标准体系、提升创新能力等方面明确了16条具体措施，推动预制菜产业高质量发展
2022年11月	福建	《加快推进预制菜产业高质量发展的措施》	《措施》围绕打造预制菜产业集群、培育壮大预制菜龙头企业、支持仓储冷链建设、搭建预制菜公共服务平台、构建预制菜品牌营销渠道、建立预制菜产业保障制度等6个方面提出了21条措施。到2025年，建设30个现代农业产业园、20个优势特色产业集群

企查查相关数据表明，我国现存预制菜相关企业6.71万家，2020年新增1.28万家，2021年新增4209家。预制菜的主要优势在于同传统餐饮相比更方便，比外卖更干净卫生，比团餐生鲜更便捷。通过原材料加工，以冷链物流流通到下游销售端，最后传递至消费者手中，形成稳定的产业价值链（图8-6）。

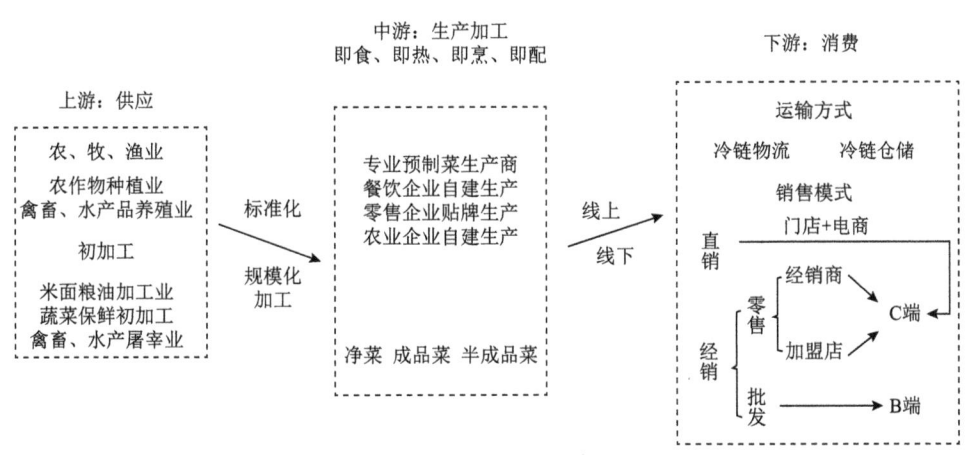

图8-6 预制菜产业链

上游——渠道多样且积累量大。产业链上游的企业以供应农、牧、渔和果蔬等基础农副产品为主。相关企业整体分布分散，有实力的中游厂商会介入上游环节，少部分企业已向中下游延伸。此外，上游专业企业种类较多，其中一些农业企业依托原材料优势和渠道积累，有机会向下布局并发展预制菜业务。

中游——加工业发展向好。中游企业作为生产加工方参与产业链的运作，参与者类型多样且实力水平参差不齐。目前预制菜主要依靠食品预处理以及中央厨房加工，从食材集中采购到统一配送的一体化供应链服务以实现降本增收。预制菜加工分即食、即热、即烹和即配，参与者主要涉及专业预制菜厂商、餐饮企业自建央厨、农业自建企业、零售型企业代工、传统速冻食品企业等，主要以技术发展、工业化建设为驱动来提高菜品还原程度、稳定产品品质。

中国预制菜区域典型企业分布如下：江苏省有味知香、好得辣、珍味小梅园及盒马工坊四家；广东省同样分布有四家，包括广州酒家、真牛馆、国联水产和钱大妈；湖南省有聪厨、彭记坊及唐人神三家企业；河南省有三全食品、千味央厨和锅圈三家；四川省则有王家渡食品和新希望六和；上海分布着两家，即正大厨艺和叮咚买菜；福建省有安井食品和沈农；安徽省、山东省、浙江省及内蒙古分别有一家预制菜典型企业，分别为同庆楼、龙大肉食、知味观和快乐星厨。

表 8-2　预制菜行业商业模式

企业类型	产品模式	渠道模式	产品打造基础	生产方式	优势	劣势	代表企业
专业预制菜企业	料理包、速冻调理生制品、厨师菜	C端加盟店模式居多，大B端酒店、连锁餐饮、团餐占比大，小B端面向外卖客户	专业性较强，针对B端做定制化产品，C端聚焦爆品打造	区域性工厂，通常只有1~2个工厂，部分找OEM代工	预制菜行业渠道运营、产品打造经验丰富	工厂规模较小，许多专注于最擅长的2~3个品类，客户相对较集中，工厂自动化程度不高	蒸绘煮、味知香、信良记、真滋味、好得睐、绿进等
原料供应农牧水产企业	速冻调理生制品、油炸制品、料理包	通常从原来有过合作基础的餐饮企业切入，西式快餐类大B客户为主	依托于原有的初加工产品进行深加工，产品力强	自有生产基地，与原有初加工产品生产线可共用的部分	原材料成本优势，供应链能力强。对于原材料特性更为了解，品控管理能力强，规模化生产优势强	终端消费需求的把控能力不强，分销渠道能力以及品牌打造能力较弱	双汇食品、圣农发展、正大、真牛馆、国联水产、龙大美食等
传统速冻食品企业	厨师菜、速冻调理生制品、油炸制品	小B端流通市场为主，C端KA/BC商超占比多	基本以标准化产品为主，爆品打造能力强	自有生产基地，生产基地靠近原产地，部分找OEM代工	擅长打造标准品，规模化优势、渠道分销能力强，品牌优势	与原有渠道需要整合嫁接，定制化能力不强	安井、三全、思念、惠发等
餐饮企业	厨师菜	主要面向家庭端，线下门店冷柜摆放产品，C端通过线上电商、直播和线下超市推广	重点为自家招牌菜，更贴近消费者需求打造产品	自建中央厨房，原材料外采，部分OEM代工	充分发挥线下门店品牌优势，产品还原度较好，更能把握消费者偏好	渠道能力弱，高运营成本导致产品单价较高	海底捞、广州酒家、同庆楼、新雅、西贝贾国龙等
零售企业	厨师菜、速冻调理生制品	面向C端消费者，根据自身特点进行线上线下一体化布局	贴合C端消费者需求，打造多品类	基本OEM代工或与餐饮、食品品牌合作	受众人群与预制菜C端消费者更匹配，可利用大数据优势了解消费者需求	OEM品控能力不强，渠道单一，需自建冷链仓储体系，研发能力弱	盒马鲜生、美团网、叮咚买菜等

下游——众多参与者拉动消费。下游是消费市场及餐饮市场，但不同渠道的诉求有所差别，由于"B端餐企工业化升级需求+C端新鲜&健康等饮食习惯+新零售"模式三重共振，使得预制菜市场参与者繁多，也令产业链下游纷繁错乱（表8-2）。B端用户黏性强且占下游市场的80%（图8-7），C端用户因高度分散经营难度大，近几年才逐渐成长，培养空间大（图 8-8）。餐饮是下游市场的主赛道，传统餐饮一般是"央厨+预制菜"的模式。随着需求增加，其种类也日益增加；商超、便利店是预制菜的重要渠道，具备"最后一公里"优势；新零售模式和直播电商平台正成为预制菜新的销售渠道，生鲜电商和社区团购成为新的供给方式。

	价值导向	采购特点	渠道构建	盈利能力
连锁餐饮	综合服务能力 产品性价比	开发周期较长 照合同供应	直销为主	毛利较高
开放式社餐外卖	价格、口味 稳定性	高频、量少 品类多	经销渠道	毛利一般
乡厨	性价比 稳定性	高频、量大 品类多	经销渠道	毛利一般
团餐食堂	性价比、安全 供应规模	高频、量大 品类多	直销为主	毛利较低
酒店宴席	品质、丰富性 研发能力	开发周期较长 量大、品类多	渠道黏性很强	毛利高

图8-7　B端企业预制菜需求量巨大

	渠道优点	盈利能力	费用投放
大型连锁超市	人流量大 宣传效果好 精准营销	毛利高	营销费用高 账期长 竞争较激烈
农批市场	费用投放低 宣传效果较好	毛利较高	费用低
生鲜超市	食材品类齐全	毛利高	费用投放高
电商平台	宣传效果好 消费者画像吻合 精准营销	毛利较高	较高的营销费用 线上门槛低， 竞争激烈

图8-8　中国预制菜C端盈利能力较强

根据目前的市场数据和趋势来看，预制菜在中国的消费者分布构成比较广泛，没有明显的性别偏好，男性和女性都是潜在的消费者群体。然而，根据一些调查和分析，可以看出以下一些特点：女性在购买、烹饪和食物准备方面通常更具有家庭职责，所以在预制菜消费中有着较大的参与度。女性消费者普遍关注家庭成员的健康和饮食质量，会选择购买营养均衡、方便快捷的预制菜来减轻家庭烹饪负担。随着社会结构的变化和男性在家庭中的角色转变，越来越多的男性开始参与到烹饪和家务事务中。男性消费者倾向于寻找解决繁琐烹饪过程的方法，预制菜提供了一个方便快捷的选择，满足他们的需求。此外，预制菜的消费者群体还包括学生、白领、老年人等各个年龄段和职业的人群。每个人群对于选择预制菜的原因和偏好可能有所不同，例如学生可能更关注价格和口味，白领可能更看重健康和方便性。详见图8-9。

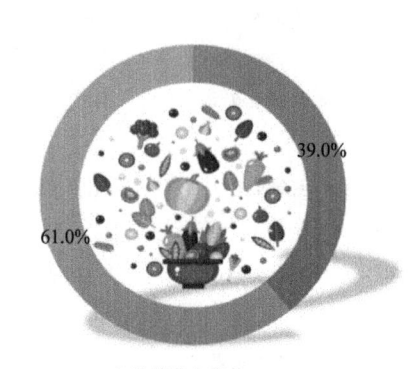

一二线城市消费者居多
23.4%的消费者分布于一线城市，23.9%的消费者分布于新一线城市，24.7%的消费者分布于二线城市。

已婚人群居多
79.1%的消费者已婚，其中已婚已育的消费者占69.3%。

中青年为主
22~40岁消费者占比达87.4%，其中31~40岁消费者占比为49.4%。

女性消费者居多
女性消费者占比达61.0%，男性消费者占比为39.0%。

图 8-9　预制菜消费者分布

预制菜购买的核心需求主要包括以下几个方面。

（1）健康与营养：消费者对食品安全和营养价值越来越关注。他们希望能够选择到经过严格控制的原材料和制作工艺，符合膳食营养需求的预制菜。消费者更倾向于购买高品质、低添加剂、低油盐的预制菜，以满足健康饮食的要求。

（2）方便快捷：现代生活节奏快，许多人缺乏时间和精力进行烹饪。预制菜提供了一种方便快捷的解决方案，让消费者可以轻松准备美味的餐食，节省烹饪的时间和精力。只需简单加热或拌匀即可享用，极大地方便了消费者的日常。

（3）多样化选择：消费者对于多样化的食物选择越来越追求。预制菜市场提供了各式各样的品类和口味选择，如蔬菜类、肉类、海鲜类、豆制品类等，满足了消费者对于不同口味和饮食习惯的需求。

（4）品质保证：消费者希望能够买到品质可靠的预制菜产品。他们关注食材的新鲜度、加工工艺的卫生安全以及包装质量，确保所购买的预制菜具有较长的保质期和良好的口感。

（5）个性化定制：一些消费者对于自己的饮食偏好和特殊需求有着较高的关注。预制菜企业可以提供个性化定制的服务，根据消费者的要求来定制菜品的配料、口味、营养成分等，以满足不同消费群体的特殊需求。通过满足消费者的健康营养、方便快捷、多样化选择、品质保证和个性化定制等核心需求，预制菜企业可以更好地满足市场需求，并提供有竞争力的产品和服务（图8-10）。这也将为企业在市场竞争中获得优势，并建立起良好的品牌形象和消费者口碑。

方便快捷 71.7%
美味可口 42.1%
价格实惠 31.1%
体验尝鲜 30.8%
比外卖健康 29.2%
不会做饭 26.3%
不喜欢自己做饭 24.7%
疫情原因不想外出就餐 23.3%
安全卫生 13.5%

图8-10　消费者购买预制菜的原因

消费者喜欢的预制菜品类因人而异（图8-11）。①蔬菜类：蔬菜类的预制菜备受青睐，因为它们提供丰富的蔬菜选择并节省了准备时间。常见的蔬菜类预制菜包括蔬菜沙拉、炒蔬菜、蒸煮蔬菜等。②肉类：肉类的预制菜在消费者中很受

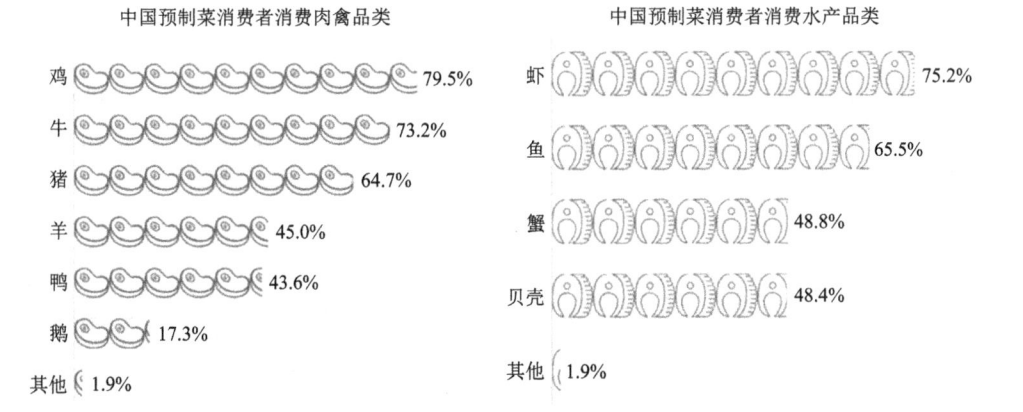

中国预制菜消费者消费肉禽品类

鸡 79.5%
牛 73.2%
猪 64.7%
羊 45.0%
鸭 43.6%
鹅 17.3%
其他 1.9%

中国预制菜消费者消费水产品类

虾 75.2%
鱼 65.5%
蟹 48.8%
贝壳 48.4%
其他 1.9%

图8-11　消费者购买预制菜的品类

欢迎,因为它们提供了多样化的肉类选择和简化了烹饪过程。例如,预制的烤鸡、糖醋里脊、香辣鸡块等。③海鲜类:海鲜类的预制菜也备受消费者喜爱,因为它们提供了新鲜的海鲜口味和便捷的食用方式。常见的海鲜类预制菜包括煮虾、蒸鱼、海鲜水饺等。④素食类:随着素食主义和健康饮食的兴起,素食类的预制菜也越来越受欢迎。这些菜品通常由各种蔬菜、豆制品、谷物等制成,如素春卷、豆腐蔬菜卷、蔬菜炒素等。⑤主食类:主食类的预制菜可以满足消费者对主食的需求,并节省了烹饪米饭、面食等的时间。常见的主食类预制菜包括炒饭、盖浇饭、面条等。此外,还有一些特色的地方菜系、国际美食、特殊饮食需求等预制菜品类也在市场上受到欢迎,如四川口味的麻辣香锅、粤菜风味的叉烧烤肉、意大利面风味的意面等。

根据调查数据和消费者访谈,可以了解到消费者使用预制菜的典型场景和消费时段(图 8-12)。例如,忙碌的上班族更倾向于在工作日晚餐时间购买预制菜,而家庭主妇可能会在早餐或午餐时段选择购买。此外,也可以分析消费者在不同场景下使用预制菜的动机和需求,如公司食堂、便利店、家庭聚餐等。

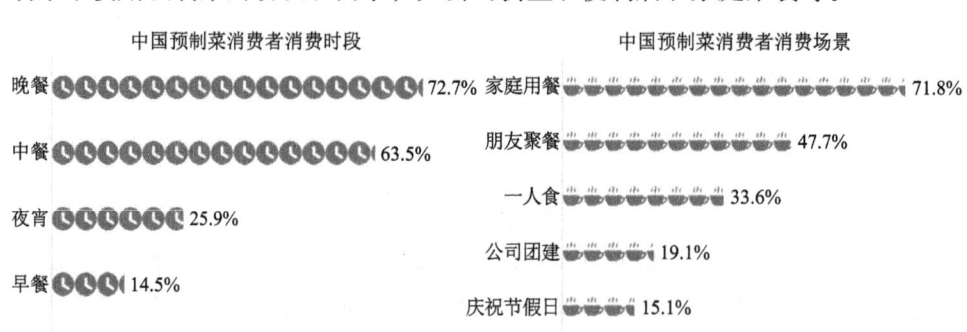

中国预制菜消费者消费时段

晚餐 72.7%
中餐 63.5%
夜宵 25.9%
早餐 14.5%
其他 0.3%

中国预制菜消费者消费场景

家庭用餐 71.8%
朋友聚餐 47.7%
一人食 33.6%
公司团建 19.1%
庆祝节假日 15.1%
疫情囤菜 12.1%

图 8-12　消费者购买预制菜的时段与消费场景

随着电子商务的发展,越来越多的消费者通过线上平台购买预制菜。可以通过调查数据获取消费者的线上购买习惯和选择的购买渠道,如电商平台、社交媒体、手机应用等。同时,也可以了解消费者通过线下渠道购买预制菜的方式,如超市、菜市场等(图 8-13)。

当今消费者对预制菜的评价存在着正反两面(图 8-14)。首先,许多消费者普遍认可预制菜的便利性和快捷性。在快节奏的现代生活中,预制菜可以减少烹饪时间和准备工作,方便忙碌的职业人士和没有烹饪经验的人群。它们提供了各种菜系、口味和风味的多样选择,满足不同消费者的口腹之欲。然而,一些消费者对于预制菜的品质和营养价值表示担忧。有些预制菜可能存在口感不佳、食材质量低劣或添加剂过多的问题。此外,一些消费者还对预制菜的营

电商平台（淘宝/京东等） 62.3%
超市 44.8%
便利店 40.5%
社区团购 32.6%
菜市场 31.8%
预制菜专卖店 27.8%
其他 1.0%

图 8-13　消费者购买预制菜的渠道

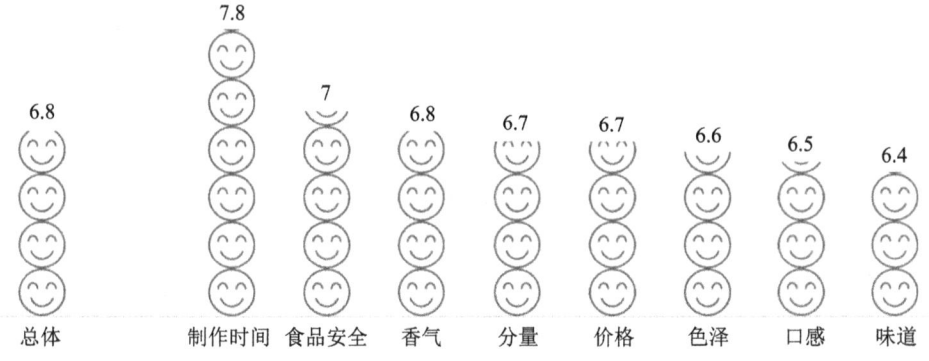

总体	制作时间	食品安全	香气	分量	价格	色泽	口感	味道
6.8	7.8	7	6.8	6.7	6.7	6.6	6.5	6.4

图 8-14　消费者对预制菜的评价

养价值持怀疑态度，担心其中的食材不够新鲜、天然，并且可能含有过多的防腐剂和调味剂。因此，这部分消费者更倾向于自己动手烹饪，以保证食物的新鲜和营养。

　　预制菜的食品安全和口味还原度是消费者期望改善的主要方向（图 8-15）。在现代社会，消费者对食品安全越来越重视，他们希望预制菜能够提供安全可靠的食品选择。因此，预制菜企业需要确保从食材采购到生产加工的每个环节都符合食品安全标准，严格控制食品质量，减少潜在的食品安全风险。此外，口味还原度也是消费者对预制菜的重要关注点。消费者期望预制菜能够尽可能地还原家庭烹饪的口味和美味。预制菜企业需要注重食材的选择和烹饪工艺的精细化，以确保产品口感和味道接近传统手工制作的菜肴。同时，企业可以根据不同地域和消费群体的口味偏好，提供多样化的口味选择，满足消费者的个性化需求。为了实现消费者对食品安全和口味还原度的期望，预制菜企业需要在生产过程中加强质量控制和监管，并与供应商建立长期合作关系，确保食材的新鲜和质量。企业还应持续进行研发和创新，提升食品加工技术，以改进口味还原度，并不断改进产品配方和工艺，提供更加安全美味的预制菜。

加强食品卫生安全管控 53.3%
提升产品性价比 48.3%
提升产品口味还原度 47.5%
产品配料、口味更加多元化 43.7%
丰富产品种类、提升可选性 36.0%
产品食材搭配合理，营养丰富 25.3%
其他 0.8%

价格更加实惠 61.8%
提高菜品卫生 53.3%
配送更快捷 45.5%
购买渠道多样化 44.6%
口味还原更好些 39.2%
创新菜品种类 35.6%
最好不要添加防腐剂 24.0%

图 8-15 预制菜改善的主要方向

中央厨房处于预制菜供应链核心位置（图 8-16）。中央厨房运作模式通过食品原料的统一采购、统一加工、统一配送，设备自动化运作，实现食品生产的标准化、规模化、集约化和信息化，目前正不断向美味化、营养化、健康化、智能化、绿色化方向发展。

中央厨房处于预制菜供应链承上启下核心位置

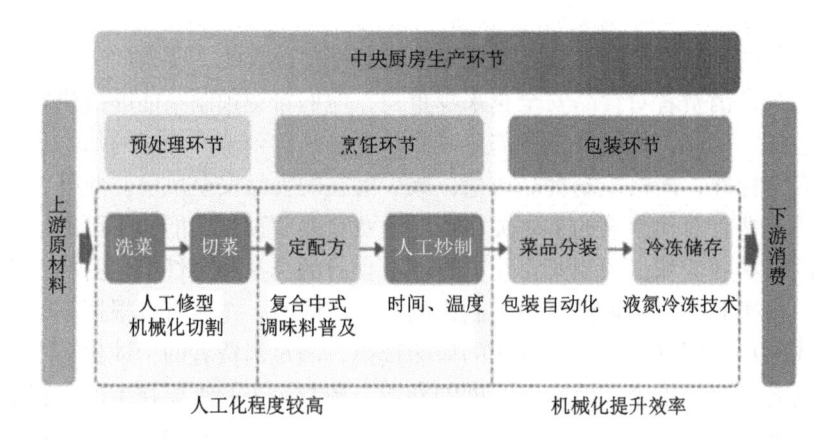

中央厨房生产环节

预处理环节 | 烹饪环节 | 包装环节

上游原材料 → 洗菜 → 切菜 → 定配方 → 人工炒制 → 菜品分装 → 冷冻储存 → 下游消费

人工修型 机械化切割 | 复合中式调味料普及 | 时间、温度 | 包装自动化 | 液氮冷冻技术

人工化程度较高 | 机械化提升效率

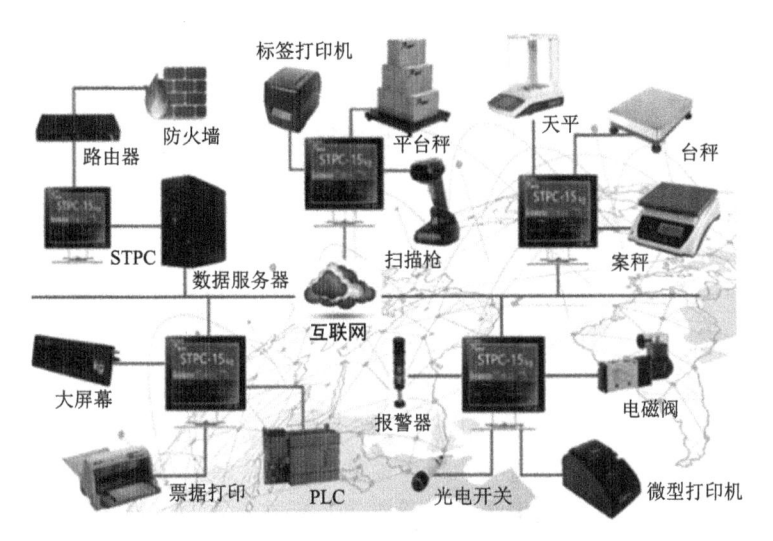

图 8-16 中央厨房的运作模式

冷链物流筑牢预制菜标准化、产业化根基，利好行业发展。中物联冷链委和艾媒数据中心调查显示：2016 年中国冷库总容量为 3035 万吨，而到 2021 年中国冷库总容量增加到了 5224 万吨（图 8-17）。

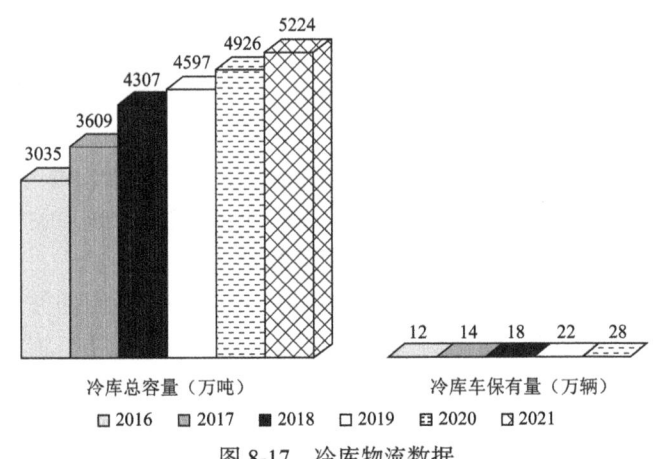

图 8-17 冷库物流数据

近年来制定预制菜行业标准、支持措施如下。

2022 年 6 月 2 日中国烹饪协会发布了四项团体标准，分别为《预制菜》《轻食营养配餐设计指南》《工业化标准化中式高汤》《工业标准化中式浓汤》。

2022 年 7 月 21 日广东省市场监督管理局在全国率先立项制定《预制菜术语及分类要求》《粤菜预制菜包装标识通用要求》《预制菜冷链配送规范》《预制菜感官评价规范》《预制菜产业园建设指南》等 5 项预制菜地方标准。

2022年10月27日河南省人民政府办公厅印发《河南省加快预制菜产业发展行动方案（2022—2025年）》，明确了要建立预制菜产业标准体系，加快制定预制菜团体标准、地方标准、行业标准，积极参与国家标准、国际标准制定的重点任务。

2022年5月18日江苏省消保委制定《预制菜点质量评价规范》团体标准。

2022年11月26日长三角消保委《长三角预制菜点质量及服务评价规范》，该团体标准从原材料、加工、包装、标签标识、贮存配送、还原度以及食品安全指标等多方面提出了明确要求。

过去，难以对预制菜质量形成有效监管，缺少专门的冷链运输规范。2022年以来，各地政府部门、产业组织和企业发布了30余部预制菜相关标准。政府主导发布的标准将明确预制菜的边界，规范预制菜行业发展，提升产品品质和食品安全水平等，使预制菜企业往集约化、智能化、标准化方向发展。

按照排名-省份-预制菜产业指数依次为：1 广东 82.32、2 山东 79.46、3 福建 71.03、4 江苏 69.71、5 河南 57.87、6 河北 48.23、7 辽宁 38.90、8 安徽 32.69、9 浙江 31.22、10 四川 28.19、11 上海 27.15、12 湖北 25.43、13 湖南 24.95、14 吉林 24.08、15 北京 22.58、16 广西 19.67。

1. 广东省

广东省预制菜产业发展时间线：

2020年在全国率先从省级层面上系统化、组织化统筹发展预制菜，探索预制菜产业发展的新路径。

2021年成立广东预制菜产业联盟-借助RCEP正式生效向海外出口广东预制菜-广东省预制菜产业发展大会发布产业发展10条措施和18项关键技术成果-广东农产品"保价稳价安心"平台上线预制菜线上专区。

2022年预制菜被写入《2022年省〈政府工作报告〉重点任务分工方案》-省人民政府发布《关于加快推进广东预制菜产业高质量发展十条措施》-创建"1+1+7协同创新体"（重点实验室+中试公开服务平台+健康食品、果蔬、粮食、畜禽、水产、预制菜、农产品综合7个加工示范服务平台）-成立广东省预制菜产业联合研究院-发布预制菜团体标准。

2. 山东省

山东拥有食材优势和食品加工产业优势，预制菜相关企业约有15000家。2022年，2月22日，山东健康肉产业联合会、山东省农业科学院等单位，在潍坊诸城共同发起成立了山东预制菜产业联盟，同时规划建设"高端预制菜食品产业园项目"。诸城市打造"中国预制菜之都"。截至2023年2月，诸城市拥有预制菜生产企业556家，规上企业产值过百亿元，领军企业有诸城外贸、得利斯、惠发、华宝、仙坛、佳士博等。由山东省饭店协会牵头、联合省内相关知名企业制定的山东省首个《预制菜通用设计实施指南》团体标准，于2022年5月17日在济南正式发布。

3. 江苏省

江苏拥有预制菜相关企业5800余家，数量位居全国第三。2021年4月27日，味知香（苏州市味知香食品股份有限公司）在A股主板上市成功，被称为"预制菜第一股"。2021年营业收入7.65亿元，净利润1.33亿元。2022年4月27日，江苏省消保委与江苏省餐饮协会等20余家单位共同起草并发布了全国首个预制菜团体标准《预制菜点质量评价规范》（以下简称《规范》）。针对消费者的关注热点问题，《规范》对预制菜品的原材料、加工、包装、标识标签、贮存配送、还原度以及食品安全指标等多方面做出了明确要求。《规范》这一团体标准的发布，有助于指导相关企业预制菜点制作加工，做到质量评价有规可依，满足消费者的个性化需求。

4. 安徽省

2022年6月6日，安徽省委、省政府举行"新徽菜·名徽厨"行动。省人力资源和社会保障厅、省委宣传部联合发布《"新徽菜·名徽厨"行动方案》，提出3个方面9项措施支持徽菜产业发展。臭鳜鱼是典型的徽菜传统菜品，黄山地区现有臭鳜鱼生产企业50余家，2021年臭鳜鱼总产值已超过40亿元。2022年7月4日，成立安徽省食品科学技术学会预制菜专委会。2021年，著名餐饮品牌"同庆楼"将臭鳜鱼等徽式名菜打造成预制菜，助力臭鳜鱼成为网红"爆品"，并推进安徽16个地市的代表性美食"工业化生产"。该公司参与中国烹饪协会团标《预制菜》的起草工作（2022年6月2日发布）。2021年，主打臭鳜鱼单品的预制菜企业-黄山皖新徽三食品供应链有限公司首次将"生鲜+预制菜+海鲜"三者融合，在黄山开出第一家线下门店；2022年单品销售额达6亿元，其中90%在B端。

5. 河南省

河南省农业农村厅牵头研究制定《绿色食品业转型升级行动计划》，成立中央厨房预制菜产业联盟。原阳县已经建成中国最大的餐饮食材加工中央厨房产业园。2022年5月24日，河南省农业农村厅、工业和信息化厅、商务厅在三全食品公司召开河南省预制菜产业发展暨产品推介座谈会。2022年6月23日，河南省预制菜技术创新研究院成立。2022年6月24日，2022中国（原阳）预制菜行业大会在新乡市原阳县文化艺术中心隆重举行，会上河南预制菜产业联盟正式成立。

二、我国预制菜产业现状与发展趋势

截至 2022 年 1 月，我国现存预制菜相关企业 6.81 万家，其中注册资本 0～100 万元的企业数量超过 54.7%，注册时长 5 年以内的企业占 56.6%，中小企业占据多数。前不久 NCBD（餐宝典）发布的《2021 中国预制菜产业指数省份排行榜》综合评估了我国预制菜的发展水平。广东和山东两省以超过 70 分的预制菜产业指数位居榜单前列，广东的龙头企业有恒兴集团、国联水产、正大集团等；山东的预制菜供应链企业超过 15000 家，以龙大美食为核心，发展后劲十足；位居榜单第三名的福建，巨头企业包括安井食品、圣农、三餐有料等；位居第四位的江苏，被称为"预制菜第一股"的味知香是当地最大的预制菜企业；安徽省将典型的徽菜传统菜品臭鳜鱼挤入预制菜热门赛道。2021 年，著名餐饮品牌"同庆楼"将臭鳜鱼等徽式名菜打造成预制菜，助力臭鳜鱼成为网红"爆品"；黄山皖新徽三食品供应链有限公司首次将"生鲜+预制菜+海鲜"三者融合，在黄山开出第一家线下门店，2022 年单品销售额达 6 亿元，其中 90% 在 B 端。此外，NCBD 还发布了"2021 中国预制菜 TOP10"企业榜单，该榜单由 NCBD 依据企业综合实力、所服务客户知名度、客户数量、产品竞争力、创新性、媒体传播等指标，结合分析师评价选出。上榜企业分别是（排名不分先后）：味知香、安井食品、国联水产、千味央厨、圣农发展、福成五丰、盖世食品、鲜美来、新雅食品、好得睐。可以看到，我国预制菜行业入局者多，区域发展不平衡，目前尚未脱颖而出具有全国统治地位龙头企业。我国预制菜市场规模如图 8-18 所示。

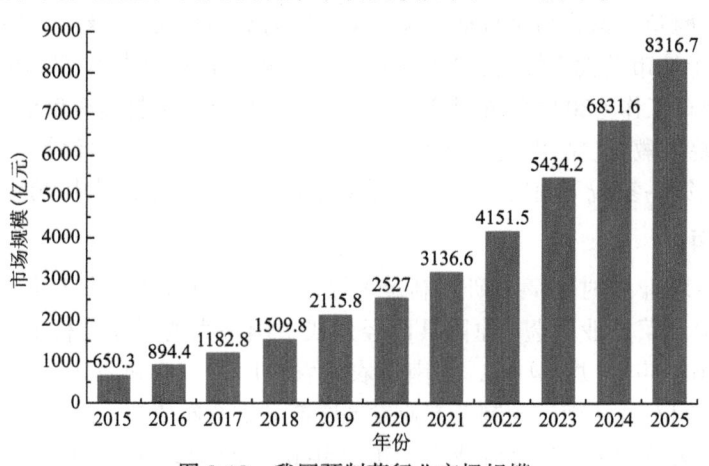

图 8-18 我国预制菜行业市场规模

我国预制菜产业园区（包括预建设）分布情况如下：河南省建有预制菜研发和生产基地 30 个左右，拥有原料供应基地 10 个以上；预计到 2025 年，山东省将完成建设 30 个预制菜产业园；福建省拥有 30 个现代农业产业园；广东省建有 11

个预制菜产业园；云南省建有 10 个预制菜示范园；重庆市梁平区建有中国西部预制菜产业园；山西省大同市建有北方预制菜产业园；河北省保定市建有中央厨房预制菜产业园等。详见图 8-19。

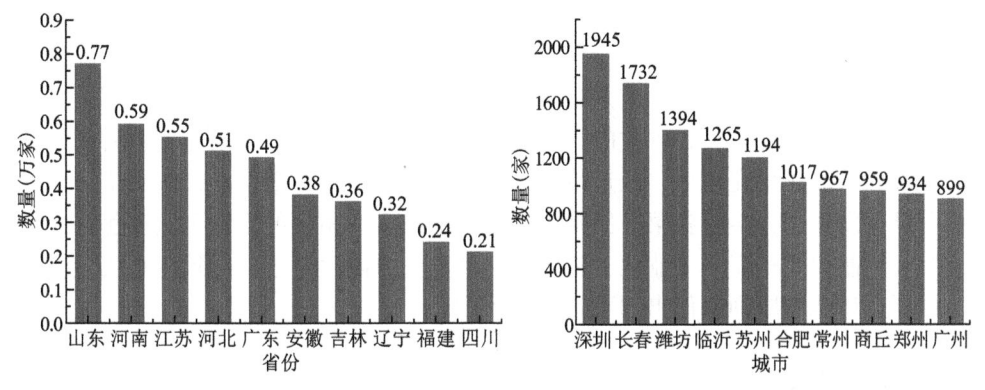

排名	品牌名称	城市(总部)	金榜指数
1	安井	福建厦门	89.39
2	正大	上海	87.28
3	国联水产	广东湛江	86.96
4	梅林	上海	86.76
5	周黑鸭	湖北武汉	86.38
6	恒都	重庆	86.03
7	知味观	浙江杭州	86.00
8	聪厨	湖南长沙	85.50
9	海底捞	四川成都	84.81
10	思念	河南郑州	84.68

排名	品牌名称	城市(总部)	金榜指数
11	三都港	福建宁德	84.61
12	鲜有汇聚	江苏昆山	84.49
13	统一	上海	84.41
14	汤达人	上海	84.24
15	百草味	浙江杭州	84.12
16	拉面说	上海	83.54
17	双汇	河南漯河	83.02
18	东来顺	广东广州	82.91
19	康师傅	天津	82.83
20	金锣	山东临沂	82.77

图 8-19 全国各地预制菜企业分布概况

第三节 预制菜产业存在的问题

一、新鲜度难维持

预制菜食品的初衷之一是减少消费者制作菜肴花费的时间，从生产源头增加生产效率，这就要求大量自动化加工设备相互协作。例如，原材料的处理应用泡沫式清洗机、滚筒式清洗机、多功能去皮机、筛选分级机等；菜肴制作应用隧道式红外烤箱、冷冻干燥脱水机、低温蒸煮锅等；产品运输应用环境温度监测计、液氮速冻装置；智慧和智能冷链物流装备技术、超快速预冷技术、冰温保鲜装备技术、螺旋式智能速冻装备技术、液氮智能速冻装备技术，AI 炒菜机器人装备技术等，已经逐步投入产业化试验与应用。预制菜产业应注重工艺与设备的适应性和数字化程度，将设备与计算机相结合，实现装备自动化、系统智能化、过程可视化、结果可预测化，在保证菜肴品质的同时，满足消费者追求便捷、美味的需要。

中餐历史悠久，通常被分为川、湘、粤、闽、苏、浙、徽、鲁八大菜系，烹饪方式又包含蒸、煮、炸、炖、炒、煎等。当一道热腾腾的菜肴端上桌，大家赞叹："真香！"这个"香"就是锅气。锅气是指食材在高温爆炒时，运用猛烈的火力，在锅中快速翻炒，食材的温度瞬间飙高，水分蒸发，和锅体接触后引发出的焦香。菜品制作完成后，经过冷却、包装、灭菌，再到消费者二次加工，锅气成分已挥发殆尽。尽管各菜系厨师掌握精湛的技术，祖传的烧制手法和秘方，但是对于预制菜这一需要工业化、标准化的产业十分陌生，这就导致流水线生产出的预制菜口味与厨师制作出的菜肴相差很大。

二、营养易流失

食品中的七大营养素包括蛋白质、碳水化合物、脂肪、维生素、矿物质、水和膳食纤维，它们在加工、保藏的过程都会发生变化。其中维生素、矿物质可能在水洗、高温烹饪、冷冻、贮藏过程中损失。食物中的膳食纤维、多酚、黄酮等生物活性物质，使得食品具有一些有益的生理功能，这些活性物质在预制菜加工、贮藏过程的变化规律如何，尚需要探索。如何尽可能地保留生物活性成分，也是预制菜开发过程中需要攻关的技术领域。其次，错误的菜品加工方法会使部分预制菜产生亚硝酸盐，高温等不合适的加热时间导致菜品营养成分流失等。预制菜在生产、贮藏、运输、销售等环节中，产品经过反复加热、冷冻、解冻，品质损耗加重。反复冷冻-解冻循环波动越剧烈，食品中重结晶现象越严重，产品组织形态和新鲜度的劣变越剧烈。由于运输时效率低，产品处于冷冻的时间较长，导致蔬菜类产品新鲜度下降，肉类产品肉质变硬、嫩度变差。商家在处理预制菜时，如果解冻方法不合适、复热条件不充足，也会导致食品品质变化，表现为汁液流失、颜色变化（包括褐变等）、微生物生长、酶活力增强等现象。

三、标准不统一，安全监管难

目前，预制菜是根据产品属性执行相关国家或行业的同类产品标准。例如，预调理菜肴制品、罐头菜肴制品属于预制菜肴，有对应的调理肉制品、罐头肉制品等国家标准。但是，很多产品加工规范缺乏或不配套。近期，相关协会或团体出台的预制菜行业标准、企业标准等，大多是对产品属性的简单描述，将一些相关食品国家及行业标准中安全指标的笼统引用，缺乏指导性、可操作性和可约束性。

消费者的需求日渐多样化，市场上同一类别的预制菜产品鱼龙混杂，标准不统一对市场监管极为不利。虽然预制菜产业市场空间巨大，但产业进入门槛较低，且无统一标准和规范，加工中安全等问题层出不穷。江苏省消保委于 2023 年 3 月份发布的《预制菜消费调查报告》显示，预制菜品质量参差不齐、口味欠佳、标识信息标注不全。

四、销售渠道窄

目前，我国预制菜的销售渠道主要是以 B 端为主，C 端的比重较小，主要集中在北京、上海、广州等一二线城市。调查表明，预制菜以线下实体店销售为主，线上销售渠道初步搭建，销量和消费者信任度还有很大提升空间；34.7%的消费者对于食用的菜品为预制菜这一事实不知情。

五、产品创新度低

目前市面上受众较广、销量较高的预制菜品为酸菜鱼、烤鱼、麻辣小龙虾等重口味菜品，制作复杂，口味偏重，对于消费者来说附带成瘾属性，在全国范围内均有受众群体。虽然提倡根据食材的特点使用不同的制作方法，严格控制油、盐、糖等用量，但是传统烹饪方法仍会导致食品存在高油、高糖、高盐等情况。很多预制菜产品和制作方法缺乏新意，成本较高，消费者在价格相差不多的预制菜和新鲜制作的菜品之间，更愿意选择后者。

六、产品适应群体少

90 后中青年群体更偏好可直接加热的快手菜；八成以上消费者已婚，其中近七成的消费者已婚已育；一二线城市等消费者生活节奏快的区域率先放量，且在山东、江苏、上海、浙江、福建等华东区域用户量较大，新一线城市依然处于消费者培育阶段，需求量较少。适合婴幼儿、老年人、特殊营养需求人群的预制菜门类很少。消费者烹饪预制菜时，部分菜品的操作难度并不低。配置好的预制菜可以省去买菜、洗菜、切菜等工序，但是部分菜品仍然需要自己搭配蔬菜。这与消费者购买预制菜的初衷相悖。

第四节 预制菜产业高质量发展建议

一、革新加工技术

加工技术革新是中式预制菜肴产业创新的原动力。将传统菜肴结合现代食品加工理念，利用现代食品加工技术，扩充预制菜的餐谱丰度，提升适口性和可接受性，满足不同人群的饮食需求，将对预制菜产业的加速发展和工业化生产起到重大推动作用。深入探究预制菜加工中质构变化规律、组分互作规律、风味形成规律，开发新型食品品质改良剂，减少食品添加剂的使用，提高消费者满意度。新型加工技术如热处理控制方面的低温加热嫩化技术、超声协同酶促嫩化技术以及热加工质构控制技术，可以有效提升水产品嫩度、实现高效快速嫩化、实现质构精准控制；包装方面采用天然植物提取物抑菌剂、抗菌材料等组成可食性膜，与包装材料贮藏温度控制等手段联合使用，以达到理想的保质期。自热食品的超高温灭菌技术能够确保自热米饭蓬松可口的风味；伴生危害物消减技术可以有效降低生物胺的生成量并改善风味。加工技术的革新将引领个性化食品制造业发展，为中式预制菜产业带来全新理念和发展新机遇。

二、升级预制菜营养功能

中国营养学会发布《中国居民膳食指南（2022）》，倡导居民饮食要注重减少盐、糖和脂肪的摄入量，提高对蛋白质含量高、营养密度高的食物选择，增强果蔬、全谷、奶类、大豆和水产品的摄取，减少外出饮食并提升烹、选意识。中式预制菜的创制应根据膳食指南要求进行合理搭配，满足营养均衡的需求。针对特殊年龄、特殊生理状态、特殊疾病及特殊职业人群开发功能型预制菜肴。营养升级将是中式预制菜肴产业独特的发展闪光点。我国拥有基数庞大的特殊需求人群，对产品形态、口感、食用方便度要求很高。企业应针对特定人员开发不同功能的中式预制菜肴新产品，满足消费者的个性化需求。如注重低盐、低糖、低脂的预制菜生产，保持产品成分的天然性，针对减肥、降三高、提升机体免疫和美容养颜等开发功能型预制菜产品。

三、加强标准化

标准化的产品生产是中式预制菜产业发展的立足点。李克强总理在全国深化"放管服"改革优化营商环境电视电话会议上提到："为落实高质量发展目标，国家提出要加快完善各领域监管标准体系，鼓励行业制定更高水平标准，以标准化发展提升总体市场环境和质量。"由此可见，标准与统一的生产模式是进一步推动中式预制菜产业发展的必要条件，势必要加强从农田到餐桌全产业链的建设。长期以来，我国的烹饪菜肴严重依赖厨师的经验和手感，同一菜品经常被不同的厨师做出很大的口味差异。对于同一种预制菜，要求同品质、同味道，达到工业化产品的严格标准。这就要求企业在预制菜生产中着力推动原辅料标准化、加工标准化以及产品标准化。在原辅料方面，建立新鲜度、质量指标、营养成分、农药残留、精准投料的统一标准；在加工方面，建立过程控制和HACCP的统一标准；在产品方面，建立品质量化、营养配伍、复热保真的统一标准。目前，国内一些行业协会已经开始了相关工作，比如广东省食品学会于 2022 年 1 月 19 日发布了关于开展《预制菜术语和分类》《预制菜质量安全基础要求》两项团体标准立项的通知；广东省农业标准化协会于 2022 年 3 月 23 日发布了关于《预制菜（标准综合体）总则》等 9 项团体标准立项的公告；安徽省食品行业协会发布了 T/AHFIA044—2020《速冻调制肉制品标准》。这些团体标准的制定将不同程度地推进国内预制菜的标准化进程。此外，国内不同地区应依据实际情况制定既统一又保留地方特色的预制菜相关标准，保证预制菜产业在全国的流通和监管有参考标准和依据。

四、打造预制菜品牌效应

预制菜企业在走向市场时也应重视自身品牌的打造。一方面要做好与消费者的对话，避免鱼目混珠的企业扰乱对品牌的认知；另一方面要重视产品推广的渠道，这也是对品牌的有效保护和势能加持。例如，"叮叮懒人菜"围绕消费者场景设计产品，专注单品规模，相比复购率，更注重好评率；"麦子妈"聚焦高消费高品质人群，为家庭宝妈、精致懒人打造简约低调的高品质品牌，产品销量遥遥领先。品牌价值的大小实际上反映了品牌拥有者在全行业或全球的地位和竞争力，品牌效应形成以后，将节约大量的广告、促销等费用。同时，通过淘宝、京东、抖音等电商或者第三方带货平台宣传产品，拓宽销路。电商等新零售渠道丰富了预制菜的消费场景，对预制菜消费的普及发挥了积极作用。

五、丰富多样性

国内的菜肴品种类繁多，地域特色鲜明，从业者要挖掘其中适合做成预制菜的品类，满足消费者对地域、习惯、口味等因素的多元化餐饮需求，不断寻求创新，丰富餐饮业态，向细分化发展。中式预制菜囊括了众多具有标志性的产品，各地特色预制菜，如北京烤鸭、天津坛子肉、哈尔滨红肠、河南胡辣汤、福建佛跳墙等，造就了城市餐饮别样的饮食特色。C 端市场诉求升级，性别、职业、年龄等变量成为预制菜消费重要影响因素，时尚食品、童趣食品等对预制菜发展方向有指导作用。

六、强化中华传统饮食元素

预制菜的"走红"，并不意味着降低消费者对高品质生活的追求。亲朋好友聚会时，不必大费周章地准备复杂的食材，只需动动手指，便能做出丰盛的筵席。例如，预制菜可以使年夜饭等家庭大型聚会变得更加轻而易举，使越来越多的消费者选择回归厨房，张罗中国人一年之中最重要的一席饭局。烟火气和具有仪式感的产品设计是中式预制菜的亮点。中华美食源远流长，中华美食及其制作无疑是视觉和味觉上的饕餮盛宴。闻所未闻的原材料、繁复高端的烹饪技术、朴实无华的操作手法，为菜肴增添了许多烟火气和仪式感。预制菜的发展，要延续传统的烟火气，增加现代人的仪式感。

参 考 文 献

[1] 张宇昊，陈海. 川渝预制菜产业现状与发展路径分析. 中国食品学报: 1-10[2022-11-19]

[2] 王卫，张锐，张佳敏等. 预制菜及其研究现状、存在问题和发展展望. 肉类研究，2022，36(09)：37-42

[3] 王娟，高群玉，娄文勇. 我国预制菜行业的发展现状及趋势. 现代食品科技：1-5[2022-11-19]

[4] 曾耀锐，邹玉洁，卢贤钿. 供应链视角下"宅经济"预制菜发展现状及前景分析. 中国储运，2022(11)：189-190

[5] 刘辉，宋淳浩，洪恒，等. 生鲜食材供应链中存在的问题及解决方案研究——以预制菜为背景. 河北企业，2022(05)：21-23

[6] 王卫，张锐，张佳敏，等. 预制菜及其研究现状、存在问题和发展展望. 肉类研究，2022，36(09)：37-42

[7] 李泽坤，李林强，刘永峰. 肉类预制菜研究现状及其化学安全性的控制策略. 肉类研究，2022，36(09)：58-64

[8] 李冬梅，张雪迪，毕景然，等. 中式预制菜肴产业的传承与创新. 中国食品学报，2022，22(10)：1-8

[9] 杨清清，王靖怡. 618 预售销量暴增四千亿级预制菜市场呼唤新标准. 21 世纪经济报道，2022-06-10(011)

[10] Griffith, R., W. Jin and V. Lechene (2022). "The decline of home-cooked food." Fiscal Studies

[11] Kim B, Joo N. "Structural relations of convenience food satisfaction and quality of life according to dietary style: Focusing on singles in metropolitan area of Korea." Nutrition Research and Practice(2014)

[12] 河南省农业农村厅. 大河财立方. 河南省农业产业化重点龙头企业年度报告(2022)

[13] 河南省人民政府办公厅. 河南省加快预制菜产业发展行动方案(2022—2025 年). https://www.henan.gov.cn/2022/10-26/2629095.html

[14] 河南省人民政府办公厅. 河南省绿色食品集群培育行动计划. https://www.henan.gov.cn/2022/09-21/2610740.html

[15] 河南省农业农村厅. 原阳县人民政府. 河南省食品工业协会. 大河财立方. 预制菜产业发展报告

[16] 张德全，刘欢，孙祥祥，等. 预制菜肴工业化加工技术现状与趋势分. 中国食品学报，2022，22(10)：39-43

[17] 赵靓琳. 预制菜行业现状及问题研究. 现代营销(经营版)，2021(9)：146-147

[18] 孙跃辉，毕晓华. 中国预制菜产业专利申请现状分析. 中国食品学报，2022，17：138-140

第九章 食品微生物酶产业

第一节 研究背景

我国食品酶产业取得了巨大成就，食品酶供给能力显著提升、产品结构持续优化、安全保障逐步提高、创新能力不断增强，在满足人民对健康食品多样化需求的同时，还具有数十倍甚至上百倍的下游市场放大效应，撬动着我国食品产业的绿色发展。食品酶产业已成为21世纪最具发展前景的新兴生物产业之一。

酶是从动物、植物的组织细胞或微生物发酵液中提取的具有催化活性的蛋白质，具有催化效率高、作用条件温和、底物专一性强、反应速度可控、本身无毒无害等优点，现已广泛应用于食品原料开发、品质改良、工艺改造、贮藏保鲜等环节，在推动食品产业清洁加工方式发展，改善食品口感、增加食品营养、提高食品品质、助推食品创新、延长食品保质期等方面发挥重要作用，被称为食品绿色生物制造的"芯片"。

全球范围内，应用于食品行业的酶制剂有100余种，能进行规模化生产和销售的酶制剂有80多种，我国政府批准使用的食品酶制剂超过60种。在用食品酶品种中，90%以上由微生物发酵生产，从动物、植物组织提取的酶成本较高，酶市场销量不足10%。食品酶应用主要涉及淀粉制品、乳制品、烘焙食品、调味品、发酵制品、酒和饮料等领域的生产制造。全球范围内，食品酶应用最多的是淀粉及淀粉制品行业、乳制品行业。我国食品酶的应用规模相对较小，应用主要集中在淀粉及淀粉制品行业、酿酒行业，其他食品行业的应用大多处于起步阶段。

近年来，我国加大了对食品用新酶源的研究与开发，强化和提高了食品加工质量，并在营养性或低热量的食品添加剂方面取得了重大进展。在食品加工中，通过酶处理技术能够有效降低外界因素对食品造成的不良影响，保证食品营养与安全；利用酶技术对食品原料精深加工，不断生产出风味独特和满足人体需要的健康食品，还提高了原料转化效率和产品质量，有效提升了企业效益。目前，食品酶在改善食品质构特性、提高食品风味和营养价值、降低食品安全风险、简化加工工艺等方面发挥着越来越重要的作用。

微生物酶是由微生物细胞产生的具有催化活性的蛋白质。与植物酶和动物酶相比，微生物酶具有来源广、种类多、易于分离提取等优点，便于大规模发酵生产，是最经济的工业酶生产方式。

近年来，微生物酶发展迅猛，新技术新方法应用使得酶新品种开发、发酵活力提升、酶应用领域拓宽均取得较大进展。宏基因组文库及数据挖掘等新方法已经用于极地微生物新酶筛选，低温蛋白酶、酸性淀粉酶、耐热木聚糖酶、耐碱磷酸酶等具有工业应用价值的新型酶资源不断发现。通过基因工程、化学、物理等手段改造酶分子结构与功能，大幅提高了酶分子的进化效率和催化效率，生产有价值的非天然酶，新酶品种持续丰富。人工智能（AI）、计算生物学及大数据交叉融合，基于蛋白质晶体结构和酶催化机理，预测酶蛋白分子结构、设计酶蛋白功能，构建出系列新型酶蛋白，实现了自然界未曾发现的催化反应，扩展人工酶蛋白的应用场景。采用合成生物学工程化的思维手段，依据酶蛋白序列-结构-功能间的关系，设计并合成酶分子元件，构建蛋白表达模块或合成代谢通路，实现了新酶在底盘细胞中表达与功能表征。

微生物酶发酵生产技术也有显著进展。液体高密度发酵工艺在国内外逐渐发展成熟，高密度发酵有效提高了单位发酵体积中菌体的浓度，缩短生产周期，提高了单位体积发酵产率，降低生产成本，提高综合生产效率。如毕赤酵母为发酵菌种生产脂肪酶、木聚糖酶，其高密度发酵菌体密度可高达 550 g/L（湿重），脂肪酶和木聚糖酶发酵活力可达 40000 U/mL 和 130000 U/mL，较常规细菌和丝状真菌发酵效率提高数十倍。

随着人民生活水平提高和国家对绿色食品制造的重视，微生物食品酶的市场需求持续增加。近十年来，多数国外酶制剂企业陆续进入中国市场，微生物食品酶品种逐渐丰富，应用技术不断成熟，带动了国内酶制剂向"高档次、高活力、多品种"的方向发展。在生物技术领域，基因组学、蛋白质工程、分子定向进化、合成生物学等技术持续应用在酶制剂新产品开发中，极大地提高酶制剂产量、活性及稳定性，进一步扩大微生物酶的应用范围。在可预见的时期内，食品行业微生物酶需求仍为国内酶为主要增量。

但总体看，与国外微生物食品酶生产与应用企业相比，国内微生物食品酶产业存在一些缺陷与不足，主要表现在三个方面：①传统酶品种多，具有自主知识产权的新型高端酶品种少。在新型微生物酶领域，跨国企业拥有专利菌种和核心生产技术，开发针对不同食品原料和营养需求的"量身定制酶"，精细化程度极高，如诺维信公司的烘焙食品用酶达 10 余个品种，且酶性质与功能各不相同。我国微生物酶开发进程缓慢，仍以淀粉酶、糖化酶、蛋白酶等传统酶制剂为主，呈现同质化严重、技术含量低、市场竞争激烈、产能过剩的现象。②缺少高端酶、高活性酶和特殊催化性能的新型酶品种。酶分离纯化技术水平低，产品质量不稳定。酶性质稳定对维护应用下游产品品质具有重要作用。国内企业对发酵工艺关注较多，对酶分离提取工艺没有精细化研究，自动化控制水平低，新技术应用不够，易受杂菌污染。在分离工艺上，多采用板框压滤、硫酸铵盐析工艺，或简单膜浓缩后直接喷雾干燥，造成酶产品粗糙、纯度低、质量差，不利于下游产业产品质量提升，也影响了酶制剂应用稳定性。提取与制剂环节酶损失率高，浪费严重。③酶应用基础研究不够，酶的应用广度和深度还需拓展。目前，食品酶应用主流是高附加值的复合酶产品，复合酶的开发需以酶制剂生产和应用的综合技术为背景。国内在该领域的研究还相对薄弱，自主创新的酶制剂应用技术落后，成为国产酶制剂市场进一步扩大的主要限制性因素。在剂型方面，国外企业大力发展液体型、颗粒型产品，重视固定化酶的研究与应用。国内企业具有自主知识产权酶品种少，剂型单一，产品利润率低，在酶制剂应用方面缺乏专业技术人员，食品酶复配技术落后，无法与国外大型酶制剂企业竞争，也制约了微生物食品酶产业的进一步快速发展。

我国是食品酶生产和消费大国，每年食品酶产量近 200 万吨，其中 60% 为传统酶品种，而高端新型食品酶长期依赖进口，导致我国每年进口高端食品酶超过 1.4 万吨，进口总值 4.41 亿美元（2021 年数据）。据不完全统计，我国现有微生物食品酶生产企业 100 多家，年产酶制剂 196 万吨，全年产值达到 43 亿元人民币，采用微生物食品酶生产转化形成的产品价值超 4000 亿元。相比国外企业，国内食品酶企业在酶产品开发、发酵生产及应用研究等方面存在短板，亟需在产业政策、产业规划和技术研发等方面加强支持。

本报告综述了微生物酶的国内外研究现状和趋势，对目前存在的主要问题以及重点发展方向做出展望，以期为我国食品微生物酶产业的发展提供思路，进而为推动食品酶产业良性发展提供契机。

第二节　食品微生物酶产业现状与发展趋势

一、全球食品微生物酶产业现状与发展趋势

（一）全球生物酶市场规模与消费现状

全球范围内，已发现的生物酶有 5000 多种，在售商品酶有 300 余种，其中能进行规模化生产的有 80 余种。这些酶被广泛应用于食品、洗涤、生物燃料、饲料和医疗等领域。从市场规模看，2016 年全球微生物酶制剂市场规模约为 37.74 亿美元，2017 年增长至 46 亿美元，2008—2017 年 10 年间复合增长率约 7.34%。在世界疫情暴发的 2020—2022 年，全球酶制剂市场规模从 2020 年 63 亿美元增长至

2022 年 71.5 亿美元（图 9-1），年均增长约 4.5%。

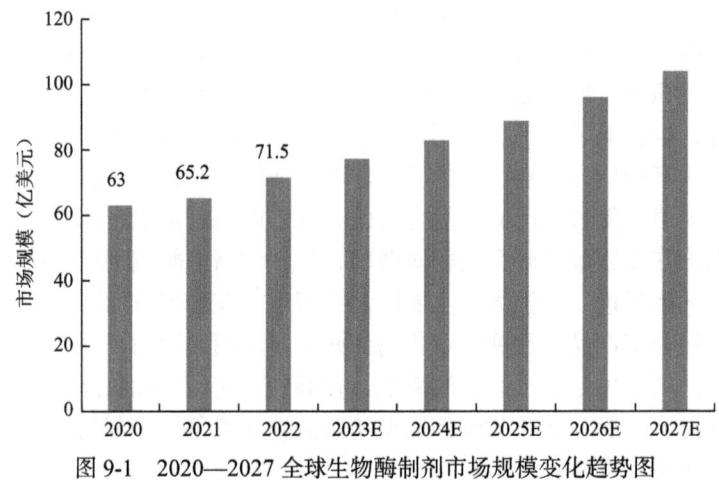

图 9-1 2020—2027 全球生物酶制剂市场规模变化趋势图

共研产业咨询研究院发布的《2023 年全球及中国生物酶制剂市场分析》统计数据显示，2021 年全球生物酶制剂市场规模达 65.2 亿美元，未来仍将继续保持增长趋势，预计 2027 年全球生物酶制剂市场规模有望突破 100 亿美元，2021—2027 年的年均复合增长率约为 8.8%。

全球酶制剂市场消费区域结构来看（图 9-2），2021 年全球酶制剂消费主要集中在欧美地区，其中北美市场（美国、加拿大和墨西哥）占比 35%，欧洲市场占比 30%，亚太市场（中国、日本、韩国、印度、东南亚和澳大利亚等）占比 20%，中东及非洲市场占比 10%，南美市场（巴西等）及其他地区占比 5%。

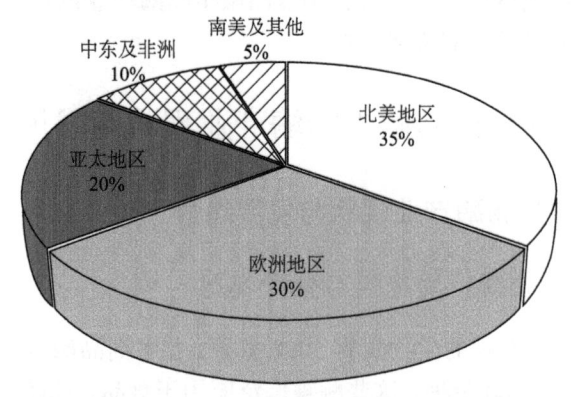

图 9-2 全球生物酶消费市场区域结构（数据来源：华经产业研究院）

在生物酶细分品类方面，2022 年全球蛋白酶市场规模达到 50.81 亿元（人民币），预计到2028年全球蛋白酶市场规模将达到73.78亿元，在预测期间蛋白酶市场年复合增长率预估为6.41%。全球脂肪酶市场规模2021年达到4.7亿美元，预计2022—2027年将以5.6%左右的年均复合增长率的增速增长，到2027年市场规模将达到6.5亿美元。目前，美国是最大的脂肪酶市场，需求占比达到27%。

全球酶制剂市场资源高度集中，呈现寡头垄断局面。从2021年全球市场份额来看（图9-3），龙头企业诺维信公司（Novozymes）占据了约40%的市场份额，其次是杰能科公司（Genencor international），占比约25%。帝斯曼公司（DSM）近年来迅速崛起成为全球第三大酶制剂生产企业，销售额约占全球酶制剂市场份额的17%，德国AB公司、焙乐道及其他中小型酶制剂公司市场份额不足18%。

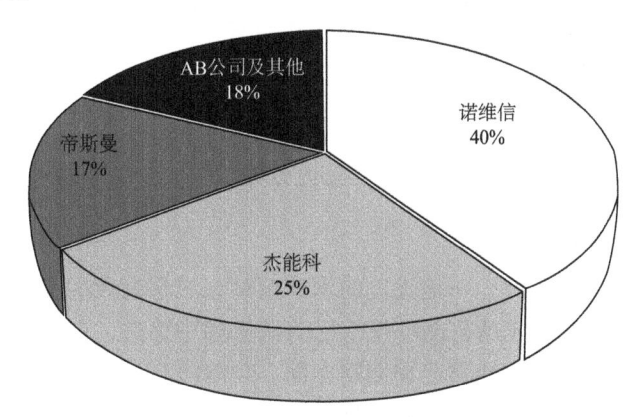

图9-3　全球酶制剂市场竞争格局

从微生物酶用途市场规模上看（图9-4），食品与饮料用酶在微生物酶制剂中的占比仍是最大，约为38%，其次为洗涤用酶，绝对消费量增长，但在整个酶制剂占比中略有下降，占比约为22%。饲料用酶近年增长较快，全球市场以近10%的速度增长，在微生物酶中占比已达20%以上。生物燃料用酶占12%。而从食品酶细分市场看，淀粉酶、糖化酶、蛋白酶等占比最大，主要应用在淀粉加工、酿造、蛋白加工等领域，产量约占食品酶的75%以上。乳糖酶和凝乳酶是乳品加工中常用酶，近年增长速度较快。

随着全球新冠疫情缓解，食品、纺织、化工等行业生产强势复苏，消费者对天然风味和口感方面的高品质食品需求不断增加，同时，食品行业技术不断创新和发展，微生物酶得到了广泛的应用，从而带动食品酶市场发展，全球食品酶产业的发展前景较为广阔。

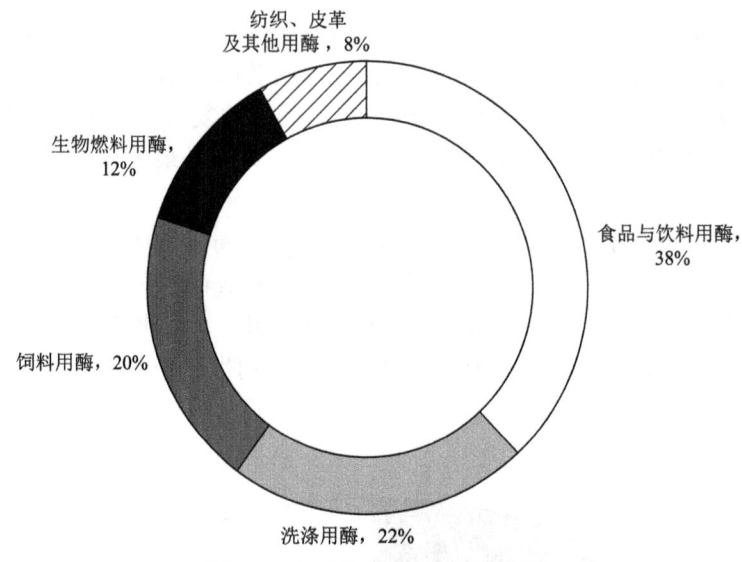

图 9-4 全球生物酶主要应用领域

（二）全球微生物酶基础研究现状分析

1. 核心产酶菌种创制研究

微生物酶生产的关键：一是优良的生产菌种，二是高效的发酵工艺。目前，微生物酶生产菌种一般先从自然环境或已有菌株库中筛选，但往往产酶量少、对生产条件耐受性差。在菌种筛选和创制方面，现阶段广泛采用宏基因组学分析、高通量筛选、基因工程和代谢工程等技术对产酶菌株进行选育。特别是高通量筛选系统的出现，极大提高了优良菌种的筛选效率。以基因工程为主的菌株创制技术在食品酶生产领域实现产业化，为行业带来革命性发展。

（1）宏基因组学分析和高通量筛选

通过宏基因组学研究，对微生物菌群的结构和功能进行深入的研究，从而了解微生物菌株之间的相互作用和协同关系，为菌株的创制和应用提供更全面的信息；通过高通量筛选技术，能够从大规模的菌株库中迅速鉴定和筛选出具有潜在应用价值的菌种。有研究人员从宏基因组文库中鉴定出一个新的冷适应脂解酶基因 *est97*，将该基因产物在大肠杆菌中过表达并纯化，得到的酯酶被证实 *est97* 是一种冷适应酯酶。江南大学的粮食发酵工艺与技术国家工程实验室和湖南鸿鹰生物科技有限公司合作，筛选得到 1 株高产维生素 B_{12} 的突变菌株 46H-1，相比于原始菌株提高了 24.8%，并且通过了遗传稳定性验证。

（2）诱变选择

利用物理方法（如紫外线、X 射线、γ 射线）和化学物质（如化学药剂）对菌株进行诱变，发生 DNA 突变产生突变体；通过色谱、酶活性测定等筛选方法，选择出产酶能力更强的菌株。在食品工业中，诱变选择技术已广泛用于改良酿酒、发酵和食品添加剂菌株。通过诱变选择获得了具有优良特性的酵母菌、乳酸菌和曲霉菌等。巴基斯坦研究人员利用物理（UV）和化学诱变剂（溴化乙啶）分别处理白地霉 A15，共获得 8 株突变株，并对其产果胶酶能力进行了测定，其中突变株 AHC1 的果胶酶产量最高，比野生型菌株提高了 2 倍以上。

（3）基因工程改造

利用异源表达系统，将潜在的食品酶编码基因导入到表达宿主菌中，获得产食品酶的新菌株。通过 CRISPR-Cas9 等先进的基因编辑和改造技术，研究人员对微生物菌株进行精确的编辑和改造，使其具有特定的代谢途径或产生特定的代谢产物。另外，还利用突变技术（易错 PCR、DNA 改组、点突变等）改变酶的底物特异性、活性、对应选择性和热稳定性等，使酶向适宜工业化应用的特征定向进化。中国科学院深圳先进技术研究院合成生物学研究所研究人员通过特定基因的组合改造和培养基的优化，使酿酒酵母胞外表达重组酶分泌和活性得到了大幅度的增强，分别提高了 6.13 倍和 7.99 倍。

（4）代谢工程

通过调控微生物的代谢通路，优化食品酶产量和特性，以产生目标酶。通过代谢工程可以创造智能菌种，使其能够高效合成目标产物，并具备更强的适应性和生存能力。在酿酒酵母菌中应用代谢工程，改造代谢途径，例如增强底物利用能力、调节酒精代谢通路等，从而提高酿酒效率和产品品质与风味特性。在乳酸菌中应用代谢工程技术优化乳酸发酵过程，调整乳酸代谢通路，提高乳酸菌生长和产酶能力，改善乳酸产品的质量和口感。瑞典哥德堡查尔姆斯理工大学应用逆向代谢工程来确定改善蛋白质分泌的新靶点结合紫外线随机诱变技术，进行淀粉酶突变的筛选，发现产生比参考菌株产生的水平高 5 倍的异源淀粉酶的突变菌株，淀粉酶的分泌可以提高 35 倍。

2. 新酶资源发掘

新酶资源的发掘是一个漫长而复杂的过程，需要多学科的交叉合作，包括微生物学、生物化学、基因工程等领域的知识和技术。

（1）通过高通量筛选技术发掘新酶

通过比对数据库和功能预测，发现潜在的食品酶编码基因。研究人员开发了许多高通量筛选技术，如微孔板筛选、流式细胞术等，用于快速筛选和评估大量酶活性。这些技术能够在短时间内从大规模的菌株库中找到具有特定酶活性的菌株。中国农业科学院研究人员通过流式细胞仪高通量筛选表达脂肪酶 BcLip 的大肠杆菌，并构建了一个土壤宏基因组质粒文库，结合生物传感器和流式分选的高通量筛选方法，从土壤样品中筛选出含脂肪酶活性的菌株。

（2）通过基因工程技术发掘新酶

利用基因编辑和合成 DNA 等手段，通过直接检测宏基因组 DNA 序列或转录组 RNA 来获取关于微生物菌株和它所产生酶的信息，从而发掘新酶。通过基因工程技术设计和构建新的酶序列和结构，对酶基因进行精确的编辑和改造，以改变酶的催化特性和应用特点，实现特定的催化功能，发掘全新的酶。食品加工中使用的许多酶是从重组微生物中提取出来的。研究人员利用重组脱氧核糖核酸（rDNA）技术引入含有牛促胰酶基因的微生物生产出了 Chymosin 酶，并在大肠杆菌 k-12 中成功表达，已成为美国食品药品监督管理局批准用于食品的重组酶。

（3）利用生物信息学和计算模拟发掘新酶

通过对已有菌株进行基因组测序和分析，寻找与食品酶相关的基因，利用生物信息学和计算模拟方法，预测酶的结构、功能和特性，有助于更好地理解酶催化机制，设计和改良酶的性能，并加速酶的发现和优化过程。一些研究机构和公司正在积极开展计算机辅助的酶发掘项目。这些项目通常基于大规模的数据库和先进的机器学习算法，利用计算机对酶的结构和功能进行分析和预测，找到具有特定性质或功能的新酶。华盛顿大学 David Baker 课题组开发的 Rosetta 方法是基于能量函数的新酶发掘策略。中国科学院微生物研究所的研究人员用计算机设计糖苷水解酶家族的木聚糖酶稳定酶，最终其最佳突变的组合将表观熔解温度提高了 14℃，其在 70℃下获得的木聚糖酶产量提高了 10 倍。

3. 酶分子设计与改造

食品酶分子设计与改造是正在迅速发展的领域。通过对酶的结构和功能进行深入理解，利用新一代测序技术、高通量筛选方法、蛋白质改造数据库和人工智能等研究手段，设计和改造酶的性质，改良酶的性能，提高活性和稳定性，拓展催化范围，得以大规模表达。

（1）计算辅助设计酶分子

在计算机运算能力不断提高的背景下，酶的从头设计成为新酶设计的一个重要方向。使用计算机模拟方法，在已知的三维结构基础上，对酶的活性位点和催化机制进行分析和模拟，预测酶的催化效率，并进行有针对性的改造。根据计算过程中使用策略的不同，酶设计可以分为基于能量函数的新酶设计和基于深度学习的新酶设计。机器学习辅助酶设计的方法已经在酶活性改造、立体选择性改造以及热稳定性改造上取得了一些可观的成就。中国科学院天津工业生物技术研究所宋诒团队应用隐马尔可夫模型先后成功挖掘了淀粉裂解多糖单加氧酶、酸性耐高温淀粉酶、蛋白酶等若干新酶基因,并通过表达和酶学性质表征,开辟了各类新酶在面制品加工、淀粉制糖等绿色生物工艺中的应用。华东理工大学的研究人员基于计算机辅助设计策略,构建了一种 α-淀粉酶变体,将淀粉酶产量提高了 3.3 倍。台州大学的研究人员为了提高 *Lactobacillus rossiae* 的野生型乳酸脱氢酶 Lr LDH 的热稳定性,通过采用计算机辅助设计提高 Lr LDH 的热稳定性,之后进行了定点饱和诱变和联合诱变,提高了其 K_{cat}/K_m 值。

(2) 通过反向工程和进化策略等方式改造酶

利用 X 射线晶体学、核磁共振等技术获得了目标酶的三维结构;基于结构和功能分析的结果,利用分子模拟、蛋白工程等技术进行目标酶的设计和构建。利用 DNA 重组技术将不同酶的基因片段进行重组,生成新的融合酶,然后通过筛选和优化来改善其性能。福建师范大学的研究人员为了增强枯草杆菌脂肪酶 LipA 对过氧化氢的耐受性,基于已知的 3D 结构信息和质谱分析构建并筛选了一个最小的枯草杆菌脂肪酶 LiPA 突变库,共包括 26 个突变体。在这个突变库中,最佳突变体的 C_{50} 值和 $t_{1/2}$ 值分别增加了 9.1 倍和 9.5 倍。

(3) 通过蛋白质工程技术改造酶

利用蛋白质工程的技术,如点突变、序列重组、位点插入或删除等手段,对已知酶进行改造和优化。通过这些技术,改变酶的催化活性、热稳定性、pH 适应性等性质,使得酶在食品加工过程中更加高效和可靠。丰益(上海)生物技术研发中心有限公司的研究人员利用蛋白质工程技术在分子水平上修饰脂肪酶,提高酶活性、稳定性和其他催化性质。中国科学院天津工业生物技术研究所研究人员通过对转录调控和分泌途径的合理重新设计和改造,成功构建了嗜热毁丝霉的葡糖淀粉酶高产菌株。

4. 酶的复配

酶的复配是利用多种酶相互协作或联合使用,以提高催化效率、扩大底物范围或改善产物选择性的策略,在食品加工领域具有广泛的应用前景。通过合理设计和优化酶的复配体系,可以实现更高效、环保和经济的生物催化反应。

(1) 多酶系统

将多个酶复合在一起,同时作用于底物,以增强反应效果。一些生物合成途径依赖于多酶系统。例如,脂肪酸合成途径中的多酶复合体(脂肪酸合成酶复合体)包含多个酶,通过相互作用和协同催化来合成长链脂肪酸。通过在反应体系中引入适当的辅助酶,可以提供底物转化所需的辅助反应。另外,将具有不同底物特异性的酶复合作用,可以使复合酶对多种底物具有催化活性,从而扩大应用范围。天津工业生物技术研究所建立多酶体系通过五个核心酶催化淀粉和无机氨生成氨糖。

（2）酶的固定化

通过将多个不同酶固定在载体材料上，形成复合酶催化系统，促进多个酶之间的协作，增加酶的稳定性和重复利用性，降低产品中酶的残留，并且便于操作和分离。同时，还可以将不同的酶固定在同一载体上，实现酶复配。全世界应用最广泛的固定化葡萄糖异构酶是丹麦诺维信公司生产的 Sweetzyme Q，占全世界用量的 70%，Sweetzyme Q 每千克能转化 2.5 吨糖。美国 Miles 公司的 Talcesweet 及荷兰吉斯特·布德卡德斯公司生产的 Maxazyme-GI-Immob 也应用较多。近年来德国 Miles Kalie-chemi 公司生产的 Opfisweet 2-2 每千克酶能转化 22 吨糖，转化水平很高但价格昂贵。诺维信和杰能科等公司致力于酶固定化的研发和应用，提供多种固定化酶产品和技术解决方案，包括酶固定化介质和定制化固定化酶。

（3）酶的融合

将两个或多个酶的基因组合在一起，形成融合酶。融合酶具有多种酶活性，可以同时执行多个催化反应，从而提高反应效率。酶融合还可以通过调节融合酶的结构和功能，实现对反应条件的精确调控。江南大学研究人员基于多酶系统构建，通过对关键酶的筛选、重组酶的表达优化以及宿主细胞的基因修饰，获得了由宿主细胞基因组酶和两种重组酶组成的三酶系统，既降低了细胞的生长压力，又实现了重组酶的高效表达。天津工业生物技术研究所利用多肽 SpyTag-SpyCatcher 构建自组装的多酶复合物，并测试酶与肽之间的不同组合。最好的自组装多酶复合物的生产率是游离酶的 3 倍。

（4）酶与辅因子的复配

有些酶的催化活性需要辅因子的参与。研究人员通过将酶与辅因子复配，提高了酶的催化效率和稳定性。例如，维生素 B_{12} 作为辅因子与某些酶一起使用，能够增强催化活性和选择性。研究人员创建了纳米级组织的多酶系统，利用工程四肽重复亲和蛋白（TRAP）作为生物催化的支架，这些酶在结合后形成空间组织的代谢网络。

5. 酶的应用与开发

（1）制糖工业及面制品加工

常用于制糖工业的是果胶酶、α-淀粉酶、葡聚糖酶、β-淀粉酶和葡萄糖异构酶等，其中应用较多的是果胶酶、葡聚糖酶和 α-淀粉酶。果胶酶是分解果胶质的一类含多种酶的复合酶，可以特异性地水解果胶类物质，达到澄清的效果；α-淀粉酶可有效降解混合汁中的淀粉，避免由于淀粉含量过高引起的酸性絮凝物增加的现象，使黏度迅速下降；α-葡聚糖酶是能将大分子葡聚糖水解为葡萄糖等小分子的生物酶；葡萄糖异构酶能将醛糖异构化为相应酮糖的异构酶，可进行葡萄糖的异构化反应，生产果葡糖浆，以代替蔗糖。面制品加工中，面筋酶和淀粉酶等酶类已经被广泛使用。面筋酶帮助面团中的蛋白质形成面筋，提高弹性和可塑性。淀粉酶可以降解米饭中的淀粉成分，使其更易消化。

（2）乳制品加工

凝乳酶、乳糖酶、蛋白酶、脂肪酶和乳过氧化物酶是乳制品加工中最常用的几种酶。凝乳酶可以将液态奶变为近固态的干酪；乳糖酶可以将牛奶中的乳糖水解，适合乳糖不耐症人群；蛋白酶和脂肪酶能加速干酪成熟并能改善干酪性质；乳过氧化物酶能反应去除过氧化氢，延长保质期，它在羊乳的保鲜上有显著效果。内源性脂肪酶、谷氨酰胺转氨酶、风味蛋白酶结合复合蛋白酶、乳过氧化物酶等在奶酪加工中起到明显的作用。谷氨酰胺转氨酶添加量对奶酪的硬度、弹性和产率都有显著影响，它通过引入赖氨酸而提高蛋白质的营养效价，使经它处理过的乳制品具有良好的外观和质构。

（3）果汁和饮料加工

在果汁的生产加工中，通过加入酶可以在果汁生产中起到澄清、提高果汁的出汁率、降低非酶褐变和测定果汁中有机酸含量的作用。果胶酶可以帮助果汁中的果胶分解，提高榨汁效果和相对浓度。在果汁和饮料加工过程，α-淀粉酶、糖化酶、蛋白酶、由果胶酶、葡聚糖酶和淀粉酶按一定比例配制而成的复合酶、葡萄糖氧化酶应用较多。采用双酶法（高温α-淀粉酶和糖化酶）作用于玉米汁中，可以改善玉米饮料存储过程中易产生沉淀的现象；柠檬苦素脱氢酶、柠檬苦素裂解酶、柠檬苦素脱氧酶、诺米啉脱氢酶、诺米啉脱氧酶可用于脱除橙柑橘汁的柠碱苦味。研究人员通过聚半乳糖醛酸外切酶降低3种果汁的浊度、黏度和吸光度，对果汁的澄清有重要意义。

（4）肉制品加工

酶在肉制品的宰前及加工运输中起到了非常大的作用，其中蛋白酶、转谷氨酰胺酶、脱氧核糖核酸酶和溶菌酶等作用尤为明显，逐渐取代化学制剂，成为肉制品加工过程中不可或缺的一部分。蛋白酶可以使肉质更嫩，并改善口感。Swift有限公司生产的食品级蛋白酶，用法与木瓜蛋白酶一致，优先水解组织蛋白，对其他蛋白活性极低，在嫩化肉类的同时不会影响肉类原有的口感。脱氧核糖核酸酶能够阻止肉制品中的脱氧核糖核酸产生苦味。转谷氨酰胺酶可以催化蛋白质发生胶联，使蛋白质分子量变大，改变功能特性。内源酶较外源酶，体系更为复杂，影响活性的因素较多，近些年多研究外源酶，使肉制品的营养成分分解，从而达到嫩化肉质，形成独特风味等目的。

（5）啤酒生产

啤酒是以麦芽为原料，经糖化发酵而成的酒精饮料。麦芽中含降解原料生成可发酵性物质所需的各种酶类，主要为淀粉酶、蛋白酶、β-葡聚糖酶、纤维素酶和核酸分解酶。合理使用生物酶不仅能显著提高啤酒的质量，还能降低生产成本，给啤酒工业带来福音。木瓜蛋白酶、耐高温的 α-淀粉酶、乙酰乳酸脱羧酶、脯氨酸内切酶在啤酒生产过程中有着不同的作用。将木瓜蛋白酶作用于原料麦芽蛋白质，可以防止蛋白质与多酚结合而产生沉淀，有较好的过滤效果，从而提高啤酒的稳定性，一定程度上可澄清啤酒，且不影响啤酒的口味特性。有研究用 0.08 mg/dL 木瓜蛋白酶使啤酒的浑浊度降低 68.75%，同时可增加啤酒泡沫。将耐高温的 α-淀粉酶和 α-乙酰乳酸脱羧酶作用于辅料的糊化过程，耐高温 α-淀粉酶可以很好地将淀粉液化，α-乙酰乳酸脱羧酶能加快乙酰的还原速度，在一定程度上可降低成品啤酒中的双乙酰含量。

（6）食品添加剂

一些酶被用作食品添加剂，用于改善食品的质地、稳定性和保鲜效果。例如，抗氧化酶能够延长食品的保质期。使用酶制剂取代传统生产过程中的"制曲"工序，对改善产品品质和环境卫生具有广阔的应用前景。调味品生产企业可以利用酶来分解或组合蛋白链、糖和脂肪，以使烹调过程中发生的反应（如常见的美拉德反应）只产生那些所需要的风味成分。酶法工艺可以缩短生产周期，减少污染。利用果胶酶对梨醋进行澄清，制得的梨醋酸味独特、清澈透明。将果胶酶用于沙果、猕猴桃复合果醋酿制工艺中，亦有良好的澄清改善。将脂肪酶用于不同类型的奶油、奶酪和牛奶中，在非水介质下水解，得到了具有优良效果的奶味香精。

（7）食品分析和检测

酶也被用于食品分析和检测中。酶反应可以通过颜色、荧光或电化学信号等方式进行定量分析。例如，葡萄糖氧化酶可以将葡萄糖转化为葡萄糖酸，并同时产生还原型辅酶 NADH。利用该反应，可以对食品中的葡萄糖含量进行定量分析，如果汁、葡萄酒等。过氧化物酶可以催化酚类物质与过氧化氢反应产生有色产物，用于检测食品中的多酚类物质，如茶多酚、咖啡因等。脂肪酶可以催化食品中脂肪的水解，生成游离脂肪酸。通过测定游离脂肪酸的含量，可以对食品中脂肪的含量进行分析和检测。淀粉酶可以催化淀粉的水解，将其转化为糖类物质，用于检测食品中的淀粉含量，如面粉、米饭等。ELISA 是一种常用的酶标记技术，通过酶的催化作用来检测食品中的过敏原、致病菌、农药残留等。

食品酶的应用和开发需要结合具体的食品特性和加工过程，选择适合的酶种类和条件，以达到改善产品品质、提高生产效率和可持续发展的目标。同时，在食品酶的应用过程中也要遵守相关的法律法规和安全标准，确保食品的质量和安全性。

（三）全球食品微生物酶生产技术现状与比较

1. 生产菌株

在食品工业中，微生物可作为食品的发酵剂，也可以用于生产酶制剂。由于酶牵涉的基因单一，非常适合于利用基因工程技术进行改良，酶制剂的产量和特性方面都可以得到提高和改变，从而降低生产成本或开发新用途。因此，利用微生物生产食品酶制剂是食品工业应用基因工程技术的一个重要领域，开发前景十分广阔，经济价值也不言而喻。

目前，全球范围内很多企业已成功地应用基因工程菌株生产食品酶制剂，主要包括枯草芽孢杆菌、地衣芽孢杆菌、解淀粉芽孢杆菌、米曲霉、黑曲霉、浅青紫链霉菌、锈赤链霉菌、特氏克雷伯氏菌等。知名的企业有丹麦的诺维信公司、荷兰的吉斯特·布德卡德斯公司等（表 9-1）。利用基因工程技术改良菌种生产的第一种食品酶制剂是凝乳酶。由于生产凝乳酶的基因工程菌不会残留在最终产物上，因此，美国食品药品监督管理局认定它是安全的，符合 GRAS（Generally Recognized as Safe）标准，并于 1990 年批准应用于干酪的生产，在产品上也不需标示。目前，已有 17 个国家使用微生物生产的凝乳酶制作干酪，美国 70%的干酪都是由微生物源的凝乳酶生产的。

表 9-1　国外企业食品微生物酶生产菌株

酶品种	产酶菌种	公司	用途
α-乙酰乙酸脱羧酶	*Bacillus subtilis*	丹麦诺维信公司	饮料
α-淀粉酶	*Bacillus subtilis* *Bacillus licheniformis*	丹麦诺维信公司	谷物、淀粉、饮料、蔬菜、饮料、糖、面包
过氧化氢酶	*Aspergillus niger*	丹麦诺维信公司	牛乳、蛋
凝乳酶	*Aspergillus niger* var. *awamori* *Kluveromyces lactis*	丹麦诺维信公司	干酪
环状麦芽糊精葡萄糖基转移酶	*Bacillus licheniformis*	丹麦诺维信公司	谷物、淀粉
β-葡聚糖酶	*Bacillus subtilis* *Trichoderma reesei*	丹麦诺维信公司	谷物、淀粉、饮料、减肥食品
葡萄糖异构酶	*Streptomyces lividans* *Streptomyces rubigonosus* *Aspergillus niger*	丹麦诺维信公司	谷物、淀粉、蛋、饮料、面包、沙拉
脂酶	*Aspergillus oryzae*	丹麦诺维信公司	油脂、面包
麦芽糖基因的 α-淀粉酶	*Bacillus subtilis*	丹麦诺维信公司	谷物、淀粉、饮料

续表

酶品种	产酶菌种	公司	用途
蛋白酶	Aspergillus oryzae Bacillus subtilis Bacillus licheniformis	丹麦诺维信公司	肉、鱼、谷物、淀粉、饮料、面包、干酪
支链淀粉酶	Bacillus licheniformis Klebsiella planicola	丹麦诺维信公司	谷物、淀粉、饮料
木聚糖酶	Aspergillus niger Bacillus subtilis Trichoderma reesei	丹麦诺维信公司	面包、谷物、淀粉、饮料
凝乳酶	Kluveromyces lactis	荷兰吉斯特·布罗卡德斯公司	乳制品
α-淀粉酶	Bacillus amyloliquefaciens Bacillus licheniformis	荷兰吉斯特·布罗卡德斯公司	酒精饮料、啤酒
蛋白酶	Bacillus amyloliquefaciens Baukkys amyloliquefaciens	荷兰吉斯特·布罗卡德斯公司	啤酒、面包
β-葡聚糖酶	Bacillus amyloliquefaciens	荷兰吉斯特·布罗卡德斯公司	啤酒
木聚糖内切酶	Asoergillys nuger	荷兰吉斯特·布罗卡德斯公司	面包
蛋白酶	Pseudomonas sp.	美国杰能科公司	—
蛋白酶	Aspergillus oryzae	联合利华公司	—
凝乳酶	Aspergillus sp.	美国杰能科公司	—
凝乳酶	Escherichia coli	美国辉瑞公司	—
半纤维素酶	Aspergillus niger var. awamori	美国辉瑞公司	—
半纤维素酶	Bacillus subtilis	德国罗姆公司	—

2. 生产工艺

目前，国外食品微生物酶规模化生产主要有两种方法：液态发酵技术和固态发酵技术。生产企业一般根据菌种特性、酶的性质、分离纯化所需设备等，同时考虑生产成本控制等因素选取合适的发酵生产工艺。

（1）液态发酵技术

食品微生物酶液态发酵技术一般分为液态表面发酵和液态深层发酵两种，前者应用较少。液体表面发酵技术是将已灭菌的液体培养基接入微生物菌种后，装入可密闭的发酵箱浅盘中，发酵液厚度为 1~2 cm，然后向盘架中通无菌空气，并维持一定的温度进行发酵。浅盘发酵法菌体获得溶氧高，生长速率快，发酵产酶时间短。但由于浅盘液体体积小，发酵容量不足，不适合大批量酶制剂生产。

液体深层发酵是酶大规模生产中最常用的技术，通常在具有可溶性底物的流动液体中进行发酵，应用范围最广。目前，国外大多数企业都采用液体深层发酵法进行生产。该技术所用生物反应器是好氧发酵罐，从培养基灭菌、冷却到接种后发酵都在同一罐内进行，罐容积通常从 5~100m^3 不等。用液态发酵生产酶类，其培养基组成、培养温度、培养时间、底物浓度、诱导剂等各种因素显著影响酶的产生。液体深层发酵技术生产菌可采用细菌、酵母菌，也可采用丝状真菌。但受搅拌剪切力作用，发酵罐中丝状真菌细胞常受到损伤，影响产酶效率。液体深层发酵生产酶的工艺流程见图9-5。

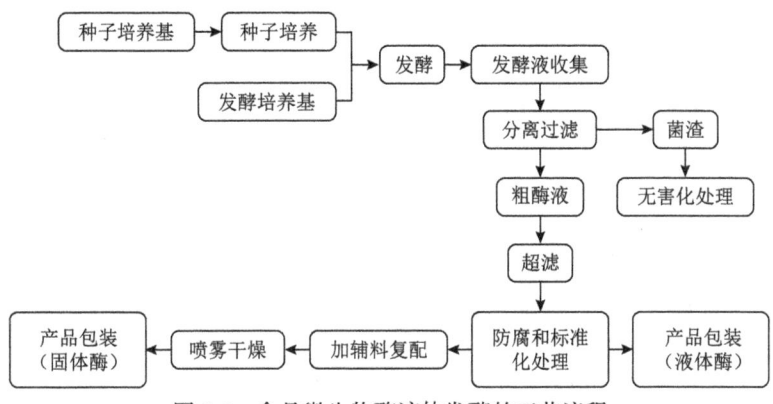

图9-5 食品微生物酶液体发酵的工艺流程

近年来，液体高密度发酵技术在国外逐渐发展成熟。利用高细胞密度发酵技术可提高单位发酵体积中菌体的浓度，相对缩小反应器体积，缩短生产周期，减少设备投资，进而提高单位体积发酵产率，降低生产成本，提高综合生产效率。据报道，毕赤酵母为发酵菌种生产脂肪酶、木聚糖酶，发酵菌体密度可高达550 g/L（湿重），脂肪酶和木聚糖酶发酵活力可达40000 U/mL和130000 U/mL，较常规细菌和丝状真菌发酵效率提高数十倍。

（2）固态发酵生产工艺

该工艺以麸皮和米糠为主要原料，再添加谷糠、豆饼、无机盐等，加水拌成含水量适度的半固态物料作为培养基，灭菌后用作接种产酶微生物菌株，维持一定的温度和湿度，微生物菌株在固体基质中生长、繁殖和产酶。固体发酵的工艺流程见图9-6。

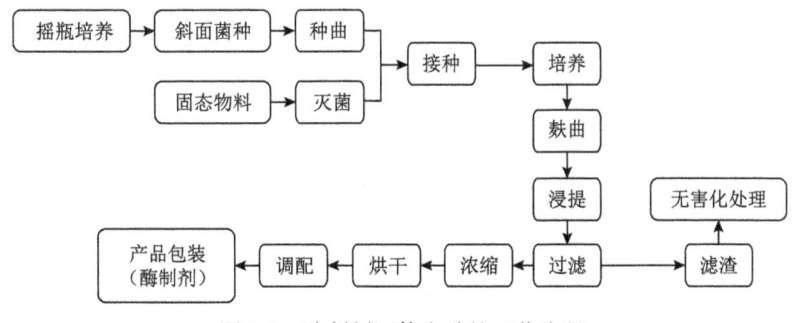

图9-6 酶制剂固体发酵的工艺流程

近年来，随着酶制剂行业的快速发展，固态发酵相对较难控制的问题已经得到解决，而且固态发酵生产酶制剂还具有发酵废料可循环利用、发酵污染面积小、易处理、污染后经济损失低等优点。固态发酵酶制剂能有效地丰富酶制剂种类，极大满足社会对酶制剂的需求。使用固态发酵酶制剂的产率比液态发酵酶制剂高。研究表明，采用固态发酵和液态发酵制备酶制剂所得纤维素酶的产量分别为 250～430 IU/g、160～250 IU/g，采用固态发酵方式纤维素酶得率提高了 72% 以上，效果显著。目前，工业上采用液态发酵方式生产酶制剂的平均时间在 11d 以上，最短的发酵时间也长达 7d。采用固态发酵酶制剂可以明显缩短发酵周期，一般只需要 3d 左右，极大地提高了工业生产酶制剂的效率。

固态发酵具有发酵污染小、酶系丰富、产量高、周期短、能耗低等优势，国外对固态发酵酶制剂的研究及应用的关注度逐年提高（表 9-2）。国外酶制剂产业经过多年的发展，基本告别了无序的竞争状态，形成了完善的酶制剂商业体系。

表 9-2 固态发酵法生产食品微生物酶（国外部分企业）

生产厂家	代表性产品	主要标识酶活种类
丹麦诺维信	诺维信中温淀粉酶	淀粉酶、糖化酶
德国 AB 酶制剂	艾克纳斯	木聚糖酶 + 葡萄糖酶（复配）
法国安迪苏	罗酶宝	木聚糖酶（单菌发酵）
美国 Genmchen	和美酵素	甘露聚糖酶
美国建明（Kemin）	八宝威	淀粉酶、葡聚糖酶等（复配）

3. 生产装备

发酵设备是保证发酵生产正常有序开展的关键，直接影响酶的生产效率和产品质量。食品酶两种发酵生产技术中，液体深层发酵生产装备较为复杂，拥有较复杂的无菌空气制取系统、配料灭菌装备、级联发酵设备、过滤浓缩设备、干燥包装设备等，确保满足微生物快速增长，形成产物和酶产品制剂生产的各种条件。

现有主体发酵设备中，国内外采用通用式发酵罐、自吸式发酵罐、气升环流式发酵罐等几种。气升式发酵罐构造简单，染菌机会少，发酵能耗可降低 30%～50%，罐内液体剪切力小，适用于动植物细胞培养，但不适合高黏度或含大量固体的培养液，食品酶生产采用较少。自吸式发酵罐搅拌转速高，菌体容易受损，进罐空气处于负压，增加染菌机会，个别以酵母为生产菌的发酵采用此设备。调研发现，大多数食品酶企业采用通用式的机械搅拌通风发酵罐，中试工厂用发酵罐体积 50～5000 L，工业生产用多为 5000 L 以上，多数酶制剂生产企业使用发酵罐为 50～200 m^3。

发酵主体设备发酵罐制备与安装技术较成熟，国际知名品牌有美国 Dorlink，德国 bbi-biotech GmbH 贝朗等。发酵后依据产品性质采用的分离设备种类较多，如离心机、板框压滤、超滤浓缩、喷雾干燥机等，该配套设备生产厂家多，如德国 GEA 碟片离心机可常年连续工作，瑞典的 Atlas Copco、美国的 IngersollRand 和 Sullair 空压机，节能环保，运行稳定；美国 McQuay 和 York 的制冷机等制冷效果较佳，均是国内外发酵企业常用设备。

为使空气和发酵液充分混合，增加发酵液溶解氧以满足微生物生长、繁殖和代谢的需要，发酵设备设计企业根据食品酶发酵工艺、菌种特性、物料特点等条件，调整发酵罐高径比、搅拌器档数、冷却蛇管配备数量与面积。20 世纪 80 年代后，基因工程技术迅猛发展，利用基因工程菌株生产酶制剂越来越多，发酵设备尾气处理受到关注，部分企业开始使用涡轮分离器将尾气中水雾与泡沫分离，再经蒸汽夹套高温处理，高效除菌滤芯过滤，达到安全排放要求。

近年来，随着食品酶发酵工艺革新，行业对产品指标规范日益严格，对加工装备要求更高。目前，一些规模较大的酶制剂生产厂家对生产工艺的环境控制十分严格。接种、配料和发酵等车间要求达到无人化生产，新型发酵设备具备较高的自动化、智能化程度，采用先进的自动化控制系统、传感器技术以及数据分析和优化算法，各工艺段设备实现无缝连接，采用实时反馈控制实现无人化生产。对工艺设计、设备布局、生产方式和人员素质提出了更高的要求。

在全球低碳经济迅速发展环境下，食品酶生产企业对发酵装备节能环保性能关注度较高。近几年来，新型材料和生产技术的出现，为加工装备的技术升级提供了基础。由企业牵头，科研院所参与的发酵生产线的设计与安装，越来越多地应用了高新技术，企业优先采用高效、低能耗的设备，实施废水、废气和固体废物的综合利用和处理。在自动化水平提升的同时大大降低了能耗和排放，企业也从中获得可观的经济效益，社会效益和生态效益也十分显著。同时，为满足多样化的市场需求，食品酶生产设备需要具备较强的柔性生产能力，设备可以在短时间内快速切换，生产不同类型、规格的食品酶，以适应市场的变化。

4. 控制标准

国际食品法典委员会（Codex Alimentarius Commission, CAC）是政府间的国际标准制定机构，由该组织下的食品添加剂法典委员会制定相关标准和指南对食品酶制剂进行管理。在 CAC 的标准框架下，酶制剂执行《食品工业用酶制剂的通用质量规格要求及考虑》，该标准规定了酶制剂的命名、定义、酶活力、原料要求、载体和其他添加剂成分的要求、重金属铅的要求、微生物要求、抗菌活性及其他考虑。而新的酶制剂安全性评价由 FAO/WHO 联合食品添加剂专业委员会进行评价。

在食品及食品添加剂等生产过程中，发达国家广泛采用 ISO9000、HACCP、ISO14000 等质量认证体系。通过 ISO9000 标准，建立健全企业的质量管理和质量保证体系，对产品质量实行全过程管理，使质量管理规范化、程序化，确保产品质量达到要求。部分国家已将出口国食品企业是否通过 ISO9000 标准认证作为选定合格供应（进口）商的基本条件和重要依据。

FAO/WHO 食品法典委员会批准颁布的《HACCP 体系及其应用准则》，在国际上得到了广泛接受和普遍采纳，被认可为世界范围内生产安全食品的准则。美国 FDA 要求所有在美国生产或出口至美国的食品必须符合 HACCP 法规。HACCP 体系成为出口食品企业通往国际市场的通行证。

发达国家把企业的环境评价作为本国食品生产企业和外国进口食品生产企业的审核条件。要求企业依据 ISO14000 标准体系，建立环境管理体系，对企业的活动、产品和服务中的环境因素进行监控，用有效的管理从源头上控制环境污染的产生，为食品企业建立完整、有效的环境管理体系提出了具体的技术方法和手段，防止环境对食品污染影响食品安全性。此外，各发达国家在食品生产企业中已广泛实施 GMP，美国已把食品加工业中的 GMP 列入联邦法规。FAO/WHO 食品法典委员会，鼓励将此管理系统具体应用到食品有关法规的制定中去。

世界食品工业正越来越普遍地采用 ISO9000 系列标准和 HACCP。在一些国家中 ISO9000 证书正逐步变为一种"准"营业执照。对食品加工企业而言，以"ISO9000 为通则，以 HACCP 为原则"，将两种体系结合定能将质量管理提高到一个新水平。未来的发展方向是 HACCP 的电脑程序化，并将其与新兴的预测食品微生物学相结合。

（四）全球食品微生物酶主要生产企业运行分析

1. 国际市场概况

2021 年全球酶制剂市场规模约为 130 亿美元，其中北美市场占比 35%，欧洲市场占比 30%，亚太市场占比 20%，其他市场占比 15%。2022 年全球食品工业微生物酶市场规模约 237 亿元。预计未来将持续保持平稳增长的态势，到 2029 年市场规模将接近 364 亿元，未来六年年复合增长率（CAGR）为 6.3%。从生产端来看，食品微生物酶产业的主要生产国家包括美国、欧洲、日本、韩国、中国等。其中，美国和欧洲是食品微生物酶生产的主要消费市场和技术中心，日本和韩国是亚洲地区的主要生产国家，中国则是近年来快速崛起的新兴市场。从产品类型方面来看，微生物转谷氨酰胺酶占有重要地位。此外，微生物蛋白酶、微生物 α-淀粉酶、微生物乳糖酶、微生物脂肪酶和微生物木聚糖酶等也是重要的微生物酶产品。从微生物酶的应用方面来看，微生物酶制剂可应用于食品、洗涤剂、动物饲料、纺织品和淀粉加工等行业。

2. 国际食品微生物酶制剂主要生产企业

全球范围内，微生物酶核心厂商主要包括德国 AB 酶制剂公司（AB Enzymes）、诺维信（Novozymes）、杜邦公司（DuPont）、巴斯夫股份公司（BASF）和 Antozyme Biotech 等。2022 年，全球第一梯队厂商主要有德国 AB 酶制剂公司、诺维信、杜邦公司和巴斯夫股份公司；第二梯队厂商有 Antozyme Biotech、Creative Enzymes、IFF Bioscience 和帝斯曼（DSM）等。从全球市场份额来看，龙头企业诺维信占据了约 40%的市场份额，其次是杰能科，占比约 25%，再次是帝斯曼、德国 AB 酶制剂和比利时焙乐道（BELDEM）等。

3. 主要生产企业发展历史特点

全球食品微生物酶产业是一个较为成熟的行业，主要生产企业在技术研发、产品质量、生产能力和市场竞争力等方面都有着较为丰富的经验和优势。以下是几家主要生产企业的发展历史特点。

诺维信：作为全球最大的微生物酶制造商之一，诺维信始于 1925 年，最初是一家酿酒公司。在 20 世纪 60 年代，诺维信开始在工业生产中使用酶制剂，逐渐转型成为一家专业的酶制剂公司。目前，诺维信在全球范围内拥有多个生产基地和研发中心，产品包括食品酶、动物营养酶和生物乙醇酶等。

帝斯曼：帝斯曼是一家荷兰的综合企业，其酶产品主要用于食品、饲料和生物制品生产。早在 20 世纪 50 年代，帝斯曼就开始研究酶制剂，并在 70 年代初生产了第一个酶制剂产品。目前，帝斯曼已经成为全球领先的酶制剂生产商之一，产品包括食品酶、动物营养酶和生物燃料酶等。

杜邦：杜邦是一家美国的化工企业，其酶产品主要用于食品、生物制品和纺织品等领域。杜邦早在 20 世纪 50 年代就开始研究酶制剂，并在 70 年代开始进行工业生产。目前，杜邦已经成为全球领先的酶制剂生产商之一，产品包括食品酶、动物营养酶和生物燃料酶等。

总的来说，全球食品微生物酶产业主要生产企业的发展历史都比较悠久，这些企业在技术研发、产品质量、生产能力和市场竞争力等方面都有着较为丰富的经验和优势。同时，这些企业还不断加大研发投入，不断推出新产品和技术，以满足市场和客户的需求。

4. 主要酶品种和特点

全球微生物酶企业的酶制剂品种较多，应用领域广泛。酶制剂价格相对较高，但其产品质量和性能也比较优秀，酶活和利润较高。诺维信开发和生产酶已有 90 多年的历史，至今已开发 22 大类，600 多种产品，涉及 12 大领域的应用。酶制剂产品主要有食品酶、饲料酶、生物能源酶和工业酶等。帝斯曼开发和生产酶已有100多年的历史,拥有超过400种酶产品组合,主要酶产品包括消化酶、饲料酶和工业酶等。杜邦公司开发和生产酶已有50多年的历史,拥有500多种酶产品组合,主要酶产品有烘焙酶、生物燃料酶、清洁酶和保健酶等。

5. 应用特点与优势

全球食品微生物酶制剂应用特点与优势主要包括以下六个方面。

(1)定制化:微生物酶制剂能够根据不同企业的需求进行定制化生产,满足不同行业和不同产品的要求。

(2)研发投入大:全球食品微生物酶制剂生产企业不断加大研发投入,不断推出新产品和技术,以满足市场和客户的需求,提高产品的质量和性能。据统计,诺维信在研发方面的投入占其总收入的14%。其他企业在研发方面的投入占其总收入的8%～10%。

(3)提高生产效率:食品微生物酶制剂可以加快食品加工和生产过程,提高生产效率,同时还可以改善食品的口感和品质。

(4)降低成本:食品微生物酶可以帮助降低生产成本,例如可以降低饲料中的蛋白质含量,从而减少饲料成本。

(5)对环境友好:食品微生物酶制剂是一种对环境友好的生物制剂,不会产生污染,对环境没有负面影响。

(6)应用广泛:食品微生物酶制剂可以应用于多个领域,如食品加工、饲料生产、酿酒、烘焙等。不同的酶品种可以对应不同的应用需求,具有很大的灵活性。

总的来说,全球食品微生物酶制剂应用特点与优势非常明显,具有广泛的应用前景和市场需求。同时,食品微生物酶制剂生产企业也不断加大研发投入,不断推出新产品和技术,以满足市场和客户的需求,提高产品的质量和性能。

二、我国食品微生物酶产业现状与发展趋势

(一)市场规模与消费现状

我国食品微生物酶制剂生产始于1965年无锡酶制剂厂。20世纪90年代开始,在江苏、河南、山东、河北等地逐渐建立酶制剂厂,涌现出山东隆科特、广东溢多利、青岛蔚蓝生物、武汉新华扬、湖南尤特尔等一批实力较强的酶制剂生产企业。这些企业长期从事酶的生产应用、产品开发等工作,注重技术创新与产业下游技术服务,在食品加工用酶、饲料用酶等某些细分领域达到国际领先水平。

1. 我国食品微生物酶品种

伴随着我国食品工业持续快速发展，食品酶市场空间也在迅猛增长。目前，我国食品安全标准《食品添加剂 食品工业用酶制剂》中允许在食品中使用的酶制剂有动植物来源的 150 余种和微生物来源的 60 余种，其中能进行工业化生产的酶制剂约 30 余种，主要有 α-淀粉酶、葡糖淀粉酶、葡萄糖异构酶、蛋白酶、果胶酶、谷氨酰胺转氨酶、脂肪酶、葡萄糖氧化酶、β-葡聚糖酶、木聚糖酶、异淀粉酶、纤维素酶、α-乙酰乳酸脱羧酶、转葡糖苷酶、超氧化物歧化酶、溶菌酶等。我国批准使用的食品酶主要应用于烘焙、啤酒、乳制品、果蔬汁、植物提取、蛋白水解、油脂加工和淀粉糖加工等领域。其中，碳水化合物用酶、蛋白加工用酶、乳品加工用酶占食品酶的比重较大，约为 81.7%。

2. 我国食品微生物酶市场规模

近年来，国内酶制剂产量呈明显上升趋势，酶制剂企业的国际竞争力逐步增强，2018 年酶制剂产量达 146 万吨，2008—2018 平均年复合增长率为 9.03%。2021 年酶制剂产量达到 196 万标准吨，与 2020 年同期相比增长 21%，产值约 41 亿元人民币，同比增长 18%，约占全球市场份额的 10%。2022 年，在全国受新冠疫情、原料、能源价格居高不下等不利因素影响，生物发酵行业整体产量下降情况下，酶制剂 1—6 月份产量达到 90 万标准吨，同比增长 4%，产值 22 亿元人民币，同比增长 8.3%，估计全年产值达到 43 亿元人民币。

在全球市场中，食品酶在工业酶制剂整体市场中的份额占比达到 38%；在国内，食品酶制剂在酶制剂整体市场中的份额占比达到 60% 以上。我国食品酶产业发展迅速，2011—2019 年，我国食品酶制剂产量年均复合增长率为 7.1%，保持持续上升态势，行业发展势头好。特别是绿色、高质量食品加工业将对酶制剂表现出了持续的需求。食品酶产需两旺，保持持续上升态势，特别是绿色、高质量食品加工业对酶制剂持续需求高。近年来，酶制剂企业不断推出新型酶制剂、复合酶制剂、高活力和高纯度特殊酶制剂来满足日益发展的食品工业需求。

长期看，我国食品酶行业仍将受益于人口增长和动物食品消费的增长。在所有食品酶品种中，酿造酶的市场需求量最大，占 24.6%，其次是乳品酶、淀粉酶等（图 9-7）。

目前，中国啤酒总产量已跃居世界第一位，年总产量超过 3000 万吨，与食品酶在啤酒酿造中的应用密不可分。淀粉酶行业发展快，产量成倍增长，品种不断增多，至 2021 年产量已接近 100 万吨。新型淀粉酶制剂正应用于针剂葡萄糖、液体葡萄糖浆、高麦芽糖浆、果葡糖浆及各种低聚糖生产中。功能性低聚糖已被人们所接受，淀粉糖对酶制剂的品种和质量提出了更高的要求，新型酶制剂的推出为这些行业提供了发展所需条件。

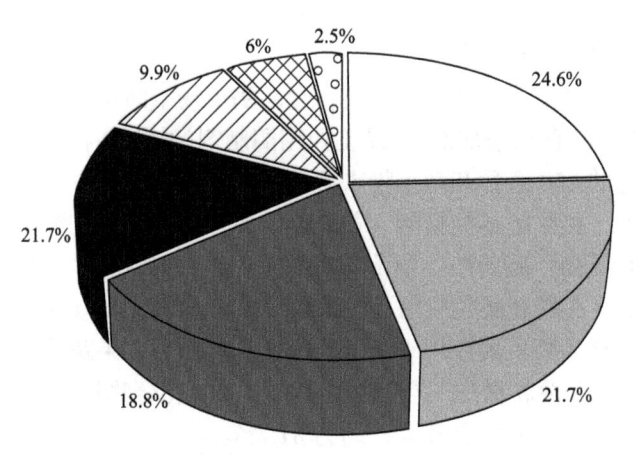

图 9-7 食品酶制剂市场需求

（酿造酶 24.6%、乳品酶 21.7%、淀粉酶 18.8%、蛋白酶 21.7%、果品酶 9.9%、风味酶 6%、油脂酶 2.5%）

3. 我国食品微生物酶生产企业现状

我国酶制剂产业从无到有，由小到大，发展迅速。产量从当初的几百吨，发展到现在的 200 万吨。目前，国内酶制剂生产企业有 100 余家，产值超亿元企业约 10 家，其中广东溢多利生物科技股份有限公司、青岛蔚蓝生物集团有限公司和湖南利尔康生物股份有限公司为 3 家上市企业，年销售额 5 亿元以上。山东隆科特酶制剂有限公司食品酶生产规模较大，年产酶制剂系列产品 10 万吨，国内市场占有率 15% 以上。其他酶制剂企业除几家大型合资企业外，其余基本为中小型企业，已实现规模化生产的酶制剂达到 30 种（表 9-3）。

表 9-3 我国主要食品酶制剂生产企业及主要酶产品

序号	企业名称	主要产品（食品酶）
1	山东隆科特酶制剂有限公司	β-葡聚糖酶、酸性木聚糖酶、中温 α-淀粉酶、酸性蛋白酶、酸性纤维素酶、酸性果胶酶、δ-半乳糖苷酶、中性蛋白酶、真菌 α-淀粉酶、中温 α-淀粉酶、麦芽糖淀粉酶、脂肪酶、木聚糖酶、谷氨酰胺转氨酶等
2	青岛蔚蓝生物集团有限公司	木聚糖酶、葡聚糖酶、中性蛋白酶、果浆酶、葡萄糖氧化酶、葡萄糖转苷酶等
3	广东溢多利生物科技股份有限公司	耐高温 α-淀粉酶、复配葡糖淀粉酶、真菌 α-淀粉酶、普鲁兰酶、过氧化氢酶、葡萄糖氧化酶等
4	湖南利尔康生物股份有限公司	高温 α-淀粉酶、木聚糖酶、果胶酶、脂肪酶、酸性蛋白酶、纤维素酶、普鲁兰酶、降黏酶、槟榔软化专用酶、淀粉提取酶、LEKenzyme 真菌 α-淀粉酶、高效糖化酶等
5	武汉新华扬生物股份有限公司	蛋白酶、α-淀粉酶、大麦水解酶、葡萄糖氧化酶等

续表

序号	企业名称	主要产品（食品酶）
6	南宁庞博生物工程有限公司	木瓜蛋白酶、菠萝蛋白酶、风味蛋白酶、核酸酶、谷氨酰胺转氨酶、中碱性蛋白酶等
7	宁夏夏盛实业集团有限公司	蛋白酶、淀粉酶、糖化酶、纤维素酶、葡萄糖氧化酶、脂肪酶、单宁酶等
8	江苏奕农生物工程有限公司	木聚糖酶、α-半乳糖苷酶、葡萄糖氧化酶、低温淀粉酶等

近年来，随着我国酶制剂研发能力和发酵水平不断提高，国内许多酶制剂生产企业已经形成自主品牌，在国际市场上获得认可并开始出口。根据中国生物发酵产业协会数据，2020年和2021年，中国酶制剂产品出口分别为7.85万吨和8.79万吨，出口额分别达到4.23亿美元和5.13亿美元，出口数量与出口创汇双双增长。2020年和2021年，国内进口酶制剂分别为13950吨和14443吨，进口额分别为3.02亿美元和4.41亿美元。2021年较2020年进口量增加了3.5%，进口额增长了46.1%。进口酶制剂产品价格要远高于出口价格，说明进口的酶制剂多为高端产品，出口的则是附加值较低的一般大宗产品。国内高端食品酶市场，国外公司占80%以上，国产酶制剂在中低端市场占主流。近年来，受下游市场带动，国产酶的国内市场占有率显著提升，已近50%。

对食品酶制剂行业，我国已建立了较为完备的食品酶制剂生产体系，可以大规模生产包括碳水化合物、蛋白质、乳品深加工酶制剂在内的食品酶制剂。但现有酶制剂品种还不能满足食品工业需要，酶制剂工业要不断推出新型酶制剂、复合酶制剂、高活力和高纯度的特殊酶制剂来满足日益发展的食品工业需要。目前，逐步成熟的酶制剂研究及应用技术使中国酶制剂产业正向"高档次、高活性、高质量、高水平、多领域"方向发展。

（1）山东隆科特酶制剂有限公司

前身是山东隆大生物工程有限公司，最早创建于1976年，食品酶生产规模较大，年产酶制剂系列产品10万吨，国内市场占有率15%以上。2022年被评为中国轻工业科技百强企业，连续多年被评为中国轻工业发酵行业十强企业。

研发生产的酶制剂有β-葡聚糖酶、酸性木聚糖酶、中温α-淀粉酶、酸性蛋白酶、酸性纤维素酶、酸性果胶酶、植酸酶、∂-半乳糖苷酶、中性蛋白酶、真菌α-淀粉酶、中温α-淀粉酶、麦芽糖淀粉酶、脂肪酶、木聚糖酶、TG酶等，广泛应用于饲料、食品、饮料、啤酒肉制品加工等行业。

（2）青岛蔚蓝生物集团有限公司

成立于2005年，主营业务包括酶制剂的研发、生产和销售。2019年上市，被评为"全国酶制剂行业十强企业"、2022年青岛民营企业创新10强企业。开发了果汁液化酶，提高了果汁生产效率，降低了生产成本，改善了果汁品质。针对不同的水果（苹果、凤梨、草莓和木瓜）果汁产品提供不同的果汁液化用酶。开发了啤酒酿造用酶，提高辅料的液化效果、降低粮耗、提高啤酒稳定性等，主要酶品种有辅料液化用耐高温 α-淀粉酶、中温淀粉酶。用于提高发酵度的葡糖淀粉酶、真菌淀粉酶、普鲁兰酶等复合协同效果，提高啤酒发酵度，可生产高发酵度啤酒，如低热量啤酒、淡爽啤酒等。在降低粮耗与提高产能方面，针对麦芽品种及质量，提供 β-葡聚糖酶、木聚糖酶及蛋白酶等，降低麦汁的黏度和浊度；研发 β-葡聚糖酶、木聚糖酶、中性蛋白酶、淀粉酶等产品，降低粮耗，提高产能，提高啤酒稳定性。

（3）广东溢多利生物科技股份有限公司

成立于 1991 年，专注于生物酶制剂、活性天然产物、动物营养与健康三大主业，生物酶制剂是其五大系列产品之一。该公司是国内生物酶制剂行业龙头企业，国内大型生物酶制剂生产企业之一。

自主研发生产耐高温 α-淀粉酶、复配葡糖淀粉酶、真菌 α-淀粉酶、普鲁兰酶、过氧化氢酶、葡萄糖氧化酶等，广泛应用于有机酸、啤酒糖化、改性淀粉、食品酿造等行业。此外，公司注重饲料酶制剂研发，生产有酸性木聚糖酶、小麦专用复合酶、玉米-豆粕型专用复合酶、玉米-杂粕型专用复合酶、耐高温葡萄糖氧化酶、耐高温植酸酶、组合蛋白酶、组合淀粉酶、反刍动物专用复合酶等。

（4）湖南利尔康生物股份有限公司

成立于 2008 年，2016 年挂牌上市。主要从事酶制剂研发、生产和销售，以里氏木霉进行酶高效表达及应用，已取得食品、饲料等酶制剂生产许可证。生产有高温 α-淀粉酶、木聚糖酶、果胶酶、脂肪酶、酸性蛋白酶、纤维素酶、普鲁兰酶等，其降黏酶、槟榔软化专用酶、淀粉提取酶、真菌 α-淀粉酶、高效糖化酶等产品在果汁、食品酿造、烘焙、槟榔加工、面粉加工、啤酒发酵等产业有着广泛的应用，可改善风味口感、提高食用品质、延长货架期、提高原料利用率、降低能耗。

（二）基础研究现状分析

1. 菌种创制

食品酶工业菌种是产业竞争的焦点和关键。产酶微生物的菌种创制是指通过筛选、改造和培育微生物菌株，使其具有高效产酶能力。但是，我国部分食品产业缺乏自主的高性能工业菌种及生产工艺，我国菌种知识产权在全球占比不超过 5%，自主菌种的生产水平距国际大公司先进菌种仍存在一定差距。因此，开展菌种创制，提升菌种生产性能，是保障我国食品产业可持续发展的关键。目前，我国所开展的菌种创制通常以特定的微生物为底盘，通过诱变育种和基因工程育种等方式获得。采用基于基因组学、合成生物学和生物信息学的酶编码基因挖掘技术，破译特定性质的酶编码基因，克隆并表达该酶基因。根据酶的来源、性质及应用，选择合适载体与宿主，构建高效表达重组菌株，并采用发酵过程优化控制策略进行优化，获得可以高效表达特定性质的酶。李锦记食品有限公司完成的科技成果"酱油酿造菌种的酶系分析与菌种选育、改造和应用研究"，采用二维电泳等技术手段分析沪酿 3.042 的蛋白酶（中性、碱性、酸性）、淀粉酶、糖化酶、纤维素酶以及果胶酶等分泌酶系的转录及分泌表达情况，采用现代高新生物技术离子导入法，进行酱油生产菌种诱变选育，成功选育出 RD 导 1 菌株。

微生物菌种改良涉及重组 DNA 技术、原生质体融合和点突变技术等，通过增加酶基因的拷贝数或改变基因的特殊位点，以期提高表达酶的活力和改良酶的特性，使酶向适宜工业化目标定向改造。南京百斯杰生物工程有限公司研发人员利用独创的基因敲除及重组等技术成功地改造了野生芽孢杆菌基因，通过普鲁兰酶基因的定点整合成功地构建了一株高效表达普鲁兰酶的枯草芽孢工程菌（世界公认的食品安全菌种，为国际酶制剂公司广泛使用）。有研究人员将 *Bacillus alcalophilus* 的碱性淀粉酶基因在 *Bacillus subtilis* 中过量表达，使碱性果胶酶产量提高 76 倍。采用紫外线诱变和 γ 射线协同诱变的方法，对黑曲霉 Uco-3 的原生质体进行诱变处理，获得产高温乳糖酶的高产突变株，其产乳糖酶活力是出发菌株的 2.73 倍。采用脉冲强光对 *Bacillus subtilis* 进行诱变处理，获得兼具高温耐受、强酸耐受和高浓度胆盐耐受性变异菌株 B3 和 B7，产蛋白酶、α-淀粉酶、脂肪酶活力分别比原始菌株提高了 56% 和 71%、67% 和 77%、34% 和 42%。采用常温、常压等离子体诱变对产葡萄糖氧化酶的黑曲霉 1504 菌株进行诱变育种，获得的两株菌株 A117 和 A158 的产酶活力提高至原始菌株的 3.17 倍和 3.31 倍，分别达到 172.72 U/mL 和 180.74 U/mL。

2. 新酶资源发掘

食品工业中使用的酶因其在食品生产中的作用和能力而多样化。新酶资源的发掘是通过探索自然界中的不同环境和生物体，寻找具有特殊催化活性和功能的新酶。工业上应用的酶大多采用微生物发酵法生产。近年来，随着基因工程技术的快速发展，为提高酶产量和新品种的开发开辟了新途径。2021 年，国家卫健委发布公告批准的酶制剂新品种中有 14 种涉及了转基因技术。

通过对多种微生物的基因组进行筛选，发掘具有不同催化功能的酶。这些酶在复配使用时实现互补的催化效果，提高反应的产率和选择性。湖北省省部共建生物催化与酶工程国家重点实验室以微生物（如细菌、真菌、古生物以及非可培养的微生物）、动物和植物为研究对象，通过富集培养驯化技术、宏基因组技术、基因组挖掘技术，获取具有特定功能的新型酶基因或者基因文库，建立高通量或超高通量筛选技术，筛选鉴定出新型高效的酶催化元件，能够以高度的专一性和活性完成特定催化反应。

有些项目利用引入随机突变、DNA重组或引入外源基因等方法，筛选和选择具有所需活性和特性的酶。由河南仰韶生化工程有限公司承担的国家"863"项目"新型糖酶创制与创新应用"开发了耐酸耐高温α-淀粉酶、普鲁兰酶、α-葡萄糖转苷酶和耐热β-淀粉酶等四个酶种，主要用于淀粉糖生产、提高葡萄糖转化率和开发新型淀粉糖产品。

3. 酶分子设计与改造

酶的天然功能与具体应用的实际要求间存在一定差异，限制了其在工业上的应用。为了解决酶在生产应用中的问题，需要利用分子生物学、生物信息学、结构生物学和计算生物学等手段，对酶进行合理的设计与改造，使之具有所需的催化活性、特异性、稳定性与底物专一性等。

酶分子设计：随着对酶了解的不断加深，酶的设计在近些年也经历了快速的发展，机器学习指导的酶分子设计已逐渐被广泛应用。AI技术可以帮助收集和分析大量的酶结构、功能和相关性数据，包括已知的酶催化机制、底物结构和反应路径等。通过对这些数据的挖掘和分析，可以获得对酶结构和功能有深入理解的信息。湖北省省部共建生物催化与酶工程国家重点实验室综合现代计算生物学（分子建模和分子动力学模拟等）、物理化学、立体化学和高通量DNA测序以及基因合成等技术，开发快速高效的人工酶从头合成新技术，以特定的目标反应为导向，根据反应催化机理设计过渡态模型，构建出具有特定催化性能的蛋白序列和基因序列，从而获得自然界没有的新型酶催化剂元件，用于催化一系列天然酶无法催化的非天然反应。中国科学技术大学刘海燕课题组开发的ABACUS和SCUBA方法分别基于主链氨基酸和侧链氨基酸采样的统计能量函数，适用于主链蛋白质序列设计和侧链氨基酸构象采样及设计。山东蔚蓝生物科技有限公司完成高效酸性果胶酶的选育及产业化开发和碱性果胶酶制剂的研制，使果汁风味、口感等性能大大提升，并且成本更低，约是国外产品最低售价的1/15～1/10，具有较强的市场竞争力。

酶的改造：针对酶资源挖掘工作所获得的酶分子，以生物催化酶元件为研究对象，综合运用基于蛋白质结构的理性定向进化策略和非理性定向进化策略、晶体衍射技术、冷冻电镜技术、计算生物学、生物反应热/动力学和分子生物学等技术，对特定的酶进行分子水平的改造，并与计算机辅助设计技术相结合，有效地对突变体库进行筛选，获得催化性能提高的高效突变体，以满足工业化生产的需要。此外，还结合酶的理性或非理性改造对人工酶进行改造，提高其催化活性、稳定性和选择性等。最终为准确、便捷、高效快速人工酶技术的建立提供理论和技术支持。食品和饮料行业通过酶改造改善产品的质量和口感。如蒙牛乳业、汇源果汁等知名企业,在果汁和乳制品加工中利用酶改造技术,优化生产流程和产品特性。华南理工大学研究人员合成响应启动子 P4UPRE2-TDH3 和 P4UPRE2-TEF1 共表达 ERO1 和 SLY1 的工程菌株,α-淀粉酶产量提高了 95%。江南大学研究人员实现了辣根过氧化物酶(HRP)在酿酒酵母中的高效分泌表达,HRP产量达到5093 U/L,相比初始的组成型表达提高了 203 倍。

4. 酶的复配

随着生物技术的迅速发展,可用于食品中的酶种类将大大增加,新型酶和复合酶的大力研究将会是未来的发展趋势。酶的复配是将多个不同的酶组合在一起,以实现更复杂的生物催化反应。通过复配可以加速复杂反应的实现,降低生产成本,提高反应效率。通过基因工程技术,将多个不同酶基因导入到同一宿主生物体中,使其同时表达多个酶。这种方法可以利用宿主生物体的代谢网络和调控机制,实现复杂的代谢途径。将不同的酶固定在载体上,形成复合酶固定化系统。固定化可以增加酶的稳定性和重复使用性,同时还可以提供相对较高的底物浓度和酶-底物接触机会。固定化酶已在众多工业生产中发挥越来越重要的作用。

近年来,围绕酶固定的载体材料开发与固定技术研究进展较快。有研究人员开发了一种具有高固定化率、高稳定性的淀粉基磁性纳米固定化酶载体,利用交联法固定脂肪酶、青霉素酰化酶及菠萝蛋白酶制备固定化酶。使用多醛交联剂制备了磁性纳米粒子固定果胶酶,提高了果胶酶的回收率和酶活力。利用固定化壳聚糖酶生产壳寡糖,与β-葡萄糖苷酶、纤维素酶相比,该固定化酶表现出较高的稳定性,在水解 6 个周期后,仍可保持 70%的初始酶活力。福建师范大学的研究人员利用壳聚糖与硅酸乙酯(TEOS)形成的溶胶-凝胶制备杂化载体,经戊二醛交联后固定化壳聚糖酶,该固定化酶具有较强的热稳定性,重复使用 10 次后,酶活力损失小于 30%。

目前,复合糖化酶市场基本为诺维信和杰能科两大酶制剂巨头所垄断,其昂贵的价格导致我国下游产品生产成本过高,限制了企业的扩大生产和应用。百斯杰生物工程有限公司独立开发的普鲁兰酶与糖化酶按不同比例可复配出多种复合糖化酶产品(商品名 High DEX SP 系列),具有很强的适应性,已达到国际主流复合糖化酶的水平。除满足常规的葡萄糖生产(pH 4.2~4.5),其特制产品(商品名 High DEX SP5.5)在 pH5.5 条件下仍能达到 DX96.5 以上的效果。

5. 酶的应用开发

食品微生物酶的应用开发主要包括以下七个方面。

(1)面包和糕点:淀粉酶和蛋白酶等被广泛应用于面包和糕点制作中,改善面团的加工性能、增加面包的体积和柔软度、改善产品的质地和口感，提高产品的质量和增加营养价值等。

（2）酒类生产：在啤酒、葡萄酒和烈酒等酒类生产过程中，酶被用于淀粉的糖化、果胶的降解和苦味物质的去除等工艺，以改善酒类的风味、品质和稳定性。

（3）乳制品：乳酶和凝乳酶常被用于牛奶和乳制品的处理，促进凝固和乳化过程，制备出不同口感和风味的乳制品。

（4）果蔬加工：果胶酶和纤维素酶等酶在果蔬加工中应用广泛。它们能够降解果胶和纤维素，改善果蔬汁的澄清度、稳定性和口感。

（5）肉类加工：酶在肉类加工中起到重要作用，能够改善肉质的嫩化、腌制和风味调控，提高肉类产品的质感和口感。转谷氨酰胺酶是新型蛋白质功能改良剂，能够提高肉制品的弹性和产品的嫩度，可以取代磷酸盐的作用。在火腿肠类食品中添加转谷氨酰胺酶可以增加酪蛋白的胶凝，从而提高口感、风味、组织结构和营养性。

（6）食品添加剂：一些酶被用作食品添加剂，用于改善食品的质地、稳定性和保鲜效果。例如，抗氧化酶能够延长食品的保质期。

（7）新型食品开发：越来越多的新型食品被开发，如肉替代产品、乳制品替代品、无乳糖产品等。酶在这些食品的制备过程中发挥重要作用。将食品酶与其他先进技术相结合，开展研究和创新。例如将酶与纳米技术、乳酸菌发酵、超声波处理等相结合，提高食品质量和产能。

（三）生产技术现状与比较

1. 生产菌种

市场上销售的食品微生物酶主要包括淀粉酶、蛋白酶、脂肪酶、纤维素酶、木聚糖酶、β-葡聚糖酶、甘露聚糖酶、果胶酶、α-半乳糖苷酶等，所用生产菌种主要有芽孢杆菌、黑曲霉、米曲霉、木霉、大肠杆菌等。部分食品酶及产酶微生物的情况见表9-4。

表9-4 食品酶及产酶微生物

酶品种	产酶菌种
木聚糖酶	毕赤酵母、大肠杆菌、米曲霉、长柄木霉、枯草芽孢杆菌、黑曲霉
纤维素酶	里氏木霉、长柄木霉、黑曲霉、绳状青霉
β-葡聚糖酶	黑曲霉、枯草芽孢杆菌、长柄木霉、绳状青霉、解淀粉芽孢杆菌、棘孢曲霉
甘露聚糖酶	芽孢杆菌、黑曲霉、长柄木霉

续表

酶品种	产酶菌种
果胶酶	黑曲霉、棘孢曲霉
α-半乳糖苷酶	黑曲霉
蛋白酶	黑曲霉、米曲霉、枯草芽孢杆菌、长柄木霉
角蛋白酶	地衣芽孢杆菌
葡萄糖氧化酶	特异青霉、黑曲霉
淀粉酶	黑曲霉、解淀粉芽孢杆菌、地衣芽孢杆菌、枯草芽孢杆菌、长柄木霉、米曲霉、大麦芽、解支链淀粉芽孢杆菌
脂肪酶	黑曲霉、米曲霉
植酸酶	毕赤酵母、黑曲霉、米曲霉

不同微生物来源的食品酶，其特性差异较大。如细菌来源的 α-淀粉酶具有耐高温、耐酸、耐碱等特性，适合工业生产中某些极端条件。细菌产酶的优势还有产量大、易处理、成本低、无季节性等。芽孢杆菌属常用于生产耐热 α-淀粉酶，如枯草芽孢杆菌（*Bacillus subtilis*）、嗜热脂肪地芽孢杆菌（*Geobacillus stearothermophilus*）、地衣芽孢杆菌（*Bacillus licheniformis*）、解淀粉芽孢杆菌（*Bacillus amyloliquefaciens*）和贝莱斯芽孢杆菌（*Bacillus velezensis*）等。部分细菌来源 α-淀粉酶性质对比见表 9-5。

表 9-5 部分细菌来源 α-淀粉酶性质

菌株	最适 pH	最适温度（℃）	酶活力（U/mL）	耐受性
Thermus filiformis Ork A2	5.5～6.0	95	2.4	耐酸
Bacillus subtilis	8.0	90	28.2	耐碱、耐高温
Raoultella terrigena	7.0	20	40.6	—
Brevibacillus choshinensis sp3	4.2～4.6	95	—	耐酸、耐高温
Bacillus licheniformis	5.5	80	—	耐酸、耐高温
Bacillus cereus	6.0	—	60.2	
Bacillus strain IBT108	7	70	10.5	耐酸
Bacillus velezensis D1	8.0	60	20.6	耐酸

近年来，许多学者开始进行微生物蛋白酶基因工程的研究，克隆出多种不同来源的微生物蛋白酶基因，并实现这些基因的异源表达。目前大肠杆菌表达系统、枯草芽孢杆菌表达系统、酵母表达系统、真菌表达系统等均用于表达微生物蛋白酶基因，微生物蛋白酶在不同宿主中的表达如表 9-6 所示。随着研究日益深入，可以通过选择适宜表达系统和表达策略来提高重组蛋白的产量，满足生产需要。

表 9-6　微生物蛋白酶的异源表达

蛋白酶基因	蛋白酶基因供体菌	表达宿主菌
角蛋白酶 kerA	地衣芽孢杆菌	枯草芽孢杆菌
角蛋白酶 kerA	地衣芽孢杆菌	毕赤酵母
碱性蛋白酶 apr1、apr2	地衣芽孢杆菌	大肠杆菌
碱性蛋白酶 apr46	地衣芽孢杆菌	大肠杆菌
碱性蛋白酶 ALP1	出芽短梗霉菌	解脂耶氏酵母
碱性蛋白酶 apr	地衣芽孢杆菌	枯草芽孢杆菌 WB600
碱性丝氨酸蛋白酶 AP	短小芽孢杆菌	枯草芽孢杆菌
中性蛋白酶 sacB	枯草芽孢杆菌	枯草芽孢杆菌 DB104
弹性蛋白酶 TX1	芽孢杆菌	大肠杆菌
酸性蛋白酶 pep	黑曲霉	泡盛曲霉
天冬氨酸蛋白酶 RNAP-I	雪白根霉	酿酒酵母

2. 生产工艺

食品酶生产须考虑法规容许、安全性、生产成本、产品稳定性及活力等。目前，我国食品酶制剂生产主要采用微生物发酵法，少量酶的生产采用生物提取法，酶的生产技术与国外公司采用技术基本相同。

国内常用的食品酶制剂生产方式是液态发酵法，优势在于可实现纯种培养，目标产物更明确；发酵过程参数（pH、温度、溶氧、补料等）可实现自动控制，可实时监测发酵过程，确保发酵过程处于最佳条件，提高发酵效率；有利于大规模、工厂化、现代化生产。因此，液态发酵深受企业青睐。同时，伴随着基因工程技术和育种发酵技术的不断发展，大量的工程改造菌株开始被应用于食品行业，这也为传统的发酵行业注入了新的血液。国内采用液态发酵酶制剂的工程菌株主要是酵母菌和细菌，发酵的酶制剂产物主要包括 α-淀粉酶、糖化酶、蛋白酶、脂肪酶、木聚糖酶、β-葡聚糖酶、α-甘露聚糖酶等。

我国食品酶制剂的固态发酵工艺与国外基本类似，并且少数企业也仍在使用固态发酵法生产糖化酶、蛋白酶、木聚糖酶等。当下，在食品酶制剂固态发酵领域，形成了以溢多利、华扬生物、挑战集团、夏盛、尤特尔等酶制剂企业为核心（表9-7），其他酶制剂发酵公司齐头并进的发展模式，各个公司的产品互有优劣，各具特色，极大地弥补了我国酶制剂产业的空白，丰富了酶制剂产品体系，缩短了我国食品酶制剂行业固态发酵领域与国外的差距。

表 9-7　固态发酵法生产食品微生物酶（国内部分企业）

生产厂家	代表性产品	主要标识酶活种类
溢多利	溢多利酶	木聚糖酶
华扬生物	华扬酶	木聚糖酶、甘露聚糖酶
挑战集团	特节酶	木聚糖酶及其各种单酶
夏盛	夏盛酶	木聚糖酶及其各种单酶
尤特尔	尤特尔	木聚糖酶及其各种单酶

3. 生产装备

食品微生物酶制剂生产可采用固体发酵设备或液体发酵设备，发酵设备容积可根据生产规模相应选取。

现有主体液态发酵设备中，国内大多采用液态深层发酵罐，它通常由不锈钢或其他耐腐蚀材料制成，容器内部具有特殊设计以促进微生物的生长和代谢活动。这种发酵罐具有以下特点。①大容量：液态深层发酵罐通常具有较大的容积，可容纳大量的培养基和微生物。②自动控制：设备配有先进的自动控制系统，可以监测和调节温度、湿度、pH、氧气含量等关键参数，确保发酵过程的稳定性和可控性。③搅拌系统：液态深层发酵罐内部设有搅拌装置，用于均匀混合培养基和微生物，并提供氧气供微生物呼吸。④传质效果好：设计合理的发酵罐结构可以提高液体和气体之间的传质效果，保证微生物对营养物质的充分利用和废产物的排出。

液态深层发酵罐在食品微生物酶制剂生产企业中广泛应用，它可以提高产品质量和产量，缩短生产周期，降低生产成本，是现代食品微生物酶制剂工业生产中重要的设备之一。国内生产企业采用的固体发酵设备主要有以下五种。①浅盘发酵器：这是比较常用的一种固态发酵设备，但相比传统的浅盘发酵有了简单的改进。它由很多平底的托盘组成，在每个托盘上铺了一层薄薄的无菌培养基，约有几厘米深。反应器放置在常温的有潮湿空气循环的房间里，通过增湿器调节空气的温湿度，通入过滤后的无菌空气，满足菌体生长对氧的需求。这种反应器的优点是操作简便、产率较高、产品均匀，缺点是需要很多的托盘和巨大的空间，耗费劳动力，无法进行机械化操作，不适用于大规模生产。②流化床式反应器：这种反应器是在金属网或多孔板上铺置粉状培养基，经过空气上吹形成流化层状态。流化床反应器操作的主要参数是粒径大小和颗粒分布，粒径分布越狭窄，细小颗粒越容易保持流化状态。为避免基质颗粒的黏附和聚集，此装置使用强力的空气持续搅拌。这种反应器的优点是增加了散热、通风和底物搅拌，缺点是强力产生的热积聚影响接种体的生长，从而减少发酵产量。③转鼓式反应器：这种反应器的基本结构是一个圆柱形或鼓形容器，由一个转动系统支撑和提供动力。转鼓反应器是由基质床层、气相流动空间和转鼓壁等组成的多相反应系统。基质床层持续地或者间歇地进行搅拌混合，空气在床层上方循环流动但气流并不大。与传统固态发酵生物反应器不同的是，基质床层不是铺成平面，而是由处于滚动状态的固体培养基颗粒构成。菌体生长在固体颗粒表面，转鼓以较低的转速转动，就如同设置了搅拌轴那样加速传质和传热过程。当鼓的转动速率增大时剪切力的作用会影响菌丝生长。这类反应器可以满足充足的通风和温度控制，同时减少对接种体和产品的损害。混合是通过旋转整个反应器和搅拌装置，如搅拌棒和挡板实现的，这种装置的缺点是鼓形容器只能容纳30%发酵物，否则无法进行混合。④圆柱式反应器：它通常由固体底物玻璃或者塑料组成，底物被保持在有孔的底部，同时，通过潮湿的空气持续的强力供应，反应器外侧包着一层水套来控制温度。缺点是难以获得产品，不利于控制温度微生物的生长。⑤搅拌式发酵反应器：搅拌式发酵反应器和液态反应器类似，有立式和卧式之分，卧式反应器根据搅拌方式又可分为转轴式和转筒式。但由于固态基质的搅拌特性，对搅拌浆的设计有特殊要求。

以上反应器都具有一定的缺陷，这就促使研究者不断开发新的发酵设备或者改进现有的装置，新的反应器应该连续生产并允许规模的扩大。

4. 控制标准

食品酶制剂相关国家和行业标准，在规范食品酶的生产和使用方面发挥着关键作用。我国对食品酶的生产安全管理要求对未列入使用名单的食品酶制剂进行安全性评价，主要包括来源安全和生产加工过程安全。

（1）食品酶来源安全评估标准

来源于食品发酵微生物的酶制剂，可作为食品对待，不需要进行毒理实验；由非致病性的一般食品污染微生物所生产的酶需做短期毒性实验；由非常见微生物所产生的酶，需做广泛毒性实验，包括实验动物的长期喂养实验。微生物来源的酶，生产菌种必须具备以下条件：非致病性，不产生毒素、抗生素和激素等生理活性物质；经各种安全性试验证明无害；对于毒素的测定，除化学分析外，还需做生物分析，包括致敏性、致癌性和致畸性测试等。

（2）食品酶加工过程安全评估标准

食品酶生产加工过程安全评价要求食品酶必须符合食品添加剂要求，在生产时需符合 GMP 要求。需严格控制生产方法和培养条件，保证食品酶生产原料尤其是生产菌不会成为毒素和有碍健康物质的来源。

（3）食品酶生产与使用须符合相关国家标准

我国食品工业用酶制剂按食品添加剂加工助剂进行管理，目前列入《食品安

全国家标准 食品添加剂使用标准》GB2760—2014及后期陆续批准的食品用酶制剂已有60余种。未列入名单的食品工业用酶制剂新品种须按《食品添加剂新品种管理办法》和《食品添加剂新品种申报与受理规定》进行申报，批准后方可生产、销售和使用。

我国现行的《食品添加剂 食品工业用酶制剂》GB1886.174—2016，在产品安全指标方面规定了污染物限量、微生物指标和抗菌活性，尚没有针对酶制剂使用辅料做出规定。《食品加工用酶制剂企业良好生产规范》GB/T23531—2009规定了食品加工用酶制剂生产企业生产过程的基本要求，但也缺乏对培养基原料以及生产助剂和产品添加剂的详细要求。不断完善相关标准，对于保障食品安全、促进我国酶制剂产业健康发展具有重要意义。

（四）主要生产企业运行分析

我国作为世界上最大的微生物酶消费国和生产国之一，拥有众多的微生物酶企业，涵盖了从原料供应到产品销售的各个环节。随着我国酶制剂研发水平和发酵工艺水平不断提高，国内许多酶制剂生产企业已经形成相应的自主品牌。部分国内品牌的产品在国际市场上不断获认可，出口量总体上呈上升趋势。据统计，截至2022年，我国酶制剂进口量为1.31万吨，同比下降8.99%，进口金额为4.08亿美元，同比下降7.56%；出口量为10.85万吨，同比增长23.35%，出口金额为5.54亿美元，同比增长8.16%。我国酶制剂进口来源地主要为丹麦、美国、芬兰等欧美地区。据统计，2022年我国从丹麦进口酶制剂5065.93吨，占比进口总量的38.54%，从美国进口酶制剂3051.08吨，占比进口总量的23.21%。

然而，中国微生物酶产业也面临着一些挑战，如技术创新能力不足、产品结构不合理、市场竞争激烈等。为了更好地了解中国微生物酶产业的现状和发展趋势，有必要对国内主要的微生物酶生产企业进行运行分析，探讨其优势和不足，为中国微生物酶产业的发展提供参考和借鉴。

1. 主要酶品种和价格特点

据行业统计，我国生产的主要酶制剂品种，大部分在糖化酶、淀粉酶、纤维素酶、蛋白酶、植酸酶、木聚糖酶、果胶酶、饲用聚合酶、啤酒复合酶等九大酶系列内，且主要集中在淀粉酶、糖化酶、蛋白酶、植酸酶等少数品种中，约占我国酶制剂产品市场销售的90%以上。我国一半以上的酶制剂企业，产品相对单一，且重复率高。应用领域也主要集中在食品工业用酶和饲料用酶，约占85%。其他领域酶制剂市场也大部分被国外酶制剂产品所占有。价格方面由于产品相对单一重复，产能较大因而市场竞争激烈，产品价格普遍偏低。和食品酶相比，饲料酶方面由于用量大，成本较低，因而利润相对较高。

2. 研发投入、应用特点与优势

根据有关数据，国内很多酶制剂公司普遍研发投入比较低，一般在年销售额的 3%以下。但一些头部企业如蔚蓝生物研发投入近五年平均达到 8.8%，这说明这些企业认识到创新对企业的重要性。上市公司蔚蓝生物和广东溢多利等企业建有专门的研发机构和研发体系，公司拥有国家认定企业技术中心、院士工作站、博士后科研工作站等多个研发平台。注重研发团队建设，研发人员占比持续提高，高学历人才如博士、硕士等成为研发主力。重视核心技术研发和知识产权保护，积极申请国内外专利，这些为公司持续发展奠定了基础。

在服务企业方面，一些头部企业也开始根据不同食品企业的需求进行定制化生产，满足食品行业特定产品的需求。这些企业不断强化市场开发和技术服务的能力，尤其是面向集团大客户的系统开发和服务能力，形成了定制化、差异化、跨界的产品技术解决方案。

第三节 食品微生物酶产业存在的问题

近年来，我国食品微生物酶产业发展迅猛，取得了明显进步，但从整体来看，国内市场竞争呈现两极分化，高端市场被国外企业占据，该领域竞争小，利润率高。而中低端市场多由国内企业布局，相关企业数量多，竞争激烈，产品同质化严重。与国外食品微生物酶生产企业相比，国内企业在技术水平、产品质量、研发力量方面仍有一定的差距，主要存在以下四个方面的问题。

一、基础研究不足，产品结构不合理

（一）品种少，剂型少，基础研究不足

国外在食品微生物酶基础研究方面积累了较长时间的经验和人才优势，具备更为深入和全面的研究水平。随着合成生物学发展和大通量筛选技术进步，新的酶品种发展迅速。国外食品酶企业注重利用现代生物技术改造和重组酶基因，构建基因工程菌株，并进行专利保护。如诺维信公司使用的菌种有 80%是基因重组菌株，酶性质独特，发酵活性高，应用效果好。在剂型方面，国外企业大力发展液体型、颗粒型产品，重视固定化酶的研究与应用。国内食品酶企业具有自主知识产权酶品种少，剂型单一，产品利润率低。目前国内发酵产酶水平低，产品主要依赖进口，90%市场份额被国外酶制剂巨头垄断。此外，国际食品酶的主流是附加值高的复合酶，复合酶的开发需以酶制剂生产和应用的综合技术为背景。国内酶制剂产品的品种少、剂型少、应用范围狭窄。食品酶复配技术落后，无法与

国外大型酶制剂企业竞争，也制约了食品酶产业的进一步快速发展。2022年，国家卫健委共批准32种食品添加剂新品种（见2022年第1号、2022年第2号、2022年第5号公告），包括13种食品工业用酶制剂新品种（占比40.6%），比2021年批准的17种食品工业用酶制剂新品种（占比56.8%）减少了3种。

（二）以传统酶制剂为主，产品结构不合理

国内食品酶仍以传统酶制剂种类，如淀粉酶、糖化酶、蛋白酶等为主，缺少高端酶、高活性酶和特殊性质的酶产品。在传统酶制剂领域，呈现同质化严重、技术含量低、市场竞争激烈、产能过剩的现象。同时，由于品种单一和恶性竞争现象存在，国内酶制剂行业经济效益低，研发投入少，发展后劲不足。在新型生物酶领域，跨国企业拥有专利菌种、新基因等核心技术，开发针对不同食品原料和不同营养需求的"量身定制酶"，食品酶精细化程度高，如诺维信公司在烘焙食品用酶有10余个品种，其酶性质与功能各不相同。国外在食品酶基础研究方面的进展丰富了酶的种类和应用范围，并且不断提高了酶的性能和稳定性，促进了食品加工工艺的改进和食品品质的提升。同时，国内可以借鉴和学习国外的研究成果，加强与国外研究机构的合作，推动国内食品酶研究的发展。

（三）研究投入不足

国外在食品酶研究方面拥有更多的资金、人力和物力资源投入。一些发达国家的研究机构和企业在食品科学领域具有雄厚的财力支持，可以投入大量资源进行深入的研究。而国内的食品酶研究项目由于资金限制，研究团队和研究条件相对有限。我国食品酶基础研究开发的经费投入不足，全部经费不到产品销售额的2%，新产品的开发受到很大制约，新酶种和新用途的研制、开发速度比较缓慢。另外，国外科研机构之间的国际合作更加紧密，构建了广泛的科研合作网络，可以共享资源和经验，提高研究水平。相比之下，国内食品酶研究在国际交流与合作方面的机会和规模较为有限。中国近年来也在积极推动国际合作，加强与国外科研机构的交流，以提高竞争力。

（四）研究水平低

国外研究机构和实验室通常拥有先进的设备和技术平台，能够进行更加精细和深入的实验。同时，国外研究者在理论基础、研究方法和技术应用等方面积累了丰富的经验和知识，能够取得更为突出的研究成果。例如，使用高果糖浆替代蔗糖是固定化酶应用最成功的工业案例，500吨固定化的葡萄糖可生产$1×10^7$吨高果糖浆。但该工艺在我国发展比较缓慢，目前只应用于高果糖浆的小规模生产，因此，急需寻找新型固定化载体，制备可以高产量生产高果糖浆的固定化葡萄糖异构酶，以降低生产成本，提高经济效益。随着国家对科技创新的重视和支持力度的增加，国内研究机构和团队在食品酶研究领域取得一定的进展。同时，一些国内高校、科研院所和企业也积极开展与国外的学术交流与合作，不断提升自身的研究水平。

二、菌种选育创新缺乏，知识产权保护不足

（一）菌种选育

在菌种选育方面，国外公司广泛采用基因工程、蛋白质工程、人工合成、模拟和定向改造等技术对产酶菌株进行选育。随着高通量筛选系统的出现，部分企业实现高效自动化筛选，极大提高了优良菌种的筛选效率。以基因工程和蛋白质工程为主的高科技成果在食品酶生产领域实现产业化，为行业带来革命性发展。国内企业研发投入不足，技术人员数量少，专业素质不高，在该领域研究还相对薄弱，自主创新能力不够，应用技术相对落后。

（二）知识产权保护

在核心专利方面，基于 Innography 数据库的专利强度（Patent Strength）分析方法，对食品酶制剂领域的核心专利进行分析（表 9-8），基本全为国外企业和科研院校申请的专利，国内的科研院校及企业在核心专利领域还需加大研发力度。

表 9-8 食品酶制剂领域核心专利

专利号	专利内容	专利权人	申请时间
EP2826861A1	甜菊醇糖基转移酶和编码酶的基因	日本三得利公司	2013.03.14
EP3121270A2	包含参见序列表的淀粉酶变体的清洁组合物的制作方法	美国宝洁公司	2012.06.29
US20100261234A1	生产谷氨酸衍生物的方法	日本味之素公司	2010.04.27
US20100184165A1	新型醛缩酶，以及制备高光学纯度的 4-(吲哚-3-基甲基)-4-羟基戊二酸及莫纳甜的方法	日本味之素公司	2009.12.11
US20100068335A1	热稳定性改善的植酸酶	美国康奈尔大学	2007.08.03
US20100040729A1	用于根茎蔬菜产品的表面改性的组合物和方法	加拿大麦肯食品有限公司	2007.03.21
US20080233175A1	葡聚糖酶，编码该葡聚糖酶的核酸及制备和使用方法	英国 BP 石油公司	2004.07.02
US20060259995A1	蛋白酶，编码该蛋白酶的核酸及制备和使用方法	美国维莱尼姆公司	2003.10.10

续表

专利号	专利内容	专利权人	申请时间
US20080248160A1	木聚糖酶,编码该木聚糖酶的核酸及制备和使用方法	英国 BP 石油公司	2003.06.16
US5958739A	α-淀粉酶突变体	美国杰能科国际有限公司	1997.02.20
US6040160A	通过发酵生产 L-赖氨酸的方法	日本味之素公司	1996.05.29
US5863759A	在曲霉中生产蛋白质产物的方法	丹麦诺维信公司	1995.06.05
US5364770A	在曲霉中表达异源多肽	丹麦丹尼斯克公司	1989.09.25

从食品酶制剂资源挖掘来看，进行新酶基因挖掘，或是通过酶分子改造已成为食品酶制剂研发的主流方向，旨在提高食品酶制剂的催化效率和稳定性。同时，合成生物学的迅速发展，也为食品酶制剂开发注入新的活力。从食品酶制剂生产过程来看，通用性强的规模表达系统被国际大型公司视为核心竞争力，全球重要的食品酶制剂生产企业针对酶表达系统构建进行了核心专利布局。如丹麦诺维信公司开发的曲霉表达系统（专利号：US5863759A）可用于多种不同的多肽和蛋白质的工业生产，包括凝乳酶、蛋白酶、脂肪酶和淀粉酶等。丹麦丹尼斯克公司研发的曲霉表达系统（专利号：US5364770A），可用于异源表达凝乳酶、黑曲霉糖化酶、灰腐质霉糖化酶和米黑毛霉羧基蛋白酶等，通用性强的规模表达系统构建为食品酶制剂高效的工业化生产奠定基础。从酶制剂应用发展来看，日本重视食品酶制剂工业应用，例如日本三得利公司注重基于酶制剂的功能性糖制备，日本味之素公司则聚焦基于酶制剂的调味品开发。

三、发酵工艺自动化水平有待加强

（一）发酵工艺

虽然固态发酵技术具有诸多优点，但其发酵规模小，难以满足市场化需求。现在市场上常见的固态发酵食品微生物酶生产企业多是一些小型企业，甚至一些固态酶制剂生产还停留在实验室阶段，生产的产品根本无法满足市场巨大的需求，严重阻碍了我国固态发酵食品微生物酶制剂行业的快速发展。与液态发酵相比，固态发酵还存在发酵过程难以控制，无法形成工业化、现代化发酵规模的缺点。在固态发酵中，为了提高发酵过程中的传质和传热效率，大多数采用机械翻动，即保持气相不动，持续翻动固相。其目的就是实现物料的充分混合，增加颗粒间或气体分子间的接触频率，从而使物料层之间的气体由最初的分子扩散变为对流扩散。但是，不断的物理翻动一方面会引起微生物菌丝体的断裂，对微生物的生长造成危害；另一方面，固态物料的翻动对发酵罐的密封性要求更高，稍有不慎容易引起菌体污染。因此，固态发酵难以保障发酵过程中的参数处于最佳状态，无法实现稳定化生产，也会耗费大量的人力物力。

然而，液态发酵技术也存在废水污染严重的问题，这急剧加重了我国的水资源供给的负担，也给人类的健康和安全带来了威胁。因此，传统的液态发酵酶制剂行业面临着巨大的环境压力和沉重的经济负担。

总之，在发酵工艺方面，多数企业的自动化水平不高，对发酵工艺没有精细化研究，发酵过程控制水平低，新技术应用不够，易受杂菌污染，单位体积发酵产率低。

（二）实时监测与精准调控

发酵过程实时监测和精准控制的目的就是利用尽量少的原料而获得最大的所需产物。随着发酵工程的发展，参数测量、自动控制、优化操作与控制、在线监控成为发酵工业发展中面临的重要技术问题。与国际先进的发酵工程在线检测及控制技术相比，我国发酵工程技术在实时监测和精准控制方面仍然处于一个较低的水平，尽管对环境参数，如：pH、发酵温度、溶氧浓度等均可控制良好。但由于微生物生长过程，一些关键变量还是不可在线测量，使发酵过程控制问题依然很复杂，并且控制效果不理想，发酵工业的闭环控制滞后于一般的工业生产过程控制。因此，在加强对发酵工艺研究的同时，提高实时监测和精准控制技术已成为一个刻不容缓的课题。目前，主要存在以下问题。

（1）稳定控制技术有待提升：发酵过程极易失稳，规模化的发酵通常在低负荷下运行，影响发酵稳定性的关键指标及其抑制作用尚不明确，具体调控方法、微生物预警因子的普适性，以及相应的生物传感器的开发都需要进一步深入研究。

（2）在线监测的指标不完善：除了温度、压力、pH、气体成分等基础指标外，其他一些中间代谢产物以及化学需氧量、碱度等仍然需要人工取样检测，无法实时记录和统计，时效性差。

（3）在线监测传感器稳定性、耐用性差，使用寿命短：数据采集作为发酵工艺在线监控系统的前端输入量，在整个控制系统中起着至关重要的作用。不同的检测原理和材质对传感器的稳定性和耐用性都有一定影响。

（4）预警手段不健全：由于发酵原料的多样性、发酵工艺的差别，影响发酵过程的关键参数，失稳阈值也有所不同。现有的监控技术无法在系统内部稳定性被破坏的初始阶段提供有效的预警指示，指示性相对迟缓，导致发现系统失稳时已难以快速恢复正常。

（三）分离提取与精制

食品微生物酶的发酵液中含有大量菌体、细胞或细胞碎片以及残余的固体培养基成分，要得到澄清的酶液，必须进行分离提取与精制过滤。传统生产工艺是絮凝沉淀、板框过滤、溶剂萃取、真空蒸发、干燥，生产过程能耗高、酶失活率高、收率低。由于我国食品微生物酶制剂行业起步较晚，与发达国家相比，尚存在较大差距，因此，为了提高浓缩效率，我国的分离提取与精制设备多数依赖国外进口，费用很高。

在分离提取环节，多数企业采用板框压滤，由于间歇发酵过程，每批酶发酵液的性质不尽相同，因而絮凝剂的加入量很难掌握，稍不合适就会影响絮凝质量，给板框压滤或后段酶清液的浓缩带来困难。虽然，这些年我国食品微生物酶制剂工厂提取工艺和装备进行了改革，但总体上来说相对落后，绝大多数工厂沿用硫酸铵（硫酸钠）的盐析工艺或发酵液直接喷雾干燥工艺，造成产品粗糙、杂质多、质量差，不仅影响了下游产业产品质量的提高和酶制剂产品用途的扩大，也影响了酶制剂应用稳定性。提取与制剂环节酶损失率高，导致整体生产水平低。产品质量不稳定，造成资源严重浪费。

近年来，在液体酶制剂的生产中，采用膜分离技术进行脱水浓缩，取得了良好的效益。应用膜分离技术对酶进行浓缩和精制，操作过程简单，减少了杂菌污染与酶失活的机会，提高了酶的回收率并改善了产品的质量。之后美国、法国、德国和日本等国进行了生产规模地应用，用超滤膜装置对酶进行浓缩，精制，用来生产蛋白酶、葡糖苷酶、凝乳酶、果胶酶、胰蛋白酶、葡萄糖氧化酶和β-半乳糖苷酶等，取得良好的效益。我国从20世纪80年代初期开始，对膜分离浓缩糖化酶、淀粉酶、蛋白酶等多种酶制剂进行了研究，并用于生产，取得明显的经济效益。总的来说，我国虽然进行了大量的研究并引进国外先进技术进行技术改造升级，但大多数食品微生物酶产品的生产技术水平比国际水平还低一到数倍。

（四）生产控制标准

1. 安全性评价

食品微生物酶在食品行业中的应用越来越广泛，带来诸多便利的同时，也有不少安全隐患。首先，酶是一种蛋白质，跟随食物进入体内，而外源性的蛋白质会在一定程度上诱发过敏反应。其次，生物酶制剂并不是100%安全，也存在部分致敏和有害物质。再次，本身底物没有毒性，但在酶的催化过程中有可能反应生成有害物。最后，有些食品营养成分在酶的作用下被破坏，导致食物的品质降低。目前，我国对食品酶安全评价的标准不够完善，这些隐患急需相关部门和人员的重视和解决。

2. 菌株溯源

食品微生物酶生产原料的安全是保障酶制剂能够安全发挥作用的基石。一般情况下，微生物来源的酶安全隐患比动植物来源的大，微生物菌种带来的有害毒素可能具有潜在的刺激性、过敏性、致病性与致癌性，甚至可能引起突变，影响生育功能或引起胎儿畸形，因此应严格落实食品加工过程中使用的酶达到食品级的要求。有些未经安全认证的微生物产酶菌株，虽在选育中表现出良好的特性，但由于未获得安全审批，不能直接在食品加工中使用。当前，我国食品行业中大多数微生物酶是食品级的，但部分企业无法提供其所使用酶试剂的来源，为保证我国食品安全，建立和完善食品酶生产菌株溯源体系刻不容缓。

3. 安全生产过程控制

当前，我国食品微生物酶生产过程中暴露出很多问题，不管是原材料的选择较少，还是生产设备落后和工艺粗糙，必然造成酶的生产质量达不到国际要求，食品安全性无法保障。因此，研制开发新的高效食品酶品类，建立并完善大规模自动化生产体系，搭建食品酶安全性评价平台，是解决食品酶工程中安全隐患问题的关键。

4. 安全制备

在食品微生物酶的制备当中，酶粉尘对车间操作工人的身体健康是有害的，而且粉尘释放对大气环境也会产生污染，因此，要考虑向无粉尘酶制剂方向发展。此外，还要积极利用新型技术，如低温微囊化，让酶制剂的制备过程更安全、环保，保持食品酶的良好品质，使酶制剂产品性质稳定且适应性强，符合国家和国际食品安全标准。

四、生产装备自动化、规模化、标准化程度低

（一）发酵设备

在发酵设备方面主要存在以下 5 个方面的问题。①技术水平不高：与国外相比，我国在发酵罐设备的设计、制造和控制技术方面仍有一定的差距。某些关键技术，如温度、pH 和氧气等参数的准确控制，以及自动化程度和在线监测能力等方面，需要进一步提升。②质量差异较大：市场上存在着各种不同厂家生产的发酵罐设备，产品质量参差不齐。一些低质量的设备容易出现泄漏、失控等问题，损害了生产安全和产品质量。③能耗较高：一些传统型发酵罐设备在能源利用效率方面偏低，存在能耗较高的问题。高能耗不仅增加了生产成本，也对环境造成了一定的压力。④自动化程度有限：相对于一些发达国家，我国发酵罐设备的自动化程度较低。缺乏智能化控制系统和在线监测装置，导致发酵过程的稳定性和

可控性不高，对操作人员的技能要求较高。⑤缺乏创新和研发投入：对于发酵罐设备的创新和研发投入相对不足。缺乏新技术、新材料的应用，限制了发酵罐设备的进一步提升和优化。

（二）控制设备

食品微生物酶发酵生产中各测量或控制参数随时间而动态地变化，为了对过程参数进行检测，国外研制了很多种类的传感器，用于检测反应过程中的温度、罐压、搅拌转速、搅拌功率、气体和液体流量、液面高度、液体黏度、蚀度、pH、溶解氧、氧化还原电位、葡萄糖浓度及某些关键性酶和产物的浓度等。上述传感器，有的已制成商品，并通过气动或电动控制仪表或微型计算机实现对参数的检测，在有条件的情况下进行反馈控制。

目前，国内食品微生物酶发酵生产中在线检测及反馈控制技术的完善应用及研究正在起步，因生物反应过程的各种参数较多，目前发酵过程中组分的在线分析及反馈控制，由组分的在线分析建立起的进料量控制等技术的研究及应用，国内还处于研究阶段，包括生物传感器的研制、仪表和计算机系统建立、数学模型的建立和优化控制的实施，生物反应器设计研发以及有关工程放大和生产控制等方面的课题，都有待于深入研究，这对提高生物反应工程的整体水平，是至关重要的一个部分。

（三）主要配套设备

目前，在国内食品微生物酶发酵生产中，一些主体发酵装备的配套设备性能不够稳定，可能导致发酵过程中参数控制不准确，影响产品质量和产量。相较于发达国家，我国在某些发酵工业配套设备的设计、制造和控制技术方面还存在差距，还需加大研发投入，提高技术水平。另外，部分配套设备缺乏高效的自动化控制系统，操作仍然依赖人工干预，限制了生产效率和产品质量的提升。传统型配套设备在能源利用效率方面相对较低，能耗较高。这不仅增加了生产成本，也对环境产生一定压力。此外，相关的配套设备还缺乏统一的标准和规范，导致不同厂家生产的配套设备在质量、性能等方面存在差异，难以实现互通互用，并且维修和售后服务体系不完善，对用户需求的技术支持和服务不够及时和有效。

例如，膜分离设备在酶制剂工业的应用还存在一些问题，新型膜材料有待开发，膜的清洗方法有待改进，绝大多数研究开发工作尚处于试验阶段，少数进入中试阶段，真正的产业化应用还不多。因而面向各种过程的膜分离设备尚有大量的工作需要去做，如膜材质的选择、膜的抗污染能力、膜的使用寿命等。

五、高端人才匮乏，产学研协作不紧密

近年来，虽然我国微生物酶产业取得了一定的发展，但是与国际先进水平相比，仍存在较大差距。这主要是由于我国在微生物酶研究、开发和应用方面的技术积累相对较少，产业化程度不高，及缺乏核心技术等因素所致。我国微生物酶产业存在问题的原因可从以下四个方面进行分析。

（一）人才储备问题的原因分析

1. 我国微生物酶产业的高端人才匮乏

微生物酶产业需要具备多学科交叉的高端人才，如微生物学、生物化学、工程学等。但目前，我国微生物酶产业缺乏高素质的人才，尤其是高层次的创新型人才，这限制了产业的技术创新和发展。同时，由于微生物酶产业需要长期从事基础研究和技术创新，因此需要具备较高学术水平和创新能力的高端人才。但这类人才在当前的市场上供不应求，制约了微生物酶产业的发展。

2. 人才结构不合理

我国微生物酶产业中人才结构不合理也是一个问题。目前，微生物酶产业中大量的生产企业都是中小型企业，规模相对较小，技术水平和生产能力有限。这些企业缺乏高端人才和技术人才，导致产业整体技术水平相对较低。同时，由于微生物酶产业需要从事基础研究和技术创新，需要一定比例的高层次人才，但目前我国微生物酶产业中的高层次人才比例较低，这也制约了产业的发展。

3. 人才培养不足

微生物酶产业需要具备多学科交叉的高端人才，但目前我国微生物酶产业中的高等院校和科研机构等教育体系相对滞后，在高等教育阶段，相关专业的培养往往注重理论知识传授，对实践技能和应用能力的培养相对较弱。这导致了毕业生在进入实际工作岗位时存在技术实践经验不足的问题。

（二）协作机制问题的原因分析

1. 缺乏有效的产学研协作机制

我国微生物酶产业中企业、研究机构和高等院校之间的合作机制不够完善，缺乏有效的产学研协作机制。这导致产学研合作的难度大，研究成果转化难度大，产业化进程缓慢。同时，由于产学研协作的机制不够完善，产业发展的需求和科研机构的研究方向之间缺乏有效的对接，导致研究成果的应用价值和市场价值不足，制约了产业的快速发展。

2. 缺乏紧密的产业联盟和产业链协同机制

微生物酶产业发展需要建立紧密的产业联盟和产业链协同机制，但目前我国微生物酶产业中各企业之间的合作也存在问题，缺乏紧密的产业联盟和产业链协同，难以形成合力推进产业的发展。由于企业之间缺乏有效的合作机制，导致产业中各企业之间的资源共享和技术协同难度大，制约了微生物酶产业的快速发展。

3. 缺乏高效的技术转移和产业化平台

微生物酶产业在研发成果的转化和产业化过程中需要高效的技术转移和产业化平台，但目前我国微生物酶产业缺乏有效的技术转移和产业化平台，导致研究成果难以直接转化为市场上的产品。同时，由于缺乏有效的技术转移和产业化平台，企业在技术创新和产品开发方面的投入和效率也比较低，制约了产业的快速发展。

4. 知识产权保护不到位

知识产权保护不到位也是制约微生物酶产业发展的一个因素。微生物酶产业需要从事基础研究和技术创新，需要保护知识产权，但目前我国微生物酶产业中的知识产权保护制度不够健全，部分企业和研究机构的知识产权保护意识不足，导致技术成果容易被侵权或盗用，制约了产业的技术创新和发展。酶制剂属于知识、技术密集型产业。近10年来，中国酶制剂专利申请在2017年达到顶峰，申请数量为1241项，随后整体开始呈现下滑趋势，到2021年，中国酶制剂专利申请数量为899项。对全球酶制剂专利申请数量前10位机构进行分析，结果显示，丹麦诺维信公司和美国杜邦公司位列第1位和第2位，分别申请专利971件和905件，中国共有3家机构进入全球前10位行列，分别是江南大学、中国科学院和浙江大学。中国酶制剂专利多集中分布在大学或研究机构，酶制剂生产企业目前还是主要依赖引进国外先进设备、优良菌株，这就造成我国酶制剂研发链中关键技术的缺失，可能面临巨大的知识产权风险。我国酶制剂行业起步时间较晚，高端市场长期被海外企业所占据，虽然近些年行业有了巨大发展，但仍需要努力采用和推广高新技术，尽快发展具有中国自主知识产权的创新技术。

要解决我国微生物酶产业存在的协作机制问题，需要建立完善的产学研协作机制，建立紧密的产业联盟和产业链协同机制，提高技术转移和产业化平台的效率，完善知识产权保护制度等。这些措施有助于推动微生物酶产业的快速发展，提升我国微生物酶产业的技术水平和市场竞争力。

（三）研发投入问题的原因分析

1. 研发投入不足

我国微生物酶产业中，部分企业在研发投入方面存在不足的问题。中国酶制剂企业用于开发新产品、改进生产工艺的资金平均不到其产品销售额的 4.5%，人员投入也严重不足。大部分公司的研发人员数量少，学历低，研发人员以专科生和本科生为主，硕士研究生数量很少。仅少数公司研发体系完善，研发投入处于行业较高水平。如蔚蓝生物，研发人员占公司总人数的比例持续保持增长趋势，由 2018 年 12.7% 增长至 2022 年的 17.5%，2022 年专职研发人员达到 278 人，其中硕士占比最高，达 51.1%，博士占比为 6.5%。而国外酶制剂企业研发投入远高于国内企业的研发投入，诺维信的研发资金投入约占其总收入的 14.0%，在公司员工组成上，6500 人的全球总人数，研发团队人员有 1400 人，占比 21.5%。主要原因是国内酶制剂企业相对规模较小，全行业企业每年研发投入资金总量累计不足 1 亿元人民币。但由于酶制剂产业属于技术密集型产业，需要大量资金投入。研发投入的严重不足，导致中国酶制剂企业技术储备薄弱，发展面临巨大挑战。研发需要大量的资金支持，包括设备购置、人员薪酬和实验材料等方面的费用。然而，许多企业面临资金紧张的问题，无法为研发活动提供充足的投入。特别是对于中小企业而言，由于限制性条件和市场压力，往往难以承担高额的研发成本。

2. 研发投入分配不合理

微生物酶产业中，部分企业在研发投入方面分配不合理，导致技术创新和产品研发难度大。一些企业在研发投入方面缺乏长远规划，只注重短期效益，导致长期内的技术积累和创新能力的提升不足。同时，由于研发资金和设备的分配不合理，导致一些企业在技术创新和产品研发方面的投入和效率较低，制约了产业的发展。

3. 研发机构和生产企业合作不足

微生物酶产业中，研发机构和生产企业之间合作不足，导致研发成果难以转化为市场上的产品。由于研发机构和生产企业之间缺乏有效的合作机制，研发成果的转化和产业化难度大，导致技术成果的应用价值和市场价值不足，制约了微生物酶产业的快速发展。

要解决我国微生物酶产业存在的研发投入问题，需要加大研发投入力度，建立研发机构和生产企业之间的合作机制，合理分配研发资金和设备等。这些措施有助于提升微生物酶产业的技术水平和市场竞争力，推动产业快速发展。

（四）成果转化问题的原因分析

微生物酶产业中，技术成果与市场需求不匹配是影响成果转化的一个重要因素。由于市场需求的变化和不确定性，一些技术成果难以满足市场需求，导致技术成果的转化和应用难度大。此外，还缺乏有效的技术转移和产业化平台，导致技术成果难以直接转化为市场上的产品，企业在技术创新和产品开发方面的投入和效率也比较低，制约了产业的快速发展。其中，部分企业在自主创新方面存在困难和挑战，导致技术成果难以转化为市场上的产品，制约了产业的快速发展。同时，还缺乏完善的知识产权保护机制，导致技术成果容易被侵权或盗用，制约了产业的技术创新和发展。由于知识产权保护不足，企业在技术创新和研发方面的积极性不高，制约了产业的快速发展。

因此，要解决我国微生物酶产业存在的成果转化问题，需要加强市场需求与技术成果的对接，建立有效的技术转移和产业化平台，提高企业自主创新能力，完善知识产权保护机制等。这些措施有助于推动微生物酶产业的快速发展，提升企业的技术水平和市场竞争力。

第四节 食品微生物酶产业高质量绿色发展建议

与食品产业中其他细分行业相比，食品酶的规模与产值都较小，但服务食品加工对象和加工环节却非常广泛，其对食品产业的影响远远大于自身价值。采用食品酶生产转化形成的产品，其价值与食品酶消耗比大于100，食品酶作用巨大，有非常大的发展空间。针对当前我国食品微生物酶产业存在的问题，要转变产业发展方式，由资本驱动型产业向创新驱动型产业转化，将技术创新作为产业革命的驱动力量，强化企业创新主体地位，鼓励企业科技创新，加快科技成果向现实生产力转化。同时，政府和行业主管部门做好产业规划，提供政策支持，搭建创新平台，履行监管服务职责，通过管理创新实现技术创新的倍增效应，使创新成果利益相关方形成合力，共同促进产业技术进步和良好发展。

我国食品微生物酶行业的快速发展需要技术创新，只有形成自主技术创新体系，加强具有自主知识产权的产品及技术研发，才可能取得酶制剂产业的长足发展。因此，急需在如下五个方面加强基础与应用研究。

一、加强研究端技术创新

构建产酶工程菌株、发掘新型高效酶品种、改造食品酶性质、优化酶发酵控制技术和研发酶制剂复配技术，是酶制剂行业在现代食品加工中必须解决的关键技术问题。中国食品酶行业下一步快速发展需要技术创新，只有形成自主技术创新体系，加强具有自主知识产权的产品及技术研发，才可能促进食品产业的长足发展。

（一）创制优良基因工程菌株

广泛采集样品，建立生产多种不同性质酶的微生物菌种库，通过高通量筛选方法，在建立的菌种库中选育特定性质的生产用酶；或采用基因工程、蛋白质工程、人工合成、模拟和定向改造等技术对现有生产用工业菌株进行基因改造，通过改进获得特定的酶性质，提高其发酵活力，创制新型高活力基因工程菌株。

菌种创制需重点开展以下三个方面的研究：一是研发先进的基因编辑、基因表达调控、高通量筛选等菌种创制技术，提高对微生物底盘的遗传改造和代谢调控能力；二是开展系统生物学、微生物遗传学等基础研究，加深对微生物底盘遗传特性和生理代谢机制的理解；三是通过代谢途径设计重构、对关键元件进化筛选、底盘形态和性能重塑等研究，提升菌种的生产水平和工业应用性能，创制新一代的菌种。

（二）食品酶分子改造

运用基因工程和蛋白质工程技术，改善原有酶的性能。采用基于酶结构功能相关性的酶分子改造技术，对编码酶的基因序列进行分析，通过定向进化技术，构建具有不同性质酶的基因文库。从基因文库中筛选获得具有优良性质的食品用酶。同时，对酶分子结构及氨基酸序列功能进行分析，根据对酶特定酶学性质的需求，采用定点突变技术等，改造酶分子的关键区域，达到改变酶性质的目的。

二、提高微生物酶性能

采用基因工程、蛋白质工程、人工合成、模拟和定向改造等技术对现有生产用工业菌株进行基因改造，改进获得特定的酶性质，提高其发酵活力，创制新型高活力基因工程菌株。或广泛采集样品，建立生产多种不同性质酶的微生物菌种库，通过高通量筛选方法，在建立的菌种库中选育特定性质的生产用酶。

采用基于基因组学、合成生物学和生物信息学的酶编码基因挖掘技术，破译特定性质的酶编码基因。克隆并表达该酶基因，根据酶的来源、性质及应用，选择合适载体与宿主，构建高效表达重组菌株，并采用发酵过程优化控制策略进行优化，获得可以高效表达特定性质的酶。

运用基因工程和蛋白质工程技术，改善原有酶的性能。采用基于酶结构功能相关性的酶分子改造技术，对编码酶的基因序列进行分析，通过定向进化技术，构建具有不同性质酶的基因文库。从基因文库中筛选获得具有优良性质的食品用酶。同时，对酶分子结构及氨基酸序列功能进行分析，根据对酶特定酶学性质的需求，采用定点突变技术，改造酶分子的关键区域，达到改变酶性质的目的。

三、优化微生物酶发酵工艺

（一）优化发酵调控工艺

根据微生物菌株胞外分泌酶分子的特性，采用基于跨膜转运理论的工业酶分泌发酵调控技术。通过分子生物学手段，转录翻译合成酶蛋白。通过对酶蛋白分子及细胞膜的研究，确定酶蛋白分子跨膜运输机理，构建细胞膜透性与酶分子分泌机制模型。采用共表达或化学物质诱导调控等策略，在分子水平改善细胞膜通透性，强化酶蛋白分子转运途径，提高酶分泌效率。同时，研究发酵菌株不同生长阶段的生理特性，通过环境控制或营养调节，优化调控菌体初级代谢和次级代谢，提升发酵产酶水平。

（二）研发实时监测与精准调控技术

研发发酵关键参数在线监测传感器。从检测方法入手，结合现代生物技术、电子技术和集成技术，开发高精度、高稳定性的在线监测传感器，以便及时获取发酵动态参数并进行分析预判。除此之外，滴定法、生物传感器法等一些新检测方法的开发，以及利用容易获取的变量建立模型实现被测变量估计的间接测量的思路，都会有效推动在线监控技术在发酵工程上的普及应用。

研发基于发酵关键参数交互作用的失稳预警系统。发酵是一个复杂的微生物生化过程，各种因素交互作用。目前的在线监控技术只是针对某一个参数的独立监测，如 pH、CO_2 等，这些指标无法及时反映出系统波动，有一定的滞后性。因此，要真正实现发酵的精准可控及失稳预警，需要深入分析各关键参数的交互作用以及基于耦合指标变化的失稳预警系统，才能真正达到失稳预判的目的。

（三）开发食品酶复配应用技术

采用基于反应作用机理的酶复配及应用评价技术。通过研究酶与底物的作用机理，分析底物微观结构变化。采用产单—酶多菌种／产多种酶单—菌种混合发酵策略，应用数学模型模拟获得最佳复配方案。同时，注重挖掘新型酶助剂，进一步提高酶制剂的性能和应用效率。加强酶复配与应用技术，优化复配方案。提升酶制剂膜分离技术、颗粒酶造粒技术等。

四、升级微生物酶发酵配套设备

（一）发酵设备

首先，要加强研发投入，推动发酵设备的技术创新和升级。引进和吸收国际先进技术，提高设备的设计、制造和控制能力，以满足高品质产品的需求。其次，要建立完善的质量管理体系，包括从原材料采购到生产过程的全面监控和控制。加强质量检测和质量控制措施，确保发酵设备的性能和稳定性。同时，要注重发酵设备的能源消耗问题，采用高效节能的设计和工艺。优化设备结构，改进传热、传质等工艺，降低能源消耗，减少对环境的影响。再次，要推广自动化控制系统的应用，实现发酵过程的自动化监控和调控。引入先进的传感器、仪表和数据分析技术，提高生产过程的稳定性和可控性，降低人为误操作的风险。另外，还要建立统一的发酵设备标准和规范，明确设备的性能指标、安全要求和质量标准。加强对标准的宣传和培训，促使企业提高设备设计和制造的符合标准的能力。加强售后服务团队建设，提供及时、全面的技术支持和维修服务。建立健全的客户反馈机制，持续改进产品和服务质量，提高客户满意度。最后，鼓励企业之间的合作与交流，共同解决发酵设备领域的共性问题。促进行业内部的经验分享和技术交流，从而推动整个行业的高质量发展。

（二）控制设备

要实现食品微生物发酵生产过程的精确控制和高生产效率，就必须深入了解微生物细胞的生理代谢特性，以此为基础和目标实现过程工艺的优化控制。因此，通过开发和利用先进的生物过程传感器进行环境参数和细胞生理代谢特性参数的精确和实时采集，以及通过多种过程检测仪实现生物发酵过程多层次、多种类和多角度的全方位特性参数采集，可系统了解和分析微生物的宏观与微观代谢过程，实现基于多参数相关性分析的发酵工艺优化与放大技术。

随着工业科学技术的不断发展，我国食品微生物酶发酵产业逐渐转向绿色智能化的大规模生物制造模式。要实现代谢过程复杂的生物产业生产过程的智能制造，需要开发和应用能够实时检测细胞代谢过程生理特性参数与环境状态参数的在线生物过程传感器，并建立基于过程多参数智能化过程分析的软件识别系统，可实现生物过程的自动化实时诊断技术。进一步建立过程在线参数与废气、废液和废固形成之间的相关性溯源分析，可实现基于先进过程仪表的节能减排控制。最终将过程参数的在线检测、相关性统计与诊断软件和自动化控制系统相结合，实现生物传感器与信息技术、过程代谢物联网技术，构建新型的智能化工业生物过程控制与生产模式，建立工业生物生产过程的绿色智能制造新技术。

（三）主要配套设备

分离纯化设备方面：加强研发投入，推动分离纯化设备技术的创新和升级。引进先进的分离纯化技术，如膜分离、离子交换、吸附等，并结合发酵工艺的特点进行优化设计，提高设备的效率、精度和可靠性。例如，开发多功能分离纯化设备，能够同时实现多种组分的分离和纯化，提高工作效率并降低设备成本。研究和优化发酵工艺的分离纯化部分，减少中间步骤和能耗。合理选择和配置分离纯化设备，降低物料在处理过程中的损耗和污染，提高产品的纯度和产量。注重设备的结构设计和工艺参数的优化，确保设备的可靠性和稳定性。严格选择供应商和材料，控制制造过程，确保设备的质量符合标准和规范要求。

精制浓缩设备方面：研究和开发能够在保证高效精制浓缩效果的同时，降低能源消耗。探索利用新型材料、新工艺和新技术，提高设备的能效比，降低生产过程的能源消耗和环境影响。致力于研究和应用绿色环保的精制浓缩技术。例如，开发可再生能源驱动的设备，减少对环境的污染和资源的消耗。推进设备的自动化控制和智能化管理。引入先进的传感器、自动控制系统和数据分析技术，实现设备运行状态的实时监测和智能优化调节，提高生产效率和产品质量，降低人为操作错误的风险。研究和利用高效的浓缩技术，开发新型浓缩设备，如膜分离、离心浓缩等。关注设备的可持续发展，在设计和制造过程中考虑生命周期成本和环境影响。优化设备的结构设计，提高材料的耐用性和可再生性，延长设备的使用寿命，减少二次污染和废弃物的产生。

五、加速微生物酶发酵全产业链的构建

（一）加大研发投入，发挥科技创新驱动作用

我国食品酶制剂产业的出路在于技术创新，形成强有力的技术创新体系，才能促使产业长足发展。政府和企业应加大对食品酶基础研究、应用研究与产品开发的投入，提高行业研发能力，促进产业技术进步。具体建议：①政府制定相关优惠政策，建立完善的研发激励制度，鼓励企业和研究机构加大研发投入，设立研发基金，吸引优秀人才，建立创新平台，资助有潜力的创新团队和科研项目，共同推动行业关键共性技术突破；②促进企业、高校和研究机构密切合作，整合各方优势资源，建立产学研一体化的创新体系，加速技术创新和成果转化；加强与国际知名企业和研究机构合作，积极引进先进技术和管理经验，共同推进食品酶领域的技术创新；③重视食品酶领域的专利保护和知识产权管理，鼓励企业和研究机构申请专利，保护创新成果，为持续研发创造良好的环境；建立食品酶研发信息共享平台，及时发布行业动态信息；注重食品酶领域的基础研究和应用研究，支持关键技术和原理研究，发挥科技创新驱动作用，激发产业发展原动力。

（二）加强人才培养，储备产业发展智力资源

建立完善的人才培养及培训体系，培育更多具备食品酶研究与开发能力的专业人才，为食品酶产业提供足够的人才储备。具体建议：①高校加强与行业协会合作，设置相关专业和专门课程，针对不同层次和岗位的员工，开展定期培训，提供技能提升课程，培养具备实际操作能力和创新精神的食品酶生产专业人才；②企业对在职员工进行持续的技能培训和业务学习，完善内部人才激励机制，如设立业务奖励、职务晋升等，激发员工的创新精神，提升员工业务能力，促进稳定发展；③政府实施人才引进政策，吸引优秀人才加入食品酶产业；鼓励具备创新能力的人才创办食品酶相关企业，推动产业的创新发展。

（三）调整产业结构，完善产业链体系建设

我国食品酶产业表现出企业规模小、质量效益低的特点。以销售额计，我国中小型企业生产的酶制剂产品，其市场销售额仅占世界食品酶制剂销售总额的5%左右，而世界食品酶制剂市场营业额90%以上集中在20多家大型酶制剂企业，在生产经营规模和效益上，我国食品酶企业与国外同行还有较大差距。

调整产业结构是增强我国食品酶产业整体竞争力的有效途径。急需加强食品酶产业链的协同创新，整合上下游资源，优化产业结构，实现产业链的高质量发展。具体建议：①促进食品酶产业链上下游企业的紧密合作，整合原料供应、生产加工、研发创新、产品销售等各个环节，提升产业链发展的协同效应；②根据各地区资源和产业优势，有针对性地规划食品酶产业布局，形成特色鲜明的产业集群，实现产业集中发展和区域协同发展；③鼓励企业加大技术研发投入，推动产业链中关键技术、核心设备和产品的创新，推广绿色生产方式，加强对环境友好型生产工艺、废弃物处理等环节的研发和应用，实现产业链的绿色可持续发展；④建立食品酶产业技术创新联盟，整合产业链各环节的创新资源，鼓励食品酶产业与其他产业，如生物医药、新材料、环保等领域跨界融合，拓宽产业链的应用领域，提升产业链的附加值；⑤通过新型酶产品打开市场，以品质树形象，加强对食品酶产业品牌宣传，提高市场竞争力。

（四）关注国际市场，增强企业全球竞争力

我国食品酶产业在全球化大环境下，必须谋求自身发展之路，逐步扩大国际市场份额。要熟悉国际市场，掌握行业发展趋势，同时，要加强行业自身的团结协作，避免无序竞争，同心协力参与全球竞争，提升中国食品酶产业的国际地位。具体建议：①深入了解国际食品酶的市场需求、竞争格局、消费习惯等，制定针对性的产品方案和营销战略，为产品国际市场推广提供依据；②根据市场的特点

和需求，开发具有国际竞争力的产品，明确产品定位，满足不同市场和消费者的需求；③确保产品质量符合目标市场的标准和要求，积极获取相关国际认证，如ISO、HACCP、HALAL等，提高产品国际竞争力和市场准入能力；④打造具有国际影响力的品牌，加强国际市场的品牌推广和宣传，扩大品牌知名度，提升国际市场的认可度；⑤积极参加国际食品及相关领域的展览、研讨会等活动，展示企业产品和技术，拓展业务联系，提高企业知名度，增强国际竞争力；⑥了解和利用国际贸易政策，如自贸协定、出口退税等，降低国际贸易成本，提升产品在国际市场的竞争力。

（五）强化环保意识，构建绿色循环发展模式

在食品酶生产过程中，要关注环保和资源循环利用，降低环境风险，提升社会责任感，增强企业竞争力，确保产业的可持续发展。具体建议：①积极采用环保型生产工艺和设备，减少能源消耗、降低废弃物排放，降低生产过程对环境的不利影响；②推广循环经济生产模式，充分利用废弃物资源，将废弃物转化为有价值的副产品，提高资源利用效率；选择环保型原料、包装材料等，降低产品对环境的负面影响；③设定具体的节能减排目标，通过技术创新和管理优化，降低能源消耗、减少温室气体排放，助力企业实现绿色发展；提高员工的环保意识和责任感，推动企业全体员工参与绿色发展工作。

（六）加大政策支持，助推企业健康发展活力

营造良好的政策环境对于食品酶产业的高质量发展至关重要。政府在多个层面制定扶持政策，以激发产业发展活力，降低企业成本，提升竞争力。具体建议：①政府通过财政补贴、税收优惠等方式，支持食品酶产业的研发、生产和市场推广，降低企业的经营成本；②出台产业扶持政策，鼓励企业投资食品酶产业，如设立专门的产业发展基金，支持企业技术研发和产能扩张；③制定人才引进和培养政策，如提供住房补贴、税收优惠等，吸引国内外优秀人才投身食品酶产业，为产业发展提供人力支持；④加强对食品酶产业知识产权的保护，制定专利申请、保护及管理相关政策，鼓励企业和研究机构申请专利，保护创新成果；⑤推动企业与高校、研究机构合作，开展产学研一体化创新，提供研发资金支持，搭建技术创新平台，加速技术创新和成果转化；⑥建立严格的食品酶产品质量监管制度，制定产品质量标准，加强对生产企业的监管，确保食品酶产品的安全与质量。推动中国食品酶产品走向世界，提升中国食品酶产业的国际地位。

参 考 文 献

[1] 孙宝国. 中国食品产业现状与发展战略. 中国食品学报, 2018, 18(8): 1-7
[2] 国家发展和改革委员会.《"十四五"生物经济发展规划》. 2022
[3] 中国绿色食品发展中心.《绿色食品产业"十四五"发展规划纲要》. 2021
[4] 国家发展和改革委员会.《"十三五"生物经济发展规划》. 2017
[5] https://www.chinairn.com/news/20230111/105843628.shtml
[6] https://www.163.com/dy/article/HTP8Lo8J0552SV13.html
[7] 李春华. 酶制剂在食品中的应用及发展. 食品安全导报, 2019, (10): 133
[8] 郑宏臣, 徐健勇, 杨建花, 等. 工业酶与绿色生物工艺的核心技术进展. 生物工程学报, 2022, 38(11): 4219-4239
[9] 侯瑾, 李迎秋. 酶制剂在食品工业中的应用. 江苏调味副食品, 2017, (03): 8-11
[10] 梁雪霞. 初探食品酶制剂的生产与应用. 现代食品, 2019, (14): 22-24
[11] 张祥强. 中国食品级酶制剂产业发展现状和前景. 中外酒业·啤酒科技, 2017, (03): 45-49
[12] 段钢. 工业酶进展和未来展望. 生物产业技术, 2015, (06): 79-84
[13] 赵琳, 宋瑞瑞, 吴希, 等. 工业酶制剂的发展与应用研究. 应用化工, 2021, 50(05): 1403-1408, 1413
[14] GB 1886.174—2016, 食品安全国家标准 食品添加剂 食品工业用酶制剂
[15] 聂珂楠, 李婷, 王玉丽, 等. GB 2760-2014《食品添加剂使用标准》存在若干问题探讨. 食品工业, 2022, 43(8): 264-268
[16] 徐为民, 荣远德, 昌胜, 等. 食品安全质量控制与认证体系. 江苏农业科学, 2004, (4): 105-109
[17] 张俭波. 食品工业用酶制剂的管理. 生物产业技术, 2019, (3): 83-90
[18] 段钢. 酶制剂发展应用及相关问题. 生物产业技术, 2019, (3): 1
[19] 陈坚, 刘龙, 堵国成. 中国酶制剂产业的现状与未来展望. 食品与生物技术学报, 2012, 31(1): 1-7
[20] 工业和信息化产部消费品工业司. 食品工业发展报告. 北京: 中国轻工业出版社, 2022
[21] 施慧琳, 王玥, 李祯祺, 等. 从专利角度分析全球酶制剂研发态势. 生物产业技术, 2019, (3): 09-12
[22] 白静, 王君, 李末, 等. 细菌 α-淀粉酶活性提升研究进展. 饲料研究, 2023

第十章 营养健康食品产业

第一节 研究背景

党的二十大报告提出，把保障人民健康放在优先发展的战略位置，完善人民健康促进政策，并对推进健康中国建设做出全面部署，要求到2035年要建成"健康中国"。近年来，我国大力推进国民营养计划和合理膳食行动，更加倡导健康文明的生活方式，树立大卫生、大健康的观念，把"以治病为中心"逐步转变为"以人民健康为中心"。中共中央、国务院2016年10月25日印发了《"健康中国2030"规划纲要》，提出"普及健康生活、优化健康服务、完善健康保障、建设健康环境、发展健康产业"五方面的战略任务；要求"引导合理膳食，制定实施国民营养计划，发布适合不同人群特点的膳食指南"；要求"建立健全居民营养监测制度，对重点区域、重点人群实施营养干预，重点解决微量营养素缺乏，逐步解决居民营养不足与过剩并存问题"。2017年6月30日国务院办公厅公布了《国民营养计划（2017—2030年）》，提出要关注国民生命全周期、健康全过程的营养健康，将营养融入所有健康政策，不断满足人民群众营养健康需求，提高全民健康水平，为建设健康中国奠定坚实基础。此外，《保健食品注册与备案管理办法》自2016年7月1日施行，2017、2018年相继出台了配套实施细则。健康中国行动推进委员会进一步制定印发《健康中国行动（2017—2030年）》，明确了从个人和家庭、社会、政府等各方面如何开展营养相关的合理膳食行动、老年健康促进行动、心脑血管疾病防治行动、癌症防治行动。

与此同时，人口老龄化正在持续驱动着全球大健康产业趋势。随着中国社会逐渐进入老龄化，党的十九届五中全会提出要实施积极应对人口老龄化国家战略，这是党的全会首次正式将积极应对人口老龄化上升到国家战略层面。有效应对我国人口老龄化，事关国家发展全局，事关亿万百姓福祉。从健康管理的角度来看，老年人恰恰是最需要个性化精准营养定制的人群，对于老年群体来说，营养并非越多越好，科学的营养、适合个体的营养才是关键。

正所谓"甲之蜜糖，乙之砒霜"。由于受年龄、性别、职业、所处地区的气候、饮食习惯、食物供应、膳食模式、食物摄入量,以及生活方式、体育活动、微生物群和代谢组分、肠道微生态等方面因素的影响,个体对营养素的需求和实际干预的效果存在显著差异。此外,不同疾病状态下患者以及处于特殊生理阶段的孕妇、老人、幼儿等人群对特定营养素的需求也有所不同。同时,随着工业化生产力极大提升,营养供给种类丰富且充足,居民宏量营养摄入呈过饱和状态,导致与营养相关的慢性病呈井喷趋势发展,如糖尿病、高血压、高血脂、肥胖症等发病率逐年增加。因而,在个人营养需求不同、营养相关慢性病井喷的背景下,发展精准营养已是开展人类健康产业的必经之路,这不仅提高个人健康水平,还将对整体居民健康产生重大深远意义。

精准营养又被称为个性化营养,是指依据个人的遗传背景、生活特征、生理状态以及代谢指标等内容,对个人的营养进行具体的个体化干预,实现对疾病的预防和控制,以达到维持机体健康、有效预防和控制疾病发生发展的目的。

随着科技的发展,人们对营养基因组学和营养遗传学研究的深入,科学家发现个体在慢性病易感性以及营养素的代谢利用率方面存在着显著的遗传差异,因此"一刀切式"的传统营养干预效果存在着个体差异,无法满足个人健康发展的需要,对慢性病的预防、治疗和控制作用微乎其微。不同于传统营养的"批量""均码"的无差别干预,精准营养首先借助现代生物技术和信息技术,将基因组学、转录组学、代谢组学等多种技术手段融合,基于消费者的基因型、膳食摄取、生活方式和人群特征等因素的"个体化""差异化"营养摄入计划(图 10-1)。该营养摄入计划精准给出个体每日能量供给、脂肪、蛋白、维生素、矿物质摄入量的具体数值。然后,在营养摄入计划的指导下,人们再灵活组合、配比各种膳

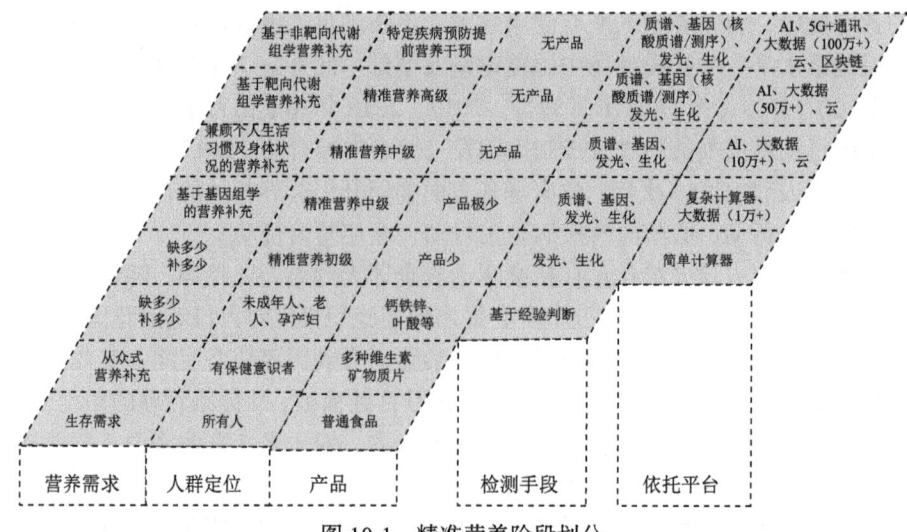

图 10-1 精准营养阶段划分

食补充剂，从而实现个体的精准营养补充。传统营养只关心营养是否均衡，营养素摄入是否足够，蛋白质、脂肪、碳水化合物、维生素、矿物质是否符合推荐范围，但很少考虑个体对这些营养素需求、代谢的差异，这显然无法满足人们日益增加的健康需求，无法为个体提供适合、优质的营养干预服务。而精准营养的"精准""个性化""差异化"干预，则能满足人体健康需求，弥补传统营养干预的短板，让每个个体更了解自己身体状况，明白如何摄入营养更健康。

第二节　营养健康食品产业现状与发展趋势

一、全球营养健康食品产业现状与发展趋势

Meticulous Market Research 2020 年的数据显示，全球营养产业销售额为 2523.8 亿美元，预计到 2025 年全球营养产业销售额将达到 4654 亿美元。人们日益增长的健康意识，对营养食品产品日益增长的需求，以及对单一片剂和胶囊包装的营养补充剂日益增长的需求，是推动营养产业增长的一些关键因素。此外，新兴经济体中产阶级人口的扩大，以及发展中国家成为全球营养产业新的重要消费者，为全球人体营养市场的参与者提供了重要的增长机会。

"精准营养"逐渐成为营养健康产业新热点，尤其在新冠疫情影响下，全球健康意识普遍增强，个性化营养定制受到市场热捧。Markets and markets 研报数据显示，目前，个性化营养市场规模增长势头强劲，市场预测全球该产业规模将从 2020 年的 82 亿美元增长到 2025 年的 164 亿美元，传统营养正逐步向精准营养迈进和过渡。营养健康食品正成为食品企业追逐的热点方向，因此本文不仅概述营养健康食品加工方向产业现状，更将精准营养作为重点进行论述。

（一）国外营养健康食品产业生产现状

2020 年美国国立卫生研究院（National Institute of Health，NIH）发布了 NIH 首个营养科学十年研究战略计划，以推动营养科学的发展。我国国务院也发布了《国民营养计划（2017—2030 年）》，该计划注重食品加工业向营养型转化，促进产业升级和营养健康工作的创新发展。各国政府纷纷加大对营养领域研究的投入，建立相关的管理体系和制度，全球营养产业迎来了新机遇。

全球营养市场的一些主要代表公司有巴斯夫公司（德国）、雅培实验室（美国）、Koninklijke DSM N.V.（荷兰）、杜邦公司（美国）、Chr. Hansen Holding A/S（丹麦）、汤臣倍健公司（中国）、USANA Health Science, Inc.（美国）、Pharmavite LLC.（美国）、雀巢公司（瑞士）、Kerry Group PLC（爱尔兰）、Glanbia PLC

（爱尔兰）、拜耳医疗集团（德国）、安利集团（美国）和无限极公司（中国）等。许多制药公司（如雅培实验室）及一些多层次营销公司（如安利集团），都在该行业占据了重要的市场份额。营养市场正受到不断创新和医疗保健支出增加的推动。此外，公司之间通过并购进行的战略合作也导致了营养市场的增长。

国外精准营养产业处于快速发展的阶段，根据技术水平的层次分为初级和高级两大营养产业初级精准营养产业不包含基因型等检测数据，一般通过问答和穿戴设备来制定匹配消费者需求的营养方案，例如 Vitamin Packs 和 Care/Of 膳食补充剂定制、STYR Labs 通过可穿戴设备数据定制运动营养方案、澳大利亚墨尔本 Nutromics 公司推出了智能贴片，帮助消费者管理 2 型糖尿病等。中高级精准营养产业则通过个体检测样本，通过结合分析消费者血压、身高、年龄等 6 大表型数据，以及对样本检测后的基因和其他共 29 项生物指标，从而设计私人定制的饮食方案，明确指导个体每日应该摄入哪些种类的食物和对应的量。国外中高级精准营养产业赛道不仅挤满了知名国际公司如美国的 Faeth Therapeutics、中国恒基集团控股的汉德森、荷兰的纽迪希亚、英国的葛兰素史克、德国医药行业的拜耳、日本的 Fancl 等，也有后起之秀纷纷加入，如美国的 Habit 公司和 Vitagene 基因检测公司。

（二）国外营养健康食品消费现状

1. 国外精准营养消费市场

全球营养产品市场主要分布在美国、欧洲和亚洲地区，其中以美国、欧盟、日本等发达地区的营养产业发展较早，市场较为成熟，消费需求大。美国是全球最大的营养产品销售市场，也是营养产品渗透率最高的国家，美国成人已经将营养产品作为日常健康管理的一部分。2020 年美国的营养膳食补充剂市场销售额约为 557 亿美元，其中维生素和矿物质是最常食用的品类，约有 76% 的人群使用过（数据来源于 2020 年《WORLD MARKET FOR CONSUMER HEALTH》）；第二受欢迎的类别是特殊营养补充剂，使用率约为 40%；再次是草药和植物提取物类产品，使用率为 39%（图 10-2a）。在日本营养产业体系健全，行业细分明确，发展超前，营养产品已经普遍化，成为日本人生活中的一部分，流通在便利店、商超等渠道。2021 年 1～6 月日本家庭用于维持增进健康的食品消费金额为 8717 日元（约合人民币 521 元）。2019 年按功能诉求排名的营养补充剂分别为肠内环境 6610 亿日元、整体平衡（日常健康）3830 亿日元、美肤 1720 亿日元、减肥 1520 亿日元、运动 690 亿日元（数据来源于《膳食营养补充剂行业发展报告（2022）》，中国医药保健品进出口商会，2022）。普通食品功能性化，早就成为日本人生活的一部分（图 10-2b）。近年来，随着中国、泰国等亚洲国家人口增长与城市化、可支配收入增加、人们对功能性食品的偏好日益增强，健康意识和对营养产品健康益处的认识日益增强，促进营养产业迅速发展。

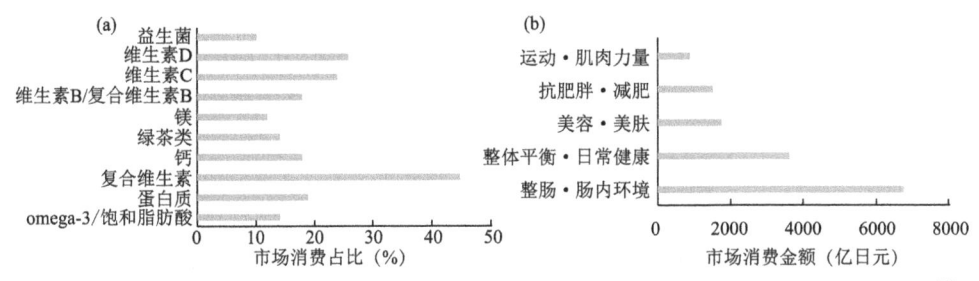

图 10-2 （a）美国人成人使用的 10 大膳食补充剂；（b）2019 年日本功能诉求市场 TOP5[7]

2. 国外营养健康食品销售渠道

全球营养产品的主要销售渠道为药店、商超、专业零售商、直销和线上。药店仍为目前的主流销售渠道，占营养产品销售的最大份额。受疫情的影响，人们在线上渠道购买营养品更加频繁，销售占比增长迅速。商超、专业零售商和直销等渠道，占比下降。以欧盟为例，营养膳食补充剂的主要销售渠道为药店、线上渠道、商超、直销、专业零售商，其中 2020 年药店渠道占比 52%，为主要的销售渠道；其次为线上渠道占比 19%；商超的份额为 13%；直销渠道占比 7%，专业零售渠道为 5%（图 10-3）。从 2015 年至 2020 年欧盟营养膳食补充剂销售渠道的变化看，药店销售渠道占比相对平稳，相比 2015 年占比略微降低；线上销售渠

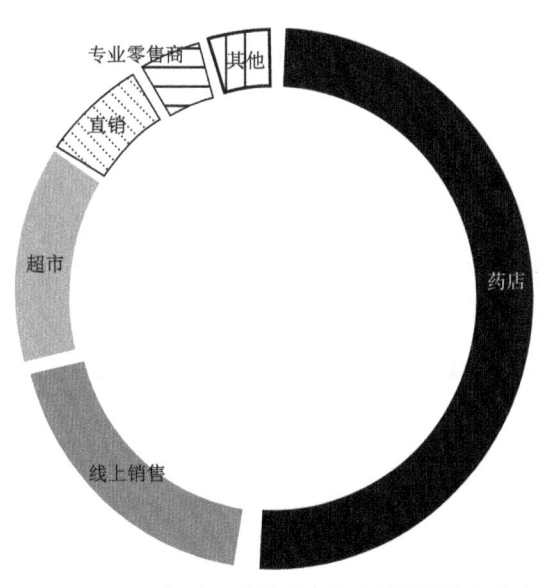

图 10-3 2020 年欧盟营养膳食补充剂渠道销售占比

道占比增长较为迅速，从2015年的占比10%增长到2020年的19%；专业零售商销售渠道占比变化不大，但商超渠道的销售占比呈略微下降趋势。通过在线平台和零售渠道，人们更容易获得营养膳食补充剂。容易获得一直是推动市场的主要因素。电子商务平台也推动了市场的增长，因为它提高了产品的知名度，扩大了所有年龄段和社会经济阶层的覆盖范围。受疫情影响，电子商务平台的销售额增加，进一步推动了市场增长。

（三）国外营养健康食品加工技术现状

随着对营养与健康研究的逐步深入，可以实现从分子营养学水平上研究功能食品作用机理，利用多组学理论及技术，实现高品质、高营养、高技术含量产品的研发和制造。特别是在精准营养产品的开发方面，结合了信息技术、可穿戴设备技术、组学技术和3D打印技术，实现了食品加工技术的飞跃式发展（表10-1）。2020年，澳大利亚Nutromics公司推出了首款个性化营养可穿戴设备，通过监测饮食中的关键标志物给消费者提供个性化建议，使用者能够精确跟踪自己身体对不同食物的不同反应，降低与生活方式相关慢性病的患病风险。另外，Inside Tracker公司还开发出利用专利大数据算法、数据库以及最新科学研究结果，整合来自血液、DNA等生物标志物和日常习惯等数据，为用户提供有科学依据的抗衰建议，助力用户健康衰老的产品。此外，3D打印的技术发展也大大地促进了精准营养产业化的发展。Nourished公司利用3D打印技术开发个性化营养软糖，消费者可根据自己情况对营养成分定制。科学家还进一步利用食物营养分子作为3D打印的原料，例如澳大利亚昆士兰大学Bhandari Bhesh团队以黑巧克力、牛肉酱、猪脂肪或蛋清蛋白作为打印材料，进行巧克力、肉类和蛋白类食品的研发。

精准营养产业的信息化仍发展缓慢。选择合适的信息技术需要考虑运营成本、电力、互联网连接、数据分析、连接设备的数量等因素。即使目前市场上越来越多的个性化营养公司获得了大量消费者的健康数据，但这些数据的使用方法却不透明。此外，消费者并不愿意把自己的健康数据透露给企业，数据隐私将成为个性化营养发展的一大障碍。

表10-1　国外精准营养加工技术分类

加工技术	作用概述
信息技术	实现数据整合，为个体提供个性化营养检验检测、合理膳食建议
可穿戴设备技术	提供消费者行为和饮食信息，定制营养方案
组学技术	预测个体对饮食干预的反应变异性
3D打印技术	满足3D打印条件的前提下，最大限度满足个性化营养健康需求

(四)国外营养健康食品标准与法规现状

1. 国外营养健康食品标准现状

各国对营养健康食品的标准虽然各有不同，但在国际市场上销售均要符合GMP、FDA、DIN、OTC、GLP、《欧洲植物药典》、《美国植物药典》、《生物技术211协议》等通用的国际标准。精准营养食品的相关标准主要由国际标准化组织、世界卫生组织和国际食品法典委员会发布。目前国际精准营养食品有关标准多集中于婴幼儿配方奶及成人营养品中营养物质的测定方法。此外，世界卫生组织于2016年发布了两项关于微量营养素作为婴幼儿、儿童、孕妇等人群强化食品使用指南可视为精准营养食品相关指南。

2. 国外营养健康食品法规现状

由于各国饮食习惯及制度不同，不同国家对于精准营养产品管理制度也区别较大。以膳食补充剂为例，美国对于膳食补充剂的监管模式是以备案制审查为主。在不涉及新的膳食成分的情况下，膳食补充剂的生产经营者只需在上市前确保产品符合相关法规的要求，而不需要提交注册申请，也无需经过审批，向FDA备案即可。而产品上市后，FDA则负责对质量安全出现问题或虚假标识的问题进行依法惩治。如果膳食补充剂涉及新的膳食成分，则需通过严格的上市前审查批准流程。对于定制化膳食补充剂，如若没有涉及新的膳食原料和成分，可以在美国直接上市，这就为精准营养的发展提供了极为便利的条件。

对于欧盟，膳食营养补充剂与食品补充剂相对应。《DIRECTIVE 2002/46/EC》为欧盟食品补充剂监管的基础性法规，规定了可用于欧盟食品补充剂生产的维生素及矿物质清单，以及其标签标识和广告要求。欧盟食品补充剂的市场准入较为宽松，多数国家的监管模式主要为上市前备案制，或者仅依靠上市后的监管。因此，定制化膳食营养补充剂的上市也较为便利。

在澳大利亚，膳食营养补充剂属于补充药品的范畴。补充药品的监管部门为澳大利亚治疗品管理局，大部分补充药品的管理采用列表制，少量的补充药品管理采用注册制，主要根据补充药品的原料及功能声称来判断采用列表制还是注册制。对于定制化膳食营养补充剂，根据澳大利亚现有的法律法规，如果其原料及声称都是在预先批准的原料及条件列表中，则可以采取列表制，上市较为便捷，不需进行上市前的功效评估，只需受到上市后的合规检查以及上市后的监督。

在日本，膳食营养补充剂与营养机能食品相对应。对于营养机能食品，每日摄取目标量中包含的营养成分量必须在规定的上下限值的范围内，除此之外，不仅需按照相关规定标示营养成分的机能，还应标示出注意事项。营养机能食品上市不需要申请个别许可，而是采取自我认证制度，国家以事后监督的方式进行监管。因此，定制化膳食营养补充剂的上市也较为便利。

此外，加拿大、新西兰、新加坡等国家制定了相关的精准营养产品法规（表 10-2），但目前的法规仍较片面，更新慢，对于新兴形式的产品，如定制化膳食营养补充剂，特别是针对个体的配方，仍没有直接针对该类精准营养产品监管的法规，不能满足现阶段精准营养产品需求。

表 10-2 国外精准营养相关法规

国家或地区	相关法规
美国	Dietary Supplement Health and Education Act of 1994
欧盟	Directive 2002/46/EC
加拿大	Natural Health Products Regulations
澳大利亚	Therapeutic Goods Regulations 1990
新西兰	New Zealand Food（Supplemented Food）Standard 2016
日本	Food Sanitation Law in Japan、Food Safety Basic Law
新加坡	Health Products Act

二、我国营养健康食品产业现状与发展趋势

（一）国内营养健康食品生产现状

营养产业的代表公司主要有汤臣倍健、无限极、新纪元健康、东阿阿胶、江中集团、哈药集团、养生堂和安利等（图 10-4）。根据 Euromonitor 数据，汤臣倍健在 2021 年营养保健品市场占有率高达 9.3%，遥遥领先，这主要归功于它在维生素和膳食补充剂市场的领先地位。虽然近两年我国的营养产业受到新冠疫情的冲击，但 2021 年我国大部分相关企业的营收均有不同程度的增长，其中汤臣倍健 2021 年营收 74.3 亿元，较 2020 年同期增长了 21.9%，净利润 17.5 亿元，同比增长 15.1%；新纪元健康公司营收为 159.0 亿元，同比增长 17.6%，净利润 13.3 亿元，同比增长 18.6%。

根据中国企业数据库企查猫，目前中国保健品企业主要分布在华南和华东等地，特别以广东和山东为代表。截至 2022 年 6 月底，广东共有相关保健品企业 1875 家，山东则有 1313 家。从保健品产业代表企业的分布情况来看，重点企业和上市公司主要分布在华南和华东沿海地区，其中广东省分布了汤臣倍健、无限极等八家代表企业，数量最多。

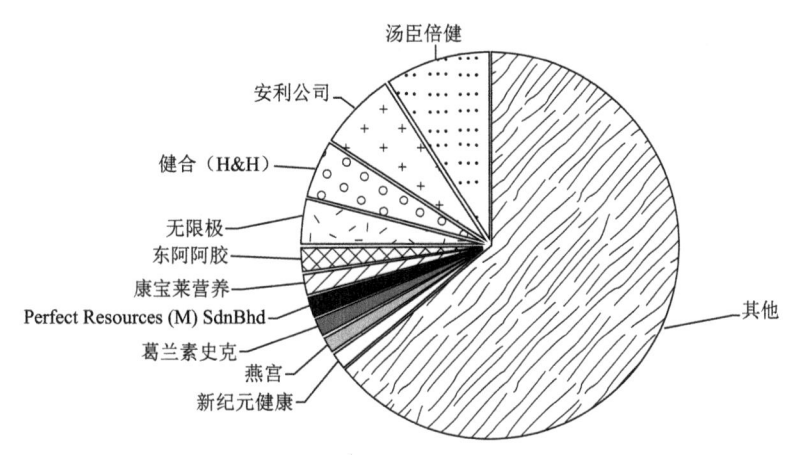

图 10-4 2021年中国保健品食品各品牌市场份额占比（单位：%）

国内的精准营养产业发展相对滞后，目前发展较好的是汤臣倍健，2021年汤臣倍健发布了个性化定制维生素概念产品，自主建成了国内第一个全自动在线干血斑检测中心，研发了第一台搭载核心算法的个性化维生素生产设备，并联合了英国阿伯丁大学罗威特研究所、德国巴斯夫等全球顶尖科研机构，超百位医学、营养学等领域专家，并通过医院深度合作方式，组建数据库、评价体系和算法模型等开展关于干血斑维生素、矿物质及微量元素等检测项目的研究。

（二）国内营养健康食品消费现状

1. 国内营养健康食品消费市场

2021年我国营养产品市场终端已经超过2600亿元市场规模，其中，膳食补充剂销售额占70%左右，预计到2025年市场规模将达3200亿元。《2022营养健康趋势白皮书》数据显示，新冠疫情的暴发，提升了消费者对于增强免疫力类的营养产品关注度，维生素类、矿物质类营养产品保持了良好的增长态势（图10-5）。这些产

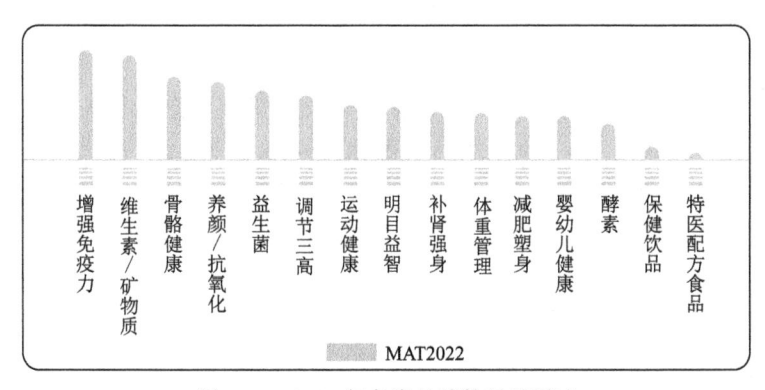

图 10-5 2022年各类品牌数量及增速

品的载体包括软饮料、乳制品、谷物及烘焙食品、糖果、休闲食品等，其中软饮料和乳制品占比最大，发展较快。肠胃健康及骨骼健康是消费者持续关注的热点，益生菌类产品是近年来新兴热点品类。另外，眼部健康产品及助眠产品也具较大发展潜力。与此同时，以软糖为代表的新型特殊剂型健康食品、运动营养食品和食品形态的保健食品较受年轻消费者的青睐。

艾瑞咨询的调研问卷结果显示，老年人群是营养品消耗大户，占消费人群的30%，其中96.9%的老年人群购买营养品自用。另外，63.4%的老年人群表示他们经常收到子女赠予的营养品，被赠予营养品的人数占比明显高于中青年人（图10-6）。

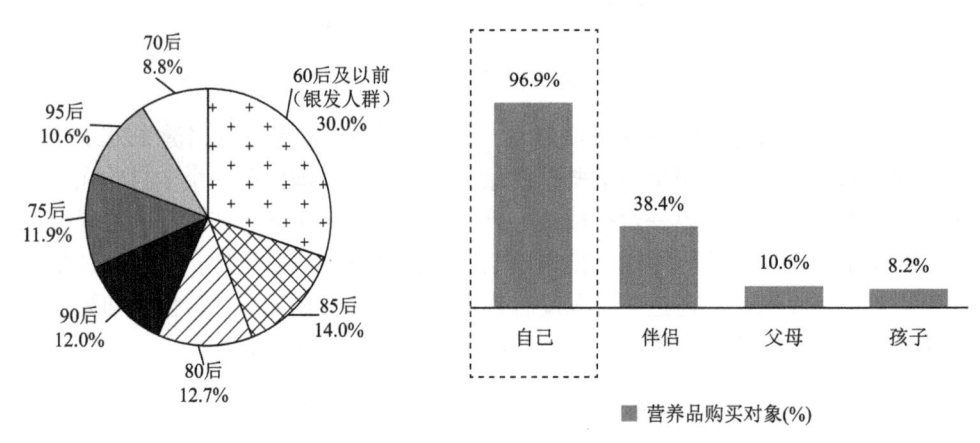

图10-6　2021年我国营养品消费人群分布及银发人群购买营养品对象

随消费升级趋势，在营养领域，部分消费者愿意为更有针对性、效果更好的个性化产品或服务支付更多费用。目前，我国也有越来越多的企业参与到精准营养产业的发展中。例如，汤臣倍健公司构建了老年健康知识图谱知识库，成立了云健康中心，为人们提供涵盖人体成分、骨密度、肌肤状况、动脉硬化风险、糖基化终产物、基因等多个方面的监测服务。

2. 国民营养健康食品消费水平

营养产业的发展也与消费者的经济实力及消费能力直接相关。国家统计局发布公告显示，2021年社会消费品零售总额440823亿元，比上年增长12.5%（图10-7）。2021年全国居民人均可支配收入35128元，比上年名义增长9.1%，扣除价格因素，实际增长8.1%。同期，全国居民人均消费支出24100元，比上年名义增长13.6%，扣除价格因素影响，实际增长12.6%。从整个经济环境看，营养行业发展依然具有很好的发展机遇。

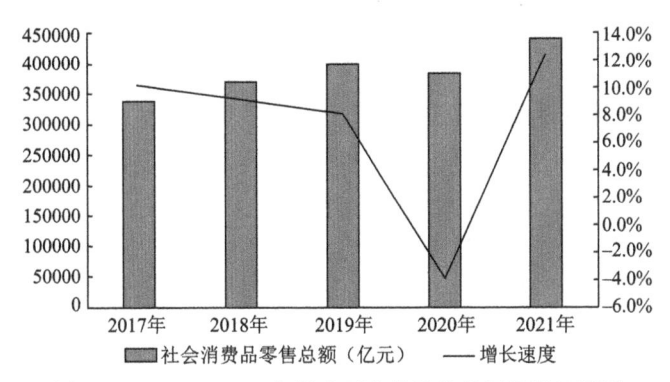

图 10-7　2017—2021 年社会消费品零售总额及增长情况

3. 国内营养健康食品销售渠道

我国营养产业的销售渠道在社会模式的改变以及新冠疫情等因素的影响下，原先直销原先的直销格局的格局被打破，直销、药店、商超、电视购物等渠道占比呈下降趋势，而电商渠道（包括跨境电子商务和社交电商）则快速增长。《2022年中国保健食品行业报告》显示，电子商务、直销和药房的市场份额分别为 40%、30%和 20%。传统直销方式在保健食品市场上正逐渐式微。虽然消费者的消费行为有向电商平台转移的趋势，但是由于功能食品、保健食品的特殊性，作为营养保健食品的重要消费人群，中老年人群的购物习惯依然偏向于面对面有保障、可追溯的消费，所以药店、医药机构、养老服务这些线下渠道，依然保持着商业活力。

（三）国内营养健康食品加工技术现状

目前我国营养健康食品种类繁多，营养健康食品休闲化、精准化和个性化，普通食品功能化、营养化、高端化的趋势逐渐显现。然而，我国营养健康食品加工技术缺乏高活性、高吸收率、高附加值的营养素衍生产品开发技术以及兼具特殊营养价值的可食材料制造技术等。国内目前已拥有全套自主知识产权的"精准营养食品 3D 打印技术"，能够根据个人精准营养方案打印出多种口味糖果、烘焙食品、零食产品、果蔬产品、奶制品等个性化精准营养食品，包含精准设计的碳水化合物、蛋白质、脂肪、维生素、矿物质、膳食纤维、调味剂及营养强化剂等，可满足青少年、老人、孕妇和特需患者等个体精准健康的差异化营养需求，实现精准营养食品的个性化定制。此外，汤臣倍健公司在问卷方向研发了精准数据库的知识图谱，利用信息技术及组学技术在终端方向研发微粒组装机，可以进行涵盖人体成分、骨密度、肌肤状况、动脉硬化风险、糖基化终产物、基因等多个方面的监测。

（四）国内营养健康食品标准与法规现状

1. 国内营养健康食品标准现状

我国已制定 33 项营养相关的卫生行业标准，与精准营养食品相关的行业标准有 7 项。对于精准营养食品中的特殊膳食用食品，目前已有国家标准，如《孕妇及乳母营养补充食品》《婴儿配方食品》。这些标准均为强制性国家标准，针对的亚人群包括婴幼儿、孕妇以及乳母。而对于精准营养食品中的定制化膳食营养补充剂以及定制化餐品，没有相关的国家标准。

目前，我国在精准营养食品方面的标准数量相对较少，尤其缺乏食品产品的检测方法标准，应在未来大力发展。此外，还应重点发展精准营养食品质量标准以及产品使用标准。

2. 国内营养健康食品法规现状

根据《中华人民共和国食品安全法》，保健食品、特殊医学用途配方食品和婴幼儿配方食品均为特殊食品。精准营养食品中的定制化膳食营养补充剂及针对特殊的身体或生理状况的特殊膳食用食品均涉及特殊食品，而定制化餐品属于普通食品。

膳食营养补充剂处于保健食品与普通食品两者之间，对于精准营养食品中涉及的定制化膳食营养补充剂属于保健食品的范畴。根据《保健食品注册与备案管理办法》，需根据原料是否在保健食品原料目录以内，来选择注册还是备案。此外，在特殊膳食用食品中，婴幼儿配方乳粉产品配方以及特殊医学用途配方食品实施注册管理，婴幼儿配方食品为备案管理，其他类别参照普通食品管理。

精准营养属于新兴领域，对于新兴形式的产品，如定制化膳食营养补充剂，特别是针对个体的配方，我国暂时没有直接针对该类食品监管的法规，未来仍需完善我国精准营养相关的标准，从而为监管提供有力支撑。

第三节　营养健康食品产业存在的问题

一、基础科学人才与研究缺乏

（一）营养健康食品基础科学人才

我国拥有一大批知名的营养健康食品研究专家和团队，尤其是谷物加工与营养领域方面的专家在国内具有较高的知名度。但是目前，仅少部分专家延伸到近几年快速发展的精准营养领域，无法支撑我国精准营养食品产业的快速发展。

（二）技术与方法缺乏创新

精准营养学是整合了个体的组学信息、生活方式信息以及生理信息而进行的个体化营养干预，以达到维持健康、预防和控制疾病发生发展的目的，因此精准营养的研究需要多学科交叉，多组学联合，尤其是营养基因组学的引入主动创新的重要环节。实验设计、多维数据分析和整合所面临的方法学问题用于预测疾病及个体对膳食营养干预差异应答的可靠的和可扩展的临床的生物标志物还比较匮乏；代谢组学和微生物组学技术的敏感性和特异性仍然欠缺等问题。在这些问题的基础上，涉及食品功能因子的应用面临巨大挑战，最主要是如何实现食品功能因子的稳态化，如何监测其在体内释放的具体位点等。

（三）营养因子利用率低

现有的营养健康食品营养因子，如类维生素、胡萝卜素、不饱和脂肪酸、植物甾醇等水溶性较差，对光、热、氧敏感，容易发生降解，造成了生物利用度低等缺点，没有最佳地实现其潜在效益，已经成为精准营养食品产业化应用中的瓶颈问题。膳食成分、加工方法、贮藏条件等因素都会影响食品中营养因子的生物利用度。

在加工过程中营养因子的生物利用率会因为加工方法和食品添加剂而影响生物利用率。一些热不稳定性维生素和水溶性维生素也会随着加热而损失，损失的程度取决于温度、pH、氧气和光线。

此外，一些食品添加剂也会影响营养物质的生物利用度。在贮藏过程中环境因素也会影响产品的稳定性和保质期。机体对营养因子的吸收效率、摄入体内后营养因子的稳定性也影响着营养因子的利用率。

因此，保持食品营养因子在加工、贮藏及摄入体内后的稳定性，是精准营养产业化中非常有意义、有挑战性的任务。

（四）营养因子靶向传递和释放困难

目前常规的营养因子靶向递送载体在机体的靶细胞和靶器官中的吸收效率仍然不够理想，导致营养因子发挥的效果较差。此外，对营养因子进行稳态化靶向递送后，在作用位点定向释放，仍然是食品工业面临的主要挑战之一。

营养因子靶向递送系统在制备过程和体内传递过程中需要保证活性和稳定性，才能将发挥作用的食品营养因子靶向传递至作用部位。一些大分子的营养因子难以穿越人体内存在的各个生理屏障，如血脑屏障、胃肠道屏障、血胰屏障，以及细胞膜等。此外，绝大多数的大分子营养因子进入细胞后需要经过胞内转运和胞内释放才能发挥作用。营养因子靶向递送系统除了克服机体内存在的各种生物活性酶的降解作用，还需要通过各种屏障，才能到达作用部位。而目前上市或处于临床研究的营养因子靶向传递系统仅仅关注了以上问题中的一个或两个，而难以同时克服上述多重递送条件。

目前现有的营养因子靶向递送系统仍然难以满足靶向释放的"准确性"和释放的"高效性"，导致临床疗效不够显著。因此，提高营养因子靶向递送系统靶向释放的"准确性"和释放的"高效性"，仍然是食品工业面临的主要挑战之一。

（五）营养因子与机体的相互作用尚未阐明

营养因子进入机体后，在消化、吸收、转运、利用过程中的变化情况和规律，以及食品中营养因子对机体生理功能的影响目前尚未完全阐明，这给营养因子的产业化带来了挑战。

人体摄入营养因子后，大部分的营养因子可在小肠中被消化和吸收，少部分的营养因子（如抗性淀粉和膳食纤维）需在结肠中的肠道菌群发酵。被肠道菌群发酵的营养因子能够改变肠道菌群的组成和功能，从而产生对机体有益的影响。

饮食是塑造肠道微生态系统的主要驱动力，它们为特定种类的细菌提供选择性生长优势，长期的饮食干预可以调节人体肠道菌群的组成和功能。然而，到目前为止，大多数的营养因子干预研究都没有考虑到基线微生物组或代谢表型，基线时肠道微生物组的特征可能与饮食干预的结果有强烈的相互作用，这意味着需要进一步的研究来更好地了解复杂的营养因子-微生物-宿主代谢相互作用。

目前，营养健康食品产业仍处于初级阶段，没有完全阐明营养因子、微生物和宿主代谢表型整合的复杂性。针对个人或亚群体的精确营养干预策略或膳食指南仍然比较遥远，需要深入了解营养因子干预后与机体互相作用的反应机制。

（六）"整体食品营养评价"方法尚未形成

面对市场上琳琅满目的食品，它们本身所含的以及外加的复杂营养成分，营养学界目前采用了一些新方法来试图解决"对食品的营养评价不够全面"这一问题。食物营养素度量法（Nutrient Profile，NP）等新的食物营养评价方法被相继提出。NP可综合体现食物中多种营养成分的交互作用，根据研究目的将营养成分的生物利用率等因素一并纳入考虑。目前，全球范围内有数十种食物NP系统，它们各有特点、表现多样，并不统一。就其本质而言，均包括营养评价指标的选择、NP标准适用范围的确定、营养评价指标计算基准的选择、摄入标准的制定以及数学模型的构建这几个核心要素。但该评价体系和方法目前仍处于发展完善阶段，评价结果的正确性验证以及如何应用普及等也还有待于进一步研究。

对食品营养的评价模型与方法在未来将得到进一步发展。整体食品营养评价方法可广泛应用于食品产业,全面而准确的食品营养评价有助于开发新产品。其次,整体食品营养评价方法还可以为政策的制定提供科学依据,帮助政府制定指导方针。未来,可以利用科学而准确的食品营养评价方法对食品的营养成分和功能进行精准评估,满足个人的最佳营养需求。

(七)营养健康食品个性化设计亟待研究

当前的膳食指南在群体水平上有很重要的参考意义,但无法在个体水平上提供更为精准的营养指导。此外,关于饮食中不同比例的脂肪与碳水化合物的摄入量对健康的作用尚未达成一致结论,造成研究结果不一致的原因,可能是不同个体对营养摄入的个性化应答。如何描绘并解析不同个体对膳食的个性化应答,是精准营养领域当前面临的一大挑战。

在分子水平上描述饮食和食物的特征,与获得摄入它们的反应的个体变化同样重要。整合输入和输出的信息对于解读饮食对健康的影响是必要的,这些知识将改变个性化饮食的潜力,实现精准健康管理。

由于各种各样的挑战,精确营养领域还没有准备好进入黄金时期,各种差异造成营养素摄入在种族和个体之间存在显著差别。普遍存在的营养失衡(营养过剩或者营养不良),是导致世界不同地区慢性代谢性疾病发病率迅猛攀升的重要因素之一。合理的营养补充也是改善急性疾病患者临床治疗效果、缩短治疗时间、降低临床感染和不良反应的重要因素[23]。个体自身条件导致对食品营养组分的消化吸收及代谢反应不同,因此,食品营养需要进行个性化设计,才能真正意义上提高国民身体素质和健康水平。

二、需求与产业发展滞后

(一)营养健康食品科普宣传不足

为了满足新时期人们不断增长的健康要求,国家对卫生健康工作持续发力,尤其是新时期全国卫生健康大会的召开和《"健康中国 2030"规划纲要》的重磅推行,关于精准营养的科普内容引起广播、电视、报刊和网络等各类媒体的进一步关注。目前,科普传播仍存在的问题包括以下几个方面。

一是精准营养的专业性。精准营养不仅涉及营养与卫生学,还包含了各种组学及标志物检测手段,这些定义相对较为专业,学术化词语较多。如何让非专业人士能理解明确这些专业词汇就需要科普者的努力。我国需要培养更多的精准营养方面人才,为科普宣传的专业性奠定人才基础。

二是受众面缺乏广泛性。据有关权威调查,女性、中老年、中等学历和收入水平的群体是健康科普类节目的主要收视群体，显然有相当一部分人群没能主动关注健康科普知识。另外，健康人群常常被遗忘，其实他们同样需要健康科普知识。只有具有了丰富正确的健康知识，才能树立科学的健康理念，从而把疾病拒之门外，实现医学界倡导的治未病。

三是健康科普内容缺乏实用性。健康科普内容是否实用，是决定其能否被群众关注认可的重要因素之一；并且实用关联度越大，其受认可的可能性就会越高，影响力自然就会越大。但有些健康科普内容出发点没有定位在服务大众健康上，也没有去认真地进行受众需求调研分析，而是片面追求经济利益，过多地倾斜广告发布和市场营销，久而久之就和广大受众越来越远，就会因为缺乏实用性而失去受众。

（二）营养健康食品技术手段存在问题

一是营养健康食品原料规范化和标准化亟待解决。在以药食同源为主的某公司调研了解到，公司最大的困境是无公害原料基本供不应求或者说匮乏。目前营养健康食品的原料来源复杂，尤其是动植物来源的原料缺乏全程全息风险感知及防控体系，无法实现全程全息感知预警和防控。

二是营养健康食品原料发掘与功能评价技术手段缺失。我国地大物博，动植物原料丰富，但是营养因子发掘处于起步阶段。目前营养因子主要来源于动植物和微生物，各种功能因子对健康的影响规律不清晰、加工过程生物效价影响大、活性保持及精准递送技术匮乏等。

三是营养健康食品代谢动力学模型及对消化系统及肠内稳态的健康调控机制的基础性研究不够深入。精准营养产品的组分与消化道系统存在复杂互作、调控精度低、个性化膳食模式调控肠内稳态机制不明确。

四是特定疾病状态人群精准营养与健康食品处于黎明前的黑暗。据中华医学会内分泌分会委员、河南省人民医院内分泌科主任袁慧娟介绍，我国肥胖和糖尿病的患病率逐年攀升，糖尿病患病率12.8%，肥胖人口近2亿，已居世界首位，河南省糖尿病和肥胖病高达3800多万人，而且特定疾病状态人群精准营养食品供给不足、不精准，技术和产品落后。

五是个性化精准营养食品私人订制与智能化加工装备是我国最大的短板。由于个体在遗传代谢、生活方式、营养摄入、肠道微生态等方面存在显著性差异，营养膳食补充已不能一概而论。人类的各种疾病基本都是由遗传因素（内因）与环境因素（外因）共同作用的结果。通过基因检测能准确做到靶向递送、营养代谢等精准干预手段，提前做到防患于未然，减少患病的风险。然而针对食品增材制造加工装备的加工效率和智能化程度不足，以及营养食品可打印基材的标准化缺乏导致的应用场景和规模严重受限。

三、产业发展政策与标准体系缺失

（一）营养健康食品产业政策支持较少

一是相关政策不明确。目前关于营养健康食品特别是精准营养产业产品的标准及政策并没有一个明确的注册备案双轨制管理，注册、审评、审批机制尚不健全，检验评价方法缺失，原料使用标准缺失，市场准入时间较长，无法抢占科技、市场的先机，满足消费者迭代更新的需求。众多国际品牌非常重视中国庞大消费群体和旺盛消费需求，纷纷开发针对我国人群特点的新技术新产品，通过跨境电商、代购等多种渠道进入中国，已占据相当大的市场份额。

二是创新生态需要改善。政策导向聚焦于市场准入，导致企业不注重创新，制造产业产品同质化严重，创新能力弱，行业秩序尚不健全，缺乏行业规矩规范，规则尚未形成，营销方式陈旧，大量打着保健品旗号的不法分子急功近利、夸大虚假宣传成为产业发展积弊。

（二）营养健康食品平台建设与产业化政策不足

一是法律法规不健全，导致无法可依，无章可循。精准营养产业作为一个新兴产业，目前国家对精准营养产业并没有明确的定义。各个单位和企业也均有自己的发展方向和规划，市面上也出现一些打着精准营养旗号但其疗效并不可知的产品，这不仅会影响精准营养的声誉，也会影响百姓对精准营养产业的信心。

二是平台运行制度管理机制不完善。精准营养平台建设与产业化运行制度管理机制不完善导致整个产业系统定位不明确，企业、科研单位研发方向与民生所需方向不一致，这极其不利于市场的发展。市面上所出现的产品服务并不是老百姓想要的，这就造成了科研的浪费。

三是产业投资融资政策不明确。精准营养产业还处于起步阶段，科技研发等一系列的产业活动都需要大量的资金支持。单一靠企业或个人投资，若在短时间内不能得到回报，必定会造成研究的断层，不利于精准营养产业健康稳定发展。

（三）营养健康食品标准体系缺失

营养健康食品特别是精准营养目前属于新兴领域，对于新兴形式的产品，如定制化膳食营养补充剂，特别是针对个体的配方，国内暂时没有直接针对该类食品监管的法规，而国外也主要依据现有的法律法规监管，暂时缺乏清晰的针对性条款。事实上，许多国家对于膳食营养补充剂都是采取上市后监管的制度市场的准入较为宽松，实行企业自主责任，监管部门不用承担大量的安全性证明测试，节省了资源。而我国对于包括定制化膳食营养补充剂在内的保健食品的监管采取了注册与备案双轨制，对于保健食品的市场准入设置了严格的门槛，强调了政府的监管责任。而对于特殊膳食用食品，我国出台了一系列国家强制性标准配套法律法规用于特殊膳食用食品的监管，较为完善，而国外则以法律法规为主，并出台众多指南性文件。

第四节　营养健康食品产业高质量发展建议

一、加强营养健康食品的基础科学研究

（一）促进健康食品产业科学发展

提高健康食品的精准检测结果准确性。通过精进检测手段进一步提高检测精度，从多方位，多层次，综合性分析实验结果，以保证实验结果的精准性及可重复性。控制实验成本，控制检测费用，不断的减低检测成本进而减低检测费用，压缩实验花费。明确功能性食品作用机制，进一步构建可视化示踪方法阐明功能因子在机体内的吸收及释放规律，初步揭示食品功能因子的聚集和转运机制，可为开发健康食品提供良好的试验和理论依据。建立功能因子靶向递送体系。通过构建不同的载运体系来解决食品功能因子利用的瓶颈问题，使功能因子抵御环境的不利影响，充分发挥其活性作用，并利用所构建体系的刺激响应释放的特点，实现食品功能因子的靶向递送。

（二）进一步阐明健康食品与机体的相互作用

健康食品作为一个新兴领域，研究重点是揭示饮食与宿主健康之间的相互作用机制，以预防或治疗与饮食相关的疾病。然而，膳食评估的一致性、有效性和可重复性一直是巨大的挑战，个体营养需求会因为人体生理状态的不同而产生很大差异。此外，不同个体在对饮食干预的反应上也存在很大的差异。由于这样内部和外部因素对营养的影响，给健康食品的研究带来了困难，为了更好地发展健康食品产业，需要通过基础研究进一步阐明营养因子与机体的相互作用。

营养因子与机体的相互作用是精准营养研究主要目的，是探讨膳食营养摄入与代谢表型或结局之间潜在的因果联系，为健康食品的制备提供参考依据。因此，进一步阐明营养因子与机体的相互作用对揭示个性化干预效果和发现潜在机制非常重要。

（三）构建营养因子靶向递送体系

健康食品已成为 21 世纪健康领域中最具发展前景的产业之一，健康食品在维持和改善人体机能方面有着重要的意义，但营养因子在体内递送和释放方面仍然存在诸多亟待解决的难题和障碍。近年来，营养因子靶向递送体系在一定程度上提高了营养因子的生物利用度，取得了一定进展，但临床使用效果仍不能令人满意。鉴于健康中营养靶向递送和释放的重要性，及其对健康中国战略的带动性，营养因子体内高效传递系统的构建研究对于解决营养因子目前存在的瓶颈问题并实现产业化具有重大意义。构建具有"稳定性"和"高效性"的营养因子靶向递送体系是今后健康食品方向产业发展的重要方向。

目前研究最多的营养因子靶向递送系统主要依赖于递送载体对 pH 敏感的程度、时间的依赖程度以及菌群分解的程度等方法。此外，基于这些机制开发的各种载体已被评估具有一定的可行性。然而，由于难以精确控制营养因子在人体消化系统中的释放，一些递送系统的载体，特别是基于单一机制或聚合物的递送载体，往往不能很好地实现营养因子的靶向释放。一般来说，这一限制可以通过结合多种机制（如 pH 敏感机制和微生物触发机制）或多种递送载体复合（如药片内的微粒、纳米纤维内的纳米颗粒）来构建成功的营养因子靶向递送系统。

未来健康食品市场需要通过研究食品营养因子与载体的相互作用及稳态化机制，揭示营养因子摄入机体后的吸收及释放机制，进一步在食品功能因子的载体上固定特定的生物识别标志物，以构建具有"稳定性"和"高效性"的营养因子靶向递送体系，实现功能因子的靶向递送和可控释放，为新型健康食品营养输送以及疾病靶向干预治疗做出重要贡献。

（四）发展"多维性"和"准确性"的营养指标科学化测定

基因组学、代谢组学和肠道微生物组学等技术为营养干预提供了多维度数据。营养基因组学研究确定了影响特定营养因子摄入和代谢的遗传变异，并预测了个体对饮食干预的反应变异性。代谢组学揭示了食物和营养消耗的代谢指纹，并发现了可能被饮食改变的代谢途径。饮食干预成功地改变了与食物代谢和血糖控制相关的肠道菌群的丰度、组成和活性。

多组学及深度表型分析的多维度数据是精准营养研究及转化的基础，改变单一维度的健康干预现状，实现多维度的针对性个性化营养干预，包括应用身体测量及成分、临床监测指标、生物标志物、基因组、代谢组微生物组技术，建立连续动态的监测和个性化指导流程，准确地解读多维度检测结果，建立更完备的评估方法和参考范围是未来健康食品加工产业的重要方向。

(五)融合"互联网+"开发营养健康信息装备

随着互联网的快速普及和应用,"互联网+"在健康食品的产业发展中起着越来越重要的作用。在健康食品产业中,互联网与健康食品各领域的融合发展具有广阔前景和无限潜力,对健康食品产业产生战略性和全局性的影响。

融合"互联网+"开发具有"便捷性"和"动态性"的营养健康信息设备是一个精准营养干预新兴的产业方向,它是传统营养产业的拓展、延伸。在过去10年精准营养产业的发展过程当中,随着一些具有"便捷性"和"动态性"营养健康信息设备的发展,使我们能够真正在研究当中从事精准营养的研究。智能可穿戴设备作为最具代表性的营养健康信息设备,是物联网技术、移动互联网、云存储技术和大数据技术不断融合创新的最佳载体,具有"便捷性"和"动态性"。

尽管目前为止"便捷性"和"动态性"的营养健康信息设备的开发和利用仍将面临挑战,但是这项技术拥有着极大的发展潜力。可以彻底颠覆精准营养行业现状,开创一种积极的个性化营养方式,让人们更好地掌握自身健康状况。发展更便捷地汇聚营养、运动和健康信息的营养健康信息设备,融合"互联网+"与精准营养,开发个性化、差异化的营养健康产品,提供方便可及的营养健康信息技术产品和服务,是未来健康食品产业的重要方向。

(六)发展健康食品代谢动力学模型及对消化系统和肠内稳态的健康调控机制的基础性研究

研究典型益生因子、活性蛋白/脂质/活性多糖、必需微量营养素等食品营养组分对消化系统健康效应的调节作用;基于动物模型及人群试食数据,解析并建立食品组分在机体消化系统不同生理状态下健康需求的量效模型;借助多组学手段,研究在不同肠段和膳食摄入周期内食品组分与肠道菌群的互作效应及生理作用机制;解析食物营养组分对肠道微生态及肠道代谢环境的改善作用及基于此的人群营养健康量效关系,揭示改善机体消化系统健康状态的膳食结构化调控路径,最大限度发挥健康食品对人体健康的作用。

二、加速推动营养健康食品需求与产业发展

(一)加大营养健康食品科普宣传

坚持政府主导,突出营养健康食品科普宣传的权威性和公益性,实施营养健康知识普及行动。公共财政履行社会职责做到营养健康科普宣传的权威性和公益性,主办或倡导相关营养健康科普节目。以群众需求为导向,突出营养健康食品科普传播的科学性和贴近性。在进行科普前,需要对受众人群进行定位,明确科

普受众的科普需求、接受能力以及他们的文化程度,这样才能让科普更加深入人心。要提升专业素养,组织专业团队来策划、实施健康科普宣传。既要有医学专业人才,又要有宣传业务人才,只有两者找到结合点,才能制作出群众喜闻乐见的健康科普内容,在社会中进行广泛持久的传播。最后,要注重创新宣传形态,符合新时代受众的特点。

(二)做好营养健康食品产业布局

产品要瞄准易于接受新技术、敢尝试、有条件尝试的特殊人群,更重要的是要知道他们的需求是什么。针对特定的人群制定特定的方案,首先实现特殊人群精准营养作为市场开拓的第一步。虽然产品采用实施流程相似,但因为从解决的需求不一样、检测技术、数据复杂性等都不同,差异化在一定程度上是存在的。通过不断并购投资,建立自己的生态圈,形成自有特色将是下一步布局的重中之重。

(三)助力营养健康食品企业发展

相关部门制定出台有关促进营养健康食品产业健康发展的具体意见,尤其是市场监管部门、药品监管部门等如果能够从创新、产业引导、许可准入、上市后监管等各个层面更深入扶持产业发展。找准市场定位,并在法律允许的范围内采取具有吸引力的营销战略,将国家战略政策方针和企业自身好的品牌营销相结合起来,不仅能够增强企业自身综合竞争力,同时带动行业整体水平的提升。营养健康食品行业发展趋于火热,在商业利润的刺激下,也意味着会引来诸多不法商家,从而产生一些虚假宣传、违规等行为,扰乱整个行业秩序,造成不良的社会影响;但同时我们不能否认日渐成熟的营养健康食品行业。因此,在监管上就需要相关部门伸出双手,积极引导媒体以及公众,充分发挥新闻媒体的宣传引导和监督作用,结合事实的有效监督是有利于行业沿着正确的方向发展前进。

三、加快营养健康食品产业技术发展与革新

(一)建立营养健康食品原料发掘与功能评价体系

开展动植物及微生物源功能物质多维精准挖掘研究,揭示新型功能性多糖、蛋白/活性肽、多酚、萜烯类化合物等功能因子的生物活性及靶向健康作用机制,明确功能物质的量效/构效关系及安全性;研究复杂基质及加工条件对功能物质结构与活性的影响规律,开发规模化靶向筛选、绿色高效制备、生物转化及活性保持等关键技术,构建具有广泛适用性的生物效价提高技术体系;研究功能物质吸

收代谢机制与生物效价相关性规律,设计功能物质稳态化递送、可控释放及高效吸收策略,阐明功能因子间协同增效作用机制,建立全面的靶向营养健康的食品功能评价体系。

(二)实现营养健康食品原料规范化和标准化

研究高效识别农药、兽药、非法添加物等多种风险因子的高通量感知和污染物智能化主动防控技术;研发高灵敏智能响应传感关键材料及产品;研究从原料到产品全链条风险信息自动采集和关联分析技术,构建营养健康产品全程实时感知智能传感监测系统;研究多重来源原料数据异构场景下食品安全风险预警分析和预警查验技术,构建动植物原料风险全程全息预警系统和产品安全综合评价指标系统;构建从原料到产品风险精准追溯系统,建立省级产品安全的智能感知监测和防控云服务平台,建立终端产品智慧监管标准体系,并在各级食品安全监管部门开展应用。

(三)建立特定疾病状态人群的精准营养健康食品体系

研究糖尿病、肿瘤、炎性肠病、肾病、肥胖等疾病患者在不同诊疗阶段及术后的精准营养需求和代谢模式;开发适用于特定疾病状态精准营养食品或营养素基料迫在眉睫;精准量化设计具有良好稳定性的营养素补充配方,创制糖尿病、肿瘤、炎性肠病、肾病、肥胖全营养配方食品;建立标准化评价方法,开展临床试验,监测产品应用于目标人群后的安全性,评估改善营养状况的有效性,明确适应证、禁忌证,评估潜在的并发症,制定临床应用细则,形成专家共识,这是精准营养团队今后一段时间的重要工作。

(四)补齐营养健康食品私人订制与智能化加工装备短板

精准的营养健康食品私人订制需要先进精确的检测技术,包括基因组测序、分子标记物、血液指标测试(血浆、血清、红细胞等)、组织水平营养状态的监测等,通过数据采集建立个体的"健康营养数字档案",结合云计算、大数据把实体人映射为"全息数字人",将人体的健康营养映射为"营养代谢数字模型"。针对食品增材制造加工装备的加工效率和智能化程度不足,以及营养食品可打印基材的标准化缺乏导致的应用场景和规模严重受限的问题,研究易吞咽食品、特殊造型休闲营养健康食品等个性化食品高效精准打印、3D 打印品质智能检测、4D 智能打印快速响应等增材制造关键核心技术;研究基于批量快速打印的高品质 3D/4D 打印关键技术,研发可连续进出料的精准增材制造设备及控制系统,并对安全性、可靠性等性能完成综合评价。从河南省现状而言,需要调整结构,融入更多高科技元素，提升品质，规范市场，提高消费者信心，才能够补齐短板，从追跑到并跑，未来才可能领跑营养健康食品的市场。

四、完善产业发展政策制定与标准体系建设

（一）完善营养健康食品产业发展支持政策

出台"深化审评审批制度改革鼓励营养健康食品创新的意见"，加强组织领导和统筹协调，促进我国营养健康食品产业结构调整和技术创新，提高产业竞争力。各相关部门应制定出台有关促进营养食品产业健康发展的具体意见，尤其是市场监管部门、卫生行政部门和药品监管部门，从创新、产业引导、许可准入、上市后监管等各个层面扶持产业发展。鼓励营养相关产品科技创新，出台支持科技创新的政策和项目，尤其加大对中小企业科技创新的支持力度。

（二）完善营养健康食品方面的人才引进政策

（1）完善人才引进政策。供给型政策是落实人才引进的关键，合理的补贴政策不能是"一锤子买卖"，构造具有竞争力的吸引政策，设立引才专项基金，使其最大限度在工作岗位发挥自己的能力。

（2）拓宽人才引进渠道。加大与各大高校的联系力度，提升影响力，拓展校招的影响力；通过社交网络和社交媒体等新兴方式引进人才，在相关网络平台寻求高质量人才；落实推荐人才奖励机制，扩大引荐人才途径，加大人才引进力度。

（3）完善绩效考核机制。人才引进工作是系统全程的工程，深化引进人才政策的改革必由之路是深化人事制度改革。落实人才主体责任，形成以人才带头、网络状提升带动整体性水平的提升。

（三）加快营养健康食品产业平台建设与产业化政策的制定

（1）完善运行管理机制。平台需按照定位、目标和任务，创新管理模式，加强制度建设，明确建设规模，建立与平台特点相适应的管理办法、评价标准和遴选机制，建立注重成果和贡献的人才评价制度，提升科技创新平台创新能力和活力。

（2）完善评估考核机制。充分发挥评估的政策导向作用，建立与科技创新平台发展目标相一致的评估考核指标体系，加大动态调整力度，做到有进有出，实现平台建设的良性循环。

（3）增加资源配置机制。进一步加大绩效考核和财政支持的衔接。充分发挥市场配置资源的决定性作用，加强政府引导和第三方考核评估相结合，根据考核

评估情况，采用后补助等方式支持平台能力建设。

（四）健全营养健康食品产业相关标准体系

标准体系的建设不仅能够保障食品安全，还能够起到规范行业，促进行业快速高标准发展的作用，因此健全法律法规对行业的发展具有重要的意义。针对定制化膳食营养补充剂出台专门的监管规章与标准。加强营养健康食品相关的研究工作，不断研发并更新技术，提高对营养健康食品研究的深度与广度，完善我国营养健康食品相关的标准，从而为监管提供有力支撑。

参 考 文 献

[1] 中研普华产业研究院. 2022—2027 年中国营养品行业供需趋势及投资风险研究报告. https://www.chinairn.com/scfx/20221108/094237553.shtml

[2] Z 世代营养消费趋势报告. https://baijiahao.baidu.com/s?id=1733230813510972505&wfr=spider&for=pc

[3] 汤臣倍健. 汤臣倍健：2021 年年度报告. 2021: 1-6

[4] 河南省政府. 2021 年河南省国民经济和社会发展统计公报. https://www.henan.gov.cn/2022/03-14/2414064.html

[5] 欧睿国际. WORLD MARKET FOR CONSUMER HEALTH 报告. 2020: 22-26

[6] 中国医药保健品进出口商会. 膳食营养补充剂行业发展报告（2022）. 2022: 17-26

[7] 前瞻产业研究院. 2022 年中国保健品行业全景图谱. https://baijiahao.baidu.com/s?id=1743471636678609633&wfr=spider&for=pc

[8] 京东健康. 2022 营养健康趋势白皮书. 2022: 5-6

[9] 前瞻产业研究院. 中国保健品行业市场前瞻与投资规划分析报告. 2022: 86-89

[10] 2021 年中国科学营养新趋势白皮书. https://baijiahao.baidu.com/s?id=1725754160436877276&wfr=spider&for=pc

[11] 国家统计局. 中华人民共和国 2021 年国民经济和社会发展统计公报. http://www.stats.gov.cn/sj/zxfb/202302/t20230203_1901393.html?eqid=a840c61300030aa500000006642e87ff

[12] 华经产业研究院. 2023—2028 年中国营养保健食品行业市场调查研究及发展战略规划报告. 2023: 58-67

[13] 河南省人民政府. 河南省关于支持绿色食品业加快发展的若干政策措施. https://www.henan.gov.cn/2023/02-20/2692110.html

[14] Ali A, Ahmad U, Akhtar J, et al. Engineered nano scale formulation strategies to augment efficiency of nutraceuticals. Journal of Functional Foods, 2019, 62: 103554

[15] Bender A E, LÖfqvist B, Kihlberg R, et al. Evaluation of Novel Protein Products: Pergamon. Stockholm: the International Biological Programme（IBP）and Wenner-Gren Center Symposium, 1970: 319-330

[16] Fitzgerald S, Gibson R, Serrano J, et al. Trace element intakes and dietary phytate/Zn and Ca X

phytate/Zn millimolar ratios of periurban Guatemalan women during the third trimester of pregnancy. Am J Clin Nutr, 1993, 57: 195-201

[17] Grosshagauer S, Steinschaden R, Pignitter M. Strategies to increase the oxidative stability of cold pressed oils. LWT, 2019, 106: 72-77

[18] Fairweather-Tait S, Hurrell R F. Bioavailability of Minerals and Trace Elements: Members of EC Flair Concerted Action No. 10: Measurements of micronutrient absorption and status. Nutrition Research Reviews, 1996, 9(1): 295-324

[19] Zmora N, Suez J, Elinav E. You are what you eat: diet, health and the gut microbiota. Nature Reviews Gastroenterology & Hepatology, 2019, 16(1): 35-56

[20] Cable J, Pourquié O, Wellen K E, et al. Metabolic decisions in development and disease—a Keystone Symposia report. Annals of the New York Academy of Sciences, 2021, 1506(1): 55-73

[21] Casaer M P, Van Den Berghe G. Nutrition in the Acute Phase of Critical Illness. New England Journal of Medicine, 2014, 370(13): 1227-1236

第十一章 婴幼儿配方食品产业

第一节 研究背景

婴幼儿是一类有特殊营养需要的群体，而母乳则被认为是婴幼儿最优质的食物来源。然而，在母乳缺乏或因各种原因无法进行母乳喂养时，婴幼儿配方食品便成为婴幼儿最重要的食物之一。婴幼儿配方食品是参考母乳营养指标，加入婴幼儿成长所必需的营养物质，使其营养价值最大限度地趋近于母乳，能够适用于三岁以内的正常婴幼儿食用的特殊食品。

相对于发达国家，婴幼儿配方食品开发在我国起步较晚。我国传统喂哺婴幼儿的方式是母乳喂养，而无法满足母乳喂养的婴幼儿主要以谷粉（如大米粉）或面粉调制成糊状为主要食物。从营养学角度来看，这种糊状食品无法满足婴幼儿生长发育的需要，因此会导致较高的发病率和死亡率。20世纪50年代，国内仅有全脂和加糖乳粉两种乳粉。1979年黑龙江省乳品工业研究所等单位在之前工作的基础上开发出婴儿配方乳粉Ⅰ；80年代初期，黑龙江乳品工业研究所和内蒙古轻工业研究所等单位完成了国家"六五"重点攻关项目"母乳化乳粉"的研制，通过了动物及人体临床试验，并顺利通过鉴定验收，产品被命名为"婴儿配方乳粉Ⅱ"。90年代，黑龙江乳品工业技术开发中心将"婴儿配方乳粉Ⅱ"中的脱盐乳清粉替换为精制饴糖或麦芽糊精，研发出了"婴儿配方乳粉Ⅲ"。自此以后，各种婴幼儿配方食品陆续面市，打开了我国婴幼儿配方食品的市场，推动了婴幼儿配方食品的发展。

整体上，我国婴幼儿配方食品的发展可以分为三个阶段。第一阶段：自2005年起，国内婴幼儿配方食品早期快速发展阶段；第二阶段：2008年"三聚氰胺"事件后，国内婴幼儿配方食品整顿规范发展阶段；第三阶段：2013年后，国内婴幼儿配方食品质量提升阶段。自2013年起生产企业不断加大设备和技术投入，促进生产设备和产业技术已达到国际先进水平；同时开展母乳成分研究，以提高产品的科学性、营养性、安全性和产品质量稳定性并满足中国婴幼儿营养需求，用产品质量来竞争市场。国家抽检数据显示，婴幼儿配方食品的抽检合格率位居全国食品行业榜首，国产婴幼儿配方食品质量媲美国外同类产品。

目前国内市场上液态婴幼儿配方食品和豆基婴幼儿配方食品产品较少，本文内容中如若无特别说明，一般情况下所称的婴幼儿配方食品均指乳基婴幼儿配方粉状产品，也被称为婴幼儿配方乳粉。

婴幼儿配方乳粉是乳制品产品中科技含量最高、生产工艺流程最复杂、附加值最高的产品之一。由于其消费群体的特殊性，社会对其关注度远高于其他食品。2008年发生的"三聚氰胺"事件，使中国乳业遭受了巨大损失，消费市场受到严重打击，同时也引发了人们对食品安全的信任危机，整个行业处于生死存亡的危急关头。自此以来，党中央、国务院、各级政府相关部门、行业协会以及乳企痛定思痛、卧薪尝胆、砥砺前行。研究婴幼儿配方食品加工产业现状及其存在的问题，在其基础上对产业提出高质量绿色发展建议，有利于增强责任意识，保障乳品质量安全，维护乳业健康发展，为正在谋求发展的婴幼儿配方食品企业提供有益的信息和指导。

婴幼儿配方食品作为婴幼儿生长和发育所依赖的主要营养来源之一，它的生产供应和质量安全既是经济问题也是社会民生问题。据第七次全国人口普查报告，截至2020年底，我国0~3岁的婴幼儿有4000万人。中国妇女就业率在世界上处于前列，2019年，全国女性就业人口占全社会就业人口的比重为43.2%。由于诸如无法母乳喂养或母亲在外打工等原因，需要依赖婴幼儿配方食品以提供成长所需养分。因此做好婴幼儿配方食品的质量保证和供应保障工作，是实现《"健康中国2030"规划纲要》中婴幼儿健康水平目标的重要基础。

为了进一步推动婴幼儿配方食品行业的发展，提升我国婴幼儿配方食品质量、竞争力、美誉度，适应社会需求，国务院等相继颁布了《推动婴幼儿配方乳粉企业兼并重组工作方案》《国务院办公厅关于推进奶业振兴保障乳品质量安全的意见》《国产婴幼儿配方乳粉提升行动方案》《乳制品质量安全提升行动方案》等一系列政策。

（一）《推动婴幼儿配方乳粉企业兼并重组工作方案》

2014年6月6日，国务院办公厅转发工信部等部门《推动婴幼儿配方乳粉企业兼并重组工作方案》，该方案旨在规范市场秩序，推进企业兼并重组，优化产业结构，提高质量效益，推动婴幼儿配方乳粉行业的良性发展。其主要目标是在我国境内依法取得婴幼儿配方乳粉生产资质的乳制品企业范围内进行兼并重组，形成国际竞争力强的婴幼儿配方乳粉大型企业集团。

(二)《国务院办公厅关于推进奶业振兴保障乳品质量安全的意见》

2018年6月,《国务院办公厅关于推进奶业振兴保障乳品质量安全的意见》(以下简称《奶业振兴意见》)发布。该意见强调加强对婴幼儿配方乳粉的监督,严格执行相关法规、标准,并要求婴幼儿配方乳粉生产企业执行良好的生产规范和质量管理制度,严厉打击违法行为,鼓励利用生鲜乳制备婴幼儿配方乳粉。

(三)《国产婴幼儿配方乳粉提升行动方案》

2019年5月23日,国家发展改革委、工业和信息化部、农业农村部、卫生健康委、市场监督管理总局、商务部和海关总署等七部门联合印发《国产婴幼儿配方乳粉提升行动方案》(以下简称《行动方案》)该方案旨在提高国产婴幼儿配方食品的品质,促进产业的发展。其中,要求包括大力实施国产婴幼儿配方乳粉"品质提升、产业升级、品牌培育"行动计划,以及力争婴幼儿配方乳粉自给水平保持在60%以上。

《行动方案》的主要目标包括三部分。一是品质提升。产品质量安全可靠,品质稳步提升,消费者信心和满意度明显提高。二是产业升级。产业结构进一步优化,行业集中度和技术装备水平继续提升。三是品牌培育。产品竞争力进一步增强,市场销售额显著提高,中国品牌婴幼儿配方乳粉在国内市场的排名明显提升。

(四)《乳制品质量安全提升行动方案》

2020年12月20日,国家市场监管总局制定并印发了《乳制品质量安全提升行动方案》(以下简称《方案》)。该方案的制定旨在落实《中共中央、国务院关于深化改革加强食品安全工作的意见》《国务院办公厅关于推进奶业振兴保障乳品质量安全的意见》《国务院食品安全委员会关于印发2020年食品安全重点工作安排的通知》等相关文件要求,进一步督促企业主体责任的落实,提升乳制品的质量安全水平,推动乳制品产业的高质量发展。《方案》中也提及了婴幼儿配方乳粉作为一种特殊的乳制品。

《方案》确定了总的目标:到2023年,乳制品生产企业的质量安全管理体系愈加健全,规模以上乳制品生产企业实施危害分析与关键控制点体系达到100%。此外,乳制品生产企业的原辅料、关键环节与产品检验管控率,食品安全自查率,发现风险报告率,以及食品安全管理人员监督抽查考核合格率均要达到100%。婴幼儿配方食品生产企业质量管理体系自查与报告率也要达到100%。

《方案》还强调了修订《婴幼儿配方乳粉产品配方注册管理办法》的重要性,要求企业具有完整的生产工艺,不得使用已符合食品安全国家标准的婴幼儿配方乳粉作为原料申请配方注册;进一步加强对婴幼儿配方乳粉产品配方科学性、材料安全性和研发报告准确性的审查，对配方科学依据不足，提交材料不支持配方科学性、安全性的一律不予注册；加大现场核查和抽样检验力度，重点核查申请人是否具备与所申请配方相适应的研发能力、生产能力、检验能力，以及与申请材料的真实性、一致性。严厉打击使用不合格原辅料、非法添加非食用物质、滥用食品添加剂、虚假夸大宣传、生产假冒伪劣乳制品等违法行为。严厉查处未按规定注册备案或未按注册备案要求组织生产婴幼儿配方乳粉等违法违规行为。严格落实复原乳标识制度，依法查处使用复原乳不做出标识的企业。严格按照法律法规要求，依法从严落实"处罚到人"要求。

我国已建立比较健全的婴幼儿配方食品方面的法律法规，以上政策及其实施条例、配套法规规章和婴幼儿配方食品安全国家标准构成了一套较为完整的法律法规体系，为严格监管婴幼儿配方食品生产质量安全提供有力的法律保障。

第二节 婴幼儿配方食品产业现状与发展趋势

一、全球婴幼儿配方食品产业现状与发展趋势

（一）全球婴幼儿配方食品生产、贸易和消费现状

19世纪，欧美等国开始了对婴幼儿配方食品的研发。19世纪后期，在生物学、医学研究的基础上，已着手研究母乳的替代品。在此过程中，研究发现，巴氏杀菌奶比较适宜婴幼儿喂养。1855年英国T.S.Grimwade发明乳饼式乳粉干燥法，乳粉工业化生产从此起步。首个商用婴儿配方食品由德国人Justus von Liebing于1867年提出，并已获得专利。其制备方法为小麦粉、麦芽粉加少量碳酸钾，并与牛乳同煮。1872年，乳粉喷雾干燥法被发明，彻底改变了乳粉的生产方式。1915年，Gerstenberger和其他人研制出第一种乳基婴儿配方食品，目前，全球大部分婴儿配方食品都是基于这一研究成果。1921年的大规模生产标志着现代婴儿配方食品工业的开端。1961年，惠氏研发出第一款以乳清蛋白为主的婴幼儿配方奶粉。1972年芬兰维奥利公司发布全球首款液态婴儿食品。进入21世纪，随着食品技术的飞速发展，生物化学、营养学等相关学科不断进步，婴幼儿配方食品在不断向着母乳化的方向发展。

当前，世界上婴幼儿配方食品的主要生产国具有丰富的自然资源，尤其适合奶牛养殖，并且有着消费乳制品的传统和贸易习惯。这些国家包括荷兰、爱尔兰、法国、美国、澳大利亚和新西兰等。

全球婴幼儿食品行业正处在一个稳步成长期。华业数据中心调查资料表明，全世界每年有1.3亿个新生儿出生，婴幼儿食品市场有很大的空间。

2021年婴儿食品和婴儿配方奶粉市场数据统计显示，全球婴儿食品和婴儿配方奶粉市场规模达4244.08亿元（人民币），基于2021—2027年的市场预测结果，预计到2027年，全球婴儿食品和婴儿配方奶粉市场规模将达到5927.65亿元，在预测期内，婴儿食品和婴儿配方奶粉市场年均复合增长率将会达到5.6%（数据来源：湖南贝哲斯信息咨询有限公司《2022年全球婴儿食品和婴儿配方奶粉行业市场趋势报告》）。

英敏特数据显示，2015年以来，世界有机婴幼儿配方奶粉产品数量，已由5%上升到2021年的13%；亚洲婴幼儿食品市场正以年均12%的增长速度迅猛发展，现已占据全球市场份额20%。到2023年，全球有机婴幼儿配方奶粉市场预计将达到77.5亿美元。就区域而言，亚太地区在市场上占绝对优势，2023年有望实现39.9亿美元的目标，按价值计算，2017—2023年复合增长率为16.00%。拉丁美洲也被认为是有机婴幼儿配方奶粉制造商具有吸引力的市场之一，预计2017—2023年的复合年增长率将达到14.12%（数据来源：中食安信Antion全球有机婴幼儿配方食品市场研究及趋势分析报告）。恒州诚思信息显示，2022年全球婴幼儿配方羊奶粉市场规模约68亿元，预计未来将持续保持平稳增长的态势，到2029年市场规模将接近140亿元，未来六年年复合增长率CAGR为10.7%。

（二）全球婴幼儿配方食品母乳研究现状

婴儿配方乳粉是以母乳为"黄金标准"组织生产，其营养成分的母乳化研究对婴儿健康成长至关重要，然而配方奶粉的营养效果不尽理想。有关实验表明，配方奶粉喂养婴儿与母乳喂养的婴儿相比，在生长发育上仍存在明显的差异，存在如体质差、免疫力低下、上火、便秘、结石等问题。这与配方科学合理性密切相关。目前国内外婴幼儿奶粉配方基本上是仿照母乳宏量组分进行配比，但母乳中某些微量营养成分对婴幼儿的生长发育及健康也同样至关重要。近些年来的研究表明，母乳中生物活性肽、功能性低聚糖、核苷酸、激素样活性因子及特定结构脂肪酸等成分对婴幼儿（特别是免疫消化等功能尚未完善的初生婴儿）健康成长和发育有着重要的生理功能。目前，对母乳中主要营养成分的组成及比例已有较清晰的研究，但关于微营养成分的研究和应用相对较少。

从历史上看，母乳成分的研究已有数百年的历史。在18世纪，法国科学家Jean Charles Des-Essartz首次对母乳与其他动物乳进行了比较研究。19世纪后半叶，欧美实验室开始分析母乳的宏量营养素含量，如总蛋白质、脂肪、碳水化合物、灰分等，乳清蛋白与酪蛋白的含量及其比例，20世纪后半叶开始，母乳研究数量持续增加，并发现母乳中存在一系列生物活性成分，包括核苷、多胺、长链多不饱和脂肪酸、百余种低聚糖、矿物质结合蛋白、维生素结合蛋白、免疫球蛋白等,并开始探索其功能。在微生物领域,发现了母乳中的共生微生物,修正了母乳无菌的理论,研究了母乳中微生物的可能功能。

国外对泌乳的生理机制进行了较系统的研究,包括泌乳启动、泌乳调节、母乳成分分泌的方式等。同时,分析了泌乳阶段母亲的特征、母亲膳食、婴儿特征及季节等因素对母乳成分的影响,并利用随机对照研究探讨了母乳组分与婴儿健康之间的关系。此外,还研究合成了人乳铁蛋白、骨桥蛋白、OPO、2′-岩藻糖基乳糖改等成分,并完成了临床试验,部分成分已实现成果转化。同时,通过运用系统生物学、人工智能和组学技术等精准营养研究工具,深入探索母乳这一复杂的生物系统,将成为未来母乳研究的新趋势。

(三)全球婴幼儿配方食品加工原料、改技术和设备现状

1. 全球婴幼儿配方食品加工原料现状

在行业里公认的三大供应区在行业内公认的三大供应区域包括北美、欧洲和澳新区。北美区主要供应乳糖、功能蛋白、WPC(浓缩乳清蛋白)、脱脂乳粉。欧洲区特色产品为乳糖、WPC、脱脂乳粉、蛋白和脱盐乳清。而澳新区则以脱脂乳粉为主,并提供一定量的功能性蛋白和乳糖。各产区的供应保障能力存在差异,例如北美的乳糖产能超过欧洲和澳新区,而脱脂乳粉和脱盐乳清粉主要由欧洲和部分大洋洲供应,蛋白类原料则以北美和欧洲为主。这些分布显示,欧洲是婴儿配方奶粉原料的主要产地,而北美则是乳糖和碳水化合物的重要来源。

作为婴配粉主要产地,欧洲可分为五个行政区,其中北欧具备完整的产线和优秀的质量控制体系,能提供各类乳制品原料。西欧和中欧都拥有丰富的自然资源和完整的产线,质量控制体系亦十分完善。东欧的婴儿配方奶粉企业产线和质量控制体系仍需进一步完善。南欧虽然自然资源丰富,但在标准化养殖加工环节的执行上还存在较大的差距。

2. 全球婴幼儿配方食品加工技术现状

1)生鲜乳膜过滤除菌技术

膜过滤技术(包括微滤和超滤)有效去除生乳中的微生物、病毒和孢子等有害物质。这一技术在发达国家已广泛用于提升婴幼儿配方食品的品质。结合膜技术和其他杀菌方法如离心、微波及超高压杀菌,构建的复合灭菌系统不仅能够保持牛奶的原始风味,防止蛋白质热变性,还提升了产品质量并延长了保质期。因此,研究并应用膜过滤除菌技术于婴幼儿配方食品领域具有重要意义。

2)冷杀菌技术

冷杀菌技术主要指超高压杀菌、辐射杀菌、超高压脉冲电场杀菌、脉冲强光

杀菌、磁力杀菌、紫外线杀菌和二氧化钛光催化杀菌等十几项技术，在乳品生产中较为常见。每种技术方式都具有自身的优势和劣势。如超高压脉冲电场杀菌的机理，主要是利用瞬时的高压作用穿透细胞膜，以细菌的阴阳离子为靶标，产生电离作用的效果，利用电场及电离的共同作用，从而达到杀菌的目的；而磁力杀菌技术通过高密度的磁场使微生物失活，实现细菌被彻底杀灭的理想效果，但是作用周期比较长，需根据具体情况选择是否应用。在实际生产中，应根据加工需求灵活选择并应用合适的冷杀菌技术以确保产品安全和质量。

3）乳清蛋白分离技术

膜分离技术通过使用层析膜来实现蛋白质的分离，其中关键环节包括离子交换和亲和膜。这种技术采用具有特定吸附属性的微型过滤器，与传统的过滤或筛选方法不同。层析膜一般由聚合物材料如醋酸纤维素或二氟聚乙烯制成，这些多孔材料在内表面具备离子交换基团，形成微孔直径约为 0.1μm 的平板或中空纤维，能有效分离杂质。通过离子交换基团，这些膜在蛋白质分子流过时吸附并俘获目标蛋白。使用该技术前，需先用缓冲溶液清洗膜，然后利用可调 pH 的盐溶液来分离蛋白质。这一过程不仅保证了蛋白质的纯净性，还提高了分离效率。

4）微胶囊包埋技术

微胶囊技术作为一种不断更新的食品生产技术已经广泛应用于食品工业。它的制备方法多达 200 余种，目前使用较为普遍的方法有原位聚合法、喷雾干燥法、复凝聚法、层-层自组装法等。在乳粉生产中，喷雾干燥法是制备微胶囊的主要方法之一。通过使用微胶囊技术，可以有效地预防营养物质损失，延长产品的储存期限，提高芯材的稳定性，改善口感，并增加有效成分的利用率。

3. 全球婴幼儿配方食品加工设备现状

国际知名的婴幼儿配方乳粉加工设备生产商包括：瑞典利乐公司，它以尖端技术，高品质产品，成为全球最受消费者喜爱的品牌；德国 GEA 集团，目前食品加工行业最具规模的技术提供商，其产品在拥有复杂生产工艺的乳品加工设备公司市场中被认为是世界一流的；美国 JBT 公司致力于为乳品公司设计、制造、测试和维修技术先进的系统；美国 SPX FLOW 公司，在顶级乳品加工设备公司目录中拥有最大的销售网络；瑞典阿法拉伐，主要为乳制品行业提供设备；德国克朗斯公司，致力于制造与 IT 解决方案相结合的高品质机器；美国保罗·穆勒公司；意大利 IMA 集团；美国 Feldmeier Equipment 公司；荷兰 Scherjon Dairy Equipment Holland's 公司等。

1）多效蒸发机设备

在国际上，该技术已被广泛应用于乳品加工生产，不仅能够有效地降低生产成本、改善生产质量，同时节约一定的能源。

2）乳清处理设备

用于浓缩和处理乳清的特殊设备。包括将蛋白质转化为小球，有助于使产品具有光滑的口感。该工艺特别适用于新鲜、高水分干酪的生产。工艺过程非常环保，因为处理过的乳清蛋白成为奶酪的一部分，而不是被浪费掉。从同样数量的原料中获得更高的产量。

（四）全球婴幼儿配方食品的标准、法规现状

1. 美国

颁布于1938年的《联邦食品、药品和化妆品法案》（简称《联邦食药法案》）构成了美国食品监管法规的核心。1980年，《婴儿配方食品法案》被纳入作为《联邦食药法案》的第412部分，这为婴儿配方食品制定了具体的法律要求，目的是确保婴儿的健康和安全。在美国，婴儿配方食品的监管主要由卫生与人类服务部（DHHS）旗下的食品药品管理局（FDA）和美国农业部（USDA）负责，并与各州政府协作进行。这一监管体系确保了婴儿食品的安全性和质量标准得到遵守。

FDA的主要职责是保护消费者免受掺假食品、不安全食品以及标有欺诈性标签食品的侵害，负责除肉类、禽类和蛋制品以外多数食品（包括特殊食品、乳制品等）的安全。与此同时，USDA主要负责生鲜乳等产品的计划、生产、销售、出口等，并结合世界与国内农产品生产和消费情况，提出限产或扩大生产的措施。

美国实行的是产品备案及企业注册制度。婴儿配方食品进口商和制造商必须在新配方乳粉（包括配方和加工工艺发生变更的乳粉）销售的90天前向FDA备案，并且在投放市场前，要对自己生产的婴儿配方食品进行书面证明。与此同时，婴儿配方食品的生产或销售企业也需要按照21CFR106.110规定向FDA进行企业注册，注册信息包括厂商名称及其营业地点，以及所有准备生产新婴儿配方食品的场所等信息。

《婴儿配方食品法案》是美国婴儿食品法规的基础，它授权FDA负责管理婴儿食品。法案规定，在一个新的婴儿食品（新产品或现有产品配方发生重大变化）上市之前，生产商需要向FDA进行注册；企业如果发现可能存在食品掺假需告知FDA；在新产品第一次投放市场前，生产商须将验证申请递交给FDA，证明该产品满足法律法规的要求。该法案对企业召回及销售纪录管理做出了强制性的规定，对营养素、质量要素、生产过程控制提出了一定的要求。

FDA根据法案的规定，制定颁布了联邦法规第21章106部分（21CFR106）、107部分（21CFR107）、《关于婴儿配方食品的公告和检测导则》等一系列法规要求。对婴儿配方食品的产品定义、标签、营养成分、可使用物质和召回做出了规定，以及对婴儿配方食品良好操作规范、质量控制过程、质量要素、记录、报

告和通知的相关要求。

FDA 规定，婴儿配方食品生产企业在首次投入生产前或配方生产工艺发生变化后需向 FDA 申报，FDA 对收到的新婴儿配方食品的通报申请，并不是上市前审批程序，如果提交的资料不能确保婴儿配方食品不会掺假，则会发出异议函。FDA 每年都会对婴儿配方食品生产企业进行检查，其检查权力包括检查制造商记录、质量控制记录、确定是否符合法案规定所必需的检验结果以及对婴儿配方食品的抽样检测。新成立的生产企业会在其运营前期期间进行检查。若发现婴儿配方食品存在掺假或贴有虚假标识，并且这些问题可能危害人体健康，FDA 有权强制召回这些产品。

美国 FDA 公布了婴儿配方食品的标签指导书，指导婴儿配方食品的生产企业和经销商遵守产品相应的标签要求，包括标签的特别声明和适当的特性说明要求。使用婴儿配方产品的看护者必须能够确认标签信息的准确性可靠性，不存在误导性，并有科学证据的支持。

2. 欧盟

1977 年欧盟理事会发布了《成员国关于特殊营养用途食品法规一致性的指令》（即 77/94/EEC 指令，以下简称《指令》），该《指令》奠定了欧盟特殊营养用途食品的监管框架，确立了"特殊营养用途食品"的概念和类别，将为满足健康婴幼儿营养需求的产品纳入了"特殊营养用途食品"的范围，并要求各成员国依据该《指令》对各自国家相应的法律法规进行修订或制定，以确保各国的婴儿及较大婴儿配方食品符合相关要求，避免影响单一市场内的产品自由流通并维护消费者利益。1991 年 5 月 14 日，欧盟委员会发布了《委员会关于婴儿和较大婴儿配方食品的指令》（91/321/EEC），对婴儿以及较大婴儿的标签及营养素成分进行了规定，同时还提出婴儿和较大婴儿配方食品的营销和标签需要符合世界卫生组织《国际母乳代用品销售管理办法》保护母乳喂养的目标。此后欧盟关于特殊营养用途食品的法规经历了多次修订，国际学术界对婴儿营养和膳食也进行了广泛的探讨。欧盟委员会于 2016 年通过了《委员会关于婴儿和较大婴儿配方食品特定成分和标签以及婴幼儿喂养信息的要求的 2016/127 授权条例》，并于 2020 年 2 月 22 日起正式在欧盟成员国执行。法规直接适用于欧盟的所有成员国，且应当适用法规的全部规定，不得进行选择和保留。

欧盟关于婴儿及较大婴儿配方食品的法规是以特殊膳食用途食品法规作为基础，以《国际母乳代用品销售守则》作为营销、宣传和责任方面的原则和目标。

《欧盟 2016/127 授权条例》是专门针对婴儿及较大婴儿配方食品的法规，该法规除了对婴儿及较大婴儿配方食品的原料和组分作了规定外，还对兽药残留、标签标识、广告宣传以及上市前的通报（Notification）作了要求。主要是为了保证给予消费者清晰、不误导的信息，以及产品合理使用的信息。考虑到婴儿配方食品在婴儿膳食中发挥的作用，不得在婴儿配方食品中进行营养和健康声称。

欧盟没有专门针对婴儿配方食品生产制定特别法规，婴儿配方食品的生产应符合普通食品生产所遵守的欧盟食品卫生法规《852/2004 条例》和动物源性食品特别卫生法规《853/2004 条例》。

欧盟的监管目标是保障商品在单一市场内自由流通，同时确保食品安全和消费者安全。在欧盟层面上的主要政策制定和协调由欧盟委员会健康和食品安全总司负责，由各成员国具体负责执行，当各成员国出现问题时，可以要求欧盟健康和食品安全总司进行解释。此外，健康和食品安全总司还定期对各成员国的食品安全监管体系定期进行审计，确保相关政策得到有效执行。

2020 年起，根据《欧盟 2016/127 授权条例》，婴儿配方食品、使用水解蛋白的较大婴儿配方食品，和使用了该法规附录所列营养物质之外的原料的较大婴儿配方食品须要向主管当局提交产品标签样稿和其他主管当局认为有必要的资料来完成通告流程。幼儿配方食品属于普通食品的范畴，不需要上市前通告。

3. 澳大利亚/新西兰

澳新联合婴儿配方食品管理体系主要由一系列的法律、政策、标准和流程组成。这里的法律不是由议会制定，而是澳新两国政府联合签订的协议法案，主要包括《澳新食品标准法案 1991》和《澳大利亚新西兰联合食品标准系统协定 1995》等。

依据《澳新食品标准法案（1991）》，由澳新食品标准局（FSANZ）负责澳新联合婴儿配方食品标准的制定。澳新食品法规部长论坛通过新的澳新食品政策后，通知 FSANZ 将政策转化为相应的食品法规标准或对当前的澳新婴儿配方食品标准进行评估和修订。

婴儿配方产品相关的标准体系主要包括婴儿配方食品、膳食补充配方及辅助食品（适用于 3 段产品）、食品添加剂、食品中微生物限量、维生素及矿物质、污染物及天然毒素、新资源食品和加工助剂。

在《澳大利亚新西兰联合食品标准系统协定 1995》框架下，联合开发部分食品标准的同时也规定了统一的标准不适用以下 3 方面：①农药和兽药最高残留限量；②食品卫生规定的详细要求，如证明食品安全和守法的食品安全计划或其他方法的要求；③有关第三国贸易的出口要求。所以，在澳新联合婴儿配方食品管理体系的法律框架下，澳新两国既有共同的婴儿配方食品管理制度，又有各自独立的监管制度。

在澳新当局关于婴儿配方食品的法规管理体系中，婴儿配方食品和其他普通乳制品都遵循统一的监管制度和要求，并没有被特别划入特殊食品类别进行特殊管理。在整个婴儿配方食品的管理机制中更强调生产企业对产品的质量安全及相应风险所承担的职责。

澳大利亚食品监管体系最主要的特点是制定政策和制定食品标准的单位之间相互独立，联邦政府设立澳新食品标准局与新西兰联合制定的食品标准，绝大多数州政府、地方政府监管食品法规的执行。澳大利亚联邦和各州政府机构负责通过各自的食品法案及其他相关食品立法监督食品标准的实施和执行，负责在不同的司法管辖区实施和执行法规。澳大利亚的食品监管责任分层下放，既有统一规范的标准，又为地方政府的监管提供了一定空间。这种分层次的监管架构，比较合理地分配了风险及职责，并非将庞大的监管体系的运行集中在某一个政府部门。

新西兰政府的风险管理计划（RMP）制度专门针对特定经营者的企业，详细列明了该经营者在其生产和加工安全食品过程中如何识别、控制和消除可能产生的危害和其他危险因素。规定了当产品不符合法律规定时所需要采取的行动，包括通知的方式和产品召回等。

新西兰监管体系中非政府机构（第三方）在提供审验（或审核）服务中所发挥着作用。新西兰的婴儿配方食品制度体系是由监管机构负责设定监管框架和标准，通过第三方的审验机构负责审核生产企业，从而促使产业遵守这些标准并承担相应责任。它确保了食品的法规监管的独立与公正和工作效率。这与大多数的国家的司法管辖制度中由一个政府监管机构对于食品安全系统负有更大的责任相比，确保了这个监管制度的整体的高效及相关标准法规有效的执行。澳新两国在婴儿配方产品的监管体系中权责划分明确，政府相关机构是规则制度的制定者，在监管层面又分别依托地方政府及有资质的第三方审核机构执行，最终落实到生产企业是产品质量与安全的真正责任人。这套机制避免了政府既是"裁判员"同时也是"运动员"，为产品的质量安全提供了保障，为行业的发展创造了空间。

二、我国婴幼儿配方食品产业现状与发展趋势

（一）我国婴幼儿配方食品母乳研究现状

虽然我国母乳研究较发达国家晚，但近年来国内在母乳成分的定性和定量分析及生物合成等应用领域的研究迅速发展，与欧美等发达国家的差距在逐渐缩小。国内近些年来开始深入分析宏量营养素的各种组分及母乳中"非营养素"类成分。此外，还探索了可能影响某些组分种类和含量的因素以及组分所具有的功能及其可能的作用机制。蛋白质组学、脂质组学、糖组学、代谢组学、微生物组学等多组学技术的应用使得人类在母乳中不断发现"新"成分并进行定量分析，同时利用生物信息技术探索各类组分的功能。部分营养成分的生物合成及益生菌的分离

为研究其健康效应及推广应用提供了新的方向。经过几十年的努力，我国婴儿配方乳粉母乳化研究已从宏量营养成分调整发展至微观营养成分的母乳化，对营养功能性成分研究也越来越深入。模拟母乳组成是开发婴幼儿配方乳粉的中心法则，在未来研发过程中，母乳相似性、产品合规性以及营养安全性将是未来婴幼儿配方乳粉研发重点。降低婴幼儿配方奶粉中蛋白质总量和优化氨基酸构成比例，调整脂肪结构及脂肪酸构成比例、优化碳水化合物、矿物质及维生素的构成，增添母乳富含及婴幼儿生长发育所需的生物活性成分，结合产品功能验证，开发更加接近母乳成分及结构的、在智力及视力、免疫调节、肠道微生态、营养吸收及降低肝肾负担等五个维度有明显改善的新一代母乳化婴幼儿配方奶粉。婴幼儿配方奶粉研发的最终目标是使其营养成分和营养效果无限接近于母乳。

虽然国内在母乳成分研究领域取得了一定进展，但国内母乳研究理论、母乳成分参考值、影响因素和母乳成分与母婴健康方面研究同国际的差距依然较大。虽然近年来我国母乳成分研究覆盖的地域有所扩展，涵盖的人群分布有所增加，样本代表性有所优化，母乳成分种类显著增加，但由于乳母和婴儿作为特殊人群，随机抽样实施的复杂性导致目前尚缺乏有全国代表性母乳成分的数据。目前我们对于遗传因素、膳食因素、环境因素对母乳成分影响的认识还不足。深入理解可能的基因多态性，孕前、孕期和哺乳期妇女营养和健康状况以及环境暴露对母乳成分的影响，通过孕期和哺乳期妇女的营养与健康干预，最终使母乳成分最适宜婴儿的需要，是最终目标。

（二）我国婴幼儿配方食品生产现状与发展趋势

1. 生产企业规模数量

截至 2023 年 3 月，全国共有 116 家生产企业获得婴幼儿配方食品生产许可。黑龙江省作为全国最大的婴幼儿配方食品生产基地，拥有 35 个获得婴幼儿配方食品生产许可的生产企业，占比为 30.17%。陕西作为西部重要的奶业优势区，拥有 21 个获得婴幼儿配方食品生产许可的生产企业，占比 18.10%，仅次于黑龙江。河北作为传统的奶牛养殖优势区和乳制品加工优势区，拥有 8 个获得婴幼儿配方食品生产许可的生产企业，占比 6.90%。内蒙古作为全国重要的乳品生产基地，拥有 5 个获得婴幼儿配方食品生产许可的生产企业，占比 4.31%。黑龙江、陕西、河北和内蒙古共拥有全国超过 50% 的获得婴幼儿配方食品生产许可的生产企业，可见婴幼儿配方食品产业区域集聚度较高。

2. 注册配方数量

中国发布了一系列更新的食品安全国家标准，涵盖婴儿配方食品（GB 10765—2021）、较大婴儿配方食品（GB 10766—2021）和幼儿配方食品（GB 10767—2021），统称为新国标。这些标准已于 2023 年 2 月 22 日正式实施。2023 年 2 月 22 日后生产的婴幼儿配方乳粉需符合新国标要求，且需经国家市场监督管理总局重新注册。已注册婴幼儿配方乳粉产品需要根据配方调整情况进行注册变更或注销原配方、申请新配方注册办理。对已获注册的产品配方，按新国标调整配方的，原则上按变更注册办理；同时调整配方原料（含食品添加剂）品种和营养成分表的，按注销原配方、申请新配方注册办理。

随着新国标的颁布和实施，我国婴幼儿配方乳粉产品的配方注册工作已全面展开，这标志着行业的质量管理进入了一个新的阶段。新国标注册对企业的研发能力、配方的科学性等提出了更高要求，增加细化了对食品原料的要求，若添加活性菌种的，必须提交菌株溯源、杂菌污染防控等相关材料；加大了风险物的预防和控制需求，如原料及成品中氯丙醇酯、氯酸盐、高氯酸盐的控制要求等。新国标将行业准入门槛进一步提高，我国婴幼儿配方乳粉行业迎来品质升级新阶段。

截至 2023 年 3 月 3 日，国家市场监督管理总局共批准 448 个新国标婴幼儿配方乳粉配方，共涉及 37 家乳企、158 个品牌，其中婴儿配方乳粉 150 个、较大婴儿配方乳粉 150 个和幼儿配方乳粉 148 个。通过新国标配方的 37 家乳企分别为：飞鹤、伊利、惠氏、菲仕兰、三元、蒙牛、多美滋、美赞臣、达能、完达山、雀巢、君乐宝、旗帜、明一、雅培、澳优、宜品、贝因美、雅泰乳业、和氏、太子乐、欧福曼、双娃、辉山、贝特佳、欧恩贝、燎原、华羚、辰鹰、光明、喜洋洋、银桥、圣元、合生元、秦龙、美庐、圣龙。

目前通过新国标注册的羊奶粉共有 14 个乳企，25 个品牌、72 个配方，在所有新国标品牌中占比 15.8%、配方占比 16.07%。分别是飞鹤旗下的星飞帆卓舒（1-3 段）、咩咩飞帆（1-3 段）、小羊妙可（1-3 段）、星飞帆小羊（1-3 段）、加爱（1-3 段）；伊利金领冠旗下的金领冠悠滋小羊（1-3 段）；达能旗下的卓祥（1-3 段）、诺优羊（1-3 段）；贝特佳旗下的贝特佳羊（1-3 段）；宜品旗下的宜品小羊（1-3 段）；雅泰旗下的朵恩（1-3 段）、珍纽倍（1-3 段）、馨贝贝（1-3 段）；君乐宝旗下的臻唯爱（1-3 段）；澳优旗下的佳贝艾特悠装（1-3 段）；多美滋旗下的多美滋羊（1-3 段）；和氏旗下的和氏宝贝（3 段）、和氏莎能（1-3 段）；圣元旗下的圣特拉慕（1-3 段）；完达山旗下的菁润优羊（1-3 段）；秦龙旗下的欧蓓尔（1-3 段）、卡倍多（1-3 段）、杰赋（1-3 段）；喜洋洋旗下的雅慧（1-3 段）、纽贝兰朵（1-3 段）。

有机奶粉方面，目前有 11 个品牌通过新国标注册，占整体通过新国标品牌的 7%，涉及 8 家乳企、33 个配方，占整体通过新国标配方的 7.37%。分别为飞鹤旗下的臻稚（1-3 段）、臻稚卓蓓（1-3 段）、淳芮（1-3 段）；伊利金领冠旗下的金领冠塞纳牧（1-3 段）；君乐宝旗下的优萃（1-3 段）；蒙牛旗下的瑞哺恩菁至（1-3 段）；惠氏旗下的启赋蕴萃（1-3 段）、惠氏莹萃（1-3 段）；完达山旗下的菁美稚淳（1-3 段）；宜品旗下的爱尼可（1-3 段）；雅培旗下的菁挚（1-3 段）。

综合来看，目前通过新国标的进口奶粉有 20 个品牌，占新国标产品的 12.6%，共涉及 8 家乳企、55 个配方，占新国标产品配方的 12.28%，其中包括雀巢旗下的超启能恩（2 段、3 段）、达能旗下的爱他美领熠（1-3 段）、爱他美卓傲（1-3 段）、爱他美（1-3 段）、爱他美适熠（1-3 段）；惠氏旗下的启赋蕴萃（1-3 段）、启赋蕴淳（1-3 段）、启赋（1-3 段）、惠氏铂臻（1-3 段）、惠氏莹萃（1-3 段）；菲仕兰旗下的皇家美素佳儿（1-3 段）、美素佳儿源悦（1-3 段）；澳优旗下能立多（2 段、3 段），佳贝艾特悠装（1 段、2 段）；美赞臣旗下的蓝臻（1-3 段）、亲舒易优（1-3 段）；伊利金领冠旗下的金领冠睿护（1-3 段）、珍护菁蕴（1-3 段）、金领冠菁蕴睿护（1 段）；雅培旗下的菁挚（1-3 段）。

3. 产量情况

国内生产的婴幼儿配方乳粉因出口数量较少，主要销售区域在国内，生产量受国内 0～3 岁婴幼儿数量和进口产品竞争两种因素的影响。智研咨询统计显示，2010 年，全国婴幼儿配方乳粉产量约 45.3 万吨。2012 年全国婴幼儿配方乳粉产量进一步增长达到 60.3 万吨。2016 年婴幼儿配方乳粉产量 79.7 万吨，2017 年婴幼儿配方乳粉产量约 80.6 万吨，2018 年婴幼儿配方乳粉产量 97.2 万吨，2019 年产量 73 万吨，自 2019 年起，产量开始下降，这与中国人口出生率下降有关（图 11-1）。

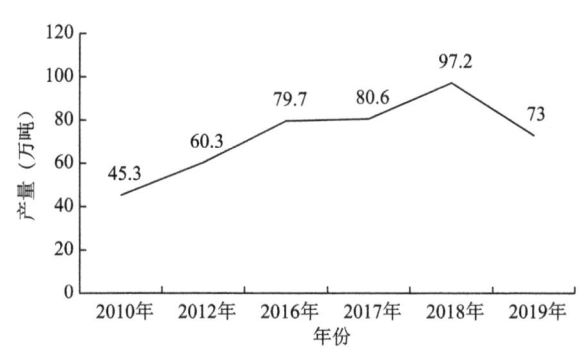

图 11-1 2010～2019 年婴幼儿配方食品产量变化情况

根据国家统计局公布数据，2013～2019 年中国人口出生率由 12.08‰ 下降至 10.48‰。2020 年新生儿数量为 1157 万，对比 2019 全年出生人口 1465 万，整体降幅达 21%。0～36 月龄儿童数量，2020 年较 2019 年约减少 12%。不考虑母乳喂养率变化的情况下，估计国内婴幼儿配方乳粉需求会相应缩减。

2013～2019 年，我国婴幼儿配方食品的市场规模从 1017 亿元升至 1755 亿元，保持持续增长态势。2014 年，市场规模的同比增长率为 16.81%，达到近 6 年历史最高，与 2013 年放开"单独"后，市场需求的提升有关。2015 年 10 月，"二孩政策"全面放开，我国婴幼儿配方食品的市场需求有所提升，2015～2016年，市场规模保持平稳上升态势。2017年，市场规模的同比增长率再次超过十个百分点。根据国家统计局统计，2016～2020年我国奶粉产量由139万吨降到101.2万吨，整体呈现下降态势。其中2018年由于国家市场监督管理总局发布《婴幼儿配方乳粉产品配方注册管理办法》，实施奶粉注册制，贴牌、代加工和假洋品牌都清出了市场，奶粉产量大幅下降至96.8万吨。截至2021年上半年，我国奶粉产量下降至47.10万吨。

4. 消费现状

随着政府政策的改善及消费者对婴幼儿奶粉的投入日益增加，未来婴幼儿奶粉行业的发展前景可观。

根据中国婴幼儿奶粉行业市场规模及发展前景分析报告，2017年中国婴幼儿奶粉市场规模达到了1342.9亿元，2018年达到1485.2亿元，2019年达到1572.6亿元，2020年达到1653.9亿元，2021年达到1739.2亿元，2022年达到1828.4亿元，2023年达到1921.4亿元，2024年达到2016.3亿元，2025年达到2114.0亿元（图11-2）。

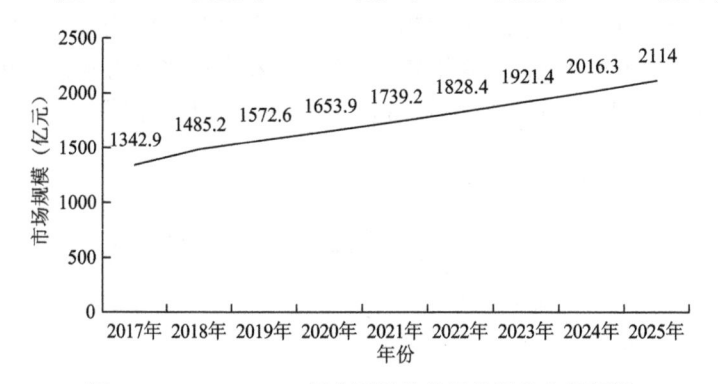

图11-2 2017～2025年中国婴幼儿奶粉行业市场规模

随着近年来消费者对有机和羊奶粉概念认知度提升，婴幼儿食品中有机产品和羊奶粉比例逐年上升。2019年有机婴幼儿配方食品市场规模达57.7亿，占据市场整体规模的3.29%，消费者对有机产品溢价更为接受，价格敏感度低。2016～2019年，有机婴幼儿配方食品的市场规模年均增速高达46.90%。随着消费升级以及消费者对婴幼儿配方羊奶粉的认知不断提升，婴幼儿配方羊奶粉市场增速有望超越整体市场增速。2020年中国婴幼儿配方羊奶粉市场上升到人民币104亿元，2015年起复合年增长率达到11.7%，比同期婴幼儿配方乳粉总体市场增长5.5%以上。2020年婴幼儿配方乳粉总体市场规模为人民币1690亿元。

5. 贸易现状

我国婴幼儿配方乳粉出口规模较小，但增长很快。据海关数据统计，2011～

2020 年婴幼儿配方乳粉出口数量由 0.03 万吨增至 0.73 万吨，年均增长率达 42.35%。2020 年我国出口婴幼儿配方乳粉总额是 1.79 亿美元，出口地高度集中，出口至中国香港的婴幼儿配方乳粉占据总出口量的 92.42%，其次是中国澳门，二者的合计占比占据总出口额的 97.72%。我国少量婴幼儿配方乳粉出口至哈萨克斯坦、朝鲜、爱尔兰、缅甸和柬埔寨等国，合计占比仅占总出口量的 2.28%。2021 年 1～10 月我国进口婴配粉总量约 20.80 万吨，相比 2020 年 1～10 月进口婴配粉总量 27.74 万吨，同比减少 25%，下滑趋势较为严峻。

与婴配粉进口量呈反向发展趋势的是婴配粉进口均价的不断上行。2017～2021 年，婴配粉进口价格上升明显，从 2017 年的均价 90.74 元/kg，上涨到 107.81 元/kg。预测未来进口婴配粉的均价会下行，一方面因为中国奶粉中端化的比重在增加；另一方面短期来看虽然受疫情、物流成本、美元贬值带来的通胀等影响，进口婴配粉成本增加，但中长期来看，国际成本会降低。

（三）我国婴幼儿配方食品加工原料、技术和设备现状

1. 我国婴幼儿配方食品加工原料现状

我国原料供需的概况和资源情况：除了婴幼儿配方乳粉生产企业自建、自控的奶牛、奶羊养殖场生产的生牛乳、生羊乳以外，我国婴幼儿配方乳粉其他主要原料大多需采购获得。当前国产的婴幼儿配方乳粉有 60% 以上的原料依赖于进口。

食品添加剂供需的概况：2010～2019 年，我国维生素产量呈逐年增长的趋势，出口量远高于消费量。2019 年我国维生素行业产量 34.9 万吨，进口量 1.28 万吨，出口量 28.72 万吨，国内维生素行业表观消费量 7.46 万吨。近几年我国维生素行业基本能维持供需平衡。

2. 我国婴幼儿配方食品加工技术现状

1）蛋白质水解技术

和母乳相比较，牛奶的蛋白质组成有很大的不同，容易引起婴幼儿消化不良、过敏及其他不良反应。乳蛋白经加热及（或）酶水解后，成为小分子乳蛋白、肽及氨基酸，乳蛋白部分水解配方食品可使大分子乳蛋白致敏性下降。早在 20 世纪 40 年代，已经有了牛奶蛋白的水解配方，该配方先将蛋白质酶解，再将酶解组分加热和（或）超滤，获得水解配方。所谓水解蛋白，就是指大分子蛋白质经加热或者酶解形成小分子蛋白质、多肽或氨基酸的过程。按蛋白质水解程度可分为深度水解蛋白和部分水解蛋白。部分水解蛋白即适度水解蛋白，是通过生物技术将蛋白质分解成小片段或小分子多肽，以减少抗原活性物质的数量，减少或消除乳蛋白的过敏性，降低乳蛋白过敏的风险。

2）低温真空浓缩技术

浓缩是乳品加工中常用的方法。目前多数加工企业所采用的浓缩技术为传统的加热蒸发法。但是这种方式能耗较高，并损害了乳蛋白的质地和结构，引起乳蛋白变性，导致产品口感粗糙。低温真空浓缩是将乳中水分蒸发掉，使乳固体含量达到喷雾干燥的标准。在真空条件下，乳液沸点随着环境压力的降低而降低。在40~70℃之间牛乳就会沸腾，水分子将蒸发，以增加牛奶的固体含量。作为干燥前的预处理步骤，可以降低加工损耗，节约能源；提高产品的贮存性和质量，减少乳脂肪的氧化变质。

3）低温干燥技术

采用湿法工艺，喷粉分为高温喷粉技术和低温喷粉技术。现代喷雾干燥技术向着低温真空的工艺技术方向迈进，在现代食品行业中，低温真空喷雾干燥技术得到了日益广泛的应用。应用低温干燥技术的产品口感好，物料本身不承受高温，可保持天然牛奶香味，产品的分散性、溶解性可有效提高；营养素损失少；减少废弃物的排放，环境友好。

4）蒸汽直接喷射杀菌技术

直接蒸汽喷射杀菌法是在一定的压力下将蒸汽与牛奶混合，蒸汽释放的热量将牛奶温度升高到灭菌温度，并保持一定时间，实现乳制品灭菌目的。直接蒸汽喷射杀菌技术是目前较先进的杀菌技术，它具有杀菌速度快、时间短；可控制杀菌温度和停留时间；牛奶色泽、风味和营养成分损失少；可长时间连续工作等优势。但工作会产生较大噪音，仍会破坏产品中的敏感性营养成分。

5）低温等离子杀菌技术等非热加工技术

在乳粉的加工及储藏过程中，易受到金黄色葡萄球菌、单增李斯特菌、大肠杆菌和沙门氏菌等微生物的污染。低温等离子体等非热加工技术，具有省时高效、应用范围广、环境友好等优势，能更好地保持食品的品质。

6）智能信息技术

智能信息技术正成为各个产业的重要驱动力，其在婴幼儿配方食品产业中同样发挥重要作用，不少婴幼儿配方食品生产企业积极发力产业链智能化布局，迈向"智能化"发展以物联网、大数据、人工智能等科技实现产业链的智慧升级，大幅提高了行业的生产力水平。智能化发展的方向是实现各个工厂、车间互联互通、信息共享的智能网络，以此为基点，逐步打通上下游产业链条，实现智能全产业链集群。智能生产线从原奶到成品所涉及的生产环节（包括杀菌、配料、投料、喷粉、装罐、打码、包装、入库等），基本实现80%以上的自动化智能生产，而工人只监控生产过程。在管理环节，以及质量管控方面也都实现智能化操作，能够实时监控生产环节各项指标数据。

3. 我国婴幼儿配方食品加工设备现状

我国婴幼儿配方食品企业技术装备水平相对较高，但基本是引入国外装备和技术，仍需行业不断研发提高我国该领域的装备和技术。主要设备来源见表 11-1。

表 11-1　目前国内婴幼儿配方食品企业主要设备及其来源

设备名称	品牌	产地	备注
混料系统	GEA、TetraPak、SPX	德国、瑞典、上海	核心设备在国外生产，其余设备国内加工
浓缩系统	GEA、TetraPak	德国、瑞典、上海	核心设备在国外生产，其余设备国内加工
干燥系统	GEA、TetraPak	德国、瑞典、上海	核心设备在国外生产，其余设备国内加工
包装设备（听装线）	PLF、OPTIMA、INDOSA、仅一	英国、德国、瑞士、江苏	高速线（120听/分钟）全部由国外厂家提供
包装设备（袋装线）	ROVEMA、仅一	德国、江苏	—
包装设备（条/方便袋）	Bossar、Mespack、仅一、建技、迈威	西班牙、江苏、石家庄、上海	—

我国婴幼儿配方食品企业技术设备设施应当符合《食品生产许可审查通则》和《婴幼儿配方乳粉生产许可审查细则》的相关要求。企业应配备与生产的产品品种、数量相适应的生产设备，设备的性能和精度应能满足生产加工的要求。生产设备应当符合表 11-2、表 11-3 的要求，干湿法复合工艺应具备湿法工艺和干法工艺所需的生产设备。

表 11-2　湿法生产婴幼儿配方乳粉通用生产设备

设备名称	参数或要求
1.储奶设备	带有自动恒温系统或保温系统，储存能力应与生产能力相适应，不应小于 30 吨（不使用生乳为原料的工艺不要求必备此设备）
2.净乳设备	总处理能力不应小于 5 吨/时（不使用生乳为原料的工艺不要求必备此设备）
3.巴氏杀菌设备	总处理能力不应小于 5 吨/时（不使用生乳为原料的工艺不要求必备此设备）
4.全自动就地清洗设备	清洗过程全自动控制，应覆盖浓缩前的生产线，无死角。浓缩设备的 CIP 清洗系统可独立设置，清洗过程全自动控制
5.配料设备	应配套电子称（秤）或流量计等计量装置，配料设备应采用高剪切罐或真空混料罐等设备

续表

设备名称	参数或要求
6.均质设备	两段高压均质机，处理能力不应小于 5 吨/时
7.制冷设备	氨或氟制冷机组或其他等效设备，在标准工况条件下制冷量在 54kW 以上设备
8.浓缩设备	真空浓缩蒸发器，蒸发能力不小于 2400kg/h，且杀菌温度自动控制，能够进行 CIP 清洗
9.高压泵	处理能力不应小于 1000kg/h
10.喷雾干燥设备	立式喷雾干燥设备，单塔水分蒸发能力 500kg/h 以上，配备流化床进行干燥和冷却
11.密闭输送设备	符合食品级要求的密闭、无尘、自动化连续式或批次式输送设备
12.密闭暂存设备	食品级材质，物料下料均匀流畅，清理检修方便
13.金属检测设备或 X 光异物检测设备	在线或成品检测，自动控制，能检测出球径≥2mm 金属
14.全自动包装设备	带有质量计量和校正系统的全自动包装机，含自动剔除设备，自校系统
15.空气调节净化系统	具有过滤装置的独立的空气调节净化系统，可满足婴幼儿配方乳粉生产清洁作业区的动态控制要求

表 11-3　干法生产婴幼儿配方乳粉通用生产设备

设备名称	参数或要求
1.隧道杀菌设备及其他杀菌设施	隧道杀菌设备为连续、封闭式，杀菌后进入净化空气环境
2.投料设备	人工或自动投料设备应配套除尘装置，投料产生的粉尘应避免混入生产环境（小料预混投料除外）
3.筛分设备	食品级不锈钢筛网，在线连续筛分，方便拆卸、清理及更换筛网
4.密闭输送设备	符合食品级要求的密闭、无尘、自动化连续式或批次式输送设备
5.计量配料设备	自动或半自动称重计量（小料称量除外）
6.预混设备	批次或连续混合，混料过程为封闭、无尘、自动化操作
7.混合设备	批次或连续混合，混料过程为封闭、无尘、自动化操作；至少保障 1∶1000 的两种物料混合均匀，加工能力应不低于 2000kg/h
8.密闭暂存设备	食品级材质，物料下料均匀流畅，清理检修方便
9.金属检测设备或 X 光异物检测设备	在线或成品检测，自动控制，能检测出球径≥2mm 金属
10.全自动包装设备	带有质量计量和校正系统的全自动包装机，含自动剔除设备，自校系统
11.空气调节净化系统	具有过滤装置的独立的空气调节净化系统，可满足婴幼儿配方乳粉生产清洁作业区的动态控制要求

注：无预混设备的，应有混合均匀性验证报告，定期验证产品混合均匀性。

1）前处理设备

采用湿法工艺或干湿混合工艺生产的企业需要根据实际生产情况引进原料奶，质量、温度检测合格后的原料奶需经过前处理设备，如离心式净乳机、脱气器、牛乳流量计等设备后进入储奶设备，储奶设备要求带有自动恒温系统或保温系统，储存能力应与生产能力相适应，不应小于30吨。原料奶经离心式净乳机的目的是过滤掉一些大的杂质，防止粪屑、牧草、昆虫等带来的污染，审查细则中要求离心式净乳机总处理能力不应小于5吨/时，并有备用零件。对于许多企业尤其是规模较大的生产企业，不能对收购的原料奶进行及时生产，因此有必要在进入储奶设备之前对原料奶进行预杀菌，降低原料乳中微生物的数量和酶活性，以此避免牛乳在储奶设备中的变质，保证终产品的风味和质量。

采用脱气器对进场的原料奶进行处理是为了排除牛乳中的气体对产品质量的不良影响。脱气器的原理为罐中负压，当牛奶进入脱气罐后，其中的部分水分和易挥发的香味、异味会被脱除，提高牛奶的固形物，脱除不良气味，同时利于后续的均质等工序。近年来真空脱气技术普遍应用于乳制品行业，即将牛乳预热至68℃后，泵入真空脱气罐，牛乳温度会立即降到60℃，这时牛乳中空气和部分牛乳蒸发到罐顶，遇到罐冷凝器之后，蒸发的牛乳冷凝回到罐底部，空气及异味由真空泵抽出。脱气后的牛乳在60℃下进行标准化和均质，然后进入杀菌器，从而完成牛乳脱气的目的，保证了牛奶的新鲜度与口感。

2）均质设备

均质是指在挤压、强冲击、失压膨胀的三重作用下使物料细化，从而使物料能更均匀的相互混合的过程。均质使脂肪球破裂成比原来小得多的脂肪球，使牛乳中脂肪颗粒更加细小，分布更加均匀，从而提高牛乳体系的稳定性。均质过程主要通过均质机来进行，均质压力保持在10~18MPa之间，温度保持在40~50℃之间。均质处理的目的主要如下：①防止脂肪上浮，将乳脂肪球破碎，使其均匀分布在牛奶中；②使乳中的各种固体物质均匀的分散在乳中；③改善乳原料的组织状态、口感风味，提高消化吸收率。

在实际生产过程中，一般采用二段式均质方法。第一段均质使用较高的压力（16.7~20.6MPa），目的是破碎脂肪球。第二段均质使用低压（3.4~4.9MPa），目的是分散已破碎的小脂肪球，防止粘连。

3）杀菌设备

除去原料奶在进仓之前的预杀菌处理，婴幼儿配方乳粉生产过程中仍多次涉及杀菌环节，主要目的均是为了消除乳原料、原辅料以及生产过程中的微生物，避免对终产品造成污染。现阶段，由于巴氏杀菌可以极大限度地保留乳中的营养成分，因此婴幼儿配方乳粉生产主要采用该方法对原料乳进行杀菌处理，并要求使用生乳为原料的生产企业必须配备此设备。在婴幼儿配方乳粉生产设备中，企业多利用板式换热交换器将原料乳加热到 85℃并保温 15s 达到杀菌的目的。

4) 浓缩与干燥设备

牛乳中含有大量的水分，因此为了达到产品的质量标准，在生产过程中有必要除去一部分水分，而浓缩设备的主要目的则是通过使牛乳中的水分在其沸点处汽化，并不断排除汽化所产生的蒸汽，从而不断提高牛乳浓度，并达到干燥的预定要求。浓缩设备蒸发能力不应小于 2400kg/h，且杀菌温度自动控制，能够进行全自动就地清洗，目前大型企业多采取三效蒸发以提高蒸发效率。

利用设备将蒸发浓缩的牛乳进一步变为乳固体的过程称为干燥，目的是使乳粉中的水分含量符合国家标准，由于干燥也是高温处理的过程，因此可以进一步杀菌并抑制细菌的繁殖。目前喷雾干燥法是乳制品企业生产乳粉普遍采用的一种主要方法，要求单塔水分蒸发能力 500kg/h 以上，配备流化床进行干燥和冷却。喷雾干燥法是利用雾化器将牛乳分散成细小的雾滴，使其表面积大幅度地增加，通过热空气同细小雾滴均匀的混合，进行热交换和质交换，短时间内使水分蒸发的过程，得到固体的乳粉颗粒。喷雾干燥具有以下优点：①干燥速度快、受热时间短、水分蒸发速度很快，营养成分破坏程度较小；②乳粉的溶解度较高、冲调性好；③干燥条件和产品质量指标易于调节，产品具有良好的理化性质；④生产效率高，可连续和自动化生产。

5) 包装设备

市售的婴幼儿配方乳粉通常采用金属罐装和环保纸盒包装，金属罐的防潮性能和抗压性能优良，一般罐装奶粉的充气成分为氮气，保质期为 2~3 年；盒装奶粉在密封性和防潮性方面都不及罐装奶粉，保质期一般为 18 个月，但相比于金属罐盒装产品更易于消费者携带和使用。金属罐在使用前需经过过氧化氢，紫外线照射等操作，防止金属罐对成品乳粉造成污染。目前也有企业引入了二氧化碳充填装置工艺，在供料系统中对浓奶物料充填二氧化碳气体，可以使奶粉产品颗粒变大，提升产品品质。

6) 检测设备

随着人们生活水平及科技水平的提高，对婴幼儿配方乳粉的检测技术也在不断发展之中，对婴幼儿配方乳粉的质量安全控制也越发严格。目前对婴幼儿配方乳粉的检测包括 60 多项指标，其中有感官检测、营养成分检测、污染物真菌毒素检测以及微生物检测等，并要求所有婴幼儿配方乳粉生产企业必须配备相应的检测设备并按照国家标准进行检测。同时落后的检测技术再也无法满足市场的发展，因此新技术、新方法的开发成为检测乳粉品质，检测是否掺假的重中之重，以此避免不合格产品流入市场，引起消费者恐慌。

目前，气相色谱法常用于脂肪酸的检测；高效液相色谱法常用于维生素的检测；电感耦合等离子体质谱法常用于钙、铁、锌、钠、钾、镁、铜、锰、砷等元素的检测；原子吸收光谱法常用于铅、镉等物质的检测；原子荧光光谱法常用于硒、汞等物质的检测；此外，核磁共振波谱法、紫外吸收光谱法、红外吸收光谱法等一些现代化的技术也应用于检测乳粉品质的好坏、掺假，以及某一残留有害物质的结构与性质，有效提高了我国乳制品产品质量安全。在婴幼儿配方乳粉生产加工过程中，原料乳中微生物的残留以及生产加工过程中微生物的二次污染，均会对产品的质量安全造成极大的安全隐患，因此微生物检验也是控制婴幼儿配方乳粉质量的重要因素之一。传统的微生物检测方法操作步骤复杂、费时费力、加之人工引起的误差使得检测结果差异性较大，检验质量难以控制。随着新技术和新设备的发展和信息数据处理系统的深入应用，基于计算机处理的自动化分析技术广泛应用于婴幼儿配方乳粉中的微生物检测，并且具有重复性高、简易化、系统化、自动化等优点与优势。

（四）我国婴幼儿配方食品产品品质控制现状

我国婴幼儿配方食品生产企业充分认识到产品质量安全的重要性，不断强化主体责任意识，增加投入保障婴幼儿配方食品质量安全。一方面，企业纷纷自建规模性牧场，严格控制原料乳的质量，完善质量安全控制体系，严格执行检测、召回和质量安全自查自纠制度，配备专职安全管理人员，增加科技投入。另一方面，生产加工过程严格执行国家标准，注重引进先进技术设备与人才，在企业内部建立检测实验室、研发中心与可追溯平台，加大乳品质量安全控制和科技投入，确保乳品质量与安全。同时国内很多大型企业对外开放参观、加强展示宣传，不仅增强了消费者对国产婴幼儿配方食品的信心和认知程度，也在一定程度上促进国产婴幼儿配方食品质量安全的提升。

我国婴幼儿配方食品企业在产品质量安全等方面取得了重大进步。全面实施风险防控体系，从风险防控和全链条质量保证两条主线提升质量管理水平。深化危害分析和关键控制点体系，提高源头风险监控能力，全面实施风险防控体系，保障产品质量和安全可控。企业均建立覆盖全产业链的追溯体系，实现婴幼儿配方乳粉生产全过程信息可记录、可追溯、可管控、可召回、可查询。

国家市场监督管理总局数据显示，2018年全年抽检婴幼儿配方食品样品11064批次，抽检合格率为99.80%；2019年全年抽检婴幼儿配方食品样品7958批次，抽检合格率为99.77%；2020年全年抽检婴幼儿配方食品样品15330批次，抽检合格率为99.89%；2021年全年抽检婴幼儿配方食品样品11288批次，抽检合格率为99.88%。同时，重点监控违禁添加物抽检合格率已经连续13年保持在100%。

《市场监管总局关于2020年市场监管部门食品安全监督抽检情况的通告》数

据显示，2020 年婴幼儿配方食品抽检不合格率仅为 0.11%，远低于消费量大的食用农产品（2.23%）、粮食加工品（1.18%）、肉制品（1.26%）、蛋制品（0.29%）和乳制品（0.13%）。

国产婴幼儿配方食品质量安全水平不断提高，已经达到了历史最高水平，婴幼儿配方食品成为最安全的食品。

(五) 我国婴幼儿配方食品标准、法规现状

中国目前已建立比较健全的婴幼儿配方食品方面的法律法规，形成了以《中华人民共和国食品安全法》为核心，以其实施条例、相关配套规章和婴幼儿配方食品安全国家标准构成的一套较为完整的法律法规体系，有力地实施了婴幼儿配方乳粉质量安全的严格监管。

1. 《食品安全法》及其实施条例

①国家对保健食品、特殊医学用途配方食品和婴幼儿配方食品等特殊食品实行严格监督管理。

②婴幼儿配方食品生产企业应当实施从原料进厂到成品出厂的全过程质量控制，对出厂的婴幼儿配方食品实施逐批检验，保证食品安全。

③生产婴幼儿配方食品使用的生鲜乳、辅料等食品原料、食品添加剂等，应当符合法律、行政法规的规定和食品安全国家标准，保证婴幼儿生长发育所需的营养成分。

④婴幼儿配方食品生产企业应当将食品原料、食品添加剂、产品配方及标签等事项向省、自治区、直辖市人民政府食品安全监督管理部门备案。

⑤婴幼儿配方乳粉的产品配方应当经国务院食品安全监督管理部门注册。注册时，应当提交配方研发报告和其他表明配方科学性、安全性的材料。

⑥不得以分装方式生产婴幼儿配方乳粉，同一企业不得用同一配方生产不同品牌的婴幼儿配方乳粉。

2. 监督管理部门行政法规

1) 婴幼儿配方乳粉注册管理制度

2016 年 6 月，国家食品药品监督管理总局发布了《婴幼儿配方乳粉产品配方注册管理办法》（以下简称注册管理办法），对在我国境内生产、销售和进口的婴幼儿配方乳粉的产品配方实施统一的注册管理，注册管理于 2016 年 10 月 1 日起实施。

在发布注册管理办法的基础上，原国家食品药品监督管理总局又于 2016 年 11 月发布了相应配套文件《婴幼儿配方乳粉产品配方注册申请材料项目与要求（试行）》、《婴幼儿配方乳粉产品配方注册现场核查要点及判断原则（试行）》

以及2017年5月发布了《婴幼儿配方乳粉产品配方注册标签规范技术指导原则(试行)》等一系列法规文件,从而形成了一套相对比较完善的婴幼儿配方乳粉配方注册管理制度。

配方注册申请人应当为拟在中华人民共和国境内生产并销售婴幼儿配方乳粉的生产企业或者拟向中华人民共和国出口婴幼儿配方乳粉的境外生产企业。申请人应当具备与所生产婴幼儿配方乳粉相适应的研发能力、生产能力、检验能力,符合粉状婴幼儿配方食品良好生产规范要求,实施危害分析与关键控制点体系,对出厂产品按照有关法律法规和食品安全国家标准规定的项目实施逐批检验。

申请注册产品配方应当符合有关法律法规和食品安全国家标准的要求,并提供证明产品配方科学性、安全性的研发与论证报告和充足依据。

同一企业申请注册两个以上同年龄段产品配方时,产品配方之间应当有明显差异,并经科学证实。每家企业原则上不得超过3个配方系列9种产品配方,每个配方系列包括婴儿配方乳粉(0~6月龄,1段)、较大婴儿配方乳粉(6~12月龄,2段)、幼儿配方乳粉(12~36月龄,3段)。

配方注册制的实施意味着婴幼儿配方乳粉将参照药品的管理方式进行严格管理,有利于推进企业配方研发、提升企业竞争力、保护消费者权益,也利于行业的整合,使企业做大做强,提升行业的整体水平和稳健发展。

2)生产许可审查要求

2013年12月,国家食品药品监督管理总局按照《国务院办公厅转发食品药品监管总局等部门关于进一步加强婴幼儿配方乳粉质量安全工作意见的通知》(国办发〔2013〕57号)规定,修订完善《婴幼儿配方乳粉生产许可审查细则(2013版)》。审查细则规定国内婴幼儿乳企必须重新申请并获得乳粉生产许可证,没有许可证的将不得从事婴幼儿乳粉生产工作。国家食品药品监督管理总局统一部署了婴幼儿配方乳粉生产企业换证审查和再审核工作。

《婴幼儿配方乳粉生产许可审查细则》是落实婴幼儿配方乳粉各项政策措施的重要规范性文件,是市场监管部门组织对婴幼儿配方乳粉企业进行生产许可审查工作的重要指导性技术文件。《细则》自2013年发布以来,对严格婴幼儿配方乳粉生产企业许可条件,强化企业生产许可审查,提升婴幼儿配方乳粉质量安全水平发挥了重要作用。但在实施过程中也发现,在生产场所、设备设施、人员管理、管理制度等方面还需进一步明确要求、完善措施。按照"四个最严"要求、"放管服"改革要求,结合《企业落实食品安全主体责任监督管理规定》,需进一步严格生产许可条件,强化企业食品安全主体责任,以强监管促婴幼儿配方乳粉产业高质量发展。

2022年11月18日,国家市场监管总局发布2022年第38号公告,发布了《婴幼儿配方乳粉生产许可审查细则(2022版)》(以下简称《细则(2022

版）》），自发布之日起施行。《婴幼儿配方乳粉生产许可审查细则（2013版）》同时废止。

与以往发布的《细则》相比，目前的《细则》对婴幼儿配方乳粉生产提出了更高要求，围绕生产场所、人员管理、设备设施、管理制度等几个方面进行重点分析。

新细则深化"放管服"改革要求。一是结合企业生产实际，维持现有生产设备产能要求，不增加额外负担。二是允许企业在提交合理说明的前提下，对基本生产工艺流程和生产设备根据实际情况进行调整。三是明确配方注册试制产品检验合格的，生产许可不再重复审查产品检验报告，提高生产许可审查工作的实效性。

新细则进一步严格生产许可要求。一是严格原料管控。对生乳来源、储运温度和时间，菌株的菌种鉴定和溯源等提出明确要求。二是细化追溯要求。要求企业应当建立食品安全追溯体系，确保从原料采购到产品销售的全程有效追溯，发生质量安全问题时产品可召回、原因可查清。三是严格设备和复产要求。要求流化床应使用三级过滤净化除湿后的洁净空气，停产复产前，应制定相应措施，并进行自查。四是强化风险防控要求。要求企业对原辅料、生产用水等可能出现的影响产品质量、危害人体健康的物质严格管控，制定详细的防控方案，进行必要的检测或查验合格报告等。五是明确工艺、清洁验证要求。要求企业根据实际情况，采取前瞻性验证、同步验证或回顾性验证等形式，制定验证方案，对关键工序及工艺参数开展工艺验证并形成验证报告。

《细则（2022版）》还进一步强化企业食品安全主体责任，细化企业主要负责人、食品安全总监、食品安全员等人员职责责任，突出产品出厂放行责任落实；同时，要求完善基于食品安全风险防控的日管控、周排查、月调度等动态管理机制，要求企业主动收集涉及原辅料、生产过程和成品的各类风险监测和评估信息，充分进行食品安全风险分析，采取相应处置措施防控风险。此外，在修订过程中，还注重了婴幼儿配方乳粉生产许可审查细则与食品安全法律法规、食品安全国家标准相关的内容的衔接。

婴幼儿配方食品法律法规是保障产品安全的基础，是规范婴幼儿配方食品市场的标杆。近年来，我国持续加强质量安全监管工作，完善法律法规标体系，有力地保障了婴幼儿配方食品的质量安全。

3）良好生产规范（GMP）和危害分析与关键控制点（HACCP）

①婴幼儿配方食品良好生产规范

GB 23790—2010《食品安全国家标准 粉状婴幼儿配方食品良好生产规范》适用于以乳类或大豆及其加工制品为主要原料的粉状婴幼儿配方食品（包括粉状婴儿配方食品、粉状较大婴儿和幼儿配方食品）的生产企业。规定了术语和定义、选址及厂区环境、厂房和车间、设备、卫生管理、原料和包装材料的要求、生产过程的食品安全控制及检验方面的内容。

本标准替代 GB/T 23790—2009《婴幼儿配方粉企业良好生产规范》，推荐性标准改为强制性标准，两者相比，主要变化如下：增加了原料采购、验收、运输和贮存相关要求；增加了大豆原料安全性控制的要求；增加了食品安全控制措施有效性的监控与评价方法；修改了生产过程的食品安全控制措施，增加安全控制的特定处理步骤，制定了对热处理、中间贮存、冷却、干混合、内包装等重要工序的控制要求；对微生物、化学、物理污染的重点控制措施参照 GB 12693—2010 的规定；增加规范性附录 A，规定了对清洁作业区环境中主要污染源——沙门氏菌、阪崎肠杆菌和其他肠杆菌进行监控的要求。

由于在卫生条件良好的生产环境中也有可能存在少量的肠杆菌，阪崎肠杆菌就是其中之一，使经过巴氏杀菌的产品面临着可能被环境污染的风险，致使终产品中有微量的肠杆菌。因此要对生产环境进行肠杆菌的监控，以便确认卫生控制程序是否有效，一旦发生偏差，生产企业应及时采取措施予以纠正。通过持续监控，获得卫生情况的基础数据，并跟踪趋势的变化。有关工厂实践表明，降低环境中肠杆菌的数量可以减少终产品中肠杆菌（包括阪崎肠杆菌和沙门氏菌）的数量。为防止污染事件的发生及避免抽样检测终产品中微生物的局限性，应制定环境监控计划。监控计划可以作为一种食品安全管理的工具，用来对清洁作业区（干燥区域）卫生状况实施评估，并作为 HACCP 的基础程序。

②危害分析与关键控制点

GB/T 27341—2009《危害分析与关键控制点（HACCP）体系 食品生产企业通用要求》是一种科学、合理、针对食品生产加工过程进行过程控制的预防性体系，这种体系的建立和应用可保证食品安全危害得到有效控制，以防止发生危害公众健康的问题。

目前，HACCP 体系已在全球食品生产企业中得到了广泛应用。发达国家已建立起较为完善的国家食品安全监督管理体系，尤其是对各种高风险的食品行业都要求企业建立体系，对危害分析和关键点进行自觉控制，从而保障国民能享有安全、卫生的食品，它还拥有着得天独厚的国际食品贸易优势。其中具有代表性的国家和地区主要有美国、欧盟、加拿大和日本。

婴幼儿配方食品法律法规是保障产品安全的基础，是规范婴幼儿配方食品市场的标杆。近年来，我国持续加强质量安全监管工作，完善法律法规标体系，有力地保障了婴幼儿配方食品的质量安全。

4）加强产品监督抽检

自 2016 年起，对全国婴幼儿配方乳粉实行月月抽检。实现国内所有在产婴幼儿配方乳粉生产企业全覆盖、婴幼儿配方乳粉食品安全国家标准规定的 63 个检验项目全覆盖，并保证每个月公布抽检结果。

3. 中国婴幼儿配方乳粉现行相关标准

1）婴幼儿配方食品产品标准

我国现行的婴幼儿配方乳粉的产品标准是 GB 10765—2021《食品安全国家标准 婴儿配方食品》、GB 10766—2021《食品安全国家标准 较大婴儿配方食品》、GB 10767—2021《食品安全国家标准 幼儿配方食品》。

婴幼儿配方食品系列标准对婴儿配方食品的定义、分类、原料要求、感官要求、必需成分、可选择性成分、污染物限量、真菌毒素限量、微生物限量、食品添加剂及营养强化剂的使用、标签要求、包装要求等进行了规定。

以 GB 10765—2021 为例，根据婴儿配方食品中蛋白质原料来源的不同，把婴儿配方食品分为乳基婴儿配方食品和豆基婴儿配方食品。乳基婴儿配方食品是以乳类及乳蛋白制品为主要蛋白来源，而豆基婴儿配方食品是以大豆及大豆蛋白制品为主要蛋白来源，在此基础上，加入适量的维生素、矿物质和（或）其他原料，仅用物理方法生产加工制成的产品。适于正常婴儿食用，其能量和营养成分能够满足 0～6 月龄婴儿的正常营养需要的配方食品。

GB 10765—2021 标准中规定了产品中所使用的原料应符合相应的安全标准和（或）相关规定，应保证婴儿的安全，满足其营养需要，不应使用危害婴儿营养与健康的物质。

所使用的原料和食品添加剂不应含有麸质。不应使用氢化油脂。不应使用经辐照处理过的原料。

GB 10765—2021 标准中规定了产品在即食状态下的能量和必需成分（包括蛋白质、脂肪、碳水化合物、维生素、矿物质等）的含量和相关要求。

标准不仅对婴儿配方食品中蛋白质、脂肪和碳水化合物的含量做了要求，也对其质量做了明确规定，以期更好地满足婴儿的营养需求。如标准规定乳基婴儿配方食品中乳清蛋白含量比例应≥60%，脂肪含量中限定了亚油酸、月桂酸和肉豆蔻酸以及反式脂肪酸的含量，并要求乳基产品中乳糖占碳水化合物总量应≥90%。另外，为进一步改善婴儿配方食品的蛋白质质量或提高其营养价值，标准中允许添加部分单体氨基酸。标准附录 A 中列举了推荐的婴儿配方食品中必需的半必需氨基酸含量值，附录 B 则规定了可用于婴儿配方食品中的单体氨基酸。企业可参考附录 A 中推荐的婴儿配方食品中氨基酸含量值，添加附录 B 中所规定的单体 L 型氨基酸。

2）原料标准

婴幼儿配方食品原辅料主要为婴幼儿提供其生长发育所必需的蛋白质、脂类、碳水化合物、维生素、矿物质等。婴幼儿配方食品所使用的原辅料应符合相应的国家标准，主要包括《食品安全国家标准 生乳》（GB19301）、《食品安全国家

标准 乳粉》(GB19644)、《食品安全国家标准 乳清粉和乳清蛋白粉》(GB11674)、《食品安全国家标准 大豆油》(GB/T1535)、《食品安全国家标准 葵花籽油》(GB/T10464)、《食品安全国家标准 玉米油》(GB/T19111)、《食品安全国家标准 食用植物油卫生标准》(GB2716)等。

3）食品添加剂标准

婴幼儿配方食品中食品添加剂的质量规格应符合我国 GB2760—2014《食品安全国家标准 食品添加剂使用标准》以及原卫生计生委增补公告的相关规定。在 GB2760 的食品分类系统中，婴儿配方食品及较大婴儿和幼儿配方食品属于 13.0 特殊膳食用食品（大类）下的 13.01 婴幼儿配方食品（亚类），即 13.01.01 婴儿配方食品及 13.01.02 较大婴儿和幼儿配方食品 13.01.01 和 13.01.02 较大婴儿和幼儿配方食品。婴幼儿配方食品中食品添加剂的选择和使用量需按照 GB2760 中食品分类系统的使用原则。

4）食品营养强化剂标准

2012 年 3 月 15 日，卫生部发布 GB14880—2012《食品安全国家标准 食品营养强化剂使用标准》，增加了卫生部 1997—2012 年 1 号公告及 GB2760—1996 附录 B 中营养强化剂的相关规定；列出了允许使用的营养强化剂化合物来源名单；特别是增加了可用于特殊膳食用食品的营养强化剂化合物来源名单和部分营养成分的使用范围和使用量，其中表 C.1 规定了允许用于特殊膳食用食品的营养强化剂及化合物来源，表 C.2 规定了仅允许用于部分特殊膳食用食品的其他营养成分及使用量，特殊膳食用食品包括婴幼儿配方食品、婴幼儿谷类辅助食品、特殊医学用途婴儿配方食品，在生产中可根据标准列表要求进行选择性添加。

GB14880—2012《食品安全国家标准 食品营养强化剂使用标准》中规定了可以添加到婴幼儿食品的营养强化剂名单：低聚半乳糖、低聚果糖、多聚果糖、棉籽糖、聚葡萄糖、二十二碳六烯酸（DHA）、花生四烯酸（AA 或 ARA）、1,3 二油酸-2-棕榈酸甘油三酯（OPO）、叶黄素、乳铁蛋白、酪蛋白钙肽、酪蛋白磷酸肽、核苷酸。

5）标签标准

《预包装食品标签通则》(GB7718—2011)、《预包装特殊膳食用食品标签》(GB13432—2013)、《预包装食品营养标签通则》(GB28050—2011)、《食品标识监督管理办法》、《婴幼儿配方乳粉产品配方注册标签规范技术指导原则（试行）》是婴幼儿配方食品标签执行的主要依据。

2019 年 12 月 31 日食品安全国家标准审评委员会秘书处发布《预包装食品标签通则（征求意见稿）》(GB7718)，并公开征求意见。此外，《食品安全国家标准 婴儿配方食品》(GB 10765—2021)、《食品安全国家标准 较大婴儿配方食品》(GB 10766—2021)与《食品安全国家标准 幼儿配方食品》(GB 10767—

2021）中也对标签进行了要求。

6）检验方法标准

2010 年，卫生部发布了 49 项检验方法标准，包括生乳相对密度、冰点的测定；乳及乳制品杂质度、酸度、脂肪、脂肪酸、溶解度、非脂乳固体、苯甲酸和山梨酸的测定；婴幼儿食品和乳品中乳糖和蔗糖、不溶性膳食纤维、维生素 A、维生素 D、维生素 E、维生素 K_1、维生素 B_1、维生素 B_2、维生素 B_6、维生素 B_{12}、烟酸和烟酰胺、叶酸（叶酸盐活性）、泛酸、维生素 C、游离生物素、钙、铁、锌、钠、钾、镁、铜和锰、磷、碘、氯、肌醇、牛磺酸、β-胡萝卜素、反式脂肪酸、黄曲霉毒素 M_1 的测定；食品中蛋白质、水分、灰分、亚硝酸盐与硝酸盐、黄曲霉毒素 M_1 和 B_1、硒的测定；食品微生物学检验包括总则、菌落总数测定、大肠菌群计数、沙门菌检验、金黄色葡萄球菌检验、霉菌和酵母计数、单核细胞增生李斯特菌检验、乳酸菌检验、阪崎肠杆菌检验等标准。

2016 年，国家卫计委发布一批乳及乳制品方面的检验标准，包括《乳及乳制品杂质度的测定》（GB 5413.30—2016）、《乳及乳制品非脂乳固体的测定》（GB 5413.39—2016）、《乳及乳制品中多种有机氯农药残留量的测定 气相色谱-质谱/质谱法》（GB 23200.86—2016）、《乳及乳中多种氨基甲酸酯类农药残留量的测定》（GB 23200.90—2016）、《乳及乳制品中多种拟除虫菊酯农药残留量的测定 气相色谱-质谱法》（GB 23200.85—2016）等标准。婴幼儿配方食品中的检验标准主要包括 GB 5413 系列,《婴幼儿食品和乳品中反式脂肪酸的测定》（GB 5413.36—2010）、《婴幼儿食品和乳品中乳糖、蔗糖的测定》（GB 5413.5—2010）、《婴幼儿食品和乳粉中维生素 B_{12} 的测定》（GB 5413.14—2010）、《婴幼儿食品和乳品中维生素 C 的测定》（GB 5413.18—2010）、《婴幼儿食品和乳品中胆碱的测定》（GB 5413.20—2013）、《乳和乳制品杂质度的测定》（GB 5413.30—2016）、《婴幼儿食品和乳品中脲酶的测定》（GB 5413.31—2013）、《婴幼儿食品和乳品中核苷酸的测定》（GB 5413.40—2016）等，以及 GB 5009 系列《食品卫生检验标准》、GB 4789 系列《食品微生物学检验标准》。目前婴幼儿配方食品的检验标准仍在不断制定和修订中。

第三节　婴幼儿配方食品产业存在的问题

一、存在多种"卡脖子"问题

我国在婴幼儿配方食品企业的供应链中，存在着多种技术和制度上的限制，这些限制成为了企业发展过程中的阻碍，被形象地称为"卡脖子"问题。这些问题主要包括技术瓶颈、生产效率不足、生产成本居高不下等方面的挑战。例如，婴幼儿配方乳粉行业的供应链存在显著短板，国际供应链安全体系存在很大隐患，关键的乳原辅料在数量、质量、价格、成本等方面完全受制于国外供应商，属于典型的"卡脖子"原料。另外，奶牛生物育种、种公牛培育、性控冻精配种、集成应用性别控制、基因组检测技术依赖发达国家，属于明显的"卡脖子"技术。

首先，技术方面的"卡脖子"问题表现为制约性技术的不足。虽然部分企业已经开始采用一些先进的技术，如膜过滤结合离子交换、膜过滤结合色谱技术等，用于特殊乳配料的分离制备，但这些技术仍然无法满足多种乳蛋白配料的连续分离及全分离的要求。例如，对于乳蛋白配料的分离制备技术，目前仅限于单一组分，无法实现多种乳蛋白配料的有效分离，导致其他乳成分的浪费，同时分离效率低，活性损失严重，限制了生产效率的提升。

其次，生物合成方面的"卡脖子"问题主要表现为功能性脂质和低聚糖的生物合成受限。虽然已经实现了部分功能性脂质和低聚糖的生物合成，但主要集中在结构简单的种类，如 OPO 和 OPL。然而，对于结构复杂的功能性脂质，如鞘磷脂和神经节苷脂，目前尚未实现其生物合成，限制了产品种类的丰富度和功能的提升。同时，生物合成法生产低聚糖的技术也存在着问题，酶法和基因工程菌发酵法虽然可以实现低聚糖的合成，但酶的稳定性差，限制了高效生产的实现，此外，生产过程中的安全性评价和法规还有待完善。

最后，对于益生菌的鉴定、分离和应用方面也存在着"卡脖子"问题。虽然已经建立了母乳益生菌的鉴定和分离技术，但高活性益生菌的筛选及其稳定性仍然是限制产业化应用的关键问题。此外，虽然我国在益生菌领域拥有自主知识产权，但在功效评价和临床喂养方面的数据积累仍然十分有限，限制了产品的市场应用和推广。

因此，要解决婴幼儿配方食品企业供应链中的"卡脖子"问题，需要从技术创新、生产工艺优化、品质管理提升等方面入手，加大研发投入，加强合作交流，推动行业的健康发展。

二、缺乏代表性母乳研究数据

目前，我国尚缺乏全国范围内的健康母婴母乳组分参考值，这导致了在疾病或异常生理状况下母乳组分变化研究的不足。未来的解决方案需要加强人群干预实验和观察性研究，以探究影响母乳组分变异的因素以及母乳组分对母婴健康的实际影响，从而达到最佳的母婴营养与健康状况。通过研究，可以确定出对婴儿实现最佳体格生长、神经心理发育和整体健康状况至关重要的母乳成分。同时，还需要关注母亲或婴儿在疾病状态下（如妊娠期糖尿病、子痫前期、早产等）的母乳成分情况。这一系列研究将为确定在母婴健康条件下的母乳组分提供基础，同时也为如何通过营养干预改善母乳组分以促进母婴健康提供了可靠依据。

三、过度依赖国外设备

对于婴幼儿配方食品企业而言，如果过度依赖国外核心生产设备和检验检测仪器，将带来行业和企业的安全隐患。一旦外国制造商掌握了关键的高新技术和设备，我国婴儿配方食品企业的发展将受到严重限制。这种技术设备依赖问题不仅具有系统性和普遍性，而且是我国工业面临的整体挑战。唯有通过不断提升工业装备的整体水平，方能真正消除相应的发展风险。

（一）检测设备

目前，我国引进的原料奶细菌检测设备主要来自国外，数量相对较少。与国外相比，我国自主研发的检测设备在数量和性能上存在较大差距，因此在企业中的应用较为有限。大多数企业仍在沿用传统的检测方法，这在一定程度上影响了生产效率，同时也难以保证产品的质量。

（二）乳粉生产设备

由于资金和技术方面存在一定缺陷，国内大多采用自主研发的乳粉生产设备进行生产。然而，与国外设备相比，这些设备在二次干燥和速溶喷雾等方面存在较大的不足。例如，在速溶性方面，国产奶粉与国外奶粉相比存在明显差距。因此，国内乳粉生产设备在一些方面仍需要改进。

（三）杀菌设备

国内广泛采用高温短时杀菌和超高温瞬间杀菌设备对乳品进行杀菌，但这些设备大多为国外引进设备。尽管国内一些企业也进行了自主研发，推出了无菌生产设备，但与国外先进设备相比，它们在质量和性能上仍存在较大差距。

四、缺乏完善的标准法规

（一）配方注册制度需完善

我国对婴幼儿配方乳粉实行注册制，颁布了注册管理办法以及相应配套文件，并且这项开拓性工作也取得了较好的成果。但随着注册工作的深入开展，相应配套文件都需要进一步发展完善。

(二)需补充液态婴幼儿配方食品技术规范

目前我国尚无液态婴幼儿配方食品生产许可审查细则,从乳制品行业发展来看,液态婴幼儿配方食品在逐渐发展,因此今后也应当增加液态婴幼儿配方食品的生产许可审查细则的正式文件。

(三)需增强检验方法标准的通用性与针对性

我国产品检测标准正处在一个比较欠缺的境地,乳制品的农药、兽药、污染物、真菌毒素,微生物及其他指标检测方法标准有待进一步完善,一些允许在婴幼儿配方食品里加入的营养强化剂,比如低聚半乳糖、酪蛋白钙肽、乳铁蛋白、1,3-二油酸-2-棕榈酸甘油三酯的检测方法国家标准尚属空白,因此,有必要研究开发相关检测方法,以解决此类物质在产品中的检测难题。

(四)需建立乳制品工艺标准

我国目前缺少乳制品生产工艺方面的标准。如乳粉生产过程中的均质、浓缩、干燥应控制什么样的具体工艺参数。缺少这方面的生产工艺标准,导致行业内使用范围宽泛,同时可能会存在安全风险,易出现过度热加工或加工强度不足情况,可能都会出现产品安全隐患。

(五)需补充原辅料标准

虽然我国已颁布大部分原辅料的国家标准,但仍存在部分可应用于婴幼儿配方乳粉中的原辅料如部分单体氨基酸、酪蛋白钙肽等的国家标准处于空缺状态的问题,因此需要进一步对原辅料国家标准进行补充和完善,规范各类原辅料的质量安全,从源头控制婴幼儿配方乳粉的质量安全。

第四节 婴幼儿配方食品产业高质量发展建议

一、推动原辅料国产化

在国外,婴幼儿配方乳粉的主要成分乳清蛋白和乳糖通常来自奶酪生产的副产品。然而,我国奶酪产业发展缓慢,无法在可预见的时间范围内提供足量的乳清蛋白、乳糖等主要原料。因此,需要行业投入更多精力,开发出可替代乳清蛋白及乳糖的原料,或者研发出能够分离牛乳成分的生产技术,以确保我国婴幼儿配方乳粉行业的主要原料不会出现战略供应短缺风险。为此,有必要成立"婴幼儿配方乳粉重点实验室",汇聚全国顶尖的临床儿科医生、基础医学专家、公共卫生与预防医学专家、乳品科学专家、工程技术专家、乳制品企业技术专家等,共同合作打通基础研究到产业化生产的各个环节。这样的举措可以实现乳清蛋白、乳糖、低聚糖、DHA、OPO 结构油脂等功能基料的国产化,解决重要原辅料的"瓶颈"问题。同时,还应该着手研发非乳基婴幼儿配方食品,以降低乳源原料的国际贸易风险。

未来,我们应以"全组分、高效率、高活性、婴幼儿适用性"为导向,突破鲜乳源的全乳组分高效分离,实现综合效益最大化。这需要进一步明确中国母乳脂质结构的特点,构建高效特异性脂肪酶制剂,实现母乳特征结构脂的生物合成。同时,应该构建稳定性高的特异性生物转化酶制剂,开发 HMOs 的酶法转化制造技术,并持续进行 HMOs 生物合成技术创新,以构建新型安全的 HMOs 基料。此外,需要革新母乳益生菌的靶向筛选和高活性制造技术,建立健全的安全性评价标准,完善功效评价和临床评价数据,从而实现自主知识产权益生菌的工业化应用。这些举措将有助于推动婴幼儿配方乳粉行业向更高水平发展,确保产品的安全性、营养性和适用性,为婴幼儿健康提供更好的保障。

二、深入开展国内母乳相关研究

多中心合作开展的研究,旨在建立全国范围内具有代表性的健康母婴群体的母乳成分参考值乃至标准值,并对母乳成分随着时代的演变所发生的变化进行动态监测,这将是未来努力的方向。这项工作为我国定制婴幼儿及哺乳期妇女的营养素推荐摄入量提供了坚实的基础。在实施层面,为了快速且有效地应对研究中出现的较小影响问题,构建一个专注于母乳研究的协作平台和建立一个母乳数据仓库显得尤为关键。不同研究之间的有效整合依赖于研究方法的标准化,这包括样本的采集、储存以及样本中各个成分分析方法的统一标准。

随着母乳"新"成分的不断发现,其功能研究需进一步加强,应从体外实验、动物实验、流行病学、临床研究等多角度探讨已知母乳成分的功能和"新"成分的功能。利用多组学技术和生物信息学分析,不仅关注单一成分的功能,而且需要更加关注母乳是一个系统,应对其进行整体的功能研究;不仅关注母乳组分的近期健康效应,同时还需要关注其对母婴远期健康的影响。

此外,还应关注特殊生理、代谢状况特殊儿童的营养需要。后续应通过长期前瞻性研究,全面了解特殊儿童近、远期体格生长,认知发育,免疫调节等所需的全面营养。明确个体化营养特征,分析遗传基因与母体及胎、婴儿生活环境对营养需求个体差异的贡献度,以为婴儿提供个体化的营养支持。

三、创新并普及生产设备国有化

产品品质的形成与生产过程紧密相关,这在很大程度上取决于生产设备和技术水平。虽然目前国内多数婴幼儿辅食生产企业与国际品牌存在显著差异,但国内品牌公司应加大投资力度,持续进行转型升级,提升国产生产设备的自动化和技术水平。这包括推动工艺设备从半自动化向全自动化、数字化转变,优化生产流程至智能制造的高度自动化水平。通过实时监控各环节的工艺参数,引入自动化清洗系统,企业可以大幅提升产品的质量稳定性。针对进口原料依赖问题,开发乳成分分离技术和设备是关键,这将有助于增强行业的自主能力和产品的国际竞争力。

婴幼儿配方乳粉装备行业的技术水平进一步提升。我国应努力掌握并研发一批拥有自主知识产权的核心技术和先进装备。同时,婴幼儿配方乳粉专用装备国产化率应不断提高。部分装备脱离对国外技术的依赖和限制。自主装备的技术水平逐渐缩小了与国际水平的差距。部分产品的性能达到甚至超过了国外的先进水平。这一系列进步使得关键成套装备不再长期依赖进口,而是基本实现了自主化,并且能够形成成套的出口产品,这是一个重大的突破。

针对限制我国乳业发展的关键技术,可以按照引进消化与自主创新相结合的原则开展科技攻关。研制开发婴幼儿配方乳粉生产新工艺,推广应用新技术,开发适合不同消费者需求的婴幼儿配方乳粉产品,升级产品价值链,努力在工艺技术和科学研究上取得突破,使重大项目成果及专利在企业实际生产中得到广泛应用。通过创新技术的实际应用,提高产品的核心竞争力,进一步推动我国婴幼儿配方乳粉产业的创新升级。

婴幼儿配方乳粉生产企业积极探索"互联网+"工业的新型生产模式,改造转型升级传统产业,建立先进的制造和管理系统。引进智能工厂模式,建立覆盖整个供应链的质量信息化管理系统,将食品安全工作延伸至产业链条上的所有合作伙伴、全部关键环节,从源头到终端严格把关产品的每一个环节,做到养殖、加工、流通等全过程可追溯。如通过技术对生产各个工序的关键点相关信息和检验数据进行自动获取或实时记录,利用实时数据组建数据库,并通过数据监控平台对数据进行实时监测与预警,同时通过数据库对产品进行快速溯源。

凭借互联网信息获取的便捷性,婴幼儿配方乳粉企业开辟一条线上线下融合的渠道,从大规模、批量化的大众服务转为多批次、小批量的小众服务,探索个性化定制、按需制造等新型生产方式。借助电商、微商和其他移动互联网平台,实现经销商订单运营模式以及在直营模式下的创新,促进婴幼儿配方乳粉企业适应经济发展新常态。

四、完善创新服务及监管体系

增强科技创新能力，推动发展方式转变升级，这是事关婴幼儿配方乳粉行业发展大局的一个重大战略性问题。最近几年国家对婴幼儿配方乳粉行业健康发展高度重视，做出一系列工作安排，与此同时，婴幼儿配方乳粉行业也做出了积极回应。接下来一段时期，针对技术、产品创新的服务体系将进一步完善，加大政策扶持力度，以推动婴幼儿配方乳粉产业的科技发展。

（一）研发投入继续增长

国家重视婴幼儿配方乳粉的发展，用于基础研究及重大科技项目的投入不断加大，政产学研技术创新模式得到更广泛应用，开展婴幼儿配方乳粉原辅料营养价值研究及有害微生物检测技术等相关研究的高校数量不断增加，有序推进国家级、省级研发中心、示范基地的建立。同时，婴幼儿配方乳粉企业也开始重视自身产品的研究与发展，建立企业自有的研发中心。

（二）人才培养不断加强

加快创新型研发、复合型管理、应用型技术和国际化运营人才培养。推进产学研合作，创新人才培养模式；加快培养生产技术工人和检验检测人员；鼓励人才到欧美等婴幼儿配方乳粉工业强国进行技术学习交流。

（三）婴幼儿食品标准法规加强改善

增强配方注册制度的严格性，要求所有婴幼儿食品配方在市场上销售前必须经过更为严格的科学评估和批准。这包括对配方的营养成分、安全性和适宜性进行全面评价。确保配方注册的过程和结果对公众透明，包括申请的详细资料、评估过程和最终的批准情况，以增强公众信任。针对液态婴幼儿配方食品，制定具体的生产和质量控制标准，包括配方的稳定性、微生物控制以及包装安全性要求。考虑到液态配方的特殊性，规范应灵活适应不同类型的液态食品，如纯母乳替代品、辅食流质等。制定统一的检验标准和方法，确保所有检验机构使用相同的程序，以提高检验结果的可比性和可靠性。针对婴幼儿食品中常见的风险因素，如重金属、微生物污染等，开发和标准化特定的检测技术和方法。建立具体的乳制品工艺标准，包括原料采集、处理、储存和运输的各个环节，确保整个生产过程符合高标准的安全和卫生要求。鼓励乳制品企业采用新技术和方法，不断改进生产工艺，提高产品质量和安全性。

五、产能利用率不断提高

当前，婴幼儿配方食品市场面临整体供应过剩和产能利用率偏低的挑战。在此背景下，《国产婴幼儿配方乳粉提升行动方案》呼吁加速对连续三年年产量未达1000吨或年销售额不满5000万元，且在工艺和技术设备上落后的企业进行改革与升级，以提升行业的集中度和整体发展质量。通过提高行业集中度或推动企业间的兼并重组，不仅可以提高企业的产能利用效率，还能促进行业的绿色发展，从而实现更加可持续和高效的产业生态。

参 考 文 献

[1] 徐兴利, 黄家伟. 乳制品质量安全提升行动方案. 食品界, 2021, (02): 16-17
[2] 国务院办公厅. 国务院办公厅关于转发工业和信息化部等部门推动婴幼儿配方乳粉企业兼并重组工作方案的通知(国办发〔2014〕28号). 乳业科学与技术, 2014, 37(005): 38-40
[3] 刘玉满, 李胜利. 中国奶业经济研究报告2011. 北京: 中国农业出版社, 2012
[4] 市场监管总局推动乳品企业履行承诺进一步提升乳制品质量安全. 中国食品卫生杂志, 2021, 33(2): 1
[5] 张倩. 国内外食品标识法规标准比较研究. 中国农学通报, 2019, 35(23): 7
[6] 束天锋. 低温真空喷雾干燥乳粉的工艺参数优化. 合肥: 安徽农业大学, 2015
[7] 石谢新. 市场监管总局解读 婴幼儿配方乳粉产品配方注册事宜. 中国食品工业, 2021, (12): 32-35
[8] 国家市场监督管理总局. 市场监管总局关于婴幼儿配方乳粉产品配方注册有关事宜的公告. 2021-03-23. https://www.samr.gov.cn/tssps/zcwj/art/2023/art_8c35b50883724cbba59f519d29166e9d.html
[9] 国家市场监督管理总局. 婴幼儿配方乳粉产品配方注册问答. 2021-06-16. https://www.samr.gov.cn/tssps/zcwj/art/2023/art_b8faefb0d171452f8d2ef2bd276e7f3b.html
[10] 仇萌. 婴幼儿配方乳企应自建自控奶源. 食品安全导刊, 2013(16): 1
[11] 国家市场监督管理总局令第80号, 婴幼儿配方乳粉产品配方注册管理办法. 2023-06-26 https://www.samr.gov.cn/zw/zfxxgk/fdzdgknr/fgs/art/2023/art_3a5f8aa921ac4d9e85c2dffe93b05955.html
[12] 国家市场监督管理总局. 婴幼儿配方乳粉产品配方注册申请材料项目与要求(试行)(2017修订版). http://www.cfe-samr.org.cn/zyyw/yp/xzzq/202104/t20210415_3356.html
[13] 国家市场监督管理总局. 婴幼儿配方乳粉产品配方注册标签规范技术指导原则(试行). 2017-05-24. http://www.cfe-samr.org.cn/xzzq/yyepfrfcppf/202104/t20210412_3095.html
[14] 段丽爽, 周博雅, 林亚青, 等. 婴幼儿配方乳粉生产监管与食品安全生产规范体系检查. 中国食品药品监管, 2019(01): 88-95
[15] 蒋慧, 田洪芸, 田栋, 等. 近三年婴幼儿配方乳粉质量状况及相关监管要求. 中国乳品工业, 2018, 46(04): 39-42
[16] 姜毓君, 庄柯瑾, 张微, 等. 我国婴幼儿配方乳粉质量安全监管政策现状与趋势分析. 食品

科学技术学报, 2017, 35(05): 1-6, 24
[17] 龙继红. 我国婴幼儿配方乳粉监管体系初探. 中国乳品工业, 2017, 45(08): 30-33, 42
[18] 婴幼儿配方乳粉生产企业食品安全追溯管理规范出台. 绿色包装, 2016(03): 12
[19] 谢佳岐, 徐岚, 陶鑫. 婴幼儿配方乳粉产品行业监管分析. 食品安全导刊, 2018(10): 32-34
[20] 国家质量监督检验检疫总局. 乳制品生产企业落实质量安全主体责任监督检查规定(国质检食监〔2009〕437号). http://law.foodmate.net/show-164204.html
[21] 国务院. 乳品质量安全监督管理条例(国务院令第536号). http://law.foodmate.net/show-124505.html
[22] 五部委印发《全国奶业发展规划(2016—2020年)》. 2017-01-09. https://www.gov.cn/xinwen/2017-01/09/content_5158300.htm
[23] 黑龙江省人民政府. 黑龙江省人民政府办公厅关于进一步加强婴幼儿配方乳粉质量安全工作的实施意见(黑政办发〔2014〕42号). http://law.foodmate.net/show-184492.html
[24] 国家食品药品监督管理总局. 总局办公厅关于开展婴幼儿配方乳粉标签标识规范和监督检查工作的通知(食药监办食监一〔2016〕168号). http://law.foodmate.net/show-189580.html
[25] 黑龙江省食品药品监督管理局. 省局关于印发黑龙江省乳制品监督管理工作制度的通知(黑食药监规〔2018〕8号). http://law.foodmate.net/show-193576.html
[26] 国务院. 中华人民共和国食品安全法实施条例(国务院令第721号). http://www.gov.cn/zhengce/content/2019-10/31/content_5447142.html
[27] 国家认证认可监督管理委员会. 乳制品生产企业建立和实施GMP、HACCP体系技术指南. 北京: 中国标准出版社, 2011
[28] 卫生部政策法规司. 中华人民共和国食品安全国家标准汇编(2010年度)上. 北京: 中国质检出版社 2011
[29] 中国质检出版社第一编辑室. 乳制品及婴幼儿配方乳粉生产许可条件审查文件及相关标准选编: 2010版. 北京: 中国质检出版社, 2012
[30] 刘金峰. 食品安全国家标准汇编:食品产品 特殊膳食用食品 食品生产经营规范 食品相关产品. 北京: 中国人口出版社, 2014
[31] 张和平, 张列兵. 现代乳品工业手册. 北京: 中国轻工业出版社, 2005
[32] 刘芳, 何忠伟. 中国乳业政策速查手册. 北京: 金盾出版社, 2014
[33] 李超. 北京乳品企业成长性研究. 北京: 北京农学院, 2014
[34] 黎超. 我国婴幼儿食品行业质量报告. 质量与标准化, 2014, (04): 32-35
[35] 陈瑶君. 食品添加剂. 中国食品卫生杂志, 2006, 18(1): 93-95
[36] 蔡玮红, 莫锡乾, 杨伟康, 等. 中国婴幼儿辅食产业发展面临的机遇和挑战. 中国妇幼健康研究, 2021, 32(12): 1822-1827
[37] 中华人民共和国国家卫生健康委员会, 国家市场监督管理总局. GB 10765—2021 食品安全国家标准婴儿配方食品. 2021-03-18
[38] 中华人民共和国国家卫生健康委员会, 国家市场监督管理总局. GB 10766—2021 食品安全国家标准较大婴儿配方食品. 2021-03-18
[39] 中华人民共和国国家卫生健康委员会, 国家市场监督管理总局. GB 10767—2021 食品安全国家标准幼儿配方食品. 2021-03-18
[40] 中华人民共和国卫生部. 食品安全国家标准 特殊医学用途配方食品通则: GB 29922—

2013. 北京: 中国标准出版社, 2014

[41] 中华人民共和国卫生部. 食品安全国家标准 特殊医学用途配方食品良好生产规范: GB29923—2013. 北京: 中国标准出版社, 2015

[42] 国家食品药品监督管理总局科技和标准司, 国家食品安全风险评估中心. 殊食品国内外法规标准比对研究. 北京: 中国医药科技出版社, 2017

[43] 任雪梅, 于艳艳, 陆垣宏, 等. 我国婴幼儿配方乳粉监管现状及标准法规研究. 中国食物与营养, 2019, 25(07): 26-28

[44] 全国人民代表大会常务委员会. 中华人民共和国食品安全法 2021 年修正版(主席令第 21 号). 2015-04-24. http://law.foodmate.net/show-186186.html

[45] 七部委印发《国产婴幼儿配方乳粉提升行动方案》力争婴配粉自给水平稳定在60%以上. 中国乳业, 2019(06): 20

[46] 国家市场监督管理总局. 关于发布婴幼儿辅助食品生产许可审查细则(2017 版)的公告. 2017-01-10. https://www.samr.gov.cn/spscs/tzgg/art/2023/art_0ad1c1c265954ee28321c4905b42564b.html

第十二章 特殊医学用途配方食品产业

第一节 研 究 背 景

近些年，我国住院患者逐年增加，2021年度入院人次数接近2.5亿（图12-1），营养不良发生率达30%以上，其中肿瘤患者中/重度营养不良发生率高达58%；营养不良的发生，减缓了患者康复时间，给经济社会发展带来了沉重的负担。

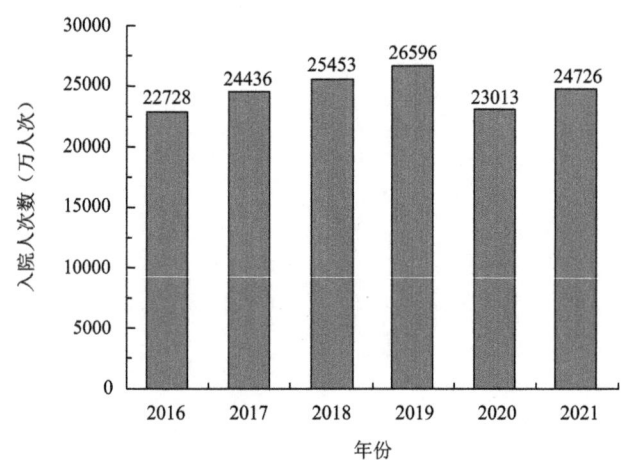

图12-1 2016—2021年入院人次数

肠内营养是指直接通过胃肠道给药，向患者提供营养物质，以满足其身体健康所需。大量的临床实践证明，肠内营养支持对于改善患者的营养状况、提高生理功能、加速康复，减少并发症的发生（图12-2）具有重要作用。肠内营养产生的这些积极影响主要在于其能够维护消化道的结构和功能，具体包括三方面作用。

肠道被称为"第二大脑"。除了消化吸收以外，它还是人体免疫系统的重要组成部分。肠内营养可直接作用于肠黏膜细胞，使后者大量增殖、分化，从而维持肠道屏障完整性，加快肠道机械、化学、生物、免疫屏障的全面修复，进而对肠源性感染、肝损伤等多种疾病起到治疗作用。此外，肠内营养也能够促进肠-X

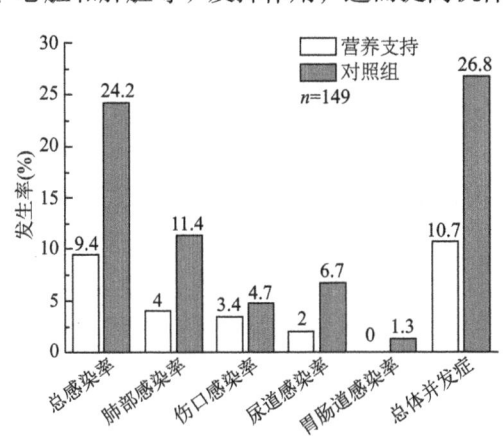

轴（X：脑、肾脏、心脏和肝脏等）发挥作用，进而提高机体免疫力。

图 12-2　肠内营养支持对不同疾病术后感染率影响

肠内营养可以提供人体所需的各种营养素，如蛋白质、糖、脂肪、维生素和矿物质等，充足的营养供应是提高免疫系统功能的基础。

一些特殊的营养素如膳食纤维、益生菌和益生元等可以通过调节肠道微生物群落，进而影响免疫系统的反应，增强机体的抵抗力。

总之，良好的肠内营养有助于维护肠道的正常功能，减少炎症和感染的机会。大力发展肠内营养对于预防和纠正患者营养不良，促进患者康复具有重要作用。

肠内营养制剂和特殊医学用途配方食品（简称"特医食品"）都是肠内营养支持的重要载体，两者都能够满足进食受限、消化吸收障碍、代谢紊乱或特定疾病状态人群对营养素或膳食的特殊需要。不同之处在于前者以药品的身份注册，而后者则以特殊食品的身份注册，因此，特医食品的使用范围更广，包括体重管理、疾病患者营养支持和婴儿配方食品等。

2012 年我国颁布《特殊医学用途配方食品通则》和《特殊医学用途配方食品良好生产规范》两个标准，规范了我国特医食品产业发展，随着国家对特医食品产业的不断支持，特医食品有望逐步取代肠内营养制剂，成为肠内营养支持的重要载体。

根据《特殊医学用途配方食品通则》，我国特医食品被分为两大类：适用于 0 月龄至 12 月龄的特殊医学用途婴儿配方食品和适用于 1 岁以上人群的（普通）特医食品。特殊医学用途婴儿配方食品产品分类有：无乳糖配方或低乳糖、乳蛋白部分水解配方、乳蛋白深度水解配方或氨基酸配方、早产／低出生体重婴儿配方、母乳营养补充剂、氨基酸代谢障碍配方等。

在疾病状况下，无法进食普通膳食或无法用日常膳食满足目标人群的营养需求时，可用特医食品提供营养支持。根据不同临床需求和适用人群，特医食品的产品被分为三大类，即全营养配方食品、特定全营养配方食品和非全营养配方食品。全营养配方食品指可作为单一营养来源满足目标人群营养需求的特医食品。特定全营养配方食品是指可作为单一营养来源满足目标人群在特定疾病或医学状况下营养需求的特医食品，包括糖尿病、呼吸系统疾病、肾病、肿瘤、肝病、肌肉衰减综合征、创伤/感染/手术及其他应激状态、炎性肠病、食物蛋白过敏、难治性癫痫、胃肠道吸收障碍/胰腺炎、脂肪酸代谢异常、肥胖减脂手术全营养配方食品等十三大类。非全营养配方食品指可满足目标人群部分营养需求的特医食品，包括营养素组件（蛋白质组件、脂肪组件、碳水化合物组件）、电解质配方、增稠组件、流质配方和氨基酸代谢障碍配方等五大类。

《"健康中国 2030"规划纲要》和《国民营养计划（2017—2030 年）》指出：要优化食物结构，改善人民营养状况，大力发展营养健康食品。我国 60 岁以上老年人口超过 2.5 亿人，占总人口的 17.9%；糖尿病患者达 1.14 亿人，住院患者接近 2.5 亿人次/年，这些特殊人群对特医食品等专用营养健康食品需求巨大。

随着特医食品的临床应用价值逐渐被认可，国家对特医食品产业发展予以了支持和监管，近十年来，国家相继出台了一系列的法律法规来规范我国特医食品产业发展，相关法规的出台推动了我国特医食品产业发展，市场规模从 2016 年的不足 30 亿元到 2021 年的 100 亿元规模，年增长率超 30%，并且预计到 2023 年将达到 140 亿元的市场规模。

尽管我国特医食品发展势头良好，但由于起步晚，理论研究、技术储备、装备开发等方面与发达国家存在较大差距，因此现阶段，我国特医食品市场仍被雅培、纽迪希亚和雀巢等国外特医食品头部企业所垄断，产品占领了 80% 的国内市场份额。因此，我国特医食品产业尽管面临较好的发展机遇，但同时也存在多方面不足与挑战，下文将重点聚焦特医食品国内外产业现状、产业发展问题及高质量发展建议等方面进行详细综述。

第二节　特医食品产业现状与发展趋势

一、全球特医食品产业现状与发展趋势

（一）历史发展

特医食品是从最初的古代医学，到现代医学和营养科学的基础上逐步发展，加上各国相继制定的特医食品的法规和标准，规范了特医食品的发展。古代各地的医学体系中，包括中医、印度草药学等，都有对特定食物和草药在治疗疾病方面的应用。几千年来，中医草药疗法一直是中华民族医学的重要组成部分。以《黄

帝内经》为代表的古代医书中，详细记载了大量的草药和其在治疗各种疾病中的应用方法。例如，人参、黄芪等被广泛用于提升体力和免疫力，当归、川芎等用于调经养血。古印度的阿育吠陀医学中也有丰富的草药疗法。比如，姜黄被认为具有消炎、抗菌等功效，被广泛用于治疗炎症性疾病。印度乳香树树脂也被用于缓解关节炎等疾病。古希腊医学家如希波克拉底和盖伦也提出了许多与草药和食物有关的治疗方法。比如，蜂蜜被用于消炎和愈合创伤，橄榄油则被认为对皮肤和消化系统有益。这些传统的食疗方法是特医食品发展的先驱。

18～19世纪，营养学的发展为特医食品的发展奠定了基础。18世纪初，在认识到食物与人体基本化学元素组成基础上，逐渐形成了营养素的基本概念与理论；19世纪初，分离和鉴定了食物中绝大多数营养素，该时期是发现营养素的鼎盛时期，也是营养学发展的黄金时期。19世纪中后期，继续发现一些新营养素并系统研究了这些营养素消化、吸收、代谢及生理功能，以及营养素缺乏引起的疾病及其机制。第二次世界大战期间，美国政府为防止士兵患营养缺乏病而建立了战时食物配给制度，这些调整食物结构的政策及预防营养缺乏病所采取的社会性措施为公共营养的发展奠定了基础。战后，国际上开始研究宏观营养，营养工作的社会性不断得到加强；随后在世界卫生组织和联合国粮农组织努力下，加强了全球营养工作的宏观把控，公共营养学应运而生。现代营养学的崛起，极大促进了基于单体营养素特医食品的研究和开发。

特医食品最早起源于美国。全球首例特医食品诞生于1957年，经美国食品药品监督管理局批准作为孤儿药上市，用于苯丙酮尿症患儿的膳食治疗。1973年诞生了第一个成人全营养配方食品，1988年诞生了第一个成人疾病配方食品。不同国家／地区／国际组织对特医食品的定义名称如表12-1所示。

表12-1 不同国家／地区／国际组织特医食品名称

国家／地区／组织	发布时间	法规／标准文号	英文名称	中文名称
国际食品法典委员会	1991年	CODEX STAN 180—1991	Foods for Special Medical Purpose	特医食品
欧盟	1999年	1999/21/EC	Dietary Foods for Special Medical Purpose	特殊医学用途膳食食品
美国	1988年	PUBLICLAE100-290-APR.18, 1988	Medical Foods	医学食品
日本	2002年	日本健康增进法2002年103号	Food for Sick	患者用食品
澳大利亚/新西兰	2012年	Standard 2.9.5-Foods for Special Medical Purpose	Foods for Special Medical Purpose	特殊医疗食品

续表

国家/地区/组织	发布时间	法规/标准文号	英文名称	中文名称
中国	2010年	GB 25596—2010	Foods for Special Medical Purpose	特殊医学用途婴儿配方食品
	2013年	GB 29922—2013		特殊医学用途配方食品

（二）市场消费现状

特医食品在国外有半个世纪以上的使用历史，欧美国家使用较早，产品成熟且种类丰富，例如美国、欧盟、澳大利亚、新西兰、日本等发达国家或地区对特医食品均给予了明确法律地位，相关的法律法规和监管措施相对完善。新世纪以来，特医食品产业在全球范围内已然呈现出蓬勃发展之势。据报道，2016~2020年，全球特医食品市场规模由650亿元增长至810亿元（图12-3a），年平均增长率达6.2%，2021年全球市场规模进一步上涨，超过900亿元，较2020年同期增长11.1%。在全球特医食品市场中，美国、英国和澳大利亚的特医食品市场消费额相对较高，截至2021年末，美国特医食品年消费额约为560亿元，占全球市场的比重达62.2%，其次是英国和澳大利亚，年消费额分别为225亿元和82亿元，占比25%和9.1%（图12-3b）。随着全球人口老龄化趋势的加剧以及新冠疫情以来人们营养健康观念的加深，特医食品行业市场规模将会进一步扩大，有望在未来几年突破千亿元大关。

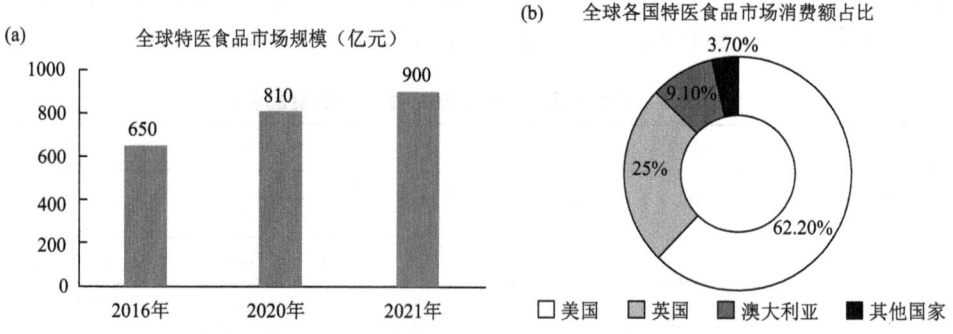

图12-3 全球特医食品市场规模及区域分布情况（a）全球特医食品市场规模，（b）全球各国特医食品市场消费额占比

目前特医食品应用场景包括医院、药店和养老机构等，从各应用场景所占比重来看，医院和药店渠道占比长期位于前列，2021年两者占比之和超过75%，分别达到42%和35%，相比之下养老机构的市场占比略低，同期比重为6%左右，整体呈现不断上升的趋势，除此之外特医食品市场其他应用场景占比之和为17%（图12-4）。

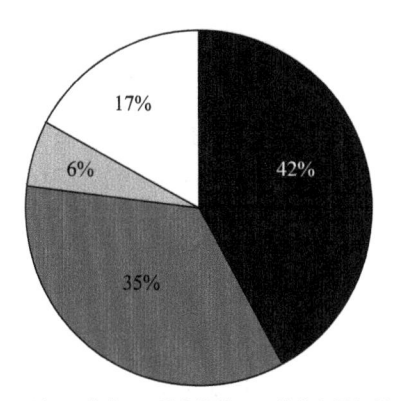

第十二章 特殊医学用途配方食品产业 // 455

■医院 ■药店 ■养老机构 □其他应用场景
图 12-4 全球特医食品市场应用场景占比

在全球特医食品行业中，由于国外行业起步阶段比较早，目前全球特医食品行业主要以外资企业为主，市场占有率排名前三的企业主是雅培、纽迪希亚和雀巢。雅培立足婴幼儿奶粉，不断开发成人营养品，旗下安素系列产品大获成功，在多国销量领先。纽迪希亚（现被达能收购）则率先提出医学营养概念，专注儿童和成人肠内营养制剂的研发，在北美及中国无锡等地均有生产销售基地。雀巢则成立雀巢健康科学子公司，积极投资收购特医食品企业，为各种病理生理状态下需要肠内营养支持的人群提供先进和个性化的解决方案。北京研精毕智信息咨询有限公司统计，2021 年三者的市场销售之和占整个市场的 65% 以上，其中雅培以 30% 的份额占据绝对的市场优势，达能和雀巢分别占比 22% 和 14%，其他企业合计占比 34%（图 12-5）。

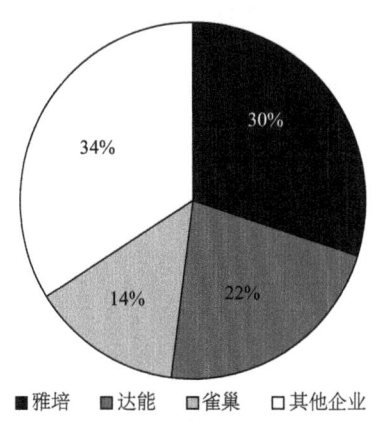

■雅培 ■达能 ■雀巢 □其他企业
图 12-5 全球特医食品生产企业市场份额占比

此外还有费森尤斯卡比、罗氏、美赞臣、荷美尔、诺华等特医食品生产企业。经过多年发展，国外相关产品种类繁多，能够满足不同疾病或特定医学状况下人群的疾病治疗和营养需求。按照产品形态，有固态（粉状、棒状）、液态和半固态（啫喱状、奶昔状）产品；按照使用途径，可以分为口服产品和管饲产品。据调查，全球市场上的特殊医学用途配方食品超过800款，按照人群年龄分类，0~1岁婴儿特膳产品39款，1~10岁儿童170余款，10岁以上470余款，其中17款适用于老年人。

（三）加工技术及装备现状

特医食品以粉剂、乳剂产品为主，还包括部分凝胶类产品，其中粉剂和乳剂的市场占比90%以上。粉剂类产品主要通过不同层级物料混合加工或溶解喷雾干燥制得；乳剂类产品需要经溶解、匀浆、均质和杀菌等系列复杂加工过程制得；凝胶类产品主要通过天然或合成高分子原料增稠或凝胶化制得。目前，粉剂或乳剂类特医食品主要采用单体营养素经混合或乳化均质制得，因此特医食品加工的关键技术在于如何保证营养素的均匀性和体系稳定性。

1. 粉剂加工技术及装备

粉剂的生产工艺主要包括干法工艺、湿法工艺以及干湿法复合工艺三种。

干法工艺指的原辅料成分在干燥的状态下经过称量、杀菌、混合、包装形成产品的过程。干法工艺主要的具体流程：原辅料、备料、进料、配料、投料、混合、包装，优点在于添加热敏性营养成分时不会失活，缺点则是产品营养素均一性没有湿法工艺好，产品口感风味和新鲜度也会存在一定的差异性。

湿法工艺指的是将各种营养素溶于水中，在液体状态下进行混合与处理。这项工艺流程复杂，通常包括配料、热处理、浓缩、干燥等工序。需要的设备较多，前处理的主要设备包括净乳机、均质机、杀菌机、浓缩设备、干燥设备、包装设备等，设备成本投入较高。湿法工艺的优点是产品均一性好，理化指标稳定，营养成分会比较均衡；而缺点是原料在高温干燥过程中容易导致热敏性成分被破坏，低温干燥能有效解决这个问题。

干湿法工艺指的是干法和湿法结合的方法，首先将非热敏性营养素溶于水中，喷雾成粉后，通过干法混合添加热敏性元素，从而获得营养素保留良好且均匀性一致的产品。

1）干法混合

特医食品中通常包含蛋白质、脂肪、碳水化合物等宏量营养素原料与矿物质、维生素等微量营养素原料，这些单体营养素混合过程中产生的均匀性问题是影响终端产品的关键。因此，粉剂类特医食品的干法制备过程中，混合工艺尤为重要。

混合的目的是得到各物质含量均匀的粉剂，使有效成分在制剂中均匀分散，每个组分的含量一致。因此混合工艺需要进行验证。一般工业中用旋转容器混合法，实验中也可用研磨、过筛、搅拌等方法。

混合效果决定于多种因素：

（1）各组分的粒径

各组分粒径的大小是避免离析的重要影响因素，通常各组分具有相同的粒径。因此混合前物料要经过粉碎和过筛。

（2）各组分的密度

密度较大的物料往往沉到底部，而密度较小的物料往往升到顶部，因此要避免物料的密度差异较大情况。

（3）各组分的量（比例）

如果组分中某种成分比例很小，则很难在混合物中分散均匀。这种情况下常用等量递增法，即将量少的组分与等体积的其他组分先混合，将此混合物混合均匀后，再将多量成分按此混合物的体积等量加入、再混合均匀，依此等量递增直至全部混合均匀。

（4）各组分的黏附性与静电

有的原料易吸附在混合设备上，应将量大或不易吸附的原辅料先加入，后加易吸附的物料。有的物料混合时易摩擦起电，可以加入少量润滑剂作抗静电剂，如硬脂酸镁等。

（5）液体组分

如果配方中有液体组分，可用其他成分作为液体吸附剂。如果其他成分不适合做吸附剂，则需要另加吸附剂，吸附液体至不润湿为止。可作为吸附剂的有磷酸钙、葡萄糖等。

2）干法混合设备

理想的混合机应尽可能轻柔又迅速地实现完全混合，避免对活性成分的破坏，还要易清洗、易装配、能耗低。实验室里可以通过搅拌混合，也可以通过过筛、研磨等方式来混合均匀。

（1）旋转容器型

这些容器可以是圆筒形，可以是V形，还有三维混合机。水平圆筒形成本低，但混合效率低，最适宜充填量为容器体积的30%；V形混合机将物料分到两个筒内，又合并在夹角处，然后又分开，混合效率较高，最适宜充填量为容器体积的30%；三维混合机圆筒在两个垂直的方向往复运动，混合不容易有死角，混合效率较高，占空间较V形混合机少。

（2）固定容器型

粉体在容器内靠其他物质的搅拌，使其均匀。主要有槽形混合机和锥形垂直螺旋混合机。槽形混合机由混合槽和螺旋状搅拌桨组成，通过搅拌桨的运动，使物料均匀混合，混合时间较长；锥形垂直螺旋混合机由锥形容器和内装的螺旋推进器组成，螺旋推进器既有公转又有自转，混合速度快，混合效率高，动力消耗少。

（3）脉冲式气流混合机

由过滤器、混合罐、混合头、出料阀等首要部件组成。基本原理是使用紧缩气体以脉冲方法冲击物料上升、分散、沉降以达到在短时间内充分混合均匀的目的。

脉冲气流混合机是将压缩空气经混合头上的喷嘴送入混合腔体内，物料瞬间随压缩空气沿筒壁螺旋式上升，形成流态化混合状态，经过若干个脉冲吹气和停顿间隔，即可实现全容积内物料的快速均匀混合（图12-6）。混合后的废气从顶部通过过滤器处理后排出。混合完成后，翻开排料阀进行排料。

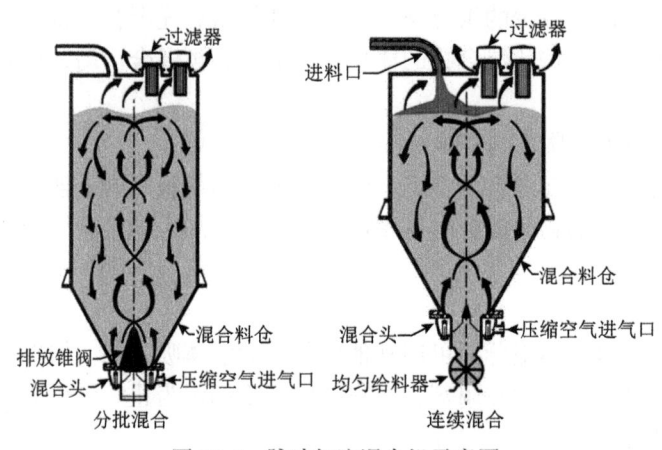

图12-6 脉冲气流混合机示意图

设备无机械搅拌机构，无机修维护需求；设备无需填注机械油脂或润滑油，不存在物料被污染的风险；按国内外公认统计数据，气流混合能耗仅为同吨位机械混合的30%~40%。

3）湿法干燥及配套设备

喷雾干燥是最主要的湿法干燥技术，主要分为压力喷雾干燥、流式喷雾干燥及离心式喷雾干燥，但是传统的喷雾干燥技术存在一定局限性，比如对热敏性营养素破坏较大。喷雾冷冻干燥是近几年发展较快的一种较新型干燥技术，将液态物质通过喷雾器雾化成微小颗粒，然后在低温下进行冷冻干燥。主要涉及物料雾化、雾化物料冻结以及冷冻干燥三大阶段，流程如图12-7所示。喷雾冷冻干燥技术结合喷雾干燥和冷冻干燥双重优点的同时，又有效避免了两者的缺点，优势在于生产的产品具有结构完整、粒径小、流动性好、生物活性高、营养物质保持完整、质量稳定等特点。

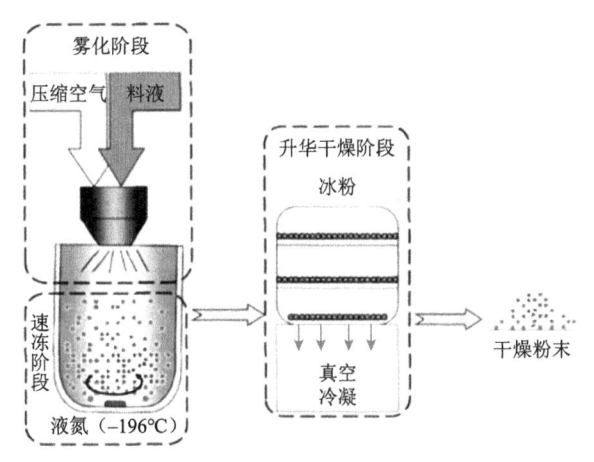

图 12-7 喷雾冷冻干燥技术过程示意图

凭借其优势，喷雾冷冻干燥技术在医药、高价值食品、活性成分研究及材料科学等领域应用越来越广泛。在医药领域，喷雾冷冻干燥技术可用于生产不同密度的高流动性粉末，其中低密度粉末可用于鼻腔、肺输送，高密度粉末可用于经皮输送；在食品领域，喷雾冷冻干燥技术可用于生产高活性益生菌细胞及高质量的脱脂奶粉、饮料粉、其他粉类食品；在材料领域，喷雾冷冻干燥技术可用于制备纳米粉末。

喷雾冷冻干燥技术已有 80 多年的发展历程，随着研究深入，喷雾冷冻干燥技术正逐步走向成熟，但喷雾冷冻干燥设备多停留在实验室阶段，可用于工业生产的设备供应不足。

2. 乳剂加工技术及装备

乳剂类产品是指水相成分（蛋白质、碳水化合物、矿物质等）和油相成分（脂肪和油溶性成分）通过乳化和杀菌处理，加工得到的能够稳定储存的均匀乳液体系，其加工关键控制点在于乳化体系稳定性和营养素失稳失活防控，因此乳化技术和杀菌技术是决定乳剂类产品品质的关键。

1）乳化技术及装备

乳化是一种液体以极微小液滴均匀地分散在互不相溶的另一种液体中的现象。在乳化过程中，往往需要添加能稳定油水界面的表面活性剂，然后经过乳化设备乳化得到稳定的乳状液。日常所接触的牛奶、化妆品等都属于乳状液。乳剂类特医食品的原料中，蛋白质是优良的表面活性剂，在乳化过程中能够吸附在油水界面上，形成稳定的乳状液。乳剂类特医食品的制作一般分为 2 个步骤，首先是通过乳化搅拌机将油相和水相匀浆混合成微米级粗乳液，其次进一步通过高压均质机破碎粗乳液形成纳米级乳液，得到体系稳定乳剂类产品。

乳化搅拌机的工作原理基于搅拌器的高速旋转，将液体物质剪切、分散、混合，从而实现乳化作用。首先，将需要乳化的液体物质注入搅拌机的容器中。然后，通过高速旋转的搅拌器将液体物质剪切、分散、混合，从而实现乳化作用。乳化搅拌技术应用于在食品行业中，通常作为前处理手段，起到均匀混合食品原料，提高食品的口感和品质的作用。乳化搅拌通常只能将物料初步乳化，形成乳液滴粒径在 1~100 μm 范围内的乳化体系，该体系由于乳液粒径较大，容易发生相分离，导致油水分层，严重影响产品品质，因此需要将粗乳液进一步均质，降低乳液粒径，提高乳化体系的稳定性。

高压均质机也称"高压流体纳米均质机"，它可以使悬浊液状态的物料在超高压作用下，高速流过具有特殊内部结构的容腔（高压均质腔），在增压机构的作用下，高压溶液快速地通过均质腔，物料会同时受到高速剪切、高频震荡、空穴现象和对流撞击等机械力作用和相应的热效应，由此引发的机械力及化学效应可诱导物料大分子的物理、化学及结构性质发生变化，最终达到均质的效果。通过高压均质机处理粗乳液，乳液滴粒径显著降低至微纳米以及纳米级别，通常能达到 200nm 以下，甚至低于 100nm，大大增强了乳液体系的稳定性。

高压均质腔是高压均质机的核心部件，是决定均质效果的主要因素。不同内部结构的高压均质腔，使用范围和均质效果都不尽相同。高压均质腔主要分为穴蚀喷嘴型、碰撞阀体型和 Y 形交互型，如图 12-8 所示。

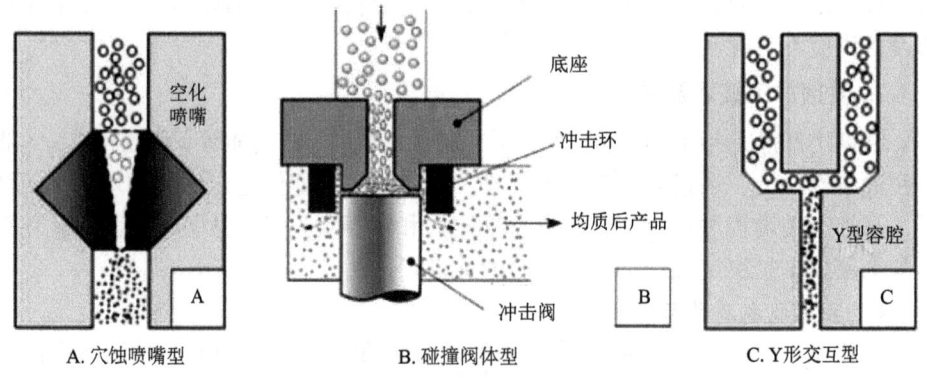

A. 穴蚀喷嘴型　　B. 碰撞阀体型　　C. Y形交互型

图 12-8　均质腔内部结构示意图

①穴蚀喷嘴型——直接引用了高压切割和航空航天推进技术中的气蚀喷嘴结构，但是由于在超高压的作用下，物料溶液经过孔径很微小的阀芯时会产生几倍音速的速度，并与阀芯内部结构发生激烈的磨擦与碰撞，因此其使用寿命较短，并伴随有金属微粒溅落。

②碰撞阀体型——通过碰撞阀和碰撞环结构的引入，降低了局部磨损，延长

了均质腔的使用寿命。但是由于其根本原理上还是通过溶液中的物料和高硬度金属（如钨合金）结构碰撞，所以金属微粒的磨损溅落问题没有彻底解决，国产大多数高压均质机都使用了这种结构。

③Y形交互型——根本的区别在于其应用了对射流的原理。利用特有的Y形结构，使高压溶液中高速运动的物料自相碰撞，大大提高了腔体的使用寿命，并解决了金属微粒溅落的问题。

一般而言，使用第一代碰撞型均质腔的设备价格较低，但均质性能不如第二代对射型均质腔。使用第二代均质腔的设备，对乳剂的均质效果优良，但处理高浓度、高黏度物料时，较第一代产品更易阻塞，且价格相对较高。

2）杀菌技术及装备

乳剂类特医食品作为一种高营养的复杂组分乳化体系，其杀菌方式往往采用最为严格的高压蒸汽灭菌，但极易出现营养素的失稳失活等问题，极大影响了产品的品质。

传统的高温杀菌一般采用水浴式杀菌和蒸汽杀菌，整个过程往往需要在121℃下处理30 min甚至1 h以上，长时间的高温处理导致蛋白质发生聚集、絮凝、交联等，极大破坏了乳化体系的稳定性；同时，长时间高温处理极易破坏热敏性的矿物质和维生素，从而降低乳剂产品的整体营养效果。因此应用传统的高温杀菌方式于乳剂类特医食品存在局限性，而近些年逐步发展成熟的超高温瞬时杀菌技术，以及针对高黏物料的蒸汽注入式（DSI）超高温瞬时杀菌技术成为开发高品质乳剂的首选（图12-9）。

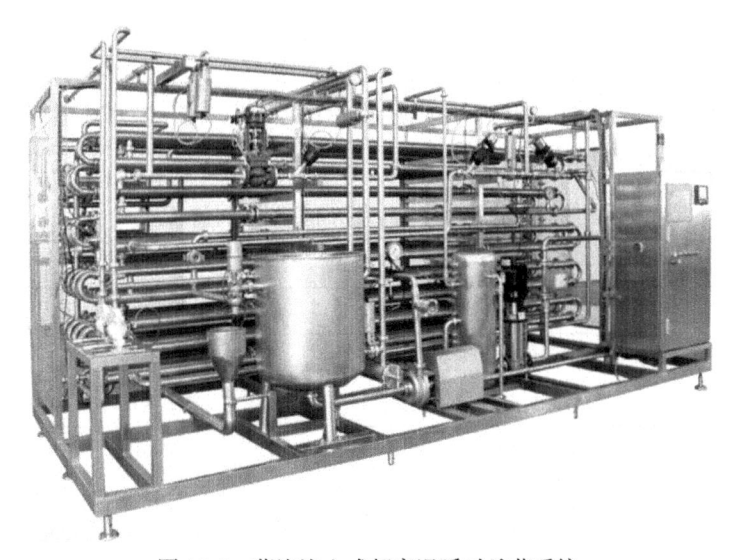

图12-9 蒸汽注入式超高温瞬时杀菌系统

DSI 超高温瞬时杀菌技术是采用高纯净的蒸汽直接与待杀菌物料混合接触，进行热交换，使物料瞬间被加热到 135～150℃，接着急剧冷却，在闪蒸过程中将注入的蒸气蒸发，恢复物料的原来组成。该方法最大优点是快速加热和快速冷却，最大限度地减少超高温处理过程中乳剂体系可能发生的物理变化和化学变化，如蛋白质变性交联、褐变等。

（四）原料应用现状

特医食品主要由蛋白质、油脂、碳水化合物、矿物质和维生素等营养素中的一种或几种组成，不同于普通食品，特医食品主要采用营养素单体经混合或乳化均质制得相应的粉剂或乳剂类产品。不论哪种产品类型，单体营养素原料都是影响产品品质的关键，其中影响最广的当属蛋白质、油脂和碳水化合物等宏量营养素原料。笔者收集了百余款国内外特医食品产品，对配方中的蛋白质、油脂和碳水化合物等营养素信息进行了整理分析。

1. 蛋白质原料分析

特医食品常用的蛋白质原料包括酪蛋白酸盐、乳清蛋白（包括分离、浓缩和水解乳清蛋白等）、大豆分离蛋白、牛奶蛋白、脱脂牛奶、大米蛋白等十余种，而从使用频次来看，最高的为酪蛋白酸钙/酪蛋白酸钠，其次为乳清蛋白和大豆分离蛋白。

对这些蛋白质原料厂家信息统计发现，酪蛋白、乳清蛋白等动物蛋白原料的生产厂家主要来自发达国家，包括法国 Ingredia、美国 Hilmar 和嘉吉、德国 wheyco、新西兰恒天然等乳品企业（表 12-2）。而大豆蛋白尽管国内也有厂家生产，但使用最多的大豆蛋白来源于杜邦双汇漯河食品有限公司，其为中美合资公司，美国拥有主要控股权。也就是说，无论是动物蛋白原料还是植物大豆蛋白原料，原料生产技术仍然被国外所垄断。

表 12-2 特医食品常用蛋白质原料信息

蛋白质原料	生产厂家	国别	产品型号	规格
酪蛋白	Ingredia	法国	87B	89.50%
水解乳清蛋白	Ingredia	法国	S25	水解度 25
	Hilmar	美国	8350WPH	83.15%
浓缩乳清蛋白	Ingredia	法国	852FB	85%
	Wheyco	德国	W80I	81.9%
乳清分离蛋白	Agropur Inc	菲律宾	BIPRO	97.70%
	Hilmar Ingredients	美国	9410 WPI	89.36%

续表

蛋白质原料	生产厂家	国别	产品型号	规格
脱脂奶粉	恒天然	新西兰	脱脂	34.27%
大豆分离蛋白	杜邦双汇漯河食品有限公司	中美合资	787型	91.70%
	山东万得福生物科技有限公司	中国	食品级	90.8%
水解胶原蛋白	嘉吉	德国	ArthredTM Standardized	94.70%

2. 油脂原料分析

特医食品常用的脂肪原料包括菜籽油、MCT、玉米油、大豆油、葵花籽油、椰子油、棕榈油、鱼油、红花籽油、亚麻籽油等十余种，而从使用频次来看，使用频次较高的有菜籽油、MCT和玉米油等，国外产品相较国内产品添加红花籽油和鱼油频率更高。

在GB29922—2013《特殊医学用途配方食品通则》中，对亚油酸和α-亚麻酸的供能比做出了最低量限定，因此，选择脂肪原料的依据需要关注不同油脂的脂肪酸组成。表12-3列举了特医食品常用油脂的脂肪酸组成，可见菜籽油和亚麻籽油中亚油酸和α-亚麻酸含量较丰富且均衡，能够满足标准要求，而相比于亚麻籽油，菜籽油价格更加低廉，因此，在特医食品中应用的频率更高。

表12-3 不同油脂脂肪酸组成

脂肪酸	菜籽油	棕榈油	红花籽油	大豆油	椰子油	葵花籽油	玉米油	亚麻籽油	MCT
辛酸（C8:0）/%	—	—	—	—	7.89	—	—	—	57.6
癸酸（C10:0）/%	—	—	—	—	7.12	—	—	—	42.4
月桂酸（C12:0）/%	—	—	—	ND	49.23	—	—	—	—
豆蔻酸（C14:0）/%	ND	0.73	/	0.074	17.75	0.068	ND	—	—
棕榈酸（C16:0）/%	4.38	43.59	4.79	10.6	8.15	6.34	11.9	5.52	—
棕榈油酸（C16:1）/%	0.215	—	—	0.084	—	0.085	0.088	—	—
十七烷酸（C17:0）/%	0.054	—	—	ND	—	ND	0.073	—	—
十七烷一烯酸（C17:1）/%	ND	—	—	ND	—	ND	ND	—	—
硬脂酸（C18:0）/%	1.96	3.67	2.09	4.10	1.86	3.91	1.76	3.95	—
油酸（C18:1）/%	60.0	44.02	10.65	23.7	5.84	23.5	27.1	16.4	—
亚油酸（C18:2）/%	19.7	7.99	78.35	52.1	1.98	64.5	57.4	15.9	—

续表

脂肪酸	油脂类型								
	菜籽油	棕榈油	红花籽油	大豆油	椰子油	葵花籽油	玉米油	亚麻籽油	MCT
亚麻酸（C18:3）/%	8.46	—	0.51	6.70	—	0.120	0.675	56.2	—
花生酸（C20:0）/%	0.67	—	0.22	0.397	—	0.268	0.424	—	—
花生一烯酸（C20:1）/%	1.80	—	0.19	0.248	—	0.146	0.265	—	—
花生二烯酸（C20:2）/%	ND	—	—	ND	—	/	—	ND	—
山嵛酸（C22:0）/%	0.374	—	—	0.419	—	0.748	0.132	—	—
芥酸（C22:1）/%	1.82	—	—	ND	—	ND	ND	—	—
二十二碳二烯酸（C22:2）/%	ND	—	—	/	—	ND	/	—	—
木焦油酸（C24:0）/%	0.172	—	1.52	0.153	—	0.237	0.150	—	—
二十四碳一烯酸（C24:1）/%	0.204	—	—	—	—	—	—	—	—
总脂肪酸/%	99.81	100.0	99.22	98.58	99.83	99.92	99.97	97.97	100.0

在这些脂肪原料中，MCT 的主要生产厂家为马来西亚 EpaX 和荷兰 GC Riber。除了 MCT 和鱼油，其他类型油脂则基本实现国产替代。

3. 碳水化合物原料分析

碳水化合物是人体的主要能量来源之一，目前在特医食品中广泛使用的碳水化合物主要包括麦芽糊精、蔗糖、葡萄糖、麦芽糖（浆）及淀粉等，另外聚葡萄糖、低聚果糖、低聚半乳糖、菊粉、抗性糊精、海藻糖等膳食纤维也作为碳水化合物被应用到特医食品中。其中，碳水化合物使用频次最高的为麦芽糊精，其次为白砂糖和淀粉糖；而水溶性膳食纤维添加频次最高为低聚果糖，其次为菊粉；不溶性膳食纤维频次最高为大豆纤维，其次为燕麦纤维和豌豆纤维等。

对碳水化合物原料厂家信息（表 12-4）进行统计发现，除了菊粉等少数原料来源于国外，大部分的碳水化合物原料都可实现国产化，且国内也出现了如保龄宝、西王糖业等专注于生物糖研发、制造和方案服务为主导的全球知名功能糖制造商。当然，部分国产原料在性能上并不能完全代替国外品牌产品。

表 12-4　特医食品专用碳水化合物原料信息

原料名称	生产厂家	规格	执行标准	标准含量要求
菊粉	智利 beneo	90.90%	GB/T 41377	>86.0%
麦芽糊精	保龄宝生物股份有限公司	DE 值 7.8	GB/T 20882.6	DE≤10
	山东西王糖业有限公司	DE 值 19	GB/T 20882.6	15≤DE≤20

续表

原料名称	生产厂家	规格	执行标准	标准含量要求
海藻糖	湖南汇升生物科技有限公司	98.80%	GB/T 23529	≥98.0%
结晶果糖	山东西王糖业有限公司	99%	GB/T 20882.3	≥99.0%
	保龄宝生物股份有限公司	99.43%	GB/T 26762	≥99%
低聚半乳糖	保龄宝生物股份有限公司	68.19%	Q/BLB0007S	≥57%
低聚果糖	保龄宝生物股份有限公司	97.09%	GB/T 23528.2	≥95%
低聚异麦芽糖	保龄宝生物股份有限公司	90.39%	GB/T 20881	≥90%
聚葡萄糖	保龄宝生物股份有限公司	94.48%	GB 25541	≥90%
抗性糊精	保龄宝生物股份有限公司	总膳食纤维 90.18%	Q/BLB0009S	≥82%
阿拉伯胶	苏州进口诺瑞沃	干燥减重 4.6%	GB 29949	干燥减重<10%
大豆纤维	美国进口 SOLVAIRA SPECIALTIES	90%	GB/T 22494	≥60.0%
	广州梅莎生物科技有限公司	64.23%	GB/T 22494	≥60.0%
可溶性大豆多糖	山东聚源生物科技有限公司	75.4%	GB 1886.322	≥60%
	天津不二蛋白有限公司	78.4%	GB 1886.322	≥60%

（五）政策法规现状

为了规范特医食品发展，许多国家／地区／国际组织已经制定了针对特医食品的法规标准，如国际食品法典委员会（CAC）、欧盟、美国、日本、澳大利亚/新西兰、中国等。不同国家／地区／国际组织对特医食品的管理的法律法规有所不同，这些不同也影响着各个国家、地区等对特医食品监管的差异。

1. 国际食品法典委员会

CAC 发布了《婴儿配方及特殊医用婴儿配方食品标准》（CODEX STAN72—1981），该标准 B 部分专门针对特殊医学用途婴儿配方食品，规定其营养成分应以正常婴儿配方食品的要求为基础，根据疾病状况进行调整；另外，CAC 于 1991 年发布了《特殊医学用途配食品标签和声称法典标准》（CODEX STAN 180—1991），对特殊医学用途配方食品的定义、标签要求进行了详细规定。在该标准中，特殊医学用途配方食品是指"特殊加工或配方的，用于患者的膳食管理，可能只能在医学监督下使用的一种特殊膳食用食品。这类食品针对的目标人群是那些进食、消化、吸收或者代谢普通食品或其含有的特定营养素能力受限或降低的患者，或者由于疾病导致的营养素需求改变的患者，其膳食管理仅依靠正常膳食调节、使用其他特殊膳食用食品或者两者组合均无法达到目的时，作为这些人群的全部的或部分的营养来源的食品。该标签标准中特别规定，特殊医学用途配方食品的配方应基于合理的医疗和营养原则，其使用应通过科学证据证明是安全的，并有利于满足使用对象的营养需求，应禁止向普通公众发布这些产品的广告等。另外标准规定了该类产品的营养标签、渗透压、正确使用和贮藏方法等内容的标识方法，并特别强调应以粗体字显著标明"在医生指导下使用"等相关内容。在上述国际法典标准基础上，主要发达国家纷纷制定或发布了对于特殊医学用途配方食品的相关法规，用于指导本国的生产、销售和监督。

2. 欧盟

1988年，欧盟指令89/398/EEC提出特殊医学用途配方食品的概念，明确其为特殊营养用食品中的一类。1996年，食品科学委员会完成了制定特殊医学用途配方食品标准的科学评估，提出了产品分类以及营养素含量的制定原则。随后，1999年，欧盟正式颁布了《特殊医学用途食品指令》（1999/21/EC），对特殊医学用途配方食品的定义、分类、管理方式、标签标识以及营养成分等进行了规定。

2016年，欧盟颁布了特殊医学用途配方食品的新法规（EU）2016/128，该法规延续了1999/21/EC的定义，将特殊医学用途配方食品（婴儿用和非婴儿用）分为全营养配方食品、特定全营养配食品、非全营养配方食品三类。其中全营养配方食品、特定全营养配方食品可用作部分替代或患者膳食的补充。由于特殊医学用途配方食品加工工艺与普通食品相似，欧盟各类食品中可以使用的食品添加剂、食品用酶制剂以及食品用香精清单的法规同样适用于特殊医学用途配方食品。特殊医学用途配方食品在欧盟不需要上市前的注册批准，但需要在上市销售时向每个成员国主管部门通报。

3. 美国

在美国，特殊医学用途配方食品被称为医用食品（Medical Foods）。1988年，美国食品药品监督管理局（FDA）首次在药品法修订版"Orphan Drug Act Amendments"中对于医用食品进行了明确定义；在美国，医用食品分为全营养配方食品、非全营养配方食品（包括组件产品）、用于1岁以上的代谢紊乱患者的配方食品、口服补水产品四类。

FDA于2006年首次出台了对于医用食品的生产和监管的指导原则，包括生产、抽样检验和判定等多项内容；医用食品中的配料、添加剂要求符合FDA食品添加剂和着色剂法规或经评定为公认安全（CRAS）。FDA明确说明孕妇营养产品及糖尿病营养食品以及膳食补充剂等不属于医用食品范畴。医用食品不需要上市前的注册批准。

4. 日本

根据日本《健康增进法》第26条第1项，患者用食品包含在特殊用途食品类别内,在日本需要进行许可管理,同时需要遵循《健康增进法》中的"特殊用途食品的表示许可标准"的要求。

日本病患用食品可分为许可标准型病患用食品和个别评估型病患用食品。其中许可标准型病患用食品又包括低蛋白质食品、去过敏食品、无乳糖食品和综合营养食品四种。对于标准型病患用食品日本对其营养成分进行了规定,相应产品符合规定要求即可快速审批通过。对于个别评估型病患用食品则需要进行单独的评估审批。

5. 澳大利亚/新西兰

2001年,澳大利亚新西兰食品标准局开始起草特殊医学食品标准。2012年6月澳大利亚/新西兰发布了医学用途配方食品标准,该法规的要求原则基本与欧盟的特医学用途配方食品法规一致。澳大利亚/新西兰未对特殊医学用途配方食品进行详细分类,仅以是否作为单一营养来源为标准,规定了作为单一营养来源配方的营养素限量。允许部分营养素根据医学状况进行调整,并要求做出相应声明。澳大利亚/新西兰允许多种批准在普通食品中的食品添加剂使用于特殊医学用途配方食品中。在澳大利亚/新西兰,特殊医学用途配方食品不需要上市前的注册批准。

6. 中国

中国特殊医学用途配方食品标准属于特殊膳食用食品标准范畴。中国于2013年发布《特殊医学用途配方食品通则》(GB 29922—2013),对适用于1岁以上人群的特殊医学用途配方食品进行规定。标准参考国际食品法典委员会对特殊医学用途配方食品的定义,并结合欧盟标准框架将特殊医学用途配方食品分为全营养配方食品、特定全营养配方食品和非全营养配方食品。其中,标准结合临床实际需求和国内外产品临床应用情况,列出13类常见的特定全营养配方食品;非全营养配方食品涵盖了5类配方食品。

2015年,新修订的《中华人民共和国食品安全法》(以下简称《食品安全法》)的出台,中国将特殊医学用途配方食品纳入特殊食品范畴,并要求对特殊医学用途配方食品实施注册管理。2016年,国家食品药品监督管理总局制定并发布实施了《特殊医学用途配方食品注册管理办法》(以下简称《办法》),并相继制定发布了《办法》相关配套文件。

分析不同国家、组织和地区特医食品法律法规可发现,在管理模式上,特殊医学用途配食品是按照食品管理。绝大多数国家、组织和地区对于特殊医学用途配方食品中许可使用的食品添加剂和营养强化剂均纳入食品原料和添加剂管理。欧洲、美国、澳新等国家不需要注册即可上市。中国、日本的特殊医学用途配方食品全部或部分品类需要经过注册批准后才可以上市销售。

对于全营养配方食品,基本所有的国家、组织和地区均要求其可以作为唯一营养来源。中国、欧洲、澳新均基于本国、本地区的人群膳食摄入量的情况，对全营养配方食品的营养成分限量进行了相应的规定。澳新基本参考了欧盟全营养配方食品的下限要求，但是由于其市售产品主要为进口，对部分营养成分的上限未作规定。对于特定全营养配方食品，中国、欧洲、澳新均允许根据特定医学状况对一种或几种营养素的水平进行调整，并需要提供充足的科学性和安全性证据。中国还要求对特定全营养配方食品需要经过临床试验证实才可申报注册。

对非全营养配方食品，中国仅对主要技术指标进行了要求，欧盟还要求所含维生素和矿物质的最高水平不应该超出全营养配方食品相应营养成分的规定，但可以根据产品的使用目的对其中一个或多个营养素进行调整。

综上，各个国家、组织和地区对特殊医学用途配方食品管理的原则基本一致，但基于自身的实际监管特点和市场实际情况有所不同。由于特殊医学用途配方食品在中国属于新的食品品类，相对于其他国家和地区，我国对其建立了更高更严格的监管和准入要求，这有利于我国特殊医学用途配方食品在初期阶段规范管理，为特殊医学用途配方食品的发展创造良好的市场环境。

二、我国特医食品产业现状与发展趋势

（一）历史发展

我国特医食品产业起步较晚，且发展缓慢，该产业从萌芽到发展经历了三个阶段（图 12-10）：

1980~1990年	2010年	2013年	2015年	2016年~现在
特医食品以肠内营养制剂（药品身份）进入中国	发布第一个特医食品相关法规《特殊医学用途婴儿配方食品通则》	发布《特殊医学用途配方食品通则》和《特殊医学用途配方食品良好生产规范》	《食品安全法》正式将特殊医学用途配方食品明确纳入特殊食品，实行注册管理	发布《特殊医学用途配方食品注册管理办法》，进一步规范特医食品行业发展

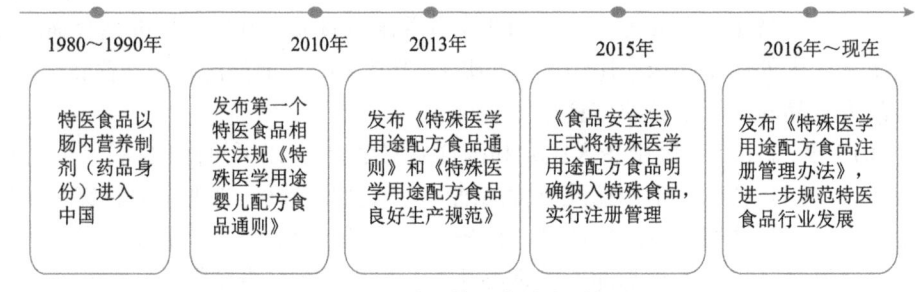

图 12-10　我国特医食品发展历程

1. 以肠内营养制剂形式进入中国（1980～1990 年）

20 世纪 80 年代，我国正处于改革开放初期，医疗体系与欧美等发达国家相比还很不完善，当时肠内营养制剂需经国家药品管理部门药品注册批准后方可上市销售，并按照化学药品监管方式进行管理。按照剂型被分为粉剂、乳剂和混悬剂 3 种，各种剂型的给药方式不同。但按照产品所发挥的作用肠内营养制剂更应属于为患者提供营养支持的食品而非治疗用途的药品。

2. 特医食品标准发布与完善（2010~2015年）

为了满足市场与监管需求，我国引入国际食品法典委员会以及发达国家特殊医学用途配方食品的概念。2010年，卫生部发布了《特殊医学用途婴儿配方食品通则》（GB 25596—2010），界定了1岁以下婴儿特殊医学用途配方食品的概念与分类。2013年，国家卫生和计划生育委员会发布《特殊医学用途配方食品通则》（GB 29922—2013）界定了1岁以上人群特殊医学用途配方食品的概念与分类，同年还发布了《特殊医学用途配方食品良好生产规范》（GB 29923—2013），规定了特殊医学用途配方食品的生产过程要求。这些标准的发布对于规范我国特医食品发展奠定了良好的法规基础。当然，随着对特医食品认识的加深，相关法规也在不断修改完善，2021年启动了《特殊医学用途配方食品通则》和《特殊医学用途配方食品良好生产规范》的修订。

3. 特医食品注册审批管理立法（2016年~至今）

2015年，新修订的《食品安全法》正式将特殊医学用途配方食品明确纳入特殊食品，实行注册管理。2016年7月，原国家食品药品监督管理总局发布《特殊医学用途配方食品注册管理办法》及配套文件，标志着我国特医食品正式进入了注册审批的管理模式，随后又陆续出台了《特殊医学用途配方食品临床试验质量管理规范（试行）》、《特殊医学用途配方食品生产许可审查细则》，以及临床试验、经营使用、广告等方面的法律法规，逐渐完善产品上市前、上市后的各方面法规要求，特医食品进入了注册审批管理的规范发展阶段。

（二）产品注册情况

1. 国内特医食品注册情况

从国内特医食品注册情况看，截至2023年9月，已通过国家食品药品监管总局/国家市场监管总局注册的特医食品一共140个（表12-5）。包括特殊医学用途婴儿配方食品44个，其中无乳糖配方食品或低乳糖配方食品12个，乳蛋白部分水解配方食品8个，乳蛋白深度水解配方食品或氨基酸配方食品5个，早产或低出生体重婴儿配方食品14个，氨基酸代谢障碍配方食品1个，营养补充剂4个；特殊医学用途配方食品96个，其中全营养配方食品46个、特定全营养配方食品1个（肿瘤）和非全营养配方食品49个（营养素组件24个，电解质配方食品20个，氨基酸代谢障碍配方食品2个，流质配方2个，增稠组件1个）。早期（2017~2019年）获准注册的产品以特殊医学用途婴儿配方食品居多，而后期（2020~2023年）其他类型产品的数量逐渐增加。2022年获准注册一款特殊医学用途肿瘤全营养配方食品，实现了特定全营养配方食品"零的突破"。

表 12-5 国内特医食品注册情况

产品分类	产品类型	数量（个）	总数（个）
婴儿配方食品	无乳糖配方食品或低乳糖配方食品	12	44
	乳蛋白部分水解配方食品	8	
	乳蛋白深度水解配方食品或氨基酸配方食品	5	
	早产或低出生体重婴儿配方食品	14	
	氨基酸代谢障碍配方食品	1	
	母乳营养补充剂	4	
全营养配方食品	粉剂全营养	26	46
	乳剂全营养	2	
特定全营养配方食品	肿瘤全营养	1	1
非全营养配方食品	蛋白质组件	12	49
	碳水化合物组件	11	
	脂肪组件	1	
	增稠组件	1	
	流质配方	2	
	电解质配方食品	20	
	氨基酸代谢障碍配方食品	2	
总计			140

进一步分析特殊医学用途配方食品产品类型发现，其中 49 款为非全营养配方食品，46 款为全营养配方食品，特定全营养配方食品仅有 1 款。而对于使用最广的全营养型特医食品，粉剂 44 款，乳剂仅有 2 款，乳剂占比不到 5%。粉剂产品在加工、储运、货架期等多方面较乳剂有优势，多数企业结合自身情况选择生产粉剂产品，但乳剂产品因其使用方便性更受临床医生的青睐，在医院使用率超过粉剂产品。

从企业数量看，外资企业获批文数量为 34 个，内资企业获批文 106 个（图 12-11）。雀巢仍以共计 15 款产品成为在华获批产品数量最多的企业，国产企业吉林麦孚营养科技有限公司反超雅培紧随雀巢之后；从数量上来看，目前国内企业注册的特医食品数量已经超越了国外，中资企业优势逐渐突出；而从地域分布看，目前获批的特医食品企业形成了"以东部沿海地区为核心，辐射带动各区域"的发展格局，江苏、山东两省特医食品产品获批数量较多，其中江苏 7 家特医食品生产企业已获得21项特医食品注册证，在国内遥遥领先；山东第二，有13项特医食品注册，吉林则以9项注册证成为国内排名第三的特医食品产业聚集地；位于东北三省的麦孚和伊利有10项注册证，中部地区江西、湖南、湖北分别获得8个、5个和2个特医批文，处于南部地区的广东获4项，作为食品大省的河南却并未有本土企业获得特医批文。

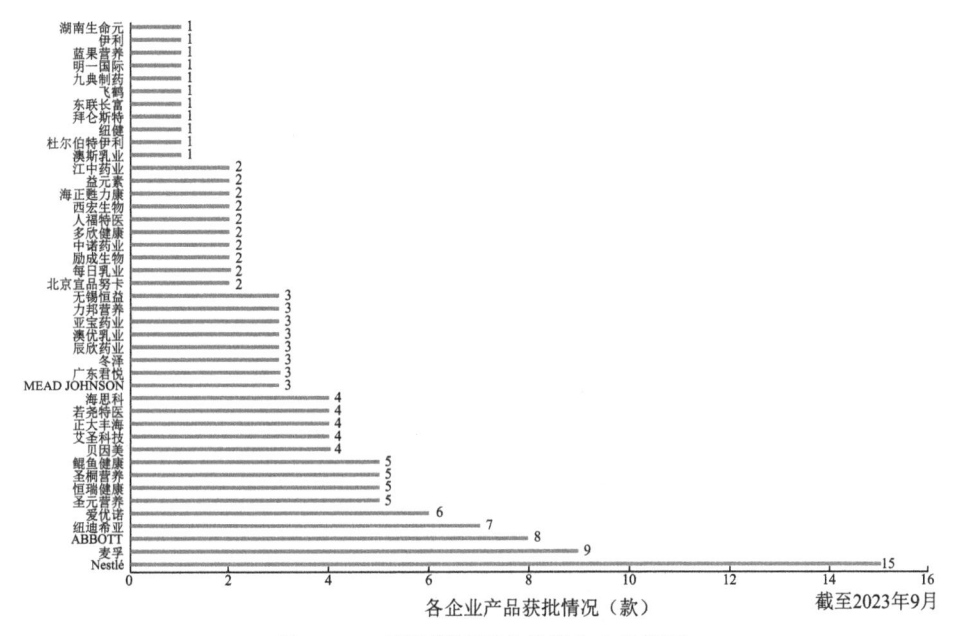

图12-11 已注册特医食品批文企业情况

2. 市面上按药品批准的肠内营养制剂产品情况

现阶段我国市场及临床应用上，肠内营养制剂（药品文号）与特殊医学用途配方食品（特殊食品文号）并存。按国产药品批准类型来看，有口服乳剂、口服混悬剂、混悬剂和干混悬剂4种剂型，涉及6家国产企业的19个国产药品批准文号；按进口药品批准的，有5个国家8家进口企业的散剂、粉剂、口服溶液剂、混悬剂和乳剂5种剂型，共43个药品批准文号。

（三）市场消费现状

近年来，随着我国特医食品法律法规的不断完善，特医食品市场规模逐年上升。自2016年起，特医食品市场规模从26亿元增加到100亿元（2020年），年平均增长率超过30%。预测2023年市场规模将达到140亿元（图12-12）。

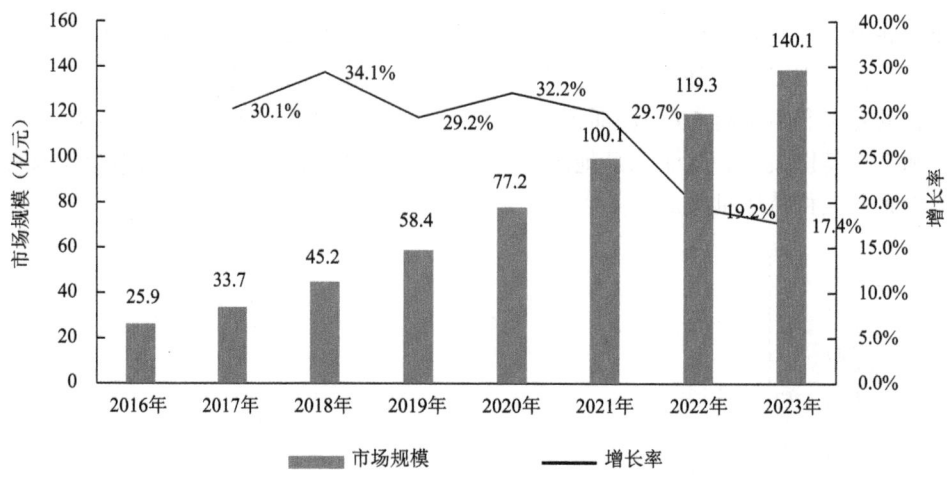

图 12-12 我国特医食品市场规模和增长率情况

首先,从市场规模来看,我国特医食品市场正在持续扩大。随着我国人口老龄化、生活水平提高以及健康观念的深入人心,特医食品市场需求不断增加。同时,政策的鼓励和支持也为特医食品市场提供了广阔的发展空间。

其次,就人均消费水平来说,发达国家的肠内营养和肠外营养治疗比例为 10∶1,而我国的仅为 1∶(5～15),虽然中国特医食品的消费总量在逐年增长,但相对于其他国家,我国人均消费水平还算较低。这主要是因为特医食品在国内的普及率还不够高,许多潜在消费者对此类产品的认识和认可度有待提升。我国特医食品市场仍有巨大提升空间。

最后,从供应情况分析。在国产和进口的比例上,目前我国特医食品市场尚处于发展阶段,国产特医食品品种相对较少,制造工艺和产品质量也与先进国家有一定的差距。因此,进口特医食品在市场上占有较大的份额。据中国营养保健食品协会 2019 年的调查数据分析:特婴食品供应 10147.2 吨,进口 8248.4 吨,国产 1898.8 吨,国产率 23%;1 岁以上特医食品供应 3467 吨,进口产品 3291 吨,国产 176 吨,自给率 5%,这个数据偏低,应该与统计口径有关。随着我国在食品科技和生产设施上的持续投入,未来国产特医食品的市场份额会逐渐提高。

(四)加工技术及装备现状

1. 粉剂特医食品加工技术及装备现状

由于缺乏政策、法规、监管等的制约,我国特医食品产业发展起步阶段,产品类型主要以投入成本低、工艺简单的粉剂产品为主,而粉剂型特医食品采用多营养素干法混合加工工艺,使用的设备主要为桨叶式或螺带式混合机,利用该工艺生产的产品普遍存在营养素混合均匀性差以及存在安全性问题等。

为了解决粉剂产品中微量营养素混合均匀性问题，在干法混合过程中逐渐发展出"等量递增"的三级放大工艺技术，即将微量营养素与宏量营养素通过多次等比例混合来实现提高微量营养素混合均匀性的工艺过程。此外，粉剂生产过程中的微生物安全问题也是影响产品品质的关键因素，目前在线微波灭菌技术、紫外线灭菌技术等非热处理技术在逐渐应用于粉剂型特医食品的包装前的杀菌工艺，以保障产品的安全。

随着特医食品相关标准法规的制定，国内特医食品产业得到了高质量发展，尤其是一些老牌婴配企业、药企等的介入，将一些能够提高特医食品品质的加工新技术及新装备逐渐引入到特医食品生产。如将婴配食品生产的脉冲气流混合技术或三维混合技术等应用到特医食品粉剂生产后，产品中微量营养素混合均匀性明显得到改善。

2. 乳剂特医食品加工技术及装备现状

相比于粉剂型产品，乳剂型特医食品工艺复杂，且体系难稳定，因此，国内鲜有企业能够研发出乳剂型产品。据统计，2020年之前，仅广州力衡临床营养品有限公司和西安力邦临床营养股份有限公司具有乳剂产品的研发和生产能力。

乳剂型特医食品主要是将水相营养素和油相营养素通过乳化、均质、杀菌等生产工艺制备得到，使用的主要设备包括胶体磨、高压均质机和水浴灭菌釜等。胶体磨的工作原理是利用高速旋转的转子和定子之间的缝隙产生强大的剪切力使液体乳化，对要求不高的乳剂可用此法制备。高压均质机的工作原理是借助强大的推动力将两相液体通过均质机的细孔而形成粒径更小的乳剂，乳剂型特医食品的生产都需要用到该设备。水浴杀菌釜一般用于乳剂产品包装后的灭菌，是保障产品货架期的重要工艺。

目前，国内特医企业生产的乳剂产品都是采用高压均质联合水浴后杀菌处理，由于杀菌温度高、时间长，往往会引起产品破乳和营养素损失严重等问题。如通过该工艺制备的乳剂产品维生素C损失殆尽，在终端产品中基本检测不到残余含量。落后的工艺技术及装备是制约我国乳剂型特医食品开发的主要因素。

随着国外大型企业的介入，一些新技术及装备被引入到乳剂型特医食品研发中，如第一款获注册由雀巢生产的全营养乳剂型特医食品就没有采用后杀菌工艺灭菌，而是采用超高温瞬时杀菌联合无菌灌装的工艺技术及装备生产，该技术路线可以有效避免营养成分的损失，以及长时间高温引起的乳液货架期短等问题。

（五）原料应用现状

特医食品专用原料是影响特医食品产业高质量发展的重要环节，目前我国特医食品原料尚不能完全自给自足，部分原料如乳清蛋白、酪蛋白、MCT等仍高度依赖进口,下面就特医食品使用较广的宏量营养素的应用现状进行分析。

1. 蛋白质原料

《食品安全国家标准 特殊医学用途配方食品通则》(GB29922—2013)中对于蛋白质的规定是优质蛋白质所占比例不少于50%。优质蛋白质,也叫完全蛋白质,是指蛋白质中所含的必需氨基酸种类齐全、数量充足、比例适当,动物来源的蛋白质(如乳类、蛋类、肉类等)和大豆蛋白等一般属于优质蛋白质。特殊医学用途配方食品中常用的蛋白质为乳清蛋白、酪蛋白、大豆蛋白等,不同蛋白质的性质如表12-6所示。目前,我国绝大多数特医食品使用的动物蛋白质原料主要来源于进口,尽管国内也有零星的相应产品,但质量远落后于国外,主要表现为产品具有腥味、口感不佳等问题;此外,对生产乳剂特医食品而言,市场对耐热性良好、乳化稳定性强的乳清蛋白或乳清蛋白水解产物需求巨大,国内尚无供应商能够提供。

表 12-6　不同蛋白质性质比较

	酪蛋白	乳清蛋白	大豆蛋白
组成	α-酪蛋白和β-酪蛋白	β-乳球蛋白、α-乳白蛋白、免疫球蛋白	主要是7S球蛋白(大豆伴球蛋白)和11S球蛋白(大豆球蛋白)
蛋白质含量	70%~85%	>90%	>90%
氨基酸序列	含有人体所需的必需氨基酸,生物效价高	含有人体所需的必需氨基酸,生物效价高	含有人体所需的必需氨基酸,但蛋氨酸含量少,生物效价低
优点	属于慢消化蛋白,在体内吸收慢,可以持续代谢,维持氨基酸浓度,促进肌肉合成反应;耐热性好,121℃处理难变性	属于快消化蛋白,能迅速提高血液中氨基酸含量,促进蛋白质合成反应	消化快慢程度介于酪蛋白和乳清蛋白之间,较易消化吸收
缺点	低pH下易结块,形成沉淀	不耐热,容易热变性,形成蛋白质沉淀	耐热性差,100℃发生蛋白聚集;具有一定的腥味,影响口感;含嘌呤较高

2. 油脂原料

《食品安全国家标准 特殊医学用途配方食品通则》规定了全营养配方食品中亚油酸和α-亚麻酸供能比的最低限值。植物油脂含有更多的亚油酸和亚麻酸,常见的植物油包括玉米油、大豆油、葵花籽油、橄榄油、椰子油、菜籽油等,这些油脂原料国内可实现自给自足。对于粉剂型产品而言,需要使用粉末性油脂原料,而粉末油脂中脂肪含量、包埋稳定性和抗氧化性等是影响国内粉末油脂品质的关键"卡脖子"问题,目前粉末油脂仍依赖进口原料。

3. 碳水化合物原料

碳水化合物是生物体维持生命活动所需能量的主要来源,分为单糖、低聚糖、多糖、纤维素等。特医食品常用的碳水化合物包括：葡萄糖、乳糖；低聚果糖、低聚木糖、低聚半乳糖；麦芽糊精、木薯淀粉、聚葡萄糖、抗性糊精等。这些原料国内基本可实现国产替代，但部分产品的性能仍与国外产品略有差距，但总体对产品品质影响可控。

（六）法规现状

20世纪80年代开始，随着我国经济的快速发展，食品产业也得到很大发展，针对当时国内市场上出现的"新食品""特殊食品""功能食品"等种种乱象，1995年，国家颁布实施了《中华人民共和国食品卫生法》，将"保健食品"纳入了法治管理的轨道，规定"具有特定保健功能的食品，其产品及说明书必须报国务院卫生行政部门审查批准"，自此，我国保健食品得到了良性发展。

随着经济社会和食品产业进一步发展，为了规范食品产业发展，2015年10月1日实施了《中华人民共和国食品安全法》（以下简称《食品安全法》）第七十四条明确规定了我国特殊食品涵盖的范围，包括保健食品、特殊医学用途配方食品和婴幼儿配方食品等。国家对特殊食品实行严格监督管理，分别对这三大类食品的注册/备案及其相关材料要求，标签和说明书、广告，生产条件和检验能力等做出了具体规定以说明产品的营养性和安全性。在整个食品管理体系中，特殊食品的管理是最为严格的，全面贯彻了"最严谨的标准、最严格的监管、最严厉的处罚、最严肃的问责"的要求，确保特殊人群食用安全的食品。

《食品安全法》2015年发布实施后，由国家食品药品监督管理总局（CFDA）负责特殊食品的监管。2018年，国务院机构改革后撤销CFDA、国家工商行政管理总局和国家质量监督检验检疫总局，并入新组建的国家市场监督管理总局，下设特殊食品安全监督管理司，具体负责特殊食品的监管工作。2010年至今，CFDA/国家市场监管总局先后发布了一系列有关特殊食品监管的规章文件（图12-13），为我国对特殊食品的发展和规范化管理奠定了基础。

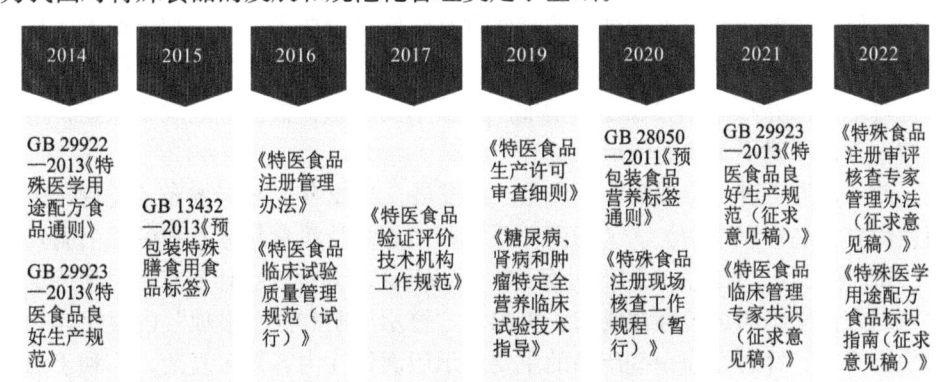

2014	2015	2016	2017	2019	2020	2021	2022
GB 29922—2013《特殊医学用途配方食品通则》 GB 29923—2013《特医食品良好生产规范》	GB 13432—2013《预包装特殊膳食用食品标签》	《特医食品注册管理办法》 《特医食品临床试验质量管理规范（试行）》	《特医食品验证评价技术机构工作规范》	《特医食品生产许可审查细则》 《糖尿病、肾病和肿瘤特定全营养临床试验技术指导》	GB 28050—2011《预包装食品营养标签通则》 《特殊食品注册现场核查工作规程（暂行）》	GB 29923—2013《特医食品良好生产规范（征求意见稿）》 《特医食品临床管理专家共识（征求意见稿）》	《特殊食品注册审评核查专家管理办法（征求意见稿）》 《特殊医学用途配方食品标识指南（征求意见稿）》

图12-13 有关特殊食品监管的规章文件

我国特殊医学用途配方食品监管的起步较晚。2010年12月，卫生部发布食品安全国家标准《特殊医学用途婴儿配方食品通则》（GB25596—2010，2012年1月1日起实施）。2013年12月，国家卫生计生委发布食品安全国家标准《特殊医学用途配方食品通则》（GB29922—2013，2014年7月1日起实施）和《特殊医学用途配方食品良好生产规范》（GB29923—2013，2015年1月1日起实施）。

我国的特医食品包括两大类，即适用于0月龄至12月龄的特殊医学用途婴儿配方食品和适用于1岁以上人群的（普通）特殊医学用途配方食品，后者又分为全营养配方食品、特定全营养配方食品和非全营养配方食品3大类。GB29922将特殊医学用途配方食品（特医食品）定义为"为了满足进食受限、消化吸收障碍、代谢紊乱或特定疾病状态人群对营养素或膳食的特殊需要，专门加工配制而成的配方食品"。并规定此类食品必须在医生或临床营养师指导下，单独食用或与其他食品配合食用。

按照《食品安全法》规定，2016年CFDA发布《特殊医学用途配方食品注册管理办法》和《特医食品临床试验质量管理规范（试行）》等文件。管理办法要求特医食品注册时应当提交产品配方、生产工艺、标签、说明书以及表明产品安全性、营养充足性和特殊医学用途临床效果的材料。对于特定全营养配方食品，注册必须提交临床试验报告，且临床试验应按照特殊医学用途配方食品临床试验质量管理规范开展。

2019年，国家市场监管总局先后发布了《特殊医学用途配方食品生产许可审查细则》和糖尿病、肾病、肿瘤3种特定全营养配方食品临床试验技术指导原则。从2017年开始有特医食品通过注册，至2023年9月，已通过注册的特医食品一共139个，其中特定全营养配方食品注册1款。

2021年以来，国家市场监督管理总局启动了对《特医食品良好生产规范》《特殊医学用途配方食品通则》和《特医食品注册管理办法》等多个法规文件的修订工作，其中新修订的《特殊医学用途配方食品注册管理办法》有望在2023年年底出台，修订后的文件对不同种类的特医食品临床试验要求进行了细化调整，具体包括以临床营养需求为导向，鼓励创新；缩短审评时间；增加优先审评审批程序；调整特定全营养临床试验表述；增加产品技术要求项；根据风险现场核查，增加延伸审查；明确不予注册情形等。

此外，为了进一步规范特医食品产业发展，2022年，总局发布了《特殊医学用途配方食品标识指南》。《指南》系统归纳总结特医食品标签和说明书需要标示的13项内容，细化企业对产品名称、商品名称和商标的字体要求，明确特定全营养配方食品临床试验标注要求，提出了"警示说明和注意事项"内容字体和警示用语要求。针对当前一些产品的主要展示版面标注内容繁多复杂，不利于消费者清晰识别问题，《指南》明确提出主要展示版面应标注的内容，首次提出特医食品最小销售包装应标注特医食品专属标志"小蓝花"。标志应标注在标签主要展示版面左上角或右上角，可以按样式等比例变化。非特医食品不得冒用、盗用特医食品标志。

总之，自2020年以来，我国颁布实施了一系列特医食品管理、生产和注册相关法律法规，对于规范国内特医食品产业发展提供了重要保障。

第三节 特医食品产业存在的问题

一、产品市场准入管理法规体系"双轨"运行

目前，我国特医食品与肠内营养制剂药品处于并行流通使用阶段，也即"双轨"运行，由于后者纳入到医保结算系统，可报销部分费用，因此，消费者更倾向于使用"药字号"产品；且"药字号"产品多年的使用经验以及良好的临床效果也为其积累了较扎实的市场基础。反观特医食品，不仅不能报销，而且上市前的注册审批也极大地推升了产品成本，从江苏省公布特殊医学用途配方食品阳光采购挂网产品的价格来看（表12-7），国内特医企业生产的全营养粉剂和乳剂型特医食品其价格较国外品牌产品基本高出1~2倍。因此，在如今的管理体系下，国产特医食品要冲破国外品牌产品的垄断还任重道远。

表 12-7 江苏省公布的特医食品阳光采购挂网产品价格

申报企业	产品通用名称	商品名	规格	生产企业	挂网价（元）
雅培贸易（上海）有限公司	特殊医学用途全营养配方食品	全安素	400g	Abbott Manufacturing Singapore Private Limited	158
雅培贸易（上海）有限公司	特殊医学用途全营养配方食品	小安素	400g		129
雀巢健康科学（中国）有限公司	特殊医学用途全营养配方食品	佳膳悠选	400g	Nestle Suisse SA,factory Konolfingen	168
广东君悦营养医学有限公司	特殊医学用途全营养配方食品	君蓓全	50g	广东君悦营养医学有限公司	550
哈尔滨拜伦斯特临床营养有限公司	特殊医学用途全营养配方粉	唯卡能	360g	哈尔滨拜伦斯特临床营养有限公司	358
鲲鱼健康药业江苏有限公司	特殊医学用途全营养配方食品	拜妥优	40g	鲲鱼健康药业江苏有限公司	358
南通励成生物工程有限公司	特殊医学用途全营养配方食品	力存优太	400g	南通励成生物工程有限公司	378.82

续表

申报企业	产品通用名称	商品名	规格	生产企业	挂网价（元）
苏州恒瑞健康科技有限公司	特殊医学用途全营养配方食品	希瑞臻	400g	苏州恒瑞健康科技有限公司	358
亚宝药业集团股份有限公司	特殊医学用途全营养配方粉	唯源素	25g	亚宝药业集团股份有限公司	298
爱优诺营养品有限公司	特殊医学用途全营养配方食品	爱优诺优益力	400克	爱优诺营养品有限公司	398
爱优诺营乔品有限公司	特殊医学用途全营养配方食品	爱优诺优康力	400克	发优诺营乔品有限公司	398
吉林麦孚营养科技有限公司长春分公司	特殊医学用途全营养配方粉	麦孚畅清	60g	吉林麦孚营养科技有限公司长春分公司	296
雀巢健康科学（中国）有限公司	特殊医学用途全营养配方食品	小佳膳	400g	Nestle Suisse SA, factory Konolfingen	158
		小佰太能	400g		318
圣元营养食品有限公司	特殊医学用途全营养配方食品	优博启瑞	700g	圣元营养食品有限公司	598
南通励成生物工程有限公司	特殊医学用途全营养配方食品	力存全衡素	400g	南通励成生物工程有限公司	139
江苏冬泽特医食品有限公司	特殊医学用途全营养配方食品	冬泽全太	50g	江苏冬泽特医食品有限公司	358
吉林麦孚营养科技有限公司长春分公司	特殊医学用途全营养配方食品	麦速	20g	吉林麦孚营养科技有限公司长春分公司	488
山东若尧特医食品有限公司	特殊医学用途全营养配方食品	卡乐全	50g	山东若尧特医食品有限公司	397
雀巢健康科学（中国）有限公司	特殊医学用途全营养配方食品	佳膳佳立畅	500mL	Nestle Suisse SA,factory Konolfingen	95
雀巢健康科学（中国）有限公司	特殊医学用途肿瘤全营养配方食品	速熠素	250mL		59
江苏正大丰海制药有限公司	特殊医学用途全营养配方食品	海维安	200mL	江苏正大丰海制药有限公司	98.2
亚宝药业集团股份有限公司	特殊医学用途全营养配方食品	唯源全	250mL	亚宝药业集团股份有限公司	168

二、缺乏标准法规体系

近10年来，我国已初步建立了适合国情的特医食品相关法规标准体系，尤其是2016年发布实施的《特医食品注册管理办法》及其配套文件，为特医食品注册和规范化管理奠定了基础。随着科学技术的发展，监管理念和机制的变化等，发布的法规标准亟待完善。

（一）特定疾病特医食品种类范围窄，相关临床评价指导原则不完善

根据《食品安全国家标准特殊医学用途配方食品通则》，特定全营养配方食品目前只包含13种疾病类型。尚不能满足高血压、胃炎、白血病、风湿等其他常见疾病患者的需要。此外，仅发布了糖尿病、肾病、肿瘤三种疾病的临床试验技术指导原则，通则中剩余疾病的临床评价指导原则亟待完善。

（二）注册管理模式加大了产品的研发生产成本

国际上对于特医食品的管理模式主要分为三类：第一类是注册（许可）管理方式，需要对产品配方、标签等进行技术性审评；第二类是上市前通报；第三类是不需要注册和通报其中，美国、加拿大、澳大利亚和新西兰等国家的特医食品上市前不需要注册和通报，荷兰、英国和瑞士等欧洲大部分国家采取上市前通报，我国和日本需要经过注册方可进入市场（表12-8）。然而，我国特医食品产业处于起步阶段，采用的却是较为严苛的上市前注册的管理办法，尤其是特定全营养配方食品的临床试验要求堪称全球之最。虽然当前的监管体系有利于提高产品品质和规范市场行为，但同样也会降低市场积极性和企业投入力度，此外，高额的前期投入显著提高终端产品的成本，影响了国产特医食品竞争优势和产业发展。

表12-8　不同国家或地区特医食品的监管模式

国家或地区	监管机构	管理模式	医保报销
美国	美国食品药品监督管理局（FDA）及其下属的法规食物办公室（ORA）、食品安全与应用营养中心（CFSAN）	没有适用于医用食品的上市前审核要求，即没有批准上市、标签、提交注册或临床试验/科学数据方面的要求。但FDA有权在医用食品上市后对其进行监管。FDA采用的上市后监管方式包括警告函、召回、禁止进口、没收、禁制令、刑事检控或其他必要措施。FDA还可以实施随机市场监督	在美国，专用营养品的报销各有不同，且取决于付款人（政府或商业付款人）、服用方法（口服或管饲）以及病患的诊断与护理计划
加拿大	加拿大卫生部（HC）、加拿大食品检验局（CFIA）、加拿大边境服务局（CBSA）	没有关于特殊膳食用途食品的注册要求。加拿大食品检验局根据与被召回食品产品有关的健康风险等级对召回进行分类	没有相关规定
欧盟	欧洲议会、欧盟委员会及其下属的健康与食品安全总司（DG SANTE）	成员国首次上市特殊医学用途膳食食品，生产商或进口商应当向主管机构提交产品标签样稿，以在欧盟成员国内进行通报	没有相关规定

续表

国家或地区	监管机构	管理模式	医保报销
荷兰	荷兰公共健康、福利和体育部、荷兰食品和消费产品安全管理局（NVWA）、荷兰乳及乳制品管理局（COKZ）	遵照欧盟的管理模式下，由国内监管部门实施监督检查 ①所有生产特殊医学用途膳食食品的企业必须得到认可注册 ②COKZ 对乳品行业执行欧盟 5 个食品卫生相关指令的合规情况进行监督检查。对乳品公司进行EC 认证检查 ③制造商或者进口商在首次销售特殊医学用途膳食食品时，必须将标签样本送交荷兰食品和消费产品安全管理局（NVWA）。提交标签并不意味着NVWA 立即对其进行预防性检测，当产品在市场上的检验过程中被发现时也可能进行检测 ④NVWA 负责检查判定某个产品是否是特殊医学用途膳食食品	特殊医学用途膳食食品被纳入到荷兰医保报销系统中，公共健康、福利和体育部主要负责医院及报销体系等相关事宜，下设的卫生和青年保健监察局是主要的管控部门。报销需要符合《卫生保健法》中总人口的医疗保险制度
英国	英国的食品安全监管由联邦（国家）政府、地方主管机构及多个组织共同承担	延续欧盟的通报制度，并有更详细的规定 ①通报的主体是医学食品的生产商和进口商，通报时需要提交标签样稿并填写申请书 ②所有类别的医学食品，首次在英国全境上市时，都需要告知主管机构；相同配方不同包装规格的医学食品首次上市时，除了标签有重大变化，不需要再次通报。而对于不同口味的系列医学食品首次上市时，或者已上市的医学食品修改配方后再次上市时，则需要分别通报 ③主管机构可以要求申报人提供很多依据，如产品特殊成分质量和含量的确定依据、生产工艺等 ④非全营养配方食品应提供相关资料，说明其超出欧盟法规的依据 ⑤主管机构收到通报后，会发信告知地方主管机构	所有类别的医学食品需经过批准，才可以通过国家医疗服务体系（NHS）进行报销。英国健康与社会保障部下的边界物质顾问委员会负责对医用食品进行评估，并向NHS 建议是否需要给处于医学状况的人群开医学食品的处方，并获得100% 的报销
澳大利亚和新西兰	澳大利亚新西兰食品标准局、澳大利亚农业和水资源部（澳大利亚）、新西兰初级产业部（新西兰）	在新西兰，相应的法规标准要求食品供应商应该有审计食品控制计划，即建立在 HACCP 和 GMP 基础上并与食品生产加工条件相匹配。同时相关的标准中对特殊医疗食品的原料、营养素范围、标签标识和销售条件进行了规定。这些程序由核准的第三方审计员按规定计划检查。根据食品类型，最少每年一次至平均 3 个月一次	澳新只有部分特殊医疗食品产品能够得到医疗保险的补偿，并与医保政策类型相关，要求该产品是"真正被患者所需要的"。新西兰政府有一项PHARMAC 的基金体系，对其具体的产品提供补助。只有列入相应药品清单的产品才能提供补助，并设置一定的限制条件

续表

国家或地区	监管机构	管理模式	医保报销
日本	食品安全监管机构从级别上分为国家和地方两个层面。国家层面包括食品安全委员会、厚生劳动省、农林水产省；地方层面主要为地方都道府县中的食品安全行政机构	产品申请和批准由部门主管，且有严格的管理程序。申请人向所在地的保健所提交申请必要的文件资料，从申请到获批最快6个月时间，对应消费者厅提出的照会事项，也有可能需要1~2年。审核通过后，消费者厅食品标签策划部通过申请人所在保健所道府县政令市特别区授予许可证书的发放。关于获批产品的维护，自获批年度起，申请方有义务每年向消费者厅提交一次能够满足获批标准要求的证明数据。此外，获批产品发生原料或包装变更，如产品没有实质变化，则提交变更备案即可。如产品有实质变化，则需要再次提出注册申请	无专门的规定

三、缺乏科技装备支撑

与国外老牌特医食品企业比较，我国特医食品产业发展基础研究理论弱，关键加工技术与装备水平不高。由于特医食品是多营养组分复杂体系，因此，体系中不同组分的互作会影响到产品的物理稳定性、消化吸收特性以及健康效应等。但有关复杂营养组分的互作途径与营养素乳化稳态化、均匀性的调控机制不清楚，导致关键加工技术难以突破，长期面临技术壁垒。

除了基础研究不完善，特医食品核心加工技术及装备也存在瓶颈。对于粉剂型产品，采用干法混合加工工艺存物料混合均匀度低、微生物污染、桨叶混合机物料残留等问题，而采用湿法喷粉加工工艺则存在成本高、热敏性原料损失大、传统下排风喷雾干燥易糊顶等问题。对于乳剂型产品，其本身属于热力学不稳定体系，存在蛋白质絮凝沉淀、脂肪球颗粒聚集上浮、营养素失稳失活等加工技术瓶颈。

在产品研发方面，积累的人群营养数据比较缺乏，产品研发大多采用国外数据或者健康人群数据。国内企业特医食品的研发多数仍处于学习模仿阶段，缺少特医食品的基础研究和临床有效性试验方面的积累。而且食品加工领域涉足特医食品行业缺少特医方面专业科研人员和经验，特医食品的开发往往仅考虑到了受众的营养需求，加工产品的类型、风味等还有待改进，这些科技装备的不足一定程度上影响特医食品产业发展。

四、长期依赖进口核心原料/配料

特医食品专用的乳清蛋白、酪蛋白等动物蛋白，中链脂肪酸，复合维生素，复合矿物质等核心原料/配料仍不能够国产替代，大部分依赖进口。对于乳清蛋白、酪蛋白等优质蛋白原料，由于我国奶酪产业发展缓慢，短期内基本无法实现乳清蛋白、酪蛋白的国产替代，因此，开发乳清蛋白等优质蛋白的可替代原料，或突破牛乳成分高效分离技术才有望打破我国特医食品的核心原料瓶颈。

对于复合维生素、复合矿物质等配料，尽管国内也有企业生产，但其稳定性、溶解性等与帝斯曼、巴斯夫等企业生产出来的产品仍存在差距，因此，难以实现国产替代。

五、缺乏自主化和特色化产品

由于缺乏中国人自己的营养健康大数据和标准体系，我国特医食品主要靠模仿国外品牌同类产品，导致产品营养设计不精准，自主化程度低。而且，在产品形态上，国内产品以粉剂为主，产品单一、口味、质感、品种等同质化严重，种类、形态不丰富，不能全面保障特殊医学状况人群的多样化使用需求。

从目前注册的特医食品信息看出，特定全营养仅雀巢获批了一款肿瘤患者用特定全营养特医食品。除了肿瘤，糖尿病、高血压、肥胖、心脑血管疾病和肾病等疾病群体数量巨大，这些特定疾病人群对相应的特定全营养特医食品具有庞大的市场需求。

特色化不足也是制约我国特医食品产业发展的另一瓶颈。目前，特医食品研发主要采用分离型营养素加工模式，研发的产品口感单一，天然色香味食物感不足，患者服用意愿性不高。农产品作为我国长期食用的产品，完全符合国人饮食习惯，以其为基质研发特医食品具有更大的市场潜力。然而，农产品原料营养复杂，以其为基质的特医食品研发仍面临着系列技术和装备瓶颈，影响了我国特医食品特色化开发进程。

因此，加强特色配方研发、降低同质化程度、研发不同人群适用的不同形态产品、解决个性化需求和精准营养是实现我国特医食品高质量发展的必由之路。

六、缺乏完整产业链

特医食品产业链上游包括特医食品生产所需配方原料供应商；中游环节为特医食品生产企业，业务涵盖产品研发、生产和销售，企业类型包括乳制品企业、药品企业、临床营养品企业、保健食品企业等；下游涉及特医食品消费场所及消费人群，其中消费场所包括二三级医院、社区医院、社会药店、养老机构以及线上渠道（特定全营养类型除外）等。

目前，我国特医食品产业链主要集中在中游，即生产企业端，上下游衔接不紧密；尤其是下游产品销售端以医院为主，缺乏如社区、药房、养老机构等院外渠道，影响了特医食品的普及宣传。

第四节　特医食品产业高质量发展建议

进入21世纪，特医食品引起了医学领域的高度关注。大量研究证明，早期识别营养不良和营养支持可有效地改善特殊人群（如老年人、儿童及孕妇等）在疾病治疗中的营养状况，增加疾病恢复速率，减少住院天数。随着后疫情时代的到来，全球特医食品产业已进入高速发展时期。

与欧美等发达国家比，从政策法规、科学研究、产业链布局等层面仍然存在较大差距，因此，未来仍需从上述方面重点发力，加快推进我国特医食品产业发展，为逐渐深化的老龄化社会做好临床营养产品积累。

一、完善不同疾病产品的营养标准

为了提高我国特医食品的临床应用效果，需要从人群营养标准、产品配方标准和产品精准营养设计等三个维度进行研究和标准完善。

首先，针对不同疾病人群评估其营养状态、能量摄入和消耗状态等，明确其能量代谢模式与营养需求，从而构建中国人自主的营养基础大数据及其相关疾病营养需求标准。其次，基于疾病营养大数据，构建不同（疾病）人群或不同病程患者营养需求模式与配方标准；最后，由于特医食品尤其是全营养特医食品其原料种类多且成分复杂，即便具备疾病营养需求标准，但产品设计仍存在难以精准的问题。因此，需构建原/配料营养组成大数据，建立针对不同疾病或不同病程人群专用特医食品配方的精准营养设计模型，从而保障产品营养精准性和临床应用效果。

二、建立健全标准体系

我国特医食品产业已初步建立"1规范+2通则"的监管体系，即：《特殊医学用途配方食品良好生产规范》《特殊医学用途配方食品通则》和《预包装特殊膳食用食品标签通则》；随着产业的发展，建立健全包括产品通则、生产规范、标签管理、原料标准、品质检验、批文注册、流通管理和使用规范等全链条的精准监管标准法规体系也迫在眉睫。此外，产品的临床应用效果评价标准系统仍有待完善。目前，仅公布了糖尿病、肾病和肿瘤三个特定全营养特医食品的评价标准，而更多疾病类型产品评价标准亟待补充，通过构建营养指标改善状况、疾病改善状况和肠胃耐受性等临床效果评价指标体系，完善和丰富不同疾病专用特定全营养特医食品临床试验技术指导原则与标准。

三、突破关键加工技术与核心装备

粉剂和乳剂是特医食品的主要类型，粉剂产品重点需要突破不同层级营养素的混合均匀性和微生物控制问题，目前国内特医企业所使用的干法混合技术及配套桨叶式混合机等装备难以完全达到特医食品生产要求。随着特医食品产业发展，诸如高效干法混合与自洁技术及其配套装备、湿法上排风喷雾干燥技术及其配套装备等技术装备的突破将显著提高粉剂类产品营养素均匀性及其品质。

对于乳剂型特医食品，由于其加工需要经历均质和杀菌过程，因此，产品需要解决乳化体系难稳定以及营养素失稳失活等技术问题，而目前使用的传统高压均质以及水浴后杀菌技术难以完全攻克这一瓶颈。因此，研发复杂食品体系高效乳化技术及其配套动态超高压微射流设备，以及高能量密度或黏度乳剂的杀菌技术及其配套超高温 DSI 瞬时杀菌设备等才能打破国产特医乳液研发能力弱，市场产品少的格局。

四、研发特医食品专用原/配料与核心基质

原料的自主化是实现产品自主化前提，针对符合国人饮食习惯的农产品基质特医食品研发需要解决专用农产品原料评价与筛选研究。通过构建特色农产品的理化特性、营养特性、加工特性大数据，来制定原料质量标准制定并筛选合适的原料类型。针对不同疾病人群的营养需求，研发预消化、低黏度和管饲流动性良好的谷物基质配料；低 GI 值、高蛋白质含量的谷物豆类基质配料；中链脂肪酸或多不饱长链脂肪酸含量丰富的油脂配料；或促进肠道健康的农产品配料等核心基料，从而保障自主化和特色化特医食品的研发。

除了农产品基质配料，一些特殊营养素配料如耐盐蛋白、微粒化蛋白、低敏短肽、低聚肽等蛋白质/多肽配料，纳米脂质体、纳米固态脂质颗粒等油脂配料，低聚糖铁/钙配合物等多糖/低聚糖矿质元素配合物等，耐热复合维生素配料等的研发对于丰富产品类型，提升产品人群适应性，以及降低特医食品尤其是乳剂型特医食品开发难度等具有重要意义。

五、创制适合国人饮食习惯和肠胃特点的产品

结合国民体质、饮食习惯等特点，建立营养健康产品研发基础数据库。从全产业链的角度构建完整的技术体系，研发覆盖所有病种需要的产品，产品研发要聚焦特色与优势，避免"雷同"，以增强产品的竞争力和市场占有率，进而在与国外同类产品竞争中占据地缘优势。针对国内高发的心血管疾病、糖尿病、恶性肿瘤等病种，开发基于科学的个性化营养解决方案及相关标准，满足特定人群营养健康需求。

六、完善产业链布局，打造产业创新联盟和技术创新平台

产业链上游的原料是制约我国特医食品产业发展的瓶颈问题，通过鼓励企业与科研院所合作，研发热稳定性乳清蛋白、盐离子耐受蛋白、低敏短肽等蛋白质／多肽原料，矿物质螯合低聚糖、特定功效多糖等碳水化合物原料，中链脂肪酸、纳米脂质体等油脂原料，热稳定性复合维生素、高效包埋复合矿物质等微量营养素原料，打破国外企业对特医食品专用原料的垄断地位。

品牌商是产业链的中游参与者，与保健食品不同，我国现行特医食品法规禁止代工，特医企业需要建立从研发、生产到销售全链条部门，提高了特医食品企业的准入门槛，造成了不必要的资源浪费。很多初创公司营销能力强，但研发能力弱，甚至不具备研发团队，更不具备生产能力，如有生产商为其提供产品研发与生产服务，启动资金低，产品上市周期快，可大大降低市场进入门槛。因此，打破代工企业的监管限制，完善中端生产商的配套法规，对于从完善产业链的角度去促进我国特医食品发展具有重要意义。

开展特医食品产业科技创新战略和产业政策研究，为政府决策提供参考，力求在国家层面形成特医食品科技创新的战略部署，前瞻布局特医食品产业科技计划项目，着力解决制约产业创新发展的瓶颈问题。

联合特医食品、保健食品和药品企业、高校、研究院所、第三方检测机构、医院、行业学会／协会等组建特医特膳食品产业／创新联盟；依托国家和省部级重点实验室，围绕特医食品研发等重点方向，创建科学研究、技术创新、公共服务、合作交流和成果转化等于一体的高水平创新平台，打造具有国际竞争力的特医特膳食品科技高地。

激励特医企业重视自身研发团队的建设，加大研发投入，注重与相关科研院所的合作，提高研发产品的科技含量，围绕液态和凝胶态制剂、产品配方设计、检测技术、临床应用评价等方面的核心问题和关键技术，开展联合攻关，打破国外的技术壁垒。通过一系列措施，实现我国特医食品行业从松散的"单打独斗"模式向战略研究、技术创新、科技服务、临床评价等为一体的协同创新"集团作战"模式转变。

参 考 文 献

[1] 孙玉凤, 范蓓, 王艳, 等. 特殊医学用途配方食品研究进展与展望. 生物产业技术, 2017, 00 (04): 70-75
[2] 边振甲. 中国特殊食品产业发展蓝皮书. 北京: 中国医药科技出版社, 2021, 440
[3] 廖义桃, 辛明宇, 黄芳. 中国特医食品产业发展专题报告. 火石研究院, 2021

[4] 韩军花, 李晓瑜. 特殊食品国内外法规标准比对研究. 北京: 中国医药科技出版社, 2017, 272

[5] 王文月, 徐鑫, 徐同成, 等. 我国特殊医学用途配方食品产业现状与政策建议. 食品工业科技, 2019, 40(05): 329-332

[6] 程树品, 吴德举, 闫九明, 等. 四川省特殊食品监管和产业发展存在的问题及对策. 现代预防医学, 2019, 46(06): 1008-1010

[7] 朱素芳, 闫尊浩, 刘海荣, 等. 特殊医学用途配方食品发展现状及标准法规概述. 现代商贸工业, 2018, 39(21): 191-193

[8] 揭良, 苏米亚. 特殊医学用途配方食品的研究进展. 食品工业, 2022, 43(01): 259-262

[9] 沈生文, 何凤林. 特殊医学用途配方食品现状分析与展望. 中国食品, 2020(24): 94

[10] 张双庆. 特殊医学用途配方食品理论与实践. 北京: 中国轻工业出版社, 2019, 398

[11] 张双燕, 闫刘慧, 陈娟娟, 等. 特医食品及特医食品全营养粉技术要点简介. 食品安全导刊, 2017, (28): 28-29

[12] 陈斌, 董海胜, 臧鹏, 等. 特殊医学用途配方食品生产工艺研究现状及展望. 食品科学技术学报, 2018, 36(05): 1-8

[13] 刘宝华, 徐庆利, 巴宁宁, 等. 特殊医学用途全营养配方食品干法混合工序的工艺验证. 中国乳业, 2022(06): 75-86

[14] 张平亮. 新型食品混合机的性能、结构及其应用. 食品工业, 2017, 38(06): 220-221

[15] 解立斌, 霍军生, 黄建. 食品粉粒体混合: 混合机理与混合均匀度影响因素探讨. 中国食品添加剂, 2011(04): 63-67

[16] 黄立新, 王宗濂, 唐金鑫. 我国喷雾干燥技术研究及进展. 化学工程, 2001(02): 51-55

[17] 张群. 特殊医学用途配方食品生产关键技术研究. 食品与生物技术学报, 2022, 41(01): 112

[18] 陈瑞瑞, 谢婵媛, 柴燃, 等. 真空冷冻联合干燥技术在食品工业中的研究进展. 保鲜与加工, 2023, 23(03): 62-69

[19] 白龙. 高性能乳液配方设计、合成技术及其对性能的影响. 哈尔滨: 东北林业大学, 2016

[20] 靖会, 佐建锋. 特殊医学用途配方食品开发技巧与实践. 北京: 中国医药科技出版社, 2019, 175

[21] 乔智. 基于高压均质技术的小分子动物胶原蛋白制备方法研究. 哈尔滨: 哈尔滨工业大学, 2015

[22] 李良, 田甜, 刘军, 等. 超高压均质对豆乳风味特性的影响. 食品工业, 2019, 40(04): 133-137

[23] 李存红, 侯艳, 符德学. 高压均质、高剪切乳化、微射流均质的比较及在食品方面的应用. 焦作大学学报, 2020, 34(02): 81-83

[24] 杨溢, 朱晓光. 特殊医学用途配方食品现状综述. 食品安全导刊, 2018(14): 69-71

[25] 于杨曜, 林路索. 完善我国特殊医学用途配方食品监管的思考. 食品工业, 2018, 39(12): 251-256

[26] Wu L, Zhang LT, Zhang Y. A review on rules for examination of licensing criteria for producing foods for special medical purpose in China. Food science and human wellness, 2019, 8(2): 106-114

[27] 周子琪, 曾小庆, 龚杰, 等. 建立慢性肾病特殊医学用途配方食品的效果评价指标池探讨. 预防医学情报杂志, 2021, 37(10): 1398-1404
[28] 宁杰, 王瑶, 张宪党, 等. 糖尿病特殊医学用途配方食品研究进展. 中国食物与营养, 2021, 27(04): 49-53
[29] 但济修, 岳鹏飞, 谢元彪, 等. 喷雾冷冻干燥技术及其在难溶性药物微粒化中的应用. 中国医药工业杂志, 2016, 47(01): 106-110